Integration in Deutschland

Zwischen Assimilation und Multikulturalismus

von
Professor
Dr. Berthold Löffler
Hochschule Ravensburg-Weingarten

W0236401

Oldenbourg Verlag München

Bibliografische Information der Deutschen Nationalbibliothek

Die Deutsche Nationalbibliothek verzeichnet diese Publikation in der Deutschen Nationalbibliografie; detaillierte bibliografische Daten sind im Internet über <http://dnb.d-nb.de> abrufbar.

© 2011 Oldenbourg Wissenschaftsverlag GmbH
Rosenheimer Straße 145, D-81671 München
Telefon: (089) 45051-0
oldenbourg.de

Lektorat: Kristin Beck
Herstellung: Anna Grosser
Coverentwurf: Kochan & Partner, München
Titelbild: iStockphoto
Gedruckt auf säure- und chlorfreiem Papier
Gesamtherstellung: Grafik + Druck GmbH, München

ISBN 978-3-486-58503-2

Für Gabi, Viktoria, Kornelius, Valerian

Inhalt

Abbildungsverzeichnis

1 Alles Integration, oder was?

Mit dem Inkrafttreten des neuen Zuwanderungsgesetzes am 1. Januar 2005[i] scheint eine wichtige Zukunftsfrage Deutschlands gelöst. So gründlich gelöst, dass selbst in den Bundestagswahlkämpfen der Jahre 2005 und 2009 die Themen Einwanderung und Integration von den im Bundestag vertretenen Parteien nur noch als Pflichtübungen abgehandelt wurden. Dieser Umstand verstärkte in der Öffentlichkeit den Eindruck, dass die Bundestagsparteien tatsächlich den von ihnen behaupteten einwanderungs- und integrationspolitischen Konsens gefunden haben. Einen Konsens, der unter dem Begriff der Integration eine steile politische und, mit seiner Aufnahme in das neue Zuwanderungsgesetz, auch eine aufsehenerregende rechtliche Karriere gemacht hat. Die rechtliche Karriere gründet sich auf die Tatsache, dass das Zuwanderungsgesetz der Integration unter der Überschrift „Förderung der Integration" ein eigenes Kapitel (§§ 43, 44, 45 AufenthG) gewidmet hat. Die Regelungen enthalten Aussagen über die Mittel der Integrationsförderung. Dazu gehören ein Sprachkurs und ein Orientierungskurs, in dem Einwanderern geschichtliche, kulturelle, institutionen- und landeskundliche Grundkenntnisse vermittelt werden. Entscheidend aber ist, dass die Regelungen über das Ziel der Integrationsmaßnahmen keine Aussagen machen. Zur Frage der kulturellen Integration schweigt das Gesetz. Das heißt, die Frage, ob überhaupt und wenn ja, wie und wie weit sich Einwanderer an Kultur und Lebensweise der Aufnahmegesellschaft anpassen sollen, wird ausgeklammert. Das Integrationsziel wird also entweder vorausgesetzt oder von vornherein ausgespart. Damit kann sich auch der Konsens nur auf die Mittel, nicht aber auf das Integrationsziel beziehen. Gibt es dann diesen Konsens überhaupt? Die irritierende Antwort lautet: Ja und nein.

Alle politischen Parteien, alle gesellschaftlichen Gruppen und Verbände, auch die der Einwanderer, die politische Öffentlichkeit und die Bürger verwenden den Begriff *Integration*. Alle sind für Integration. Damit enden aber auch schon die Gemeinsamkeiten. Ironisch gesagt: Der integrationspolitische Konsens besteht darin, dass alle den Integrationsbegriff verwenden. Aber die Einheimischen verstehen unter Integration etwas anderes als die Einwanderer, und alle beiden Gruppen wieder etwas anderes als Politik, politische Öffentlichkeit oder Wissenschaft. Die inhaltlichen Gemeinsamkeiten sind dermaßen dürftig, dass die Integrationsbeauftragte der rot-grünen Bundesregierung, Marieluise Beck, in der Lage war, den Stand der Dinge 2004 in einem einzigen Satz zusammenzufassen: „Unter Integration versteht jeder etwas anderes." [1]

Eine Regionalzeitung berichtet, der gambische Asylbewerber Aladi N., der ehrenamtlich bei der Lebenshilfe mitarbeite, sei bei den Behinderten und ihren Eltern sehr beliebt. Aladis

---

Vorgesetzter schließt daraus: „Er ist voll integriert.“[2] Ethnische Sportvereine, ethnische El-
ternvereinigungen oder religiöse Verbände, kurzum alle Immigrantenorganisationen, sehen
sich als Speerspitze der Integration. Mal ist „Integration […] die zentrale Aufgabe […], die
Alternative zum beziehungslosen Nebeneinander vermeintlich unvereinbarer Kulturen.“[3],
mal ist sie eine unsinnige Forderung und steht im Gegensatz zum Grundgesetz.[4] Mal ist sie
Normalität und die Muslime in Deutschland sind „überraschend gut sozial integriert“, wie
eine im Auftrag des Bundesinnenministeriums angefertigte Studie 2009 ergab,[5] mal ist die
„Integration der Mehrheit der in Deutschland lebenden Türken […] gescheitert“, wie die
Soziologin Necla Kelek beklagt.[6] Wem Keleks Urteil zu hart klingt, kann sich auf eine Un-
tersuchung des Berlin-Instituts für Bevölkerung und Entwicklung im Jahre 2009 berufen.
Danach sind die Türken lediglich schlecht integriert.[7] Sie seien aber immer noch besser integriert als die Ostdeutschen, wie der Leiter der Berliner Redaktion der türkischen Tageszeitung Hürriyet, Ahmet Külahci, einwendet.[8] Ist es die Aufnahmegesellschaft, die die Bedingungen für Integration von Einwanderern festlegt oder ist es an der Zeit, den Einwanderern
„zuzugestehen, selbst zu definieren, was sie unter gelungener Integration verstehen“.[9] Ist
Emin Özel, der in Paderborn der erste türkische Schützenkönig Deutschlands geworden ist,
ein „Musterbeispiel für gelungene Integration?“[10] Oder der Fußballstar Mesut Özil, der Verse
aus dem Koran betet, während seine Spielerkameraden die Nationalhymne singen? Özil,
dessen Familie in der dritten Generation in Deutschland lebt, hat einen deutschen Pass, mit
seiner Entscheidung für den Eintritt in die deutsche Nationalmannschaft habe er sich „nicht
gegen die Türkei entschieden“.[11] Das provoziert die Frage: Kickt Özil nun für Deutschland
oder eher für die türkische Gemeinde in Deutschland? Was ist mit Özils Freund, dem Dort-
munder Fußballprofi Nuri Sahin, der in der türkischen Nationalmannschaft spielt, obwohl
seine Familie ebenfalls bereits in der dritten Generation in Deutschland lebt?[12] Ist Integration
ein zweiseitiger Prozess, bei dem sowohl die Mehrheitsbevölkerung als auch die kulturellen
Minderheiten aufeinander zugehen müssen?[13] Oder wird in Deutschland unter Integration in
Wirklichkeit Assimilation verstanden, wie der Vorwurf von Vertretern türkischer Einwan-
dererorganisationen häufig lautet? Ist es also gerechtfertigt, wenn der Kommentator Erhan
Oguz in der türkischen Tageszeitung Sabah vom 29. Januar 2009 schreibt: „Den Begriff
‚Integration‘ lehne ich persönlich aus geistigen und ethischen Gewissensgründen ab. Der
Begriff ‚Integration‘ beschreibt lediglich ein frühes Stadium der Assimilation.“ Oder gilt die
Auffassung der ehemaligen Bundespräsidentenkandidatin Gesine Schwan, die bei einem
Besuch des Vorstands der Türkischen Gemeinde in Berlin im Oktober 2008 geäußert hatte,
die These von einer homogenen Mehrheitsgesellschaft, in die sich die Minderheiten integrie-
ren müssten, sei altmodisch und ohne Zukunft. Deutschland sei eine bunte Gesellschaft,
deshalb seien unterschiedliche Loyalitäten umso besser für sie.[14] Nachdem die Veröffentlichung des Buches von Thilo Sarrazin[15] im August 2010 in der deutschen Öffentlichkeit hohe
Wellen geschlagen hatte, haben Bundesregierung und SPD angekündigt, gegen sogenannte
Integrationsverweigerer entschlossen vorgehen zu wollen. Es stellt sich nur die Frage, was ist
ein Integrationverweigerer?[16] In den Berichten der Beauftragten der Bundesregierung für
Integration wurde der Begriff Integration bisher nie definiert. Im 8. Bericht der Bundesinteg-
rationsbeauftragten vom Juni 2010, wird zwar verkündet, Integration sei die „gesellschaftspolitische Schlüsselaufgabe“[17] und im 7. Bericht vom Dezember 2007 war noch behauptet
worden, es sei gelungen, „einen breiten gesellschaftlichen und politischen Konsens über die
Notwendigkeit von Integration […] herzustellen“.[18] Aber es findet sich nirgendwo ein Hin-

weis darauf, was unter Integration verstanden werden kann, soll oder muss. Lediglich in dem 2007 vorgestellten Nationalen Integrationsplan, der die integrationspolitischen Maßnahmen von Bund, Ländern, Kommunen und der Gesellschaft unter Beteiligung von Einwandererorganisationen auf gemeinsame Ziele hin ausrichten soll, findet sich eine Definition: „Integration bedeutet die Einbindung in das gesellschaftliche, wirtschaftliche, geistig-kulturelle und rechtliche Gefüge des Aufnahmelandes ohne Aufgabe der eigenen kulturellen Identität."[19]

Eine eigenständige Variante, was unter Integration zu verstehen ist, stammt von Bundeskanzler Schröder. Seine Definition hat sich als folgenreich erwiesen, weil sie zur Formel für die deutsche Spielart des Multikulturalismus geworden ist. In zahlreichen Abwandlungen gebraucht hat keine andere Definition so viel Einfluss auf den integrationspolitischen Diskurs in Deutschland gewonnen: „Die Voraussetzung für eine geglückte Integration", so Schröder in der ihm eigenen Art, komplizierte Dinge auf einen verständlichen Nenner zu bringen, „besteht darin, dass Einwanderer die Verfassung achten, die Gesetze befolgen und die Landessprache beherrschen."[20] Die Leistungsfähigkeit der Schröder-Formel für die Gestaltung der Einwanderungsgesellschaft Deutschland kann ein Beispiel aus dem Alltag einer deutschen Einbürgerungsbehörde erhellen: Eine junge Frau mit Kopftuch und knöchellangem Mantel kommt zur Aushändigung ihrer Einbürgerungsurkunde in die Behörde. Der Beamte vollzieht die Einbürgerung, überreicht feierlich ein Exemplar des Grundgesetzes und streckt der jungen Frau die Hand zum Glückwunsch entgegen. Die junge Frau bedankt sich, verweigert dem Einbürgerungsbeamten aber den Handschlag mit der Begründung, die Religion und die Kultur, der sie sich zugehörig fühle, verbiete ihr, einem fremden Mann die Hand zu reichen.

Die Frage, ob dieses Beispiel ein Beispiel für gelungene oder misslungene Integration ist, ist keine rhetorische Frage. Die Antwort kann nur lauten: Es kommt ganz auf den Standpunkt an. Nach der Schröder-Formel handelt das Beispiel durchaus von einer *gelungenen Integration*. Die junge Frau spricht deutsch und nichts lässt die Schlussfolgerung zu, sie achte das Grundgesetz nicht. Im Gegenteil macht sie von ihrem Grundrecht auf Handlungsfreiheit nach Art. 2 GG Gebrauch: Sie kann sich kleiden, wie sie will; es steht es ihr frei, ihr unbekannten Männern die Hand *nicht* zu reichen. Ihre Kleidung und ihr Verhalten ist Ausdruck ihrer religiösen Überzeugung und damit gedeckt durch ihr Grundrecht auf freie Religionsausübung nach Art. 4 GG. Was Art. 3 GG angeht, hat die Frau zwar einen Grundrechtsanspruch auf Gleichheit von Mann und Frau; es steht ihr aber frei zu glauben, dass Frauen nicht die gleichen gesellschaftlichen Rechte haben sollten wie Männer. Auch auf der Gesetzesebene deutet nichts darauf hin, dass die junge Frau nicht gewillt ist, die Gesetze und Verordnungen, die das Alltagsleben bestimmen, zu befolgen. Andererseits zeigen demoskopische Erhebungen, dass sich die Mehrheitsgesellschaft Integration ein wenig anders vorstellt. So stimmen in einer ALLBUS-Umfrage aus dem Jahre 2006 74 Prozent der Befragten (starke Zustimmung 58 Prozent) der Aussage zu: „Die in Deutschland lebenden Ausländer sollten ihren Lebensstil ein bisschen besser an den der Deutschen anpassen." 1996 hatten diesen Satz noch 57 Prozent (starke Zustimmung 42 Prozent) bejaht.[i] So unbestimmt die Frage auch formuliert ist, so diffus die Vorstellungen der Bevölkerung von einer kulturellen Anpassung der Einwanderer

---

i   Datenhandbuch ALLBUS 2006/1996: Lebensstilanpassung, Daten V43/50

auch sein mögen, die Integrationsvariante, die die junge Einwandererin repräsentiert, ist jedenfalls nicht gemeint. Bemerkenswert ist auch, dass die Zustimmung zur Forderung nach einer verstärkten Lebensstilanpassung zugenommen hat. Darin spiegelt sich möglicherweise auch das Bewusstsein der Einheimischen wider, dass Einwanderer ein dauerhaftes Phänomen geworden sind und deshalb die Bedingungen des Zusammenlebens verbindlich festgelegt werden müssen. Nur dem, der nicht auf Dauer bleibt, wird zugestanden, dass er sich nicht anpasst.

Die Schröder-Formel ist also problematisch, weil sie auf die Frage, ob das Beispiel einen Fall von gelungener oder gescheiterter Integration beschreibt, zwei Aussagen zulässt, die sich ausschließen: „Die junge Frau ist integriert" und: „Die junge Frau ist nicht integriert". Dieser Widerspruch wurzelt in dem Umstand, dass im öffentlichen und im politischen Diskurs *zwei Ebenen von Integration* nicht voneinander unterschieden werden. Die eine Ebene betrifft die strukturelle Integration, also die äußere Eingliederung der Einwanderer in das wirtschaftliche, soziale und politische Leben der Aufnahmegesellschaft. Die andere Ebene betrifft die Frage, ob überhaupt, wie und wie weit sich Einwanderer an Lebensweise und Werte der Aufnahmegesellschaft anpassen sollen. Dieser Widerspruch ist nicht ganz zufällig. Er ist Folge einer begrifflichen Unschärfe, die ihrerseits überhaupt erst einen parteienübergreifenden Konsens möglich macht. Der vermeintliche Konsens kann aber nur erreicht werden, indem man den kulturellen Aspekt ausklammert und den Integrationsbegriff auf den strukturellen Aspekt beschränkt. Über die Notwendigkeit einer strukturellen Integration sind sich nämlich alle relevanten politischen Kräfte einig. Aber die immer wieder aufflammende Diskussion um eine deutsche Leitkultur zeigt, dass die Strategie des Nichtthematisierens den kulturellen Aspekt nicht zum Verschwinden bringt. Das Nichtthematisieren schafft lediglich einen Freiraum, in den jeder sein eigenes Verständnis von Integration stellen kann. Der Integrationsbegriff ist folglich überhaupt nur konsensfähig, weil er in Wirklichkeit inhaltsleer ist. Weil Integration alles und jedes heißen kann, ist der Begriff eine *Leerformel*.

Und was macht die Wissenschaft? Sie geht mit schlechtem Beispiel voran. Schon 1990 hatte der Migrationssoziologe Hans-Joachim Hoffmann-Nowotny darüber geklagt, dass es weder einen einheitlichen Integrationsbegriff noch theoretische Gemeinsamkeiten gibt. Seine Klage ist auch 20 Jahre später noch aktuell. Mehr noch: Konzeptuelle Unschärfen und der Verzicht auf Theorie haben „nur Banalitäten und Trivialitäten" hervorgebracht.[21] Der Bedeutungsgehalt des Integrationsbegriffes ändert sich je nach dem sozialen und politischen Standpunkt der Diskursteilnehmer. Die einen verstehen Integration als rechtliche Gleichstellung ohne Anpassung, manchmal sogar als feste Verankerung im eigenen kulturellen Milieu. Andere zielen auf Angleichung und betrachten vor allem Kultur- und Religionsunterschiede als Problem. Wieder andere verstehen Integration nicht als einseitige kulturelle Anpassung, sondern als wechselseitigen Prozess der Annäherung zwischen Einwanderern und Einheimischen. Die Definitionen wechseln zwischen Assimilation auf der einen und multikultureller Gesellschaft auf der anderen Seite.[22]

Das Integrationsproblem beschränkt sich aber nicht nur auf das Verhältnis von Einwanderern und Aufnahmegesellschaft. Nicht integriert sein können auch Mitglieder der einheimischen Gesellschaft. Zu nennen sind etwa die Zeugen Jehovas, auch dann, wenn sich deren deutsche Familienstammbäume bis ins Mittelalter zurückverfolgen lassen. Nicht integriert sein können

Wohnsitzlose, Kriminelle, aber eben auch Steuerberater, Eremiten oder Immobilienmakler oder „Preußen" in Bayern. Sie müssen es aber nicht. Was bedeutet es also, wenn wir jemanden als integriert bezeichnen? Ein Arbeitsloser ist auf den Arbeitsmarkt bezogen nicht integriert, gleichzeitig kann er gesellschaftlich voll integriert sein. Ein Schüler kann in seiner Klasse schlecht integriert sein, aber gut in seinem Sportverein. Die Beispiele deuten an, dass Integration nicht zwangsläufig einen *totalen Status* zu bezeichnen braucht. Integration kann sich auch auf einen Teil der sozialen Existenz eines Individuums beschränken. Jedes Individuum handelt in unterschiedlichen Rollen in verschiedenen sozialen Teilrealitäten. Deshalb kann das Individuum auch jeweils unterschiedlich in diese sozialen Systeme integriert sein.

Integration bezeichnet ein komplexes soziales Phänomen. Aber die Komplexität kann keine Rechtfertigung dafür sein, die Unbestimmtheit des Integrationsbegriffes achselzuckend hinzunehmen. Diskurse bleiben unfruchtbar, wenn keine Verständigung über die diskursrelevanten Grundbegriffe möglich ist. Diese Einführung möchte deshalb zur Klärung des Integrationsbegriffes beitragen. Sie versteht sich als Darstellung der wichtigsten Probleme, Theorien und Theoreme und möchte einen Überblick geben über wichtige Ansätze und Begründungen, die im Integrationsdiskurs eine Rolle spielen.

Integration ist zunächst ein soziologisches Grundproblem, das sich in jeder Gesellschaft stellt. Deshalb setzt die Einführung bei den Problemen der allgemeinen gesellschaftlichen Integration an, um dann zum Spezialfall der Integration von Einwanderern überzuleiten. Gleichzeitig wird der Versuch unternommen, verschiedene Ansätze zusammenzuführen und Elemente für die Aufstellung einer Theorie der Integration von Einwanderern zu liefern.

In einem Buch zur Einführung in die Integrationssoziologie müssen die integrationstheoretischen Grundlagen und Grundfragen im Vordergrund stehen. Zum Thema Integration von Einwanderern ist in den letzten Jahren eine große Zahl von zum Teil anregenden, aber auch wertlosen Untersuchungen entstanden. Einen Überblick über den Forschungsstand zu geben, wäre durchaus ein lohnendes Unternehmen. Ein solcher Bericht könnte nämlich zeigen, was wir alles *noch nicht* wissen, aber auch welche Einseitigkeiten und Irrwege die Integrationssoziologie belasten. Trotzdem verzichtet diese Einführung darauf, den aktuellen Forschungsstand zu referieren. Denn während sich die allgemeine Soziologie häufig den Vorwurf der Theorielastigkeit gefallen lassen muss, braucht die Integrationssoziologie eine solche Beschwerde nicht zu fürchten. Dem Mangel an Theorie steht ein Übergewicht an politischen Schlagworten und ideologisch getönten Einlassungen gegenüber. Viele Untersuchungen arbeiten ohne einen theoretischen Bezugsrahmen. Häufig ist noch nicht einmal der Schlüsselbegriff *Integration* definiert, geschweige denn eine Methode erkennbar. Die Ergebnisse hängen in der Luft, sie sind beliebig und damit auch beliebig interpretierbar. Solange begrifflich so vieles im Unklaren ist, scheint es mir lohnender, im Bereich der Grundlagen nach Fortschritten zu suchen, denn eine Empirie ohne Theorie, oder wenigstens ohne klare Begriffe, ist blind. Ohne sie ist eine solide empirische Forschung nicht möglich.

Die an migrationssoziologischen Fragen interessierten Leser sehen sich im deutschsprachigen Raum einer kaum mehr überschaubaren Menge an Literatur gegenüber. Dagegen hält sich die Zahl der integrationstheoretisch interessierten Arbeiten in Grenzen. Neben der von Jürgen Habermas stammenden politisch-philosophischen Begründung eines deutschen Multikulturalismus sind es vor allem Hartmut Esser, Hans-Joachim Hoffmann-Nowotny,

Friedrich Heckmann oder jüngst auch Stefan Luft[23], die grundlegende Arbeiten vorgelegt haben. Insbesonere Hartmut Esser hat methodisch wie auch theoretisch anspruchsvolle Arbeiten zur Integrationssoziologie beigesteuert.[24] Aus einer handlungstheoretischen Perspektive heraus, d.h. aus einem Ansatz, der das soziale Handeln von Personen in den Mittelpunkt stellt, entwirft er eine allgemeine Theorie der Bedingungen und des Verlaufs der Integration von Immigranten.[25] Seine Theorie fordert durchaus zum Widerspruch heraus, aber sie ist glänzend durchdacht, in sich schlüssig und in ihrer Argumentation über weite Strecken überzeugend. Eine Einführung zur Integration von Einwanderern kommt deshalb an Esser nicht vorbei und um eine eingehende Beschäftigung mit seiner Theorie nicht herum.

Diese Einführung orientiert sich an drei grundlegenden Strukturelementen. Erstens, das Problem der Integration von Einwanderern kann letztlich auf die Frage des gesellschaftlichen Umgangs mit Wertekonflikten und ihrer Lösung zurückgeführt werden. Das zweite Element ist ein nichtessentialistisches Verständnis von Kultur. Drittens, die soziale Realität wird als Struktur-Kultur-Beziehung verstanden.

Der schwerverletzte 44-Jährige S. aus dem Kosovo lehnt es ab, sich von der 27-Jährigen Krankenschwester K. waschen zu lassen. Der 15-Jährige A. aus dem Libanon weigert sich, von einer 24-Jährigen Sozialarbeiterin Anweisungen entgegenzunehmen. Die 22-Jährige B. aus der Türkei liegt mit einer einheimischen schwangeren Frau im Wehenschreiberraum eines Kreiskrankenhauses. Sie besteht darauf, dass der Mann der anderen Frau den Raum verlässt, obwohl alle Betten sichtgeschützt sind. Ein städtisches Sozialprojekt in einer süddeutschen Mittelstadt verfolgt das Ziel, die interethnischen Beziehungen und den sozialen Zusammenhalt in einem Stadtviertel zu verbessern. Im Rahmen dieses Projekts wünschen sich die muslimischen Frauen des Quartiers eine separate Frauenbadezeit im öffentlichen Hallenbad. Die Stadtverwaltung sorgt u.a. dafür, dass zu dieser Badezeit alle Fenster abgehängt werden und sich kein Mann im Haus befindet. Die muslimischen Frauen des Viertels weigern sich jedoch, die nichtmuslimischen Frauen ihres Viertels mitbaden zu lassen. Eine Gruppe türkischer Jugendlicher gerät in eine Straßenkontrolle. Nachdem die Polizisten den Fahrer um die Papiere gebeten haben, steigen alle Jugendlichen aus, umzingeln die beiden Polizisten und versichern, dass mit den Papieren alles in Ordnung sei. Einer der Polizisten fühlt sich bedrängt und befiehlt den Jugendlichen an, sich wieder ins Auto zu setzen. Die Jugendlichen werden wütend, beklagen sich über ein angeblich ausländerfeindliches Verhalten der Polizei, schimpfen türkisch und bauen sich drohend vor den Polizisten auf. Die Polizisten fordern Verstärkung an.[26]

Diese fünf Situationen sind Beispiele für alltägliche Wertekonflikte in der Einwanderungsgesellschaft. Im Grunde genommen resultieren alle wesentlichen Integrationsprobleme aus Wertekonflikten. Wie die Einwanderungsgesellschaft sie lösen kann, ist die integrationstheoretische Schlüsselfrage. Am Umgang mit ihnen ist ablesbar, welches Integrationsmodell eine Gesellschaft verfolgt. Wertekonflikt meint nicht Abweichungen in Lebensstilfragen oder unterschiedliche Gepflogenheiten im sozialen Alltagshandeln. Wenn es in Italien üblich ist, dass bei einem gemeinsamen Essen im Restaurant alles auf eine Rechnung kommt, während in Deutschland üblicherweise jeder für sich selbst bezahlt, dann handelt es sich nicht um einen Wertekonflikt. Auch wenn die Übergänge natürlich fließend sind, bei Wertekonflikten geht es um mehr. Es geht um das Selbstverständnis von Individuen und Gesellschaften. Die

Wahrscheinlichkeit für Wertekonflikte ist umso größer, je größer die Distanz zwischen den Kulturen ist, die aufeinanderstoßen. Die desintegrierende Wirkung von Wertekonflikten ist umso größer, je unvereinbarer die dahinterstehenden kulturellen Vorstellungen miteinander sind. Wenn in dieser Einführung die Beispiele für Wertekonflikte hauptsächlich der islamischen Lebenswelt entnommen sind, dann ist das dem Umstand zuzuschreiben, dass sich die Wertekonflikte in der deutschen Einwanderungsgesellschaft hauptsächlich der Konfrontation mit dem Islam verdanken. Damit ist aber keineswegs gemeint, dass sich Wertekonflikte nur im Verhältnis zum Islam ergeben können. Wertekonflikte mit dem Islam stehen lediglich stellvertretend für Wertekonflikte in der Einwanderungsgesellschaft generell. Wären statt 4 Mio. Muslimen 4 Mio. Hindus nach Deutschland eingewandert, hätten die Auseinandersetzungen wahrscheinlich eine ähnliche Intensität und sie wären vermutlich nicht weniger grundsätzlich.

Ein nichtessentialistisches Verständnis von Kultur unterstellt, dass Kulturen nicht statisch sind, sondern sich weiterentwickeln und verändern.[27] Veränderung und Weiterentwicklung verlaufen in der Regel evolutionär. Es handelt sich um Modifikationen der Kultur, um Anpassungen an veränderte Umstände und Strukturen. Bestimmte kulturelle Eigenschaften verändern sich, werden ausgetauscht, ersetzt oder verlieren ihre Bedeutung, andere bleiben erhalten und gelten als typisch für eine bestimmte Kultur. So haben die deutschen Tugenden Pünktlichkeit und Zuverlässigkeit einen bemerkenswert konstanten Stellenwert im Ensemble der kulturellen Eigenschaften der Deutschen. Andererseits kann man nicht sagen, dass es einen für alle Zeiten unwandelbaren Wesenskern einer bestimmten Kultur gibt. Kulturen sind also Mischungen aus Beharrlichkeit und Wandel. Kulturen verändern sich und bleiben trotzdem unverwechselbar. Ein nichtessentialistisches Verständnis von Kultur unterstellt auch, dass die kulturellen Eigenschaften der Menschen nicht festgelegt sind im Sinne unverfügbarer Merkmale. Wäre es anders, hätte z.B. der ehemalige US-Außenminister Henry Kissinger, der 1923 in Fürth bei Nürnberg als Heinz Alfred Kissinger geboren wurde, in kulturellem und identifikatorischem Sinn nie Amerikaner werden können. Von einem nichtessentialistischen Ansatz auszugehen heißt also, dass Individuen zwar einen Anspruch auf kulturelle Identität und die Teilhabe an einer Kultur haben. Es besteht aber, empirisch betrachtet, keine Festlegung und, normativ gesehen, kein Anspruch auf eine *bestimmte* kulturelle Identität. Wenn Individuen freiwillig ihre Herkunftskultur verlassen und sich dauerhaft für eine neue kulturelle Umgebung entscheiden, entscheiden sie sich gleichzeitig für einen Wandel ihrer kulturellen Identität.

Nach dem Verständnis, das dieser Einführung zugrunde liegt, ist die gesellschaftliche Integration das Ergebnis sozialer und kultureller Faktoren. Gesellschaft ist Struktur-Kultur-Beziehung. Die Rolle, welche die Sozialstruktur, die Institutionen, das politische, wirtschaftliche, rechtliche und gesellschaftliche System, aber auch die materiellen und zivilisatorisch-technischen Grundlagen bei der Integration moderner Gesellschaften spielen, ist in jüngerer Zeit besonders von Wilhelm Heitmeyer und anderen herausgearbeitet worden. Dagegen erscheint die kulturelle Seite der Integration regelmäßig unterbelichtet, obwohl die empirische Wirklichkeit eine ganz andere Sprache spricht. So können Christian Pfeiffer und seine Mitarbeiter vom Kriminologischen Forschungsinstitut Niedersachsen in ihrer jüngsten Studie einen engen Zusammenhang zwischen der Religiosität und der Gewaltbereitschaft muslimischer Jugendlicher nachweisen.[28] Dieses Ergebnis ist ein geradezu dramatischer

Hinweis darauf, dass die These, kulturelle Faktoren würden im Integrationsdiskurs, aber auch in der Integrationssoziologie sträflich unterbewertet, begründet ist. Struktur-Kultur-Beziehung heißt, dass die *Strukturen* einer Gesellschaft mit der *Kultur* dieser Gesellschaft in einem dialektischen Verhältnis, in einer Austausch- und Rückkoppelungsbeziehung stehen. Es ist keineswegs so, dass die Kultur nur das Echo auf die Strukturen ist, in denen sich die soziale und materielle Realität der Gesellschaft widerspiegelt. Kultur ist eine eigenständige Größe. Die Gesellschaft ist auf die kulturelle Integration der Gesellschaftsmitglieder angewiesen. Ein allgemein verbindlicher kultureller Wertekonsens ist zusammen mit einem gewissen Maß an gesellschaftlicher Gleichheit oder zumindest Chancengleichheit Voraussetzung dafür, dass Unterschiede zwischen Individuen, Interessengruppen und Subkulturen nicht in unlösbare Konflikte umschlagen können. Das Beispiel Südtirols zeigt die komplexe Beziehung zwischen sozialen und kulturellen Faktoren. Trotz einer Politik der faktischen materiellen Privilegierung der deutschsprachigen Minderheit durch die italienische Republik bleibt für jedermann spürbar, dass die Sezession die Ultima Ratio des latenten Kulturkonfliktes zwischen südtiroler und italienischer Kultur ist. Mag die Sezession als Modus der Konfliktlösung auch unwahrscheinlich sein, als *Möglichkeit* besteht sie dennoch fort. Die These, dass kulturelle Konflikte in Wirklichkeit soziale Konflikte, Ausdruck von Chancenungleichheit und materieller Diskriminierung sind, ist nicht haltbar. Die rechtliche und materielle Gleichberechtigung von Einwanderern ist nicht gleichzusetzen mit dem Verschwinden kulturell grundierter Interessenkonflikte. In diesem Sinne möchte diese Einleitung dazu beitragen, die chronische Unterbewertung des kulturellen Faktors in der Analyse der sozialen Beziehungen zu überwinden.

2 Die Integration moderner Gesellschaften

Die Entwicklung moderner Gesellschaften zeigt zunehmend ihre Schattenseiten. Vor dem Hintergrund von Dauerarbeitslosigkeit, einer sich öffnenden Schere zwischen Arm und Reich, Bildungsnotstand und Kriminalität, Jugenddelinquenz, Jugendgewalt, Verwahrlosungstendenzen, Verweigerungshaltung und Null-Bock-Mentalität diagnostizieren die Sozialwissenschaften auch für die Gesellschaft der Bundesrepublik Deutschland zunehmende Anomieerscheinungen, Entfremdungstendenzen, Entsolidarisierung, Orientierungsprobleme und Desintegration. Gemeinhin werden diese Symptome als Folge des schnellen gesellschaftlichen Wandels, zunehmender Flexibilisierung und Mobilität in den Lebensverhältnissen oder wirtschaftlicher Unsicherheit auch bei den Mittelschichten beschrieben.[29] Schon die Kurzfassung der Krisendiagnose verweist unweigerlich auf die Bedingungen der modernen Gesellschaft. Diese Bedingungen können auf einen Nenner gebracht werden: die *Entstrukturierung der Gesellschaft*.[30] Damit gemeint ist die zunehmende funktionale und soziale Differenzierung, die sich in Pluralisierung, Individualisierung und Rationalisierung der Gesellschaft niederschlägt und zu einer immer stärkeren gesellschaftlichen Heterogenität führt. In der soziologischen Diskussion wird vorwiegend die Auffassung vertreten, die funktionale und soziale Differenzierung vertrage sich nicht mit dem Fortbestand übergreifender und allgemein verbindlicher Sinn- und Wertesysteme. Andererseits aber seien diese Sinn- und Wertesysteme die Voraussetzung für individuelle und gesellschaftliche Integration. Der hohe Stellenwert gemeinsam geteilter sozialer Werte und Normen liege darin begründet, dass es keinen sozialen Zusammenhalt geben könne, wenn die Gesellschaftsmitglieder nicht ein Mindestmaß an Übereinstimmung teilen und sich in Werten und Lebensweise ähnlich seien.[31] Die ernüchternde Schlussfolgerung aus dieser zwiespältigen Beobachtung führt zu einem soziologischen Dilemma: Die Möglichkeiten für die Integration der modernen Gesellschaft schwänden, nicht aber der Bedarf an Integration: „Je mehr sich die soziale Struktur differenziert und spezialisiert, desto notwendiger wird ein allgemeines System von Werten, Normen und Bedeutungen, um die verschiedenen spezialisierten Einheiten aufeinander abzustimmen."[32] Verstärkt werde diese Tendenz durch das Phänomen der Rationalisierung, die die kulturelle Seite der Modernisierung sei. Dieses Phänomen meint, dass sich die Individuen in ihren Handlungen zunehmend an reinen Nützlichkeitsüberlegungen orientierten. Die Folge davon sei, dass der Konsens über grundlegende Werte weiter abnehme.[33]

Eng mit der Differenzierungsthese verbunden ist die These einer zunehmenden Individualisierung. Sie wird für jedermann greifbar an der abnehmenden Bedeutung traditioneller Rollenmuster in Beruf, Familie und Geschlechterverhältnis.[34] Die Individualisierungsthese bezieht sich sowohl auf die Makroebene der Gesellschaft wie auch auf die Mikroebene des

Individuums. Auf der Makroebene unterstellt die Individualisierungsthese die Enttraditionalisierung der Gesellschaft. Sie behauptet, dass die Bedeutung traditioneller Institutionen wie Familie, Nachbarschaft oder soziale Klasse für das Handeln der Individuen schwindet. Ebenso wird auf der Mikroebene eine Pluralisierung von Werten und Normen, von Lebensstilen und Lebensentwürfen diagnostiziert. Die Individualisierungsthese nimmt an, dass die individuellen Entscheidungsmöglichkeiten und Handlungsspielräume der Individuen durch die steigenden Anforderungen an Bildung und Ausbildung, Mobilität und Umstellungsbereitschaft zunehmen. Das heißt, die Individuen hätten heute mehr Entscheidungen als in früheren Zeiten zu treffen.[35] Moderne Gesellschaften zeichnen sich dadurch aus, dass Entscheidungen, die Individuen betreffen, nicht mehr nach vorgegebenen, kulturtypischen und tradierten Entscheidungsmustern fallen, sondern individualisiert sind und in die persönliche Entscheidungsfreiheit übergehen. Das Doppelgesicht der Individualisierung zeigt sich darin, dass die Individuen ein Mehr an Freiheit mit einem Mehr an persönlicher Verantwortung und Belastung durch Entscheidungen bezahlen.

Entstrukturierung und Individualisierung der Gesellschaft bewirken nicht nur die Zunahme von Autonomie und Wahlfreiheit der Individuen, sie haben neben einer höheren Verantwortung weitere Schattenseiten: Narzissmus, Hedonismus, Konsumismus, aber auch wachsende Indifferenz, Orientierungslosigkeit, Sinnverlust, Identitätsstörung, Entwurzelung, Vereinzelung, Vereinsamung. Indikatoren dieser Entwicklung sind der Verlust von identitätsstiftenden Orientierungen wie sie durch religiöse Überzeugungen oder politische Ideologien vermittelt werden, abnehmende Solidarität, die Auflösung von Zugehörigkeiten und Identitäten, das Verschwinden von dauerhaften Bindungen an Parteien, Gewerkschaften, Kirchen und andere intermediäre Organisationen, zunehmende gesellschaftliche Anomie. Ideologisch begleitet wird diese Entwicklung dadurch, dass Heterogenität und Differenz aufgewertet, Vorstellungen sozialer Einheit oder Integration, insbesondere die Vorstellung einer normativen Integration, aber abgewertet werden. Das Lob der Differenz hat zwei Seiten, eine deskriptive und eine normative. Die deskriptive Perspektive betont die „Entstrukturierung" des Sozialen mit ihrer Tendenz zur Pluralisierung und Diversifizierung sozialer Lebenslagen, Lebensformen, Lebensstile, Milieus, Subkulturen, Geschlechts- oder ethnischer Zugehörigkeit. Kurzum, beschrieben wird das *Schwinden kultureller Homogenität*. Aus der normativen Perspektive geht es um die Verteidigung „lebendiger Vielfalt" gegen eine angeblich repressive, abstrakte Tendenz zur Homogenisierung; es geht um die Verteidigung einer vielgestaltigen Peripherie gegen ein kontrollierendes Zentrum; um die Verteidigung des Heterogenen, Partikularen und der Freiheit zum Anderssein. Kurzum, gefeiert wird die *Ausbreitung kultureller Heterogenität*.[36]

Vor diesem Hintergrund ist das Problem der Integrationsfähigkeit moderner Gesellschaften zu einer zentralen Frage geworden, die nicht nur Soziologie, Politikwissenschaft und Demokratietheorie beschäftigt. Auch die praktische Politik, die auf die Lösung gesellschaftlicher Probleme gerichtet ist, kann sich dem Thema nicht entziehen, weil ein Mindestmaß an gesellschaftlicher Integration nach wie vor die Bedingung für die Bewältigung gesellschaftlicher Probleme zu sein scheint.[37] Soziale Integration ist also das Schlüsselproblem moderner Gesellschaften. Seine Lösung stößt in der gesellschaftlichen Wirklichkeit aber auf zahllose Schwierigkeiten. Die Schwierigkeiten beginnen bereits mit der Frage, was mit dem Begriff der Integration überhaupt gemeint sein soll.

Über Möglichkeit oder Unmöglichkeit, Notwendigkeit, Bedingungen, Reichweite und Grenzen von Integration in modernen Gesellschaften gibt es in der Soziologie seit vielen Jahren eine vielstimmige Diskussion. Aus der Not heraus überwiegen minimalistische Auffassungen. Irgendwie geht es um den sozialen Zusammenhalt, um Vergemeinschaftung, um Kohäsion und Kohärenz.[38] Oder Integration wird verstanden als wechselseitige Anerkennung der Individuen und Gruppen, die sich auf die Prinzipien der Gleichwertigkeit der Menschen und der Gewaltfreiheit der Verhältnisse und Beziehungen stützt,[39] und auf den Satz gebracht werden kann: Gleichheit integriert, Unterschiede desintegrieren.[40] Aber eine solche Definition ist noch keine Integrationskonzeption. Sie ist nicht viel mehr als eine Selbstverständlichkeit, der Versuch, eine möglicherweise notwendige Randbedingung von Integration zu nennen. Soziologiekritisch eingestellte Stimmen bemängeln daher zu Recht ein begriffliches Chaos. Es fehlt bislang eine überzeugende Explikation des Integrationsbegriffes.[41]

Wie die meisten geisteswissenschaftlichen Grundbegriffe ist auch der Begriff *Integration* vage und unbestimmt. Das macht ihn für eine Wissenschaft fragwürdig, die auf Präzision und Klarheit bedacht ist.[42] Ungelöst sind auch die Operationalisierungsprobleme. Wann ist etwas erfolgreich in etwas anderes integriert? Welches Maß an Integration weist ein soziales System auf? Woran sollte sich das überhaupt bemessen lassen?[43] Der Soziologe Richard Münch am Rande der Verzweiflung: So „wird man wohl endgültig an der wissenschaftlichen Brauchbarkeit dieses Begriffes zweifeln. Vielleicht bleibt dann nur die theoretische Resignation: ‚Soziale Integration muß immer wieder neu durch aktive politische Gestaltung produziert werden.'"[44]. Dieses Geste der wissenschaftlichen Hilflosigkeit provoziert den Rechtssoziologen Rottleuthner zu Spott: „Auch dieser Satz könnte an einem Sonntag im politischen System geäußert worden sein, stammt aber aus dem Wissenschaftssystem."[45] Aber Rottleuthner macht es sich zu leicht. Als *Rechtssoziologe* müsste er nämlich wissen, welche Rolle Begriffe wie Gerechtigkeit, Gleichheit usw. gerade in der Rechtswissenschaft spielen, obwohl sie nicht allgemeingültig definiert werden können.

Der Stabilitätszustand, der Integration genannt wird, bewegt sich auf einem Integration-Desintegrations-Kontinuum. Dieser Zustand wird von den Extremen der totalen Homogenität und der totalen Heterogenität begrenzt. Die totalen Zustände sind aber keine empirischen Tatsachen, sondern lediglich idealtypische Vorstellungen. Totale Homogenität von Gemeinschaften ist ausgeschlossen, die totale Heterogenität ist unwahrscheinlich. Das heißt, die ethnisch-kulturell homogene Gesellschaft ist immer nur *relativ homogen*, die ethnisch-kulturell heterogene nur *relativ heterogen*. Und die multikulturelle Gesellschaft ist nicht unbedingt extrem individualistisch, sondern mehr durch eine weitgehende Heterogenität verschiedener Gruppen gekennzeichnet. Diese Einführung geht von der Annahme aus, dass auf dem Integration-Desintegrations-Kontinuum Zustände markiert werden können, die durch mehr Gemeinsamkeiten als Unterschiede bzw. mehr Unterschiede als Gemeinsamkeiten charakterisiert sind. Das heißt nicht, dass es unbedingt um ein quantitatives Verhältnis geht, sondern dass bei den *entscheidenden* Merkmalen mehr Gemeinsamkeiten oder mehr Unterschiede bestehen. Die eigentliche Herausforderung besteht darin, den Abschnitt des Kontinuums theoretisch und empirisch zu ermitteln, in dem Integration in Desintegration umschlägt. Die Integrationsdiskussion zeigt, dass die Frage der Integration moderner Gesellschaften nach wie vor auf ihre „Große vereinheitlichte Theorie" wartet. Solange bleibt der Integrationsterminus lediglich ein nützlicher heuristischer Begriff.

2.1   Was ist Integration?

Wenn die zunehmende funktionale und soziale Differenzierung samt ihrer negativen Begleiterscheinungen Kennzeichen der modernen Gesellschaft ist, dann kommt Auguste Comte mit seiner klassischen Grundfrage der Soziologie ins Spiel: „Was bewirkt, dass die Gesellschaft nicht auseinanderfällt, und zwar in dem Maße, in dem sie immer größer, immer komplizierter, immer differenzierter, immer spezialisierter und immer geteilter wird?"[46] Mehr noch, sind die unterschiedlichen gesellschaftlichen Gruppen überhaupt noch in der Lage sind, einen Konsens zu erreichen, der imstande ist, die zerstörerische Kehrseite dieser Differenzierungsprozesse im Zaum zu halten. Auf den Punkt gebracht: Sind moderne Gesellschaften überhaupt noch integrierbar? Falls ja, welche Bestimmungsgrößen machen gesellschaftliche Integration unter den Bedingungen von Differenzierung, Pluralisierung, Individualisierung möglich? Verschärft wird das Problem noch durch die zunehmende ethnisch-kulturelle Vielgestaltigkeit der modernen Gesellschaften. Kommt es unter diesen Voraussetzungen unvermeidlich zu gesellschaftlicher Desintegration? Die Frage nach der Integration der modernen Gesellschaften wird also unversehens zu ihrer Existenzfrage, zur Frage nach ihrer conditio sine qua non.[47]

Was kann unter gesellschaftlicher Integration überhaupt verstanden werden? Bernhard Peters, der sich sehr eingehend mit dieser Frage beschäftigt hat, bestimmt sie als ein gelungenes Verhältnis von Freiheit und Bindung. Integration ist danach nicht einfach gleichzusetzen mit Ordnung, Organisation und Stabilität von Systemen. Gesellschaftliche Integration, die sich im Spannungsfeld von Freiheit und Bindung abspielt, ist ein *Erfolgsbegriff mit einer normativen Grundierung*. Integriert kann nur sein, was auf entgegengesetzten Kräften beruht. Deshalb kann Integration gelingen oder scheitern.[48]

Beim Integrationsbegriff können zwei Aspekte unterschieden werden:

1. *Integration als Prozess*. Dabei geht es um die Art und Weise sowie die inhaltlichen Voraussetzungen, mit denen sich ein Element, ein Teil oder ein Subsystem in ein Gesamtsystem, ein Kollektiv oder ein größeres Ganzes eingliedert. Man beobachtet z.B., wie sich Schulanfänger in die für sie neue Institution Schule eingliedern, auf welche Schwierigkeiten sie treffen oder welche Faktoren den Eingliederungsprozess fördern, beschleunigen oder bremsen.
2. *Integration als Ziel, Resultat oder Zustand*. Wird der Begriff Integration absolut gesetzt, so ist damit ein Zustand gemeint, mit dem das Ausmaß des Zusammenhalts und die Funktionsfähigkeit eines Systems beschrieben werden kann. Man analysiert z.B. das Ergebnis des Eingliederungsprozesses der Schulanfänger, Art und Stärke des Zusammenhalts der Klassengemeinschaft oder die Lernerfolge der Klasse.[49]

Der gemeinsame Nenner der beiden Aspekte von Integration besteht darin, dass Teile zusammen ein System bilden, wobei das Ganze ohne die Teile nicht denkbar ist (Dieselmotor, Biotop, Gesellschaft). Durch den Zusammenhalt der Teile grenzt sich das System nach außen ab und wird dadurch erst als eigenes System erkennbar. Der Gegenbegriff zu Integration ist *Desintegration*. Das heißt, die Teile stehen von vornherein beziehungslos nebeneinander oder spalten sich nach und nach voneinander ab. Die Teile bilden kein nach außen abgegrenztes, identifizierbares System.[50]

Die Integration eines Systems ist gekennzeichnet durch eine wechselseitige Abhängigkeit der Teile untereinander und zum Gesamtsystem.[51] Veranschaulichen lässt sich diese Beziehung zwischen den Teilen und dem Ganzen und umgekehrt am Beispiel des menschlichen Organismus. Das Gesamtsystem Körper ist funktional differenziert, das heißt, verschiedene Aufgaben werden von verschiedenen spezialisierten Organen wahrgenommen. Alle Organe sind wiederum aufeinander angewiesen, das Gesamtsystem ist vom reibungslosen Zusammenwirken aller Organe abhängig. So brauchen die Lungen das Herz, das das Blut in die Lungenarterien pumpt. Alle anderen Organe, also auch das Herz, hängen aber von den Lungen ab, die das Blut mit Sauerstoff anreichert. Zur Versorgung des Gesamtsystems mit Energie und lebenswichtigen Stoffen und zur Entsorgung von überflüssigen oder schädlichen Stoffen sind der gesamte Organismus und seine einzelnen Teile wie Herz oder Lungen auf das Magen- und Darmsystem, auf Leber und Nieren angewiesen, das seine Aufgabe wiederum nur erfüllen kann, wenn Herz und Lungen funktionieren usw. Fällt ein Teilsystem aus, dann bricht über kurz oder lang das Gesamtsystem zusammen. Arbeitet ein Teilsystem nicht mehr einwandfrei, leiden das Gesamtsystem und andere Teilsysteme direkt oder indirekt usw. Ein gesunder Organismus ist also ein Beispiel für ein gut integriertes Gesamtsystem (vollständige Integration), ein schwer kranker oder toter Organismus das Beispiel für weitgehende oder völlige Desintegration (Integration als Resultat). Fällt z.B. ein Körperorgan aus und kann dessen Funktion durch andere Organe übernommen werden, findet eine Reorganisation des Zusammenwirkens der Teile statt (Integration als Prozess).[52] Überträgt man die Analogie des menschlichen Organismus auf soziale Systeme (Familie, Nachbarschaft, Schulklasse, Gesellschaft usw.), dann ergibt sich eine vergleichbare Struktur.[53] Gesellschaften sind zwar nicht so stark und kausal integriert wie biologische Organismen, gleichwohl sind ihre Teile wechselseitig aufeinander angewiesen und voneinander abhängig, damit das Gesamtsystem funktionsfähig bleibt.[54] Soziale Systeme bestimmen sich über soziale Beziehungen zwischen den Teilen des Systems. Die Teile des Systems sind Individuen, Gruppen, Organisationen. Gesellschaftliche Subsysteme wie Familien, Betriebe, Vereine und Verbände stehen miteinander und mit dem Gesamtsystem in Verbindung über Kontakte, Interaktionen, über den Austausch von Waren und Informationen, Transaktionen, Kommunikation oder wechselseitig aufeinander bezogene Orientierungen. Die Qualität und Intensität dieser Beziehungen entscheidet über den Grad der Integration oder Desintegration.[55] Das Integrationskontinuum wird auf der einen Seite begrenzt durch eine völlige wechselseitige Abhängigkeit der Teile voneinander, gekoppelt mit einer strikten Abgrenzung zur Umwelt. Das ist z.B. der Fall im Verhältnis der verschiedenen Waffengattungen (militärische Subsysteme) zu den Gesamtsystemen Land-, See- und Luftstreitkräfte. Auf der anderen Seite steht die komplette Unabhängigkeit der Teile. Das ist näherungsweise der Fall bei autonom handelnden, konspirativ organisierten Untergrundorganisationen oder Partisaneneinheiten ohne zentrale Führung.[56]

Das soziale System Hausgemeinschaft ist z.B. dann integriert, wenn sich die Familien kennen, sich gegenseitig besuchen und einander helfen, wenn sie gemeinsame Hausfeste feiern, dieselben Vorstellungen von gegenseitiger Rücksichtnahme und Ordnung im Haus haben, möglicherweise sogar gleiche oder ähnliche politische oder religiöse Auffassungen teilen. Nichtintegriert wären die Bewohner des Hauses, wenn sie zwar räumlich beieinander wohnen, aber sonst nichts miteinander zu tun haben, sich nicht einmal grüßen und beziehungslos nebeneinanderher leben.[57]

Die Aufgabe aller Teile eines Systems besteht darin, das Gesamtsystem durch komplementäres Zusammenwirken zu erhalten. In einem integrierten System wird jeder Teil von seinen Beziehungen zu den anderen Teilen beeinflusst und ist von ihnen abhängig. So besteht eine Funktion von Schulen darin, Schülern die Fertigkeiten und Kenntnisse zu vermitteln, die von den Unternehmen und Verwaltungen gefordert werden oder durch die die Schulabgänger als Bürger ihres Landes am öffentlichen Leben teilnehmen können. Die Funktion der Schule kann also nicht völlig verstanden werden, wenn sie isoliert betrachtet wird. Nur eine Analyse der Beziehungen der Schulen zu den anderen Teilen der Gesellschaft lässt ihre Funktion deutlich werden. Erfüllen die Schulen ihre Aufgaben, die ihnen von den anderen Teilen der Gesellschaft (Unternehmen, Gemeinden, Staat) zugedacht sind, erfolgreich, dann sind die Schulen ein gut integrierter Bestandteil der Gesamtgesellschaft. Aber auch die Schulen selbst können gut oder schlecht integriert sein. Auf dieser Ebene geht es darum, ob der Schulleiter, die Fachlehrer, die Hausmeister, das Verwaltungssekretariat und die Schüler ihre Aufgaben so erfüllen, dass am Ende eine effiziente und vorgabengetreue Zielerfüllung steht.[58] In der sozialen Realität herrschen unterschiedliche Grade der Integration. Das heißt, die Teile einer Gruppe oder einer Gesellschaft arbeiten mehr oder weniger reibungsarm zusammen und erfüllen damit ihre Aufgabe, das Gesamtsystem aufrechtzuerhalten, mehr oder weniger gut. Funktionieren alle gesellschaftlichen Teilsysteme (Schulen, Gesundheitswesen, Staat, Wirtschaft usw.) gut aufeinander abgestimmt und agieren in ihren gegenseitigen Beziehungen ohne große Reibungen, dann ist das Gesamtsystem gut integriert. Behindert ein soziales Teilsystem das Funktionieren des Gesamtsystems, dann ist das Teilsystem dysfunktional, das Gesamtsystem leidet unter Desintegrationserscheinungen.

2.2   Die Subjekte der Integration: Personen und soziale Systeme

Das Schulbeispiel zeigt, dass im Zentrum des gesellschaftlichen Prozesses Personen und Kollektive stehen. Die Kollektive werden auch als soziale Systeme bezeichnet. Beide, Personen und soziale Systeme, sind die Subjekte der gesellschaftlichen Integration.[59] Personen und soziale Systeme bewegen sich in einem Beziehungsfeld. Dieses Beziehungsfeld besteht aus der Struktur einer Gesellschaft und ihrer Kultur.

Grundlage für das Personsein ist aus soziologischer Sicht der Prozess der Vergesellschaftung der Menschen. Vergesellschaftung heißt, dass Menschen im Zusammensein mit anderen ihr Einzeldasein überwinden, aber gleichzeitig auch ihre eigene Individualität ausbilden. Ein Kind z.B. entwickelt sein individuelles Profil und seine Individualität in einer Familie. Das ist ein Lernprozess, in dem das Individuum soziale Kompetenzen entwickelt. Im Besonderen geht es um die Fähigkeit zur kognitiven Erfassung der natürlichen und sozialen Welt, es geht um den Erwerb von Sprache und Kommunikationskompetenz, um moralische Urteils- und Handlungskompetenz, um die Fähigkeit, die eigenen Gefühle und Bedürfnisse zu deuten und zu artikulieren, es geht um Empathie im Hinblick auf die Reaktionen anderer, es geht um Urteilsvermögen und die Fähigkeit, Lebensziele zu entwerfen und zu verfolgen. Dieser Lernprozess umfasst die Teilnahme an Interaktionen mit anderen, die wiederum sozialisatorisch zurückwirken. Er umfasst vor allem auch die kognitive Aneignung vorgegebener *kultureller Muster*, die besonders bedeutsam sind für die gesellschaftliche Integration der Individuen. Denn Lebensführung und eigene Biographie zu gestalten oder Lebenspläne auszuarbeiten und zu verfolgen setzt voraus, sich mit vorgegebenen kulturellen Mustern und Erwartungen auseinanderzusetzen. Standardbiographien stellen den Gesellschaftsmitgliedern gewissermaßen Musterlebensläufe zur Verfügung. Sie enthalten Bewertungsmaßstäbe für ein gelungenes Leben und antworten auf Fragen, wer und wie man ist. Sie formulieren Erwartungen, was man tun sollte, kann und wird. Bekanntlich geht die Individualisierungsthese davon aus, dass sich die heutigen westlichen Gesellschaften durch einen vielfältigen Vorrat an Lebensentwürfen auszeichnen. Für die eigene Biographie bringt das einen hohen Grad an *Entscheidungs- und Gestaltungsmöglichkeiten* mit sich, die gleichzeitig *Entscheidungs- und Gestaltungszumutungen* sind. Und trotzdem sind die Individuen nicht nur auf sich allein gestellt. In den entwickelten Gesellschaften gilt gleichzeitig, dass persönliche Lebensführung ein unaufhörlicher Prozess der Integration in unterschiedliche Lebenszusammenhänge und Vergesellschaftungen ist.[60] *Integration ist also ein ubiquitäres Phänomen.*

Soziale Systeme sind menschliche Kollektive. Sie sind angeordnet in konzentrischen Kreisen, die sich häufig überschneiden. Die Überschneidung kommt durch Mitgliedschaften auf der jeweils selben Ebene zustande. Das ist der Fall, wenn jemand gleichzeitig Mitglied ist in einem Sportverein und in einem Musikverein oder in zwei Musikvereinen. Die menschliche Gesellschaft besteht aus einer Vielzahl von sozialen Systemen, die in komplexen und unterschiedlichen Konfigurationen zueinander stehen. Unter sozialen Systemen werden alle Formen der Vergesellschaftung verstanden, ob sie dauerhaft oder nur vorübergehend sind, ob sie institutionalisiert oder nur auf lockeren Bindungen beruhen. Beispiele für soziale Systeme sind Freundschaften, Ehen, persönliche Feindschaften, Gespräche auf der Straße oder in der Kneipe, Konzerte, Sportveranstaltungen, Volksfeste, Familien, Nachbarschaften, Verwandtschaftsgruppen, Städte, nationale Gesellschaften, Staaten, Berufsverbände, Universitäten, die Wissenschaft, Sekten, Fußballvereine, Gesangsvereine, Gewerkschaften, Parteien, Unternehmen, Militär und Polizei, Museen, das Erziehungswesen, Immigranten, das Gesundheitswesen, Begegnungen im Waschsalon, Partys, Tanzveranstaltungen, Kirchen, Glaubensgemeinschaften, Protestbewegungen, nationale Minderheiten. Soziale Systeme bestehen also aus Personen, die zueinander Kontakt haben oder Beziehungen zueinander unterhalten. Soziale Rollen und soziale Systeme haben symbolische Grenzen, die aber häufig unklar, fließend und umstritten sind. Beispiel: Handelt jemand als Parteimitglied, Kirchenmitglied oder Familienmitglied?[61] Zu unterscheiden sind die Dauerhaftigkeit (Institutionalisierung) oder die Flüchtigkeit eines sozialen Systems (etwa eine Party). Es gibt konkrete Vergesellschaftungen oder den entsprechenden abstrakten Typ. Beispiel: Konkrete Familien haben eine begrenzte Dauer. Die Familie als Institution, als Typ gesellschaftlichen Zusammenlebens, ist dagegen dauerhaft und über lange Zeit relativ unverändert.[62]

2.3   Niveaus der gesellschaftlichen Integration

Um noch einmal auf das Beispiel Schule zurückzukommen: Lehrer, Schüler, Verwaltungsmitarbeiter und Hausmeister handeln als Personen, aber auch als soziale Systeme oder Kollektive, wie das etwa bei einem Lehrerkollegium oder der Schülerschaft der Fall ist. Die
einzelnen Personen und die sozialen Teilsysteme der Schule bilden wiederum das gesamte
soziale System Schule. Auf einer ersten Stufe bedeutet Integration zunächst, dass Lehrer,
Schüler, Verwaltungsmitarbeiter und Hausmeister ihre vorgegebenen Aufgaben erfüllen. Auf
einer zweiten Stufe, dass sie sich vielleicht auch in dem von der Schule repräsentierten Bil-
dungsauftrag wiedererkennen. Die Lehrer arbeiten nicht nur gewissenhaft und die Schüler
lernen nicht nur fleißig, sondern beide identifizieren sich auch mit ihrer Schule.[63] Integration
kann also entweder ein äußeres, auf Zusammenarbeit und Zusammenwirken gerichtetes Verhalten beschreiben oder mit inneren Einstellungen zu tun haben oder die innere und äußere
Dimension gleichzeitig in sich vereinigen. Vor diesem Hintergrund unterscheidet Peters drei
Ebenen, auf denen gesellschaftliche Integration gelingen oder scheitern kann. Diese Ebenen
der gesellschaftlichen Integration sind: die funktionale Koordination, die moralische Integrität und die expressive Gemeinschaft.[64]

Erste Ebene: die funktionale Koordination Funktionale Koordination bedeutet, dass verschiedene Aktivitäten aufeinander abgestimmt werden, so dass diese Aktivitäten ein er-
wünschtes Resultat hervorbringen. Sind es Menschen, die an einer Koordination beteiligt
sind, dann findet die Koordination dadurch statt, dass Handlungen und Pläne absichtsvoll
aufeinander abgestimmt werden. Die dazu notwendige Verständigung findet über Sprache
statt. Um die Koordination zu realisieren, orientieren sich die Beteiligten an bestimmten
Regeln und Normen. Von Koordination im Sinne einer Abstimmung verschiedener Aktivitäten aufeinander kann dann gesprochen werden, wenn entweder Personen oder soziale Systeme handeln. Das wichtigste Beispiel für die funktionale Koordination ist die Kooperation:
Wenn die Beschäftigten eines Fahrzeugherstellers bei der Montage der Autos zusammenwirken, wenn die Produktionsabteilung sich mit der Entwicklungsabteilung abstimmt, wenn der
Autohersteller mit einem Getriebeproduzenten zusammenarbeitet, dann ist dieses Zusammenwirken ohne Koordination nicht vorstellbar. Koordination ist also ein grundlegendes
Funktionserfordernis, ohne die eine Volkswirtschaft Güter und Dienstleistungen nicht erfolgreich herstellen kann. Koordination ist aber auch in allen anderen gesellschaftlichen Bereichen unverzichtbar, etwa wenn es um die Verwirklichung sozialer Ziele geht, in der Daseins-
fürsorge, in der Bildung, im Gesundheitswesen, bei der Organisation jeglicher Art von Veranstaltungen, bei Regelungen im Straßenverkehr.[65]

Die auf Koordination beruhende Kooperation muss das gewünschte Resultat aber nicht nur
überhaupt, sie muss es auch auf möglichst ökonomische Weise erreichen: Es muss nicht nur
zweckmäßig gehandelt werden, sondern auch so, dass das Verhältnis von Aufwand und Wirkung optimiert wird. Das ist das Kriterium der (ökonomischen) Effizienz. Koordination muss
nicht unbedingt bewusst auf dem Wege einer Abstimmung von Verhaltenserwartungen und
Verhaltensorientierungen erfolgen. Koordination kann auch durch intuitives Zusammenwirken oder etwa durch gleichsinniges Handeln aufgrund eingespielter, kulturell gepräg-

ter Handlungsroutine erfolgen. Aus dieser Beschreibung resultiert, dass hinter allen Erscheinungen von Desorganisation fehlende oder mangelhafte funktionale Koordination steht.[66]

Zweite Ebene: die moralische Integrität Die Prinzipien von Gleichheit, Gerechtigkeit, Reziprozität (Gegenseitigkeit) und Fairness bilden die Grundlage moderner Moralvorstellungen. Hinzu kommt die Solidarität mit denen, die hilfebedürftig sind und denen gegenüber die Forderung nach einer Reziprozität von Leistung und Gegenleistung nicht erhoben werden kann, z.B. Fürsorge für Kinder, Behinderte, chronisch Kranke usw. Moralische Integrität umfasst auch die Anerkennung der Handlungsfreiheit der Individuen sowie die gegenseitige Achtung und Wahrung der Integrität des anderen. Negativbeispiele sind Nichtachtung, Indifferenz, soziale Isolierung bei nur formaler Erfüllung von Ansprüchen, Bloßstellung, Kränkung, Verleumdung, Beleidigung. Moralische Integrität meint aber auch ein symbolisches Band zwischen den Mitgliedern einer sozialen Gemeinschaft, die durch eine gemeinsame Identität verbunden sind. Dabei kommt es nicht darauf an, dass diejenigen, die durch ein symbolisches Band verbunden sind, sich auch persönlich kennen. Diese Konstellation ist z.B. der Fall, wo es um ein Gefühl der Zugehörigkeit zu einer Nation oder um die Verpflichtung auf eine Idee geht. Viele Formen der moralischen Integrität wirken in Form von Gewohnheiten oder sind institutionell verankert und rechtlich geschützt. Moralische Integrität ist notwendig, um Differenz zu ermöglichen. Fehlende oder mangelhafte moralische Integrität macht sich bemerkbar in anomischen Konflikten, Gewalt, Ungerechtigkeit, Entsolidarisierung.[67]

Dritte Ebene: die expressive Gemeinschaft Unter der expressiven Gemeinschaft versteht Peters die verschiedenen Formen kollektiver Identitätsbildung, kollektiver Selbstverwirklichung und Bedürfnisbefriedigung. Das setzt die Übereinstimmung in den wichtigsten Wertvorstellungen voraus. Es geht um gemeinsame Sinndeutungen, Konzeptionen des guten Lebens, um die Verfolgung kollektiver Ziele und Projekte. Die expressive Gemeinschaft realisiert sich in gemeinsamem Handeln. Beispiele dafür sind Feste, Spiele, Rituale. Die expressive Gemeinschaft äußert sich vor allem auch in Gefühlen der Zusammengehörigkeit, der Zugehörigkeit zu einem bestimmten Kollektiv, der gegenseitigen Sympathie oder der Wertschätzung aufgrund einer gemeinsam empfundenen Identität. Fehlende oder mangelhafte expressive Gemeinschaft äußert sich in Erscheinungen gesellschaftlicher Entfremdung, in Indifferenz, emotionaler Verarmung, in Identitätsstörungen, im Gefühl des Sinnverlustes, in Orientierungslosigkeit und Inauthentizität. [68]

Die drei Niveaus der gesellschaftlichen Integration stehen in einem hierarchischen Verhältnis zueinander. Die funktionale Koordination ist die grundlegendste Integrationsebene, sie ist die Grundbedingung für Integration überhaupt. Auf der funktionalen Koordination bauen die beiden anderen Niveaus auf. Konkrete soziale Lebensformen weisen aber immer alle drei Integrationsniveaus auf, wenn auch in unterschiedlicher Mischung und in unterschiedlicher Intensität und Vollkommenheit. Das Beispiel Familie kann zeigen, in welchem Verhältnis die drei Integrationsniveaus zueinander stehen: Funktionale Koordination in der Familie zeigt sich darin, dass verschiedene Aufgaben festgelegt und verteilt werden müssen. Sobald zur technischen Frage der innerfamiliären Verteilung von Belastungen die Frage nach ihrer gerechten Verteilung hinzukommt, befinden wir uns auf der Ebene der moralischen Integrität. Auf dieser Ebene geht es also um moralische Aspekte wie Gerechtigkeit, Solidarität, Fürsorge, Regeln, Normen, Werte, Treue, Gleichberechtigung, Autorität und die Vorstellung vom guten Leben. Auf der Ebene der expressiven Gemeinschaft geht es um familiäres Selbstverständnis, Familienidentität, gemeinsame Ziele, Gefühle der Familienzugehörigkeit, kulturelle Eigenheiten der Familie.[69] Die expressive Gemeinschaft gibt sich einen äußeren Ausdruck in gemeinsamen Aktivitäten wie Familienfeiern oder Unternehmungen. An diesem Beispiel wird deutlich, dass die drei Integrationsniveaus aufeinander bezogen sind und dass sie sich, wenigstens bis zu einem bestimmten Grad, gegenseitig bedingen. Das heißt, ohne ein Mindestmaß an Koordination gibt es keine moralische Integrität oder expressive Gemeinschaft, ohne ein Mindestmaß an moralischer Integrität gibt es keine Koordination. Weiter wird deutlich, dass die Integrationsniveaus der moralischen Integrität und der expressiven Gemeinschaft eng miteinander verzahnt sind. In Anlehnung an Peters sieht auch Heitmeyer immer drei Integrationsebenen am Werk: 1) eine ökonomische, 2) eine soziale und 3) eine kulturelle. Heitmeyer betont, dass die Drei-Ebenen-Betrachtung analytisch insbesondere den ethnisch-kulturell vielfältigen Gesellschaften gerechter wird als Ansätze, die immer nur eine Ebene betrachten und z.B. die Werteebene (Talcott Parsons) in den Vordergrund schieben oder so tun, als könne allein die Inklusion in die wirtschaftlichen Strukturen die Gesellschaftsmitglieder hinreichend ins System integrieren und damit Konflikte reduzieren.[70]

2.4   Ein Zwei-Ebenen-Modell der Integration

Peters dreistufiges Modell gesellschaftlicher Integration kann aus Gründen der analytischen Vereinfachung zu einem zweistufigen Modell zusammengeführt werden: dem Modell der strukturell-funktionalen[71] und kulturell-identifikatorischen Integration. Die Reduktion auf ein *Zwei-Ebenen-Modell* macht es kompatibel mit den Dimensionen Sozialintegration und Systemintegration und mit dem Struktur-Kultur-Paradigma der Gesellschaft. Aus der Kombination aller drei Begriffspaare entsteht dann ein Modell der Integration moderner Gesellschaften.

Die *strukturell-funktionale Integration* bezieht sich auf die äußere Eingliederung von Personen und sozialen Einheiten in die Strukturen der Gesellschaft, in Politik, Wirtschaft, soziales System, Bildung, Gesundheitswesen usw. Bei der strukturell-funktionalen Integration ist also das *äußere Verhalten* Kriterium der Integration. Integration ist gleichzusetzen mit Kooperation zum gegenseitigen Vorteil. Beispiele dafür sind der Waren- oder Arbeitsmarkt oder der Betriebsablauf eines Autoherstellers.[72] Selbstverständlich sind unterschiedliche Grade der strukturell-funktionalen Integration möglich. Die Bandbreite reicht von Desintegration bis zu vollständiger Integration. Im einen Fall sind die einzelnen Abteilungen des Autoherstellers nicht fähig oder willens, zusammenzuarbeiten und ihre Arbeit zu koordinieren, im anderen Fall läuft alles vollkommen reibungslos ab. Die strukturell-funktionale Integration des Zwei-Ebenen-Modells entspricht der funktionalen Koordination bei Peters.

Die *kulturell-identifikatorische Integration* bezieht sich auf das Bewusstsein kultureller Zusammengehörigkeit und den Grad der emotionalen Bindung an das Gesamtsystem. Bei der kulturell-identifikatorischen Integration sind also die *inneren Einstellungen* Kriterium der Integration. Integriert sind Individuen oder soziale Systeme, wenn sie die kollektiven Ziele oder Werte teilen, auf die sich ein Gesamtsystem stützt. „Integriert ist, wer ein positives Verhältnis zum jeweiligen System oder/und seinen Zielen hat."[73] Gesamtsystem kann ein Betrieb, ein Tennisklub, eine Familie, die Nation, die politische Ordnung oder die Kultur eines Landes sein. Auch bei der kulturell-identifikatorischen Integration sind unterschiedliche Grade möglich, von Nichtintegration bis zu vollständiger Integration. Im Fall der Vollintegration identifizieren sich die Individuen und sozialen Kollektive mit dem Gesamtsystem, sie engagieren sich und sind solidarisch mit ihm und seinen Mitgliedern. Bei abnehmender kulturell-identifikatorischer Integration verhalten sie sich halbherzig und ambivalent, im Fall der Nichtintegration stehen sie dem System gleichgültig, distanziert, ablehnend oder gar feindselig gegenüber. Da kulturell-identifikatorische Integration keine bestimmte kulturelle Integrationsstufe, sondern nur die Bandbreite möglicher Anpassungsgrade bezeichnet, muss zwischen der *kulturell-identifikatorischen Integration* und der *kulturell-identifikatorischen Anpassung* unterschieden werden. Die kulturell-identifikatorische Integration meint die verschiedenen Formen kultureller Integration auf einem Kontinuum zwischen Integration und Nichtintegration. Die kulturell-identifikatorische Anpassung meint die erfolgreiche Einfügung in ein System oder eine Kultur. Im Zusammenhang mit der Integration von Immigranten ist der Begriff der kulturell-identifikatorischen Anpassung mit Assimilation oder Akkulturation gleichzusetzen. Die Ebene der kulturell-identifikatorischen Integration entspricht der moralischen Integrität und der expressiven Gemeinschaft bei Peters.

Beide Ebenen, die strukturell-funktionale und die kulturell-identifikatorische Integration zusammen, ergeben dann die vollständige Integration, wenn die strukturell-funktionale Integration komplett ist und gleichzeitig eine kulturell-identifikatorische Anpassung stattgefunden hat. *Vollständige Integration* ist also eine Kombination zwischen äußerem Verhalten und inneren Einstellungen. Bei dieser Konstellation sind die Integrationssubjekte nur dann in ein (Gesamt-)System integriert, wenn sie sich der Kultur des Systems vollständig angepasst haben, gemeinsame Ziele verfolgen und mit anderen Personen oder sozialen Systemen kooperieren und so zum Funktionieren und zum Erhalt des ganzen Systems beitragen. Emile Durkheim hat diese Form der Integration auch in modernen Gesellschaften für unerlässlich gehalten. Ein System ist folglich umso stärker integriert, je größer der Anteil derer ist, die sich mit dem System identifizieren und seine Ziele und Werte teilen. Wichtig bei der vollständigen Integration ist die Rückkopplung zwischen innerer Einstellung und äußerem Verhalten. Das heißt, die Qualität der Integration nimmt zu, wenn das äußere Verhalten durch die innere Einstellung verstärkt wird. Bis zu einem gewissen Grad gilt diese Beziehung auch umgekehrt, das heißt, eine strukturell-funktionale Integration kann die kulturell-identifikatorische Integration verstärken oder überhaupt erst möglich machen. Wie grundlegend der Erfolg eines Systems von einer tendenziell vollständigen Integration abhängt, kann das Beispiel eines Orchesters zeigen. Dort scheint zunächst die strukturell-funktionale Integration auszureichen, weil es scheinbar nur auf ein technisch perfektes Zusammenwirken der einzelnen Orchestermitglieder ankommt. In Wirklichkeit kommt aber eine identifikatorische Seite mit ins Spiel. Die Identifikation aller Orchestermitglieder mit dem zur Aufführung kommenden Werk und dem gemeinsam verfolgten Ziel, das Publikum mit einer guten musikalischen Leistung zu begeistern, wird die Chance auf einen Erfolg erhöhen. Selbst noch auf dem Warenmarkt, dem Paradebeispiel strukturell-funktionaler Integration, spielt die identifikatorische Seite mit. Das hängt damit zusammen, dass der Markt nur dann optimal funktionieren

kann, wenn die vorgängigen moralischen Regeln, auf denen er beruht, von allen Marktteil-
nehmern akzeptiert werden.[74] Das Beispiel des Orchesters zeigt, dass bestimmte Systeme der
Gesellschaft einen hohen Integrationsgrad haben müssen, um erfolgreich zu sein. Andere
können hingegen schon auf niedrigem Integrationsniveau funktionieren, wie etwa der Markt.

Die Integrationsbegriffe des Zwei-Ebenen-Modells haben jeweils zwei Attribute, strukturell
und funktional, kulturell und identifikatorisch. Das trägt dem Umstand Rechnung, dass jede
Integrationsebene die Perspektive des Individuums und die Perspektive des aufnehmenden
Systems enthält. Auf der ersten Ebene bedeutet Integration aus der Perspektive des Individuums, dass sich das Individuum aktiv in die gesellschaftlichen Strukturen hineinintegriert, also
sich innerhalb dieser Strukturen funktional verhalten kann (funktionale Dimension). Aus der
Systemperspektive dagegen sind es die Strukturen der Gesellschaft, die Individuen und Kollektive aufnehmen, spezifische Aufnahmebedingungen stellen sowie Mittel und Möglichkeiten für diese Aufnahme bereithalten (strukturelle Dimension). Bei der Integration auf der
zweiten Ebene meint die individuelle Perspektive den Grad der Anpassung an und die Identifikation mit der Kultur der Gesellschaft (identifikatorische Dimension), während es aus Perspektive der Kultur der Gesellschaft um die kulturellen Integrationsbedingungen geht (kulturelle Dimension).

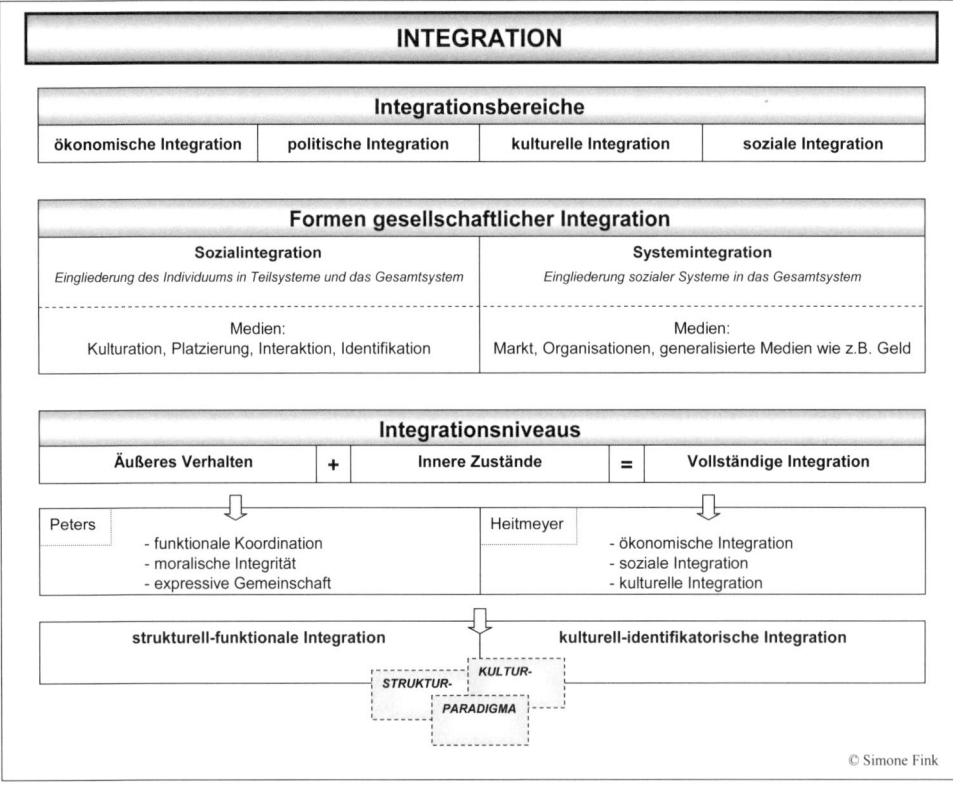

Abb. 2.1   *Bereiche, Formen und Niveaus der gesellschaftlichen Integration*

2.5   Integration in komplexen gesellschaftlichen Systemen

Die Individuen sind nicht nur dem Gesamtsystem, sondern auch den verschiedenen Teil-systemen auf der Makro-, der Meso- und der Mikroebene zugeordnet. Das heißt, auf der Makroebene gehören die Individuen Nationen, Kirchen, Verbänden, Parteien, Betrieben, gesellschaftlichen Klassen oder Minderheiten an; auf der Mesoebene sind sie in Organi-sationen, Vereine, Bürgerinitiativen und andere größere soziale Netzwerke einbezogen und auf der Mikroebene sind handeln sie als Individuen oder als Mitglieder von Kleingruppen wie Familien oder Freundeskreisen.

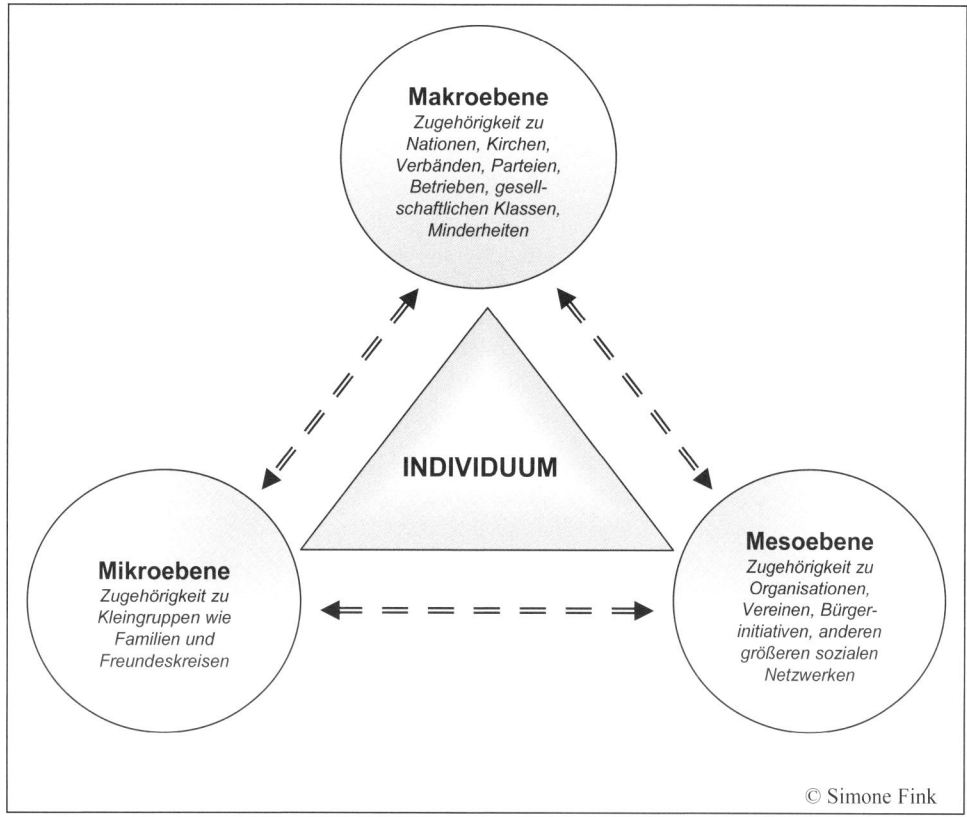

Abb. 2.2 *Integration des Individuums auf der Mikro-, Meso- und Makroebene*

Von daher stellt sich die Frage, wie sich die Integration in die Teilsysteme zur Integration in das Gesamtsystem verhält, das heißt, ob die Teilsystemintegration nicht der Gesamtsystem-integration entgegenwirkt. Dieser Verdacht entsteht deshalb, weil die Mitglieder desselben Teilsystems einander bei Werten und Normen ähnlich sind, sich aber gerade dadurch von den

Mitgliedern anderer Teilsysteme auf derselben Ebene unterscheiden. Integration in ein Teilsystem (Subkulturen, Gruppen, Organisationen) könnte also zulasten der Integration in ein Gesamtsystem (z.B. Gesellschaft) gehen, wenn z.B. Gruppen oder Organisationen Ziele verfolgen, die sich widersprechen oder zumindest unterschiedlich sind. Das heißt, Arbeitgeber haben andere Interessen als Arbeitnehmer, Bank X andere als Bank Y, Protestanten andere als Katholiken, Bürger andere als Politiker, die Bundesländer andere als der Bund und Deutschland andere als Polen. Allein die Tatsache, dass Organisationen ihre Ziele auf Kosten der jeweils anderen verfolgen, wird bei dieser Betrachtung als trennendes Moment empfunden. Danach erhöhen Konflikte zwar die Binnenintegration im eigenen Teilsystem, schwächen aber den Zusammenhalt zwischen ihnen. Wer Integration allerdings mit einem ganz und gar harmonischen Zusammenwirken aller Gruppen oder Teilsysteme gleichsetzt, wird den überall lauernden Interessenkonflikt als bedrohlich empfinden.[75] Eine ideale Integration setzt nämlich gedanklich die konfliktfreie Gesellschaft voraus. Diese Annahme ist aber unhistorisch und unrealistisch. Konflikt scheint eine anthropologische und soziologische Konstante zu sein. Maß und Intensität von Integration muss als relative Größe begriffen werden. Innerhalb der Teilsysteme und zwischen den Teilsystemen und dem Gesamtsystem kann immer nur eine relativ vollständige Integration, d.h. nur eine relative Homogenität herrschen. Außerdem sind zwischen den Teilsystemen und im Verhältnis der Teilsysteme zum Gesamtsystem Werte und Normen nicht identisch. Aber sie müssen sich deswegen weder untereinander noch im Verhältnis zum Gesamtsystem zwangsläufig widersprechen oder gar ausschließen. Werte und Normen der Teilsysteme können teilkongruent oder komplementär sein oder sich nur auf einer nachrangigen Ebene widersprechen, während es bei Grundwerten oder Fragen, die eine grundsätzliche Bedeutung für das Gesamtsystem haben, ein hohes Maß an Übereinstimmung gibt. Im Vordergrund stehen also relative Homogenität, relativ reibungsarme Kooperation und faire Konkurrenz. Begrenzte Unterschiede oder geordnete Konkurrenz schließen grundlegende Gemeinsamkeiten keineswegs aus.

Diese Annahme wird gestützt durch den Ansatz der *Multiplen Identifikationen*. Multiple Identifikationen arbeiten potentiellen Konflikten zwischen den Teilsystemen entgegen. Das ist der Fall, wenn sich Menschen sowohl mit ihrer Gemeinde, ihrem Sportverein, ihrer Gewerkschaft, ihrer Kirche, dem Bundesland oder dem Gesamtstaat gleichzeitig identifizieren. Peter M. Blau hat argumentiert, in einer differenzierten Gesellschaft würden die Individuen durch multiple Mitgliedschaften und Interaktionen in unterschiedlichen Gruppen gleichsam automatisch soziale Integration erzeugen.[76] Allerdings stimmt diese Annahme nur, wenn die unterschiedlichen Gruppen und Teilsysteme keine sich ausschließenden Ziele verfolgen. Andernfalls werden die Individuen die Widersprüche miteinander unvereinbarer Mitgliedschaften auf Dauer als Zumutung empfinden. Wird die daraus entstehende *kognitive Dissonanz* (Leon Festinger) für das Individuum unerträglich, zieht es sich aus den Mitgliedschaften zurück, die die kognitive Dissonanz erzeugen. Aktive Mitgliedschaft in einer Kirche wird sich auf Dauer nicht mit der Mitgliedschaft in einer ausdrücklich kirchenfeindlichen Partei vereinbaren lassen. Man kann nicht gleichzeitig Mitglied der SPD und Mitglied der CDU sein. Ergänzt wird der Ansatz der Multiplen Identifikationen durch die Theorie der „crosscutting cleavages". Nach dieser Theorie von Douglas W. Rae und Michael Taylor[77] eröffnet die moderne Gesellschaft den Individuen einen Zugang zu vielfältigen Teilsystemen und Mitgliedschaften, die für unterschiedliche Interessen stehen. Bei aufkommenden Gegensätzlichkeiten wirkt diese Interessenkreuzung konfliktentschärfend, allerdings nur unter der Voraussetzung, dass die Interessengegensätze nicht unaufhebbar sind. Im Übrigen kommt es immer auch darauf an, wie intensiv sich die Individuen an die jeweiligen Mitgliedschaften und Interessen gebunden fühlen.

2.6   Wie viel Integration braucht die Gesellschaft?

Ist die Gesellschaft Somalias ein Beispiel für soziale Desintegration oder für Integration, wenn auch auf minimalem Niveau? Wie ist die Gesellschaft der USA unter diesem Gesichtspunkt einzuschätzen? Die Grenze, an der Integration in Desintegration übergeht, ist die große Unbekannte. Aber die Schwierigkeiten sind damit noch nicht zu Ende. Im Zentrum des aktuellen Integrationsdiskurses steht die Frage, ob neben einer erfolgreichen strukturell-funktionalen Integration auch ein (Werte-)Konsens zur optimalen Erfüllung gesellschaftlicher Funktionen (erfolgreiche strukturell-funktionale Integration plus kulturell-identifikatorische Anpassung = vollständige Integration) überhaupt erforderlich ist. Hält man an der Vorstellung fest, dass ein allgemeiner Konsens, eine Identifikation mit dem System oder eine Befolgung von Normen, die sich auf innere Überzeugung stützt, unerlässlich ist für die Integration von sozialen Systemen, und glaubt man gleichzeitig, dass Individualisierung und Pluralisierung von Wertvorstellungen grundsätzlich desintegrierend wirken, dann stellt sich die nächste Frage: Wie viel Konsens ist erforderlich?

Bei allen Integrationsbegriffen, die sich am Kriterium der Systemstabilität orientieren, bleibt unklar, unter welchen Bedingungen das System stabil und normal funktioniert. Die Frage, wo das für eine Gesellschaft unerlässliche Integrationsminimum liegt, kann heute niemand beantworten. Ab wann der Fortbestand der Gesellschaft bedroht ist, wird damit zum empirischen Problem.[78] Der Haken dabei ist nur: Wenn in einem empirischen Sinne klar wird, was das Integrationsminimum ist, dann ist es für den gesellschaftlichen Zusammenhalt bereits zu spät.

Im gegenwärtigen soziologischen Integrationsdiskurs wird meist davon ausgegangen, dass die strukturell-funktionale Integration in der Lage ist, die moderne Gesellschaft ausreichend zu integrieren. Das ist die *minimalistische Position*. Die Vorstellung, dass das optimale Funktionieren von Systemen eine vollständige Integration braucht, wird in Abrede gestellt. Die Schwierigkeit, Integration positiv zu bestimmen, verleitet die Vertreter der minimalistischen Position dazu, Integration als eine ambivalente Erscheinung zu kritisieren. Die Ambivalenz bestehe darin, dass Integration auch immer soziale Kontrolle, Zwang und damit Macht- und Herrschaftsverhältnisse einschließe. Bemerkenswert wird diese antiintegrative Wende dadurch, dass aus der Not eine Tugend gemacht wird. Die Ratlosigkeit angesichts fehlender Vorstellungen, wie Integration in modernen Gesellschaften, wenn schon nicht empirisch, so doch wenigstens normativ bestimmt werden kann, wird positiv umgedeutet. Fehlende Integration wird als Freiheitsgewinn bezeichnet, der den einzelnen Gesellschaftsmitgliedern zufalle. Mit dieser Wende werden der Integration und der Desintegration positive und negative Seiten zugeschrieben: Die positiven Seiten der Integration sind Stabilität, Sicherheit, Gefühl der Zugehörigkeit. Die negativen Seiten sind Zwang und Kontrolle. Die positiven Seiten der Desintegration sind Wandel und Abweichung, die Innovation bedeuten. Die negativen Seiten sind Ausgrenzung, Gewalt, Ungleichheit.[79]

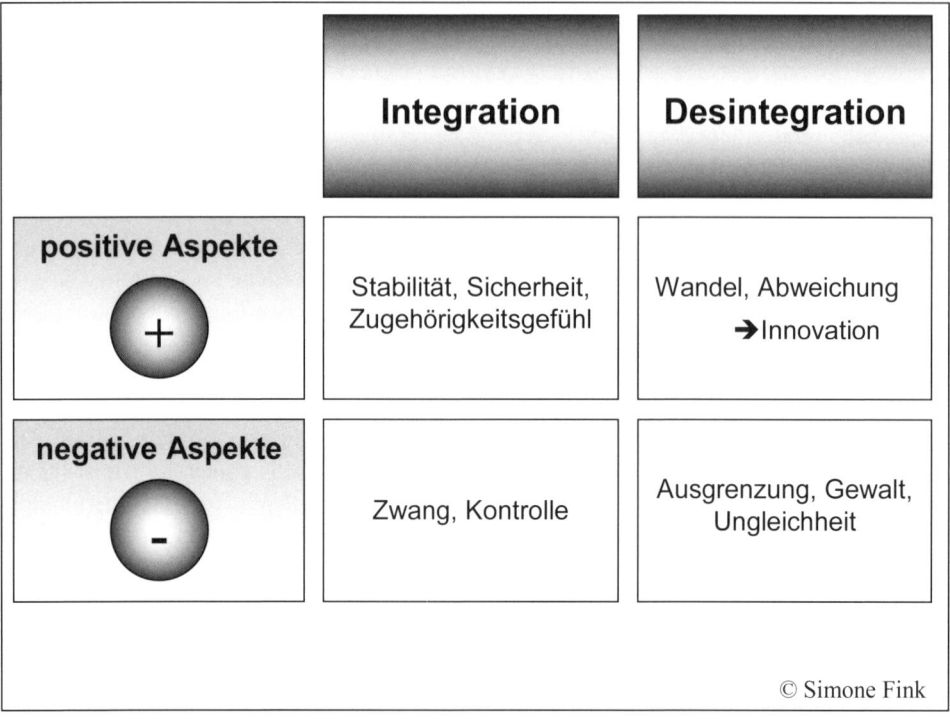

Abb. 2.3   *Integration und Desintegration*

In empirischer Hinsicht wird die Frage diskutiert, wie sich moderne Gesellschaften tatsächlich integrieren. Die vormodernen segmentär differenzierten Gesellschaften waren einfache, kleine, räumlich voneinander getrennte und gleiche Gesellschaften (Stämme, Dörfer etc.). Die gemeinsame Abstammung war das dominierende Ordnungsprinzip. Sie integrierten sich über Gruppenzugehörigkeit, über dichte persönliche Interaktionen und die damit verbundene Solidarität der Mitglieder (Sozialintegration). Bei den schichtspezifisch differenzierten Gesellschaften gibt es dagegen schon eine Integration über gesellschaftliche Subsysteme, wie es im Mittelalter Zünfte, Stände, Bruderschaften, Orden usw. waren (Systemintegration). Daneben beruhte der Zusammenhalt der Gesellschaftsmitglieder auf ihrer Religion, die auch die Rechtmäßigkeit der gegebenen Ordnung bestätigte. In modernen funktional differenzierten Gesellschaften beruhe die Integration primär auf Systemintegration. Integriert würden die Individuen und Gesellschaften über Märkte, Organisationen, die gegenseitige Durchdringung der Teilsysteme und die Zirkulation von sogenannten symbolisch generalisierten Medien, die Menschen miteinander in Verbindung bringen, wie etwa das Geld. Umstritten ist, ob moderne Gesellschaften darüber hinaus auf affektive Bindungen ihrer Mitglieder angewiesen sind.[80] Eine beliebte Feststellung über die Beschaffenheit der modernen Gesellschaft ist in

Wirklichkeit nur eine These: „Die modernen, funktional differenzierten Gesellschaften kommen immer mehr ohne irgendwelche wertgeladenen Loyalitäten und Identifikationen mit der ‚Gesellschaft' als ganzer aus. Sie ‚funktionieren' mehr und mehr nur noch als Märkte bzw. als anonyme Organisationen und korporative Akteure und insbesondere aus der ökonomischen und politischen Interdependenz ihrer Teile. Kurz: Moderne Gesellschaften sind so stark systemintegriert, dass sie der Identifikation ihrer Mitglieder als sozialer Integration nicht bedürfen."[81] Können Märkte ohne Moral, Organisationen ohne Loyalität, politische Systeme ohne Zustimmung und Gesellschaften oder Nationen ohne kulturell geteiltes Wissen funktionieren? Sind arbeitsteilige, funktional differenzierte Gesellschaften nicht auch auf gesellschaftliche Solidarität angewiesen, die aus einem Zusammengehörigkeitsgefühl entsteht?[82]

Eine streng systemintegrative Sicht vertritt Niklas Luhmann. Luhmann kritisiert Integrationsbegriffe, die sich am Gedanken der Einheit des Gesamtsystems orientieren.[83] Nach seiner Auffassung sorgt das Gesamtsystem für seine Selbsterhaltung durch den Austausch von Leistungen, die arbeitsteilig in den Teilsystemen erbracht werden. Dadurch kann das Gesamtsystem auf Zustimmung, auf eine Gemeinschaftsvorstellung und auf Loyalität der Gesellschaftsmitglieder verzichten. Das Gesamtsystem ist einfach nur ein sich selbst steuernder Funktionszusammenhang, der durch bloße Sachgesetzlichkeiten angetrieben wird. Integration entsteht nicht *inhaltlich* über moralische Werte, sondern nur noch *formell* durch entsprechende Verfahren: Wahlen, gerichtliche Verfahren, Verwaltungsverfahren. Sie verschaffen dem Gesamtsystem seine Legitimation. Mehr noch, nach Luhmann ist in den modernen differenzierten Gesellschaften eine (soziale) Integration über Werte gar nicht mehr möglich. Integration ergibt sich ganz ohne die Gesellschaftsmitglieder als funktionale Nebenwirkung, als ein Effekt des arbeitsteilig und rational ablaufenden Prozesses gesellschaftlicher Systemerhaltung und Entwicklung.[84]

Talcott Parsons ist so etwas wie der Gegenspieler Luhmanns. Er geht von der Annahme aus, dass die bloße wechselseitige Abhängigkeit, die über die Wahrnehmung von Eigeninteressen zustande kommt, zur Integration des gesamten Systems nicht ausreicht. Seine Vorstellung von gesellschaftlicher Integration ist auf gemeinsame Werte, Normen, moralische Bindung der Handelnden, Orientierung auf den Zusammenhalt der Gesellschaft, ein kollektives Bewusstsein und ein gemeinschaftlich geteiltes kulturelles Wissen gerichtet. Gesamtgesellschaftliche Integration wird in Parsons Modell von der *gesellschaftlichen Gemeinschaft* erzeugt. In der gesellschaftlichen Gemeinschaft haben die Gefühle der Solidarität und Zusammengehörigkeit ihren Platz. Die gesellschaftliche Gemeinschaft erhält ihre Handlungsorientierung aus den Werten und Normen, die im kulturellen System, im kulturellen Wertekonsens verankert sind.[85]

Integration ist die conditio sine qua non der Existenz von Gesellschaft überhaupt. Es überwiegen die Indizien, dass auch moderne Gesellschaften auf Integration angewiesen sind. Damit ist allerdings noch nicht entschieden, ob eine strukturell-funktionale Integration für den Erhalt und das Funktionieren des Systems Gesellschaft ausreicht oder ob eine kulturell-identifikatorische Anpassung hinzukommen muss, die dann als vollständige Integration beschrieben werden kann. Die Integration moderner Gesellschaften ist ein komplexes Problem. Um dieser Komplexität Rechnung zutragen, habe ich meinen integrationstheoretischen Überlegungen ein mehrdimensionales Modell zugrunde gelegt. Für die ersten beiden Dimensionen steht das Struktur-Kultur-Paradigma. Dem liegt die Annahme zugrunde, dass jede Gesellschaft aus zwei komplementären Teilen besteht. Gesellschaft ist also einerseits *Struktur* und andererseits *Kultur*. Die nächsten beiden Dimensionen sind die *Personen* und die *sozialen Systeme*. Die Gesellschaft besteht einerseits aus Personen und andererseits aus sozialen Systemen, die entweder nebeneinander liegen oder die Form konzentrischer Kreise haben. Die sozialen Systeme wiederum werden von Personen gebildet. Aus dieser Perspektive betrachtet liegt es nahe, zwei weitere Dimensionen einzuführen. Für die Integration von Personen hat der britische Soziologe David Lockwood den Terminus *Sozialintegration* und für die Integration von sozialen Systemen den Begriff *Systemintegration* gefunden.

2.7   Bedingungen moderner Gesellschaften I: Sozialintegration und Systemintegration

Der *Sozialintegration* entspricht eine handlungstheoretische, und der *Systemintegration* eine systemtheoretische Perspektive. Integration hat immer einen Doppelcharakter. Einerseits geht es a) um das gesellschaftliche System als Ganzes und um die Beziehungen zwischen seinen Teilen. Der Blick auf die Teile des Systems bringt Aufschluss über den Zusammenhalt und das gleichgewichtige Funktionieren des ganzen gesellschaftlichen Systems. Dabei ist es zunächst gleichgültig, ob das gesellschaftliche System ethnisch-kulturell homogen oder heterogen ist. Andererseits geht es b) um die Eingliederung der einzelnen Mitglieder in die verschiedenen Bereiche der Gesellschaft: Gewährung von Rechten, Einführung in die Pflichten, Einnahme von beruflichen und gesellschaftlichen Positionen, soziale Beziehungen oder Identifikation mit der Gesamtgesellschaft.[86] Auch bei dieser Dimension ist es zunächst gleichgültig, ob es sich um einheimische Individuen oder Personen mit einem anderen ethnokulturellen Hintergrund handelt.

2.7.1   Medien der Sozialintegration

Bei der Sozialintegration stehen „die geordneten oder konfliktgeladenen Beziehungen der Handelnden eines sozialen Systems" auf dem Plan.[87] Die Sozialintegration bezieht sich also auf Personen und bezeichnet deren Eingliederung in ein bestehendes soziales System oder Subsystem, etwa in eine Gesellschaft oder in einen Verein. Sozialintegration ist ein aktives Handeln von Personen, das sich darauf richtet, Teil eines sozialen Systems oder Teil eines Gesamtsystems zu werden, sich also z.B. in die Gesellschaft, in den Arbeitsmarkt oder das Bildungssystem einzugliedern. Dabei geht es darum, Kontakte aufzunehmen und Freundschaften zu schließen, es geht um die Beteiligung am gesellschaftlichen und politischen Leben oder um die Aneignung der gesellschaftlich relevanten Werte und die Identifikation mit ihnen. In jeder Lebensphase müssen die Gesellschaftsmitglieder individuelle Leistungen der Sozialintegration erbringen, wenn sie am gesellschaftlichen Leben teilhaben wollen. Schüler müssen die Bereitschaft mitbringen, zu lernen und die Regeln der Schule zu befolgen. Nach dem Schulabschluss schließt sich eine Berufsausbildung an, danach die Suche nach einem Arbeitsplatz. Gleichzeitig vollzieht sich die Integration in das gesellschaftliche, politische, kulturelle und soziale Leben, in Vereine und Bürgerinitiativen, in kirchliche Organisationen, in soziale Netzwerke oder Freundeskreise, Gewerkschaften, politische Parteien. Dazu gehört auch die Teilnahme an Wahlen oder an kollektiven Anlässen wie Heimatfesten, Umzügen, Tag der offenen Türen oder öffentlichen Konzerten. Aber dieser Prozess ist dialektisch. Er erfordert auch, dass das Gesamtsystem Rahmen und Voraussetzungen für die Integration zur Verfügung stellt, Teilsysteme müssen sich für neue Mitglieder offen halten. Die Gesellschaft muss Schulen bauen und Lehrer einstellen, die Volkswirtschaft muss Arbeitsplätze zur Verfügung stellen, Vereine müssen bereit sein, neue Mitglieder aufzunehmen. Das politische System muss die Voraussetzungen politischer Beteiligung bieten. Esser unterscheidet vier Medien der Sozialintegration, die in einem Zusammenhang miteinander stehen[88]:

1. **Kulturation** Durch Kulturation erwerben die Individuen Wissen und Kompetenzen, die für sinnvolles und erfolgreiches soziales Handeln nötig sind. Wissen und Kompetenzen meinen die Kenntnis der wichtigsten Regeln für typische Situationen und die Beherschung der dafür notwendigen kulturellen Fertigkeiten, insbesondere der Sprache. Kulturation ist Teil der kognitiven Sozialisation von Kindern und Jugendlichen (Enkulturation). Die Enkulturation prägt die grundlegenden kognitiven und emotionalen Strukturen der Person. Spätere Kulturationen an neue soziale Umgebungen und andere gesellschaftliche Zusammenhänge werden auch als Akkulturation (kulturelle Annäherung) bezeichnet. Die Akkulturation fällt umso schwerer, je später sie nach der Enkulturation erfolgt und je unterschiedlicher die Kultur ist, an die eine Anpassung stattfinden soll.

2. **Platzierung** Im Rahmen der Platzierung nehmen die Individuen bestimmte Positionen innerhalb eines sozialen Systems ein. Wesentliche Formen der Platzierung sind die Verleihung von Rechten (z.B. volle Geschäftsfähigkeit, Wahlrecht, Staatsangehörigkeit) und die Übernahme beruflicher und anderer Positionen. Welche Positionen besetzt werden, hängt in der Regel von Bildung, beruflicher und sonstiger Qualifikation ab. Dadurch eröffnen sich auch Gelegenheiten für soziale Beziehungen zu anderen Mitgliedern des sozialen Systems. Die Platzierung ist eng mit der Kulturation verbunden, weil die Kulturation eine wichtige Voraussetzung für die Platzierung der Individuen ist. Nur wer z.B. eine gute Bildung hat, sich in einer Gesellschaft situationsangemessen zu bewegen weiß und die jeweiligen Sitten und Üblichkeiten kennt, hat Chancen auf eine gute Position.

3. **Interaktion** Unter Interaktion versteht man ein soziales Handeln, das im Rahmen einer Beziehungsstruktur, also nicht bloß situativ, stattfindet. Beispiele dafür sind Freundschaften, Ehen oder gute Nachbarschaften. Ohne Interaktion ist Sozialintegration nicht möglich. Die Individuen platzieren sich in den alltäglichen, nichtformellen und nicht marktförmigen Bereichen der Gesellschaft über Interaktionen. Die technischen Voraussetzungen erfolgreicher Interaktion bestehen in der Beherrschung grundlegender kultureller Fertigkeiten, zuallererst der Sprache. Andererseits helfen Interaktionen beim Erwerb dieser Fertigkeiten. Die soziale Integration kommt umso schneller voran, je mehr der sich (Ak)Kulturation, Interaktion und Platzierung gegenseitig verstärken und damit für das Erreichen interessanter und zentraler Positionen wirksam werden können. Ob von einer erfolgreichen Platzierung allerdings nur dann gesprochen werden kann, wenn es sich, wie

Esser meint, um „interessante und zentrale Positionen"[89] handelt, ist zweifelhaft. So viele zentrale und interessante Positionen hat eine Gesellschaft gar nicht zu vergeben. Deshalb ist soziale Integration auch dann schon erfolgreich, wenn die Positionen entweder eine auskömmliche Existenz ermöglichen oder eine Verbesserung der Lebensumstände bedeuten oder wenigstens eine Verbesserung der Lebensumstände der eigenen oder der nachfolgenden Generation erwarten lassen.

4. **Identifikation** Unter der Identifikation eines Individuums mit einem sozialen System z.B. mit einer Gruppe, Familie, Nation, Gesellschaft, wird eine Einstellung verstanden, in der sich das Individuum mit dem sozialen System zu einer Einheit zusammengeschlossen sieht. Diese Einstellung ist eine gedankliche und emotionale Beziehung und orientiert sich an einem kollektiven Inhalt wie es z.B. beim Nationalgefühl oder beim Wir-Gefühl der Fall ist. Diese emotionale Beziehung äußert sich als Zusammengehörigkeitsgefühl mit den Mitgliedern einer bestimmten Gruppe oder der ganzen Gesellschaft. In der Terminologie von Talcott Parsons führt dieses Zusammengehörigkeitsgefühl zu einer *gesellschaftlichen Gemeinschaft*. Die Sozialintegration in Gestalt der Identifikation tritt in drei unterschiedlich intensiven Formen und unterschiedlichen Stufen der Hingabe auf: a) als Wertintegration, b) als Bürgersinn und c) als bloße Hinnahme des Systems. Die Hinnahme wiederum spaltet sich auf in die Verkettungsintegration und die Deferenzintegration. Bei der *Wertintegration* identifiziert sich das Individuum mit einem sozialen System und entwickelt dem Kollektiv, der Gruppe, der Gesellschaft, der Organisation oder der Nation gegenüber eine bewusste Loyalität. Individuelle und egoistische Motive treten im Zweifel hinter die Belange der jeweiligen Gemeinschaft zurück. Das Kollektiv integriert sich bei der Wertintegration über ausgeprägte Gefühle der Solidarität und Zusammengehörigkeit, über unbedingte Werte und über eine emotional erlebte Identifikation der Individuen mit dem sozialen System. Die Wertintegration ist ideologisch untermauert und wird in alltäglichen Interaktionen immer wieder neu bekräftigt, etwa durch bestimmte Rituale, wie das Hissen der Fahne, das Singen der Nationalhymne. Identifikatorische Integration wird dadurch begünstigt, dass sich die Individuen zufriedenstellend platziert sehen, an Interaktionen und sozialen Beziehungen teilhaben und eine entsprechende Kulturation hinter sich haben, die selbst wiederum Voraussetzung für eine zufriedenstellende Platzierung und die Einbindung in Interaktionen und soziale Beziehungen ist.

Ob die moderne Gesellschaft auf Wertintegration verzichten kann, ist umstritten. Es wird häufig die Ansicht vertreten, dass moderne Gesellschaften nicht angewiesen seien auf eine Wertintegration, die „systemunterstützende Orientierungen", kollektive Loyalität und Solidarität zum Inhalt habe. Zwar könnten systemunterstützende Orientierungen, Loyalität und Solidarität das Funktionieren der Teilsysteme und des Gesamtsystems erleichtern, aber nötig seien sie, wenigstens in modernen Gesellschaften, nicht. Diese Auffassung mag vielleicht richtig sein, wenn auf die Optimierung der gesellschaftlichen Verhältnisse verzichtet wird und man sich von vornherein mit dem Minimalniveau gesellschaftlicher Integration zufriedengibt. Esser geht aber einen Schritt weiter. Er wendet ein, dass selbst das Argument, Wertintegration könne eine nützliche gesellschaftliche Funktion erfüllen, nicht stichhaltig sei, weil moderne Gesellschaften einen pluralistischen Charakter haben, selbst wenn sie ethnisch homogen sind. Dass moderne Gesellschaften einen pluralistischen Charakter haben, ist unbestritten. Allerdings ist schwer nachvollziehbar, dass er daraus schließt, der Charakter einer pluralistischen Gesellschaft vertrage sich nicht mit einem festumrissenen Kanon an kollektiven Werten, die verbindlich für alle Bürger gelten sollen. Esser meint, dass sich eine gemeinsame Wertbindung allenfalls noch auf einige abstrakte Prinzipien, wie etwa Demokratie, Freiheit oder Fairness beziehen könne. Die daraus abgeleitete Haltung der Bürger zum gesellschaftlichen Kollektiv nennt Esser Bürgersinn. Bürgersinn bestehe in der Unterstützung einer Verfassung, die individuelle Freiheiten, aber nicht kollektive Ansprüche sichern will. Die Bürger unterstützen die Verfassung also ausschließlich deshalb, weil sie ihre individuelle Freiheit und ihre individuellen Rechte schützt und ihnen, außer den üblichen staatsbürgerlichen Pflichten, keine kollektiven Zwänge auferlegt.[90] Essers Bürgersinn entspricht damit der durch Jürgen Habermas propagierten Vorstellung eines Verfassungspatriotismus, der die Minimalgrundlage gesellschaftlicher Integration abzugeben hat.

Die *Hinnahme* ist die schwächste Form der Identifikation. Esser unterscheidet zwei Unterformen. Zum einen die *Verkettungsintegration*. Sie ist typisch für die modernen, funktional differenzierten Gesellschaften. Die Verkettungsintegration ist eine Folge der zunehmenden Individualisierung und gesellschaftlichen Differenzierung. Die Zersplitterung der sozialen Kollektive, das Überkreuzen der individuellen Interessen („cross-cutting cleavages"), das Fehlen geschlossener Orientierungen oder Weltanschauungen erzeugen ein Gewebe vermeintlicher politischer, wirtschaftlicher und sozialer Sachzwänge. Außerdem haben die betroffenen Individuen alle etwas zu verlieren: „Eigenheim, Landrover, Urlaub in der Karibik, auch für den Gewerkschaftler"[91]. Unter diesen Bedingungen wird die Systemfrage nicht mehr gestellt, eine Umwälzung der Verhältnisse scheint unmöglich oder nicht opportun. Die *Deferenzintegration* ist die schwächste Form der sozialen Integration. In diesem Fall nehmen die Individuen, die zu den gesellschaftlich Ausgegrenzten aller Art gehören, die gesellschaftlichen Verhältnisse einfach bloß hin, weil sie den Glauben an ihre Veränderbarkeit verloren haben. Die verschiedenen Formen der Identifikation und der Hinnahme spielen in der Realität häufig zusammen. Die indische Kastengesellschaft z.B. wird durch eine Mischung von Wert- und Deferenzintegration zusammengehalten. Der Hinduismus liefert die Grundwerte für die Legitimation des ganzen Systems, in das die unteren Kasten zusätzlich über den Mechanismus der Deferenzintegration eingegliedert sind.[92]

2.7.2   Felder der Systemintegration

Nach Lockwood geht es bei der Systemintegration „um die geordneten oder konfliktgeladenen Beziehungen zwischen den *Teilen* eines sozialen Systems".[93] Lockwoods Definition der Systemintegration wird in dieser Einführung zur Integrationssoziologie so verstanden, dass alle Teile zum Erhalt und zum Funktionieren des (Gesamt-)Systems beitragen. Systemintegration bezieht sich also nicht nur auf die Beziehungen der Teilsysteme untereinander, sondern auch auf die Integration einer Gesellschaft als Ganzes. Das ist die erste Perspektive der Systemintegration.[94] Eine zweite Perspektive entsteht auf der Ebene der Systemintegration dann, wenn die *Teilsysteme als Felder aufgefasst werden, in denen Integration stattfindet.* Die Integrationsfrage wird nämlich häufig anhand der Beiträge diskutiert, die in einzelnen und durch einzelne Feldern wie Recht, Religion, Moral, Wirtschaft, Sozialstaat, politische Institutionen usw. zur gesellschaftlichen Integration erbracht werden können. Schon eine oberflächliche Analyse führt zu der Einsicht, dass es nicht ein einzelne, isolierte Felder sind, in denen die Gesellschaft integriert wird. Vielmehr ist Integration ein vernetztes Geschehen. Die verschiedenen Felder greifen ineinander, stehen in einem wechselseitigen Zusammenhang. Integration ist folglich zweierlei: Sie ist das Produkt eines prozessualen Geschehens mit typischen Verläufen und Inhalten der Integration und sie ist ein qualitativer Zustand, der entweder hohe Integration, niedrige Integration oder Desintegration markiert. Um mehr analytische Klarheit zu gewinnen, muss gefragt werden, welche Felder welchen Beitrag zur gesellschaftlichen Integration leisten.

Politisches und soziales System, Institutionen, Organisationen
Ein erstes wichtiges Feld der Systemintegration ist das politische System der Gesellschaft. Integration findet statt durch politische Teilhaberechte wie das Wahlrecht, Demonstrationsrecht, Parteimitgliedschaft oder Mitarbeit in Bürgerinitiativen. Integration findet aber erst dann statt, wenn mit der Wahrnehmung politischen Teilhaberechte auch die Anerkennung des politischen Systems und ein Konsens über die Regeln der Herrschaftsausübung verbunden ist.

Organisationen wie Vereine, Parteien, Gewerkschaften, Institutionen wie Behörden, Schulen, Kirchen und andere soziale Systeme wie Familien oder Vereine, wirken im Sinne einer *vertikalen* Systemintegration. Vertikal, weil Organisationen und Institutionen erkennbar sind an einer funktionalen und hierarchischen Ordnung, die auf Regeln beruht. Organisationen und Institutionen ordnen die sozialen Beziehungen durch formelle und informelle Normen wie Gesetze, Satzungen, aber auch Konventionen und Gewohnheiten und ermöglichen eine sinnvolle Organisation der gesellschaftlichen Wirklichkeit. Durch die Geltung der Regeln werden die Organisationen und Institutionen von den Motiven einzelner Akteure tendenziell unabhängig.[95]

Integration durch Wirtschaft und Sozialstaat
Als die wichtigste aller Integrationsformen wird üblicherweise die ökonomische Integration betrachtet. Sie basiert auf Erwerbsarbeit, Wohlstand und Massenkonsum, im Bedarfsfall auch auf sozialstaatlicher Absicherung. Kern sozialstaatlicher Absicherung ist das Sozialversicherungssystem, die Sozialhilfe und das Gesundheitswesen. Zum Sozialstaat können aber auch Bildung und Erziehung gerechnet werden. Sozialstrukturell gesehen bezieht die Gesellschaft ihre Stabilität aus der Tatsache einer nach wie vor starken Mittelschicht. Zwar ist seit Jahren von einem Schrumpfen der Mittelschicht, einer zunehmenden Unterschicht und einer wachsenden Einkommenungleichheit zwischen Arm und Reich die Rede. Trotzdem werden immer noch knapp Zweidrittel zu den mittleren Einkommensbeziehern gezählt.[96]

Der Markt, der im Zentrum des ökonomischen Systems steht, wirkt im Sinne einer *horizontalen* Systemintegration. Horizontal deshalb, weil sich gleichberechtigte Akteure im freien Spiel von Angebot und Nachfrage begegnen. Begegnung findet statt auf dem Waren-, Arbeits-, Wohnungs- oder dem Geldmarkt, der durch die Banken organisiert wird. Horizontale Systemintegration ergibt sich dadurch, dass die Marktteilnehmer einander etwas zum beiderseitigen Vorteil anzubieten haben. Der Markt schafft mit seinem Austausch an materiellen und immateriellen Gütern gegenseitige Abhängigkeiten, die allerdings nicht von Dauer sind. Der Grad der Integration wächst mit der gegenseitigen Abhängigkeit zwischen Individuen und Gruppen. Die Abhängigkeit ist umso höher, je wertvoller die materiellen und nichtmateriellen Güter sind.[97]

Einige Autoren wie Wilhelm Heitmeyer oder Michael Vester spitzen die Integrationsfrage auf das Problem gesellschaftlicher Ungleichheit zu. Das bedeutet, dass in dem Maße, in dem soziale Gleichheit zunimmt, der Grad der gesellschaftlichen Integration wächst. Grundlegend für Vester ist der soziale Zusammenhalt. Er entsteht durch den Ausgleich wirtschaftlicher Interessen. Gerade die multikulturelle Gesellschaft lebt fast ausschließlich davon, und zwar schon deshalb, weil andere Integrationspotentiale gar nicht zur Verfügung stehen. Vesters ökonomistischer Ansatz verschleiert allerdings ein komplexes Problem mit bedeutungsschweren Formulierungen und eindimensionalen Lösungen: „Der Zusammenhalt einer Gesellschaft, in der sich die Kulturen ungleicher Klassen *und* ungleicher Ethnien gegenüberstehen, ist sicherlich besonders durch die wirtschaftlich begründeten Ungleichheiten und Deklassierungen gefährdet. Gefestigt werden aber kann […][der Zusammenhalt] nur politisch; durch eine erneuerte keynesianische Wirtschaftsregulation und Sozialpolitik, durch die Mobilisierung horizontaler Kohäsionspolitik in den Milieus und durch eine aktive Verantwortung der Eliten für soziale Gerechtigkeit."[98] Die Frage ist nur, ob es zur Integration der Gesamtgesellschaft wirklich ausreicht, wenn sich der Sozialstaat die Integration der multikulturellen Teile der Gesellschaft und „den sozialen Frieden durch Transferleistungen [erkauft], die zu nicht unwesentlichen Teilen auf Pump finanziert sind."[99]

Integration durch Religion, Moral und Recht
Der Religion, dem Recht und der Moral weist der Integrationsdiskurs eine besondere Rolle bei der Integration von Gesellschaften zu; nicht ganz zu Unrecht, denn Religion, Recht und Moral wirken sowohl auf der individuellen (Sozialintegration) wie auch auf der gesellschaftlichen Ebene (Systemintegration). Moral ist die Grundlage des Rechts. Religion wiederum liefert auch in der säkularisierten Gesellschaft wichtige Elemente für die Moral. Dennoch sind die Verhältnisse verwickelter als sie sich auf den ersten Blick darstellen.

Religion
Religion wird durch Sozialisation im Individuum verankert. Religion beeinflusst die Individuen nicht nur von außen, sondern auch von innen. Ihre große Stärke besteht darin, dass sie eine interne Sanktionswirkung hat. Einer bestimmten Religion anzugehören heißt, den Werte- und Normenkonsens einer Gruppe zu teilen und im Alltag zu befolgen. Eine Schlussfolgerung aus dieser Annahme ist, dass ein Verlust an Religiosität auch zu einer geringeren gesellschaftlichen Integration führt.[100] Gegen diese Schlussfolgerung wird eingewendet, dass auch in säkularisierten Gesellschaften die meisten grundlegenden Moralvorstellungen einen religiösen Hintergrund haben, also aus der Religion stammen, die in einer gegebenen Gesellschaft prägend ist oder war. So ist das Christentum in der europäischen Kultur in einer säkularisierten Form immer noch wirksam, sieht man einmal von moralischen Sonderentwicklungen wie bei Abtreibung, Ehescheidung oder Euthanasie ab.

Üblicherweise wird ziemlich undifferenziert davon ausgegangen, dass Religion zur Integration von Gesellschaften beiträgt. Es ist allerdings zweifelhaft, ob die Annahme, dass Religion die Gesellschaft integriert, in dieser Allgemeinheit zutrifft. Der polnische Soziologe Łukasz Gajewski betont, dass Religion ganz erheblich zur Desintegration der Gesellschaft beitragen kann. Religion stellt den Filter zur Verfügung, durch den ihre Anhänger die Welt betrachten und bewerten. Die Unterschiede in der Wahrnehmung der Welt ziehen unterschiedliche Schlussfolgerungen nach sich. Diese Diskrepanz kann im schlimmsten Fall schwere gesellschaftliche Konflikte erzeugen.[101]

Welche Randbedingungen müssen erfüllt sein, damit Religion überhaupt eine integrierende Rolle spielen kann? Integrationstheoretisch gesehen führt das zu der Frage, ob Religion unter den Bedingungen zunehmender religiöser Pluralisierung und Individualisierung die Gegenwartsgesellschaft überhaupt integrieren kann. Was in diesem Zusammenhang unter religiöser Pluralisierung und Individualisierung zu verstehen ist, ist nicht von vornherein klar. Die Zunahme der religiösen Vielfalt innerhalb und zwischen den christlichen Kirchen, die als religiöse Pluralisierung und Individualisierung beschrieben wird, ist natürlich etwas anderes als die Pluralisierung grundlegender Werte und Einstellungen, die sich aus dem Hinzukommen neuer Religionen ergibt. Zu unterscheiden sind *intraorganisatorische* und *interorganisatorische* Unterschiede. Intraorganisatorische Unterschiede machen sich an religiöser Heterogenität innerhalb der einzelnen Organisationen fest. Diese Heterogenität schlägt sich nieder in Pluralisierung und Individualisierung. Pluralisierung meint die Zunahme der intraorganisatorischen Ausdifferenzierung in Gruppen und Initiativen. Individualisierung meint das Phänomen, dass sich die Individuen Glaubensinhalte und Glaubenspraxis nach eigenen Überzeugungen zurechtlegen. Aber auch die Individualisierung religiöser Überzeugungen beseitigt nicht eine grundsätzliche Nähe zur Religion, was in Deutschland immer noch eine gewisse Nähe zum Christentum oder gar zu den Kirchen bedeutet.[102]

Wo es um *interorganisatorische* Unterschiede geht, ist in Rechnung zu stellen, dass in den grundlegenden religiösen und gesellschaftspolitischen Fragen zwischen den christlichen Konfessionen wesentlich mehr Gemeinsamkeiten als Unterschiede bestehen, und wo Unterschiede bestehen, sind sie nicht grundsätzlicher Natur. Der konfessionelle Gegensatz zwischen Katholiken und Protestanten hat sich abgeschliffen und sich eher in einen Gegensatz zwischen kirchlich gebundenen und kirchlich nicht gebundenen Personen verwandelt.[103] Allerdings scheint es zwischen dem religiösen und dem nichtreligiösen Teil der einheimischen Bevölkerung einen weitgehenden kulturellen Wertekonsens zu geben, der sich auf Grundwerte erstreckt, die nicht mehr religiös begründet werden, die aber ursprünglich christliche Grundwerte sind und jetzt in säkularisierter Form eine gemeinsame Wertebasis abgeben.

Von religiöser Pluralisierung kann also sinnvollerweise nur gesprochen werden, wo mehrere organisierte religiöse Gruppen mit stark voneinander abweichenden Glaubensvorstellungen und Praktiken in einer Gesellschaft koexistieren oder wo durch Einwanderung neue Religionen mit neuen Wertesystemen, Weltsichten, Interessen, Lebens- und Verhaltens-weisen hinzukommen. Die religiöse Pluralisierung Deutschlands ist vor allem auf die Einwanderung des Islam, aber auch asiatischer Religionen wie Hinduismus und Buddhismus zurückzuführen. Von 82,3 Mio. Einwohnern sind 25,1 Mio. evangelische und 25,7 Mio. katholische Christen sowie etwa 2,9 Mio. Mitglieder anderer Kirchen. Etwa 3 bis 4 Mio. werden dem Islam zugerechnet, mehrere Hunderttausend anderen Glaubensgemeinschaften wie den Buddhisten und Hinduisten. Hinzu kommen 23,8 Mio. Konfessionslose.[104]

Religion als direkter Wertelieferant fällt in Deutschland aus: Das liegt aber nicht an den konfessionellen Unterschieden zwischen den beiden christlichen Großkirchen, sondern am großen Anteil Konfessionsloser und in zunehmendem Maße an den neuen Religionen, die wie der Islam mit einem völlig anderen Wertesystem in Konkurrenz zum etablierten Wertesystem treten.[105] Geht man davon aus, dass gesellschaftliche Integration einen Wertekonsens erfordert, dann kann Religion allerdings nur dann integrierend wirken, wenn sich die übergroße Mehrheit zu einer gemeinsamen Religion, also etwa zum Christentum, bekennen würde.

Wenn es um die Integrationsleistung von Religion geht, muss ein weiterer Unterschied gemacht werden a) zwischen Binnenintegration und gesamtgesellschaftlicher Integration, b) zwischen den einzelnen Religionsgemeinschaften und ihren jeweiligen Integrationsbeiträgen für verschiedene gesellschaftliche Teilsysteme oder das Gesamtsystem. Gemeinsam ist allen Religionen, dass sie ihre Anhänger in hohem Masse integrieren (Binnenintegration). Religion hat aber nicht zwangsläufig, nur *weil* sie Religion ist, immer und für alle Teilbereiche der Gesellschaft oder das Gesamtsystem eine integrative Funktion. Die polnische katholische Kirche z.B. hat bis 1989 sicherlich nur wenig zur Integration des realsozialistischen politischen Systems beigesteuert. Aus der Sicht der kommunistischen Partei hat sie die Desintegration des politischen Systems massiv gefördert. Auf der anderen Seite hat die katholische Kirche Polens alles unternommen für den gesamtgesellschaftlichen Zusammenhalt, aus dem heraus die Solidarność-Bewegung möglich geworden ist.

Die jeweiligen Glaubensgemeinschaften erbringen spezifische Integrationsleistungen, und zwar in Abhängigkeit von ihrem jeweiligen religiösen Selbstverständnis, ihrem Menschen- und Gesellschaftsbild sowie dem Verhältnis, in dem sie sich zu den gesellschaftlichen Teilsystemen und der Gesamtgesellschaft sehen. Vor diesem Hintergrund bieten die gegenwärtigen deutschen Verhältnisse ein differenziertes Bild. Keine Überraschung ist es, dass die beiden großen christlichen Kirchen in Deutschland eine wesentliche Rolle bei der gesamtgesellschaftlichen Integration spielen. Sie haben ein hohes Maß an Nähe oder gar grundsätzlicher Übereinstimmung mit der Gesellschaft, dem demokratischen Staat und seiner Verfassung. Die Zeugen Jehovas dagegen haben z.B. organisationsintern zweifelsohne einen hohen Grad an Binnenintegration. Da die Zeugen Jehovas den Staat aber für ein Werk des Teufels halten, tragen sie zur Integration des politischen Systems sicherlich nichts, zur gesamtgesellschaftlichen Integration wenig bei. Nicht viel anders verhält es sich mit dem organisierten Islam in Deutschland. Ein hohes Maß an Binnenintegration korreliert mit einem höchstens minimalen Beitrag zur gesamtgesellschaftlichen Integration. Islamkritiker wie Necla Kelek werfen dem organisierten Islam in Deutschland sogar vor, die gesellschaftliche Desintegration anzuheizen.[106] Der traditionelle Islam, wie er in Deutschland etwa durch die Islamverbände repräsentiert wird, lehnt die nichtislamisch-säkulare Gesellschaft und den säkularen Staat ab. Im günstigsten Fall befindet er sich auf Distanz zu ihnen. Damit fällt der real existierende Islam als Faktor gesamtgesellschaftlicher Integration in Deutschland aus.

Moral
Verbindliche Moralvorstellungen sind ein wesentlicher Bestandteil eines gesellschaftlichen Wertekonsenses. Die Vorstellung, Moral sei ein Mittel gesellschaftlicher Integration, ist freilich ebenfalls umstritten. Die eine Seite behauptet, mit wachsender funktionaler Differenzierung gehe der gesellschaftliche Konsens unwiederbringlich verloren, falls es ihn jemals ge-

geben habe. Das liege daran, dass es keine allgemein gültigen inhaltlichen Normen mehr
gebe. Jürgen Habermas diagnostiziert die Auflösung moralischer Sicherheiten zugunsten von
moralischem Relativismus und Individualismus. Der Soziologe Hans-Georg Soeffner sieht
an die Stelle des fehlenden Konsenses über gemeinsame Normen einen anderen Konsens
treten, nämlich den, dass es solche gemeinsamen Normen nicht mehr gibt.[107] Auch Niklas
Luhmann kann keinen Werte- und Normenkonsens mehr erkennen. Aber er geht noch einen
Schritt weiter. Er hält Moral für gefährlich, weil sie desintegriere. Moral aktiviere das Trennende und gesellschaftliche Kommunikation werde abgebrochen. Insbesondere in der ethnokulturell vielfältigen Gesellschaft leiste die Moral der Selbstethnisierung und dem internen
Separatismus Vorschub. [108]

Als Ursache für normative Krisen und für Desintegration wird in allererster Linie die funktionale und gesellschaftliche Differenzierung dingfest gemacht. Diese Annahme hat allerdings
einen Haken. Sie unterstellt, dass die Werte und Normen der vielen Subsysteme und Subkulturen so unterschiedlich sind, dass sie auf keinen gemeinsamen Nenner gebracht werden
können. Diese Annahme ist aber nicht logisch zwingend. Außerdem lässt sich fragen, welche
unterschiedlichen Werte und Normen genau gemeint sind. Geht es um unterschiedliche,
unvereinbare, sich gegenseitig ausschließende oder komplementäre Werte und Normen?
Außerdem wird außer Acht gelassen, dass es eine Hierarchie der Werte und Normen gibt.
Stoßen Werte aufeinander, die strategisch wichtig sind für die Integration einer Gesellschaft,
sich aber gegenseitig ausschließen oder bezieht sich die Unvereinbarkeit auf nachrangige
Werte, die mit der Integration der Gesamtgesellschaft nichts zu tun haben und nur für bestimmte Teilsysteme unverträglich sind?

Die andere Seite schreibt der Moral auch in der ausdifferenzierten Gesellschaft eine wichtige
Rolle zu.[109] Gertrud Nunner-Winkler betont, es sei ein normativer Rahmen notwendig, um in
einer Gesellschaft Kooperation trotz divergierender individueller Interessen zu sichern. Deshalb sei moralische Motivation eine notwendige Ressource für die Funktionsfähigkeit des
Gesamtsystems. Gleichheit, Gerechtigkeit, Vertrauen, Demokratie seien Voraus-setzungen
für ein funktionsfähiges Gemeinwesen. Fehle die Moral in der öffentlichen Sphäre, dann
herrschten wechselseitiges Misstrauen, individuelle Isolierung, Familismus, Nepotismus,
Klientelismus, Korruption. Allerdings falle die *herkömmliche* Moral als integrierende Kraft
aus. Besonders in den Einwanderungsgesellschaften sei ein kultureller Wertekonsens, wie ihn
sich Parsons und Durkheim vorgestellt hätten, aufgrund der alles überschattenden kulturellen
Differenz undenkbar geworden. Auf der Suche nach Ersatz für den traditionellen Wertekonsens kann sich Gertrud Nunner-Winkler eine „universalistische Minimalmoral" vorstellen,
die einen gewissermaßen kulturell neutralen, überkulturell-universalen Charakter hat und
von allen Gesellschaftsmitgliedern geteilt wird. Inhalt einer Minimalmoral könnten Prinzipien sein wie „fairer Interessenausgleich", „Gleichheit" und „Schadenvermeidung" oder
„Wahrhaftigkeit".[110] Wilhelm Heitmeyer bezweifelt die Möglichkeit, die konsensfähigen
Bestandteile einer Minimalmoral zu ermitteln. Mit einer gewissen Sicherheit dürfte die Frage
nach gemeinsamen Werten und Normen nur für die einzelnen Kulturkreise beantwortet werden können, weil selbst die Menschenrechte oder die Zehn Gebote kulturell bedingt sind. Er
befürchtet, dass der von allen gefürchtete und gemiedene Kulturkonflikt als Moralkonflikt
wieder in die multikulturelle Gesellschaft zurückkehrt. Spätestens bei der Frage, was notwendigerweise zu einer Minimalmoral gehört oder gerade nicht dazu gehören darf, tauchen

vermutlich unüberwindliche Gegensätze auf, die ihren Hintergrund in kulturellen Differenzen haben.[111]

Jürgen Friedrichs und Wolfgang Jagodzinski halten es für nicht bewiesen, dass der Konsens in allen moralischen Fragen schwindet beziehungsweise die Herstellung eines Konsenses immer schwieriger wird und stellen die These auf, dass die Chancen einer Konsensfindung in moralischen Fragen in modernen Gesellschaften mindestens genauso groß sind wie in traditionellen.[112] Die Frage ist nur, ob ein moralischer Konsens in Schlüsselfragen bereits genügt. Die Komplexität des Zusammenlebens in modernen Gesellschaften erfordert ein Maß an gegenseitiger individueller Abstimmung und kollektiver Koordination, dass es schwer vorstellbar ist, dass dazu ein moralischer Grundkonsens bereits ausreicht. Zu erwarten ist eine solche Leistung eher von einem engmaschigen Netz an Normen, Verhaltensregeln und Vorstellungen des Zusammenlebens, die auch die Einzelheiten der Alltaggestaltung berücksichtigen. Ein solch engmaschiges Netz entwickelt sich aber aus einer spezifischen Kultur heraus.

Das Recht oder die Unmöglichkeit eines gesellschaftlichen Grundkonsenses
Recht als Feld der Systemintegration genießt einen hohen Stellenwert. Beliebt ist die Vorstellung von der integrierenden Kraft des Rechts auch, weil sie erlaubt, der Frage auszuweichen, ob ein gesellschaftlicher Wertekonsens als Mittel der Integration überhaupt existiert oder herstellbar ist. Das Recht macht es angeblich möglich, menschliches Handeln moralfrei zu beurteilen. Die Rechtsordnung einer Gesellschaft ist für alle ihre Mitglieder verbindlich, im Falle von Abweichungen warten Sanktionen. Im Recht geht es aber im Unterschied zur Moral nicht um die Bewertung von Gesinnung, sondern um die wertfreie Beurteilung menschlicher Handlungen am Maßstab des Tun, Dulden oder Unterlassens. Nach dieser Auffassung ist das Recht besonders dafür geeignet, kulturell vielfältige Gesellschaften zu integrieren. Allerdings hat die moralfreie, nur auf Recht und Gesetz gestützte Überwachung, Durchsetzung und Sanktionierung von Normen ihren Preis. Wenn die Gesellschaftsmitglieder in den Rechtsnormen nur Verhaltenserwartungen sehen, die ihnen von außen auferlegt werden, steigen die Kosten für die Herstellung des gesellschaftlichen Friedens. Akzeptieren die Individuen den Inhalt der Rechtsnormen als moralische Norm, verinnerlichen sie die Normen und betrachten sie als gerechtfertigt, dann werden Überwachung, Durchsetzung und Sanktionierung der Rechtsnormen überflüssig, weil die Normenüberwachung von außen nach innen verlagert wird.[113] Die Rechtsordnung funktioniert umso besser, je mehr ihre Regelungen auf moralischen und ethischen Anschauungen beruhen, die von den Individuen geteilt werden. Eine funktionierende Rechtsordnung ist folglich das Ergebnis des kulturell geformten Rechtsgefühls der Individuen. Auf einen kurzen Nenner gebracht: *Recht ist Kulturerscheinung* (Gustav Radbruch). Problematisch wird die Beziehung zwischen Bürgern und Rechtsnormen, wenn die Akzeptanz des Rechts nicht auf einer inneren Bejahung beruht, sondern auf einer bloß formalen Rechtsbefolgung bei gleichzeitiger latenter innerer Ablehnung.

Soweit das Recht bei den Bürgern grundsätzliche Akzeptanz findet, trägt es zur Integration der Gesellschaft bei. Akzeptanz des Rechts bedeutet also, dass es die Wert- und Gerechtigkeitsvorstellungen der Bevölkerung aufgreift und die sozialen, ökonomischen oder kulturellen Konflikte so löst, dass diese Lösungen anerkannt werden. Sind die Wert- und Gerechtigkeitsvorstellungen in der Bevölkerung der Bezugspunkt, so stellt sich die Frage, ob es in einer pluralistischen oder gar multikulturellen Gesellschaft überhaupt noch gemeinsame Wert- und Gerechtigkeitsvorstellungen geben kann. Auch in weiten Teilen der Rechtswissenschaft hat die Auffassung Einzug gehalten, dass sich in einer pluralistischen Gesellschaft die Rechtsordnung nur beschränkt an einer Wert- und Gemeinwohlverwirklichung orientieren kann, die auf einem allgemeinen Konsens fußt. Daraus ziehen Rechtswissenschaftler wie Thomas Würtenberger die Schlussfolgerung, dass das Recht, dem eine gemeinsame Wertebasis fehlt, nur dann Akzeptanz findet, wenn es sich für eine pluralistische Gestaltung öffnet. Das bedeutet, dass Rechtspluralismus Voraussetzung für die Akzeptanz des Rechts ist. In einer multikulturellen Gesellschaft müsse das Recht beweglicher und anpassungsfähiger gemacht werden. So könne z.B. die Rechtsordnung im Bereich des Familien- und Erbrechts an die kulturelle Herkunft der Betroffenen anknüpfen.[114] Dahinter steckt die Vorstellung, die integrative Funktion des Rechts könne durch seine kulturelle Pluralisierung gestärkt werden. Andere wiederum wie der Staatsrechtler Joachim Burmeister meinen, dass zwar eine gemeinsame Wertebasis zunehmend fehlt, dass es ohne sie aber auch nicht geht. „Die Forderung, eine Gesellschaft durch legale Normen zu integrieren, impliziert, etwas erreichen zu wollen, das eigentlich die Voraussetzung der Forderung ist: einen weitgehenden Konsens der Mitglieder der Gesellschaft."[115] Das ist das eigentliche Dilemma. Es besteht darin, so Burmeister, dass Recht nur dort Wirkung entfalten kann, wo ein ethischer Grundkonsens herrscht. Andererseits sind der Staat und das durch ihn gesetzte Recht selbst nicht in der Lage, einen Wertekonsens künstlich herzustellen. Der Grundkonsens muss in der Gesellschaft schon vorhanden sein, ohne ethischen Grundkonsens kein Geltungsanspruch des staatlichen Rechts. Das berühmte Böckenförde-Theorem beschreibt das Dilemma mit dem Satz: „Der freiheitliche, säkularisierte Staat lebt von Voraussetzungen, die er selbst nicht garantieren kann." Deshalb die dringende Frage, welchen Quellen dieser ethische Grundkonsens entspringen und über welche staatlichen Aktivitäten er gefördert werden kann. Aber jetzt kommt auch Burmeister an seine Grenzen: Der Staat ist auf ein Wir-Bewusstsein angewiesen, das die Staatsbürgernation zusammenhält und die Stabilität des politischen Systems sichert. Das Wir-Bewusstsein wiederum ist auf einen gesellschaftlichen Basiskonsens angewiesen, der dem Staat und dem politischen System vorausgeht. Der gesellschaftliche Basiskonsens ist in multikulturellen Gesellschaften aber nicht vorhanden. Andererseits kann der Staat diesen gesellschaftlichen Basiskonsens auch nicht herstellen. Burmeisters hilflose Lösung: Der Staat kann nur die Entstehung und Erhaltung eines gesellschaftlichen Grundkonsenses im Sinne eines kleinsten gemeinsamen Nenners *fördern*.[116] Das Problem bleibt durch diese Lösung gleich, es wird nur ein wenig anders genannt. Denn woher soll der kleinste gemeinsame Nenner kommen, wenn er in der multikulturellen Gesellschaft gar nicht existiert? Würtenberger sucht den Ausweg aus diesem Dilemma in einem deus ex machina, im Grundgesetz nämlich. Der pluralistische Staat sei nämlich gar kein wertneutraler Staat, weil er „sich stützend und werbend für die im Grundgesetz geregelten obersten Rechtsprinzipien und ihrer ethischen Grundlagen einzusetzen hat."[117] Aber die obersten Rechtsprinzipien und ihre ethischen Grundlagen sind keine eigenständige, von allem losgelöste Tatsache an sich, sondern haben einen kulturellen Hintergrund. Das Recht und vor allem das Verfassungsrecht sind Kulturtatsache. Ein Staat, der sich der Kulturgebundenheit seiner Verfassung bewusst ist, kommt gar nicht daran vorbei, seinen Bürgern die kulturellen Grundlagen der Verfassung zu vermitteln, damit sie am Ende von allen Bürgern internalisiert werden. Die Alternative ist die kollektive Selbstaufgabe, die Kapitulation vor der vermeintlichen Unmöglichkeit einer von allen gemeinsam anerkannten Rechtsordnung. Dieser Zusammenhang offenbart, dass die Vorstellung, Recht könne eine Gesellschaft gleichsam voraussetzungslos integrieren, in die Irre führt. Disqualifiziert sich damit die Rechtsordnung als Grundlage der Integration einer Gesellschaft? Nein, wenn auf die Fiktion verzichtet wird, es gebe ein kulturneutrales Recht. Das Recht bringt selbst keine Werte und moralische Normen hervor. Das Recht kann nicht einmal ihren Bestand garantieren, weil das Recht selbst kulturabhängig ist. Das Recht ist ein *abgeleiteter Integrationsfaktor*. Verändert sich die Kultur in der multikulturellen Gesellschaft, wandeln sich damit die moralischen Normen und damit langfristig auch die Rechtsanschauungen. Selbst das ethische Minimum, in dem so viele fast verzweifelt den Anker eines entkulturalisierten neutralen Rechts sehen, ist kulturabhängig. So gesehen gibt es kein Entkommen aus dem Dilemma, in das eine Gesellschaft gerät, die über keinen ethischen Grundkonsens verfügt.

Integration durch Konflikt

Die zentrale konflikttheoretische These lautet: Moderne Gesellschaften werden nicht über kulturelle Homogenität zusammengehalten, sondern über die Regulierung von Konflikten. Diese These stützt sich auf die Annahme, dass gesellschaftliche Einheit seit dem 19. Jahrhundert zunehmend in gesellschaftliche Differenz übergeht und dass es deshalb in modernen offenen Gesellschaften keinen Konsens mehr gibt und geben kann. Ausgangspunkt für die konflikttheoretischen Überlegungen von Helmut Dubiel ist Georg Simmels Theorie der konflikthaften Integration. Sie beruht auf der Prämisse, dass in einer Gesellschaft Konsens und Dissens gleichzeitig vorhanden sind. Ralf Dahrendorf hält die moderne Gesellschaft sogar für unaufhebbar konflikthaft. Das Band, das moderne Gesellschaften zusammenhält, besteht für ihn aus der Erfahrung mit „geregelten Konflikten". In Anlehnung an Dahrendorf und Simmel entwickelt Helmut Dubiel seinen eigenen Ansatz. Auch er ist der Auffassung, dass die Vorstellung eines kulturellen Wertekonsenses in Anbetracht kulturell hochdifferenzierter und demokratisch organisierter Gesellschaften ins Leere geht. Moderne demokratische Systeme müssen folglich mit gesellschaftlichen Auseinandersetzungen fertig werden, die nicht mehr dadurch bewältigt werden können, dass am Ende ein harmonisierender Konsens steht, der auf patriotischer Identifikation sowie normativer und kultureller Integration beruht. Auch für Dubiel ist der gesellschaftliche Konflikt der Dauerzustand moderner Gesellschaften. Damit verschwindet aber nicht die Frage, welche Möglichkeiten moderne Gesellschaften haben, ihre selbsterzeugten gesellschaftlichen Probleme, Differenzen und Widersprüche auszuhalten und zu bewältigen.[118]

Der Konfliktbegriff, wie ihn Dubiel verwendet, ist nicht auf Konsens ausgelegt, sondern auf einen geregelten „gehegten" Dauerstreit, der durch demokratische Verfahren begrenzt und an einer Eskalation gehindert wird. Die gesellschaftlichen Dauerkonflikte, die auf Differenz und Interessengegensätzen beruhen, erzeugen selbst einen Mechanismus der Konfliktbewältigung – und zwar durch das ständige Einüben der Konfliktbewältigung und dadurch, dass sie „sozialverträglich durchgestanden werden"[119]. Es geht also nicht um die *Überwindung* gesellschaftlicher Konflikte und Widersprüche, sondern um ihre *Zivilisierung*. Dazu braucht es aber ein Minimum an Solidarität, das nicht allein juristisch hergestellt werden kann.

Aus dem Blickwinkel der konflikttheoretischen Position besteht die Kunst darin, mit Auseinandersetzungen so umzugehen, dass eine Konfliktlösung für alle Beteiligten akzeptabel ist.

Konfliktregulierung ist also kein gesellschaftlicher Ausnahmezustand, in dessen Verlauf soziale Differenzen und Spannungen in einen Normalzustand der Ausgeglichenheit zurückgeführt werden. Vielmehr ist Konfliktregulierung selbst ein Dauerzustand, gerade in multikulturellen Gesellschaften. Konfliktregulierung wird damit zu einer eigenen Integrationsform. Wird die Frage der gesellschaftlichen Zusammengehörigkeit vom Ideal des Konsenses entlastet und verzichtet man auf einen konsensfixierten Umgang mit Differenzen, dann sind interethnische Konflikte nicht per se die Ursache gesellschaftlichen Zerfalls. Dieser Gedanke beantwortet allerdings nicht, wie die Gesellschaft mit dem Pluralismus unterschiedlicher Gruppen, widerstreitender Interessen oder gar unvereinbarer Gegensätze umgehen kann. Dieser Gedanke beantwortet auch nicht die Frage, ob die Gesellschaft nicht doch auf einen Vorrat gesamtgesellschaftlich geteilter Normen angewiesen ist. Heitmeyer selbst befürchtet nämlich, dass die moderne Gesellschaft in einen Zustand dauerhafter Desintegration gerät, wenn gesamtgesellschaftliche Solidarität vernachlässigt wird und die verschiedenen gesellschaftlichen Gruppen ausschließlich eine Binnensolidarität in Abgrenzung zur Gesamtgesellschaft pflegen.[120]

Anders als in der Tradition von Durkheim und Parsons, die den Grad der gesellschaftlichen Integration am Niveau des *kulturellen Wertekonsenses* messen, ist die konflikttheoretisch gut integrierte Gesellschaft eine Gesellschaft, die sich in der Mitte zwischen vollständiger Dissoziation und vollständiger Harmonie bewegt. Aber warum sollte sich die Gesellschaft gewissermaßen konflikttheoretisch korrekt verhalten? Schon Durkheim hat darauf bestanden, dass das in jeder Gesellschaft erforderliche Minimum an Solidarität weit über den unabdingbaren Gesetzesgehorsam hinausgeht. Gerade in den funktional und kulturell extrem differenzierten Gesellschaften der Gegenwart scheint der äußere Gesetzesgehorsam immer weniger auszureichen, um dieses Solidaritätsminimum zu garantieren. Dubiel erkennt, dass unter diesen Bedingungen die Gefahr besteht, dass strategische Gegnerschaft in gewaltförmige Feindschaft umschlägt, was natürlich verhindert werden muss. Da der kulturelle Wertekonsens als Barriere nicht zur Verfügung steht, kann es nur darum gehen, ein Bewusstsein der grundsätzlichen Lösbarkeit unüberwindlicher Konflikte zu fördern. Dieses Bewusstsein entsteht, wenn die Gesellschaft die Erfahrung macht, dass Konflikte erfolgreich gelöst, also „gehegt" werden konnten. In Dubiels Ansatz ist es das erfolgreiche „Hegen" der gesellschaftlichen Konflikte selbst, das die notwendigen Bindungen und den notwendigen Gemeinsinn hervorbringt, damit die moderne Gesellschaft den Zusammenhalt bekommt, der durch Verfassungspatriotismus allein nicht erzeugt werden kann.[121]

Albert O. Hischman betont, dass es nicht Konflikte an sich, sondern nur „gehegte Konflikte" sind, die sozial integrierend wirken können. Gleichwohl bezweifelt er die These einer gemeinschaftsbildenden Kraft von Konflikten. Denn nicht moderne säkularisierte Gesellschaften an sich, sondern lediglich pluralistische, liberaldemokratisch und marktwirtschaftlich organisierte Gesellschaften bringen unter den Bedingungen relativen Wohlstandes einen Konflikttypus hervor, der potentiell integrierende Wirkung haben kann. Hirschman unterscheidet zwischen *teilbaren* und *unteilbaren* Konflikten. Teilbare Konflikte sind verhandelbare strategische Konflikte. Sie sind typisch für die marktwirtschaftliche Gesellschaft mit ihren Verteilungskonflikten. Damit sind sie aber auch strukturell lösbar durch Schlichtung, Ausgleich oder Kompensation. Es sind also Konflikte des Mehr oder Weniger, ein typisches Beispiel dafür ist der Tarifkonflikt. Dagegen sind die unteilbaren Konflikte unverhandelbare Anerkennungs- oder Identitätskonflikte. Es sind kategorische Konflikte des Entweder-oder und sie beziehen sich auf unverfügbare Merkmale, die entweder durch Geburt, bestimmte Körpereigenschaften oder tief einsozialisierte Erfahrungen entstehen. Die unteilbaren Konflikte machen sich in der Regel an ethnischen, sprachlichen, kulturellen oder religiösen Spannungslinien fest. Sie sind mit den gesellschaftlich akzeptierten und etablierten Verfahren der Konfliktbewältigung nicht lösbar, für sie gibt es keine Muster der „Hegung".[122]

Die Antworten Dubiels auf die offenen Fragen des konflikttheoretischen Integrationsmodells hinterlassen eine gewisse Ratlosigkeit, weil durch die Hintertür überraschend doch die Frage nach einem Minimalkonsens wiedereingeführt wird. Für Dubiel besteht der Minimalkonsens in der Anerkennung der legitimen physischen Existenz der anderen im politischen Raum. „‚Wir' mögen ‚sie' ablehnen, vielleicht gar hassen, ihre Lebensform mag uns befremden, aber wir bestreiten ihnen nicht das Recht ihrer physischen Existenz auf einem gemeinsam geteilten Territorium."[123] Man braucht also ein Minimum an Gemeinsamkeit, um das Entstehen unteilbarer Konflikte zu verhindern oder potentiell unteilbare Konflikte zu entschärfen. Da unteilbare Konflikte vermutlich nicht in teilbare überführt werden können, schlägt Dubiel eine voluntaristische Lösung vor. Unteilbare Konflikte sollen dadurch vermieden werden, dass die Gesellschaftsmitglieder Verfahren demokratischer Konfliktaustragung lernen, die den erfolgreich gehegten Konflikt ermöglichen. Damit beißt sich die Katze in den Schwanz. Denn wenn es unteilbare gesellschaftliche Konflikte gibt, dann sie ja gerade immun gegen Verfahren demokratischer Konfliktaustragung, wie das etwa der Fall ist, wenn eine traditionelle Minderheitenkultur einen unversöhnlichen Konflikt in die moderne Gesellschaft einschleust.[124] Der konflikttheoretische Ansatz setzt in diesem Fall auf Reaktionsmöglichkeiten, die von Toleranz und Gewährung der Staatsbürgerschaft bis zu einem gewissen Druck reichen. Aber gerade die ethnisch-kulturellen Konflikte der Gegenwart lassen massive Zweifel an der Tauglichkeit solcher Ideen aufkommen. Die ironische Antwort Heitmeyers desavouiert solche Überlegungen mit einem Streich: „[…]in diesem Fall muß dahingestellt bleiben, ob sich tatsächlich Konflikte dadurch lösen lassen, dass Vertreter einer ‚guten Moral' darauf hoffen, die Vertreter der ‚schlechten Moral' zu Konvertiten der ‚guten Moral' umstimmen zu können."[125]

Die konflikttheoretische These versucht aus der Not eine Tugend zu machen. Die Beobachtung, dass es unter den Bedingungen von Pluralisierung und Individualisierung in den modernen Gesellschaften zunehmend schwieriger wird, einen gesellschaftlichen Grundkonsens herzustellen, ist zutreffend. Aber recht eigenwillig scheint es, die Lösung des Dilemmas durch eine Umwertung des theoretischen Problems herbeizuführen und den Verzicht auf einen gesellschaftlichen Konsens zum Befreiungsschlag zu erklären. Durch bloßen soziologischen Voluntarismus sind die Ausweglosigkeiten des konflikttheoretischen Ansatzes nicht zu beseitigen. Deshalb kann die konflikttheoretische These keinen alternativen Ansatz zur Integration moderner Gesellschaften liefern.

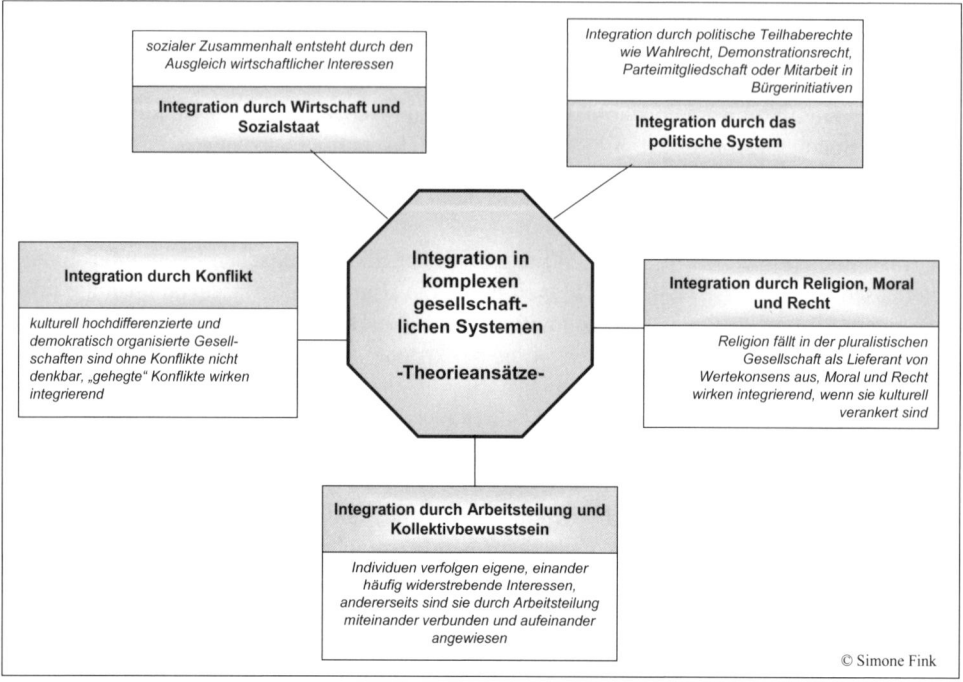

Abb. 2.4   Integration in komplexen gesellschaftlichen System – Theorieansätze

Ein Zwischenergebnis

Die Beiträge der verschiedenen Felder zur Systemintegration moderner Gesellschaften bleiben bruchstückhaft. Alle Felder enthalten wichtige Integrationselemente, keines reicht aus.
Dass in den genannten Feldern Integration stattfindet, ist offensichtlich. Aber *das alle Bereiche verbindende Element fehlt.* Die Frage nach der Integration moderner Gesellschaften
muss daher noch einmal gestellt werden.

Üblicherweise wird auch Kultur als Teilsystem der Gesellschaft gesehen. Gemeinsam geteilte kulturelle Orientierungen, gesellschaftliche Werte und Leitideen integrieren Gruppen und
Gesellschaften. Sie schaffen gemeinsame Sichtweisen, lassen gegenseitige Loyalität entstehen und machen dadurch kollektives Handeln möglich. Die Mitglieder von Gruppen und
Gesellschaften identifizieren sich mit ihren Kollektiven, sie verstehen sich als Teil davon.

Die stärkste Form kollektiver Integration äußert sich in einer *kollektiven Identität*. Schwäche-
re Formen gesellschaftlicher Integration ergeben sich, wenn sich die Gemeinsamkeiten auf
nur pragmatisch-technisch ausgerichtete kulturelle Fertigkeiten beziehen, zu denen Sprache
und „soziale Drehbücher" gehören. Sie bieten Verhaltensorientierung in alltäglichen Situationen, etwa am Arbeitsplatz oder in der Öffentlichkeit. Sprachbeherrschung oder die Kenntnis
der Gepflogenheiten im Geschäftsverkehr erleichtert die Teilnahme am Marktgeschehen.[126]
Allerdings sind diese kulturellen Fertigkeiten, die Kulturtechniken, nicht zwingend gekoppelt
an eine Identifikation mit dem entsprechenden Kollektiv oder an eine Loyalität gegenüber

diesem Kollektiv. Das ist der Grund, weshalb perfekte Spione sich unauffällig in einem Land bewegen können, dessen Werte und Kultur sie völlig ablehnen.

Fraglich ist allerdings, ob Kultur *lediglich* als gesellschaftliches Teilsystem gesehen werden kann. Kultur ist nämlich keine abgrenzbare autonome Größe, sondern eine Dimension, die die Gesamtgesellschaft ebenso wie alle Teilsysteme der Gesellschaft, alle Lebensbereiche und Strukturen des sozialen Systems durchdringt. Sie durchdringt Vereine und Verbände, Familien, Freundschaften und Einzelpersönlichkeiten, die durch Sozialisation und Enkulturation kulturell geformt werden. Kultur ist also eine allgegenwärtige Realität, die die Strukturen der Gesellschaft durchwirkt. Ist diese Betrachtungsweise zutreffend, dann besteht Gesellschaft aus *Struktur* und *Kultur*. Struktur und Kultur sind „das Rohmaterial allen sozialen Lebens"[127]. Sie sind die komplementären Grundelemente der Gesellschaft. *Struktur* ist gewissermaßen die Hardware der Gesellschaft (Organisationen, Institutionen, Bedingungen der Interaktion) und *Kultur* die Software (Wertesystem, Sinndeutung). Beide Realitäten bilden das Gesamtsystem. Zwischen Struktur und Kultur herrscht ein dialektisches Verhältnis, sie stehen in einer wechselseitigen Beziehung zueinander und können nur aus analytischen Gründen, nicht aber in Wirklichkeit, getrennt betrachtet werden.[128]

2.8 Bedingungen moderner Gesellschaften II: Das Struktur-Kultur-Paradigma

Wird Gesellschaft als Struktur und Kultur begriffen, muss zunächst die Gesellschaft genauer betrachtet werden. Bei aller Unschärfe stimmen die neueren soziologischen Konzeptionen von Gesellschaft darin überein, dass Gesellschaft als ein soziales System beschrieben werden kann. Dieses soziale System ist an ein abgegrenztes Territorium gebunden. Es erneuert sich durch Fortpflanzung und ist unabhängig von der individuellen Lebenszeit seiner Mitglieder. Um sich selbst zu erhalten und um sich weiterzuentwickeln, bedient sich das soziale System eigener Organisationsformen und Institutionen: Politik, Wirtschaft, Daseinsvorsorge, Bildung. Auch die eigene Kultur dient diesem Zweck, weil gemeinschaftliche Wertorientierung und Traditionen kollektive Handlungsfähigkeit herstellen. Die Gesellschaft ist die Summe von Individuen, die durch soziale Beziehungen, Kontakte und Interaktionen miteinander in Verbindung stehen. Bestimmend für die sozialen Beziehungen ist das Hineinwachsen der Individuen in die kulturell bedingten Strukturen, Orientierungen und Handlungsformen der Gesellschaft.[129]

2.8.1 Integration durch Arbeitsteilung und Kollektivbewusstsein: Emile Durkheim

Die integrationstheoretischen Vorstellungen von Emile Durkheim nehmen das *Struktur-Kultur-Paradigma* (Hans-Joachim Hoffmann-Nowotny) vorweg. Durkheims Überlegungen haben ihre Aktualität bis heute behalten, weil sie gesellschaftliche Integration als ein soziales und gleichzeitig als ein kulturelles Phänomen betrachten. Durkheim stellt die Frage nach der gesellschaftlichen Integration aus der Perspektive der Desintegration, die er an seinem Begriff der Anomie festmacht. Anomie entsteht nach Robert K. Merton, wenn die steigenden Ansprüche von Individuen in eine immer stärkere Spannung geraten mit den abnehmenden Realisierungschancen. In einer Gesellschaft bestehen kulturell verankerte Ziele, die sich individualisieren in Wünschen und Erwartungen der Gesellschaftsmitglieder. Solche Ziele sind z.B. Bildung, Wohlstand, gesellschaftliches Ansehen usw. Gleichzeitig existieren Normen, die die Mittel vorgeben, die die Menschen zur Realisierung ihrer Ziele anwenden dürfen. Solche Mittel sind z.B. Fleiß, Lernfreude, Einsatzbereitschaft. Wenn nun diese Erwartungen und die Möglichkeiten, diese Erwartungen zu realisieren, immer mehr auseinanderfallen, stellt sich ein Zustand der Anomie ein. Anomie ist soziale Regellosigkeit und Störung der sozialen Ordnung. Anomie schwächt die gesellschaftliche Integration.[130]

Die grundlegende Annahme Durkheims lautet: Moderne Gesellschaften zeichnen sich durch soziale Differenzierung und zunehmende Arbeitsteilung aus. Weil die Individuen eigene, einander häufig widerstrebende Interessen verfolgen, gefährdet das den sozialen Zusammenhalt. Andererseits sind die Individuen durch Arbeitsteilung aufeinander angewiesen. Das nennt Durkheim *organische Solidarität*. Doch die Kooperation, die aus der Arbeitsteilung entsteht, schafft allein noch keine Integration. Nach Durkheim besteht die vollständig integrierte Gesellschaft aus vier Elementen, die die notwendigen Bedingungen einer vollständigen Integration sind: a) Das erste Element ist die *moralische Arbeitsteilung*. Arbeitsteilung hat insofern moralische Qualität, als sich die Menschen durch sie ihrer Abhängigkeit gegenüber der Gesellschaft bewusst werden. Dadurch wird die Arbeitsteilung zu der moralischen Quelle, die das menschliche Bedürfnis nach Ordnung, Harmonie und sozialer Solidarität befriedigt. b) Das zweite Element ist die *Kongruenz von natürlicher und sozialer Ungleichheit*. Natürliche und soziale Ungleichheit müssen sich decken, andernfalls ist die Gesellschaft bedroht. Das bedeutet, dass soziale Ungleichheit, also z.B. unterschiedlich hohe Einkommen in einer Gesellschaft auch durch unterschiedlich hohe Leistungen gerechtfertigt werden können. Wenn im Zeitalter der Globalisierung die Einkommen von Unternehmensvorständen achtzig- bis vierhundertfach höher sind als die Durchschnittseinkommen in diesen Unternehmen, dann scheint diese Kongruenz außer Kraft gesetzt, im Gegensatz zu den 1950er oder 1960er Jahren, in denen die Vorstände nur acht- oder zehnfach mehr verdienten. Zudem muss diese soziale Ungleichheit auch gesellschaftlich akzeptiert sein, und das hängt wiederum von der Höhe der Unterschiede ab. Von daher ist anzunehmen, dass zu große Unterschiede zwischen natürlicher und sozialer Ungleichheit Anomie erzeugen.[131] c) Das dritte Element ist ein starkes Kollektivbewusstsein. Dieses Kollektivbewusstsein ist ein Bewusstsein gemeinsamer Werte, die meistens „ein Erbe der vorhergegangenen Generationen" sind.[132] Da gemeinsame Werte eine gemeinsame Kultur ausmachen, kann das Kollektivbewusstsein auch als *kultureller Wertekonsens* bezeichnet werden. Allerdings sieht Durkheim in der modernen Gesellschaft gegenläufige Tendenzen am Werk. Das Kollektivbewusstsein im Sinne des Vorrats an gemeinsamen Werten in der Gesellschaft wird nach Durkheim geschwächt durch die rationale Diskussion über sie. Dieser Feststellung entspricht heute die Pluralisierung und Relativierung der Wertvorstellungen in der modernen Gesellschaft. d) Das vierte Element ist eine Folge des zweiten und dritten Elements: geringe Anomie. Desintegration und gesellschaftliche Entfremdung entstehen demnach durch die Umkehrung dieser vier Elemente.

Diese Theorie ist die Vorlage für das Struktur-Kultur-Paradigma. Die Wechselseitigkeit, die für die Beziehung von Struktur und Kultur unterstellt wird, gilt auch für die Beziehung von *struktureller* und *kultureller Integration*. Strukturelle Integration meint die Partizipation an den verschiedenen Formen des gesellschaftlichen Systems, kulturelle Integration die Partizipation an der Kultur einer Gesellschaft. Das Struktur-Kultur-Paradigma ist zunächst keineswegs auf die Situation von Einwanderungsgesellschaften zugeschnitten, sondern hat eine allgemeingültige soziologische Erklärung im Sinn. Somit sind mit Struktur und Kultur sowie struktureller und kultureller Integration allgemeine Strukturbedingungen der gesellschaftlichen Wirklichkeit gemeint. Ihre Anwendung auf die Bedingungen der Einwanderungsgesellschaft also nur ein Spezialfall. Aus systemtheoretischer Sicht sind Kultur und Struktur einer Gesellschaft aufeinander zugeordnet und abgestimmt. Der politischen Struktur wird die politische Kultur zugeordnet, der ökonomischen Struktur die ökonomische Kultur und der Struktur der Gemeinschaft die Kultur der Gemeinschaft. Fallen sie auseinander, dann verursacht diese Divergenz strukturellen und kulturellen Wandel.[133]

2.8.2   Gesellschaft als Struktur

Integration in die Struktur bedeutet Verteilung und Eingliederung der Gesellschaftsmitglieder in die Strukturen der verschiedenen Teilsysteme der Gesellschaft. Prozess und Ergebnis dieser Eingliederung bezeichne ich als *strukturell-funktionale Integration*. Das doppelte Adjektiv soll unterstreichen, dass Funktionen an Strukturen gebunden sind und ohne Strukturen keine sinnvollen Funktionen möglich sind. Die Tätigkeit von Metallfacharbeitern (Funktion) ist ohne Bezug zu einem Betrieb (Struktur), seinen Maschinen und Werkzeugen und seinem Auftreten auf einem Markt für die Produkte, die von den Arbeitern hergestellt werden, nicht denkbar. Ein Polizist ist kein Polizist ohne die Polizei mit ihren Aufgaben, ihrer Ausrüstung, ihren gesetzlichen Grundlagen, ihrer hierarchischen Organisation. Abstrakt ausgedrückt ist unter Struktur der Gesellschaft ein Komplex zu verstehen, dessen wichtigste Merkmale soziale und funktionale Hierarchie, Organisation, Arbeitsteilung, soziale Beziehungen und Interaktionen sind.

In horizontaler Perspektive kann die Struktur einer Gesellschaft in Form von Organisationen und Institutionen beschrieben werden. Damit ist die Viereckbeziehung zwischen den Staatsbürgern, dem politischen System/Staat, der Wirtschaft/Markt und dem intermediären Bereich angesprochen. Wichtige Elemente des politischen Systems sind die Subsysteme der Politik im engeren Sinn (Parteien, Regierung, Wahlen zum Bundestag, den Landtagen, den Kommunalparlamenten, Verwaltung), des Rechts (Verfassung und Rechtsordnung mit den Subsystemen Justiz, Rechtsprechung, Staatsangehörigkeit, Rechte und Pflichten, usw.), des Bildungswesens (Kindergärten, Schulen, Hochschulen, Berufsausbildung); dazu kommt das Subsystem Sozialstaat (Gesundheitswesen, Sozialversicherung, soziale Grundsicherung und sonstige Einrichtungen der Daseinsvorsorge) oder das System staatlicher Sicherheit (Landesverteidigung/Streitkräfte, Polizei, Feuerwehr). Die Wirtschaft besteht im Wesentlichen aus den Betrieben/Unternehmen, den Kammern der Industrie, des Handels und des Handwerks, und dem Markt (Warenmarkt, Arbeitsmarkt). Wichtige Elemente des intermediären Bereichs, dem eine Vermittlerrolle zwischen den drei gesellschaftlichen Sphären Gemeinschaft, Politik/Staat und Wirtschaft/Markt zukommt, sind: Initiativen, Selbsthilfeorganisationen, Verei-

ne, Verbände (Gewerkschaften, Unternehmerverbände, Wohlfahrtsverbände und andere ge-
meinnützige Träger sozialer Aufgaben, Sozialverbände, kulturelle und gesellschaftspolitische
Interessenverbände), Kirchen, Glaubens- und andere Weltanschauungsgemeinschaften.

In vertikaler Perspektive kann die Struktur der Gesellschaft beschrieben werden als Hierarchie, die vom gesellschaftlichen Positionssystem gebildet wird. Das Positionssystem besteht
aus leitenden und ausführenden Tätigkeiten; aus dem Einkommenssystem und dem sozialökonomischen Status, aus Bildungsabschlüssen und den beruflichen Qualifikationen. Zudem
ist die Struktur einer Gesellschaft das Ergebnis funktionaler und sozialer Differenzierung.
Speziell die Arbeitsteilung ist Ausdruck dieser funktionalen Differenzierung, etwa wenn man
an die verschiedenen Tätigkeiten und Aufgabenprofile in einem Unternehmen denkt. Die
soziale Differenzierung leitet sich ab aus Qualifikationsniveau. Einkommen, Berufsprestige,
gesellschaftlicher Position. Soweit die Struktur der Gesellschaft als Netzwerk aus sozialen
Beziehungen aufgefasst wird, geht es um Kommunikation, Partizipation, Interaktionsmuster.

2.8.3   Gesellschaft als Kultur

Alltagskultur, Volkskultur, Unternehmenskultur, Industriekultur, Subkultur, Frauenkultur,
Jugendkultur, Organisationskultur, Familienkultur, politische Kultur, regionale und lokale
Kultur, Gegenkultur, Stadtkultur, Essenskultur, Trinkkultur. Die ausufernde Verwendung des
Kulturbegriffes lässt unschwer auf eine erhebliche Beliebigkeit in Definition und Gebrauch
schließen. Das kommt daher, dass das Wort Kultur wohl einer der komplexesten Begriffe der
menschlichen Sprache ist. Gleichzeitig ist der Kulturbegriff unklar und unbestimmt. Analytische Unschärfe entsteht außerdem dadurch, dass häufig nicht zwischen seiner deskriptiven
und seiner normativen Seite unterschieden wird.[134]

Wird Kultur nur ganz allgemein definiert, kann sie, marxistisch gesprochen, als ein Ba-
sis/Überbau-Phänomen aufgefasst werden.[135] Für Max Weber ist Kultur die Gesamtheit der
Lebenserscheinungen und Lebensbedingungen einer Gesellschaft, einschließlich der Öko-
nomie.[136] Der britische Politikwissenschaftler Bhikhu Parekh sieht in ihr ein Syndrom aus
Glaubensüberzeugungen und Praxis, das die Menschen in die Lage versetzt, sich und die
Welt zu verstehen und ihr Leben zu organisieren.[137] Menschen verschiedener Kulturen leben
daher gewissermaßen in unterschiedlichen Welten und können deshalb untereinander Verständigungsprobleme haben. Der marxistische britische Literaturwissenschaftler, Raymond
Williams, sieht in Kultur ein Netz von geteilten Bedeutungen und Aktivitäten[138] oder „die
Organisation der Produktion, die Struktur der Familie, die Struktur von Institutionen, welche
soziale Beziehungen ausdrücken oder regeln, die charakteristischen Formen, wie Mitglieder
der Gesellschaft miteinander kommunizieren".[139] Pierre Bourdieu definiert Kultur als eine
soziale Praxis, die einem bestimmten Raum und einer bestimmten Zeit zugeordnet werden
kann. Der Soziologe und Anthropologe Ernest Gellner versteht unter Kultur eine gemeinschaftliche Ausdrucksweise, ob nun in Worten oder mittels bestimmter Körpersprache oder
Mimik, in Form eines Kleidungsstils oder einer bestimmten Art und Weise, Nahrung zuzube-
reiten und sie zu essen. Nicht alle Menschen teilen dieselbe Kultur – kulturelle Vielfalt ist
eines der zentralen Merkmale der menschlichen Existenz. Kultur hat existenzielle Bedeutung
für das menschliche Zusammenleben. Sie ermöglicht die Weitergabe von Eigenarten oder
Verhaltensmustern von einer Generation zur nächsten. Dadurch wird der Mensch unabhängig

von seiner genetischen Ausstattung. Kulturen sind einerseits beständig und andererseits wandlungsfähig.[140]

Grundelemente von Kultur

Weit gefasst kann Kultur bestimmt werden als Komplex von Wissen, Werten, Kunst und Glauben, moralischen und rechtlichen Normen, Sitten und Gebräuchen, Überzeugungen und Praktiken, die die Lebensweise einer bestimmten Gruppe ausmachen. Diese berühmte Definition des Anthropologen Edward Burnett Tylor von 1871 ist allerdings nicht unproblematisch, weil sie Kulturelles und Soziales gleichsetzt.[141]

Eine weitere begriffliche Unschärfe resultiert aus einer mangelnden Abgrenzung der Termini „Kultur" und „Zivilisation", die häufig synonym gebraucht werden. Wenn der Begriff Zivilisation als Synonym von Kultur auftritt, dann will der Begriff einen allgemeinen geistigen oder materiellen Fortschritt oder einen Weg fortschreitender menschlicher Selbstvervollkommnung markieren, aber gelegentlich auch die moralische Qualität der gesellschaftlichen Entwicklung bezeichnen. „Zivilisation als Idee setzt bezeichnenderweise Sitten und Gebräuche mit Moral gleich: Zivilisiert sein bedeutet, daß man nicht auf den Teppich spuckt, aber auch, daß man seine Kriegsgefangenen nicht tötet."[142] Kultur und Zivilisation können sowohl den Entwicklungsstand einer Gesellschaft als auch die gesellschaftliche Vision einer idealisierten Kultiviertheit ausdrücken. Damit sind die beiden Termini deskriptiv und normativ zugleich. Der deutsche Sprachgebrauch betont beim Begriff Zivilisation eher den Aspekt des materiell-technischen Entwicklungsniveaus einer Gesellschaft. Der Eindeutigkeit halber wird daher im Weiteren auf den Begriff Zivilisation verzichtet.

In struktureller Hinsicht kann Kultur unter zwei Blickwinkeln analysiert werden. Die soziale Welt ist zusammengesetzt aus Sinn (immateriell), aus Praxis (materiell oder immateriell oder beides) und aus materiellen Phänomenen. Deshalb kann Kultur einerseits als Ensemble von *Symbolen* (Gesten, Kleidung, Fahnen, Statussymbole, Überzeugungen, Weltanschauungen, Ideen, Werte) betrachtet werden, deren *Bedeutungen* nur Mitglieder der jeweiligen Kultur erfassen können. Andererseits besteht Kultur auch aus *Praktiken*. Praktiken bezeichnen ein sinnhaftes Handeln von Menschen, durch das sie Symbole produzieren und Symbole verwenden (Rituale wie religiöse Handlungen oder das Grüßen; materielle Hervorbringungen wie Kühlschränke und Hochhäuser, soziale Strukturen). Symbole stehen also im Zentrum des Kulturbegriffes. Sie existieren in Form mentaler Repräsentation (Gedächtnis oder Denken), in Form der Handlung (Sprechen, Ausdrucksgesten usw.) oder in einer vergegenständlichten Form (Bild, Schrift, Ton, dreidimensionale Objekte wie Plastiken, Gebäude, technische Erzeugnisse). Kultur in diesem Sinne ist also etwas, das eine relativ dauerhafte äußere Existenz hat. Hinter den Symbolen einer Kultur stehen ihre *Werte*. Werte spiegeln Fühlen, Denken und Bewertungen eines Kollektivs wider. Diese Werte werden durch Sozialisation erlernt und weitergegeben, sie steuern die Erzeugung von Symbolen und Bedeutungen. Sie steuern vor allem auch die soziale Praxis, das heißt das Handeln und Verhalten der Gesellschaftsmitglieder.[143]

Symbole werden auf verschiedenen Wegen zu Strukturelementen sozialer Praxis. Sie können in unterschiedlicher Form gelagert sein (in Texten, auf elektronischen Informationsträgern, im Bild, in Vergegenständlichungen immaterieller Inhalte, etwa Kirchen, Fahnen) oder von

Spezialisten verwaltet und verwendbar gemacht werden. Kulturelle Symbole werden gesellschaftlich wirksam durch *Internalisierung* und *Institutionalisierung*. Die Individuen internalisieren im Rahmen ihrer Sozialisation die kulturellen Muster der Gesellschaft, d.h. sie eignen sie sich an. Durch diese Aneignung erhalten sie individuelle Geltung. Internalisierung
macht Kultur also zu Elementen der Persönlichkeit (Enkulturation). Der Vorgang umfasst
den Erwerb von kulturellen Kompetenzen, Überzeugungen, Wissen. Kulturelle Muster sind
das Reservoir, aus dem sich die Identität von Personen bildet. Institutionalisierung dagegen
verleiht der Kultur ihre soziale Geltung, indem sich regelmäßig wiederkehrendes Verhalten
zu kulturellen Mustern verfestigt. Im Falle präskriptiver Symbolsysteme wird die soziale
Verbindlichkeit gestützt durch soziale Sanktionen, wie es etwa bei vielen Rechtsvorschriften
oder moralischen Vorstellungen der Fall ist. Sanktion meint aber nicht nur die institutionali-
sierte Bestrafung, sondern auch Reaktionen wie Missbilligung, Achtungsentzug, Entzug
positiver Affekte, Abbruch der Interaktion oder Beziehung usw.[144]

Eine bestimmte Kultur hat Gültigkeit nur für einen bestimmten, abgrenzbaren Personenkreis.
Der entscheidende Punkt ist, dass alle Gesellschaftsmitglieder in dem Bewusstsein leben,
dass sie über die in einer Gesellschaft geltenden kulturellen Symbole und Praktiken miteinander verbunden sind. Dieses Moment ist wichtig, weil es *gemeinsame* Verhaltensorientierungen ermöglicht. Die vom gesamten Kollektiv getragene Übereinstimmung lässt
nämlich soziale Geltung entstehen. Ob es zur Herstellung *kultureller Gemeinsamkeit* tatsächlich notwendig ist, dass alle Mitglieder einer Kultur aktiv an der Produktion von Symbolen
und ihren Bedeutungen mitwirken müssen, scheint eher fraglich. Für Raymond Williams ist
eine Kultur nur dann eine gemeinsame Kultur, wenn sie das kollektive Projekt aller Gesellschaftsmitglieder ist und wenn sie durch die kollektive Praxis ihrer Mitglieder ständig weiterentwickelt wird. Von einer gemeinsamen Kultur kann nach Auffassung von Williams dann
nicht gesprochen werden, wenn die von Wenigen geschaffenen Werte von den Vielen nur
übernommen und gelebt werden. Für Thomas S. Eliot dagegen kann eine Kultur auch dann
gemeinsam sein, wenn sie das Werk einer privilegierten und elitären Avantgarde ist.[145] Wollte
man nur dann von einer gemeinsamen Kultur sprechen, wenn alle Mitglieder eines bestimmten Kollektivs auch aktiv an ihrer Herstellung und Weiterentwicklung beteiligt wären, könnte
es so etwas wie eine gemeinsame Kultur gar nicht geben, weil Fähigkeit, Möglichkeit und
Bereitschaft der Individuen, Kultur zu schaffen, ungleich verteilt und begrenzt sind. Deshalb
scheint es nicht entscheidend, dass jedes Individuum einen aktiven Beitrag zu einer gemeinsamen Kultur leistet. Entscheidend ist aber, dass *alle Individuen* diese Kultur bejahen, ihre
Werte und Verhaltensnormen internalisiert haben und ihre Formen praktizieren. Dadurch
entsteht eine *gemeinsame* Kultur.

Kultur, kollektive und individuelle Identität hängen eng miteinander zusammen, weil die
Identität „ein für jedes Individuum einzigartiges Set von kulturellen Inhalten [ist], die aus
verschiedenen Quellen bezogen werden. Mit diesem Set, das im Leben des einzelnen Menschen verwirklicht wird, identifiziert sich das Individuum."[146] Der polnische Soziologe Marek Bodziany betont, dass die individuelle Identität der Personen trotzdem nicht identisch ist
mit den kulturellen Inhalten der kollektiven Identität der ganzen Gruppe. Normalerweise ist
es nicht schwer, die kulturelle Identität einer Gruppe zu bestimmen. Die Identitäten der Individuen, die gemeinsam die kollektive Identitätsstruktur bilden, sind jedoch eine Mischung

aus verschiedenen individuellen Eigenschaften, die von dem allgemein wahrgenommenen kulturellen Muster einer bestimmten Gruppe abweichen können.[147]

Identität ist ein selbstzweckhaftes Phänomen, das auf drei eng miteinander verbundenen Ebenen funktioniert. Die erste Ebene bildet die kollektive Identität. Kollektive Identität bezieht sich auf Eigenschaften, die andere den Individuen als Gesamtheit zuschreiben. Die spezifische Struktur und Zusammensetzung dieser Eigenschaften entscheidet darüber, zu welcher gesellschaftlichen Gruppe die Individuen gehören. Die zweite Ebene bezieht sich auf die individuelle Identität, die Entwicklung der eigenen Persönlichkeit. Sie beschreibt die Andersartigkeit und Einzigartigkeit der Individuen im Verhältnis zu den anderen Angehörigen einer bestimmten Kultur. Dieser Umstand äußert sich in dem Gefühl, ein einmaliges Individuum zu sein. Sztompka definiert die individuelle Identität als eine persönliche Identität, die nur die Eigenschaften beschreibt, die das Individuum mit niemand anderem gemeinsam hat. Die dritte Ebene ist die nationale Identität. Sie ist eine höhere Form der kollektiven Identität. Allgemein gesagt besteht die nationale Identität aus dem Gefühl, als Kollektiv kulturell anders zu sein als andere Nationen. Dieses Gefühl wird durch eine gemeinsame Geschichte, durch nationale Symbole, Sprache, Nationalbewusstsein, ein gemeinsames kulturelles Erbe, kurzum durch eine gemeinsame Kultur, erzeugt.[148]

Weit gefasste Kulturbegriffe

Bei aller Unterschiedlichkeit der Definitionen stimmen sie doch in ihren Grundelementen überein. Ein weit gefasster soziologischer oder anthropologischer Kulturbegriff arbeitet entweder mit der Unterscheidung a) materiell und immateriell oder mit der Dichotomie von b) Hochkultur und Alltagskultur. Wird Kultur nach dem Kriterium materiell/immateriell unterschieden, ergeben sich zwei Ebenen:

1. die Ebene einer immateriell-ideellen Kultur. Unter diesen Begriff fallen Werte, Vorstellungen vom guten Leben, Normen, Sitten und Bräuche.
2. die materielle Kultur. Unter diesen Begriff fallen Architektur und Technik, Maschinen, Gebäude, Gemälde, Werkzeuge, Lebensstandard usw. in einer räumlich und zeitlich abgrenzbaren Gesellschaft. Zwischen den beiden Ebenen bestehen wechselseitige Beziehungen und Abhängigkeiten.[149]

Wird Kultur nach dem Kriterium Hochkultur und Alltagskultur unterschieden, lassen sich vier gleichberechtigt nebeneinanderstehende Ebenen von Kultur unterscheiden:

1. Trivialkultur ist die Kulturebene, die die Wahrnehmung, den Gebrauch und die Wertschätzung des zivilisatorischen Grundbestandes regelt (Arbeitsalltag, Körperhygiene, Verkehrswesen, Massenunterhaltung).
2. Lebenskultur ist die Kulturebene, wie sie in der Lebensgestaltung regional (Landschaft, Religion, Sitte) oder funktional (Landwirte, Facharbeiter, gewerblicher Mittelstand, akademische Berufe) zum Ausdruck kommt. Die Lebenskultur zeigt sich in kulturell geprägten Lebensfunktionen, wie Esskultur, Geschmack in Kleidung und Schmuck, Umgangs- und Höflichkeitsformen, Geschlechterverhältnis und Umgang der Geschlechter miteinander usw.

3. Hochkultur ist die Kulturebene, auf der im nationalen Maßstab Werke der Literatur, Philosophie, Musik, bildender Künste oder Wissenschaft entstehen.

4. Weltkultur ist die Kulturebene, die einerseits auf der Ebene der nationalen Hochkultur in Form internationaler Literatur, Philosophie, Musik, bildender Künste oder der Wissenschaft zu finden ist, andererseits auf der Ebene der Alltagskultur in Form etwa der Pop- und Rockmusik, Kleidung (Jeans), in der Ess- und Trinkkultur (McDonald und Coca Cola).[150] Sehr häufig werden ursprüngliche Elemente der Weltkultur durch die nationalen Kulturen adaptiert, assimiliert und inkulturiert, etwa im Bereich der Musik oder des Essens, so dass sie nicht mehr als fremde kulturelle Elemente wahrgenommen werden.

Dieses Modell lässt sich in eine zweigliedrige Grundform überführen, wenn man die Trivialkultur mit der Lebenskultur zusammenfasst und die entsprechenden Anteile aus der Weltkultur der Hochkultur beziehungsweise der Alltags- und Trivialkultur zuschlägt:

1. Hochkultur gibt es als künstlerisch-ästhetische Kultur, aber auch als Zustand der intellektuellen Entwicklung einer Gesellschaft. Der Kulturwissenschaftler Geert Hofstede, der diese Ebene „Kultur-eins" nennt, stellt damit auf geistiges Schaffen in Form von Bildung, Kunst und Musik, Malerei, Literatur, Bildhauerei, aber auch von Wissenschaft, Philosophie, Anschauungen über das Schöne und Gute, Forschung usw. ab.

2. Alltagskultur bezeichnet die gesamte Lebensweise einer Gruppe oder eines Volkes. Hofstede nennt diese Ebene „Kultur-zwei". Zu „Kultur-zwei" zählt er die kollektiven Denk-, Fühl- und Handlungsmuster einer Gemeinschaft. Kultur in diesem Sinne ist die kollektive „mentale Programmierung" des Geistes, die die Mitglieder einer Gemeinschaft von einer anderen unterscheidet. Sie umfasst nicht nur geistige Tätigkeiten, sondern auch gewöhnliche Dinge des Alltags, wie z.B. Grüßen, Essen, Körperpflege, Sexualität.[151]

Kritik des weit gefassten Kulturbegriffes

In seiner weiten, anthropologischen Spielart „deckt der [Kultur]Begriff alles ab, von der Haartracht über Trinkgewohnheiten bis zur Anrede des Vetters zweiten Grades, während es ästhetisch verstanden zwar Igor Strawinsky, aber keine Science-fiction einschließt. Science-fiction gehört zur populären oder „Massen"-Kultur, einer Kategorie, die sich ambivalent zwischen dem Anthropologischen und dem Ästhetischen bewegt."[152] Wenn Kultur alles bedeutet, was nicht von Natur aus gegeben, sondern von Menschenhand gemacht, dann gehören logischerweise zur Kultur „die Medien ebenso dazu wie die Industrie, die Techniken der Gummibärenherstellung ebenso wie die des Beischlafs oder der Volksbelustigung".[153] Aber: „Menschen, die zu demselben Ort, demselben Beruf oder derselben Generation gehören, bilden damit noch keine gemeinsame Kultur aus; hierzu kommt es erst, wenn sie beginnen, Sprechweise, Volksüberlieferungen, Vorgangsweisen, Wertesystem oder ein kollektives Selbstverständnis miteinander zu teilen. Von drei Menschen zu sagen, sie bildeten eine Kultur, wäre grotesk, nicht aber von dreihundert oder drei Millionen. Zur Kultur eines Unternehmens gehören seine Handhabung des Krankenurlaubs, aber nicht seine sanitären Anlagen, die hierarchische Zuteilung der Parkplätze, nicht aber der Umstand, daß es mit Computern arbeitet. Sie deckt diejenigen Aspekte des Unternehmens ab, die eine eigene (aber nicht unbedingt einzigartige) Sichtweise auf die Welt verkörpern. Was die Weite beziehungsweise die Enge des Begriffs betrifft, so verbindet dieser Gebrauch des Begriffs ‚Kultur' das Schlimmste aus beiden Bereichen. Der Begriff ‚Polizeikultur' ist zu nebulös und gleichzeitig zu exklusiv, indem er unterschiedslos alles abdeckt, was Polizeibeamte betrifft, und zugleich impliziert, daß Feuerwehrleute oder Flamencotänzer ein völlig anderer Menschenschlag sind. War das Wort ‚Kultur' einst ein zu vergeistigter Begriff, so hat es jetzt die Schwammigkeit eines Ausdrucks, der praktisch alles umfasst."[154] Für Eagleton zeigt sich an diesem Beispiel das scheinbar unvermeidliche Dilemma der Kulturbegriffe, die entweder zu weit sind, weil sie fast nichts auslassen, oder zu eng. So schwankt der Kulturbegriff, wie ihn Anthropologie und Soziologie häufig verwenden, zwischen Engführung und Beliebigkeit.[155]

Eagleton beschreibt pointiert die definitorischen und analytischen Schwierigkeiten, die ein weitgefasster Kulturbegriff mit sich bringt. Zudem kommt bei einem weiten Begriff die Frage auf, wie Kultur und Gesellschaft überhaupt noch voneinander abgegrenzt werden können, wenn auch soziale Lebensformen, Gesellschaftstypen, soziale Institutionen und Strukturen oder die Wirtschaftsweise einer Gesellschaft als Aspekte der Kultur gesehen werden. Ein weitgefasster Kulturbegriff scheint sich mit einem weitgefassten Gesellschaftsbegriff zu decken: „Gesellschaft ist in diesem Sinne nichts anderes als die soziale Form der Kultur."[156] Aber ist das wirklich ein Problem? Natürlich bringt der weit gefasste Kulturbegriff definitorische und analytische Probleme mit sich. Der eng gefasste Begriff tut das allerdings auch. Kultur ist und bleibt ein heuristischer Begriff, egal, ob weit oder eng gefasst. Dennoch liegt es nahe, im Zusammenhang mit der Frage nach der Möglichkeit der Integration moderner Gesellschaften einen engeren, komplexitätsreduzierten Kulturbegriff zu verwenden. Ein solcher Kulturbegriff stellt die Werte einer gesellschaftlichen Kultur in den Mittelpunkt. Ein Kulturbegriff, der sich auf die Werte und Normen beschränkt, reicht zur Analyse der Integration moderner Gesellschaften aus, weil kulturelle Konflikte in der Regel Wertkonflikte sind. Überdies erleichtert ein enger Kulturbegriff auch die analytische Unterscheidung zwischen Kultur und Struktur. Dadurch kann das Struktur-Kultur-Paradigma besser zur Analyse der Integration moderner Gesellschaften herangezogen werden.

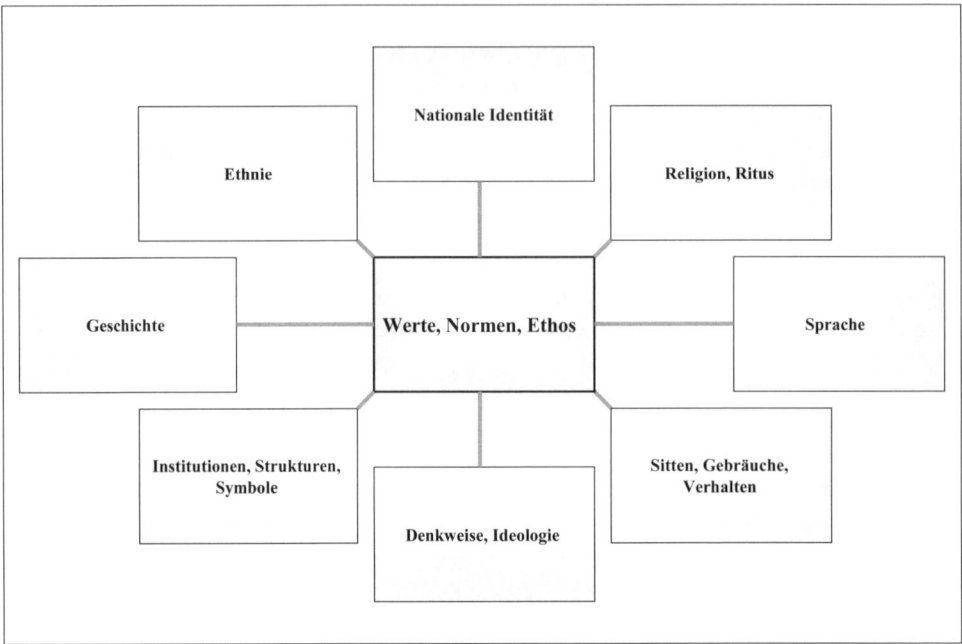

Abb. 2.5   *Bestandteile von Kultur (Egger 2007:18)*

Der eng gefasste Kulturbegriff

Der eng gefasste Kulturbegriff beschränkt sich auf das Wertesystem einer Gesellschaft, ohne aus den Augen zu verlieren, dass gesellschaftliche Kultur natürlich aus vielen Subsystemen besteht. Diese Subsysteme stehen ihrerseits in wechselseitigen Beziehungen, Abhängigkeiten und Rückkopplungen zueinander. Das heißt, das Wertesystem beeinflusst die anderen kulturellen Teile, die materielle Kultur und die Alltagskultur. Alle Teile wiederum sind mit dem Wertesystem verbunden, wobei das Wertesystem als Kern der Kultur aufgefasst wird. Die grundlegenden Werte des Wertesystems sind explizite und implizite Leitvorstellungen für das Leben, die von den Mitgliedern einer Gruppe geteilt werden. Leitvorstellungen richten das Handeln der Menschen auf erstrebenswerte Ziele aus (z.B. Treue in einer Partnerschaft, Freizeit, Einstellung zur Arbeit, Selbstverwirklichung, harmonisches Familienleben usw.). Die Werte, die Normen, die Institutionen, die Verfahrens- und Verhaltensregeln und das Wissen einer Gesellschaft bilden einen „Wissensvorrat" (Jürgen Habermas). Dieser Wissensvorrat durchdringt die Kultur der verschiedenen gesellschaftlichen Subsysteme und steuert zusammen mit den subsystemspezifischen „Wissensvorräten" das Zusammenleben in der Gesellschaft und die Bewältigung ihrer Probleme. Unterschiedliche Kulturen bedeuten deshalb unterschiedliche Welten, unterschiedliche Strategien der Problembehandlung und nicht zuletzt unterschiedliche Chancen des Gelingens von Kommunikation. Erst ein gemeinsamer „Wissensvorrat" ermöglicht den Individuen und Gruppen Verständigung. Gemeinsame Kultur gibt Orientierung, vermittelt Identität, lässt ein Bewusstsein von Zusammengehörigkeit entstehen, gibt ein Gefühl von Geborgenheit und Sicherheit und erlaubt damit letztlich ein friedliches Zusammenleben.[157] Kurzum, es ist der *kulturelle Wertekonsens* (Talcott Parsons), der die verschiedenen Teile der Gesellschaft verbindet.

Holistische und polyzentrisch-fragmentale Sichtweise

In der kultursoziologischen Diskussion stehen sich zwei gegensätzliche Auffassungen scheinbar unversöhnlich gegenüber. Auf der einen Seite existiert die *holistische* Sichtweise, die davon ausgeht, dass ein Kollektiv oder eine ganze Gesellschaft eine homogene Kultur hat. Falls in einer nationalstaatlich verfassten Gesellschaft mehrere Kulturen (keine Subkulturen!) anzutreffen sind, werden sie als ein Nebeneinander unterschiedlicher Kulturen gesehen. Die jeweils eigene Kultur wird der anderen Kultur gegenübergestellt und von ihr abgegrenzt. Auf der anderen Seite gibt es die Sichtweise, dass es Kultur als relativ einheitliches, von anderen Kulturen abgrenzbares System gar nicht gibt, sondern dass sie in *polyzentrisch-fragmentale*, nicht geschlossene Bereiche und Systeme zerfällt. Das immer intensivere Zusammentreffen von Kulturen im Zeitalter der Globalisierung bewirkt, dass sich das Bedürfnis, das Eigene vom Fremden abzugrenzen, auflöst und einer Perspektive weicht, die das Hybride, die Mischung, das Zusammenfließende betont. Die heutige Kultursoziologie geht überwiegend davon aus, dass die Kultur einer modernen, hochdifferenzierten und hochkomplexen Gesellschaft nicht (mehr) ein geschlossenes Ganzes ist, sondern ein lockerer Verbund, der in weitere Teilbereiche ausdifferenziert ist. *Die* Kultur gibt es also überhaupt nicht, und falls eine gewisse Einheit erreicht wird, ist es eine komplexe Einheit. Die „Einheits-Kultur-Gesellschaft" ist im Prozess der Modernisierung zur Ideologie geworden. Der moderne Kulturstaat und die moderne Gesellschaft sind danach Mehr-Kulturen-Gebilde. Nur, was soll an dieser Erkenntnis neu sein? Es fragt sich, ob diese Sichtweise die Komplexität vergangener Epochen und Gesellschaften nicht einfach unterschätzt. Übernimmt man die zweite Auffassung, die Kultur als offenes System sieht, dann ist eine moderne Gesellschaft begriffsnotwendig immer eine multikulturelle Gesellschaft, ganz unabhängig von ihrer ethnokulturellen Zusammensetzung. Aus diesem Kulturverständnis betrachtet setzen sich multikulturelle Gesellschaft zwar aus verschiedenen und unterschiedlichen ethnokulturellen Gruppen zusammen, die ethnokulturellen Gruppen haben aber genauso wenig eine *exklusive* Stellung in der Sozialstruktur der Gesellschaft wie alle anderen Gruppen auch. Vielmehr ist ethnische Differenzierung lediglich *eine* Form sozialkultureller Differenzierung unter vielen anderen. Bei der Einwanderung neuer ethnokultureller Elemente kommen also lediglich neue kulturelle Aspekte dazu. Ethnisch-kulturelle Differenzierung und Pluralisierung durch Immigration bedeuten daher keine neue Qualität in der kulturellen Entwicklung einer Gesellschaft, sondern nur eine zusätzliche und spezifische Komponente kultureller Differenzierung und Pluralisierung. Damit hat die Ethnizität[i] auch keine besondere Rolle bei der Erzeugung gesellschaftlicher Konflikte. Multikulturelle Segmentation tritt in einer nach Milieus gegliederten Gesellschaft nicht erst mit der Immigration fremder ethnisch-kultureller Gruppen ein. Selbst in ethnisch weitgehend homogenen Gesellschaften gibt es erhebliche kulturelle Unterschiede.[158] Ist die Annahme, dass die Ethnizität keine Sonderrolle bei der Erzeugung gesellschaft-

---

[i] Ethnizität bedeutet, dass der Glaube an gemeinsame Herkunft, Gemeinsamkeiten der Kultur und darauf beruhende Solidargefühle zwischenmenschliche Beziehungen strukturieren und gruppenbildend wirken.

licher Konflikte spielt, zutreffend, dann ist auch die Frage, ob *eine* Gesellschaft nur *eine* Gesamtkultur haben muss, um den sozialen Zusammenhalt zu gewährleisten, überflüssig.

Wenn aus soziologischer Sicht jede Gesellschaft multikulturell ist, dann verliert der Begriff seinen Sinn, weil ethnokulturell vielfältige Gesellschaften begrifflich nicht mehr von anderen Gesellschaften unterschieden werden können. Selbstverständlich gibt es keine Einheitskulturgesellschaft, für moderne Gesellschaften ist ein soziokultureller Pluralismus kennzeichnend. Die Einheitskulturgesellschaft ist aber auch nicht einmal ein historisches Phänomen, es hat sie in Wirklichkeit nie gegeben. Und das nicht deshalb, weil die antiken oder mittelalterlichen Gesellschaften überwiegend zum Typus der ethnokulturell vielfältigen Gesellschaft gehört hätten. Im Gegenteil. Auch innerhalb der gleichen ethnischen Kultur zeigt sich eine enorme subkulturelle Vielfalt. Wahrscheinlich waren die (sub)kulturellen Unterschiede zwischen den verschiedenen Bevölkerungsschichten, Zünften und Ständen in der mittelalterlichen Gesellschaft oder in der Klassengesellschaft des deutschen Kaiserreiches sogar ausgeprägter als heute, wo trotz aller Pluralisierung der Lebenslagen und Individualisierung der Lebensstile die Massenkultur eine uniformierende Wirkung hat. Ein Beispiel ist das Schwinden von regionalen Dialekten aus der Alltagskommunikation. Wenn aber selbst die historischen Gesellschaften, die als Beispiel für das Modell der Einheitskulturgesellschaft üblicherweise herhalten müssen, in Wirklichkeit (sub)kulturell ausdifferenziert waren, dann wird deutlich, dass immer nur die Rede von *relativer kultureller Homogenität* sein kann. Diese relative Homogenität wird aber nur in Abgrenzung zu anderen Gesellschaften deutlich. Nur der Blick von außen und aus der Distanz macht die Beobachtung möglich, dass die kulturellen Gemeinsamkeiten die subkulturellen Unterschiede überwiegen. Die klassischen Gemeinsamkeiten, die die Mitglieder einer solchen Gesellschaft teilen, sind eine gemeinsame Sprache, ein kultureller Wertekonsens, eine Übereinstimmung in den grundsätzlichen Wertorientierungen, das Gefühl der Zugehörigkeit zu einer Nation, eine ähnliche Lebensweise, ähnliche Bräuche, Sitten, Traditionen. Aber auch die kulturell relativ homogene Gesellschaft ist ein vielgestaltiges Phänomen. Von innen betrachtet unterscheiden sich ihre Mitglieder möglicherweise sogar erheblich. Sie gehören unterschiedlichen Subkulturen und Sozialmilieus an, sie unterschieden sich in Lebensstilen, politischer Orientierung, konfessioneller und regionaler Zugehörigkeit oder in ihrer sozialen Lage. Die Gesellschaftsmitglieder mögen politische, soziale oder konfessionelle Unterschiede als trennend empfinden, trotzdem wird das Trennende durch die Orientierung an gemeinsamen gesellschaftlichen Institutionen und gemeinschaftlichen Werten, wie sie in einer gemeinsamen nationalen Kultur zum Ausdruck, relativiert. Die kulturell relativ homogene Gesellschaft besteht aus einem *kulturellen Kern*, der die nationale Kultur der Gesellschaft bildet. Um diesen kulturellen Kern herum lagern sich kulturelle Variationen und Subkulturen an. Setzt man diesen kulturellen Kern mit dem gemeinsam geteilten Wertesystem gleich, dann ist es dieses Wertesystem, das der Gesellschaft einen gemeinsamen Nenner gibt.

Die gesellschaftliche Funktion von Kultur
Die herausragende gesellschaftliche Funktion der Kultur wird sichtbar, wenn man sich noch einmal vor Augen führt, dass für sich allein oder auch zusammen weder Religion noch Moral noch Recht die moderne Gesellschaft integrieren können. Die Religion kann es nicht mehr, weil sie in der pluralistischen Gesellschaft keine unumschränkte moralische Autorität mehr

ist und kein Wertemonopol mehr besitzt. Moral kann es nicht, weil sie nicht aus sich selbst heraus entsteht, sondern auf religiöse oder philosophische Normen und Werte, Anschauungen und Menschenbilder zurückgeht. Recht kann sich nicht selbst erzeugen, weil seine ethischen Quellen in der Moral liegen.

Dass Kultur ein Phänomen ist, das alle Individuen prägt und alle Gesellschaften durchdringt, ist eine soziale Tatsache. Diese Tatsache beantwortet aber noch nicht die Frage nach ihrer Notwendigkeit oder Nützlichkeit. Untersucht man Kultur auf ihre Funktion, so stößt man auf einen individuellen und einen gesellschaftlichen Aspekt. Individuelle Bedeutung erhält Kultur dadurch, dass die Menschen geboren werden als von Natur aus hilflose Geschöpfe, für die Kultur eine Überlebensnotwendigkeit ist.[159] Zusätzlich ist Kultur aber „nicht nur das, wovon wir leben. In erheblichem Maße ist es auch das, wofür wir leben. Liebe, Beziehung, Erinnerung, Verwandtschaft, Heimat, Gemeinschaft, emotionale Erfüllung, geistiges Vergnügen, das Gefühl einer letzten Sinnhaftigkeit – dies alles steht den meisten von uns im Grunde näher als die Charta der Menschenrechte oder Handelsverträge."[160]

Die gesellschaftliche Bedeutung der Kultur ist aber nicht weniger eindrucksvoll. Kultur scheint gerade für die moderne Gesellschaft die wichtigste Integrationsressource zu sein, vielleicht sogar die einzige, die zumindest theoretisch als flächendeckend funktionsfähige, integrative Kraft zur Verfügung steht. Diese Rolle ist der Kultur in Europa durch die historische Entwicklung der vergangenen 250 Jahre zugefallen. Mit dem Zusammenbruch der feudalen Gesellschaftsordnung konnten die traditionellen sozialen Rollen die Gesellschaft nicht mehr zusammenhalten. Mit der Verwirklichung des Gleichheitsprinzips und der radikalen Demokratisierung der Gesellschaften haben sich die Bindekräfte der vormodernen Nation aufgelöst und sind dem modernen Nationalstaat gewichen. Ursprünglich war es die Religion, in Europa also das Christentum, das die Wertmaßstäbe für den Rahmen gesetzt hat, innerhalb dessen sich die anderen Teilsysteme bewegten. Aber die Religion hat ihre Macht über die breiten Massen eingebüßt und sie hat, infolge der religiösen Pluralisierung des 16. Jahrhunderts, ihre gesamtgesellschaftliche Integrationsfähigkeit verloren. Die Religion ist in der pluralistischen Gesellschaft nicht mehr in der Lage, die gesamte Gesellschaft zu integrieren, sondern nur noch ihre eigenen Mitglieder. Allenfalls als *säkularisierte Moral*, die von einer breiten Mehrheit anerkannt wird, können ursprünglich religiöse Moralvorstellungen Bestandteil des *kulturellen Wertekonsenses* in einer pluralistischen Gesellschaft sein und damit zur Integration beitragen. So wirken die ursprünglich christlichen Moralvorstellungen, wie sie in den Zehn Geboten, dem Gebot der Nächstenliebe, den universellen Menschenrechten oder der Gewaltfreiheit niedergelegt sind, in Europa in säkularisierter Form weiter, und zwar im Status von kulturellen Normen. Zusammen mit den nichtreligiösen kulturellen Normen entstanden spezifische Wertesyndrome, die die einzelnen europäischen Gesellschaften typisch und unverwechselbar macht. Eagleton meint, wenn die Religion Kult, sinnliche Symbolik, soziale Einheit, kollektive Identität, eine Mischung aus praktischer Moral und geistlichem Idealismus bietet sowie ein Bindeglied zwischen den Intellektuellen und dem Volk ist, dann leistet Kultur dasselbe.[161] Auch der polnische Soziologe Florian Znaniecki glaubt nicht, dass die Nation lediglich durch gemeinsame Interessen und Ziele zusammengehalten werden kann. Für ihn sind gemeinsame kulturelle Werte der Faktor, der eine gemeinschaftliche Identität schafft und dadurch gesellschaftliche oder nationale Solidarität überhaupt erst möglich macht.[162]

Historisch gesehen ist die Entwicklung zu Nationalkulturen Bestandteil des demokratischen Aufbruchs im Europa des 19. Jahrhunderts, dessen andere Seite die nationalen Bewegungen waren. Die sozial und subkulturell ausdifferenzierten Gesellschaften finden in der nationalen Kultur die Grundlage des gesellschaftlichen Zusammenhalts. Ausdruck dieser Grundlage sind die Gemeinsamkeit der Sprache, eine gemeinsame Geschichte oder wenigstens eine Vorstellung davon, die nationalen Institutionen wie etwa das Bildungssystem, gemeinsame Werte, aber auch gemeinsame Mentalitäten. *Demokratie, Gleichheit, religiöser und ideolo-gischer Pluralismus gibt es nur in einer Gesellschaft, deren Teile sich durch grundlegende kulturelle Gemeinsamkeiten verbunden fühlen.* Aus diesem Grund ist der öffentlichen Schule in Deutschland historisch die Aufgabe zugefallen, die konfessionell geteilte Gesellschaft durch Vermittlung säkularer Bildungsinhalte, die als gemeinsames Gut empfunden wurden, zusammenzuführen, soziale Chancengleichheit herzustellen und über die politischen Trennli-nien hinweg das Bewusstsein nationaler Einheit zu stärken.[163]

Aus strukturfunktionalistischer Sicht ist eine gemeinsame nationale Kultur unabdingbar. Sie überspannt eine sich immer weiter ausdifferenzierende und pluralisierende Gesellschaft wie ein gemeinsames Dach und hält sie zusammen. Dieses gemeinsame Dach ist der *kulturelle Wertekonsens* (Talcott Parsons), der wiederum Grundlage der *gesellschaftlichen Gemein-schaft* ist. Die gesellschaftliche Gemeinschaft steckt im Rahmen ihres kulturellen, teilsys-temübergreifenden Wertekonsenses ab, was gesellschaftlich erstrebenswert und moralisch geboten erscheint. Die primäre Funktion der gesellschaftlichen Gemeinschaft sieht Parsons darin, die Loyalitätspflichten der Individuen und Gruppen gegenüber der Gesamtgesellschaft zu bestimmen. Loyalität ist für Parsons die Bereitschaft, auf gerechtfertigte Erwartungen der Gesellschaft solidarisch zu reagieren. Der klassische Fall solcher Loyalitätserwartungen ist die Wehrpflicht. Unter den Bedingungen der modernen pluralistischen Gesellschaft ist die „gesellschaftliche Gemeinschaft […] ein komplexes Netz sich gegenseitig durchdringender Gesamtheiten und kollektiver Loyalitäten".[164] Natürlich können diese Loyalitäten der Indivi-duen und Gruppen auch in Konkurrenz oder in Konflikt miteinander geraten. Gerade deshalb ist die Loyalität zur gesellschaftlichen Gemeinschaft von höchstem gesellschaftlichem Inte-resse und erhält durch das kulturelle Wertesystem seine Legitimation.[165] Die herausragende gesellschaftliche Funktion von Kultur besteht also darin, ein Gefühl der Bindung an die Ge-samtgesellschaft und die Nation zu erzeugen. Bindung und ein Gefühl der Zugehörigkeit wiederum sind Voraussetzung für die Entstehung *vollständiger Integration*.

Zusammenfassung

Systemintegration und Sozialintegration sind die zwei Seiten der gesellschaftlichen Integra-tion. Beide, Systemintegration und Sozialintegration, können sowohl einen Prozess als auch einen Zustand beschreiben. Der Rahmen, innerhalb dessen Integration stattfindet, ist das Struktur-Kultur-Schema.

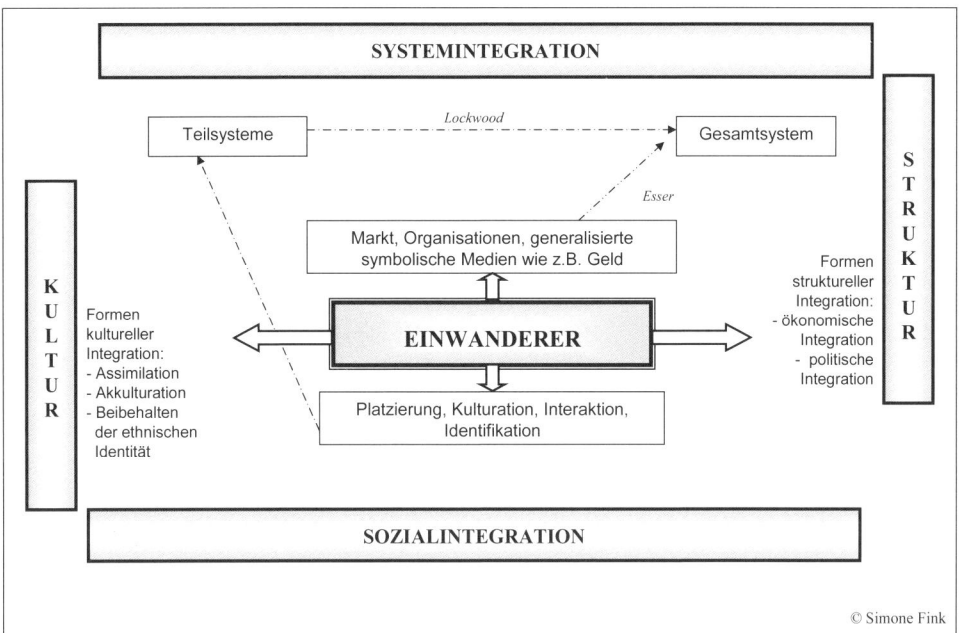

Abb. 2.6   *Eingliederung in Struktur und Kultur kombiniert mit System- und Sozialintegration*

Integration bezieht sich auf Individuen und ganze Systeme. Individuen können sich in Teilsysteme oder in das Gesamtsystem (Sozialintegration) integrieren. Teilsysteme integrieren sich in das Gesamtsystem (Systemintegration). Sozialintegration ist ein Prozess, in dessen Verlauf das Individuum Teil der Gesellschaft wird. Die Stationen dieses Prozesses sind Sozialisation, Internalisierung, Anpassung an gesellschaftliche Strukturen, (En)Kulturation. Integration ist aber auch ein Zustand, der Gelingen oder Scheitern dieser Einpassung von Individuen in die Gesellschaft (Sozialintegration) oder die Passung der Teilsysteme im Verhältnis zum Gesamtsystem anzeigt (Systemintegration). Während bei der Sozialintegration die gesellschaftliche Integration aus der Perspektive der Individuen analysiert wird, geht es bei der Systemintegration um die Perspektive sozialer Einheiten oder des Gesamtsystems.

Integration ist ubiquitär, das heißt allgegenwärtig und überall verbreitet. Integration findet permanent statt, zu jeder Zeit und an jedem Ort der Gesellschaft (Beispiel: Schule; Beruf; Privatleben; Arbeitswelt; Hochschule; totale Institutionen wie Streitkräfte oder Strafvollzugsanstalten; Stammtisch; Sportverein; Orchester; Markt/Handel). Integration kann verschiedene Grade der Vollständigkeit erreichen, wenn man sie am idealtypischen Maßstab der vollständigen Integration misst. In diesem Fall tritt zu einer strukturell-funktionalen Integration die kulturell-identifikatorische Anpassung hinzu. Der Idealtypus der vollständigen Integration ist deckungsgleich mit völliger gesellschaftlicher Homogenität. Daran wird erkennbar, dass es empirisch gesehen nur um mehr oder weniger viel relative Homogenität bzw. um mehr oder weniger viel Heterogenität geht. Die vollständige Integration im Sinne einer völligen gesellschaftlichen Homogenität ist weder empirisch möglich noch normativ wünschenswert oder historisch jemals vorgekommen. Selbst die frühen menschlichen Gemeinschaften waren weit von Homogenität entfernt. Anthropologisch gesehen scheint eine gewisse gesellschaftliche Heterogenität sogar die Voraussetzung für Arbeitsteilung zu sein, und damit die Voraussetzung für die zivilisatorisch-technische Entwicklung. Von vollständiger Integration kann also immer nur im Sinne einer Annäherung an den Idealtypus gesprochen werden. Dagegen bedeutet absolute Heterogenität die Auflösung jeder gesellschaftlichen Struktur. Absolute Heterogenität tritt im historischen und aktuellen Weltgeschehen näherungsweise immer wieder auf. Dieser Zustand hat aber nichts mit Integration zu tun, sondern ist deckungsgleich mit völliger gesellschaftlicher Desintegration.

Strukturell-funktionale sowie kulturell-identifiktorische Integration meinen einen jeweils eigenen Aspekt der Einpassung der Individuen in die gesellschaftlichen Strukturen. Und zwar der *einseitigen Einpassung*. Die Gesellschaft, ihre Strukturen, Institutionen, Werte und Normen sind die Form, an die sich die Individuen anpassen. Gesellschaftliche Integration ist eine Einbahnstraße, und kein wechselseitiges Aufeinanderzugehen, keine gegenseitige Annäherung. Gesellschaftliche Teilhabe bedeutet, dass sich die Individuen an Kollektive oder Institutionen und ihre Regeln anpassen. Beispiele dafür sind Schule, Berufsleben, gesellschaftliche Organisationen.

Die soziale Integration hat *zwei Seiten*, aber sie ist nicht *gegenseitig*. Aus der Perspektive des Individuums geht es um individuelle Anpassung in der Absicht, Ziele der individuellen Lebensplanung zu erreichen. Aus der Systemperspektive geht es darum, die Integration des Individuums in einen gewünschten Kontext überhaupt erst möglich zu machen. Wer einen Arbeitsplatz sucht, ist darauf angewiesen, dass es Arbeitgeber gibt, die Arbeitsplätze anbieten. Dieses Angebot ist aber gleichzeitig an Bedingungen geknüpft, die in der Regel nicht verhandelbar sind und deren Nichteinhaltung in letzter Konsequenz zum Ausschluss führt: Arbeitgeber fordern Pünktlichkeit, Ehrlichkeit, Höflichkeit, Disziplin, Loyalität, Einsatzbereitschaft, fachliche Eignung, kollegiales Verhalten usw. Arbeitnehmer passen sich diesen Forderungen an, wenn sie ihren Arbeitsplatz behalten und beruflich erfolgreich sein wollen. Sogar dort, wo Unternehmen ihren Beschäftigten entgegenkommen, etwa bei differierenden Gehaltsvorstellungen, handelt es sich nur um ein taktisches, kein inhaltliches Entgegenkommen. Unternehmen sind an bestimmten Kompetenzen und Fähigkeiten interessiert und deshalb bereit, den Marktpreis dafür zu bezahlen. Sie erwarten aber von ihren künftigen Mitarbeitern, dass sie die Realisierung der Unternehmensziele zu ihrer ureigenen Sache machen. Gleichermaßen ist das Verhältnis von Schule und Schüler. Die Schule hat ihre Regeln, ihre Leistungs- und Lernanforderungen. Sie kommt ihren Schülern gelegentlich entgegen, indem sie gezielt auf die Besonderheiten von Schülern eingeht, etwa wenn es um Lernförderung bei Lese- und Rechtschreibschwäche geht. Auch dieses Entgegenkommen ist lediglich taktisch, die Schule lässt sich nicht darauf ein, ihre Ziele selbst zu verändern. Schule ist interessiert an einem reibungslosen Ablauf des Unterrichts und einer erfolgreichen Wissensvermittlung und verfolgt das Ziel, berufstaugliche, möglichst gut qualifizierte Schulabgänger der Gesellschaft zur Verfügung zu stellen. Nur eine mit den Schülern abgestimmte Veränderung der Ziele wäre Ausdruck von integrativer Gegenseitigkeit. Bei sozialen Einheiten, deren Mitgliedschaft auf Freiwilligkeit beruht, ist das Prinzip der einseitigen Anpassung an die vorgegebenen Ziele und Mittel besonders ausgeprägt. Vereine etwa erwarten von ihren Neumitgliedern, dass sie die Vereinsziele nicht nur akzeptieren, sondern möglichst aktiv zu verwirklichen suchen. Auch die Einpassung der Individuen in die Gesellschaft hat zwei Seiten. Sozialinte-

gration heißt, dass sich die Individuen im Laufe ihrer Sozialisation und Kulturation die Wert-
und Normvorstellungen der Gesellschaft zu eigen machen. Über die erste Sozialisation und
Kulturation hinaus sind Sozialisation und Kulturation ein lebenslanges Phänomen. Sie enden
nie, weil es zu zweiten, dritten, vierten Sozialisationen oder Teil-Sozialisationen und
Kulturationen kommen kann. Das zeigt sich, wenn Individuen einen Beruf lernen, in ein
Unternehmen eintreten, Beruf oder Arbeitsplatz wechseln, Mitglied von Vereinen oder von
Glaubensgemeinschaften, politischen Parteien oder Gewerkschaften werden, und damit die
Regeln, Ziele, Werte und Normen dieser Organisationen internalisieren. Systemintegration
heißt, dass die gesellschaftlichen Institutionen und Organisationen, die in das Gesamtsystem
integriert sind, ihrerseits den Individuen Form und Bedingungen für ihre gesellschaftliche
Einpassung zur Verfügung stellen.[166]

Soweit es um die Integration von Einwanderern in eine Aufnahmegesellschaft geht, stellen
sich grundsätzlich dieselben Probleme wie bei der Integration der Einheimischen in die gesellschaftlichen Strukturen auch. Die Formen und Abläufe gesellschaftlicher Integration
gleichen sich, die Integrationsniveaus (strukturell-funktionale, kulturell-identifikatorische,
vollständige Integration), die Medien, die für eine Integration zur Verfügung stehen, und die
Felder (Recht, Religion, Moral, Wohlfahrtsstaat usw.), in denen sich die Integration vollzieht,
sind für Einheimische wie Einwanderer dieselben. Ein Unterschied freilich fällt ins Gewicht:
die Kultur, die Einwanderer mitbringen. Der kulturelle Unterschied ist selbstverständlich nur
dann relevant, wenn die kulturelle Identität der Einwanderer außerhalb des Spektrums der
kulturellen Identität der Aufnahmegesellschaft liegt. Der kulturelle Unterschied fällt umso
mehr ins Gewicht, je größer die Distanz zwischen der Kultur der Aufnahmegesellschaft und
der der Einwanderer ist. Der kulturelle Unterschied ist es also, der die *Integration von Einwanderern zum Spezialfall gesellschaftlicher Integration* macht.

3 Die Integration ethnisch-kulturell vielfältiger Gesellschaften

Das Zeitalter der Globalisierung zeigt sich in offenen Grenzen, weltweiten Wanderungsbewegungen, internationalen Waren- und Finanzströmen. Daraus wird häufig die These abgeleitet, dass die nationale Gesellschaft zunehmend die Mittel zur gesellschaftlichen Integration verliert. Wenn z.B. Unternehmen in Billiglohnländer auswandern, stehen sie einer wirtschaftlichen Integration der eigenen Gesellschaftsmitglieder nicht mehr zur Verfügung. Globalisierung bewirkt aber auch eine zunehmende ethnisch-kulturelle Vielfalt aufgrund der Einwanderung fremder Kulturen in Staaten, die bislang kulturell relativ homogen waren. Das führt zu einer weiteren Heterogenisierung der Gesellschaften, die unter dem Zeichen von Pluralisierung und Individualisierung ohnehin schon eine beträchtliche Bandbreite von Werten und Lebensstilen hervorgebracht haben. Ob freilich die These, dass Globalisierung von einem grundsätzlichen Souveränitätsverlust der Nationalstaaten sowie von der Auflösung nationaler Identitäten und kultureller Wertvorstellungen begleitet wird, zutrifft, ist umstritten, weil gerade auch das Gegenteil, nämlich die Rückkehr der Ethnizität, zu beobachten ist. Jedenfalls ist in den skizzierten Entwicklungen eine Tendenz zu erkennen, die hin zu zunehmender Multikulturalität der Gesellschaften führt. Multikulturalität scheint die Bedingung für die friedliche Koexistenz und den schöpferischen Wettbewerb der verschiedenen Kulturen zu sein. Aber die als lichte Vorderseite gefeierte Entwicklung hat eine düstere Rückseite. Multikulturalität ist nämlich auch die Ursache ethnischer Gegensätze und Antagonismen, die nicht selten in blutige Auseinandersetzungen übergehen. Die Entstehung ethnisch-kultureller Konfrontationen steht häufig in Zusammenhang mit *Verteilungskonflikten* um knappe Güter, die Ausdruck sozialer Ungleichheit sind. Sie stehen aber auch häufig in Zusammenhang mit *Regelkonflikten*, die eine Auseinandersetzung um die Gültigkeit von kulturellen Werten und Normen bedeuten. Multikulturalität bedroht also den Zusammenhalt und die Stabilität vieler Gesellschaften und bringt die Gefahr von *Kulturkonflikten* mit sich. Immer häufiger wird die Frage gestellt, ob der „Zusammenstoß der Kulturen" (Samuel P. Huntington), und zwar nicht nur der zwischen westlicher und islamischer Kultur, nicht bereits begonnen hat.

Das Problem der Integration scheint also immer mehr zur Überlebensfrage der Gesellschaften zu werden. Besonders die Entwicklung in den modernen westlichen Einwanderungsländern widerlegt die Hypothese der klassischen Soziologie (Marx, Weber, Parsons), wonach mit zunehmender funktionaler Differenzierung, Urbanisierung, formaler Gleichheit, Durchlässigkeit und Wettbewerb die Bedeutung von Kultur und Ethnizität abnehmen würde. Das Gegenteil scheint der Fall: Gegen die Ausdifferenzierung der Gesellschaft und gegen die unübersichtlichen kulturellen Verhältnisse setzen die Minderheiten die entdifferenzierende

Kraft ethnischer Zugehörigkeit. Ablesbar ist diese Entwicklung auch daran, dass den säkularisierten Aufnahmegesellschaften Einwanderergemeinschaften gegenüberstehen, die durch verstärkte Binnenintegration auffallen. Ideologische Mittel dieser Binnenintegration sind etwa in Deutschland die Reaktivierung und Intensivierung der islamischen Religion oder nationalistischer Einstellungen. Soziale Kontakte und Interaktionsdichte zwischen Einwanderern und Einheimischen werden geringer; darunter leidet wiederum die soziale Integration der Einwanderer in die Gesamtgesellschaft. In Teilen der dritten Einwanderergeneration wächst die Distanz gegenüber der Aufnahmegesellschaft, ihrer Kultur und ihrem politischen System, was zu ethnisch-kultureller Partikularisierung und zu Parallelgesellschaften führt.[167]

Die Immigration erweitert das Problem der gesellschaftlichen Integration zur *„doppelten Integrationsfrage"*[168]. Die Gesellschaft hat nicht nur für die Integration der Einheimischen zu sorgen, sie steht gleichzeitig vor der Aufgabe, die Einwandererminderheiten in die Gesamtgesellschaft zu integrieren. Daraus ergeben sich für Heitmeyer die Grundfragen jeder Integrationstheorie in der multikulturellen Gesellschaft: 1) Was hält die multi-ethnische Gesellschaft zusammen? Ist angesichts der Rückkehr der Ethnizität die Frage, was eine Gesellschaft zusammenhält, überhaupt noch zeitgemäß? Wie viel Einheit braucht eine Gesellschaft, damit sie nicht auseinanderfällt, also integrationsfähig wird oder bleibt – und wie viel Differenz hält eine Gesellschaft aus, damit sie integrationsfähig bleibt. Wie werden soziale Ungleichheit und ethnisch-kulturelle Unterschiede gleichermaßen integriert, d.h. in ein humanes Verhältnis von Freiheit und Anerkennung der anderen gebracht? Verstärkt die pluralistische und individualisierte Gesellschaft die Bedeutung ethnisch-kultureller Zugehörigkeiten und verdoppelt damit die Integrationsprobleme oder schafft gerade die pluralistische und individualisierte Gesellschaft die Voraussetzungen für eine ethnisch-kulturell vielfältige Gesellschaft, in der die Entfaltung einer *Kultur der Differenz* die Integrationsprobleme reduziert?[169] Anthony Giddens beurteilt das Problem der Integration ethnisch-kulturell vielfältiger Gesellschaften ähnlich: „How can ethnic diversity be accommodated and the outbreak of ethnic conflict averted? Within multiethnic societies, what should be the relation between ethnic minority groups and the majority population?"[170]

Das Integrationsproblem scheint sich zudem zu radikalisieren, weil unklar ist, welche Felder (z.B. Sozialpolitik) heute überhaupt noch zur gesellschaftlichen Integration beitragen können. In modernen Gesellschaften fehlt, so Heitmeyer, ein „integrativer Fixpunkt". Sowohl die Integration über gemeinsame materielle Interessen wie auch über Werte oder über ein gemeinsames Nationalbewusstsein hätten versagt. Weit verbreitet ist die Skepsis, ob die Wirtschaftsgesellschaft allein zur sozialen Integration fähig ist. Die Integration über gemeinsame materielle Interessen funktioniere aufgrund der zunehmenden wirtschaftlichen Ungleichheit nicht. Die Integration über die Universalisierung des Marktes mit seinem freien Spiel der Kräfte (Deregulierung, Liberalisierung, Entstaatlichung) desintegriere die Gesellschaft mehr als sie sie integriere. Das Wertebewusstsein scheide aus, weil die kulturelle Vielfalt die Grundlage für einen Wertekonsens zerstöre. Insbesondere die Integration durch moralische Erneuerung komme nicht infrage, weil sie nicht gegen die Macht des Marktes ankomme und außerdem durch ihre Gemeinschafts- und Kulturbezogenheit neue Konflikte, vornehmlich entlang der ethnisch-kulturellen Grenzen, erst provoziere. Das Nationalbewusstsein komme nicht infrage, weil es als Integrationsideologie zwar hocheffektiv sei, sich aber desavouiert habe. Kurzum, so Heitmeyer und andere: Die moderne Gesellschaft kann durch überwölbenden Gemeinsinn, gemeinsame materielle Interessen, normative Ordnungen oder Moral nicht integriert werden.[171]

Zurück bleibt eine Sozialwissenschaft, die sich aus ihrer integrationstheoretischen Ratlosigkeit nicht befreien kann. Sie ist zwar zu fundierter Kritik fähig und schreckt auch nicht vor hagiographischen Tabuverletzungen zurück. So wird selbst Habermas nicht mit Kritik verschont. Der Stolperstein ist sein „überrationalistisches Integrationskonzept", das einseitig auf die Fähigkeit der Gesellschaftsmitglieder zu rationalem kommunikativem Handeln setzt und die kulturellen Aspekte von Kommunikation nicht ausreichend zur Kenntnis nimmt. Obwohl die soziologische Kritik das ethnisch-kulturelle Konfliktpotenzial durchaus sieht, zieht sie daraus keine entsprechenden integrationstheoretischen Schlussfolgerungen. Sie klammert sich an das alte Theorem, oder besser Ideologem, wonach es keine originären ethnisch-kulturellen Auseinandersetzungen gibt, sondern nur sozialökonomische Verteilungskonflikte in ethnisch-kulturellem Gewand. Also wird das Heil in einer Wirtschafts- und Sozialpolitik gesucht, die für mehr soziale Gerechtigkeit sorgt und damit den Zusammenhalt einer multikulturellen Gesellschaft sichern soll.[172] Wie sehr der soziologische Wunsch gelegentlich Oberhand über die gesellschaftliche Realität gewinnt, zeigt sich etwa, wenn Heitmeyer mit dem beschwörend klingenden Appell „Integration im Sinne von Stabilität ist auch mit Heterogenität zu verbinden"[173] die ganze Widersprüchlichkeit des integrationssoziologischen Mainstreams freilegt.

3.1 Was macht die Integration von Einwanderern zum Spezialfall?

Die soziale Wirklichkeit in modernen Gesellschaften zwingt alle Gesellschaftsmitglieder in einen permanenten Integrationsprozess. Der entscheidende Unterschied zwischen der Integration von Einheimischen und der von Einwanderern besteht in der Intensität bzw. in der Höhe der Kosten der Anpassung. Die höheren Kosten der Anpassung lassen sich auf die Unterschiede zwischen der Kultur der Aufnahmegesellschaft und der der Einwanderer zurückführen. Diese höheren Kosten zeigen sich darin, dass sich Einwanderer nicht nur vor Probleme der technischen Lebens- und Alltagsbewältigung gestellt sehen, sondern dass sie auch mit erhöhten psychischen Belastungen konfrontiert sind. Friedrich Heckmann zählt zu diesen Belastungen Gefühle der *Bedrohung des Selbstwertgefühls, Kulturkonflikte und Zugehörigkeitsunsicherheit*. Die Zugehörigkeitsunsicherheit lässt Einwanderer daran zweifeln, ob und in welchem Grad sie noch der kulturellen Herkunftsgemeinschaft zugehören. Das Gefühl einer *Bedrohung des Selbstwertgefühls* resultiert aus der Tatsache, dass sich Einwanderer einerseits ihrer Herkunftskultur bewusst sind und sich andererseits nicht der Aufnahmegesellschaft zugehörig fühlen. Die Konfrontation mit zwei verschiedenen Kulturen erzeugt bei den Individuen *Kulturkonflikte*. Das Leben in zwei Kulturen kommt einer Art von bikulturellen Sozialisation gleich, weil z.B. in der Herkunftsfamilie und in der Schule jeweils andere oder gar gegensätzliche kulturelle Werte oder Verhaltensmuster gelten. Das führt zu Bewertungs-, Orientierungs- und Handlungskonflikten.[174] Natürlich leiden keineswegs alle Individuen und Kollektive in gleichem Maße unter diesen Belastungen. Selbstverständlich gibt es auch Einwanderer, die nicht unter Zugehörigkeitsunsicherheit leiden. Das ist bei denen der Fall, die an ihrer Herkunftskultur unbeirrt festhalten und sich in die ethnokulturelle Wagenburg zurückziehen oder bei denen, die sich ganz bewusst für die Kultur der Aufnahmegesellschaft entscheiden.

Einwanderer müssen zunächst eine Sprache lernen, Verkehrsregeln kennen, wissen, wie man Rechnungen bezahlt, welche Höflichkeitsformen zu beachten sind oder was man tun kann, wenn man krank wird, kurzum, sie müssen sich kulturelle Fertigkeiten aneignen. Solche aus der Sicht der Einwanderer rein funktionalen Anpassungsprozesse werden in der Integrationssoziologie auch *Akkomodation* genannt, in meiner Terminologie werden sie als instrumentell-utilitaristische Anpassung bezeichnet. Sie sind die erste Stufe im Lern- und Anpassungsprozess von Personen, die von einer Kultur in eine andere gewechselt haben. Die Einwanderer eignen sich die grundlegenden Mittel und Regeln der Kommunikation der Gesellschaft sowie Kenntnisse ihrer Institutionen und Wertsysteme an, um in dieser Gesellschaft interaktions- und handlungsfähig zu werden. Diese funktionalen Lernprozesse sind aber etwas anderes als die Wandlung von Überzeugungen, Verhalten, Lebensweise. Folglich kann nicht nur die Integration der modernen Gesellschaften im Allgemeinen, sondern auch die Integration ethnisch-kulturell vielfältiger Gesellschaften als Zwei-Ebenen-Struktur (Integrationsniveaus) beschrieben werden. Die erste Ebene bezieht sich auf die strukturell-funktionale Integration. Aus der Sicht der Einwanderer betrachtet handelt es sich um instrumentell-utilitaristische Anpassung. Dabei geht es um die Teilhabemöglichkeiten am Sozialstaat und am politischen System, um die Einnahme beruflicher und gesellschaftlicher Positionen, um Einkommen und Vermögen, um die Gewährung von Rechten; es geht um die sozialen Kontakte in Nachbarschaften und Vereinen usw., mit einem Wort: Gegenstand der strukturell-funktionalen Ebene ist die Verteilung und Position der Einwanderer innerhalb der Strukturen der verschiedenen Teilsysteme der Aufnahmegesellschaft. Die strukturell-funktionale Integration zielt auf Herstellung von *Chancengleichheit*. Auf dem strukturell-funktionalen Integrationsniveau sind viele Kombinationsmöglichkeiten denkbar. So können Einwanderer beruflich marginal, nachbarschaftlich aber gut integriert sein. Auch eine gute nachbarschaftliche Integration kann verschiedene Varianten umfassen. Sie kann sich ausschließlich auf Landsleute beziehen oder auf Einheimische als Nachbarn (interethnische Kontakte und Beziehungen) oder auf beide. Oder die Einwanderer treten in einem bestimmten Teilsystem (Arbeitsmarkt oder Wirtschaftsbranche) konzentriert auf, während sie in einem anderen Teilsystem gleichmäßig über die Positionen verteilt sind. Strukturell-funktionale Integration kann statisch oder dynamisch betrachtet werden. Bei statischer Betrachtung geht es um das Ergebnis, bei dynamischer Betrachtung um Verlauf, Art und Geschwindigkeit der Eingliederung in die Struktur der Gesellschaft.[175] Die strukturell-funktionale Integration kann außerdem aus der Perspektive der Aufnahmegesellschaft, aber auch aus der der Einwanderer gesehen werden.

Materielle Inhalte der Kultur des Einwanderungslandes (Technik, Konsumgüter, materielle Lebensweise) werden schneller von den Einwanderern übernommen als immaterielle (Religion, Werte, Weltanschauungen).[176] Die immateriellen Inhalte sind auf der zweiten Ebene angesiedelt. Auf dieser Ebene geht es um die kulturell-identifikatorische Integration. Die kulturell-identifikatorische Integration meint Herstellung und Intensität eines *WIR-Gefühls* der Gesellschaftsmitglieder. Danach bezieht sich die kulturell-identifikatorische Integration, statisch betrachtet, auf den Grad der kulturellen Annäherung oder Anpassung an die Kultur der Aufnahmegesellschaft. Letztlich geht es um die Intensität der emotionalen Identifikation mit dem Aufnahmeland. Die Bandbreite des Verhaltens reicht von völliger Anpassung bis zu Nichtanpassung. Auch auf der zweiten Ebene lassen sich zahlreiche Varianten vorstellen. Kulturell-identifikatorische Integration meint, dynamisch betrachtet, Verlauf, Art und Geschwindigkeit der Eingliederung in die Kultur der Gesamtgesellschaft. Auch auf der zweiten Ebene gibt es die Perspektive der Aufnahmegesellschaft und die der Einwanderer.

Die Aspekte der System- und der Sozialintegration kommen auch bei der Analyse der Eingliederung von Einwanderern zum Tragen. Der Aspekt der Sozialintegration steht aber angesichts der Auseinandersetzungen, die in der politischen Öffentlichkeit der Aufnahmegesellschaften um Integrationsfähigkeit und Integrationsbereitschaft von Einwandererminderheiten geführt werden, im Mittelpunkt des Interesses.

Natürlich spielt das Struktur-Kultur-Paradigma auch bei der Frage der Integration von Immigranten eine herausragende analytische Rolle. Da Struktur und Kultur einer Gesellschaft voneinander abhängen, befinden sich auch die strukturelle-funktionale Integration und die kulturell-identifikatorische Integration in einem Wechselverhältnis. Das Wechselverhältnis hat zur Folge, dass mangelnde strukturell-funktionale Integration den Prozess der kulturell-identifikatorischen Integration behindert und mangelnde kulturell-identifikatorische Integration den Prozess der strukturell-funktionalen Integration beeinträchtigt.[177] Die gelungene strukturell-funktionale Integration setzt zumindest eine *instrumentell-utilitaristische Anpassung* voraus. Mit instrumentell-utilitaristischer Anpassung ist ein Verhalten gemeint, das auf das Kennenlernen und die Aneignung derjenigen kulturellen Fertigkeiten gerichtet ist, die notwendig sind, um sich in der kulturell anderen Gesellschaft, in ihren Institutionen und auf ihren Märkten (Verbrauchermarkt, Arbeitsmarkt, Wohnungsmarkt usw.) erfolgreich bewegen zu können. Instrumentell-utilitaristische Anpassung ist lediglich funktional, sie ist eine oberflächliche lebenspraktische und pragmatische Anpassungsleistung an die Kultur der Aufnahmegesellschaft, um bestimmte soziale und materielle Ziele zu erreichen. Wer sich instrumentell-utilitaristisch anpasst, tut das ohne tiefere Überzeugung; er legt sich eine zweite kulturelle Außenhaut zu, ohne seine kulturelle Herkunftsorientierung aufzugeben. Dazu ein Beispiel: In einem Steuerberatungsbüro ist es üblich, dass die angehenden Steuerfachgehilfen des ersten Lehrjahrs das benutzte Geschirr des gemeinsamen Frühstücks der Belegschaft in die Spülmaschine einräumen und den Frühstückstisch wieder sauber machen. Der in Deutschland geborene Auszubildende A., dessen Eltern eingewandert sind, weigert sich mit der Begründung, Hausarbeit sei Frauensache. Es könne ihm vor seinem kulturellen Hintergrund nicht zugemutet werden, Frauenarbeit zu verrichten. Der Arbeitgeber besteht darauf, dass auch A. mit aufräumen hilft. Darauf intervenieren die Eltern von A. beim Arbeitgeber mit dem Argument, in ihrem Herkunftsland verlören Männer ihr Gesicht, wenn sie Frauenarbeit tun müssten. Der Arbeitgeber stellt A. vor die Wahl: Unterordnung unter die betrieblichen Gepflogenheiten oder Kündigung. A. entschließt sich dazu, die Kündigung zu vermeiden, weil er die Machtverhältnisse richtig einschätzt und seine Ausbildung nicht gefährden möchte.

Damit die strukturell-funktionale Integration der Einwanderer erfolgreich verlaufen kann, muss die Aufnahmegesellschaft entsprechende Voraussetzungen schaffen. Dazu gehören entsprechende Bedingungen auf dem Arbeits- und Wohnungsmarkt, Chancen im Bildungsbereich und die Offenheit des Aufnahmelandes für die soziale Integration der Einwanderer. Dagegen hängt Form und Ausmaß der kulturell-identifikatorischen Integration davon ab, ob sich die Einwanderer der Kultur der Aufnahmegesellschaft überhaupt anpassen wollen, und wenn ja, bis zu welchem Grad. Die Anpassungsbereitschaft hängt mit davon ab, ob die Einwanderer eine attraktivere Alternative haben, wie etwa Rückkehr in das Herkunftsland oder die Sozialintegration in die eigene ethnische Gemeinde. Ob es eine attraktive Alternative gibt, ist wiederum abhängig von den Möglichkeiten der Immigranten zum sozialen Aufstieg. Anpassungsbereitschaft und Anpassungsfähigkeit hängen wesentlich auch vom Ausmaß der kulturellen Nähe oder Distanz zwischen Einwandererminderheit und Einheimischengesellschaft ab, insbesondere dann, wenn sich die kulturelle Distanz auf mehrere Dimensionen gleichzeitig bezieht, also etwa Sprache, Religion, Ess- und Kleidungsgewohnheiten.[178] Außerdem hängt die Anpassungsbereitschaft auch damit zusammen, welche Integrationspolitik das Aufnahmeland betreibt. Verfolgt die Aufnahmegesellschaft eine multikulturalistische Politik, entfällt weitgehend der Anreiz für eine kulturell-identifikatorische Anpassung. Betreibt sie eine assimilatorische Strategie, dann erhöht sich der Anreiz, weil die kulturelle Anpassung gesellschaftlich, beruflich, sozial und politisch belohnt wird.

Zwischen der Integration moderner Gesellschaften allgemein und der Integration von Immigranten im Besonderen gibt es grundsätzliche *Gemeinsamkeiten*. In beiden Fällen kann die Integration mit den Kategorien des Struktur-Kultur-Paradigmas (Einpassung in Struktur-Kultur einer Gesellschaft) und des Dualismus von Sozialintegration und Systemintegration zutreffend analysiert werden. *Unterschiede* werden sichtbar bei der Analyse der kulturellen Integration von Einwanderern. Zum *Spezialfall* wird die Integration von Einwanderern dadurch, dass sich Einwanderer im Spannungsfeld zwischen der Herkunftskultur und der Kultur der Aufnahmegesellschaft bewegen. Dieses Spannungsfeld stellt die Einwanderer vor die Herausforderung, sich entweder kulturell ein zweites Mal zu sozialisieren oder sich an die Herkunftskultur zu klammern. Selbst in der zweiten und dritten Generation kann sich die Frage der kulturellen Zweitsozialisation stellen, wenn die jeweils vorausgehende Generation an ihrer Herkunftskultur festgehalten hat. Wie mühsam und intensiv die Zweitsozialisation ist, hängt von der kulturellen Distanz zwischen Herkunfts- und Aufnahmegesellschaft ab.

In einem weiteren Punkt zeigen sich Unterschiede zwischen der allgemeinen und der speziellen Integration von Immigranten. Diese Unterschiede beziehen sich auf unterschiedliche Integrationsverständnisse. Bei der allgemeinen Integration der Gesellschaft wird übereinstimmend angenommen, dass strukturelle und kulturelle Integration eine Einheit sind und die Eingliederung in eine *vorgegebene* gesellschaftliche Kultur bedeuten. Das Idealziel ist die Herstellung einer vollständigen Integration. Dieser analytische Konsens verliert sich jedoch bei der Frage, wie die Integration von Einwanderern aussehen soll. Vier unterschiedliche Integrationsbegriffe sind im Umlauf: a) Integration als nur funktional-strukturelle Eingliederung ohne einen kulturellen Bezug (Kultur als vorgebliche Privatsache); b) Integration als funktional-strukturelle Eingliederung flankiert durch die Idee einer pluralistischen Integration (Multikulturalismus); c) Integration als gegenseitige kulturelle Anpassung (naiver Multikulturalismus); d) Integration als einseitiges Anpassungsverhalten (Assimilation).

3.2 Integration von Einwanderern in Struktur und Kultur der Aufnahmegesellschaft

Struktur und Kultur der Gesellschaft sind voneinander abhängig und aufeinander abgestimmt. Fallen sie auseinander, verursacht diese Divergenz strukturellen und kulturellen Wandel. Dieser Zusammenhang gilt besonders im Falle der Einwanderungsgesellschaften. Struktur und Kultur der Aufnahmegesellschaft stoßen zusammen mit Struktur und Kultur von Einwandererminderheiten. Für den Umgang mit der dadurch entstehenden Divergenz stehen zwei Integrationsebenen zur Verfügung: a) die Integration der Einwanderer in die Struktur der Aufnahmegesellschaft, b) die verschiedenen Varianten der kulturellen Integration. Die assimilatorische Integration löst die kulturellen Unterschiede auf, die multikulturelle Integration bewältigt Divergenz dadurch, dass sie die kulturelle Differenz institutionalisiert.[179]

Wenn es einen integrationstheoretisch relevanten Zusammenhang zwischen Struktur und Kultur gibt, dann haben Einwanderer der ersten Generation kaum eine Chance, sich an die herrschenden Werte und Normen des Aufnahmelandes zu assimilieren, selbst wenn sie es wollten. Das liegt daran, dass eine erfolgreiche strukturelle Integration, die an einer guten Platzierung im Positionensystem der Aufnahmegesellschaft abgelesen werden kann, an der mangelnden kulturellen Anpassung scheitert. Die kulturelle Anpassung wiederum kommt wegen mangelnder struktureller Integration nicht voran, zumal die Einwanderer an Orten leben und arbeiten, an denen sie hauptsächlich unter sich sind. Bei der ersten Generation kommt es meist nur zu einer partiellen Sozialintegration. Die Einwanderer der ersten Generation fühlen sich, auch teilweise bei sehr langem Aufenthalt, nach wie vor stark mit ihrer Herkunftskultur verbunden. Die emotionale Bindung an die Aufnahmegesellschaft und ihre Kultur ist bestenfalls gering.[180] Das kann sich in den Folgegenerationen ändern, muss aber nicht zwangsläufig der Fall sein. Gerade bei islamischen Einwanderern scheint sich die emotionale Distanz zur Aufnahmegesellschaft in der zweiten, dritten oder vierten Generation teilweise sogar noch zu vergrößern.

Die These der gegenseitigen Abhängigkeit zwischen einer bestimmten Struktur und einer bestimmten Kultur führt nach Hoffmann-Nowotny aber auch zu einem noch weitergehenden Schluss. Danach ist es nicht möglich, jede beliebige Kultur mit jeder beliebigen Struktur zu vereinigen – zumindest nicht ohne Anomie zu erzeugen. Daraus leitet Hoffmann-Nowotny die gesellschaftspolitisch brisante Frage ab, bis zu welchem Ausmaß bestimmte kulturelle Eigenschaften einer eingewanderten ethnischen Gruppe mit Struktur und Kultur des Ausnahmelandes überhaupt vereinbar sind.[181]

Fasst man die Kombinationsmöglichkeiten, die sich aus dem Struktur-Kultur-Paradigma ergeben, zusammen, entsteht eine Vier-Felder-Matrix mit vier Typen von Einwanderungsgesellschaften:

Typ I: Eine Gesellschaft mit schwacher funktional-struktureller Integration plus schwacher kultureller Integration ergibt eine spannungs- und konfliktreiche (soziale plus ethnokulturelle Konflikte) multikulturelle Gesellschaft, die gekennzeichnet ist durch Entfremdung und Anomie.

Typ II: Eine Gesellschaft mit schwacher funktional-struktureller Integration plus starker kultureller Integration ergibt eine ethnokulturell relativ homogene Gesellschaft mit nichtantagonistischen sozialen Problemen, Konflikten und Spannungen.

Typ III: Eine Gesellschaft mit starker funktional-struktureller Integration plus starker kultureller Integration ergibt eine ethnokulturell relativ homogene Gesellschaft ohne grundlegende soziale Probleme, Konflikte oder Spannungen.

Typ IV: Eine Gesellschaft mit starker funktional-struktureller Integration plus schwacher kultureller Integration ergibt eine ethnokulturell heterogene Gesellschaft mit mäßigen sozialen Problemen und Konflikten, aber ethnokulturellen Konflikten und Spannungen.

	TYP 1	TYP 2	TYP 3	TYP 4
strukturell-funktionale Integration	-	-	+	+
kulturell-identifikatorische Integration	-	+	+	-
	konfliktreiche multikulturelle Gesellschaft Entfremdung, Anomie	ethnokulturell relativ homogene Gesellschaft nichtantagonistische Probleme, Konflikte und Spannungen	ethnokulturell relativ homogene Gesellschaft ohne grundlegende Konflikte, Spannungen, Probleme	ethnokulturell heterogene Gesellschaft mäßige soziale Probleme, aber ethnokulturelle Konflikte und Spannungen

Erklärung:
Minuszeichen = schwache Integration
Pluszeichen = starke Integration

© Simone Fink

Abb. 3.1   *Die vier Typen von Einwanderungsgesellschaften*

Der Typ IV ist wenig wahrscheinlich, weil mit Hoffmann-Nowotny und teilweise mit Esser angenommen werden kann, dass die ethnische Unterschichtung als Ursache sozialer Spannungen und Konflikte nur um den Preis einer weitgehenden kulturellen Anpassung zu verhindern ist. Das heißt, eine Gesellschaft mit nur schwacher kultureller Integration kann nicht mit einer Gesellschaft korrelieren, die strukturell hoch integriert ist.

3.3   System- und Sozialintegration von Einwanderern

Die Begriffe der System- und der Sozialintegration lassen sich ohne Weiteres auf die Integration ethnisch-kulturell vielfältiger Gesellschaften übertragen. In diesem Zusammenhang bedeutet Integration a) den Zusammenhalt und das gleichgewichtige Funktionieren der Teilsysteme einer Gesellschaft, deren Mitglieder aus verschiedenen Herkunftskulturen stammen; diese Bedeutungsvariante wird vom Konzept der Systemintegration abgedeckt; b) die Eingliederung der einzelnen Mitglieder der ethnischen Gruppen in die verschiedenen Bereiche der Aufnahmegesellschaft (Rechte, berufliche Positionen, Kontakte und Beziehungen mit Einheimischen, Kultur der Aufnahmegesellschaft, Identifikation mit dem Aufnahmeland). Diese Bedeutungsvariante korrespondiert mit dem Konzept der Sozialintegration.[182]

3.3.1   Felder der Systemintegration

Eine Einwanderungsgesellschaft ist dann systemintegriert, wenn sich die verschiedenen gesellschaftlichen Gruppen in gleichgewichtigen, relativ spannungsarmen, wenngleich nicht unbedingt harmonischen Beziehungen zueinander befinden. Soweit eine Definition, die soziologisch ohne Weiteres konsensfähig ist. Die Pointe dieser Definition liegt bei Hartmut Esser in ihrer Erweiterung. Danach funktionieren Gesellschaften, die sich aus verschiedenen gesellschaftlichen Gruppen unterschiedlicher Herkunftsländer und Kulturen (gemeint ist der Typ der ethnisch heterogenen Gesellschaft ohne Assimilation der verschiedenen Gruppen) zusammensetzen, relativ reibungslos und haben einen relativ hohen Zusammenhalt, wenn sie *systemintegriert* sind. Im Alltag mag es durchaus zu Spannungen kommen, aber es gibt keine größeren oder systematischen Konflikte zwischen den verschiedenen Gruppen. Verteilungskonflikte werden so gelöst, dass alle Beteiligten gleich oder zumindest in einem für sie ausreichenden Maß von der Lösung profitieren. Außerdem sind die Konflikte vorübergehend und finden in wechselnden Konstellationen statt. *Eine gelungene Systemintegration* ist für Esser *identisch mit der multikulturellen Gesellschaft*. Eine gelungene Systemintegration wird nach Esser ermöglicht durch die Beteiligung aller Einheimischen und Einwanderer an den Märkten, vor allem am Waren- und Arbeitsmarkt, an den symbolisch generalisierten Medien (hauptsächlich dem Geld), an der Gewährung von Rechten und Pflichten, an der Anerkennung staatlicher Herrschaft. Die Systemintegration ist nicht an besondere mentale Voraussetzungen gebunden. Eine ausdrückliche Unterstützung des Systems der Gesellschaft in Form einer ausdrücklichen Loyalität durch die Gesellschaftsmitglieder ist nicht notwendig. Es reicht schon ein gewisser Bürgersinn oder sogar die bloße Hinnahme der Gegebenheiten. Dennoch halten diese Gesellschaften zusammen, weil die ökonomischen und politischen Abhängigkeiten und das systemintegrierende Wirken der verschiedenen Märkte sie zusammenhält. Arbeiten und Steuern zahlen kann schließlich jeder, auch wenn er die Sprache des Aufnahmelandes nicht versteht, nur unter Landsleuten in seiner ethnischen Gemeinde verkehrt und emotional noch in der Türkei, Nigeria oder in Marokko lebt.

Ob der Typ einer spannungsarmen multikulturellen Gesellschaft mit ausreichendem inneren Zusammenhalt überhaupt logisch möglich ist, ist der neuralgische Punkt. Multiethnische Gesellschaften sind per se Konfliktgesellschaften, und zwar aufgrund *systematischer Konflikte*. Kulturelle Interessen haben dabei nicht weniger Gewicht als ökonomische. Kulturelle

Interessen repräsentieren im Gegensatz zu den ökonomischen Interessen zumeist den Typus des unteilbaren Konflikts. Sie stellen die Gesellschaft damit vor die Herausforderung, mit antagonistischen Interessen fertig werden zu müssen. Ethnisch homogene und ethnisch heterogene Gesellschaften können folglich nicht gleichgesetzt werden, weil bei ethnisch heterogenen Gesellschaften nicht einfach eine weitere Konfliktdimension hinzutritt, sondern der Konflikt eine andere Qualität bekommt. Ob die Integration moderner Gesellschaften tatsächlich auf die Aufnahme interethnischer Kontakte, auf die Loyalität der Einwanderer gegenüber dem Aufnahmeland oder ein Zusammengehörigkeitsgefühl verzichten kann, ist also eine ziemlich gewagte These. Eine These übrigens, die sich offensichtlich nur in Deutschland einer gewissen Beliebtheit erfreut und der multikulturalistische Denker wie Taylor, Barry und Kymlicka entschieden widersprechen.

Im Hinblick auf Einwanderungsgesellschaften stellt sich die Frage, ob die Systemintegration unter Inkaufnahme ethnischer Heterogenität (Modell der multikulturellen Gesellschaft) oder unter einer Politik der ethnischen Homogenität (Assimilation) angestrebt werden soll. Esser nimmt an, dass die Systemintegration einer Gesellschaft denkbar ist sowohl unter ethnisch homogenen wie auch ethnisch heterogenen Verhältnissen. Wenn aber verschiedene Grade von Systemintegration möglich sind, taucht die Frage auf, an welchem Punkt Systemintegration in Desintegration umschlägt. Ist Systemintegration überhaupt möglich oder zumindest vollständig, wenn Einwanderer die Gegebenheiten bloß hinnehmen, ohne Loyalität gegenüber dem Aufnahmeland zu entwickeln? Bildet sich unter den Bedingungen einer *unvollständigen Systemintegration* nicht zwangsläufig ein latentes, von ethnisch-kulturellen Argumenten genährtes Konfliktpotenzial, das nur auf seine Aktualisierung wartet? Die vollständige Systemintegration, so die Gegenthese, ist nur unter den Bedingungen ethnisch-kultureller Homogenität zu erwarten, während ethnisch-kulturelle Heterogenität bestenfalls eine eingeschränkte Systemintegration zulässt. Die Definition der systemintegrierten Einwanderungsgesellschaft muss unter diesen Voraussetzungen modifiziert werden. Die Einwanderungsgesellschaft kann ein hohes Niveau der Systemintegration nur erreichen, wenn sich die verschiedenen gesellschaftlichen Gruppen in gleichgewichtigen und relativ spannungsarmen Beziehungen zueinander befinden, weil sie durch eine gesamtgesellschaftliche Solidarität miteinander verbunden sind. Dieser Zustand setzt realistischerweise aber voraus, dass die Mitglieder der Einwanderungsgesellschaft ein kollektives Gefühl der Zusammengehörigkeit, eine gemeinsame nationale Identität empfinden.[183]

3.3.2 Medien der Sozialintegration

Sozialintegration meint die Eingliederung von Individuen in das gesellschaftliche Geschehen, in den Arbeitsmarkt, in das Bildungssystem; sie meint den Erwerb von Sprachkenntnissen und sozialer Akzeptanz, die Aufnahme von Kontakten und Freundschaften, die Beteiligung am gesellschaftlichen und politischen Leben, am Ende die Identifikation mit dem Einwanderungsland und seiner Gesellschaft. Sozialintegration kann erfolgreich verlaufen oder auch scheitern. Gemessen an Erfolg oder Misserfolg können vier Typen von Sozialintegration unterschieden werden:[184]

1. Die *Mehrfachintegration* gelingt, wenn überhaupt, bestenfalls bei Intellektuellen und sonstigen Eliten. Mehrfach integriert ist, wer sich in zwei oder mehr kulturellen Systemen

gleichzeitig zu Hause fühlt und sich mit ihnen identifiziert. Die Bedingungen dafür sind Mehrsprachigkeit, die Mischung sozialer Verkehrskreise, mehrfache Identität. Esser behauptet die Möglichkeit solcher multipler Identitäten, schränkt aber ein, dass es sich um empirisch seltene Fälle handelt. Verantwortlich für die weitgehende Unmöglichkeit der Mehrfachintegration ist die Neigung der Individuen, kognitive und emotionale Dissonanzen, die durch einen kulturellen Spagat entstehen können, aufzulösen. Selten sind solche Fälle auch deshalb, weil Individuen anthropologisch bedingt dazu neigen, kollektive Zugehörigkeit in einfachen zweipoligen Mustern („Wir" und „Sie") zu strukturieren, und zwar selbst dann, wenn damit keine Abwertung der anderen verbunden ist. Auch Mischungen von Freundschaftsnetzwerken oder Identifikationen sind selten. Deshalb überwiegt eine Sozialintegration in den einen oder den anderen kulturellen Kontext. Diese Annahme widerspricht auch der populären These, *Bikulturalität* sei empirisch gesehen auf Expansionskurs und die einer multikulturellen Gesellschaft angemessene Existenzform der Einwanderer. Die erwähnte These unterscheidet nämlich nicht zwischen emotionaler und *instrumentell-utilitaristischer Anpassung*. Die Tatsache, dass sich jemand in zwei Kulturkreisen bewegen kann, bedeutet nur, dass er über die dazu notwendigen kulturellen Fertigkeiten verfügt. Es bedeutet nicht, dass er sich zu beiden hingezogen fühlt bzw. überhaupt hingezogen fühlen kann. Unter dieser Asymmetrie kommt in Wirklichkeit eine *unvollständige Bikulturalität* zum Vorschein. Hinter der unvollständigen Bikulturalität steht ein Kosten-Nutzen Kalkül, das die Vorteile eines Lebens im Einwanderungsland zusammenzubringen weiß mit dem Umstand, sich emotional weiterhin mit dem Herkunftsland der Eltern oder Großeltern verbunden zu fühlen.

2. Der andere Extremfall ist die *Marginalität*. Marginalisiert ist, wer sowohl aus der Aufnahmegesellschaft wie auch aus der Herkunftsgesellschaft bzw. der jeweiligen ethnischen Gemeinde ausgeschlossen ist. Die alte Heimat ist verlassen, eine neue gibt es (noch) nicht. Marginalisierte Einwanderer beherrschen keine Sprache richtig, sind beruflich und gesellschaftlich erfolglos (z.B. Dauerarbeitslosigkeit), unterhalten soziale Beziehungen weder zur eigenen Ethnie noch zur Aufnahmegesellschaft und identifizieren sich weder mit der Herkunfts- noch mit der Aufnahmegesellschaft. Empirisch gesehen ist auch Marginalität selten. Marginalisiert sind Einwanderer in der Regel im Verhältnis zur Aufnahmegesellschaft, während sie in die eigene ethnisch-kulturelle Gruppe gut integriert sind (ethnische Segmentation).

3. *Ethnische Segmentation* bedeutet, dass Einwanderer in die eigene ethnische Gruppe gut integriert, im Verhältnis zur Aufnahmegesellschaft aber sozial und kulturell ghettoisiert sind. Ethnische Gemeinden haben eine wichtige sozialintegrative Funktion für die erste Einwanderergeneration, weil gerade keine Sozialintegration in die Aufnahmegesellschaft stattfindet. Ethnische Gemeinden bieten aber, wenn sie eine gewisse Größe erreichen, auch für spätere Generationen eine dauerhafte Alternative der Lebensgestaltung. Sie können daher zum Ausgangspunkt einer dauerhaften Segmentation ethnischer Gruppen werden.

4. Unter *Assimilation* versteht Esser die Angleichung der Einwanderer bei bestimmten sozialstrukturellen Eigenschaften. Ihm geht es um die Auflösung von systematischen Unter-

schieden in der Verteilung von sozialen Merkmalen zwischen den verschiedenen Gruppen. Ist Assimilation im Sinne Essers erfolgreich, dann sind bei der Sprache, beim Einkommen, bei beruflichen Positionen, auf dem Arbeits- oder Wohnungsmarkt oder bei der Bildungsbeteiligung keine systematischen, ethnienspezifische Verteilungsunterschiede mehr zwischen Einheimischen und Einwanderern zu beobachten. Nach dieser Definition bedeutet Assimilation auf dem Arbeitsmarkt, dass die Einwanderer im gleichen Muster und im gleichen Verhältnis auf die verschiedenen Branchen der Volkswirtschaft verteilt sind wie die Einheimischen. Das gleiche gilt für den Bildungsbereich, für Einkommen und Vermögensverhältnisse usw. „Einheimische und Migranten partizipieren in gleicher Weise an den Rechten und Ressourcen einer Gesellschaft."[185] Aber Assimilation beseitigt nicht soziale Ungleichheit an sich. Es ist nur so, dass sich die verschiedenen ethnischen Gruppen nicht unterscheiden, wo es um soziale Ungleichheit geht. Das Problem bei dieser Sichtweise ist, dass Esser damit einen ganz eigenen Assimilationsbegriff verwendet. Sein Assimilationsbegriff sieht nicht vor, dass Einwanderer ihre Herkunftskultur aufgeben und sich die Kultur der Aufnahmegesellschaft aneignen. Diese Definition widerspricht dem üblichen Gebrauch des Assimilationsbegriffes, der ausschließlich kulturelle Anpassung meint. Daraus ergeben sich Verständigungsschwierigkeiten. Essers Terminologie unterscheidet strukturelle, soziale und kulturelle Assimilation, meint aber damit einen Zustand, der in meinem Modell der *strukturell- funktionalen Integration* entspricht.

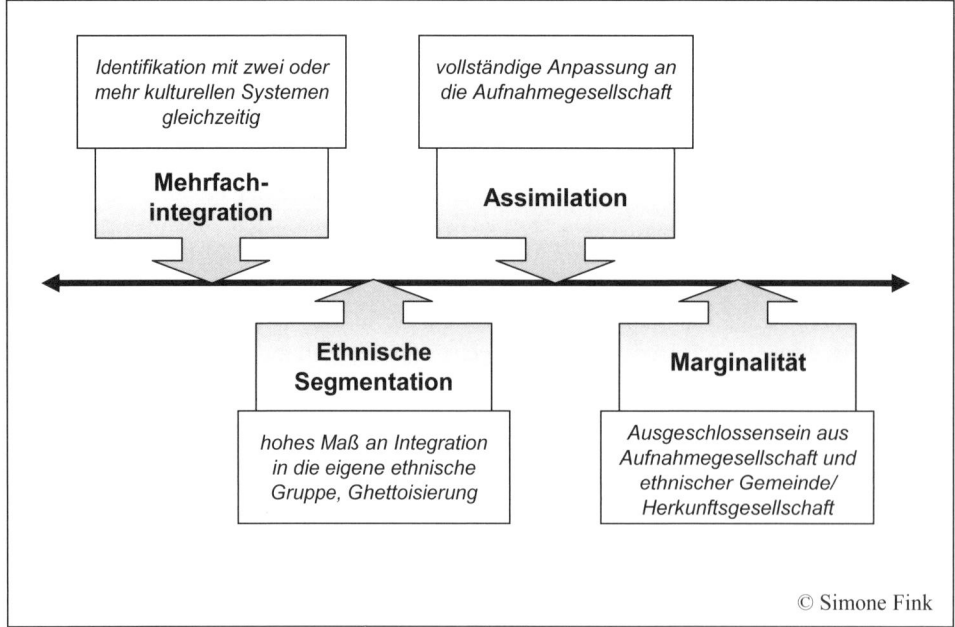

Abb. 3.2   *Die vier Typen von Sozialintegration*

Mit struktureller, sozialer und kultureller Assimilation meint Esser ausdrücklich nicht ökonomische oder gar kulturelle Gleichheit. Kulturelle Pluralität ist ebenso möglich wie ökonomische Ungleichheit. Auch bedeutet Assimilation keineswegs die *einseitige* Anpassung der Einwanderer an die Aufnahmegesellschaft. Angleichung ist auch nicht normativ gemeint, wonach sich die Einwanderer der Aufnahmegesellschaft anpassen sollen. Bei Essers Assimilationsmodell müssen die Einwanderer keine Loyalität und kein Zugehörigkeitsgefühl zur Aufnahmegesellschaft, ihrer Kultur und ihren Werten entwickeln. Das alles ist aber keine Assimilation, sondern lediglich strukturell-funktionale Integration. Insbesondere sein Begriff der *kulturellen Assimilation* stiftet terminologische Verwirrung. Esser meint damit gerade nicht die kulturelle Assimilation, die in der Aufgabe der Herkunftskultur und der Übernahme und Internalisierung der Kultur der Aufnahmegesellschaft besteht, sondern lediglich eine *gelungene* strukturell-funktionale Integration. Essers kulturelle Assimilation entspricht der *instrumentell-utilitaristischen Anpassung* in meiner Terminologie. Die instrumentell-utilitaristische Anpassung besteht im Erwerb der relevanten kulturellen Fähigkeiten und Fertigkeiten der Aufnahmegesellschaft. Aber die bloße Aneignung kultureller Fertigkeiten ist keine Assimilation, sie ist in Wirklichkeit lediglich Voraussetzung für eine erfolgreiche strukturell-funktionale (Sozial-) Integration. Dagegen klammert Essers Begriff der kulturellen Assimilation die identifikatorische Seite der Assimilation aus, obwohl ohne diese Seite der Assimilationsbegriff seinen Sinn verliert.[186] Einzig Essers Begriff der *kognitiven* oder *identifikatorischen Assimilation* deckt sich mit dem herkömmlichen Assimilationsbegriff, der die vollständige kulturell-identifikatorische Anpassung an die Kultur der Aufnahmegesellschaft bezeichnet.

Esser kritisiert, dass die Wissenschaft den Begriff der Assimilation aus Gründen der politischen Korrektheit vermeidet und ihn ersetzt hat durch die Begriffe der kulturellen, strukturellen, sozialen und identifikatorischen Integration. Er betont andererseits, dass es Sozialintegration ohne eine Angleichung an die Aufnahmegesellschaft nicht geben kann.[187] Freilich verwässert auch Esser selbst den Begriff. Da er den Assimilationsbegriff für politisch desavouiert hält, versucht er ihn dadurch zu retten, dass er ihn soweit entschärft und umdeutet, bis er bedeutungsgleich mit strukturell-funktionaler Integration ist. Der Preis dieser Operation ist die Entstellung des Assimilationsbegriffes. Strukturell-funktionale Integration ist keine Assimilation, selbst dann nicht, wenn man in Rechnung stellt, dass eine vollständige strukturell-funktionale Integration ohne die Beherrschung der kulturellen Fertigkeiten der Aufnahmegesellschaft nicht denkbar ist. Selbst im Falle der Segmentation oder der Marginalität sind die Einwanderer noch zu einer, wenn auch minimalen kulturellen Anpassungsleistung gezwungen, weil ohne sie noch nicht einmal der erfolgreiche Bezug von Sozialhilfe geht. Der Assimilationsbegriff wird folglich nur dann sinnvoll gebraucht, wenn mit ihm die am weitesten gehende Möglichkeit der kulturellen Integration bezeichnet wird: das Verschwinden kultureller Unterschiede zwischen Einheimischen und Einwanderern.

Essers Vierstufen-Modell aus Akkulturation, Platzierung, Interaktion und Identifikation betont den wechselseitigen Zusammenhang zwischen kultureller, sozialer, struktureller und identifikatorischer Assimilation. Denkt man dieses Modell konsequent zu Ende, bedeutet es, dass ethnische (Unter-)Schichtung nur vermieden werden kann, wenn es keine ethnokulturell bedingten Unterschiede zwischen den Gesellschaftsmitgliedern mehr gibt. Das integrative Optimum, das mit wirklicher Chancengleichheit in einer Gesellschaft umschrieben werden kann, ist also nur bei wirklicher Assimilation, d.h. kulturell-identifikatorischer Integration, zu erreichen. Vor dieser gedanklichen Konsequenz schreckt Esser zurück. Essers Assimilationsbegriff ist daher inkonsequent. Ausgerechnet die letzte Stufe der kulturellen Integration, also die eigentlich assimilatorische Kulturanpassung, erklärt Esser im Rahmen seines Assimilationsmodells für überflüssig. Essers terminologische Widersprüche sind freilich nützlich, weil sie für die Frage sensibilisieren, *ob es denn eine vollständige strukturell-funktionale Integration ohne Assimilation, d.h. ohne vollständige kulturelle Anpassung an die Aufnahmegesellschaft überhaupt geben kann.*

Die vier Medien der allgemeinen Sozialintegration (Ak)Kulturation, Platzierung, Interaktion und Identifikation bestimmen in angepasster Form auch die Sozialintegration von Einwanderern. Sie sind wechselseitig voneinander abhängig und bedingen sich gegenseitig. Sie sind zugleich Voraussetzung und Folge. Sie verstärken sich gegenseitig, so dass sie die soziale Integration beschleunigen können. Andernfalls kann es zu verstärkter sozialer Segmentation und der Entwicklung ethnischer Gemeinden kommen, in denen sich das ganze soziale Leben nach außen hin abgeschottet (z.B. Schulen, Stadtviertel). Erfolgreiche (Ak)Kulturation und die Platzierung auf zufriedenstellenden Positionen sind andererseits die Voraussetzung für die Aufnahme von sozialen Beziehungen mit den Mitgliedern der Aufnahmegesellschaft.[188]

Die innere Verknüpfung der vier sozialintegrativen Medien wird offenkundig am Beispiel der Sprache. Sprache ist der Schlüssel zu allen weiteren Prozessen der Sozialintegration, auch wenn sie freilich nur eine notwendige, aber keine hinreichende Bedingung für die erfolgreiche Eingliederung in die Aufnahmegesellschaft darstellt. Die Sprachbeherrschung ist Voraussetzung zur Teilnahme am Bildungssystem (Platzierung) und für soziale Kontakte (Interaktion). Interaktion ist wiederum Voraussetzung für Sprachbeherrschung. Wer aber soziale Kontakte zur einheimischen Bevölkerung hat, profitiert wiederum beim Erlernen der Sprache. Die sprachfördernde Begleitwirkung sozialer Kontakte kann durch Sprachkurse nicht ersetzt werden. Deshalb sind frühzeitige interethnische Kontakte auf dem Spielplatz, in Kindergarten mit deutschen Kindern oder in Nachbarschaften mit deutschen Anwohnern für den Spracherwerb besonders vorteilhaft. Ethnisch segmentierte Nachbarschaften, Kindergärten und Schulen behindern oder blockieren eine erfolgreiche Sozialintegration, weil den Immigrantenkindern die alltägliche Gelegenheit zum spielerischen Lernen der Sprache des Aufnahmelandes fehlt.[189]

Den vier Medien der allgemeinen gesellschaftlichen Integration, also Akkulturation, Platzierung, Interaktion und Identifikation, ordnet Esser vier Dimensionen zu, die er kulturelle, strukturelle, soziale und identifikative „Assimilation" nennt. Zwischen diesen vier Dimensionen der „Assimilation" sieht Esser einen kausalen Zusammenhang: Kulturelle und strukturelle „Assimilation" bedingen und verstärken sich wechselseitig. Die emotionale/identifikative „Assimilation" folgt den drei anderen Assimilationsarten. Ein Mindestmaß sowohl an kultureller als auch an struktureller „Assimilation" bildet die Grundbedingung für die soziale „Assimilation", also für interethnische Kontakte, etwa zwischen Einwanderern und Mehrheitsbevölkerung. Die Beherrschung der kulturellen Fertigkeiten der Aufnahmegesellschaft (kulturelle „Assimilation"), eine zufriedenstellende Positionierung in Arbeitswelt, Bildungsbereich und in der Gewährung von Rechten (strukturelle „Assimilation"), die ethnische Durchmischung im Wohnviertel, am Arbeitsplatz und in den Vereinen, binationale Eheschließungen und die Angleichung im demographischen (generativen) Verhalten (soziale „Assimilation") sind wiederum Voraussetzungen für die identifikative „Assimilation":[190]

1. (Ak)Kulturation, so wie Esser sie versteht, kann zunächst einmal als instrumentell-utilitaristische Anpassung aufgefasst werden. (Ak)Kulturation meint also die Aneignung von Kulturtechniken, die zu kultureller Handlungsfähigkeit führen. Die kulturelle Handlungsfähigkeit äußert sich in Form von Sprachbeherrschung, Normenkenntnis, Wissen, Kompetenzen und Fertigkeiten, die in der Aufnahmegesellschaft Voraussetzung zur Entfaltung von Handlungskompetenz sind. Handlungskompetenz ist die Fähigkeit des Individuums, sich in beruflichen, gesellschaftlichen und privaten Situationen entsprechend den üblichen oder verbindlichen Verhaltensmustern der Gesellschaft individuell und sozial verantwortlich zu bewegen und sich situationsangemessen zu verhalten. Akkulturation ereignet sich überall dort, wo es zu interkulturellen Kontakten und Zusammenarbeit kommt, also im Straßenverkehr, in den öffentlichen Einrichtungen, am Arbeitsplatz, in gesellschaftlichen Organisationen wie den Gewerkschaften, im Schul- und Bildungswesen, in der Alltagskultur, bei den Streitkräften, beim Konsum. Das Arbeitseinkommen ermöglicht die Teilnahme am Konsum der Aufnahmegesellschaft. Das wiederum *kann* Gewohnheiten, Gebräuche und Erwartungen bis hin zu ästhetischen Maßstäben verändern. Auch der Massenmedienkonsum und die Partizipation an der Alltagskultur der Aufnahmegesellschaft können in die gleiche Richtung wirken. Allerdings *können* Einwanderer den akkulturatorischen Kontakt zum Teil auch vermeiden. Gerade dort, wo keine Offenheit gegenüber der Kultur der Aufnahmegesellschaft besteht, beschränkt sich der Kontakt auf das Minimum, das eine instrumentell-utilitaristische Anpassung erfordert. Die Immigranten haben im Zeitalter weltweit nahezu unbeschränkter Verfügbarkeit kultureller und materieller Güter die Möglichkeit, Alltagskultur, Konsumgewohnheiten, Geschmack und Nutzung der Massenmedien der Aufnahmegesellschaft zu umgehen.

2. Platzierung (strukturelle Anpassung) meint die Besetzung gesellschaftlicher Positionen aufgrund von Rechten, aber auch Fähigkeiten, die im Zuge der Akkulturation erworben worden sind. Platzierung ist nach Esser der Kern der Eingliederung in ein gesellschaftliches System. Als wichtigste Formen der Platzierung nennt Esser den Erwerb der Staatsangehörigkeit des Aufnahmelandes und die damit verbundenen Rechte wie das Wahlrecht sowie den uneingeschränkten Zugang zum Arbeitsmarkt, zu beruflichen Positionen und Sozialprestige, zu ausreichendem Einkommen, zu Bildungseinrichtungen usw.

3. Interaktion (soziale Anpassung) meint ein Verhalten, mit dem die Gesellschaftsmitglieder Beziehungen herstellen und unterhalten. Unter dem Gesichtspunkt der Interaktion geht es bei Einwanderern vor allem um interethnische Kontakte und die Angleichung in der sozialen Akzeptanz, im Partizipationsverhalten (institutionelle Partizipation), im Heirats- und demographischen Verhalten (Kinderzahl). Interaktionen können durch kulturelle und emotionale Barrieren, also etwa durch ethnische Spannungen, und durch strukturelle Bedingungen, also etwa durch ethnische Segregation im Wohnviertel oder in der Schule, behindert werden. Im Falle einer erfolgreichen sozialen Anpassung unterscheiden sich Einwanderer in ihren interpersonalen Beziehungen nicht von den Einheimischen, haben also genauso viel oder wenig Kontakt zu Einheimischen oder Fremden. Dieser Stand der Anpassung entspricht allerdings dem der vollständigen kulturellen Anpassung an die Aufnahmegesellschaft (Assimilation). Der Einwanderer hat seinen Migrationshintergrund verloren.

4. Identifikation (identifikatorische Anpassung) tritt in drei Formen auf: a) als Identifikation mit sozialen Systemen (Nation, Kollektiv, Gruppe oder Organisation). Durch Identifikation eignen sich die Einwanderer ein Gefühl der Zugehörigkeit zur Aufnahmegesellschaft an und übernehmen ihre kulturellen Muster und Verhaltensweisen. Bei der Identifikation geht es im Unterschied zum Esserschen Akkulturationsbegriff gerade nicht bloß um die pragmatische Übernahme von Kulturtechniken zur Optimierung der Platzierungschancen. b) Da es nach Esser modernen Gesellschaften an fest definierten Werten, an einheitlichen kulturellen und politischen Zielen mangelt[i], tritt an die Stelle kollektiver Zwänge eine Verfassung, die gemeinschaftliches Handeln individuellen Entscheidungen überlässt und als Bürgersinn bezeichnet wird. c) Esser sieht als weitere Alternative die Sozialintegration durch „Hinnahme". Sie tritt in zwei Formen auf. Die erste Form ist die Verkettungsintegration. Sie liegt dann vor, wenn die Einwanderer erfolgreich sind, wenn sie von der Integration profitieren, u.a. durch die Zuweisung attraktiver beruflicher und gesellschaftlicher Positionen. Die zweite Form ist die sogenannte Deferenzintegration. Sie ist nach Esser die schwächste Form der Sozialintegration. Sie speist sich aus Gefühlen der Erfolglosigkeit der Einwanderer und aus ihrer Einsicht in die Aussichtslosigkeit von Wünschen und Forderungen nach Änderung der Verhältnisse. Die Deferenzintegration ist aber nicht nur die schwächste Form der Sozialintegration, sie markiert vor allem den gleitenden Übergang zur gesellschaftlichen Desintegration der Individuen. Im scheinbar integrativen Element der Hinnahme steckt in Wirklichkeit das Potential zu Anomie und Revolte gegen die Mehrheitsgesellschaft, ihre Institutionen und Werte. Die Identifikation mit der Aufnahmegesellschaft ist der letzte Schritt nach der sprachlichen, sozialen und strukturellen Sozialintegration. Identifikation entsteht als Folge von Belohnungserlebnissen oder von Erwartungen, dass Zugehörigkeit belohnt wird. Bei Marginalität oder bei Diskriminierungserlebnissen und Benachteiligung ist eine Identifikation nicht zu erwarten.

3.4　　Integration und Desintegration in multikulturellen Gesellschaften

Gewalt, Anomie, Entfremdung, Orientierungslosigkeit, zunehmende Kriminalität, die Entsolidarisierung der Gesellschaft, Polarisierung zwischen Arm und Reich gelten gemeinhin als die Vorboten des gesellschaftlichen Zerfalls. Gerade Gewalt gilt als zuverlässiger Indikator sozialer Desintegration: je größer das Gewaltpotential und die individuellen und kollektiven Gewalttätigkeiten, desto größer der Desintegrationsgrad einer Gesellschaft.[191] Die Zeichen der gesellschaftlichen Krise treten bevorzugt in ethnisch-kulturell vielfältigen Gesellschaften auf. Eindruckvolle Beispiele dafür findet man nicht nur in den USA in den Ghettos der Einwanderer aus Puerto Rico und Lateinamerika, in den Einwanderervierteln mittelenglischer Städte oder in französischen Banlieues, sondern auch in deutschen Großstädten. Be-

---

[i]　Gegen diese Behauptung ist einzuwenden, dass Individuen in modernen Gesellschaften durchaus in einem bestimmten kulturellen Kontext stehen.

deutet diese Tatsache, dass Einwanderungsgesellschaften anfälliger für Prozesse der sozialen Desintegration sind?

Vor eine Antwort darauf schiebt sich die Frage: Woran erkennt man gesellschaftliche Desintegration? Und vor allem, wann kippt ein Zustand gesellschaftlicher Integration in einen der Desintegration um? Nicht zufriedenstellend geklärt ist außerdem die Frage, ob es sich bei den genannten Symptomen der gesellschaftlichen Krise bereits um Phänomene sozialer Desintegration handelt. Empirisch gesehen spricht einiges für die Annahme, dass die Symptome der gesellschaftlichen Krise Desintegrationserscheinungen sind, da ein Zustand der Desintegration nicht erst dann angenommen werden kann, wenn sich eine Gesellschaft schon im Bürgerkrieg befindet. Empirische Beobachtungen bestätigen die These, dass multikulturelle Gesellschaften sozial ungleicher sind als homogene Gesellschaften. Wenn soziale Ungleichheit desintegrierend wirkt, also automatisch negative Auswirkungen auf Systemstabilität, Lebensniveau, Lebenschancen und die soziale Gerechtigkeit einer Gesellschaft hat, dann ist der Integrationsgrad kulturell heterogener Gesellschaften grundsätzlich immer geringer als der kulturell relativ homogener.[192]

Wilhelm Heitmeyer hat ein Modell der sozialen Desintegration entwickelt, indem er den drei Integrationsniveaus von Bernhard Peters negative Entsprechungen zugeordnet hat. Der funktionalen Koordination, die die ökonomische Ebene betrifft, weist er die *Strukturkrise* zu. Der moralischen Integrität, die die soziale Ebene umfasst, rechnet er die *Regulationskrise* zu. Der expressiven Gemeinschaft, die auf der kulturellen Ebene angesiedelt ist, ordnet er die *Kohäsionskrise* zu.[193]

Die *Strukturkrise* zeigt sich bei Einwanderern vor allem an der ethnischen Unterschichtung, an der höheren Arbeitslosigkeit, am Fehlen von Ausbildungsplätzen und an Bildungsdefiziten. Die überdurchschnittlichen Misserfolge der Einwanderer im ökonomischen System erzeugen anomische Spannungen gerade deshalb, weil den Misserfolgen Erfolge bei der Durchsetzung der rechtlichen Gleichheit gegenüberstehen. Der weitgehenden rechtlichen Gleichheit steht also eine bildungsmäßige, berufliche und soziale Ungleichheit gegenüber. Daraus resultiert ein Nebeneinander von Integration z.B. im rechtlichen und sozialen Bereich und Desintegration z.B. auf dem Arbeitsmarkt. Dieses Nebeneinander ist spannungsgeladen. Das Konfliktpotential ist nämlich umso höher je unterschiedlicher die Integration in den einzelnen gesellschaftlichen Bereichen ist.[194]

Soziale Integration verläuft vorzugsweise über ein gemeinsam geteiltes Werte- und Normensystem. Die *Regulationskrise* zeigt sich darin, dass die zunehmende Pluralisierung der Werte und Normen in der Gesellschaft die Individuen die Erfahrung von Orientierungslosigkeit und Beliebigkeit machen lässt. Diese Erfahrung untergräbt die gesellschaftliche Werte- und Normenstruktur. Das Zusammenwirken von Struktur- und Regulationskrise ergibt die klassische anomietheoretische Denkfigur: Immer mehr Individuen stehen in einer Zerreißprobe. Auf der einen Seite nehmen ihre sozialkulturellen Optionen zu, was sich in steigender Wahlfreiheit bei Konsum und Lebensgestaltung zeigt. Auf der anderen Seite nehmen die sozioökonomischen Realisierungschancen ab, weil die Arbeitsgesellschaft in einer Dauerkrise steckt und der Sozialstaat an seine Grenzen gekommen ist. Die Regulationskrise findet ihren Ausdruck in einer zunehmenden Spannung zwischen europäischen und nichteuropäischen Werte- und Normvorstellungen. Der Konflikt mit dem islamischen Wertesystem ist deshalb besonders heikel, weil die Wert- und Normdifferenzen zwischen Einheimischen und eingewanderten Muslime in Deutschland groß sind und die politische Position des organisierten Islam aufgrund der großen Zahl islamischer Einwanderer relativ stark ist. Zudem säkularisiert sich die Mehrheitsgesellschaft immer weiter und pluralisiert sich religiös, weltanschaulich und ethisch, während sich die islamische Gemeinschaft zu homogenisieren scheint. Diese Tendenzen erschweren die Integration der islamischen Einwanderer zusätzlich.[195]

Eng mit der Regulationskrise hängt die *Kohäsionskrise* zusammen. Sie macht sich darin bemerkbar, dass die Mehrheitsgesellschaft ihren sozialen Zusammenhalt verliert. Hauptsächlich verantwortlich dafür sind wiederum die Individualisierung der Gesellschaft und die Pluralisierung von Werten und Normen. Bei einem Teil der Immigranten sind gleichzeitig Tendenzen der Selbstethnisierung zu beobachten. Die Folge der Selbstethnisierung ist ein Rückzugsverhalten, das sich im Falle der türkischen Einwanderer in zunehmendem Nationalismus und in einer verstärkten Orientierung auf die Türkei äußert. Selbstethnisierung und ethnische Interessenpolitik sind nach Heitmeyer der legitime Versuch, auf der Strukturebene das Gewicht zugunsten der eigenen ethnischen Gruppeninteressen zu verändern, auf der Regulationsebene die öffentliche und rechtliche Anerkennung eigener Werte- und Normvorstellungen durchzusetzen und auf der Kohäsionsebene die ethnischen Bindungen und die ethnische Abgrenzung zu verstärken, um damit eine bessere Interessenpolitik und ein höheres Mobilisierungspotential aufbauen zu können.[196] Aber die Selbstethnisierung führt dazu, dass teilbare Konflikte zu unteilbaren werden. Denn es geht nicht mehr nur um die Verteilung materieller Ressourcen und Chancen sowie den Ausgleich von Interessen, sondern um Fragen des ethnisch-kulturellen Selbstverständnisses und der kollektiven Identität. Aus diesem Grund scheint es ziemlich euphemistisch, wenn Selbstethnisierung als eine akzeptable Form gesellschaftlicher Interessenvertretung in der Einwanderungsgesellschaft und als ein legitimes politisches Mittel zur Erlangung gemeinschaftlicher Vorteile angesehen wird. Abenteuerlich scheint es jedoch, wenn ethnische Auseinandersetzungen als normale, etablierte Formen der gesellschaftlichen Konfliktaustragung, ja sogar als eigene Form gesellschaftlicher Integration eingestuft werden – und nicht viel mehr als ein untrügliches Zeichen zunehmender gesellschaftlicher Desintegration.

Heitmeyers Systematisierung zeigt, wie anfällig der Mechanismus der sozialen Integration in der multikulturellen Gesellschaft ist. Es wird deutlich, dass Defizite in der strukturell-funktionalen Integration von Einwanderern durch eine erfolgreiche Integration in das Normen- und Wertesystem der Aufnahmegesellschaft aufgefangen werden können. Eine erfolgreiche strukturell-funktionale Integration kann bis zu einem gewissen Grad auch Integrationsdefizite beim Normen- und Wertesystem der Aufnahmegesellschaft kompensieren oder doch zumindest zeitweise verdecken. Sollten allerdings strukturell-funktionale Integrationsdefizite auf Defizite der Integration in das Normen und- Wertesystem der Aufnahmegesellschaft treffen, dann entsteht ein hochexplosives Konfliktpotential, das die Stabilität des gesamten Systems gefährden kann.

3.5 Missverständnis I: Integration als Binnenintegration

Im politischen Wörterbuch der Bundesrepublik gibt es eine inflationär gebrauchte Rede-wendung, die dieses oder jenes Individuum oder diese oder jene Gruppe der Gesellschaft als „gut integriert" einstuft. Als z.B. der damalige Bundesinnenminister Wolfgang Schäuble kurz vor Weihnachten 2007 der Öffentlichkeit die Studie „Muslime in Deutschland" vorstellte, in der von einem besorgniserregenden Radikalisierungspotenzial im Islam auf deutschem Bo-den die Rede ist, beeilte er sich hinzuzufügen, dass die Mehrheit der Muslime in Deutschland „gut integriert" sei. Aber was ist gemeint, wenn von gelungener Integration die Rede ist? Und worin findet Integration statt? Die Redewendung von der gelungenen Integration steht häufig in einem Zusammenhang mit ethnischen Vereinen. Ethnische Vereine verstehen sich nicht nur als Sportvereine, Elternvereine, Moscheevereine, sondern gleichzeitig als nationale Gemeinden, als Kulturvereine, Selbsthilfevereinigungen und Heimatersatz. Gerade ethnische Sportvereine, unter denen die türkischen Sportvereine den größten Teil der ethnischen Orga-nisationen bilden, genießen in der politischen Öffentlichkeit häufig ein gutes öffentliches Ansehen. Sport steht generell im Ruf, ein gesellschaftlicher Integrationsmotor zu sein. Die politische Öffentlichkeit bescheinigt den ethnischen Sportvereinen, einen wesentlichen Integ-rationsbeitrag zu leisten und eine unverzichtbare Brückenfunktion zwischen Einwanderer-milieus und Mehrheitsgesellschaft auszuüben, auch wenn es auf dem Fußballrasen immer wieder zu aggressiven Auseinandersetzungen zwischen türkischen oder albanischen und deutschen Vereinen kommt.[197] Unter der Hand gelten ethnische Sportvereine jedoch als In-tegrationshindernisse. Welchen Beitrag leistet nun z.B. ein ethnischer Fußballverein zu wel-cher Art von Integration? Auch in diesem Punkt scheinen die Unklarheiten mit der Unschärfe des Integrationsbegriffes zusammenzuhängen. Der Grund liegt in einer Verwechslung der Begriffe Integration und *Binnenintegration*. Je nach Interessenperspektive wird Integration in Deutschland einmal verstanden als Integration in die Strukturen der Aufnahmegesellschaft oder eben als Binnenintegration, das heißt, als eine Integration, die vorwiegend in das eigene ethnische Milieu stattfindet.

Der Begriff der Binnenintegration von Georg Elwert bezieht sich auf die Beobachtung, dass sich Einwanderer im Einwanderungsland zwar integrieren, aber nicht in die Aufnahme-gesellschaft, sondern in ihre eigene ethnische Gruppe. Ethnische Gemeinden und Kolonien entstehen zunächst als eine Selbsthilfegemeinschaft der Einwanderer zur Bewältigung der wichtigsten Probleme in der Anfangsphase der Einwanderung. Die Bedeutung der ethnischen Gemeinden geht aber über diese Funktion hinaus. Ethnische Gemeinden bieten nicht nur Hilfe in Fragen der Alltagsbewältigung, sondern auch emotionale Anlehnung in einer Um-welt, die als fremd empfunden wird. Ethnische Gemeinden haben also eine Art Schutzfunkti-on. Die Verankerung in der Eigengruppe, so die These der Binnenintegration, fördert das Selbstbewusstsein und die psychische Sicherheit der Individuen und schafft damit die Vo-raussetzungen für Offenheit und Toleranz gegenüber anderen ethnokulturellen Gruppen. Dadurch werden interethnische Kontakte erst möglich. Im Prozess der gesellschaftlichen Integration übernimmt die Binnenintegration nützliche Funktionen: a) Sie verschafft den Einwanderern „Selbstbewusstsein", „kulturelle Identität" und damit „Handlungsfähigkeit".

b) Sie vermittelt nötiges „Alltagswissen" und hilft damit, die Phase der Desorientierung, die sich bei der Konfrontation mit dem unbekannten kulturellen Kontext der Aufnahmegesellschaft einstellt, zu überbrücken. c) Sie ermöglicht die Schaffung eines subkulturellen Raumes oder Milieus, aus dem heraus die lobbyistischen Immigrantenverbände ihre Interessen artikulieren, durchsetzen und verteidigen können.[198]

Binnenintegration steht im Ruf, Konflikte zu reduzieren und Anomie zu vermindern. Auf der Strukturebene fangen die ethnische Gemeinde und ihre Nischenökonomie die Einwanderer in der kritischen Anfangsphase auf. Auf der Regulationsebene behalten vertraute Regeln und Normen, die aus den Herkunftsländern importiert worden sind, ihre Gültigkeit und bringen den Immigranten Handlungssicherheit. Auf der Kohäsionsebene können die Einwanderer das Bedürfnis der Zugehörigkeit zu einer Gemeinschaft befriedigen. Binnenintegration versteht Elwert aber nicht als dauerhafte Selbstabschließung der Einwanderer, sondern als einen nützlichen, möglicherweise sogar notwendigen Zwischenschritt auf dem Weg zur gesellschaftlichen Integration in die Aufnahmegesellschaft. Das Konzept der Binnenintegration geht also davon aus, dass der Weg in die Aufnahmegesellschaft zunächst über eine Integration in die eigene ethnische Gruppe führt. Haben die Einwanderer dann die Phase der Binnenintegration, in deren Verlauf sie den Einwanderungs- und Kulturschock überwinden, erfolgreich hinter sich gebracht, verlassen sie ihre ethnischen Gemeinden und treten in den langwierigen Prozess der Integration in die Aufnahmegesellschaft ein. Das entscheidende Haken beim Konzept der Binnenintegration ist, dass es nicht klärt, was unter gesellschaftlicher Integration in die Aufnahmegesellschaft verstanden werden soll. Solange dafür kein Maßstab existiert, kann Elwerts Konzept auch keine Aussage darüber machen, ob Binnenintegration mehr zur Integration oder eher zur Segmentation der Einwanderer beiträgt. In einem konsequent multikulturalistischen Konzept ist nämlich die eigentlich als Übergangsstadium gedachte Binnenintegration identisch mit dem Ziel der gesellschaftlichen Integration. Übertragen auf das Beispiel ethnischer Sportvereine heißt das für die Mehrheitsgesellschaft, ihre „paternalistischen Vorstellungen aufzugeben, die von Einzelmitgliedschaft ausländischer Bürgerinnen und Bürger im deutschen Klub ausgehen und im Grunde assimilatorische Vorstellungen von Integration" haben.[199] Das Ziel ist die „pluralistische Integration", die sich am Prinzip der gegenseitigen Anerkennung der ethnokulturellen Verschiedenheit orientiert. Dagegen ist in einem Konzept, das die weitgehende oder völlige Anpassung (Assimilation) der Einwanderer an die Aufnahmegesellschaft vorsieht, die Binnenintegration nicht einmal ein Zwischenschritt, sondern eher das Gegenteil: ein Integrationshindernis, ein handfester Beitrag zur Segmentation der Einwanderer. Diese Gefahr sieht Elwert selbst auch. Damit die Binnenintegration die gesellschaftliche Integration nicht behindern kann, so Elwert, dürfen ethnokulturelle Subkulturen nicht autonom werden gegenüber dem staatlichen Gewaltmonopol. Außerdem darf Binnenintegration nicht zur Entstehung sozial isolierter Gruppen führen, wie es z.B. die aus der Türkei nach Deutschland geholten Ehefrauen sind. Binnenintegrative Subkulturen müssen lernfähige Systeme sein, damit sie sich ideologisch nicht vom Gesamtsystem abkoppeln und zur Produktion von Mythen und Feindbildern beitragen können. Es ist offensichtlich, dass diese Forderungen rein normativen Charakter haben. Esser bestreitet, dass die Integration von Einwanderern empirisch so verläuft, wie von Elwert skizziert. Seiner Ansicht nach fördert Binnenintegration in die ethnische Gemeinde die Selbstabschließung der Einwanderer, insbesondere dann, wenn die kulturelle Distanz zwischen Aufnahmegesellschaft und Immigranten groß ist. Gerade die Funktionen der Binnenintegration, die von den Vertretern dieses Konzeptes als vorteilhaft angesehen werden, begünstigen eine dauerhafte Segregation. Heitmeyer beklagt, dass Binnenintegration in die ethnische Gemeinde die Sozialintegration in die Aufnahmegesellschaft verhindert, andererseits aber ethnische Schichtung zementiert und Unterschichtung etabliert, so dass auch die Folgegenerationen darin gefangen sind. Eine starke Binnenintegration ist an Selbstethnisierung, religiöser Homogenisierung, Konformitätsdruck, Gefühlen kollektiver Überlegenheit, religiösem Fundamentalismus oder nationalistischen Einstellungen zu erkennen. In Deutschland diagnostizieren Sozialwissenschaftler spätestens seit den 1990er Jahren einen Rückzug der (insbesondere türkischen) Immigranten auf ihre eigenen ethnischen Gemeinschaften. Interethnische Kontakte schwinden, unter türkischen Jugendlichen lässt sich ein hohes Maß an islamisch-fundamentalistischen und nationalistischen Positionen feststellen. Dieser Gefahr versucht Elwert dadurch auszuweichen, dass er ein „weitgehend kulturfreies", sozialstrukturell orientiertes Integrationskonzept propagiert. In gewissem Sinne ist das Einwanderer-Ghetto nur der äußere Ausdruck der Binnenintegration. Das Ghetto ist nämlich nicht nur eine physische Realität, sondern auch eine Mentalität. Je enger der Weg in die Welt außerhalb des Ghettos ist, umso leichter kann eine Gemeinschaft an ihren eigenen Normen festhalten und die Individuen an der Entfaltung ihrer persönlichen Freiheit hindern. Es geht also nicht um unterschiedliche Lebensstile und Gewohnheiten. Es drohen nicht weniger als getrennte Welten zu entstehen. Von daher liegt es nahe, die tiefere Ursache für die Bildungsmisere der Einwandererkinder in Deutschland in der geistigen und physischen Ghettoisierung zu sehen. Wenn das eigene ethnische Milieu kulturell außerhalb der Aufnahmegesellschaft steht, behindert eine starke Orientierung an ihm auch die sozialökonomische Integration der Immigranten.[200]

Mit zunehmender Größe und institutioneller Vollständigkeit nimmt auch die Attraktivität der ethnischen Gemeinde als Alternative zu einer Integration in die Aufnahmegesellschaft zu. Diese Attraktivität ist besonders dann hoch, wenn die eigene ethnische Gemeinde die Bewältigung des Alltags ermöglicht und möglicherweise sogar einen sozialen Aufstieg erlaubt. Diese Alternative hat den Vorteil, dass eine zufriedenstellende Platzierung darin leichter zu schaffen ist als in der Aufnahmegesellschaft, dass gleichzeitig aber die mitgebrachte Kultur (Sprache, Familienform, Religion) ihren Wert behält. In seinem Konzept der *Mobilitätsfalle* erklärt Norbert F. Wiley, warum Individuen, das heißt im speziellen Fall Einwanderer, freiwillig auf sozialen Aufstieg verzichten. Sie müssen sich entscheiden, ob sie einen sozialen Aufstieg innerhalb der eigenen ethnischen Gruppe oder außerhalb in der Aufnahmegesellschaft anstreben. Die Chancen für eine Karriere innerhalb der ethnischen Gemeinde versprechen zwar einen nicht sonderlich hohen, dafür aber sicheren Gewinn. Dagegen erscheint das Verlassen der ethnischen Gemeinde und der Versuch einer Integration in die fremde Kultur der dominierenden Mehrheitsgesellschaft mit einem subjektiv hohen Risiko verbunden. Aus diesen Gründen fällt die Entscheidung für eine Binnenkarriere. Je umfangreicher der institutionelle Ausbau der ethnischen Gemeinde ist, desto attraktiver ist es, dort zu bleiben. Da aber die ethnischen Gemeinden im Vergleich zur Mehrheitsgesellschaft insgesamt schlechtere Positionen zu vergeben haben, finden sich die Einwanderer selbst im Fall erfolgreicher Binnenkarrieren in ihren ethnischen Gemeinden in durchschnittlich schlechteren Positionen wieder als sie sie im Falle einer Karriere in der Aufnahmegesellschaft erreicht hätten. Weil aber Einwanderer die Sackgasse der Mobilitätsfalle freiwillig betreten, kann objektiv von Diskriminierung keine Rede sein.[201] Das bedeutet nicht, dass Einwanderer nicht trotzdem Gefühle der Benachteiligung, der ungerechten Behandlung oder gar der Empörung empfinden ohne dass sie zur Einsicht gelangen, aus freien Stücken die Mobilitätsfalle betreten zu haben.

3.6   Missverständnis II: Integration als gegenseitige Anpassung

Großer Beliebtheit erfreuen sich im multikulturell sensiblen Teil der Bevölkerung Vorstellungen, die unter Integration ein wechselseitiges Aufeinanderzugehen von Immigranten und Einheimischen verstehen. Typisch für dieses Integrationsverständnis ist die Position des Politikwissenschaftlers Hans Maier: „Sie [die Integration] setzt ein hohes Maß wechselseitiger Einfühlung, wechselseitigen Verständnisses voraus, eine Bereitschaft, aufeinander zuzugehen – Tugenden, die unter Menschen ‚unterschiedlicher Herkunft, Farbe und Religion‘ nicht immer selbstverständlich sind. Wenn Integration gelingen soll, dürfen sich die einzelnen Gruppen nicht voneinander abschotten, darf keine die andere zu majorisieren versuchen, müssen alle bereit sein, miteinander zu sprechen, zu verhandeln, sich zu einigen. [...] Der Staat – oder besser die Zivilgesellschaft – kann spontane Begegnungen auf der nachbarschaftlichen Ebene, im Haus, auf der Straße, in Horten, Kindergärten, Schulen, Kirchen, Sportvereinen, unterstützen und fördern. Hier, im privaten und zivilen Rahmen, müssen sich die Gewohnheiten und Regeln des sozialen Umganges bilden und festigen: dass man einander grüßt, dass man sich den wechselseitigen Händedruck nicht verweigert, dass man miteinander spricht, dass man sich im Alltag auf eine Weise bewegt und verhält, die alles Auftrumpfende, Abweisende, Provozierende vermeidet (etwa auch in der Kleidung!). Schon auf dieser Ebene sollten Gleichgültigkeit, Stummheit, Misstrauen, feindliche Abgrenzung überwunden werden. Bürgerschaftliche Gemeinsamkeiten sollten hervortreten, und das ganz normale, selbstverständliche Zusammenleben sollte beiden Gruppen, den Alteingesessenen wie den Zuwanderern, immer als Ziel vor Augen stehen.“[202] Maiers Integrationsverständnis ist natürlich eher ein moralischer Appell als sozialwissenschaftliche Analyse und kann deshalb konzeptionelle Anstrengungen nicht ersetzen. Politische Öffentlichkeit, aber auch Sozialwissenschaften versuchen sich deshalb an einer Definition von Integration, die sich stärker auf rationale Argumente stützt. Integration wird danach als wechselseitige Annäherung oder Anpassung von Minderheiten- und Mehrheitskultur verstanden. Integration wird beschrieben als interkultureller Austausch, in dessen Verlauf jede Seite das jeweils Beste der anderen Seite übernimmt oder besser: übernehmen soll.

Integrationsvorstellungen, die die gegenseitige kulturelle Anpassung von Einheimischen und Immigranten zum Inhalt haben, haben zumeist einen normativen Charakter. Dass die normativen Versuche die empirischen Ansätze überwiegen, ist nicht ganz zufällig: Denn die Empirie ist in diesem Fall recht schwach auf der Brust. Das Manifest der 60 führenden deutschen Migrationsforscher aus den 1990er Jahren ist für das normative Integrationsverständnis exemplarisch. Das Papier forderte Strategien, die helfen sollten, die ethnischen Unterschiede einzuebnen, Minderheiten und Mehrheit kulturell und sozial einander anzunähern und die spezifischen ethnischen Gruppenidentitäten schrittweise aufzulösen. Dieser Strategieforderung lag die Auffassung zugrunde, dass Integration sich grundsätzlich zwischen zwei Polen bewegt. Auf der einen Seite steht eine an den kulturellen Unterschieden orientierte Politik, die ethnische Grenzen und kulturelle Differenzen durch die Förderung ethnischer Heterogenität intensiviert, verfestigt und institutionalisiert. Auf der anderen Seite assimilatorische Strategien, die üblicherweise die einseitige und vollständige kulturelle Anpassung der Einwanderer an die Aufnahmegesellschaft im Auge haben. Zwischen diesen beiden Polen positionierte sich das Manifest mit einer Art von drittem Weg zwischen assimilatorischer Homogenität und multikulturalistischer Heterogenität. Diese Strategie kultureller Annäherung beruht auf der Vorstellung einer wechselseitigen, wenn auch nicht gleichgewichtigen Beeinflussung und Veränderung. Die aus dieser Strategie abgeleitete Integrationspolitik geht nicht von einer bloßen Anpassung der Minderheiten an die Mehrheitskultur aus, sondern meint einen Interaktionsprozess, der auch die Mehrheitskultur verändert, weil sie bestimmte Elemente der Minderheitenkulturen aufnimmt. Die Strategie der wechselseitigen kulturellen Annäherung setzt auf Austausch, Einladung und Werbung um Übernahme und Herausbildung neuer kultureller Muster. Sie zielt darauf ab, eine *synthetische gesellschaftliche Kultur* in den öffentlich-staatlichen Institutionen, am Arbeitsplatz, im Erziehungs- und Bildungssystem zu schaffen. Die herkunftsspezifischen „ethnischen Praktiken" belässt sie im privaten Raum.[203] „Die bestehende ethnische Vielfalt wird dabei als eine gesellschaftliche *Übergangsform* in einem generationenübergreifenden Eingliederungsprozess verstanden, in dem sich unterschiedliche ethnische Identitäten schließlich in private Herkunftsorientierungen verwandeln."[204]

Inwieweit ist die Annahme, dass es zu einer wechselseitigen kulturellen Annäherung kommen kann, überhaupt realistisch und wünschenswert? Wenn Integration wechselseitiger Austausch der jeweils besten Elemente der verschiedenen Kulturen heißt, dann stellt sich die Frage, was *das jeweils Beste* ist, wer darüber maßgeblich befindet und nach welchen Regeln der Austausch erfolgt. Handelt es sich um einen gesteuerten Prozess, wenn ja, durch wen? Oder wird es der spontanen Entwicklung überlassen, wer was von wem annehmen will? Die Frage hat allerdings nur einen beschränkten Sinn, denn der spontane bedürfnisorientierte Austausch ist schlicht der historische Normalfall. Wenn es den jeweiligen kulturellen Gemeinschaften überlassen bleibt, was sie von wem annehmen wollen, wie reagiert dann das Konzept der kulturellen Konvergenz, wenn eine der beiden Seiten oder beide nichts übernehmen wollen, weil sie der Auffassung sind, dass die eigene Kultur bereits das Beste enthält? Wenn der Strategieansatz der wechselseitigen kulturellen Annäherung das Ziel hat, die ethnischen Unterschiede einzuebnen, welche konkrete Form und welchen konkreten Inhalt nimmt dann die neue gemeinsame Identität an? Wenn Integration als gegenseitige Verhaltens- oder Werteanpassung verstanden wird, bei welchen Eigenschaften findet Annäherung statt? Hier stellt sich der einschlägige Diskurs gelegentlich selber bloß, weil die Vorstellung der gegenseitigen Übernahme von Werten ohne Umschweife in die soziologische Sackgasse führt: Eine in der individualisierten Gesellschaft häufig vorgebrachte Klage betrifft den angeblich fehlenden Familiensinn modernen Gesellschaften. Es wird verwiesen auf den beeindruckenden Familienzusammenhalt von Einwanderern aus vormodernen Kulturen. Häufig wird dieser vormoderne Familienzusammenhalt sogar zur Nachahmung empfohlen. Aber was sind die Konsequenzen solcher Vorstellungen? Wollen sie etwa darauf hinaus, die Individualisierung rückgängig zu machen, zu der auch die Befreiung aus patriarchalischen Familienzwängen gehört? Wollen die Mitglieder hochgradig individualisierter Gesellschaften, die gerade erst den kollektiven Konformitätszwängen der vormodernen Gesellschaft und ihren einengenden Traditionen entkommen sind, ernsthaft zur ihr zurückkehren?

Neben dem normativen Ansatz einer wechselseitigen kulturellen Annäherung steht die *Hybridisierungsthese*, die sich als empirisch-analytischer Ansatz zur Beschreibung kultureller Veränderung versteht. Sie ist eine Art von *kultureller Konvergenztheorie*. Sie geht von einer Vermischung der Kulturen und von einer Synthetisierung neuer kultureller Formen aus und will die Entstehung einer globalen Kultur beschreiben. Kulturelle Hybridisierung bezieht sich auf die Vermischung asiatischer, afrikanischer, amerikanischer und europäischer Kulturen. Verschiedene Teile dieser Kulturen werden zusammengestückelt und umgeformt. Die kulturelle Veränderung geschieht also nicht einfach dadurch, dass der bestehenden kulturellen Form neue Zusätze hinzugefügt werden oder es sogar zu einer völligen Absorption der kulturellen Bestandteile bis zu ihrer Unkenntlichkeit kommt.[205] Im Unterschied zum normativen Strategieansatz der wechselseitigen kulturellen Annäherung, der davon ausgeht, dass zur Realisierung dieses Ansatzes eine bewusste Politik notwendig ist, versucht die Hybridisierungthese den Nachweis, dass Vermischung und Symbiose der Kulturen in modernen Gesellschaften der globalisierten Welt zwangsläufig.

Um zu zeigen, was mit Hybridisierung gemeint ist, verweisen die Vertreter dieser These gern auf die Hybridisierung von Sprache, etwa am deutschen Beispiel. Aus dem mangelhaften und gebrochenen Deutsch der türkischen Gastarbeiter entstand seit den 1990er Jahren ein Slang, den die zweite und dritte Generation der türkischen Einwanderer, die schon in Deutschland aufgewachsen ist, zu ihrer Sache machte. Sie begann ihre sprachliche und soziale Anerkennung mit Hilfe der von ihnen entwickelten Kanak Sprak zu suchen. Nach Auffassung ihrer intellektuellen Propagandisten, die wie der Schriftsteller Feridun Zaimoglu das Kanakische literarisch aufbereitet und popularisiert haben, ist die hybride Sprache konstruiert durch grammatikalische Vereinfachung, Bedeutungsabänderungen, durch türkische und englische Einsprengel und durch eine für Ausländer typische Aussprache und Betonung. Diese neue Hybridsprache ist somit die einer multiplen und hybriden Identität und drückt das Gefühl aus, weder ganz der türkischen noch der deutschen Kultur anzugehören. Sie ist Ausdruck der Tatsache, dass die jungen türkischen Immigranten, kulturell auf jeden Fall, nicht integriert sind, sondern dass sie sich in einer gewissen Differenz und Spannung zur Aufnahmegesellschaft befinden. Die zwiefache kulturelle Entfremdung haben sie in eine „positive Identifikation" umgewandelt, in eine neue hybride Identität. Sie nennen sich selbst Kanaken, und werten damit einen politisch nicht korrekten Ausdruck um zu einem positiv gemeinten Stigma.[206]

Die Kanak Sprak ist allerdings ein zweifelhaftes Beispiel für „positive Identifikation" und eine neue hybride Identität. Kanak Sprak ist nämlich weniger eine neue Sprache als vielmehr eine literarisch idealisierte Form defizitärer Sprachintegration, die der Glorifizierung einer Außenseiteridentität dient. Vor allem aber trifft die sprachliche Hybridisierungsthese höchstens die Realität von Einwanderern, nicht die der Mehrheitsgesellschaft. Fraglich bleibt deshalb, ob die Hybridisierungsthese tatsächlich von der empirischen Wirklichkeit gedeckt ist und eine allgemeine gesellschaftliche Entwicklungstendenz beschreibt.

Als weiterer wichtiger Zeuge der Hybridisierungsthese erscheint häufig auch das etwas dürftige Beispiel der Entwicklung auf dem kulinarischen Sektor in Deutschland. Diese Entwicklung hat in den vergangenen Jahrzehnten zu einer Internationalisierung der Gastronomie, zur Übernahme kulinarischer Errungenschaften anderer Küchen und zu einer Angebotsausweitung des Lebensmittelmarktes geführt. Aber diese Beobachtung beschreibt keineswegs eine qualitativ neue Entwicklungstendenz. Der Austausch von Waren und Dienstleistungen, die selbst wiederum Teil eines bestimmten kulturellen Zusammenhangs sind, hat zu allen Zeiten der Menschheitsgeschichte stattgefunden. Die Entwicklung zu einem immer breiteren Warenangebot hat bereits in der Antike eingesetzt. Das alles beweist nur, dass Menschen Austausch zum gegenseitigen Vorteil betreiben. Eine kulturelle Konvergenztheorie lässt sich daraus nicht ableiten. Der Unterschied zur Vergangenheit liegt lediglich darin, dass dieser Austausch heute so intensiv wie nie zuvor ist, weil die modernen Verkehrsmittel und die weltweiten Kommunikationsmöglichkeiten alle Teile der Welt für jeden zu jeder Zeit erreichbar machen.

Aber nicht nur dieser Gedankengang steht auf wackligen Beinen. Unbestritten ist zwar, dass kultureller Austausch notwendige Voraussetzung für die kulturelle Weiterentwicklung der Gesellschaften ist. Das gegenseitige Kennenlernen und die Übernahme kultureller Elemente kennzeichnet die kulturelle Entwicklung in fast allen Bereichen. Mode, Musik, Sprache, Architektur bieten jede Menge an Beispielen dafür. Aber gibt es deshalb einen reziproken Austausch? In der sozialen Wirklichkeit scheint der kulturelle Austausch doch eher einseitig zu verlaufen. Phänomene, die man als Mischung von Kulturen bzw. als bikulturelle Orientierung bezeichnen kann, sind in der Regel nur bei kulturellen Minderheiten zu beobachten, die einer nicht allzu dominanten Mehrheitskultur gegenüberstehen. Die kulturellen Mehrheiten selbst entwickeln sich nicht über Hybridisierung weiter, schon gar nicht, wenn sie dominant sind. Gesellschaften eignen sich kulturelle Vorteile anderer Kulturen an, soweit sie ihnen nützlich sind und sie sie in das eigene kulturelle System bruchlos integrieren können. Sie übernehmen fremde kulturelle Elemente durch Adaption, das heißt, durch Aneignung, Absorption und Inkorporierung in die eigene Kultur. Sie machen sie dadurch zu *Bestandteilen der eigenen Kultur*, modifizieren sie, wenn nötig, und assimilieren sie dann gewissermaßen, so dass sie nicht mehr als ursprünglich fremde Kulturelemente erkannt werden. Adaptionen verlaufen in der Regel spontan, naturwüchsig und nach utilitaristischen Gesichtspunkten. Der Unterschied zur Hybridisierung besteht also darin, dass Adaptionen gerade keine Mischung der Kulturen sind.

Ironischerweise ist gerade der gern angeführte kulinarische Sektor ein eher schlechtes Beispiel für das Prinzip der gegenseitigen kulturellen Annäherung, aber ein gutes für die Adaption von kulturellen Elementen. Die Übernahme von Südfrüchten, Kartoffeln, Zucker und Gewürzen durch die einheimische Küche führte nicht zu einer Hybridisierung der Küche, sondern zu ihrer Anreicherung: Ursprünglich fremde Nahrungsmittel wurden vollständig adaptiert und in die *nationale Esskultur* integriert. Trotz ihres südamerikanischen Migrationshintergrundes etwa gilt die Kartoffel, deren Kultivierung als Massennahrungsmittel im 18. Jahrhundert vom preußischen Staat massiv gefördert wurde, vielleicht sogar als die deutscheste aller Feldfrüchte. Dasselbe Phänomen lässt sich in der zeitgenössischen Musikszene beobachten. Rockmusik wird immer wieder als anschauliches Beispiel für die Tendenz der Hybridisierung von Kultur angeführt. Rockmusik hat amerikanische Wurzeln, trotzdem sind russischer, italienischer oder deutscher Rock unverwechselbare Varianten mit eigenständigen Motiven, die in der russischen, italienischen oder deutschen Kultur liegen. Ein kurioses Beispiel findet sich in der Geschichte der Militärmusik. Die Türkenkriege des 16. und 17. Jahrhunderts bescherten den Europäern eine besondere Beute in Gestalt neuer Instrumente und neuer musikalischer Ausdrucksformen. Die Adaption dieser Elemente ließ, wie insbesondere die preußischen Militärmärsche des 18. und 19. Jahrhunderts zeigen, eine neue musikalische Qualität entstehen. Aber die ursprünglichen Elemente dieser Musik haben sich vollständig aus ihrem orientalischen Hintergrund gelöst und sind aufgegangen in einer Militärmusik, die ihre traditionellen Formen durch die Adaption fremder Elemente weiterentwickelt hat.

Die Vorstellung von einer Hybridisierung der Kulturen lässt außer Acht, dass Kulturen konsistente Wertesysteme sind, deren Zusammensetzung sich nicht beliebig ändern lässt. Die kulturellen Wertelemente sind nämlich aufeinander abgestimmt, ergänzen und stützen sich gegenseitig; widersprüchliche Werte stören das gesamte Wertesystem. Die Wertesysteme befinden sich in einer Wertebenenhierarchie. Je höherrangig oder grundsätzlicher die Werte sind, desto langsamer und schwerer ändern sie sich. Die einzelnen Wertebenen sind einerseits relativ autonom, andererseits in Wechselbeziehung miteinander, wobei die oberen Wertebenen stärker nach unten wirken als die unteren nach oben.

Erste Wertebene: Auf der Wertebene 1 befinden sich die Primärwerte oder Grundwerte einer Gesellschaft: Freiheit, Gerechtigkeit, Gleichheit usw. Diese Werte werden konkretisiert auf der Werteebene 2. Sie ändern sich, wenn überhaupt, nur langsam. Auf dieser Ebene entscheidet sich, wer die kulturelle Hegemonie ausübt. Zu einer Adaption fremder kultureller Einflüsse kommt es nur bei Kompatibilität der neuen Werte mit den alten. Eine *gegenseitige* Annäherung oder Hybridisierung der Werte findet nicht statt.

Zweite Wertebene: Auf der Wertebene 2 befinden sich die Sekundärwerte. Auf der Wertebene 2 werden die Grundwerte der Wertebene 1 konkretisiert und für den gesellschaftlichen Alltag wirksam gemacht. Typische Sekundärwerte sind die Sekundärtugenden wie Höflichkeit, Pünktlichkeit, Kollegialität, Ehrlichkeit. Zu den Sekundärwerten zählen auch Lebensstile, Normen, Konventionen, Sitten, Bräuche, Traditionen. Auch Sekundärwerte ändern sich nur langsam, beziehungsweise sind nur schwer veränderbar. Auch auf der Ebene 2 entscheidet sich sie Frage der kulturellen Hegemonie. Zu einer Adaption fremder kultureller Einflüsse kommt es nur bei Kompatibilität der neuen Sekundärwerte mit den alten. Eine *gegenseitige* Annäherung oder Hybridisierung der Werte findet nicht statt. Allerdings kann es zu einem Nebeneinander von Sekundärwerten kommen, die dann gesellschaftliche Spannungen und Konflikte erzeugen.

Dritte Wertebene: Auf der Wertebene 3 befinden sich die Terziärwerte: Mode, Grußformeln, Üblichkeiten, Geschmacksfragen, Redewendungen usw. Terziärwerte sind einem ständigen Wandel unterworfen. Sie sind relativ leicht änderbar. Auf der Ebene 3 geht es um Trends, aber nicht um kulturelle Hegemonie. Terziärwerte stehen in der Regel nebeneinander, seltener sind sie echte Vermischungen. Hybridisierung findet also, wenn überhaupt, auf der dritten Werteebene statt. Widersprüche zwischen unterschiedlichen Terziärwerten, wie etwa in Modefragen, sind unproblematisch und erzeugen keine grundsätzlichen gesellschaftlichen Spannungen und Konflikte.

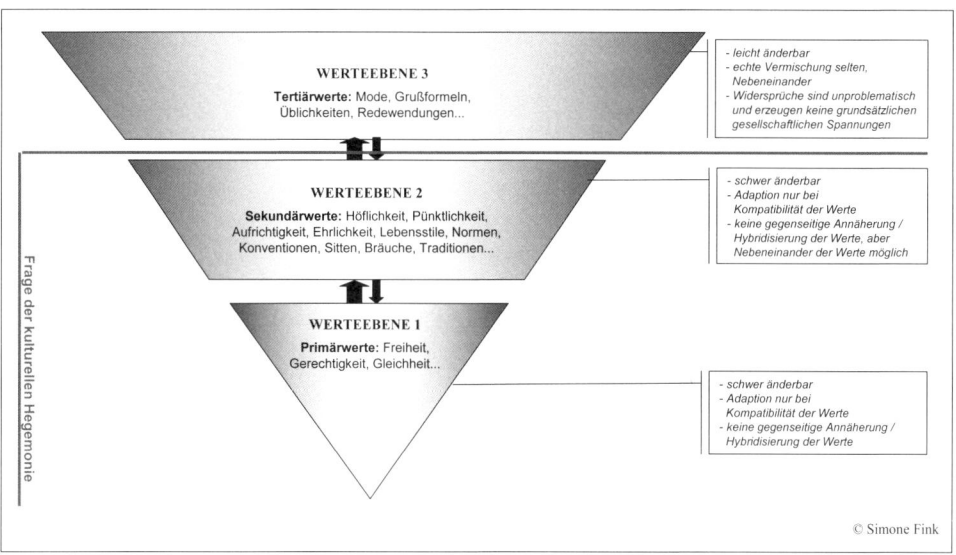

Abb. 3.3   *Werteebenen*

Integration, die als gegenseitige Annäherung, Anpassung und Vermischung der Kulturen gedacht wird, ist ein gedankliches Konstrukt. Mit der empirischen Wirklichkeit hat sie nicht viel zu tun. Das liegt allein schon daran, dass die Aufnahmegesellschaft den Einwandererminderheiten, zumindest zunächst, wichtige Strukturelemente des täglichen Lebens vorgibt. Dazu zählen Sprache, Schule, Arbeitswelt, Sozialstaat, politisches System. Schon allein diese Tatsache zwingt die Neuhinzukommenden, sich wenigstens in einem minimalen Umfang anzupassen, ohne dass sich die Aufnahmegesellschaft ihrerseits den Immigrantenkulturen anpasst. Die Vorstellung einer wechselseitigen Annäherung der Kulturen ist folglich *idealistischer Interkulturalismus*. Im Übrigen, so der niederländische Soziologe Paul Scheffer ironisch, wie sollte man sich dieses „auf halbem Weg treffen" denn vorstellen in Städten mit Menschen aus einhundert oder zweihundert verschiedenen Nationen?[207]

Begegnen sich zwei Kulturen, können Aufnahmegesellschaft und Einwanderer auf drei unterschiedliche Arten reagieren. a) Einwanderer können die Kultur der Mehrheitsgesellschaft übernehmen. Dann kommt es zur Assimilation der Immigranten, oder soweit sie bestimmte Herkunftsmerkmale wie das religiöse Bekenntnis beibehalten, zur ihrer Akkulturation (siehe Kapitel 3.7.3). Voraussetzung dafür ist, dass die Aufnahmegesellschaft über die kulturelle Hegemonie verfügt. b) Findet diese einseitige Anpassung nicht statt, etwa weil die kulturelle Distanz zwischen Minderheiten- und Mehrheitskultur zu groß ist, dann kommt es zur Bildung *additiver Kulturen*. Das bedeutet ein kulturelles Nebeneinander und ein Nebeneinander der Werte in einer multikulturellen Gesellschaft. c) Falls die Aufnahmegesellschaft bestimmte Elemente einer anderen Kultur übernimmt, wandelt sie diese in Bestandteile der eigenen Kultur um, adaptiert und inkorporiert sie.

Auch aus der Geschichte sind keine empirischen Belege für eine gegenseitige kulturelle Anpassung zu gewinnen. Die Begegnung von Kulturen führt entweder zu einseitiger Anpassung oder zu kulturellem Nebeneinander in der multikulturellen Gesellschaft. Dass die Vorstellung einer wechselseitigen kulturellen Annäherung willkürlich und ahistorisch ist, lässt sich am Beispiel der Geschichte der Juden in Deutschland exemplarisch belegen. Schon das Mehrheit-Minderheit-Verhältnis zwischen jüdischer und nichtjüdischer Bevölkerung in Deutschland lässt es als vermessen erscheinen, von einer deutsch-jüdischen Synthese oder Symbiose zu sprechen. Salomon Korn betont, er kenne keinen Fall, „in dem ein Deutscher christlicher Herkunft Bedeutendes auf dem Gebiet der sogenannten ‚deutsch-jüdischen‘ Kultur oder gar auf dem der jüdischen Kultur geleistet hätte. Aus Sicht des Judentums ist Akkulturation immer eine Angleichung des Judentums an die nichtjüdische Mehrheitsgesellschaft und nie eine beidseitige Annäherung. Die Juden haben vor der Vernichtung des deutschen Judentums aus ihrer gesellschaftlich verwehrten Gleichstellung heraus kulturelle Leistungen erbracht, die man unter den geschilderten Vorbehalten als ‚deutsch-jüdische‘ bezeichnen kann. Es sind keine genuin jüdischen oder ‚deutsch-jüdischen‘ Kulturphänomene als Produkte einer friedlichen und fruchtbaren Symbiose, sondern gegen Widerstände der christlichen Mehrheitsgesellschaft abgetrotzte, vorwiegend säkulare Kulturleistungen. Während der Einfluss jüdischer Frauen und Männer auf nahezu alle Bereiche deutscher Kultur, vor allem auf Literatur, Musik und Wissenschaft, bedeutsam war, blieb der Einfluss des Judentums auf die deutsche Kultur allenfalls marginal. Diese Phänomene sind immer wieder verwechselt und vermengt worden, vor allem dann, wenn es um den bedenklichen Nachweis ging (und geht), welche herausragenden Leistungen deutsche Kultur und deutsche Wissenschaft Juden verdanken. Mit jedem dieser wohlgemeinten ‚name-dropping‘-Nachweise treten Juden in Deutschland weder als deutsche noch als jüdische Deutsche auf, sondern um den Preis einer fragwürdigen Exklusivität als gesellschaftlich abgegrenzte Minderheit aus der deutschen Mehrheitsgesellschaft heraus. […] Nichtjüdischen Deutschen, die sich mit jüdischer Kultur in Deutschland beschäftigen, scheint immer noch das Ideal einer ‚deutsch-jüdischen‘ Kultur im Sinne einer verklärten ‚deutsch-jüdischen Symbiose‘ vorzuschweben. […] Aus Sicht des Judentums war ‚deutsch-jüdische‘ Kultur stets eine Übergangs- und Auflösungserscheinung auf Kosten jüdischer Eigenart und jüdischer Wesensmerkmale gewesen.“[208] Falls sie sich nicht ohnehin von der jüdischen Religion abgewandt haben oder konvertiert waren, haben die jüdischen Deutschen folglich ihre wissenschaftlichen und kulturellen Leistungen nicht als Exponenten der jüdischen Kultur erbracht, sondern als Menschen jüdischer Konfession, die sich ganz und gar der deutschen Kultur zugehörig und ihr verpflichtet gefühlt haben. Die Identifizierung einer „jüdischen Rasse“ durch den Nationalsozialismus war daher wenig mehr als ein ideologisches Konstrukt.

3.7   Formen kultureller Integration: Eine Übersicht

In Zusammenhang mit Einwanderungsgesellschaften wird der Integrationsbegriff in der Regel ziemlich undifferenziert verwendet. Eine analytische Unterscheidung zwischen *strukturell-funktionaler* und *kulturell-identifikatorischer Integration* findet nicht statt. In Deutschland wird unter Integration meist nur die strukturell-funktionale Variante der Integration von Einwanderern verstanden. Beim strukturell-funktionalen Integrationsbegriff steht der arbeits- und sozialrechtliche Status der Immigranten im Vordergrund. Es ist vor allem die Erwerbsarbeit, von der die soziale Integration in die Gesellschaft erwartet wird. Falls die Eingliederung in die Erwerbsgesellschaft nicht möglich ist, übernehmen sozialstaatliche Leistungen die Integration. Arbeitsmarktintegration und Sozialleistungen sind daher die wichtigsten Formen der sozialen Integration der Einwanderer.[209] Im Anschluss an dieses Grundverständnis wird in Deutschland unter Integration überwiegend eine Politik verstanden, die den Einwanderern einen gleichberechtigten Zugang zum wirtschaftlichen, gesellschaftlichen, sozialen, rechtlichen, kulturellen und politischen Leben der Aufnahmegesellschaft ermöglichen soll. Konkrete Beispiele dafür sind: Angleichung des Rechtsstatus; frühkindliche Förderung, Bildung, Ausbildung, Sprachbeherrschung als grundlegendes Medium der gesellschaftlichen Teilnahme; Erwerbsarbeit und Arbeitsmarktintegration; sozialer Status und Einkommen; gesellschaftliche Integration und Beteiligung; Wohnen; Gesundheit; Mediennutzung; formale und inhaltliche Gleichheit; Teilnahme am Wirtschafts- und Sozialsystem. Ein so ausgefüllter Integrationsbegriff ist aber nur der kleinste gemeinsame Nenner der Integrationspolitik. Dieser kleinste gemeinsame Nenner kann den gesellschaftlichen Konsens aber nur dann symbolisieren, wenn eine Auseinandersetzung über die Form der kulturellen Integration von Einwanderern, die der Aufnahmegesellschaft angemessen ist, aus dem öffentlichen Diskurs ausklammert wird.

Zunächst erscheinen strukturell-funktionale und kulturell-identifikatorische Integration als getrennte, unverbundene Stufen gesellschaftlicher Integration von Einwanderern. Die strenge Unterscheidung zwischen strukturell-funktionaler und kulturell-identifikatorischer Integration ist allerdings idealtypisch und deshalb nur analytisch gerechtfertigt. In Wirklichkeit stehen die beiden Stufen in einem wechselseitigen Zusammenhang, weil selbst strukturell-funktionale Integration ohne ein Mindestmaß an kultureller Anpassung nicht möglich ist. So ist die Sprache Grundbedingung der strukturell-funktionalen Integration, gleichzeitig aber auch erste Voraussetzung für eine mögliche kulturell-identifikatorische Integration. Strukturell-funktionale Integration ist ohne Mindestkenntnisse der jeweiligen Sprache der Aufnahmegesellschaft unmöglich, da z.B. schon eine gering qualifizierte Beschäftigung die Fähigkeit zu einem Minimum an sprachlicher Verständigung voraussetzt. Sprachkenntnisse sind in allen Lebensbereichen zwingend. Selbst in der Rolle des Konsumenten, der einen Supermarkt betritt, oder des Patienten, der dem Arzt Krankheitssymptome schildern muss, geht es nicht ohne Sprachkenntnisse. Sind Einwanderer bei der Bewältigung ihres Alltags auf Dolmetscher angewiesen oder können sie sich wegen mangelnder Kenntnisse der Sprache der Aufnahmegesellschaft frei nur in der Infrastruktur der eigenen ethnischen Kolonie bewegen, kann auch von strukturell-funktionaler Integration keine Rede sein. Die Anforderungen an den Grad der Sprachbeherrschung steigen mit dem Niveau der Teilhabe am beruflichen, wirtschaftlichen, gesellschaftlichen, sozialen und politischen Leben der Aufnahmegesellschaft. Allerdings ist der Grad der Sprachbeherrschung noch kein Indikator für den Grad der kulturellen Anpassung an die Aufnahmegesellschaft. Sprachbeherrschung kann also nicht gleichgesetzt werden mit der Identifikation mit einer bestimmten Sprachgemeinschaft. Sprache ist dafür lediglich eine notwendige, aber keine hinreichende Bedingung. Es gibt zwar keine kulturelle Anpassung ohne die Beherrschung der Sprache, weil die Sprache das wichtigste Medium kultureller Orientierung ist. Aber durch Sprachkenntnisse allein werden die Inhalte einer bestimmten Kultur noch nicht internalisiert.

Gerade die erfolgreiche Teilnahme am Arbeitsmarkt setzt neben ausreichenden Sprachkenntnissen eine partielle Anpassung an weitere kulturelle Standards der Aufnahmegesellschaft voraus. Sekundärtugenden wie Pünktlichkeit, Aufrichtigkeit, Zuverlässigkeit, Fleiß, Einsatzfreude, Disziplin usw. sind Ausprägungen der nationalen Kultur und müssen in Deutschland beachtet werden. Wer das nicht tut, riskiert seinen Arbeitsplatz. Äußere Anpassung ist also notwendig, weil sie die Teilhabe an der Wirtschaft, an den Institutionen und am Leben der Aufnahmegesellschaft erst möglich macht. Das bedeutet aber nicht *automatisch*, dass Sinn und Wert dieser Tugenden bejaht werden. Normen können aus Gründen eines Nutzenkalküls befolgt, gleichzeitig aber abgelehnt werden. Die kulturelle Anpassung, die zu einer strukturell-funktionalen Integration notwendig ist, kann also in einer nur äußeren, formalen, nicht identifikatorischen Anpassung bestehen. Die *instrumentell-utilitaristische Anpassung* geht aus einer nutzenorientierten Aneignung der Kulturtechniken der Aufnahmegesellschaft hervor, ohne dass die ethnokulturelle Herkunftsidentität abgelegt würde. Das Werte- und Normensystem der Aufnahmegesellschaft wird also nicht automatisch mit der utilitaristischen Anpassung übernommen. Sich mit dem Normen- und Wertesystem zu identifizieren heißt, es zu internalisieren. Erst ab diesem Punkt kann von einer Identifikation mit der Kultur der Aufnahmegesellschaft gesprochen werden. Gerade die Verhältnisse in einer liberalen multikulturellen Gesellschaft sind durch ein situatives, formales, utilitaristisches Anpassungsverhalten der Einwanderer ohne wirkliche Übernahme einheimischer Werte und Normen gekennzeichnet. In diesem Zusammenhang wird häufig die Frage diskutiert, ob die moderne Einwanderungsgesellschaft tatsächlich auf Identifikation mit der Kultur der Einheimischen angewiesen ist, ob sie sie erwarten oder gar verlangen kann. Zwei Thesen stehen sich gegenüber: Die erste geht davon aus, dass eine instrumentell-utilitaristische Anpassung von Immigranten mit anderem kulturellem Hintergrund aus integrationssoziologischer Sicht völlig ausreichend ist. Zwar wachse der Nutzen in einer Gesellschaft in dem Masse, in dem sich die Immigranten nicht nur utilitaristisch anpassten, sondern auch mit der Gesellschaft identifizierten. Aber wichtiger als der gesellschaftliche Nutzen seien die Freiheitsrechte des Individuums, denn Kultur sei Privatsache. Im liberalen Rechtsstaat bestehe eine umfassende Wahlfreiheit, die Religion, weltanschauliche und politische Überzeugungen, Lebensstile und eben auch kulturelle Zugehörigkeit umfasst. Esser und andere kommen zu dem Schluss, es sei letztlich gleichgültig, ob bestimmte kulturell bedingte Normen nur äußerlich befolgt oder auch innerlich bejaht würden. Es komme ausschließlich darauf an, dass die Verhaltensregeln, die der Funktionserhaltung der gesellschaftlichen Systeme dienen, eingehalten würden, und zwar völlig unabhängig von den inneren Motiven der Gesellschaftsmitglieder. Aus der der Sicht der zweiten These hat diese Argumentation kurze Beine. Wie die Rechtssoziologie eindrucksvoll zeigen kann, sind Regeln nur dort dauerhaft wirksam, wo die Regelbefolgung die Norm und der Regelverstoß die Ausnahme sei. Das ist immer dort der Fall, wo die betreffenden Werte und Normen internalisiert und infolgedessen freiwillig und aus Überzeugung befolgt werden. Dagegen bleibt eine nur äußere kulturelle Anpassung immer *labil*. Ändern sich die Umstände, unter denen eine nur äußerliche Regelbefolgung stattfindet, verflüchtigten sich die nur aus Nützlichkeitsgründen beachteten Regeln. Es kehren die internalisierten, aber bislang verdrängten oder zurückgedrängten Normen bzw. die daraus resultierenden Verhaltensweisen zurück und setzen sich an die Stelle der nichtinternalisierten Regeln. Wer also den gesellschaftlichen Nutzen maximieren und die Gesellschaft dauerhaft überlebensfähig machen will, muss über die instrumentell-utilitaristische Anpassung hinauskommen und eine identifikatorische Integration ansteuern. Für erfolgreiche Unternehmensleitungen ist dieser Zusammenhang eine Binsenweisheit. Erfolg und Überlebensfähigkeit von Unternehmen nehmen zu, wenn Motivation und Identifikation der Beschäftigten groß genug ist, um die Mitarbeiter in außergewöhnlichen Situationen zu außergewöhnlichen Anstrengungen zu stimulieren. Dagegen sind Unternehmen, die ihre Aktivität nur über materielle Reiz-Reaktionbeziehungen steuern können, im Nachteil.

Für Entwicklung und Zukunft der Einwanderungsgesellschaften ist das Problem der kulturell-identifikatorischen Integration der Immigranten mindestens ebenso bedeutsam wie ihre strukturell-funktionale. Auf der Ebene der kulturell-identifikatorischen Integration geht es nämlich um die Frage, ob überhaupt, wie und wie weit sich Einwanderer an Lebensweise und Werte der Aufnahmegesellschaft anpassen sollen. Der Begriff der kulturellen Integration selbst ist nur Sammelbegriff für verschiedene Konzepte und Vorstellungen über die Gestaltung des Zusammenlebens zwischen Einwanderern und Aufnahmegesellschaft. Die verschiedenen Formen der kulturellen Integration lassen sich als ein Kontinuum darstellen: Gaststatus – Assimilation – Akkulturation – Schmelztiegel – liberaler Multikulturalismus – radikaler Multikulturalismus. So entsteht ein Spannungsfeld, an dessen jeweiligen Gegenpolen Nichtintegration steht. Nichtintegration kennzeichnet den Gaststatus wie auch den radikalen Multikulturalismus. Die Verfechter eines Gaststatus-Konzeptes möchten Einwanderer nicht integrieren, weil sie den Grundsatz der ethnischen Homogenität verabsolutieren und deshalb die Integration von Fremden als Zumutung für die einheimische Gesellschaft betrachten. Die Vertreter eines Konzeptes des radikalen Multikulturalismus lehnen die Integration von Immigranten ab, weil sie schon in der geringsten Forderung nach Anpassung an die Aufnahmegesellschaft eine Zumutung für die Einwanderer sehen. Das Kontinuum kann empirisch verstanden werden, wenn verschiedene Formen kultureller Integration beschrieben werden, aber auch normativ, wenn seine Bestandteile als gesellschaftspolitische Zielgrößen aufgefasst werden.

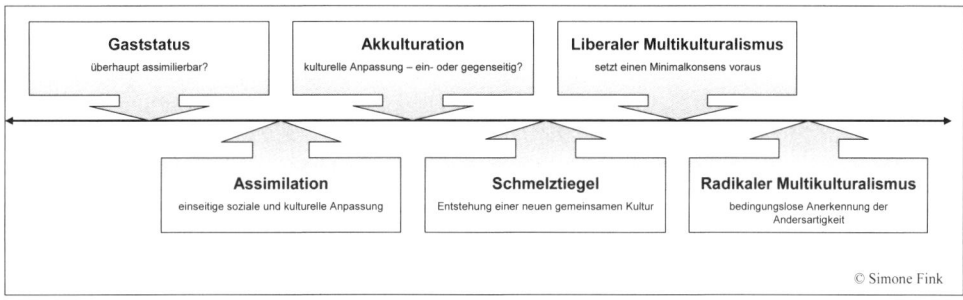

Abb. 3.4 Die Bedeutung der Formen kulturell-identifikatorischer Integration

3.7.1   Gaststatus

Dem Konzept des Gaststatus liegt die Annahme zugrunde, dass Fremde aufgrund ihrer Andersartigkeit, ihrer Herkunft, ihrer Kultur und ihrer Mentalität nicht assimilierbar sind. In der Begründung des Gesetzentwurfes, der zur Neuregelung des Ausländergesetzes im Bundesministerium des Innern 1988 erarbeitet wurde, heißt es beispielhaft für diese Position: „Die Entscheidung, ob und in welchem Umfang Ausländern der dauernde Aufenthalt im Bundesgebiet ermöglicht werden soll, hängt [...] nicht allein von der faktischen Möglichkeit einer dauerhaften Integration von Ausländern ab. Es geht im Kern nicht um ein ökonomisches Problem, sondern um ein gesellschaftspolitisches Problem und die Frage des Selbstverständnisses der Bundesrepublik Deutschland als eines deutschen Staates. Eine fortlaufende, nur von der jeweiligen Wirtschafts-, Finanz- und Arbeitsmarktlage abhängige Zuwanderung von Ausländern würde die Bundesrepublik Deutschland tiefgreifend verändern. Sie bedeutet den Verzicht auf die Homogenität der Gesellschaft, die im Wesentlichen durch die Zugehörigkeit zur deutschen Nation bestimmt wird. Die gemeinsame deutsche Geschichte, Tradition, Sprache und Kultur verlören ihre einigende und prägende Kraft. Die Bundesrepublik Deutschland würde sich zu einem multinationalen und multikulturellen Gemeinwesen entwickeln, das auf Dauer mit entsprechenden Minderheitenproblemen belastet wäre. Schon im Interesse der Bewahrung des inneren Friedens, vornehmlich aber im nationalen Interesse muss einer solchen Entwicklung bereits im Ansatz begegnet werden [...]. Die Bewahrung des eigenen nationalen Charakters ist das legitime Ziel eines jeden Volkes und Staates." (Entwurf 1988)

3.7.2   Assimilation

Die assimilatorische Sichtweise geht davon aus, dass eine politische Gemeinschaft nur dann stabil sein und zusammenhalten kann, wenn ihre Mitglieder eine gemeinsame nationale Kultur teilen.[210] Assimilation ist damit, integrationstheoretisch betrachtet, vollständige Integration.

Wörtlich übersetzt heißt *Assimilation* Angleichung oder Ähnlichmachung. Der Assimilationsbegriff wird in zwei Bedeutungsvarianten verwendet. In empirischer Hinsicht kann Assimilation als Beschreibung sozialer oder kultureller Anpassung aufgefasst werden. In normativer Hinsicht bezeichnet Assimilation eine bestimmte Idealform der Integration von Immigranten in eine Gesellschaft. In beiden Varianten geht es um die Anpassung einer ethnisch-kulturellen Gruppe an eine andere, meistens einer Minderheit an eine Mehrheit. Bedingungen für die Anpassung an die Mehrheitskultur sind eine schwache oder in der Defensive stehende Minderheitenkultur mit geringem oder gar negativem Prestige, eine starke prestigeträchtige Kultur der Aufnahmegesellschaft, ein offener Zugang zur Mehrheitsgesellschaft und eine aktive Politik der Assimilation des Einwanderungslandes. Ergebnis ist die kulturell relativ homogene Gesellschaft. Assimilation kann in einer *transitiven* und in einer *intransitiven* Bedeutung gebraucht werden. Intransitiv bedeutet, dass es die Einwanderer sind, die sich, individuell oder kollektiv, um die Übernahme der Kultur der Aufnahmegesellschaft bemühen. Allerdings können die Anpassungs- und Lernprozesse auch ungeplant und unbewusst sein. Transitiv bedeutet, dass die Aufnahmegesellschaft die politische und administrative Initiative ergreift, um die Voraussetzungen für die kulturelle Anpassung der Einwanderer zu schaffen. Transitiver und intransitiver Aspekt weisen auf den *Doppelcharakter von Assimilation* hin. Die Einwanderer müssen sich assimilieren *wollen*, die Einheimischen müssen die kulturelle Anpassung wünschen und durch Offenheit der Aufnahmegesellschaft ermöglichen. Weiterhin muss zwischen *Personen-Assimilation* und *Gruppen-Assimilation* unterschieden werden. Unter Personen-Assimilation wird ein Veränderungsprozess von Personen verstanden, der sich auf Handlungsmotive, das Erlernen neuer kultureller Fähigkeiten, Bildung und Veränderung von ethnokultureller Identität bezieht. Dagegen geht es bei Gruppen-Assimilation um Veränderungen kollektiver Werte und Normen, Veränderung sozialkultureller Strukturen in Vereinen, Verbänden, religiösen Gemeinschaften, Medien; es geht um Veränderungen kollektiver Gruppenidentität oder ethnischer Grenzziehungen, um Wandel der Werte und Normen des Familienlebens, der Formen der Interessenvertretung, der Geselligkeit, des religiösen und kulturellen Lebens, der Neugründung von Organisationen usw.[211]

Aus *empirischer und historischer* Perspektive bedeutet Assimilation, dass eingewanderte Individuen beziehungsweise Gruppen, die sich nach ethnischer Herkunft, Religionszugehörigkeit und Kultur von den Einheimischen unterscheiden, ihre eigene ethnische Identität spätestens mit Beginn der zweiten Generation allmählich aufgeben. Sie nehmen die Sprache der Aufnahmegesellschaft an und geben die Herkunftssprache gleichzeitig auf. Sie übernehmen die sozialen Werte, Lebensstile, kulturellen Ausdrucksformen, Normen, Traditionen, Bräuche, Umgangsformen, Orientierungs- und Verhaltensmuster der dominierenden Kultur – zwar soweit, dass sie das Bewusstsein der Zugehörigkeit zu ihrer ursprünglichen Herkunftsgruppe verlieren und die Identität der Mitglieder der dominierenden Kultur annehmen. Sie wenden sich den traditionellen Religion(en) der Aufnahmegesellschaft zu, sie unterhalten keine eigenen ethnischen Organisationen mehr, sie beteiligen sich an den Organisationen, Vereinen und Freundschaftsnetzwerken der Aufnahmegesellschaft, sie heiraten in die Aufnahmegesellschaft hinein. Vorurteile und Diskriminierungen sind verschwunden, die Sozialstruktur der ehemaligen Einwanderer entspricht der der Aufnahmegesellschaft. Assimilation charakterisiert sich also durch eine umfassende Anpassung an die Aufnahmegesellschaft auf kultureller Ebene (Sprache und Wertesystem), struktureller Ebene (Platzierung auf dem Arbeitsmarkt, Schulsystem, Gesellschaft), sozialer Ebene (Kontakt zu Mitgliedern der einheimischen Gesellschaft) und emotionaler Ebene (Identifikation mit der Aufnahmegesellschaft und der neuen Heimat). Von Assimilation kann also nur gesprochen werden, wenn die Einwanderer die Inhalte dieser vier Ebenen internalisiert haben.[212]

Assimilation vollzieht sich schrittweise und kann sich über verschiedene Phasen und über mehrere Generationen erstrecken. In der Regel begleiten Generationenkonflikte den Anpassungsprozess innerhalb der Gruppe, die sich assimiliert. Das klassische Drei-Generationen-Modell, das in den 1920er Jahren in der Migrationssoziologie in den USA verbreitet war, ging davon aus, dass sich die erste Einwanderergeneration nur in geringem Masse anpasst. Es findet eine „Akkomodation" lediglich in Teilbereichen des gesellschaftlichen Lebens statt. Lebensmittelpunkt bleibt das ethnische Milieu oder die ethnische Kolonie. Die zweite Generation sieht sich häufig im Konflikt zweier Kulturen. Sie befindet sich in der labilen Zwischenlage des Hinundhergerissenseins zwischen der elterlichen Kultur des Herkunftslandes und der Kultur des Einwanderungslandes. Auf der einen Seite sehen sich die Angehörigen der zweiten Generation dem Druck aus dem Elternhaus ausgesetzt, das erwartet, dass sie seinen Werten folgen. Auf der anderen Seite erwartet die Aufnahmegesellschaft Anpassung in Schule, Beruf und sozialem Verhalten. Dieser kulturelle Loyalitätskonflikt ist um so größer, je ausgeprägter die kulturelle Distanz zwischen alter und neuer Heimat ist und je unbestimmter die Aufnahmegesellschaft ihre Integrationsbedingungen formuliert. In der dritten Generation verschwindet die Herkunftskultur, der Anpassungsprozess endet mit der Assimilation der eingewanderten Gruppe. Allerdings widersprechen zahlreiche Beobachtungen diesem Modell.[213] Deshalb hat die Migrationssoziologie kein einheitliches Bild vom Assimilationsprozess über die Generationen hinweg. So behauptet die Intergenerationen-Assimilierungshypothese, dass Assimilation im Generationenverlauf quasi zwangsläufig erfolge. Die Gegenhypothese besteht darauf, dass auch im Generationenverlauf ethnische Orientierungen lebendig bleiben oder sich in der dritten Generation sogar wieder verstärken. Die These vom Einfluss kultureller Nähe oder Distanz erklärt diesen Widerspruch nur zum Teil, weil ja auch innerhalb ein und derselben ethnischen Gruppe beide Prozesse, Assimilation und Ethnisierung, gleichzeitig beobachtet werden können.

Der Assimilationserfolg hängt von einer Reihe von Faktoren ab, und zwar u.a.: a) davon, dass die Einwanderer ein bestimmtes Maß an Zufriedenheit mit ihrer Situation erreicht haben. Zwar kommt es auch ohne diese Zufriedenheit zu Anpassungsprozessen, zumindest in instrumentell-utilitaristischem Sinn, aber eben nicht zur Übernahme von Werten, Normen, Präferenzen, Verhaltensweisen der neuen Gesellschaft. Zufriedenheit sei eine notwendige Bedingung für die Identifikation mit der neuen Kultur und diese wiederum eine notwendige Bedingung für kulturelle Anpassung. b) von der Existenz oder Nichtexistenz ethnischer Kolonien. Ethnische Kolonien festigen die ethnische Identität ihrer Mitglieder; intensivieren die Interaktionen zwischen ihnen und stärken dadurch Solidaritätsgefühle. Ethnische Kolonien fördern die räumliche und soziale Trennung von Einwanderern und Einheimischen und isolieren die Einwanderer von Außeneinflüssen. Ethnische Kolonien sind wirksame Instrumente der sozialen Kontrolle und behindern die Assimilation der einzelnen Mitglieder in die Aufnahmegesellschaft. c) von der Nähe bzw. Distanz zwischen der Kultur des Herkunfts- und der des Einwanderungslandes. Wenn diese Distanz durch einen religiös motivierten Überlegenheitsanspruch unterstrichen wird, dann ist der Widerstand gegen kulturelle Anpassung besonders stark. d) Einfluss hat auch die Nähe zum Einwanderungsland. Sie fördert die Tendenz und die Möglichkeit, die Herkunftskultur zu bewahren und sich assimilierenden Einflüssen zu entziehen. Allerdings hat die überragende Rolle der zeitgenössischen elektronischen Kommunikationsmöglichkeiten und die luftverkehrsmäßige Erschließung der Welt, die es möglich macht, praktisch jeden beliebigen Punkt auf der Erde schnell zu erreichen, den Einfluss der geographischen Nähe stark relativiert. e) von der Assimilationsfähigkeit und der Assimilationsbereitschaft der Einwanderer. Die Assimilationsfähigkeit als objektiver und die Assimilationsbereitschaft als subjektiver Faktor der Anpassung an die Verhältnisse des Einwanderungslandes nehmen mit der kulturellen Nähe von Herkunfts- und Einwanderungsland zu, mit zunehmender Distanz ab. Auf die assimilatorische Integrationsbereitschaft positiv wirken die Höhe des Bildungsabschlusses und das damit verbundene Streben zu beruflichem und gesellschaftlichem Fortkommen, außerdem die Endgültigkeit der Entscheidung zur dauerhaften Einwanderung. Assimilationsbereitschaft und Assimilationsfähigkeit bei Einwandererminderheiten sind notwendige, aber nicht hinreichende Bedingungen für eine erfolgreiche kulturelle Anpassung. Hinzukommen muss die Offenheit der Aufnahmegesellschaft. Diese Offenheit erstreckt sich auf politisch-rechtliche Bedingungen wie die Sicherheit des Aufenthalts, den Zugang zum Arbeitsmarkt, zu Sozialleistungen, Bildungschancen, Möglichkeiten politischer Partizipation und zur Erlangung der Staatsbürgerschaft; sie berührt aber auch materiell-ökonomische Aspekte wie Wohlstandschancen und die soziale Dimension, wie etwa die Existenz oder Nichtexistenz von Diskriminierung oder Vorurteilen. f) von der

Zahl und der Konzentration der Einwanderer. Je größer Zahl und Konzentration einer bestimmten Gruppe von Immigranten, desto geringer die Integrationsbereitschaft. Dieser Zusammenhang ist in bestimmten Stadtteilen deutscher Großstädte, z.B. in Berlin-Kreuzberg oder in Duisburg-Marxloh, zu beobachten, wo sich türkische Parallelgesellschaften mit einer entwickelten Infrastruktur gebildet haben. Die Alltagsbedürfnisse können fast vollständig in der eigenen ethnischen Kolonie befriedigt werden. Vom türkischen Gemüsehändler bis zum türkischen Gynäkologen oder Anwalt steht ein gut ausgebautes Spektrum von Dienstleistungen zur Verfügung und das türkische Fernsehen, das via Satellit empfangen werden kann, deckt die kulturellen Bedürfnisse und die Nachfrage nach Unterhaltung. In diesen Stadtteilen ist es möglich, sich weitgehend ohne Anpassung an die Mehrheitsgesellschaft und ohne Beherrschung der Sprache des Einwanderungslandes im Alltag zu bewegen. Kulturelle Distanz und ethnische Selbstabschottung erhöhen das Risiko, dass es nicht gelingt, die Einwanderer in die Struktur der Aufnahmegesellschaft zu integrieren. Wenn sich Einwanderer auf Dauer nicht an die Kultur der Einwanderungsgesellschaft assimilieren, so ist das Ergebnis eine multikulturelle Gesellschaft. Damit verbunden ist die Entstehung ethnischer Unterschichten, die an eine kulturelle Minderheitenposition gekoppelt sind. Am Ende einer solchen Entwicklung können ethnische Minderheitenkonflikte und soziale Klassenauseinandersetzungen stehen.[214]

In *normativer* Hinsicht bedeutet Assimilation, dass das Einwanderungsland das Modell einer *kulturell relativ homogenen Gesellschaft* verfolgt. In diesem Modell wird das Bedürfnis der einheimischen Bevölkerung, seine historisch gewordene kollektive Identität zu wahren, politisch anerkannt. Der einheimischen Bevölkerung soll nicht zugemutet werden, sich fremd im eigenen Land zu fühlen, was zudem mit der Gefahr einer Entfremdung vom politischen System verbunden wäre. Relative kulturelle Homogenität erzeugt in der Regel eine gemeinsame Identität der Gesellschaftsmitglieder. Vorausgesetzt, die sozialen Gegensätze sind nicht unüberbrückbar, dann bezieht dieser Gesellschaftstyp seine Stabilität aus der Tatsache, dass es zwischen den gesellschaftlichen Gruppen mehr Gemeinsamkeiten als Unterschiede gibt und dass die gemeinsamen sozialen, wirtschaftlichen, politischen und kulturellen Interessen im Zweifel die Interessen der Individuen, Gruppen und Subkulturen überlagern. Ein solches Modell erwartet von Einwanderern, dass sie sich der Kultur der Aufnahmegesellschaft anpassen und bereit sind, ihre Herkunftsidentität mit der Zeit aufzugeben. Der entscheidende Vorteil kulturell relativ homogener Gesellschaften besteht darin, dass sie im Vergleich zu multiethnischen und multikulturellen Varianten verhältnismäßig konfliktarm sind, weil die unvermeidbaren sozialen und politischen Interessenkonflikte nicht durch ethnokulturelle Konfliktlinien verstärkt und gleichzeitig fragmentiert werden. Dieses relativ homogene Gesellschaftsmodell war gemeint, wenn von Ausländern „die Einordnung in die deutschen Lebensverhältnisse" verlangt wurde, so die Formulierung in den Einbürgerungsrichtlinien des Bundesministeriums des Innern, die bis zum 31. Dezember 1999 gültig waren.

Assimilation kann als Zustand, aber auch als Prozess betrachtet werden. Als Zustand gesehen bezieht sich Assimilation auf das Maß, zu dem Einwanderer die Sprache, Werte, Normen, Traditionen, Lebensstile und Gebräuche der Aufnahmegesellschaft übernommen haben. Wird Assimilation als Prozess betrachtet, geht es um Verlauf, Art und Geschwindigkeit der Assimilation.[215]

Der Paradigmenwechsel zugunsten multikulturalistischer Vorstellungen hat das Assimilationsmodell in den vergangenen Jahrzehnten weitgehend verdrängt. Deshalb wird der Assimilationsbegriff auch in der Soziologie nur noch deskriptiv verwendet. Ein politisch-normativer Assimilationsbegriff, bei dem es darum geht, wie die interethnischen Beziehungen in einer Gesellschaft aussehen sollen, wird ausgeklammert.[216] Assimilatorische Integrationsvorstellungen gelten in Deutschland als politisch nicht korrekt. Als der türkische Ministerpräsident Recep Tayyip Erdogan bei seinem Deutschlandbesuch im Februar 2008 die Assimilation als „Verbrechen gegen die Menschlichkeit" bezeichnete, haben ihm in der deutschen politischen Öffentlichkeit nur wenige widersprochen.

Bei unvoreingenommener Betrachtung beschreibt das Assimilationskonzept ein allgegenwärtiges soziales Phänomen. Mit dem soziologischen Assimilationsbegriff kann nicht nur eine bestimmte Form der kulturellen Anpassung von Immigranten beschrieben werden. In jeder Gesellschaft laufen im Alltag millionenfach Assimilationsprozesse in Form sozialer und soziokultureller Anpassung ab. Jede gelungene Sozialisation, jede gelungene Enkulturation, jede erfolgreiche spätere Anpassung an neue soziokulturelle Gegebenheiten kann als Assimilation beschrieben werden. Wer als Arbeiterkind durch Schule und Studium einen akademischen Beruf ergreift und in ein anderes soziokulturelles Milieu überwechselt, wer dauerhaft von Hamburg nach Dresden oder von Görlitz nach Freiburg umzieht und sich in seine neue Umwelt einfindet, durchläuft einen Assimilationsprozess. Insofern sind Assimilationsprozesse Teil der Normalbiographie der Individuen. Vermutlich kann sogar die gesamte gesellschaftliche Entwicklung als permanenter Assimilationsprozess aufgefasst werden, weil der wirtschaftliche, soziale und kulturelle Wandel die Gesellschaftsmitglieder zu permanenter Anpassung an die jeweils sich neu herausbildenden Verhältnisse zwingt. Der Unterschied zur Assimilation von Immigranten besteht in der Intensität beziehungsweise der Höhe der Kosten der individuellen Anpassung.

Im Übrigen kennt die deutsche Geschichte zahlreiche Beispiele erfolgreicher Assimilation von Einwanderern: die Hugenotten im 17. und 18. Jahrhundert in Preußen, die Assimilation der Italiener und der sogenannten Ruhrpolen Ende des 19. und Anfang des 20. Jahrhunderts. Ein Blick ins Telefonbuch einer beliebigen deutschen Großstadt bringt das ganze Spektrum polnischer Nachnamen ans Licht. Alle diese Namen sind Spuren einer individuellen Assimilation, Zeugen eines kulturellen Seitenwechsels. Das sicherlich bedeutsamste Beispiel für die vollkommene Assimilation einer Gruppe, die ethnisch ursprünglich eigenständig war und sich in religiös-kultureller Hinsicht stark von der Mehrheitsgesellschaft unterschieden hatte, bietet die Geschichte derjenigen deutschen Juden, die, wie etwa der Vater von Karl Marx, zum Protestanismus oder, in geringerem Umfang, auch zum Katholizismus konvertiert waren.

3.7.3   Akkulturation

Akkulturation bedeutet Annäherung oder Anpassung an eine Kultur. Der Akkulturationsbegriff kann sich sowohl auf den Verlauf als auch auf das Ergebnis kultureller Anpassung beziehen, auf individuelle und auf kollektive Anpassung. Der Begriff ist nicht eindeutig definiert; er wird empirisch und normativ verwendet. Als empirisches Konzept beschreibt er bestimmte Typen kultureller Anpassung, als normativer Entwurf bestimmte Idealformen der Integration von Fremden. Akkulturation wird in zwei Bedeutungsvarianten gebraucht:

1. Akkulturation als *einseitige Angleichung*. Individuen oder kulturelle Gemeinschaften erwerben die wesentlichen Elemente einer fremden Kultur.
2. Akkulturation als *gegenseitige kulturelle Angleichung*. Individuen oder kulturelle Gemeinschaften übernehmen bestimmter Elemente einer anderen Kultur wechselseitig.

Im Weiteren wird der Akkulturationsbegriff in der ersten Bedeutung gebraucht und meint die freiwillige, aktive, bewusst gewollte oder unbewusst praktizierte kulturelle Anpassung der Einwanderer an die neue Heimat. Das geschieht durch die Übernahme von Kultur (Primärkultur) und Identität (Primäridentität) der Aufnahmegesellschaft. Im Unterschied zur Assimilation, die die *vollständige* Aufgabe der Herkunftskultur bedeutet, meint Akkulturation nur die *weitgehende* Übernahme der anderen Kultur.[217] Das Akkulturationsmodell geht von einer auf längere Dauer angelegten Koexistenz zwischen Primär- und Sekundärkultur aus, das Assimilationsmodell betrachtet Sekundärkulturen allenfalls als Übergangserscheinung. Verläuft Akkulturation erfolgreich, dann bleibt unterhalb einer gemeinsamen, nationalen und kulturellen Identität eine sekundärkulturelle Bindung an bestimmte Herkunftsmerkmale bestehen, etwa die Bindung an das religiöse Bekenntnis, das die Einwanderer mitbringen. Sekundärkulturelle Bindungen konstituieren zwar ein eigenes Gruppenbewusstsein, allerdings tritt dieses Gruppenbewusstsein nicht in Konkurrenz zu Primärkultur und Primäridentität. Die Sekundärkultur gehört ausschließlich in die Privatsphäre der Individuen.

Es gibt es unterschiedliche Grade der Akkulturation, je nach Intensität des Kontakts. Akkulturation auf einfachem Niveau besteht z.B. in der Übernahme von Elementen der materiellen Kultur, ohne die jeweils eigene Kultur aufzugeben wie das bei der Assimilation der Fall ist. Ein historisch offenkundiges Beispiel dafür bietet das Deutschland der Nachkriegszeit. Die Besetzung ließ deutliche Einflüsse der USA und der UdSSR im täglichen Leben der beiden deutschen Staaten erkennen. Diese Einflüsse wurden sichtbar in der Übernahme sprachlicher Elemente, in der Form von Kleidung und Mode, in Unterhaltungsmusik und Reklame, selbst im politischen Leben oder bei staatlichen Ritualen waren diese Einflüsse erkennbar. Höhere Grade der Akkulturation bestehen in der Übernahme von Werten, Normen, Einstellungen und Institutionen der Aufnahmegesellschaft, sie bestehen im Erwerb der Sprache und von anderen Kenntnissen, Fähigkeiten, Fertigkeiten, Techniken, Qualifikationen oder gesellschaftlich-kulturellem Wissen sowie in Veränderungen von Gewohnheiten, Verhaltensweisen und Identifikationen, Überzeugungen, Handlungsmuster, Verhalten und Lebensstilen (z.B. in Bezug auf Arbeit, Wohnen, Konsum, Freizeitverhalten, Kommunikationsformen, Heiratsmuster). Auch Veränderungen der Identität sind darin eingeschlossen. Akkulturation auf höherem Niveau verläuft meist in einer Richtung, weshalb die Trennung zwischen Akkulturation und Assimilation schwierig ist. Vollständige Akkulturation liegt dann vor, wenn eine Kultur alle Elemente der jeweils anderen Kultur übernimmt. Sie ist dann zu einem Synonym für Assimilation geworden. Auf welchem Niveau Akkulturation stattfindet, hängt von verschiedenen Faktoren ab. Die wichtigsten sind die kulturelle Ähnlichkeit, die Brauchbarkeit der neuen Elemente für die Alltagsgestaltung, außerdem der Aufwand sowie die Kosten der Übernahme der neuen Elemente, nicht zuletzt für das eigene Selbstwertgefühl und den sozialen Status. Voraussetzung für die Akkulturation ist irgendeine Form des Kulturkontaktes. Die wichtigs-

ten Anlässe dafür sind Eroberungen und Kolonisation, Migration, Tourismus sowie Handels-
beziehungen und wissenschaftliche Kontakte. Akkulturation kann schon bei interkulturellem
Kontakt mit relativ geringer Intensität oder auch über große Entfernungen hinweg stattfinden, während Assimilation Interaktionen in allen wichtigen Lebensbereichen und Integration
in gemeinsame Strukturen voraussetzt.[218]

Akkulturation ist von Enkulturation zu unterscheiden. Bei der Enkulturation geht es um den
Ersterwerb der Kultur, in die ein Kind hineingeboren wird. Im Mittelpunkt der frühkind-
lichen Sozialisation steht die Internalisierung der Werte dieser Kultur. Enkulturation vollzieht
sich überwiegend durch Erziehung und Lernen. Die Erziehung in Familie oder Schule dient
dazu, Heranwachsende die Regeln und Traditionen der eigenen Kultur einzuführen. Kinder
und Jugendliche machen aber auch andere Enkulturationserfahrungen, z.B. in Gruppen
Gleichaltriger. Am Ende einer gelungenen Enkulturation sind junge Menschen mit der eigenen Kultur vertraut, kennen ihre ungeschriebenen Gesetze und sind gesellschaftsfähig. Die
Akkulturation dagegen ist zwar auch ein Lernvorgang zur Übernahme von Einstellungen,
Werten und Handlungsweisen. Aber sie betrifft den *Zweiterwerb* einer Kultur, die nicht die
ursprünglich eigene Herkunftskultur ist. Auf die Situation von Einwanderern angewendet,
bedeutet das: Wenn Eltern an ihrer Herkunftskultur auch im Einwanderungsland festhalten,
dann werden die Kinder in der Herkunftskultur der Eltern entkulturiert. Diese Kinder akkul-
turieren sich aber, wenn sie sich in einer Art zweiter Sozialisation die Kultur der Aufnahmegesellschaft aneignen. Das historisch eindruckvollste Beispiel für Akkulturation ist die vollständige Übernahme, Aneignung und Internalisierung der deutschen Kultur durch die deutschen Juden im 19. und 20. Jahrhundert. Das Jüdischsein war nicht mehr verbunden mit dem
Bewusstsein einer eigenen ethnokulturellen Identität, sondern markierte nur noch eine konfessionelle Bindung beziehungsweise eine subkulturelle Eigenart. Wie weit die Assimilation
nach nur 100 Jahren jüdischer Anpassung an die Kultur der nichtjüdischen Mehrheit bereits
fortgeschritten war, ist Gegenstand einer innovativen Studie von Brechenmacher und
Wolffsohn. Mit Hilfe einer Methode, die sie „historische Demoskopie" nennen, können sie
nachweisen, dass die jüdische Minderheit in der Zeit der Weimarer Republik und unmittelbar
vor dem Aufstieg des Nationalsozialismus kurz vor ihrer endgültigen kulturellen Selbstaufgabe stand.[219]

3.7.4   Melting-Pot-Idee

Der Melting Pot, also der Schmelztiegel, war die ursprüngliche Leitidee der US-ameri-
kanischen Einwanderungsgesellschaft. Auch wenn der Begriff immer mehrdeutig war, muss
er doch in erster Linie als amerikanische Variante assimilatorischer Integrationsvorstellungen
verstanden werden. Die USA konstituierten sich nach dem Verständnis der Staatsgründer als
unitarischer Nationalstaat. Ethnische Vielfalt und kultureller Pluralismus waren für die
Staatsgründer keine zu schützenden oder gar erstrebenswerten Güter, sondern Hindernisse,
die sie überwinden mussten. Ihre legendäre programmatische Kurzformel ziert Staatswappen
und Dollarscheine: „e pluribus unum", aus Vielen das Eine. Kulturelle Assimilation der Einwanderer war in der amerikanischen Geschichte vorherrschende Norm – bis in die jüngste
Zeit. Von dem, der in die nationale Gemeinschaft als Einwanderer aufgenommen werden
wollte, wurde erwartet, dass er sich einfügte, sich also amerikanisierte. Als gleichsam staats-

tragende Ideologie war die Melting-Pot-Idee bis zur ersten Hälfte des 20. Jahrhunderts un-umstritten. Als Ideologie wurde sie allerdings von der demographischen Entwicklung mehr und mehr überholt, weil die zunehmende „ethnic diversity" immer weiter vom Schmelztie-gel-Konzept wegführte.[220]

Die Metapher des Einschmelzens von Menschen verschiedener nationaler Herkunft zu einer „neuen Rasse" wurde das erste Mal von dem französischstämmigen Schriftsteller Hector St. John de Crèvecoeur in seinem 1782 erschienenem Essay *Letters from an American Farmer* verwendet. Zu einem gebräuchlichen Ausdruck wurde die Metapher aber erst durch das The-aterstück *The Melting Pot*, das von dem Engländer Israel Zangwill verfasst und im Jahre 1908 in Washington uraufgeführt wurde. Die bei der Staatsgründung der USA zugrunde gelegte universalistische Staatsidee war auf die fortschreitende biologische und kulturelle Vermischung der Einwanderer verschiedener ethnischer, „rassischer" und kultureller Her-kunft gerichtet. Ziel dieses Verschmelzungsprozesses sollte die Auflösung der kulturellen und ethnischen Eigenständigkeit zugunsten einer neuen amerikanischen Kultur(-gemein-schaft), die Schaffung einer neuen Nation sein. Entgegen landläufigen Vorstellungen aber wurde damit ein Modell gesellschaftlicher Homogenität verfolgt, das heißt, der Melting Pot war gerade nicht als multikulturelle Gesellschaft gedacht. Wenn von der fortschreitenden biologischen, „rassischen" und kulturellen Verschmelzung von Einwanderer verschiedener ethnischer und kultureller Herkunft die Rede ist, muss man außerdem in Rechnung stellen, dass aus dem Blickwinkel des 18. und frühen 19. Jahrhunderts das Einschmelzen von Kultu-ren gemeint war, die demselben Kulturkreis entstammten. Denn zwischen 1820 und 1860 kamen über 90 Prozent der etwa 5 Mio. Einwanderer aus Nord- und Westeuropa; noch bis zum Jahre 1900 bildeten sie eine Zweidrittelmehrheit unter den insgesamt 14 Mio. Immig-ranten. Die übergroße Mehrheit der Einwanderer stammte also, mit Ausnahme der katholi-schen Iren, aus dem protestantischen Teil Europas. Unter diesen Bedingungen musste sich die Melting-Pot-Idee historisch-konkret als Assimilation an die weiße, angelsächsische, pro-testantische Kultur (WASP = White, Anglo-Saxon, Protestant) entwickeln. Aber bereits im Zeitraum von 1900 bis 1930 sank der Anteil der West- und Nordeuropäer auf 23 Prozent, während die katholischen oder orthodoxen Süd- und Osteuropäer jetzt knapp 60 Prozent der insgesamt fast 19 Mio. Einwanderer stellten. Einwanderer aus Asien oder Lateinamerika hatten bis dahin keine Rolle gespielt. Zwischen 1930 und 1985 (insgesamt knapp 15 Mio. Immigranten) wurde die Einwanderung immer bunter. Die europäischen Einwanderer wur-den zunehmend zu einer Minderheit unter den Immigranten. Sie stellten im Zeitraum von 1981 bis 1985 gerade noch gut ein Zehntel aller Immigranten. Dagegen kamen allein aus Asien und Lateinamerika über 80 Prozent der Einwanderer. Mit der zunehmenden ethnischen Diversifizierung der US-Bevölkerung brach in den 1960er und 1970er Jahren der „anglo-konforme ideologische Konsens" (WASP) zusammen und die ehemals positiven Begriffe „Amerikanisierung", „Assimilation" und „melting pot" bekamen mehr und mehr einen nega-tiven Beigeschmack.[221]

Der Melting-Pot-Begriff hat seine Tücken, weil er in der Literatur abwechselnd in norma-tiver, dann wieder in empirischer Absicht gebraucht wird, ohne dass die beiden Bedeutungen klar auseinandergehalten werden. Zudem wird er in seiner normativen Bedeutung in drei Varianten gebraucht, die ebenfalls häufig nicht genau unterschieden werden.[222]

1. In seiner fusionistischen Variante steht der Melting Pot für die Entstehung einer neuen Nation aus der *gleichberechtigten* Verschmelzung der einwandernden Kulturen, Rassen, Ethnien. Diese Variante will die biologische Verschmelzung von Einwanderern und Einheimische, die Auflösung der verschiedenen Kulturen und Ethnien und die *wechselseitige* kulturelle Angleichung und Vermischung zu einer neuen gemeinsamen Kultur. In diesem Sinne kann der Melting Pot als Idee verstanden werden, eine neue synthetische gesellschaftliche Kultur zu schaffen.

2. Eine Art von additiver Variante (additive Kultur) bringt Anthony Giddens ins Spiel, wenn er mit dem Melting Pot die Hybridisierung der Kulturen meint (vgl. Missverständnis II: Integration als gegenseitige Anpassung). Die *additive Variante* äußert sich in der Vorstellung, dass unter Integration das wechselseitige Aufeinanderzugehen von Einheimischen und Einwanderern, das gegenseitige Übernehmen oder Zusammenfügen wünschenswerter kultureller Elemente verstanden werden kann. Auch bei dieser Variante ist das Ziel eine neue kulturelle Form. Traditionen, Werte, Lebensweise, Sitten und Gebräuche der Einwanderer werden also nicht aufgegeben zugunsten derjenigen der Aufnahmegesellschaft, sondern sie gestalten ein sich beständig veränderndes Sozialmilieu mit. Hybride Formen der Küche, der Mode, der Musik, der Architektur sind Ausdruck dieses Melting-Pot-Ansatzes. Ein oft zitiertes Beispiel für diese Melting-Pot-Kultur ist das Tikka Masala Huhn, ein Essen, das in indischen Restaurants in Großbritannien erfunden worden ist. Das Tikka-Huhn ist ein indisches Gericht und die Masala-Sauce wurde hinzugefügt, um den Wunsch der Briten nach Sauce zum Essen zu befriedigen. Der ehemalige britische Außenminister Robin Cook hat dieses Essen als „britisches Nationalgericht" beschrieben. Für Anthony Giddens ist dieses Modell Ausdruck der amerikanischen kulturellen Entwicklung. Obwohl die Anglo-Kultur vorherrschend geblieben sei, sei doch gleichzeitig der Beitrag von vielen unterschiedlichen kulturellen Gruppen erkennbar, die nun das amerikanische Volk ausmachen. Dass Giddens zur Illustration der Komplexität gesellschaftlicher Entwicklung unter den Bedingungen des kulturellen Pluralismus nicht mehr einfällt, als auf das zwar beliebte, aber doch etwas kümmerliche Beispiel des Tikka Masala Huhns zurückzugreifen, hat allerdings etwas Irritierendes.

3. In der assimilatorischen Variante steht die Melting-Pot-Metapher für eine einseitige Anpassung der Immigranten an die WASP-Kultur. Die WASP-Kultur betrachtet die USA als „christliches Land", versteht darunter aber ein Christentum freikirchlich-protestantischer Prägung. Dennoch sei die Prägung so stark, dass sich selbst der amerikanische Katholizismus die Freiheitsideale der USA zu eigen gemacht habe. Samuel Huntington sieht gerade in der einseitigen Anpassung an die „anglokonforme" amerikanische Hegemonialkultur das Rezept der amerikanischen Erfolgsgeschichte.

Die Bilanz der Melting-Pot-Idee ist widersprüchlich. Gegen den Melting Pot werden sowohl normative als auch empirische Einwände erhoben:[223]

1. In normativer Hinsicht wird kritisiert, dass der Melting-Pot-Ansatz nichts mit einer freiwilligen und gleichberechtigten Integration der Einwanderer im biologischen und kulturellen Schmelztiegel zu tun habe. In den USA, die sich als eine „Nation von Einwande-

rern" versteht, wurden Generationen von Immigranten dazu gezwungen, sich zu assimilieren und viele ihrer Kinder wurden auf diese Weise mehr oder weniger vollständige Amerikaner. Die Melting-Pot-Metapher verdeckt also lediglich eine rigoros betriebene Politik der Assimilierung an die weiße, protestantische, angelsächsische Mehrheits- und Hegemonialkultur. Das Ergebnis dieses Verschmelzungsprozesses, der unter der Schirmherrschaft des für universell gültig gehaltenen westlichen Wertesystems steht, soll also keine wirklich neue, sondern nur eine neue und bessere Ausgabe der europäischen Gesellschaft sein.

2. In empirischer Hinsicht, so seine Kritiker, taugt der Begriff nicht viel, hat doch eine Mischung der verschiedenen ethnischen Gruppen und Kulturen gar nicht stattgefunden. Vorbehalte zwischen Rassen und Ethnien existieren auch noch nach dem Fall der rechtlichen Rassenschranken. Mehr noch: Die amerikanische Gesellschaft scheint sich mehr und mehr zu einer echten multikulturellen Gesellschaft zu entwickeln, weil die Bürger nichteuropäischer Herkunft die amerikanische Identität, die auf der Vorherrschaft der Werte des europäisch geprägten Amerika gründet, zunehmend infrage stellen. Diese Entwicklung wird in den USA unter dem Begriff des „The Disuniting of America" (Arthur M. Schlesinger) diskutiert und bedeutet nichts anderes, als dass dem Verlust des amerikanischen Wertekonsenses die (Re-)Ethnisierung der sozialen Konflikte auf dem Fuße folgt. Gelegentlich ist sogar von der Gefahr einer „Balkanisierung" Amerikas die Rede. Bereits in den 1950er und 1960er Jahren kritisierten amerikanische Sozialwissenschaftler wie etwa Amitai Etzioni, Nathan Glazer oder Daniel Moynihan, dass die US-Gesellschaft kein universaler Melting Pot sei, in dem alle ethnischen Gruppen früher oder später zu einer Einheit vermischt würden. Der Schmelztiegel habe in der Realität nie funktioniert. Die vier wichtigsten Trennlinien der Einwanderungsgesellschaft, also die ethnische Abstammung, die Religion, die Hautfarbe und die Dauer der Ansässigkeit hätten sich als unüberwindlich erwiesen. Zweifel an der Realität eines anglokonformen Melting Pot äußerte auch der Theologe Michael Novak 1971 in seinem Buch „The Rise of the Unmeltable Ethnics". In dieser Studie war er zu der Schlussfolgerung gekommen, dass polnische, italienische, griechische und slawische Einwanderer, die sogenannten PIGS, sich schwerer als andere damit tun, sich an die hegemoniale WASP-Kultur zu assimilieren. Die PIGS könnten damit als „unmeltable ethnics" gelten. In etwa zeitgleich mit dieser Diagnose tauchte ein neuer Begriff auf, der für sich in Anspruch nahm, die gesellschaftliche Entwicklung der US-Einwanderungsgesellschaft zutreffender zu beschreiben: die „salad bowl", die Salatschüssel. Im Unterschied zum Melting Pot akzeptiert die „salad bowl", dass die Kulturen der verschiedenen Einwanderergruppen nicht mit der Hegemonialkultur verschmelzen. Im Gegenteil können die Immigranten ihre eigenen, klar abgegrenzten Kulturen pflegen. Damit sollte ausgedrückt werden, dass die ethnokulturellen Unterschiede der diversen Einwanderergruppen auch auf weitere Sicht nicht verschwinden. Sie können und sollen auch nicht zum Verschwinden gebracht werden, weil von einer fundamentalen Gleichwertigkeit und Gleichberechtigung der verschiedenen Einwandererkulturen auszugehen sei. An diesem Punkt bahnte sich der multikulturalistische Paradigmenwechsel an. Die führende Rolle im Diskurs um die richtige Integrationsstrategie übernahm ab diesem Zeitpunkt die kanadische Idee des multikulturellen Mosaiks, der

Charles Taylor Anfang der 1990er Jahre die bis heute gültige philosophisch-politische Begründung gab.

3.7.5   Multikulturalismus: liberale und radikale Varianten

Multikulturalismusdefinitionen gibt es in unüberschaubarer Zahl. Die Multikulturalismus-definition des Althistorikers Egon Flaig hebt sich davon ab, weil sie Begriffsbestimmung und Begriffskritik in einem ist und den entscheidenden Einwand gegen das Konzept des Multikulturalismus gleich mitformuliert: „Unter ,Multikulturalismus' verstehe ich eine Theorie, nach der völlig unterschiedliche Kulturen in ein und demselben Gemeinwesen friedlich zusammenleben können, ohne dass sie über eine gemeinsame und verbindliche ethische und politische Grundlage verfügen. Diese Position halte ich für hochgradig naiv und fatal."[224] Allgemein definiert, ist der Multikulturalismus ein Gesellschaftsmodell, das auf der Grundlage des kulturellen Pluralismus beruht. Die multikulturelle Gesellschaft ist also eine Gesellschaft, in der Menschen verschiedener Abstammung, Sprache, Herkunft, Rasse, Kultur, Religion gleichberechtigt zusammenleben. Einheimische und Einwanderer stehen in einem ständigen Austausch, damit Konflikte, die sich aus unterschiedlichen Werten und Traditionen ergeben, im Dialog gelöst werden können. Charakteristisch für die multikulturelle Gesellschaft ist, dass die Einwanderer ihre *Herkunftsorientierung* beibehalten. Die Herkunftsorientierung kann auch von einer *bikulturellen Orientierung* begleitet sein. Bedingungen für ein Festhalten an der Herkunftskultur sind eine starke Minderheitenkultur und eine schwache Kultur der Aufnahmegesellschaft. Eine weitere Variante liegt vor, wenn eine starke Minderheitenkultur besteht, es eine große Distanz zwischen der Kultur der Herkunfts- und der der Aufnahmegesellschaft gibt und gleichzeitig der Zugang zur Mehrheitsgesellschaft erschwert ist. Eine Anpassung der Einwanderer findet dann ausschließlich auf der strukturell-funktionalen Ebene statt und bleibt auf dem Niveau einer instrumentell-utilitaristischen Anpassung stehen. Ergebnis ist die multikulturelle Gesellschaft. Die Bedingungen für eine *bikulturelle Orientierung* der Einwanderer sind in etwa gleichstarke Kulturen von Minderheiten und Aufnahmegesellschaft und ein offener Zugang zur Mehrheitsgesellschaft. Ihre Zugehörigkeits-, Selbstwert- und Kulturkonflikte bewältigen die Einwanderer durch die Ablehnung der Assimilation, ein bewusstes Bekenntnis zur Herkunftskultur (emotionale Dimension), durch eine instrumentell-utilitaristische Anpassung an die Kultur der Mehrheitsgesellschaft (pragmatische Dimension) und durch den Versuch, die Interessen der Minderheit aktiv zu vertreten. Charakteristisch ist, dass es in der multikulturellen Gesellschaft fast immer zu einer Politisierung der Einwanderer kommt. Begünstig wird die *Politisierung* durch eine starke Minderheitenkultur, durch konflikthafte Beziehungen zwischen Minderheit und Mehrheit aufgrund sozialer und/oder kultureller Spannungen sowie dadurch, dass der Zugang zur Mehrheitsgesellschaft erschwert ist. Das Modell der multikulturellen Gesellschaft gründet auf dem gegenseitigen Respekt vor den kulturellen Unterschieden. Die ethnischen Gruppen erhalten das Recht auf eine gesonderte, gleichberechtigte kulturelle Existenz ohne vom politischen und wirtschaftlichen Leben der Gesamtgesellschaft ausgeschlossen zu sein.[225] Multikulturalismus ist kein einheitlicher gesellschaftstheoretischer Ansatz, geschweige denn eine in sich geschlossene Theorie. Aber der Multikulturalismus beruht auf vier miteinander verbundenen Axiomen:

1. Axiom: Kulturelle Vielfalt und kulturelle Differenz sind ein Wert an sich.
2. Axiom: Zur freien Entfaltung ihrer Persönlichkeit benötigen Menschen Kultur.
3. Axiom: Alle Menschen sind gleich. Alle Menschen leben in Kulturen. Also sind alle Kulturen gleichwertig.
4. Axiom: Alle Menschen haben Anspruch auf die Anerkennung ihrer kulturellen Identität. Daraus resultiert das Gebot der Anerkennung kultureller Differenz.

Aus diesen Axiomen leiten sich zahlreiche Spielarten ab, die von liberalen bis zu radikalen Multikulturalismen reichen. Bei den verschiedenen Multikulturalismen handelt es sich weniger um empirische als vor allem um normative Entwürfe des Zusammenlebens von Einheimischen und Einwanderern. Die verschiedenen Varianten multikulturalistischer Politik werden durch einige gemeinsame Prinzipien verbunden.

Erstes Prinzip: die Politik der Anerkennung kultureller Differenz
Die wichtigste Säule des Multikulturalismus ist eine Politik der Anerkennung kultureller Differenz. Eine solche Politik sorgt dafür, dass ethnokulturelle Vielfalt auch öffentlich gelebt werden kann. Alle Menschen haben das Recht, ihre kulturellen Besonderheiten zu bewahren und zu pflegen. Für die meisten Befürworter einer Politik der Anerkennung kultureller Differenz beruht das Konzept auf dem liberalen Prinzip der individuellen Wahlfreiheit und der Nichtausschließlichkeit. Das heißt, der Einzelne entscheidet selbst, ob er der Herkunftsgemeinschaft weiter angehören will oder nicht. Es besteht folglich ein Recht, aber keine Pflicht zur Identifikation mit einer bestimmten ethnischen Gruppe. Zudem gilt der Grundsatz der Nichtausschließlichkeit, das heißt, Mehrfachidentitäten sollen möglich sein.[226]

Zweites Prinzip: kulturelle Gleichwertigkeit und gegenseitige Toleranz
Die verschiedenen Kulturen und ethnokulturellen Gruppen sind gleichwertig. Aus diesem Prinzip leitet sich das Gebot gegenseitiger Toleranz ab. Was das im Einzelnen bedeutet, ist zwischen liberalem und radikalem Multikulturalismus umstritten. Muss die multikulturelle Gesellschaft z.B. menschen(rechts)feindliche kulturelle Praktiken bestimmter Einwanderergruppen dulden? Der liberale Multikulturalismus besteht auf einem Minimum gemeinsamer Regeln des Zusammenlebens auf der Grundlage der allgemeinen Menschenrechte, der Demokratie, der Gleichheit aller Menschen und der Gleichheit der Geschlechter. Der radikale Multikulturalismus vertritt die Auffassung, dass bereits das Ansinnen, einen gesellschaftlichen Minimalkonsens aller kulturellen Gruppen finden zu wollen, einen Verstoß gegen das Prinzip der kulturellen Gleichwertigkeit darstellt. Denn im Gedanken an einen gesellschaftlichen Minimalkonsens ist die Vorstellung des Kompromisses enthalten. Der Kompromiss kann aber nur darauf hinauslaufen, dass Einwandererminderheiten für eine gemeinsame Wertegrundlage bestimmte kulturelle Besonderheiten und Praktiken aufgeben müssen. Dadurch aber wird das Prinzip der kulturellen Gleichwertigkeit verletzt.

Drittes Prinzip: Einheit in Verschiedenheit
Die Frage des Basiskonsenses in der multikulturellen Gesellschaft ist die condicio sine qua non multikulturalistischer Vorstellungen. Wie aber verständigen sich gleichgestellte gesellschaftliche Gruppen, die jedoch unterschiedlichen oder sogar gegensätzlichen und sich ausschließenden Wertvorstellungen anhängen, auf einen Minimalkonsens? Wie muss ein Mini-

malkonsens beschaffen sein, der in der Lage ist, die Gesellschaft wenigstens auf allerniedrigstem Niveau zu integrieren, und das heißt knapp unterhalb der Schwelle zum gewaltsamen Konflikt? Wie kann der Basiskonsens in Form eines Wertekerns – wohlgemerkt Werte, nicht ähnliche Konsuminteressen! – überhaupt zustande kommen? Durch Aushandlung mit den Einwanderern oder wird er durch die Aufnahmegesellschaft vorgegeben? Wie werden seine Verbindlichkeit und sein Geltungsanspruch im Zweifel durchgesetzt?

Im Gegensatz zum radikalen Multikulturalismus setzt der liberale Multikulturalismus einen Kern von gemeinsamen Grundwerten und Grundregeln voraus. Dieser Basiskonsens besteht aus Verfassung, Gesetzen und einer gemeinsamen Sprache. Der Basiskonsens soll den Zusammenhalt der Gesamtgesellschaft bewirken und dem Recht auf kulturelle Differenz sowie dem Prinzip der kulturellen Gleichwertigkeit Grenzen setzen. Der gemeinsame Rahmen hat Vorrang vor den besonderen Teilkulturen. Einwanderer dürfen nur diejenigen Teile ihrer Kultur pflegen, die nicht im Widerspruch zum verbindlichen gemeinsamen Wertekern stehen. Das läuft auf den Grundsatz einer „selektiven Bewahrung der Kultur" hinaus. Die Gleichheit der Frau sowie häusliche Gewalt gegen Frauen und Kinder sind typische Bereiche, in denen manche Herkunftskulturen mit dem gemeinsamen Wertekern kollidieren. Da die Kernnormen dem europäischen Kulturkreis entstammen, relativiert das Prinzip „Einheit in Verschiedenheit" das Recht auf kulturelle Differenz und Gleichwertigkeit. De facto folgt daraus eine Hierarchie der Kulturen: Je mehr eine Kultur dem gemeinsamen Kern widerspricht, desto mehr werden ihr Unterordnung und Verzicht abverlangt. Die Grenzziehung zwischen Verschiedenheit und Einheit, zwischen Wertekern und dem Bereich, in dem die Werte unterschiedlich sein dürfen, ist umstritten. Wo endet die gleichberechtigte Verschiedenheit, wo müssen sich kulturelle Besonderheiten dem gemeinsamen Kern unterordnen? Es liegt auf der Hand, dass diese Grenzziehung unmöglich ist.

Viertes Prinzip: Multikulturalismus und Pluralismus
In dem Maße, in dem sich die Gesellschaften weiter pluralisieren und individualisieren, gewinnt der Pluralismus als durchgängiges gesellschaftlich-lebensweltliches und kulturelles Prinzip immer mehr an Gewicht. *Pluralismus* und *Multikulturalismus* stehen in einem engen Zusammenhang. Der Multikulturalismus ist ein Abkömmling des pluralistischen Prinzips. Er zielt auf die weitere Pluralisierung der Gesellschaft durch eine kulturelle Pluralisierung. *Kultureller Pluralismus* in Form ethnokultureller Verschiedenheit wird als positiver Wert an sich eingeschätzt. Ethnokulturelle Verschiedenheit gilt als vorteilhaft und produktiv sowie als Kraftquelle für die Gesamtgesellschaft, deshalb sollen die Einwanderer ihre ethnokulturelle Identität beibehalten. Aus dieser Perspektive ist ethnokulturelle Verschiedenheit Bereicherung vor allem für die Einheimischen, denen so die Chance geboten wird, die angebliche provinzielle Enge kulturell relativ homogener Gesellschaften hinter sich zu lassen. Das Konzept der multikulturellen Gesellschaft beruht auf dem Grundsatz: „Kulturelle Vielfalt statt nationaler Einfalt"[227]. Auch wenn die Pluralisierung der Gesellschaft und speziell ihre kulturelle Pluralisierung mit einem Zuwachs an Konflikten verbunden ist, deutet der Multikulturalismus die konflikthafte Pluralisierung als ein Mehr an Demokratie.[228]

Fünftes Prinzip: Diskriminierungserfahrungen

Diskriminierungserfahrungen von gesellschaftlichen Minderheiten allgemein, vor allem aber von eingewanderten Minderheiten, erfordern eine gesellschaftspolitische Strategie, die sich von der Mehrheit ab- und den Minderheiten zuwendet. Die bisher als randständig angesehenen kulturellen Minderheiten sollen auf diese Weise gegenüber der dominierenden Kultur mehr Aufmerksamkeit, mehr Aufwertung, mehr Anerkennung und Gleichstellung erfahren.[229] Mit der Thematisierung von Diskriminierungserfahrungen eng verbunden ist die Forderung nach einem *Recht auf gleiche Chancen*. Denn mit dem liberalen Recht auf kulturelle Differenz ist das soziale Recht auf gleiche Chancen und Teilhabe an der Gesellschaft verbunden. Der Multikulturalismus ist also nicht auf die kulturelle Ebene beschränkt, wie es der Terminus Multikulturalismus suggeriert, sondern er ist gleichzeitig ein Programm für die Emanzipation der sozial Benachteiligten einer Gesellschaft, die häufig mit den ethnischen Minderheiten identisch sind.

Sechstes Prinzip: Die Unvermeidbarkeit der multikulturellen Gesellschaft

Die multikulturelle Gesellschaft kann als beschreibende soziologische Kategorie aufgefasst werden, aber auch als gesellschaftspolitische Ideologie. Unter ideologischen Gesichtspunkten sind, marxistisch gesprochen, eine „idealistische" und eine „historisch-materialistische" Variante zu unterscheiden. Aus der Perspektive der „idealistischen" Variante entwickelt sich eine auf den Grundprinzipien des Multikulturalismus aufgebaute multikulturelle Gesellschaft nicht von selbst, sondern bedarf des politischen Managements, der politischen Ermutigung, der Unterstützung und Förderung. Die „historisch-materialistische" Variante geht davon aus, dass es sich beim Multikulturalismus um eine objektive historische Gesetzmäßigkeit der gesellschaftlichen Entwicklung handelt. Es geht also nicht mehr darum, ob oder ob keine multikulturelle Gesellschaft, sondern nur noch darum, welche und wie ihre Entwicklung planmäßig gesteuert und gestaltet werden kann.[230]

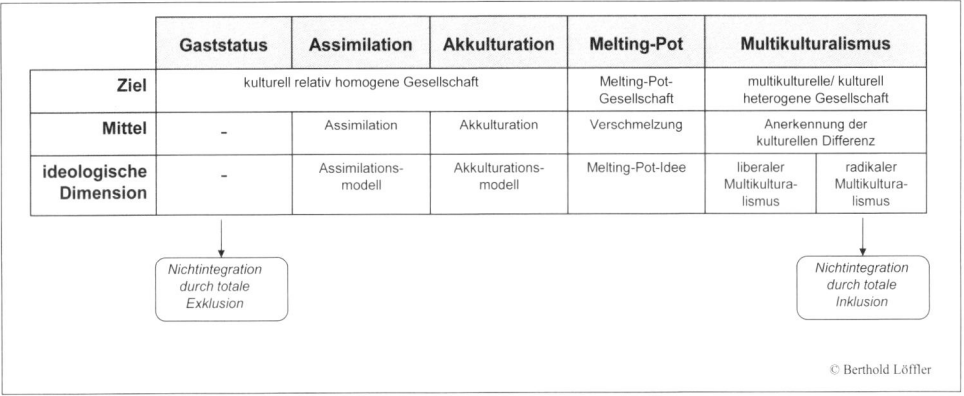

	Gaststatus	Assimilation	Akkulturation	Melting-Pot	Multikulturalismus	
Ziel	kulturell relativ homogene Gesellschaft			Melting-Pot-Gesellschaft	multikulturelle/ kulturell heterogene Gesellschaft	
Mittel	-	Assimilation	Akkulturation	Verschmelzung	Anerkennung der kulturellen Differenz	
ideologische Dimension	-	Assimilations-modell	Akkulturations-modell	Melting-Pot-Idee	liberaler Multikultura-lismus	radikaler Multikultura-lismus

Nichtintegration durch totale Exklusion

Nichtintegration durch totale Inklusion

© Berthold Löffler

Abb. 3.5 Formen kultureller Integration

Einig sind sich die Vertreter der historisch-materialistischen Variante des Multikulturalismus in der Annnahme, die Entwicklung zu einer multikulturellen Gesellschaft sei unvermeidlich.

Die weltweite Verbreitung der multikulturellen Gesellschaft sollte als universal geltendes *historisches Entwicklungsgesetz* begriffen werden. Hatte die klassische Soziologie noch erwartet, dass die moderne Welt immer mehr auf Vereinheitlichung, Homogenisierung und Nivellierung zustrebt, wird jetzt eine umgekehrte Entwicklungsrichtung ausgemacht: Die Weltgesellschaft läuft in Wirklichkeit auf Vielfalt, auf Ungleichzeitigkeit und die Gleichzeitigkeit gegenläufiger Entwicklungen zu. Einerseits verstärkt die Globalisierung weltweite Vereinheitlichungstendenzen. Andererseits werden diese Tendenzen von einem eigensinnigen Beharren auf kultureller Differenz etwa in Form der Regionalisierung begleitet, was wiederum als Reaktion auf die Globalisierung gedeutet wird.[231] Diese Erkenntnis dient den Vertretern des Multikulturalismus als Basis ihres Plädoyers für die multikulturelle Gesellschaft. Ob es einem gefällt oder nicht, die multikulturelle Gesellschaft kommt oder ist bereits da.

Ob die multikulturelle Gesellschaft als historische Gesetzmäßigkeit der gesellschaftlichen Entwicklung begriffen wird oder als gesellschaftliche Utopie, die in einem absichtsvollen und planmäßigen Vorgehen erreicht werden kann, notwendig ist immer eine spezielle multikulturelle Politik, die die verschiedenen Einwanderergruppen fördert und dadurch die Konflikte entschärfen hilft, die spezifisch für diese Gesellschaftsform sind. Multikulturalistische Förderpolitik ist damit eine Querschnittsaufgabe, die die gesamte Gesellschaft durchzieht:

1. Multikulturalistische Politik finanziert die kulturellen Aktivitäten der Einwanderergruppen mit dem Ziel einer Aufrechterhaltung ihrer ethnokulturellen Herkunftsidentität.
2. Multikulturalistische Politik sorgt dafür, dass erwachsene Einwanderer öffentliche Dienstleistungen in ihrer Muttersprache in Anspruch nehmen können; sie ermöglicht eine flächendeckende bilinguale Erziehung für Einwandererkinder; die staatliche Bildungspolitik erkennt die Herkunftssprache von Einwandererkindern als Hauptfachsprache in der Schule an.
3. Der multikulturalistisch handelnde Staat berücksichtigt die religiösen (z.B. islamisches Opferfest und Zuckerfest; Sonntag für Christen, Freitag für Muslime, Hindus und Juden usw.) und nationalen Feiertage (z.B. kurdisches, iranisches oder chinesisches Neujahrsfest) ethnokultureller Minderheiten im öffentlichen Kalender oder sorgt dafür, dass die Kinder vom Schulunterricht befreit werden, um an religiösen und ethnospezifischen Feiern (wie der Beschneidung von Jungen) teilnehmen zu können.
4. Die staatliche Bildungspolitik ändert die Schullehrpläne und Curricula zugunsten der kulturellen Perspektive der Einwanderer (etwa in den Fächern Geschichte und Deutsch).
5. Der Staat ändert Schutz- und andere Vorschriften aus Rücksicht auf die religiösen Überzeugungen von Einwanderern. Er befreit z.B. Sikhs von der Motorradhelmpflicht oder erlaubt Musliminnen im Schuldienst das Tragen von Kopftuch oder Burka. Der Staat befreit Muslime, Juden oder Koreaner von tierschutzrechtlichen Vorschriften und erlaubt das Schächten von Rindern und Schafen oder den öffentlichen Verkauf von Hundefleisch.
6. Der Staat erkennt das Bilderverbot im traditionellen Islam an und erfüllt die Forderung nach Abschaffung der Ganzkörperdarstellung von Menschen und Tieren im schulischen Kunstunterricht[232]; er verbietet bildliche Darstellungen oder Karikaturen des Propheten Mohammed in den Medien.
7. Der multikulturalistisch handelnde Staat erlässt arbeitsrechtliche Ausnahmebestimmungen, die die religiösen Bedürfnisse und Gefühle religiöser Minderheiten berück-

sichtigen. Er sorgt z.B. dafür, dass muslimische Arbeitnehmer in bezahlten Arbeitspausen die Gelegenheit bekommen, ihre täglichen Gebete zu verrichten.

8. Der Staat fördert Unternehmen, die die religiösen Bedürfnisse und Gefühle religiöser Minderheiten berücksichtigen. Unternehmen stimmen den Betriebsablauf auf den spezifischen Rhythmus der Beschäftigten ab oder unterstützen ihre Beschäftigten bei der Wahrnehmung religiöser Pflichten. Das Management der britischen Supermarktkette Sainsbury's akzeptiert z.B. die Weigerung muslimischer Verkäuferinnen und Verkäufer, den Kunden Schweinefleisch und Alkohol zu verkaufen.[233]

9. Der Staat berücksichtigt kulturelle Unterschiede in Recht und Rechtsanwendung. Er erkennt z.B. die Gültigkeit des islamischen Ehe- und Familienrechts an und streicht die Polygamie aus dem Katalog der Straftatbestände. Er sorgt für eine kulturspezifische Anwendung sozialrechtlicher Vorschriften, in dem er z.B. auch zweiten und dritten Frauen Sozialhilfe- oder Versorgungsansprüche zubilligt.[234]

3.8 Ausgewählte Probleme des Multikulturalismus

Alles deutet darauf hin, dass der Multikulturalismus die großen Ideologien des 20. Jahrhunderts abgelöst hat. Die Auseinandersetzung über ihn wird mit derselben intellektuellen Anstrengung und demselben politischen Idealismus geführt wie zuvor die Auseinandersetzung über Sozialismus, Kommunismus, Faschismus, Liberalismus. Der Begriff Multikulturalismus trat in der Öffentlichkeit erstmals Anfang der 1970er Jahre auf, zuerst in Kanada, eingeführt in den öffentlichen Sprachgebrauch durch den damaligen kanadischen Premierminister Pierre Trudeau. Von dort verbreitete sich der Begriff über die westliche Welt und erreichte Ende der 1980er, Anfang der 1990 Jahre schließlich die Sozialwissenschaften in Deutschland.[235]

Das Aufkommen des Multikulturalismus markiert einen Wechsel vom Homogenitäts- zum Heterogenitätsparadigma. Bis in die 1960er Jahre wurde von den Einwanderern erwartet, dass sie sich so schnell als möglich und bedingungslos an die Aufnahmegesellschaft assimilieren. Dann tauchten immer öfter Forderungen der ethnischen Minderheiten auf, ihre kulturelle Verschiedenheit anzuerkennen. Der multikulturelle Paradigmenwechsel zeigte sich darin, dass sich die Gesellschaften, die von einem Prozess der binnengesellschaftlichen Pluralisierung und Individualisierung erfasst worden waren, nach und nach auch der Idee des kulturellen Pluralismus zu öffnen begannen. Schritt für Schritt trat an die Stelle des Assimilationskonzeptes, das selbst in den klassischen Einwanderungsländern (USA, Australien, Israel, Frankreich) bis in die 1960er Jahre selbstverständlich war, das Konzept der multikulturellen Gesellschaft: die multikulturelle Gesellschaft als friedliches Nebeneinander der verschiedenen ethnisch-kulturellen Gruppen. Diese Vorstellung wollte den Interessen der Einwanderer genauso entsprechen wie denen der Aufnahmegesellschaft, die von einer kulturellen Bereicherung durch die Immigranten profitieren sollte.[236]

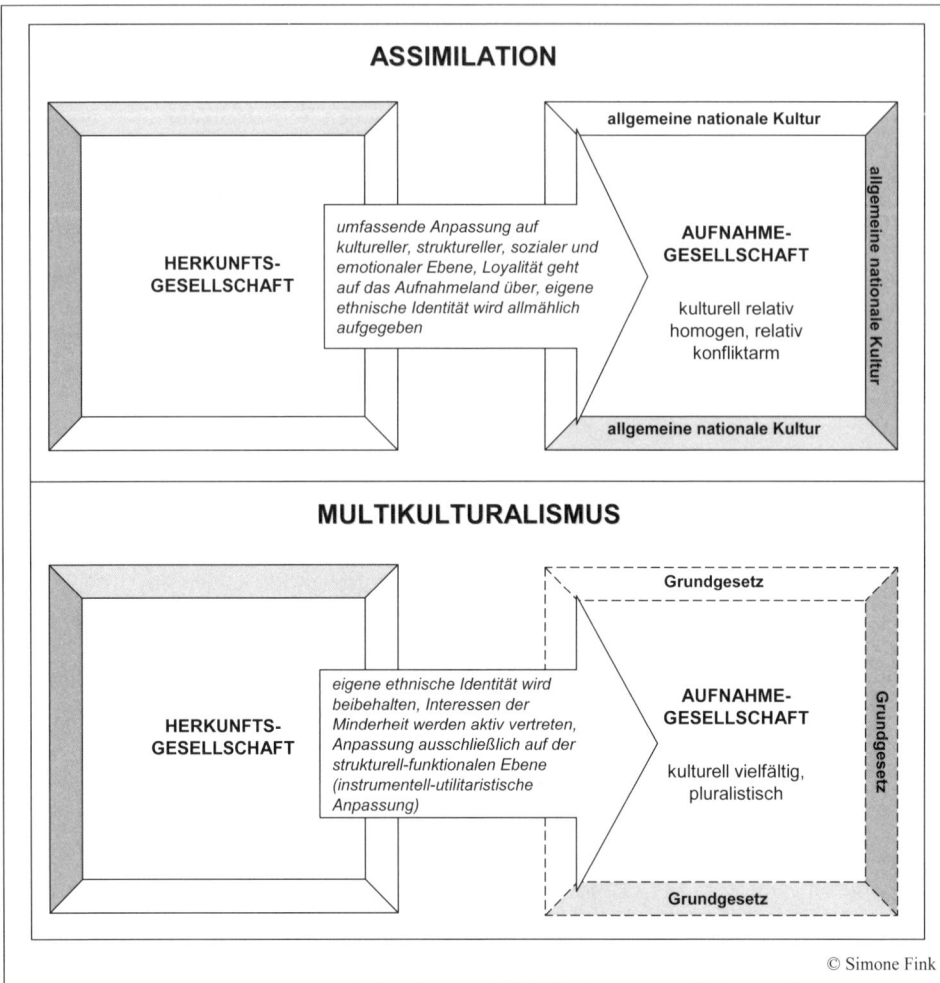

Abb. 3.6 *Assimilation und Multikulturalismus*

3.8.1   Begriffe und Begriffsverwirrung

Der multikulturalistische Diskurs leidet an Begriffsverwirrung. Multikulturalität, kultureller Pluralismus, Multikulturalismus, multikulturelle Gesellschaft werden häufig synonym verwendet. Die Begriffe bedeuten aber Unterschiedliches. *Multikulturalismus* ist eine Ideologie oder ein gesellschaftspolitisches Programm, das das Recht der verschiedenen ethnokulturellen Gruppen auf abweichende Lebensweisen artikuliert und darauf besteht, dass alle Kulturen gleichwertig sind. *Multikulturalität* dagegen meint die Koexistenz verschiedenartiger Kulturen in einer *multikulturellen Gesellschaft*. Multikulturalität liegt also vor, wenn auf demselben Gebiet ohne deutliche Abgrenzung gleichzeitig zwei oder mehrere ethnokulturell unterschiedliche Gruppen existieren, die sich in Sprache, Traditionen, Lebensformen, Lebensstilen, Werten und Normen, Religion oder möglicherweise auch im Aussehen voneinander unterscheiden. Weil „multikulturell"[i] fälschlicherweise häufig mit „multinational" gleichgesetzt wird, geht eine wichtige Unterscheidung verloren. Multinationale Gesellschaften bestehen aus mehreren Nationalitäten. In der Regel aus einer Mehrheitsnation und einer oder mehreren ethnischen Minderheiten. Die ethnischen Minderheiten in multinationalen Gesellschaften sind *historische nationale Minderheiten*. Bei diesem Gesellschaftstypus ist die ethnische Minderheit mit historischer Territorialität verbunden. Kennzeichen sind eigene, meist geschlossene historische Siedlungsräume mit einer gemeinsamen Sprache und Kultur. Europäische Beispiele dafür sind Italien mit einer deutschsprachigen Minderheit, Rumänien, die Slowakische Republik und Serbien mit einer ungarischen Minderheit. Multinationale Staaten entstehen, wenn sich kulturell unterschiedliche Gesellschaften zu einem größeren sozialen System zusammenschließen oder gegen ihren Willen zusammengeschlossen werden. Eines der seltenen Beispiele für ein funktionierendes multinationales Gemeinwesen ist die Schweiz. Dagegen sind die Verhältnisse in Belgien mit ihrem Gegensatz zwischen Flamen und Wallonen schon etwas heikler. Die ethnischen Minderheiten multinationaler Gesellschaften teilen sich wiederum auf in *nationale* und in *regionale Minderheiten*. Nationale Minderheiten sind von ihren Mutternationen getrennt. Sie können in benachbarten Ländern leben wie etwa die deutsche Sprachgruppe in Belgien im Grenzgebiet von Eupen und Malmedy oder sehr weit entfernt wie die Russlanddeutschen in Kasachstan. Nationale Minderheiten unterhalten häufig enge Beziehungen mit den „Mutterländern" oder streben, wenn sie in benachbarten Staaten leben, den Anschluss an sie an. Beispiele für nationale Minderheiten sind die deutschsprachigen Südtiroler mit ihrer Schutzmacht Österreich, die dänische Minderheit in Schleswig-Holstein mit ihrem „Mutterland" Dänemark oder die deutsche Minderheit in Polen mit ihrer Schutzmacht Deutschland. Regionale Minderheiten dagegen sind Bevölkerungsgruppen, die eine eigene ethnische Identität bewahrt oder wiederentdeckt haben, deren Verbreitung aber auf eine Region beschränkt ist und die keine Anlehnungsmacht derselben ethnischen Zugehörigkeit haben. Beispiele für regionale Minderheiten sind die Sorben in der Ober- und Niederlausitz, Katalanen und Basken in Spanien oder Schotten und Waliser in Großbritannien.[237]

Multikulturelle Gesellschaften dagegen setzen sich zumeist aus einer Mehrheitsgesellschaft und verschiedenen *neuen kulturellen Minderheiten* zusammen. Multikulturelle Gesellschaften sind sowohl die traditionellen Einwanderungsgesellschaften USA, Kanada oder Australien als auch europäische Länder, in die nach dem Zweiten Weltkrieg Gastarbeiter und Flüchtlinge eingewandert sind. Ihre ethnische Vielfalt ist also das Resultat aktueller oder erst kurz zurückliegender Einwanderung. Die Einwanderung hat eine bevölkerungsstrukturelle Gemengelage geschaffen, die klare Abgrenzungen zwischen den verschiedenen ethnischen Gruppen nicht zulässt. Eine Gesellschaft ist also multikulturell, wenn *mehrere* Kulturen in einer Gesellschaft existieren und die ethnischen Minderheiten kein eigenes Territorium haben.[238] Viele Staaten, wie etwa Italien oder auch Deutschland, haben beides: historische nationale Minderheiten und neue Minderheiten.

---

[i] Manchmal werden multikulturelle Gesellschaften auch multiethnisch oder, wie bei Kymlicka, polyethnisch genannt.

Esser unternimmt den Versuch, das Phänomen der multikulturellen Gesellschaft typologisch in den Griff zu bekommen. Dadurch gewinnt er ein abstrakt-idealtypisches Modell, das zwei Grundtypen (Idealtypen) unterscheidet:[239]

1. Gesellschaftstyp A: Gesellschaften mit einer ethnisch homogenen Bevölkerung;
2. Gesellschaftstyp B: Gesellschaften mit ethnisch heterogenen Bevölkerungsgruppen.

Gesellschaftstyp A (ethnisch homogene Gesellschaft) und Gesellschaftstyp B (ethnisch heterogene Gesellschaft) treten in jeweils zwei Varianten auf:

Gesellschaftstyp A I ist eine nach sozialen Gruppen strukturierte, aber *ethnisch homogene Gesellschaft*. Definitionsgemäß gibt es in dieser Gesellschaft keine ethnischen Konflikte. Die verschiedenen gesellschaftlichen Gruppen lösen ihre Probleme (Verteilungskonflikte) so, dass die Konfliktlösungen für alle gleichermaßen vorteilhaft sind. Dieser Gesellschaftstyp zeichnet sich durch eine sehr hohe gesamtgesellschaftliche Stabilität aus. Es gibt keine unüberwindlichen Interessenkonflikte zwischen den verschiedenen gesellschaftlichen Gruppen. Beispiele sind: Schweden, Finnland, Norwegen, Dänemark bis in die 1980er Jahre des vergangenen Jahrhunderts.

Auch Gesellschaftstyp A II ist eine nach sozialen Gruppen strukturierte, aber *ethnisch homogene* Gesellschaft. Es kommt jedoch zu ernsthaften sozialen Konflikten. In der milderen Variante finden die sozialen Gruppen Problemlösungen, die zwar ungleichgewichtig sind, aber auch die unterlegene Gruppe gewinnt bei der erreichten Lösung noch etwas. In der konfliktträchtigeren Variante sind die Gewinne der einen Gruppe die Verluste der anderen. Allerdings löst sich der Konflikt insofern, als sich die unterlegene Gruppe mit der gefundenen Lösung arrangiert, sie in Kauf nimmt oder akzeptiert, obwohl sie eine Benachteiligung darstellt. Dieser Gesellschaftstyp ist die ethnisch homogene, aber ansonsten gespaltene Klassengesellschaft. Ein Beispiel dafür ist Portugal zur Zeit der Salazar- und Caetano-Diktatur.

Gesellschaftstyp B I ist eine nach sozialen Gruppen strukturierte, zugleich *multiethnische oder ethnisch vielfältige Gesellschaft*. Das Merkmal multiethnisch entspricht dem Typ einer Gesellschaft mit historischen Minderheiten, das Merkmal „ethnisch vielfältig" dem einer Gesellschaft mit neuen Einwandererminderheiten. Beim Modell BI finden die heterogenen ethnischen Gruppen für ihre konflikthaften interethnischen Beziehungen und sozialen Auseinandersetzungen Lösungen. Diese Lösungen sind für die beteiligten ethnischen Gruppen entweder gleichermaßen vorteilhaft oder sie sind für die unterlegene ethnische Gruppe zumindest noch akzeptabel, obwohl sie den Gruppen keine gleichen Vorteile bringen. Im Verhältnis der verschiedenen ethnischen Gruppen herrschen keine grundlegenden Differenzen. Dadurch entsteht ein Zustand, bei dem von einer Integration der verschiedenen ethnischen Gruppen in die Gesamtgesellschaft gesprochen werden kann. Gesellschaftstyp B I ist für Esser der *Typ multikulturelle Gesellschaft*. Essers idealisiertem Modell einer multikulturellen Gesellschaft kommen die Verhältnisse in der multiethnischen (Deutschschweizer, Französisch- und Italienischsprachige sowie Rätoromanen) und gleichzeitig multikulturellen Schweiz (neue Einwandererminderheiten) noch am ehesten nahe.

Gesellschaftstyp B II ist eine nach sozialen Gruppen strukturierte, zugleich *multiethnische oder ethnisch vielfältige Gesellschaft*. Auch bei diesem Typ gibt es zwei Varianten. Im günstigeren Fall arrangiert sich die unterlegene Gruppe mit Problemlösungen, obwohl sie dadurch benachteiligt wird. Bei der ungünstigeren Variante sind die verschiedenen ethnischen Gruppen nicht in der Lage, für ihre Probleme und Auseinandersetzungen Lösungen zu finden, die für jede der beteiligten Gruppen wenigstens halbwegs akzeptabel wäre. Entweder fühlen sich alle Gruppen benachteiligt oder eine der unterlegenen Gruppen, die nicht mehr bereit ist, ihr Schicksal hinzunehmen, sucht eine Lösung für sich allein. Das ist der Fall des Separatismus. Falls ein Ausscheiden aus dem gesamtgesellschaftlichen Zusammenhang nicht möglich ist, beginnt der Kampf um die Umkehrung der Machtverhältnisse, im schlimmsten Fall der Bürgerkrieg. Gesellschaftstyp BII steht für die ethnische Konfliktgesellschaft. Beispiele sind viele Länder Afrikas und Asiens, das bedeutsamste europäische Beispiel der jüngsten Vergangenheit ist Jugoslawien; vor dem Zweiten Weltkrieg fast alle mittel- und osteuropäischen Länder.

Gesellschaftstyp A I repräsentiert also eine Gesellschaft, die sich durch ein hohes Maß an sozialer Integration, Zusammengehörigkeit und das Fehlen unüberwindlicher Interessenkonflikte auszeichnet. Gesellschaftstyp A II steht für eine Gesellschaft des sozialen Konfliktes mit deutlich herabgesetztem Integrationsniveau. Gesellschaftstyp BII ist der denkbar ungünstigste Fall einer desintegrierten Konfliktgesellschaft mit dem Potential für gewalttätige ethnische Konflikte oder gar Bürgerkrieg. Gesellschaftstyp BI ist Essers Idealmodell.

	Gesellschaftstyp A ethnisch homogene Gesellschaft		Gesellschaftstyp B ethnisch heterogene Gesellschaft	
	A I	A II	B I	B II
Zusammensetzung der Gesellschaft	nach sozialen Gruppen strukturiert, aber ethnisch homogen	nach sozialen Gruppen strukturiert, aber ethnisch homogen	nach sozialen Gruppen strukturiert, zugleich ethnisch heterogen	nach sozialen Gruppen strukturiert, zugleich ethnisch heterogen
Konflikte	keine unüberwindlichen Interessenkonflikte	ernsthafte soziale Konflikte	keine grundlegenden Differenzen	ernsthafte soziale Konflikte
Konfliktlösungen	für alle gleichermaßen vorteilhaft	die unterlegene Gruppe arrangiert sich mit der gefundenen Lösung, nimmt sie in Kauf, akzeptiert sie	entweder gleichermaßen vorteilhaft *oder* sie sind für die unterlegene ethnische Gruppe zumindest noch akzeptabel	die unterlegene Gruppe arrangiert sich mit der gefundenen Lösung *oder* es können für die Probleme keine für alle akzeptablen Lösungen gefunden werden
Folgen für die gesellschaftliche Stabilität	hohe gesamtgesellschaftliche Stabilität	Gesellschaft mit sozialen Konflikten, deutlich herabgesetztes Integrationsniveau	Idealmodell	Potential für gewalttätige ethnische Konflikte oder gar Bürgerkrieg

© Simone Fink

Abb. 3.7   Gesellschaftstypen nach Hartmut Esser

Entscheidend an Essers Typologie ist der Umstand, dass eine ethnisch vielfältige Gesellschaft nur *dann* eine multikulturelle Gesellschaft ist, wenn sie aus zwei oder mehreren ethnischen Gruppen besteht *und* die heterogenen ethnischen Gruppen (historische und/oder neue Minderheiten) ihre Konflikte so aushandeln, dass die Konfliktlösungen für alle Beteiligten befriedigend sind. Im Umkehrschluss können alle ethnisch vielfältigen Gesellschaften nicht multikulturell genannt werden, wenn interethnische Konflikte nicht wirklich gelöst werden können.[240] Esser verwendet damit eine idealisierte Definition der multikulturellen Gesellschaft. Diese Definition ist nicht nur deshalb fragwürdig, weil sie normative und empirische Ebene mischt, sondern weil sie an der empirischen Realität scheitert. Nach Essers Vorstellung funktionieren sowohl seine ethnisch homogene wie auch seine multikulturelle Gesellschaft gleichermaßen relativ reibungslos. Sie haben einen verhältnismäßig hohen Zusammenhalt, es gibt keine größeren oder systematischen Konflikte zwischen den verschiedenen Gruppen. Im Alltag mag es durchaus Spannungen und Konflikte geben. Aber sie sind vorübergehend und finden in wechselnden Konstellationen statt.[241]

Essers Konzept einer harmonischen multikulturellen Gesellschaft ist problematisch, weil es von der empirischen Wirklichkeit nicht gedeckt ist. Ethnisch homogene Gesellschaften können einen hohen Zusammenhalt haben, multikulturelle Gesellschaften haben gerade keinen. Multikulturelle Gesellschaften sind *per se* ausgesprochene Konfliktgesellschaften, und zwar aufgrund systematischer Konflikte, die das Ergebnis unterschiedlicher, gegensätzlicher oder sich sogar ausschließender kultureller Interessen sind. Weshalb unter diesen Umständen allein die ökonomischen und politischen Abhängigkeiten und die Integrationskraft der Märkte ausreichen sollten, um die multikulturelle Gesellschaft zusammenzuhalten, ist schleierhaft. Ethnisch homogene und ethnisch heterogene Gesellschaften können deshalb nicht gleichgesetzt werden. In multikulturellen Gesellschaften werden der gesellschaftliche und soziale Konflikt um die ethnokulturelle Dimension erweitert. Dadurch erhält der gesellschaftliche Konflikt aber eine völlig neue *Qualität*.

Widerspruch erntet Esser auch von Hoffmann-Nowotny. Dessen Begriff der multikulturellen Gesellschaft knüpft nicht an Art und Intensität gesellschaftlicher Konflikte an, sondern an das Merkmal kulturelle Gemeinsamkeit. Daraus ergeben sich folgende Definitionen:[242]

1. Multikulturell ist eine Gesellschaft dann, wenn Bevölkerungsteile, die als eigenständige soziale Gruppen abgrenzbar sind, „sich bei der symbolischen Konstruktion der Realität aus einem je eigenen ‚Wissensvorrat' mit Interpretationen ‚versorgen'". Beispiel: Eine Minderheit behält ihre mitgebrachte Kultur (Lebensform, Werte, Normen und Weltsicht), die sich von denen der Aufnahmegesellschaft unterscheiden, bei. Eine Anpassung an die Mehrheitsgesellschaft findet nicht statt.
2. Multikulturell ist eine Einwanderungsgesellschaft dann, wenn Bevölkerungsteile, die als eigenständige soziale Gruppen abgrenzbar sind, „sich bei der symbolischen Konstruktion von Realität *in mindestens einem gesellschaftlichen Teilsystem* aus einem von dem der Einheimischen verschiedenen ‚Wissensvorrat' versorgen". Multikulturell ist eine Gesellschaft also dann, wenn voneinander abgrenzbare Teile der Gesamtgesellschaft eigene kulturelle Bedeutungswelten teilen, die sie nicht mit der Mehrheit oder anderen Minderheiten gemeinsam haben. Beispiel: Buddhistische Einwanderer behalten ihre Religion und Wertvorstellungen bei, passen sich im Übrigen kulturell der Mehrheitsgesellschaft an.
3. Assimilieren sich fremdkulturelle Einwanderer auf Dauer nicht an die Kultur der Aufnahmegesellschaft, dann ist das Ergebnis eine multikulturelle Gesellschaft.

Auf der Grundlage dieser Definitionen erstellt Hoffmann-Nowotny die folgende Typologie:

Einheimische und Einwanderer sind kulturell ...		Wissensvorrat		Die Gesellschaft ist ...
		im öffentlichen Bereich	im privaten/gemein-schaftlichen Bereich	
1.	völlig segregiert	−	−	multikulturell
2.	partiell segregiert	−	+	multikulturell
3.	partiell segregiert	+	−	multikulturell
4.	nicht segregiert	+	+	monokulturell

Erklärung:
Minuszeichen = jeweils separater Wissensvorrat
Pluszeichen = gemeinsamer Wissensvorrat

Abb. 3.8   Gesellschaftstypen nach Hans-Joachim Hoffmann-Nowotny

Nach Hoffmann-Nowotny hat die multikulturelle Gesellschaft drei Varianten. In allen Fällen, in denen eine kulturelle Segregation, und nicht bloß eine subkulturelle Teilkultur gegeben ist, spricht er von multikultureller Gesellschaft. Eine multikulturelle Gesellschaft besteht folglich *nicht nur* bei Vorliegen völliger Segregation, sondern auch schon bei partieller. Aber „Einwanderung führt [...] nicht notwendigerweise zu dem, was man ‚multikulturelle Gesellschaft' nennen könnte. Das ist nur der Fall, wenn eingewanderte Individuen als kulturell fremde Kollektive in Erscheinung treten – bzw. von der ‚Mehrheit' als solche ausgegrenzt werden – und sich schließlich selbst als ‚Minderheit' definieren und verstehen". Die Adjektive „fremdkulturell" und „kompatibel" dienen Hoffmann-Nowotny zur qualitativen Bestimmung einer multikulturellen Gesellschaft. Was versteht Hoffmann-Nowotny unter fremdkulturell? Multikulturelle Gesellschaften entwickeln sich seiner Ansicht nur dann, wenn die Einwanderer aus fremden Kulturen kommen, die mit der Kultur der einheimischen Einwanderungsgesellschaft nicht kompatibel sind und sich aufgrund dieser Inkompatibilität nicht oder nur schwer integrieren und an die Kultur der Aufnahmegesellschaft assimilieren. Fremdkulturell sind Kulturen, die nicht dem europäischen Kulturkreis angehören.[243]

Auch *Multikulturalismus* ist kein klar bestimmter Begriff. Drei Arten von Multikulturalismusbegriffen lassen sich unterscheiden: a) empirisch-analytische, b) normativ-ideologische, c) programmatisch-politische.[244] Multikulturalismus kann als empirisch-analytische Gesellschaftstheorie verstanden werden. Dann beschreibt sie eine soziale Wirklichkeit, die durch kulturelle Pluralität der zeitgenössischen westlichen Gesellschaften charakterisiert ist. Als normativ-ideologische Gesellschaftstheorie hat sie den absichtsvollen und bewussten Aufbau einer ethnisch-kulturell heterogenen Mosaikgesellschaft zum Thema und bildet die

Grundlage eines politischen Programms der Realisierung dieser Gesellschaftsform. Multikulturalismus ist ein Synonym für das Heterogenitätsparadigma (Differenzparadigma), das die Auflösung ethnokultureller Homogenität anstrebt und auf die Maxime setzt: „So viele Unterschiede wie möglich, so viele Gemeinsamkeiten wie unbedingt nötig."

Zwei Grundtypen des Multikulturalismus können identifiziert werden:

1. ein *pluralistischer Multikulturalismus*. Das pluralistische Modell erkennt die kulturellen Unterschiede der verschiedenen ethnokulturellen Gruppen an und begreift sich daher als ein Programm zur Verwirklichung von Gruppenrechten.
2. ein *kosmopolitischer Multikulturalismus*. Das kosmopolitische Modell ist hybride, fließend und strebt nach der Fusion verschiedener Kulturen in einer synkretistischen, kosmopolitischen Weltkultur, die auf einem interkulturellen Verständnis beruht. Der kosmopolitische Multikulturalismus ist auf individuelle Rechte gegründet, betont die Dynamik und Wandlungsfähigkeit der kulturellen Gruppen und ist skeptisch gegenüber gruppenbildender und gruppenstützender Tradition. Er bevorzugt freiwillige Bindungen, die Individuen gegenüber Kollektiven eingehen. Er geht von vielfältigen Zugehörigkeiten aus, fördert hybride Identitäten und ist aufgeschlossen gegenüber sich neu bildenden kulturellen Verbindungen.[245]

Multikulturalismus wird in einer weiten und in einer engen Bedeutung verwendet. Ein enger Multikulturalismusbegriff hebt auf die ethnisch-kulturellen, religiösen und sprachlichen Unterschiede ab. In einer weiten Bedeutung strebt Multikulturalismus nach Inklusion unterdrückter, armer und ausgeschlossener Minderheiten aller Art. Vor allem in den USA wird der Begriff Multikulturalismus in einem sehr weiten Sinn verwendet. Dort fallen auch nichtethnische Minderheiten unter den Multikulturalismusbegriff. Ein radikal inklusionistischer Multikulturalismus, wie er etwa von Iris M. Young vertreten wird, schließt gesellschaftlich isolierte oder marginalisierte Gruppen mit ein. Young zählt dazu auch etwa, Alte, Arbeiter, Schwule und Lesben, Behinderte, Atheisten usw. Ein solch weiter Kulturbegriff ist analytisch zweifelhaft, weil unter Kultur ein spezielles Ethos, besondere Bräuche, Sitten, Gewohnheiten und Verhaltensweisen, die *jede* Gruppe haben kann, verstanden werden. Außerdem wird zwischen Kultur und Subkultur nicht unterschieden. Zu welch absurdem Ergebnis das führt, kann leicht gezeigt werden. Der in den USA und Großbritannien lehrende politische Philosoph Brian Barry spottet, dass auf Iris M. Youngs Liste der unterdrückten Gruppen in den USA (also Frauen, Schwarze, mexikanische Amerikaner, Puertoricaner und andere spanischsprachige Amerikaner, Indianer, Juden, Lesben, Schwule, Araber, Asiaten, Alte, Werktätige, physisch, psychisch und geistig Behinderte) etwa 90 Prozent der US-Bevölkerung stehen. Was aber ist mit schwarzen Amerikanern, die zum (überwiegend weißen) Establishment des Landes gehören? Aus der Perspektive eines weiten Multikulturalismusbegriffes könnten sich andererseits z.B. auch ethnisch sehr homogene Gesellschaften wie die isländische multikulturell nennen. Auch sie umfassen nämlich verschiedene Gemeinschaften, Gruppen und Vereinigungen auf der Grundlage von Klasse, Geschlecht, sexueller Orientierung, religiösen Glaubens, moralischer Überzeugungen und politischer Ideologie. Terry Eagleton kommentiert diese kulturalisierenden Tendenzen mit britischer Ironie: „Beginnt man jedoch, die Idee der Kultur im Geiste eines großzügigen Pluralismus so zu entfalten, daß sie auch die ‚Kultur der Polizeikantine', die ‚Kultur des Sexualpsychopathen' oder die ‚Mafiakultur' abdeckt, ist schon weit weniger klar, warum es sich hierbei um kulturelle Formen handeln soll […]. Historisch gesehen, hat es eine reiche Fülle an Kulturen der Folter gegeben, was aber auch eingefleischte Kulturpluralisten schwerlich als ein Beispiel für den bunt gewirkten Teppich menschlicher Erfahrungen ausgeben werden.“[246]

3.8.2 Charles Taylor, der liberale Multikulturalismus und die Politik der Anerkennung kultureller Differenz

Wie immer man den Multikulturalismus versteht, sei es als Gesellschaftstheorie, als Ideologie oder als politisches Programm, von herausragender Bedeutung ist seine politisch-philosophische Grundlegung durch Charles Taylor. Taylor will vermitteln zwischen dem klassischen Liberalismus, der sich ausschließlich an den Individualrechten orientiert, und einem Differenzdenken, das die klassisch liberale Rechtsgleichheit im Zweifelsfall durch Gruppenrechte, Sonderrechte und Ausnahmeregelungen zugunsten von ethnokulturellen Minderheiten ergänzen möchte. Mit dieser Neuformulierung der liberalen Rechtsstaatsidee ist Taylor zum geistigen Vater eines liberalen Multikulturalismus geworden.

Unveräußerliche Würde des Menschen als Ausgangspunkt
Wie der *klassische Liberalismus* (Liberalismus 1) geht auch Taylors *liberaler Multikulturalismus* (Liberalismus 2) in seiner anthropologischen Standortbestimmung von der unveräußerlichen Würde des menschlichen Individuums aus.[i] Der heute übliche Begriff der Menschenwürde geht zurück auf die christliche Anthropologie, nach der Gott den Menschen *nach seinem Bild* geschaffen hat (Genesis 1,27). Die Vorstellung von der Gottesebenbildlichkeit bringt den Menschen in eine privilegierte Lage. Er braucht seine Daseinsberechtigung nicht nachzuweisen, er bedarf keiner Rechtfertigung, er ist reiner Selbstzweck. Die Aufklärung, die den Terminus der Menschenwürde hervorgebracht hat, hat seinen Inhalt allerdings aus den metaphysischen Bezügen herausgelöst. In der modernen säkularisierten Variante bedeutet die Idee der allgemeinen Menschenwürde, dass *alle* Menschen gleich und frei geboren sind und geachtet werden sollen aufgrund einer angeborenen unantastbaren Würde, die alle Menschen besitzen. Diese unantastbare Würde, also der Wert, den alle Menschen besitzen, ist daran zu erkennen, dass Menschen fähig sind, vernünftig zu handeln und selbst eine Vorstellung vom guten Leben zu entwickeln. Entscheidend ist, dass dem Menschen eine unveräußerliche Würde allein deshalb zusteht, weil die *Gattung* Mensch diese Fähigkeiten besitzt. Für den Besitz einer unveräußerlichen Menschenwürde kommt es also nicht auf die *tatsächlichen* Fähigkeiten an, sondern lediglich auf das Potential, unabhängig davon, was die Individuen aus diesem Potential auch tatsächlich machen oder machen können. Der Schutz, der durch das Prinzip der Menschenwürde vermittelt wird, erstreckt sich damit auch z.B. auf Behinderte oder Menschen, die im Koma liegen. Die Menschenwürde beansprucht universelle Geltung. Sie ist verbunden mit der Idee der Gleichheit der Menschen und gekoppelt an das Konzept einer demokratischen Gesellschaft. Die allgemeine Gleichheit und Gleichachtung

---

[i] Der Liberalismusbegriff, der von den Autoren des englischsprachigen Raumes verwendet wird, meint keine konkrete politische Richtung, sondern in etwa das, was in Deutschland mit der Idee des demokratischen und freiheitlichen Rechtsstaates beschrieben wird.

sind wiederum Grundlage für die Freiheit der Individuen. Aber schon diese allgemeine Konzeption der universellen Menschenwürde ist im Multikulturalismus nicht unumstritten. Bhikhu Parekh kritisiert die Position, die die Existenz universeller kulturübergreifender Werte einfach unterstellt. Er hält es für angemessener, diese universellen Werte auf dem Weg des interkulturellen Dialoges zu suchen und zu einem pluralistischen Universalismus zu kommen, der ein Minimum gemeinsamer moralischer Werte umfasst.[247]

Der klassische Liberalismus

Aus der unveräußerlichen Würde des Menschen leitet der klassische Liberalismus sein Hauptziel ab, die Freiheits- und Gleichheitsrechte des Individuums möglichst umfassend zu verwirklichen. Vom liberalen Standpunkt aus geht es um *gleiche Chancen für alle*. Der liberale Staat hat die Bürger ungeachtet ihrer ethnischen, religiösen, rassischen oder geschlechtlichen Identität gleich zu behandeln. Diese Neutralität umfasst alle Seiten des öffentlichen Lebens, Regierung, Verwaltung, Schulen, Universitäten. Der liberale Staat kümmert sich nur um die Interessen, die alle Bürger *gemeinsam* haben: das Recht auf eine ungehinderte wirtschaftliche Betätigung, ein ausreichendes Einkommen, persönliche Autonomie, eine funktionierende Gesundheitsversorgung, Erziehung, Bildung, Religionsfreiheit, Gewissensfreiheit, Redefreiheit, Pressefreiheit, Versammlungsfreiheit, Vereinigungsfreiheit, das Recht auf eine faire Gerichtsverhandlung, das Wahlrecht und das Recht, ein öffentliches Amt zu bekleiden. Diese Interessen haben alle Bürger potenziell gemeinsam, unabhängig von ihrer kulturellen, ethnischen, religiösen oder sexuellen Orientierung. Der Staat des klassischen Liberalismus ignoriert die kulturellen Identitäten oder die religiösen Bekenntnisse seiner Bürger.[248] Der klassische Liberalismus ist also „farbenblind". Er beruht auf dem Prinzip des streng neutralen Staates. Das ist ein Staat, der keine eigene kulturellen oder religiösen Ziele, ja nicht einmal irgendwelche kollektiven Ziele hat, die über die Wahrung der persönlichen Freiheit und der körperlichen Unversehrtheit, des Wohlergehens und der Sicherheit seiner Bürger hinausgehen.[249] Der Staat des klassischen Liberalismus versteht sich als ethisch, religiös und kulturell neutrale Instanz und achtet auf die Trennung von Religion und Staat. Er sorgt lediglich für Verfahren und Bedingungen, die eine faire und gleiche Behandlung aller Bürger gewährleisten. Auf diese Weise schafft er einen Rahmen, in dem alle Gruppen und alle unterschiedlichen Lebensweisen koexistieren können.[250]

Aus multikulturalistischer Sicht bleibt der klassische Liberalismus auf dem Niveau der allgemeinen Rechtsgleichheit und der farbenblinden Individualrechte stehen. Ethnokulturelle, religiöse oder sexuelle Orientierungen werden im klassischen Liberalismus in die Privatsphäre abgedrängt. Iris M. Young misst den liberalen Freiheits- und Gleichheitsrechten nur eine geringe Bedeutung bei, solange sie nicht begleitet werden von einer ausdrücklichen öffentlichen Bestätigung der Lebensformen, die sie angeblich schützen. Für Young ist die formale Gleichberechtigung z.B. von Homosexuellen und Heterosexuellen aber nicht ausreichend. Das, was die Vertreter von Schwulen und Lesben fordern, ist die positive öffentliche Bestätigung ihrer Lebensweise, die mit besonderen Erfahrungen und Perspektiven verbunden ist.[251] Ethnokulturelle, sexuelle und religiöse Gesichtspunkte haben immer auch eine öffentliche Dimension. Deshalb ist ihre Privatisierung unmöglich, genauso wie auch die Trennung von öffentlicher und privater Sphäre unmöglich ist. Die ablehnende Haltung der Kirchen in der Abtreibungsfrage z.B. lässt sich gar nicht auf die Privatsphäre beschränken, weil moralische

Überzeugungen per se den Anspruch auf öffentliche Geltung erheben. Jede Abdrängung in die Privatsphäre ist also eine bewusste Entscheidung für oder gegen eine Alternative. Ein Staat z.B., der die Pflege der Sprache der privaten Entscheidung der Einwanderungsminderheit überlässt, verhält er sich nicht neutral, sondern fällt eine Entscheidung gegen diese Sprache, weil eine Sprache, die keine öffentliche Relevanz besitzt, nach aller Erfahrung auf lange Sicht zum Absterben verurteilt ist. Die eine Alternative ist im Elsass zu beobachten, wo die Privatisierung des elsässisch-alemannischen Dialektes zum Aussterben der deutschen Sprache geführt hat; das Gegenbeispiel ist in Südtirol zu finden, wo Deutsch und Italienisch gleichberechtigte Amtssprachen sind. Gleichgültig wie der Staat entscheidet, eine neutrale Entscheidung ist unmöglich. Denn mit einer Entscheidung für etwas fällt gleichzeitig eine Entscheidung gegen etwas und der Staat trifft selbst dann eine Entscheidung für oder gegen etwas, wenn er gar nichts entscheidet.

Taylor wirft die Frage auf, ob es im klassisch liberalen Rechtsstaat überhaupt möglich ist, die unterschiedlichen kulturellen Lebensformen und Traditionen von Minderheiten wirksam zu schützen. Nicht, dass der klassische Liberalismus kulturelle Unterschiede beseitigen möchte. Er möchte lediglich den Fortbestand einer bestimmten Lebensweise oder kulturellen Lebensform nicht garantieren. Und zwar deshalb, weil die Sicherung des Fortbestandes einer Kultur fast unvermeidlich nur mit Hilfe von Sonderrechten oder Vorrechten erreicht werden kann.[252] Und genau das widerspricht wiederum dem liberalistischen Prinzip. Taylor kommt zu dem Schluss, dass der klassische liberale Rechtsstaat gegenüber den kulturellen, rassischen, religiösen und ethnischen Unterschieden, die zwischen den Menschen bestehen, blind ist. Weil er *einseitig* auf die universalistischen Grundrechte des Individuums fixiert ist, besteht er auf einer gleichförmigen Anwendung der Regeln, die keine Ausnahmen zulässt und daher assimilatorisch wirkt, und ist er misstrauisch gegenüber *kollektiven* Zielen. Auch wenn diese Farbenblindheit gerade die herausragende historische Errungenschaft des Liberalismus ist, ist doch ihre unbeabsichtigte Folge, kollektiven Besonderheiten nicht ausreichend Rechnung zu tragen. Da kollektive Besonderheiten vor allem das Kennzeichen von Minderheiten sind, führt das automatisch zu ihrer Diskriminierung. Deshalb schlägt Taylor vor, das einseitig individualistische Verständnis des liberalen Rechtsstaats zu korrigieren und diskriminierte oder in ihren kulturellen Lebensformen bedrohte Minderheiten besonders zu schützen und zu bevorzugen.

Der klassische Liberalismus schafft zwar formale Rechtsgleichheit und Gleichbehandlung für alle Bürger, aber weil die Rechtsgleichheit rein formaler Natur ist, benachteiligt er die kulturellen Minderheiten. Einheitliche Rechte können nämlich einen unterschiedlichen Einfluss auf unterschiedliche Menschen haben. Wenn etwa beim Tierschutz in Deutschland Rechtsgleichheit durchgesetzt wird, dann benachteiligt das automatisch Juden und Muslime, weil deren religiöse Vorschriften zur Schlachtung von Tieren dem deutschen Tierschutzrecht widersprechen. Der klassische Liberalismus, so Taylor, ist also außerstande, das Besondere und Eigentümliche, das gerade in den kulturellen Unterschieden zum Ausdruck kommt, anzuerkennen. Daraus entsteht eine Gerechtigkeitslücke, die er durch eine Modernisierung des klassischen Liberalismus beseitigen will.

Das Theorem der Anerkennung kultureller Differenz

Charles Taylor hat für die multikulturalistische Modernisierung des klassischen Liberalismus die philosophische Begründung geliefert. Das von Taylor entwickelte Theorem verlangt die Anerkennung ethnischer, sprachlicher und kultureller Differenz im Sinne eines anerkennungsphilosophisch begründeten Rechtsanspruches. Taylor beruft sich darin auf Georg Wilhelm Friedrich Hegel. Hegel nimmt an, dass Menschen nur in dem Maße gedeihen können, dass sie nur dann Selbstbewusstsein erlangen und zur Freiheit fähig werden, wenn sich die Individuen wechselseitig rechtlich und moralisch anerkennen. Jedes menschliche Wesen strebt nach Anerkennung durch andere. Das Verlangen nach Anerkennung ist also ein menschliches Grundbedürfnis und die Voraussetzung für wirkliches Menschsein. Daraus leitet Taylor die These ab, dass die Identität der Individuen von Anerkennung oder Nichtanerkennung geprägt wird. Unter Identität versteht Taylor ein sein der Individuen, das sie erkennen läßt, wer sie sind und woher sie kommen.[253] Während in den früheren Gesellschaften die Identität des Einzelnen durch seine gesellschaftliche Stellung festgelegt war, wird in der modernen Gesellschaft die unverwechselbare Identität der Person gewissermaßen individualisiert.

Anerkennung und Identität befinden sich in einem engen Abhängigkeitsverhältnis. Das heißt, Anerkennung wird nicht auf monologischem Wege in Form einer Selbstanerkennung erzeugt, sondern, da die menschliche Existenz dialogischen Charakter hat, durch Interaktion mit anderen. Menschen bestimmen ihre Identität immer im Dialog, manchmal sogar im Kampf mit dem, was die „signifikanten anderen" (George Herbert Mead) in ihnen sehen wollen. Taylor behauptet nun, dass das Problem der Anerkennung in früheren Zeiten deshalb nicht zum Problem werden konnte, weil die Identität der Menschen auf gesellschaftlichen Kategorien beruhte, die niemand anzweifelte. Die Menschen waren z.B. Mitglieder von Ständen oder Zünften, ihre individuelle Anerkennung ergab sich aus der gesellschaftlichen Anerkennung der Gruppe, der sie angehörten. Die moderne persönliche Identität genießt diese selbstverständliche Anerkennung nicht. Sie muss Anerkennung erst gewinnen. Historisch neu ist also nicht das Bedürfnis nach Anerkennung, neu ist vielmehr, dass die Individuen in Verhältnissen leben, in denen das Streben nach Anerkennung scheitern kann.[254]

Individuen oder Gruppen von Menschen können Schaden nehmen, wenn ihnen von der Umgebung oder der Gesellschaft keine Achtung entgegengebracht wird. Die Verweigerung von Anerkennung kann Individuen psychisch deformieren. Nichtanerkennung kann Leiden verursachen, kann eine Form von Unterdrückung sein. Das von Hegel philosophisch begründete Bedürfnis eines jeden Individuums nach allgemeinmenschlicher Anerkennung wird von Taylor erweitert und auf die Frage von Anerkennung oder Nichtanerkennung der Kultur zugeschnitten, der sich die Individuen zugehörig fühlen. Danach bedeutet Nichtanerkennung der Kultur für ihre Angehörigen Schaden durch Entwurzelung, durch Fehlen von Rückhalt, durch die Unmöglichkeit, Selbstachtung und Gemeinschaftsgefühl zu entwickeln. Die Notwendigkeit, den Schaden zu vermeiden, der durch Nichtanerkennung entsteht, hat nichts mit der Frage zu tun, ob die Kultur, der die Anerkennung versagt wird, einen besonderen Wert für alle Menschen besitzt. Da die Zugehörigkeit zu einer bestimmten Kultur menschliches Grundbedürfnis und Bedingung individueller Selbstentfaltung ist, gilt die Forderung nach vorbehaltloser Anerkennung der kulturellen Zugehörigkeit unabhängig vom jeweiligen Inhalt der Kultur.[255]

Die modernen Gesellschaften sind gekennzeichnet durch die kulturelle Differenz der Gesellschaftsmitglieder. Deshalb hat die Politik dafür zu sorgen, dass sich ethnokulturelle Vielfalt frei entfalten kann. Die Differenzperspektive lehnt gesellschaftliche Homogenität ab. Selbst das gemeinsame Interesse muss im Zweifel hinter die Privilegierung der gesellschaftlichen Heterogenität zurücktreten. Darüber hinaus versteht Taylor die Differenz der Kulturen als Chance zur vollen Entfaltung des Menschseins. Er ist der Ansicht, dass Menschen in der Lage sind, Bindungen einzugehen nicht nur trotz, sondern gerade wegen der Differenzen, die sie voneinander unterscheiden. Menschen empfinden die Eigenarten der anderen als Bereicherung, weil sich ihr Lebenshorizont durch die Gemeinschaft mit ihnen öffnet und erweitert. Menschen sind dazu bestimmt, einander zu verstehen. Wenn das erfolgreich verläuft, kommt es zu einer *Horizontverschmelzung*, das heißt zu der Erkenntnis, dass unsere Lebensweise nur eine Möglichkeit unter vielen ist.[256]

Der liberale Multikulturalismus

Aus der Kritik am klassischen Liberalismus geht der *liberale Multikulturalismus* hervor. Er versteht sich als die modernisierte und demokratisierte Variante des klassischen Liberalismus. Die multikulturalistische Wende ergänzt den auf Individualrechte fixierten klassischen Liberalismus durch Gruppenrechte, die die Gleichbehandlung aller ethnokulturellen Gruppen, vor allem der ethnokulturellen Minderheiten, sicherstellen sollen. Die multikulturalistische Wende führt damit in kulturellen Fragen ein Prinzip ein, das dem in Deutschland bekannten Rechtsgrundsatz entspricht, nachdem *Gleiches gleich und Ungleiches ungleich behandelt* werden muss. Das bedeutet, dass unterschiedliche gesellschaftliche Gruppen, etwa kulturelle Minderheiten, unterschiedlich behandelt werden müssen, damit sie gleich sein können.

Aus multikulturalistischer Sicht ist der liberale Multikulturalismus eine folgerichtige Erweiterung des klassischen Liberalismus. Das klingt nach einer unproblematischen Konstellation, ist es aber nicht. In Wirklichkeit geraten Liberalismus 1 und Liberalismus 2, die beide auf der Idee der Gleichachtung beruhen, miteinander in Konflikt. Einerseits fordert das Prinzip der Gleichachtung ein differenzblindes Verhalten. Andererseits soll das Besondere anerkannt und gefördert werden. Die erste Liberalismusvariante wirft der zweiten vor, sie verstoße gegen den Grundsatz der Nichtdiskriminierung. Die zweite wirft der ersten vor, sie negiere die besonderen Identitäten, indem sie die Angehörigen von kulturellen Minderheiten zur Homogenität zwinge. Folglich sei die angeblich faire differenzblinde Gesellschaft diskriminierend und unmenschlich, weil sie Identitäten auf eine subtile, ihr selbst nicht bewusste Weise, unterdrücke. Dagegen tritt der liberale Multikulturalismus dafür ein, dass der Staat ausdrücklich einzelne Kulturen fördert, und zwar unter drei Bedingungen: a) die Grundrechte aller Bürger, etwa Redefreiheit, Religionsfreiheit, Versammlungsfreiheit, müssen gewahrt bleiben, b) niemand darf durch Manipulation oder offen zur Assimilation an die kulturellen Werte der öffentlichen Institutionen gezwungen werden, c) die politisch Verantwortlichen und die Institutionen, die kulturelle Entscheidungen treffen, müssen demokratisch kontrolliert werden.[257]

Eine Gesellschaft mit kollektiven Zielsetzungen kann Taylor zufolge sehr wohl liberal sein, vorausgesetzt, sie ist imstande, Vielfalt zu respektieren, vor allem im Umgang mit denen, die ihren kollektiven Zielen nicht folgen mögen. Damit macht Taylor klar, dass kollektive kulturelle Ziele als legitime Gesichtspunkte bei der Bestimmung von gesellschaftspolitischen

Projekten zulässig sind.[258] Liberalismus 2 eröffnet die Möglichkeit, dass sich Staaten für den Fortbestand und das Gedeihen von Nationalitäten, Kulturen oder Religionen einsetzen – solange die Grundrechte jener Bürger geschützt sind, die sich in anderer Weise (oder gar nicht) engagieren wollen oder gebunden fühlen. Der Liberalismus 2 versucht das Kunststück, die individuellen Grundrechte und das Prinzip der Gleichbehandlung mit dem kollektiven Ziel des Überlebens einer Kultur zu versöhnen. Eine einsame Position innerhalb des liberalen Multikulturalismus vertritt Michael Walzer. Er gesteht „liberalen Nationalstaaten" sogar zu, eine Politik des kulturellen Fortbestandes der Nation zu verfolgen, das heißt, im Hinblick auf Sprache, Geschichte, Literatur, den Kalender oder Bräuche die Interessen der Mehrheit zu wahren. Er geht davon aus, dass die „liberalen Nationalstaaten" ethnische und religiöse Unterschiede tolerieren und respektieren und allen Minderheiten die gleiche Freiheit einräumen, sich zu organisieren, die Werte ihrer Kultur zum Ausdruck zu bringen und ihre Lebensweise in Gesellschaft und Familie zu reproduzieren. Beim Spagat zwischen einer Politik der Sicherung des Fortbestandes der Mehrheitskultur und den Bestrebungen der Minderheiten, ihre eigene kollektive Identität zu erhalten, kann es natürlich zu Spannungen und offenen Konflikten kommen. Es besteht, so Walzer, keine Notwendigkeit, Minderheitenkulturen gleichermaßen zu fördern oder zu schützen, solange ihre Grundrechte respektiert werden.[259] Diese These führt Walzer in eine argumentative Zwickmühle. Stützen nämlich die Staaten aktiv ihre Mehrheitskultur, müssen sie sie privilegieren. Das bedeutet automatisch eine Politik der Abdrängung der Minderheitenkulturen in die Privatsphäre. Die Angehörigen der kulturellen Minderheiten können ihre Kulturen auf der Grundlage der ihnen garantierten individuellen Grundrechte leben, aber außerhalb des öffentlichen Raumes. In den Schulen, an den Universitäten, in der Verwaltung, in der Politik und in den anderen Institutionen der Gesellschaft findet sich nur die Kultur der Aufnahmegesellschaft. Der multikulturalistische Mainstream will aber gerade die kulturelle Hegemonie der autochthonen Mehrheitsgesellschaft brechen und zu Verhältnissen kommen, in denen die kulturellen Interessen der Minderheiten im öffentlichen Leben einen festen Platz bekommen. Eine multikulturalistische Politik muss deshalb die Verantwortung für das kulturelle Überleben von Gemeinschaften übernehmen. Um eine solche Politik verwirklichen zu können, darf der Staat Minderheiten nicht bloß öffentlich anerkennen, er muss auch eine materiell wirksame Politik betreiben. Die Minderheiten müssen öffentliche Gelder bekommen, damit sie z.B. ein eigenes Bildungswesen aufbauen können. Der Staat muss eine Politik der Einstellungsquoten verfolgen, die die Menschen dazu ermuntert, sich als Mitglied dieser oder jener ethnokulturellen Gruppe zu bekennen. Aber eine solche Politik hat eine verhängnisvolle Kehrseite. Sie schafft unwiderstehliche Anreize, sich demonstrativ als Minderheit zu bekennen, für alle Zeiten Minderheit zu bleiben oder sich gar als Minderheit neu zu entdecken, weil die Zugehörigkeit zu ihr mit Vorrechten und Vergünstigungen einhergeht. Da alle anderen Minderheiten ebenfalls wachsam auf das Verhältnis zur Mehrheit oder zu den anderen Minderheiten blicken und darauf bedacht sind, gegenüber den anderen nicht ins Hintertreffen zu geraten, entsteht ein sensibles Gleichgewicht, das als Proporz institutionalisiert wird. Die Anteile an den finanziellen Ressourcen und der Zugang zu den Positionen in den Institutionen des Staates, der Wirtschaft und der Gesellschaft sind nach Proporz festgelegt. Bei Verstößen gegen den Proporz reagieren die Minderheiten empfindlich, es entsteht das Gefühl, vernachlässigt, zurückgesetzt oder benachteiligt zu werden. Mag die Konservierung eines besonderen ethnokulturellen Status noch so künstlich und vom Zeitablauf längst überholt sein, das System des Proporzes erzeugt ein System der Pfründe und garantiert den Funktionäre der ethnokulturellen Minderheiten Macht, Einfluss und sicheres Auskommen. Da sie als Profiteure eines solchen Systems daran interessiert sind, es zu erhalten, wehren sie sich gegen jede Innovation oder jede auch noch so geringe Änderung, die ihnen zumutet, ein klein wenig nachzugeben. Auch wenn der Proporz noch so fein und feinfühlig austariert ist, alle haben das Gefühl, den anderen gegenüber irgendwie zu kurz zu kommen. Die langfristige Folge ist Erstarrung und Immobilität des Systems sowie Distanz, Abneigung oder gar ethnischer Hass der beteiligten Kollektive. In Jugoslawien hat die gute Absicht einer Politik, die den Minderheiten gerecht werden wollte, zum Zerfall des Staates und zu einem blutigen Sezessionskrieg geführt.[260]

Die Politik der Anerkennung kultureller Differenz

Der klassische Liberalismus steht für die farbenblinden Individualrechte. Er lehnt kulturelle Gruppenrechte ab, obwohl er offen ist für die kulturelle Differenzierung der Gesellschaften und deshalb auch bereit ist, unter pragmatischen Gesichtspunkten Ausnahmeregelungen für kulturelle Minderheiten einzuführen. Dagegen erweitert das Prinzip der Anerkennung kultureller Differenz den klassischen Liberalismus um kulturelle Gruppenrechte. Aber das Prinzip der Anerkennung kultureller Differenz umfasst unterschiedliche Auffassungen über das Verhältnis zwischen den individuellen Grundrechten und den kulturellen Gruppenrechten. Seine Eckpunkte sind der liberale und der radikale Multikulturalismus:

1. Der *liberale Multikulturalismus* (Liberalismus 2), wie er von Taylor vertreten wird. Er strebt nach einem paritätischen Ausgleich zwischen farbenblinden Individualrechten und kulturellen Gruppenrechten.
2. Der *radikale Multikulturalismus*, der die Politik der Anerkennung kultureller Differenz zum Äußersten treibt und am kompromisslosesten durchzusetzen versucht und im Zweifel eine Politik der kulturellen Gruppenrechte den Individualrechten vorzieht.

Taylors liberaler Multikulturalismus will die universell gültige Würde des Individuums mit der Anerkennung seiner Identität aus Geschlecht, Rasse oder ethnokultureller Herkunft verbinden. Danach haben die menschlichen Individuen nicht nur eine universelle Identität als Menschen gemeinsam, gemeinsam haben sie auch die Vielfalt kultureller Formen. Während die Politik der allgemeinen Menschenwürde auf dieselben Rechte und Freiheiten zielt, verlangt die Politik der Differenz, die unverwechselbare Identität eines Individuums oder einer ethnischen Gruppe anzuerkennen und unterschiedliche kulturelle Traditionen zu stärken. Taylors Vermittlung ist allerdings problematisch, weil die beiden Ziele nicht gleichwertig und nicht gleichzeitig verfolgt werden können, mehr noch, sie widersprechen sich. Die Politik der Anerkennung kultureller Differenz realisiert ihre Ziele durch die absichtsvolle Ungleichbehandlung von Mehrheit und Minderheiten, das heißt, durch Maßnahmen der umgekehrten Diskriminierung. Bhikhu Parekh räumt ein, dass durch die unterschiedliche Behandlung von Minderheiten der Anschein eines Bruches mit dem Gleichheitsprinzip erweckt werden kann. In Wirklichkeit sei sie aber ein Instrument zur Gleichstellung der Minderheiten mit der Mehrheitsgesellschaft. Diesem Ziel dienen zwei Formen multikulturalistischer Differenzpolitik: eine negative und eine positive Ungleichbehandlung. Die positive Ungleichbehandlung sichert eine Vorzugsbehandlung aufgrund der Zugehörigkeit zu einer bestimmten kulturellen Gruppe. Andere Gruppen können diese Vorzugsbehandlung nicht bekommen. Beispiel dafür ist eine Politik, die Frauen oder ethnokultureller Minderheiten systematisch Vorteile verschafft oder für die Mitglieder bestimmter ethnokultureller Gruppen einen festgelegten Anteil an Plätzen in Bildungseinrichtungen oder bestimmten Berufen reserviert. Die negative Ebene ermöglicht einzelne Ausnahmen von den allgemein gültigen Gesetzen aufgrund unterschiedlicher kultureller Praktiken oder Glaubensüberzeugungen. Das übliche Beispiel dafür ist die Ausnahmeregelung für britische Sikhs, die sie vom Tragen eines Schutzhelms beim Motorradfahren ausnimmt. Die negative Ungleichbehandlung will folglich von einer gesetzlichen Belastung befreien. Begründet wird die Praxis doppelter Ungleichbehandlung damit, dass durch Diskriminierung in der Vergangenheit Strukturen entstanden sind, die bestimmte Gruppen systematisch und regelmäßig benachteiligen. Umgekehrte Diskriminierung soll für Ausgleich sorgen, so dass später wieder die alten, ‚blinden‘ Regeln in Kraft treten können. Parekh schlägt vor, den marginalisierten und unterprivilegierten Minderheiten zusätzliche Rechte zuzuteilen, um sie mit den übrigen Gesellschaftsmitgliedern gleichzustellen, sie politisch zu integrieren und sie zu ermutigen, ihre kulturelle Verschiedenheit zu leben. Instrumente dafür sind z.B. eine überproportionale Vertretung in Parlament, Regierung und Verwaltung sowie Beratungs- und Vetorechte bei Gesetzesvorhaben, die die Minderheiten betreffen. Der radikale Multikulturalismus geht noch einen Schritt weiter. Er will die Ungleichbehandlung beibehalten, um die kulturellen Besonderheiten und Unterschiede bewahren zu können, und zwar für immer.[261]

3.8.3   Widersprüche in Taylors liberalem Multikulturalismus

Die Politik der Anerkennung kultureller Differenz stößt natürlich auf Kritik. Multikulturalistische Ansätze neigten dazu, die bloße Tatsache kultureller Unterschiede ideologisch zu überhöhen. Sie würden als gesellschaftlicher Selbstzweck gefeiert und als erstrebenswertes gesellschaftspolitisches Ziel hingestellt. Die Verabsolutierung von kultureller Identität und Differenz führe dazu, dass zufällig erworbene Identitäten und kulturelle Unterschiedsmerkmale wie biologische Tatsachen behandelt werden. Diese Quasibiologisierung sei essentialistisch und zementiere ethnische Grenzen. Dabei lasse sie außer Acht, dass kulturelle Merkmale und Identitäten nicht angeboren seien, sondern in einem Prozess der Sozialisation und Enkulturation erworben würden. Identitäten, auch kulturelle, seien in ständiger Entwicklung, sie seien flüssig, veränderbar und wandlungsfähig. Individuen können im Grundatz frei darüber entscheiden, ob sie einer bestimmten Kultur angehören wollen, sonst hätte das Prinzip der individuellen Wahlfreiheit keinen Sinn. Auch deshalb könne es keinen Anspruch auf eine *bestimmte* Identität geben. Wären Individuen und gesellschaftliche Gruppen ein für allemal auf bestimmte kulturelle Merkmale festgelegt, würde eine individuelle und gesellschaftliche Weiterentwicklung unmöglich.

Auch die Politik der Differenz verlangt die Durchsetzung von Gleichheit und Würde. Das Dilemma besteht darin, dass das Prinzip der Gleichheit Anerkennung für etwas verlangt, das eben gerade nicht universell ist und an dem nicht jeder teilhat: „Wir können das, was universell vorhanden ist – jeder Mensch hat eine Identität – nur anerkennen, indem wir auch dem, was jedem einzelnen eigentümlich ist, unsere Anerkennung zuteilwerden lassen."[262] Die Überbetonung des kulturell Besonderen birgt zudem die Gefahr, dass eine Politik zur Sicherung der kulturellen Identität bestimmter Gruppen eine separatistische Mentalität begünstigt, welche die ethnische über die universellmenschliche Identität stellt[263] und deshalb Verrat am Prinzip der Gleichberechtigung bedeutet. Vor allem aber stellt eine Politik der Anerkennung kultureller Differenz im Zweifel Gruppenidentitäten und ethnokulturelle Sonderinteressen grundsätzlich über die gesamtgesellschaftlichen Interessen. Damit blockiert sie die gemeinsame Identität aller Staatsbürger und gefährdet den Zusammenhalt der Gesellschaft und die Einheit des Staates.

Bei Taylors Multikulturalismus sind zwei Prinzipien miteinander im Konflikt. Das erste betrifft die gleiche Würde und die Grundrechte der Individuen (Individualrechte), das zweite dagegen unterstreicht die kulturelle Andersartigkeit von Individuen und Gruppen (Gruppenrechte). Von ihrer logischen Struktur her schließen sich beide Prinzipien gegenseitig aus. Brian Barry bewertet diesen Widerspruch als so gravierend, dass er dem liberalen Multikulturalismus den Status einer liberalen Theorie abspricht. Im liberalen Multikulturalismus seien die Interessen des Individuums nicht ausreichend geschützt vor den Gruppen, weil im Zweifelsfall die Gruppenrechte vor den Individualrechten kämen. Barry leugnet nicht das Recht der verschiedenen kulturellen Gruppen, ihre Identität im gesellschaftlichen Leben auch kollektiv zum Ausdruck zu bringen. Aber er wendet sich gegen eine Überbewertung kultureller Differenz und wirft dem liberalen Multikulturalismus vor, die Aufmerksamkeit von den wirklichen gemeinsamen Problemen abzulenken, wie sie etwa in Gestalt von Arbeitslosigkeit, Armut, unzumutbaren Wohnverhältnissen oder mangelhaften öffentlichen Dienstleistungen bestünden. Barry betont, dass der klassische Liberalismus von einem einheitlichen Rechtsstatus der Staatsbürger ausgeht, weil jeder die gleichen gesetzlichen und politischen Rechte genießt und niemand sich auf besondere Rechte berufen kann, die auf Gruppenmitgliedschaft gründen. Genau dadurch entstehe Chancengleichheit. Der klassische Liberalismus schütze also die unterschiedlichen individuellen und kollektiven kulturellen Bedürfnisse in ausreichendem Maße. Den Individuen steht das Grundrecht der Vereinigungsfreiheit zu, sie haben somit die Möglichkeit, ihre kulturellen Bedürfnisse auch kollektiv zu leben.[264]

Barry wirft der multikulturalistischen Linken vor, sie verrieten das Erbe der Aufklärung, weil sie der Ansicht seien, dass die universellen Bürgerrechte die Ungleichheit von Geschlecht, Rasse und Klasse nicht in Rechnung stellten.[265] Dabei sei es gerade die Avantgarde der Aufklärung gewesen, die gegen die feudalen Verfassungen mit ihren Sonderrechten für privilegierte Gruppen und Personen gekämpft und schließlich Freiheit und Gleichheit für jedermann durchgesetzt habe. So überzeugend das Argument klingt, Barry unterschlägt freilich, dass der Ausgangspunkt heute ein anderer ist. Der Unterschied liegt aus multikulturalistischer Sicht nämlich darin, dass die Vorrechte der Vormoderne den herrschenden Klassen zustanden, während die neuen Vorrechte und Privilegien den kulturellen Gruppen zugedacht sind, die unterdrückt und marginalisiert sind.

Ein gewichtiges Argument für den liberalen Multikulturalismus formuliert Will Kymlicka, wenn er sagt, dass das frühere Modell einheitlicher Bürgerrechte für alle ursprünglich im Zusammenhang weitgehend homogener politischer Gemeinschaften entwickelt worden ist. Es sei aber nicht möglich, dieses Modell so zu modernisieren, dass es sich auch mit ethnokultureller Differenz vertrage. Barry wendet gegen dieses Argument ein, dass das gleichförmige System liberaler Rechte relativ wenige Probleme hervorrufe im Vergleich mit der Politik der Differenz. Die Politik der Differenz sei nämlich eine richtige Erfolgsformel zur Erzeugung von Zusammenstößen, weil sie die Mobilisierung einzelner Gruppen zum Zweck der Durchsetzung sektiererischer Forderungen belohne, wovon den größten Vorteil die „ethnokulturellen Unternehmer" hätten, also diejenigen, die ihren Unterhalt und ihre Macht der Vertretung partikularer ethnokultureller Interessen verdanken.[266]

Regeln und Ausnahmen: systemimmanenter Missbrauch von Gruppenrechten

Auch wenn Brian Barry den liberalen Multikulturalismus begrifflich ablehnt, ist er im Grunde genommen inhaltlich nicht weit entfernt vom ihm. Das zeigt sich daran, dass er gegenüber Ausnahmeregelungen, die kulturell oder religiös begründet werden, durchaus aufgeschlossen ist. Zwar will er im Grundsatz einheitliche, gleiche Rechte für alle, dennoch kann er sich Ausnahmen von den Regeln vorstellen. Dazu gehören Ausnahmeregelungen zugunsten des Schächtens für Juden und Muslime oder die Befreiung der Sikhs von der Pflicht, auf Baustellen einen Schutzhelm zu tragen. Barry sieht in der Berufung auf das im klassischen Liberalismus so wichtige Grundrecht auf freie Religionsausübung das stärkste Argument zugunsten der Zulässigkeit von Ausnahmen vom allgemeinen Gesetz. Ausnahmeregelungen werden hauptsächlich aus religiösen, weniger aus kulturellen Gründen gefordert. Das liegt daran, dass Forderungen, die aus religiösen Gründen erhoben werden, leichter durchsetzbar sind, als wenn die Ausnahmeregelungen lediglich mit kulturellen Praktiken begründet werden. Und deshalb werden die letzteren häufig in erstere umgepackt. So z.B. wird das Tragen der Kippa als religiöse Pflicht dargestellt, und nicht als traditioneller Brauch orthodoxer Juden. Diejenigen, die in Großbritannien in der Parlamentsdebatte die Forderungen der Sikhs nach einer Befreiung von der Helmtragepflicht unterstützten, beriefen sich auf religiöse Pflichten, diejenigen, die dagegen waren, beriefen sich darauf, dass es lediglich um traditionelle Gewohnheiten geht.[267] Dass das Grundrecht auf freie Religionsausübung regelmäßig als Waffe im Kampf der kulturellen Minderheiten gegen die einheimische Mehrheitsgesellschaft benutzt wird, lässt sich unter multikulturalistischen Vorzeichen also gar nicht verhindern.

Barry sieht trotzdem gute Gründe für Ausnahmeregelungen. Er unterstreicht aber, dass nicht jede Gruppe, die sich geschädigt fühlt, schon dadurch diskriminiert ist, dass sie keine Sonderregelung zugestanden bekommt. Aber aus welchen Quellen können die Maßstäbe kommen, die entscheiden helfen, wer auf welche Ausnahmeregelungen Anspruch hat und wer bestimmt, wann die Gründe für Ausnahmen ausreichend sind. Wer entscheidet nach welchen Maßstäben darüber, welche Merkmale eine Gleichbehandlung, erfordern und in welchen Fällen eine Ungleichbehandlung durch Ausnahmetatbestände gerechtfertigt ist. Es stellt sich also die Gerechtigkeitsfrage. Sie steckt im Spannungsverhältnis zwischen Rechtssicherheit (Gleichbehandlung) und Einzelfallgerechtigkeit (Ungleichbehandlung) fest. Der Multikulturalismus allerdings verschärft die Gerechtigkeitsfrage, so gut gemeint seine Ziele auch immer sein mögen, so sehr, dass sie unlösbar wird.

Das Verhältnis von Regel und Ausnahme hat aber noch eine weitere Facette. Aus der Schutzhelmpflicht für motorradfahrende Sikhs können nämlich grundsätzlich zwei Schlussfolgerungen gezogen werden: Entweder ist die Schutzhelmpflicht zur Vorbeugung vor Verletzungs- oder Todesgefahr wirklich wichtig, dann müssen die Menschen den Schutzhelm ohne Ausnahme tragen. Oder man überlässt das Helmtragen einfach der Verantwortung jedes Einzelnen. Bei der zweiten Position sind die direkten und indirekten gesellschaftlichen Folgekosten absehbar und bekannt. Wenn das so ist, liegt es nahe, sich für die erste Variante zu entscheiden. Wenn man den Sikhs aber zugesteht, dass sie mit Turban statt mit Schutzhelm fahren, und zwar mit dem Argument, dass sie selbst das Risiko tragen, weshalb gilt dann eine solche Regelung nicht auch für alle anderen? Die Hilflosigkeit der multikulturalistischen Position zeigt sich, wenn Barry, trotz überzeugender Argumente der Sicherheit und trotz Gleichbehandlungsgrundsatz zu dem Schluss kommt, dass Sikhs z.B. auch von der Schutzhelmpflicht auf dem Bau zu befreien sind. Grund dafür ist, dass die Sikhs in Großbritannien hauptsächlich auf dem Bau arbeiten. Eine Durchsetzung der Schutzhelmpflicht hätte das Risiko, dass die Sikhs ihre Arbeit auf dem Bau aufgeben und arbeitslos würden, was wiederum ihre Familien in Not bringen könnte. Aus pragmatischen Gründen also, um gesellschaftliche Spannungen und gewaltsame Unruhen zu verhindern, hält es Barry für angezeigt, Minderheiten von gesetzlichen Regelungen auszunehmen.[268] Der Preis für diesen Pragmatismus ist allerdings hoch. Regelungen von Ausnahmetatbeständen werden zum Ausgangspunkt für Gefühle ungerechter Behandlung, Zurücksetzung und Vernachlässigung, nur dieses Mal auf Seiten derer, die nicht von einer Ausnahmeregelung profitieren.

Eine der am meisten kontrovers diskutierten Fragen betrifft den Schutz und die kollektiven Rechte von Minderheiten, die in ihrem Innenverhältnis und im Verhältnis zu anderen Gruppen antiliberal und intolerant sind. Sollen auch für solche Gruppen Ausnahmen von den allgemeingültigen Gesetzen gemacht werden? Ausnahmeregelungen sind immer dann besonders heikel, wenn damit die Ungleichbehandlung von Mitgliedern in diesen Gruppen unterstützt wird, etwa von Frauen. Die Kritiker beschuldigen den Multikulturalismus daher, antimoderne, kulturell geschlossene Identitäten zu fördern, die die moderne politische Staatsbürgergemeinschaft, die sich auf universell gültige Werte stützt, zu untergraben.[269]

In den Augen seiner Kritiker ist der Multikulturalismus, der eine Politik der Ungleichbehandlung von Mehrheit und Minderheiten befürwortet, unabhängig von ihren Motiven unvereinbar mit dem demokratischen Rechtsstaat. Der demokratische Rechtsstaat muss nämlich in erster Linie die individuellen Gleichheits- und Freiheitsrechte schützen. Diese Rechte können durch eine Politik der kulturellen Differenz, die Gruppenrechten und Ausnahmeregelungen im Zweifel den Vorrang gibt, bedroht sein. Denn die Ungleichhandlung zugunsten der Minderheiten führt faktisch zu einer Benachteiligung der Mehrheit. Bei der Vergabe von Studienplätzen z.B. bedeutet die Bevorzugung von Bewerbern aufgrund ethnokultureller Merkmale eine Benachteiligung für all diejenigen, die diese ethnokulturellen Merkmale nicht aufweisen. Die positive Diskriminierung zugunsten von Minderheitenangehörigen schlägt um in die individuelle Diskriminierung von Angehörigen der Mehrheitsgesellschaft, die de facto mit dem Argument benachteiligt werden, dass sie der Mehrheitsgesellschaft angehören. Multikulturalistische Politik wird folglich stillschweigend auf dem Rücken der Mehrheitskultur gemacht. Indem Minderheitenrechte verabsolutiert werden, wird das Mehrheitsprinzip außer Kraft gesetzt, zu Lasten des Selbstbestimmungsrechtes der Mehrheit. Die partielle Herrschaft der Minderheit über die Mehrheit beseitigt das Prinzip der Volkssouveränität (Art. 20 GG).

3.8.4   Radikaler Multikulturalismus

Multikulturalismus spielt sich in einem Spektrum ab, das von liberalen bis zu radikalen Formen des Multikulturalismus reicht. Gut voneinander abgegrenzt werden können die Varianten, indem man die Auffassung beachtet, die sie zur Frage des Verhältnisses von Individual- und Gruppenrechten haben. Der liberale Multikulturalismus unternimmt den Versuch eines

Ausgleichs zwischen Individual- und Gruppenrechten, ohne die Widersprüche dieser Vorstellung überwinden zu können. Es ist nämlich logisch unvereinbar, Gleichheit und Toleranz gegenüber jeglicher kultureller Verschiedenartigkeit zu fordern, gleichzeitig aber auf einem Wertekonsens zu bestehen, der differenzblinde individuelle Grundrechte zum Inhalt hat. Dieses widersprüchliche Modell ist gerade auch in Deutschland zu Hause. Den ideologischen Unterbau für dieses Modell liefert der Verfassungspatriotismus, der aus der Anerkennung des Grundgesetzes als kulturell neutraler „Hausordnung" (Dieter Oberndörfer) erwächst.

Der radikale Multikulturalismus unterstellt, dass die Menschen in ihren jeweiligen Gemeinschaften verankerte Kulturwesen sind. Es versteht sich daher von selbst, dass die Individuen vor allem gegenüber ihren ethnokulturellen Gemeinschaften Loyalität empfinden, und erst in zweiter Linie dem Staat gegenüber. Wichtigste Aufgabe des Staates ist es, die kulturellen Gemeinschaften zu unterstützen und zu fördern. Der Staat muss darauf verzichten, sich in die inneren Angelegenheiten der kulturellen Gemeinschaften einzumischen, er muss ihre Autonomie anerkennen und institutionalisieren. Um diese Ziele zu erreichen, stellt der radikale Multikulturalismus die kulturellen Gruppenrechte über die individuellen Grundrechte. Die extremste Position besteht darin, dass alle Einwanderer das Recht haben, ihre mitgebrachten kulturellen Praktiken auf die gleiche Art und Weise fortzuführen wie sie es aus ihren Herkunftsländern gewohnt sind.[270]

Die bekanntesten Vertreter eines radikalen Multikulturalismus, die Politikwissenschaftler Iris M. Young und Chandran Kukathas, gehen davon aus, dass moderne Gesellschaften unter einer schweren sozialen Asymmetrie leiden. Auf der einen Seite unterprivilegierte und marginalisierte gesellschaftliche Gruppen. Young zählt in den USA dazu nicht nur die ethnokulturellen (Schwarze, Ureinwohner, Puertoricaner, Spanisch sprechende Amerikaner, asiatische Amerikaner), sondern auch Frauen, Schwule, Lesben, Arbeiter, Arme, körperlich und geistig Behinderte. Auf der anderen Seite die sozial, politisch und ökonomisch privilegierten Gruppen. Sie verstehen sich darauf, ihre partikularen Interessen als die Interessen der Allgemeinheit darzustellen. Sie appellieren unentwegt an alle, das Gemeinwesen als gemeinsame Angelegenheit aller Staatsbürger zu sehen, und deshalb die ethnokulturellen und sozialen Unterschiede sowie die besonderen Bedürfnisse und Interessen der verschiedenen Gruppen zugunsten des Gemeinwohls zu überwinden. Deshalb sind Gemeinwohlideologien nichts anderes als der Versuch, gesellschaftliche Homogenität durchzusetzen. Von den sozial und ökonomisch privilegierten Gruppen kann man schwerlich erwarten, dass sie die Interessen der Unterprivilegierten wirklich verstehen. Ein Allgemeinwohlinteresse, das alle Menschen ohne Rücksicht auf ihre Gruppenzugehörigkeit umfasst, ist ein Mythos. Niemand kann behaupten, dass er im Interesse der Allgemeinheit spricht, denn keine Gruppe kann eine andere vertreten. Diese schwere Asymmetrie ist der Grund, weshalb die Unterprivilegierten eine gesonderte Vertretung ihrer Interessen in der Öffentlichkeit und im demokratischen Entscheidungsprozess brauchen. Young möchte deshalb das liberale *Ideal der bürgerlichen Öffentlichkeit*, das von den Bürgern erwartet, dass sie ihre besonderen Bedürfnisse und Interessen zugunsten des Gemeinwohls zurückstellen, ersetzen durch das *Ideal einer heterogenen Öffentlichkeit*. In einer heterogenen Öffentlichkeit werden die (kulturellen) Unterschiede anerkannt, auch wenn die verschiedenen Gruppen die jeweils anderen niemals völlig verstehen können. Das heißt aber nicht, dass es unmöglich ist, sich im Rahmen einer interkulturellen Kommunikation auf gemeinsame politische Beschlüsse zu einigen. Darüber hinaus sorgen in modernen Gesellschaften Mehrfachidentitäten dafür, dass die gesellschaftlichen Gruppen nicht völlig voneinander isoliert sind. Eine Gesellschaft, die nach wirklicher Inklusion und Partizipation aller Bürger strebt, kommt folglich um die Einrichtung der *Gruppenrepräsentation* nicht herum.[271] Das gesellschaftliche Zukunftsmodell besteht nicht mehr in einer einheitlichen Staatsbürgerschaft, sondern in einer heterogenen Öffentlichkeit und speziellen Staatsbürgerrechten, die nach den einzelnen gesellschaftlichen Gruppen differenziert sind.

Youngs Vorstellung ist, dass die demokratische Republik Vertretung und Anerkennung der unterdrückten oder unterprivilegierten gesellschaftlichen Gruppen speziell absichert, weil die privilegierten Gruppen ohnehin überrepräsentiert sind. Diese Absicherung kann über drei Instrumente erfolgen: a) die *Selbstorganisation* der Mitglieder einer Gruppe, durch die sie Macht und Einfluss in der Öffentlichkeit erlangen können; b) die *Artikulation* der gruppenbezogenen Interessen; c) ein *Vetorecht* gegenüber politischen Entscheidungen, die eine Gruppe unmittelbar betreffen. Die besondere Repräsentation der verschiedenen Gruppen betrachtet der radikale Multikulturalismus nicht als vorübergehend oder instrumentell, weil die gruppenmäßige Differenzierung moderner Gesellschaften dauerhaft, unausweichlich und wünschenswert ist. Dass gruppenbezogene Rechte und Ausnahmeregelungen für alles und jedes Widerstand und Ablehnung provozieren, sehen die Vertreter des radikalen Multikulturalismus durchaus. Young betont aber, dass das Ziel der Ausnahmeregelungen gerade nicht die Kompensation von Mängeln besonders stigmatisierter Randgruppen ist. Es gehe nicht darum, solchen Menschen und Gruppen dabei zu helfen, „normal" zu werden. Das eigentliche Ziel sei eine *Denormalisierung*. Die politische Forderung nach Sonderrechten komme aus der Absicht, die Besonderheiten der verschiedenen Kulturen und der verschiedenen Lebensformen *positiv zu bestätigen*. Ergänzt wird das System der heterogenen Öffentlichkeit und der Gruppenrepräsentation im radikalen Multikulturalismus durch einen weitgehenden Autonomiegedanken. Diese Autonomie äußert sich darin, dass die ethnokulturellen Gruppen eine möglichst große Freiheit bei der Regelung der eigenen Angelegenheiten haben sollten. Der australische Politikwissenschaftler Chandran Kukathas möchte das Verhältnis zwischen den verschiedenen Gruppen, ethnokulturellen Gemeinschaften und dem Staat so gestalten, dass sich die Gruppen und Gemeinschaften nicht mehr den in diesem Staat geltenden Prinzipien unterwerfen müssen, es sei denn, sie übernähmen sie freiwillig.[272]

Ein treffendes Beispiel für die Unterschiede zwischen liberalem und radikalem Multikulturalismus liefert der Bildungsbereich. Im liberalen Multikulturalismus herrscht die Ansicht, dass der Staat die Pflicht hat, den Kindern eine gute Bildung zu ermöglichen, die sie in die Lage versetzt, zufriedenstellende Positionen in Wirtschaft und Gesellschaft einzunehmen. In diesem Anspruch ist die Absicht enthalten, die Kinder vor obskuren Bildungsträgern zu schützen. Gemeint sind z.B. bestimmte Sekten, die medizinische Eingriffe zur Lebensrettung ablehnen oder Organisationen, die sich einem orthodoxen schariafixierten Islam verpflichtet fühlen. Im liberalen Multikulturalismus werden die Bildungsziele vom Staat durchgesetzt unabhängig davon, ob die Eltern das wollen oder nicht. Ganz anders dagegen im radikalen Multikulturalismus. Ausgangspunkt ist die Annahme, dass es unmöglich sei, so etwas wie eine objektive Wirklichkeit festzustellen. Im Anschluss an diese Annahme stellen die Vertreter des radikalen Multikulturalismus die ironische Frage, wer denn darüber entscheiden soll, was die Kinder in der Schule lernen. Man könne dem kulturellen Relativismus so kritisch gegenüberstehen wie man wolle, aber angesichts der Unbeantwortbarkeit dieser Frage dränge sich die Schlussfolgerung auf, dass die Inhalte der Bildung nicht die Angelegenheit einer zentralen Autorität sein können, sondern den kulturellen und lokalen Gemeinschaften zur dezentralen Entscheidung überlassen werden müssten. Jede kulturelle Gruppe entwickelt folglich Bildungsprogramme und Bildungsinhalte auf der Grundlage ihrer eigenen ethnozentrischen Perspektive, so dass Afrikaner die schulischen Bildungsinhalte und pädagogischen Methoden nach afrikanischen Wissenschafts- und Wertvorstellungen festlegen, Asiaten und Muslime wiederum nach ihren eigenen. Eine konsequent kulturrelativistische Bildungspolitik kann sich auch Schulen vorstellen, die sich auf das Geschlecht oder die sexuelle Orientierung gründen. Denkbar sind also getrennte öffentliche Schulen für Jungen und Mädchen oder für Lesben und Schwule, die mit spezifischen Anforderungen an Unterrichtsstoff, Pädagogik und Lehrpersonal verbunden sind.[273]

Kukathas Vorstellung einer weitreichenden Autonomie für ethnokulturelle Minderheiten mündet in die Konzeption eines libertären, extrem permissiven Staates, der nicht auf gesetzliche Ausnahmeregelungen angewiesen ist. Für diesen extrem toleranten Staat sind *alle* kulturellen Praktiken gleich wertvoll. Was auch immer irgendwelche Mitglieder irgendeiner kulturellen Minderheit im Namen ihrer religiösen Glaubensüberzeugungen oder kulturellen Normen praktizieren wollen, ist legal, wenn es nicht der Gesamtgesellschaft schadet. Dieser *Libertarismus* unterscheidet sich wesentlich vom liberalen Multikulturalismus, der z.B. Ausnahmen von der gesetzlichen Schutzhelmpflicht für Sikhs zulässt, aber nicht erlaubt, dass Eltern ihre Kinder misshandeln oder missbrauchen, auch wenn das Verhalten der Eltern einen kulturellen Hintergrund hat. In Kukathas libertärer Autonomievorstellung ist die liberale Gesellschaftsordnung so tolerant, dass sie auch nichtliberale Gruppen einschließt. Allerdings wird auch im radikalmultikulturalistischen Diskurs das Problem gesehen, dass auch der permissivste Staat auf ein Minimum gemeinsamer Regeln angewiesen ist. Dieses Minimum können gemeinsame Verkehrsregeln sein, die ein permanentes Blutbad auf den Straßen verhindern oder eine gemeinsame Währung, die einen funktionierenden Binnenmarkt oder die Teilnahme am internationalen Warenverkehr möglich macht. Dieses absolute Minimum an gemeinsamen Regeln und Abmachungen versuchen die verschiedenen kulturellen Gruppen in einem permanenten Prozess so auszuhandeln, dass sie von allen Gruppen anerkannt werden.[274] Die Fragwürdigkeit dieser Vorstellungen liegt auf der Hand. Auch der minimalste Staat braucht minimale Gemeinsamkeiten. Ob sich Kulturen mit gegensätzlichen Wertesystemen darauf verständigen können, ist unwahrscheinlich. Wenn nichtliberale mit liberalen Gruppen Übereinkünfte treffen wollen, wird der Preis der Übereinkunft die Unterwerfung der liberalen Gruppen unter die nichtliberalen sein. Ob die Liberalität der liberalen Gruppe diese Belastung aushält, scheint vor dem Hintergrund weltweiter historischer Erfahrungen äußerst fraglich. Von daher spricht vieles für die These, dass die radikalmultikulturalistische Lösung zwangsläufig die völlige Desintegration einer Gesellschaft zur Folge hat.

Man muss dem radikalen Multikulturalismus zugestehen, dass er die einzige Variante der Politik der Anerkennung kultureller Differenz ist, die logisch widerspruchsfrei ist und den Differenzgedanken auch wirklich konsequent zu Ende denkt. Aber der Preis dafür sind Folgeerscheinungen, die, zumindest aus der menschenrechtlichen Perspektive, unmenschlich sein können. Der radikale Multikulturalismus setzt zudem auf die kühne Annahme, dass ein Minimum an Gemeinsamkeiten zwischen den verschiedenen kulturellen Gruppen nicht von vornherein vorhanden sein muss, sondern erst auf dem Wege der Aushandlung erreicht werden kann. Aber ethnokulturelle Gruppen, die keine Gemeinsamkeiten haben, sind in der Regel auch nicht bereit, sich auf Kompromisse einzulassen, häufig selbst dann nicht, wenn sie objektiv gesehen gemeinsame Interessen haben.

Da der radikale Multikulturalismus eine Bewertung der Kulturen für ausgeschlossen hält, weil objektive Bewertungsmaßstäbe nicht zur Verfügung stehen, bleibt nur die unbedingte Anerkennung aller Kulturen, Lebensstile und Verhaltensweisen. Die Folgen der radikalen Akzeptanz aller Kulturen sind kaum abzuschätzen. Nach dieser Konzeption, so Brian Barry, wäre es zulässig, dass Väter mit ihren Kinder machen dürfen, was sie wollen. Es stünde ihnen die Freiheit zu, die Kinder zu verstümmeln oder sie gar zu töten, solange sie anderen Vätern und Familien keinen Schaden zufügen. Barry nennt den radikalen Multikulturalismus eine „perverse Theorie".[275]

Eine entscheidende Voraussetzung des radikalmultikulturalistischen Ansatzes ist die Annahme einer schweren gesellschaftlichen Asymmetrie, die sich in einer krassen Frontstellung von privilegierten und unterdrückten kulturellen Gruppen äußert. Probleme gibt es allerdings bei der Bestimmung, welche kulturellen Gruppen unterdrückt sind, denn es gibt Gruppen, deren Mitglieder in einer ungünstigen Lage leben, ohne dass sie unterdrückt oder diskriminiert sind. Vor allem die weite Auslegung des Kulturbegriffes, die auch Subkulturen mit einschließt, führt in die Falle. Nur die wenigsten gesellschaftlichen Gruppen können überhaupt mit besonderen kulturellen Merkmalen in Verbindung gebracht werden. So etwas wie eine Kultur der Behinderten oder eine Kultur alter Menschen existiert nicht. Die Kulturalisierung der gesellschaftlichen Gruppen führt daher unausweichlich zu der verhängnisvollen Schlussfolgerung, dass gesellschaftliche Asymmetrien immer aus mangelnder Anerkennung der Kultur einer bestimmten Gruppe herrühren. Aus dieser Analyse entwickelt der radikalmultikulturalistische Ansatz ein Programm, das die Benachteiligung mit der Idee einer heterogenen Öffentlichkeit und vor allem mit Gruppenrepräsentation aufheben möchte. Aber auch diese Idee stößt schnell auf Hindernisse. Welche Gruppen verdienen überhaupt eine gruppenbezogene Repräsentation? Alle, die mit dem Maßstab eines weiten Kulturbegriffes als unterdrückt und unterprivilegiert gelten können. Eine weite Definition erlaubt, so Barry, 90 Prozent der US-Bevölkerung dazuzuzählen, und zwar deshalb, weil sie Frauen, Schwarze, Latinos, Puertoricaner, Indianer, Juden, Lesben, Schwule, Araber, Asiaten, Alte, Werktätige, physisch, psychisch und geistig Behinderte sind. Aber Benachteiligung an eindimensionalen Merkmalen festzumachen, ist ein sinnloses Unterfangen, weil Benachteiligte von Nichtbenachteiligten nicht zuverlässig abgegrenzt werden können. Wenn die Kategorisierung von Benachteiligung eine Konstellation zulässt, in der ein Schwarzer als benachteiligt gelten kann, nur weil er schwarz ist, obwohl er zum Establishment einer überwiegend weißen Gesellschaft zählt, dann sind Zweifel an dieser Herangehensweise erlaubt. Den naheliegenden Vorwurf von Kritikern, ihre Ideen förderten die Artikulation gruppenegoistischer Interessen, weisen die Vertreter des radikalen Multikulturalismus zurück. In einem System der Gruppenrepräsentation können Individuen und Gruppen nicht einfach fordern, was sie wollen, sondern sie müssen ihre Forderungen in den Kategorien der sozialen Gerechtigkeit rechtfertigen, begründen und sich die Argumente der anderen anhören.[276] Angesichts der zahllosen Möglichkeiten, soziale Gerechtigkeit zu definieren, geschweige denn auf eine konsensfähige Formel zu bringen, bedeutet dieser Ansatz eine abenteuerliche Verkennung der Bedingungen gesellschaftlicher Interessenauseinandersetzung.

Aus einer demokratietheoretischen Perspektive sind die Entscheidungsmechanismen einer auf Gruppenrechte und Gruppenrepräsentation gestützten Gesellschaftsordnung ausgesprochen antimehrheitlich. Gerade die neueren historischen Erfahrungen aus Jugoslawien lehren, dass Vetorechte exzessiv als Mittel des politischen Kampfes von Minderheiten gegen die Mehrheitsgesellschaft missbraucht werden. Die Ausübung des Vetorechtes hängt nämlich davon ab, wer auf welcher Grundlage darüber entscheidet, welche Angelegenheiten die Minderheiten unmittelbar betreffen. Genau dieses Problem ist schlicht nicht zu entscheiden.[277]

3.8.5   Multikulturalismus und Pluralismus

Radikale Pluralität ist das Kennzeichen der modernen Gesellschaft. Versteht man den Pluralismus als kulturelle Vielfalt, dann ist der Pluralismus eine bekannte Erscheinung in der Geschichte der Menschheit. Das Römische Imperium, das Heilige Römische Reich Deutscher Nation oder die österreichische Donaumonarchie sind dabei nur die uns am nächsten liegenden Beispiele. Zwar gab es auch schon in historischer Zeit die multikulturelle bzw. multiethnische Mischung der Kulturen auf demselben Territorium. Der italienische Moralphilosoph Carmelo Vigna meint aber, dass der Unterschied zwischen historischem und zeitgenössischem Pluralismus darin bestehe, dass die verschiedenen Kulturen heute ihre Gleichberechtigung verlangten, und das heißt auf der anderen Seite, dass sie fordern, dass keine Kultur die kulturelle Hegemonie beansprucht. Diese Forderung nach einem totalen Pluralismus sei es, die Probleme bereite. Der Multikulturalismus hat die Pluralisierung der modernen Gesellschaften also beschleunigt und radikalisiert. Für den italienischen Demokratietheoretiker Giovanni Sartori ist der Multikulturalismus deshalb ein falsch verstandener Pluralismus.[278]

Der Pluralismus hat offensichtlich die Tendenz, sich immer weiter auszudehnen und die Gesellschaft immer stärker zu pluralisieren. Deshalb besteht sein Schicksal, theoretisch zumindest, in seiner Selbstaufhebung, weil am Ende die Gesellschaft völlig atomisiert ist und nur noch aus Individuen besteht, die eine extreme Vielfalt bilden, aber keinen gemeinsamen Nenner haben. Die unendliche Pluralisierung ohne einen Grundkonsens führt also zur Desintegration. Vor allem die völlige Pluralisierung der Interessen endet mit der Lähmung der gesellschaftlichen Funktionsfähigkeit. Selbst bei einer unendlichen Pluralisierung der Interessen müsste die Gesellschaft versuchen, alle Interessen einigermaßen zu befriedigen. Dafür fehlen aber auch der reichsten Gesellschaft die Mittel. Also müssen die knappen Mittel einer Hierarchisierung der gesellschaftlichen Ziele unterworfen werden. Die Hierarchisierung der Ziele ist aber nur auf der Grundlage eines Konsenses möglich. Damit ist noch nicht gesagt, wie der Konsens beschaffen sein muss. Für Giovanni Sartori ist der Konsens, dass Menschen miteinander teilen, was sie verbindet. Es geht also um ein „comune sentire", frei übersetzt, ein Gemeinschaftsgefühl.[279] Dieses Gemeinschaftsgefühl, worin es auch immer besteht, verhindert, dass sich die Gesellschaft auflöst. Das Gemeinschaftsgefühl wiederum kann sich aber nur so lange einstellen, solange die Unterschiede die Gemeinsamkeiten überwiegen, solange also die Einheit die Vielfalt überwiegt. *Pluralismus kann infolgedessen immer nur beschränkter Pluralismus sein.* Der totale Pluralismus hebt sich und die Gesellschaft, in der er das leitende Prinzip darstellt, in dem Moment auf, in dem er *total* wird. Die Frage ist also, wie viel Vielfalt verträgt die Gesellschaft und wie viel Einheit braucht sie? Was kann der Inhalt des Konsenses sein? Reichen Verfahrensregeln oder ist eine gemeinsame Wertebasis notwendig? Es ist das Kontinuum von Einheit und Vielfalt, auf dem sich die homogenen und heterogenen Gesellschaftskonzeptionen bewegen.

3.8.6 Gleicher Wert der Kulturen und gegenseitige Toleranz

Das Axiom der Gleichwertigkeit der Kulturen steht im Mittelpunkt multikulturalistischen Denkens. Daraus leitet sich die Schlußfolgerung ab, dass alle Kulturen zu achten sind. Bikhu Parekh betont, dass Achtung vor der Kultur einer ethnokulturellen Gemeinschaft zweierlei bedeutet, nämlich das Recht dieser Gemeinschaft auf eine eigene Kultur anzuerkennen sowie Inhalt und Charakter dieser Kultur zu respektieren. Die Achtung einer fremden Kultur darf folglich nicht von der Beurteilung ihres Inhaltes oder von der Bewertung der Lebensweise einer kulturellen Gemeinschaft abhängig gemacht werden. Das Gleichwertigkeitsaxiom verlangt also die Bereitschaft, sich für fremde Kulturen offen zu halten. Ein Urteil über eine andere Kultur ist nur dann zulässig, wenn die eigenen Wertmaßstäbe um die Wertmaßstäbe der anderen Kultur erweitert werden. Das eigene Urteil erfolgt also nicht aufgrund festgelegter eigener Wertvorstellungen, sondern aufgrund eines neuen Werteverständnisses, dass zuvor nicht zur Verfügung stand. Dadurch, so Taylor, lernen wir eine andere Kultur unvoreingenommen zu betrachten und uns in einem erweiterten Horizont zu bewegen. Dieses Synthetisieren der Wertmaßstäbe nennt Taylor in Anlehnung an Hans-Georg Gadamer Horizontverschmelzung. Ein ethisch unbedenklicher Umgang mit anderen Kulturen setzt folglich eine *kulturrelativistische* Einstellung voraus.[280]

Die Anerkennung der Gleichwertigkeit unterschiedlicher Kulturen ist Ausdruck des elementaren Bedürfnisses der Menschen, vorbehaltlos angenommen zu werden. Zu diesem Gefühl des Angenommenwerdens gehört die Anerkennung der kulturellen Identität der Individuen, vor allem dann, wenn es um die kulturelle Identität von ethnischen Minderheiten geht. Die Menschen sollen nicht nur unabhängig von ihrer Rasse und ihrer Kultur gleiche Bürgerrechte und gleiches Wahlrecht haben, sie sollen das Gefühl vermittelt bekommen, dass ihre traditionelle Kultur für wertvoll gehalten wird. Das kann wirkungsvoll nur dadurch geschehen, dass die Kulturen der unterschiedlichen Gruppen *öffentlich* als gleichermaßen wertvoll anerkannt werden. Damit ergänzt das Prinzip der Anerkennung der kulturellen Identität den universalistischen Grundsatz von der Anerkennung der unveräußerlichen Menschenwürde, aus dem wiederum die Menschen- und Bürgerrechte abgeleitet sind. Die Erweiterung der Lehrpläne von Schulen und Universitäten in der multikulturellen Gesellschaft z.B. ergibt sich deshalb „nicht aus der Behauptung oder der Annahme, dass die afrikanische, die asiatische oder die indianische Kultur der Welt etwas besonders Wichtiges mitzuteilen habe. Sie ergibt sich aus der Behauptung, dass die afrikanische, die asiatische oder die indianische Kultur Teil unserer Kultur sind oder vielmehr Teil der Kulturen einiger der Gruppen, die zusammen unsere Gemeinschaft bilden.“[281] Durch die gemeinsame Inbesitznahme der verschiedenen Kulturen kann sich die Gesellschaft dann als multikulturelle Gemeinschaft in all ihrer Verschiedenheit begreifen, respektieren und anerkennen.[282]

Das Axiom der kulturellen Gleichwertigkeit verlangt nicht nur, die verschiedenen Kulturen anzuerkennen, sondern ihnen auch den gleichen Respekt zu zollen. Die Kulturen haben nach Taylor sogar dann unsere „Bewunderung und unseren Respekt" verdient, wenn sie Elemente enthalten, die „wir verabscheuen und ablehnen müssen.“[283] Diese Forderung ist natürlich ein wunder Punkt multikulturalistischen Denkens. Bhikhu Parekh vertritt die Auffassung, die Mehrheitsgesellschaft brauche Bräuche und Sitten von ethnokulturellen Minderheiten, die die Werte der Mehrheit verletzen, nicht unkritisch zu tolerieren. Sie darf sich skandalösen Praktiken widersetzen bzw. die eigenen Grundwerte schützen. Aber was kann die Grundlage einer Entscheidung sein, mit der die multikulturelle Gesellschaft darüber befindet, welche Werte und Praktiken der Minderheiten akzeptabel sind, und welche nicht? Wie soll mit kulturell umstrittenen Praktiken wie der Klitorisbeschneidung, der Polygamie, dem Schächten, arrangierten Ehen, Zwangsehen, Ehen zwischen Verwandten, Ehen mit minderjährigen Mädchen, der Beschneidung von Knaben, dem Kopftuch, dem Gesichts- oder Ganzkörperschleier, der Weigerung von Amish, Roma oder Angehörigen christlicher Sekten, ihre Kinder in die öffentliche Schule zu schicken, der hinduistischen Totenverbrennung mit Verstreuen der Asche im Wasser, der körperlichen Züchtigung, Benachteiligung und Unterdrückung von Frauen umgegangen werden?[284] Verdient eine kulturelle Praxis unseren Respekt, die in Indien dazu führt, dass alle zwei Stunden eine Braut verbrannt wird, um sie für eine unzulängliche Mitgift zu bestrafen oder um sie aus dem Weg zu räumen, damit der Mann eine andere Frau heiraten kann?[285] Parekh sieht vier Möglichkeiten:[286]

Die erste Position geht von der Existenz universell gültiger Menschenrechte aus. Diese Werte sind kulturell neutral, beschreiben ein moralisches Minimum und können deshalb universell gültige Standards für die Evaluation einer Kultur liefern. Dagegen wendet Parekh ein, dass es nur ganz wenige universelle Werte gibt. Diese wenigen Werte reichen aber nicht aus, um für alle wichtigen Aspekte des Lebens verbindliche Maßstäbe zur Verfügung stellen zu können. Wenn es um gemeinsame Werte geht, so geht man davon aus, dass sie von allen oder wenigstens einem großen Teil der Gesellschaft geteilt werden. Fraglich ist nur, ob es, außer in traditionellen Gesellschaften, überhaupt Grundwerte in diesem Sinne gibt.

Die zweite Position geht davon aus, dass jede Gesellschaft eine historisch gewordene Identität hat. Diese Identität kommt in ihren gemeinschaftlichen Grundwerten zum Ausdruck. Von daher hat die Gesellschaft das Recht, Praktiken von Einwandererminderheiten zu verbieten, die diese Werte verletzen.

Die dritte Position geht davon aus, dass die moralischen Grundwerte kulturell verankert sind. Deshalb darf die Aufnahmegesellschaft nur solche Praktiken verbieten, die anderen Schaden zufügen. An dieser Position kritisiert Parekh, dass das Prinzip des Nichtzufügens von Schaden nur einigermaßen unproblematisch ist, wenn es um physische Schäden geht. Aber dieses Prinzip sage nichts darüber aus, ob kulturelle Praktiken wie Inzest, Polygamie, arrangierte Ehen oder Euthanasie verboten werden dürfen oder nicht.

Die vierte Position geht davon aus, dass universell gültige Werte nicht zur Verfügung stehen. Auch ist die Frage, wer welchen Schaden erleidet, auf eine kulturell neutrale Weise nicht beantwortbar. Der einzige Ausweg aus dieser Zwangslage besteht darin, in einen offenen Dialog mit den kulturellen Minderheiten einzutreten und einen dialogischen Konsens anzustreben.

Aus der vierten Position entwickelt Parekh seine eigene Auffassung dazu, wie die Mehrheit mit extremen kulturellen Praktiken von Minderheiten umgehen soll. Parekh schlägt so etwas wie einen *permanenten interkulturellen Dialog* über Grundwerte vor. Das Ergebnis ist die *dialogisch konstruierte Gesellschaft.* Sie beruht auf dem klassischen Liberalismus, geht aber über ihn hinaus, weil sie den klassischen Liberalismus um den Multikulturalismus erweitert und ergänzt. Teilnehmer des permanenten Dialogs sind die Mehrheitsgesellschaft und die Minderheiten. Wenn Praktiken von Minderheiten Grundwerte der Mehrheitsgesellschaft verletzen, dann schuldet die Mehrheit der Minderheit den Versuch, die Bedeutung dieser Praktiken für die Minderheit in Erfahrung zu bringen. Auf der anderen Seite muss die Mehrheitsgesellschaft nachvollziehbar machen, warum sie an ihren Werten festhält und weshalb die Praktiken der Minderheiten diese Werte verletzen. Die Minderheit wiederum muss der Mehrheitsgesellschaft erklären, warum sie an diesen Praktiken festhält. Der Dialog muss bilateral sein und eben nicht einseitig auf die Praktiken der Minderheiten gerichtet. Es darf auch nicht der Eindruck entstehen, als seien nur die Praktiken der Minderheit das Problem. Der Dialog schließt also sowohl die Werte der Minderheiten wie die Werte der Mehrheitsgesellschaft mit ein. Von diesem Dialog erhofft sich Parekh, dass er alle, die daran teilnehmen, verändert.[287]

Aus dieser Perspektive sind abschätzige Urteile über andere Kulturen moralisch verwerflich. Der berühmte, dem amerikanischen Soziologen und Literaturnobelpreisträger, Saul Bellow, zugeschriebene Ausspruch: „Wenn die Zulus einen Tolstoi hervorbringen, werden wir ihn lesen" gilt als Paradebeispiel europäischer Arroganz und lässt „einen empörenden Mangel an Bereitschaft erkennen, andere anzuerkennen".[288] Bellow, so der Vorwurf, sei nicht nur unempfänglich für den Wert der Zulu-Kultur, er leugne auch das Prinzip der Gleichheit aller Menschen, weil er wertvollere und weniger wertvolle Kulturen unterscheidet. Der Multikulturalismus schließt aber die Möglichkeit aus, dass die Zulus eine Kultur hervorgebracht haben, die weniger wertvoll ist als andere Kulturen. Es ist unzulässig, eine solche Möglichkeit auch nur zu erwägen.[289] Der Vorwurf an Bellow hat eine kuriose Pointe. Bellow wird vorgehalten, er erkenne die Gleichheit der Menschen nicht an, weil er die Gleichwertigkeit ihrer geistigen und materiellen Hervorbringungen bestreite. In dieser Argumentation werden Gleichheitsanspruch und Würde der Menschen in eins gesetzt mit der Gleichwertigkeit ihrer geistigen und materiellen Erzeugnisse. Diese Auffassung ist grotesk, weil es empirisch evident ist, dass die geistigen und materiellen Hervorbringungen von Menschen nicht gleichwertig sind. Folgt man der Logik des multikulturalistischen Axioms von der Gleichwertigkeit der Kulturen, dann ergibt sich daraus eine geradezu verhängnisvolle Schlussfolgerung. Der empirische Nachweis, dass die geistigen und materiellen Produkte der Menschen nicht gleichwertig sind, müsste zugleich das Prinzip der Gleichheit der Menschen infrage stellen.

Die Haltung Taylors beim Problem der kulturellen Gleichwertigkeit ist widersprüchlich. In diesem Widerspruch wird das Grundproblem einer Politik der Anerkennung sichtbar. Taylor besteht einerseits auf dem Axiom der Gleichwertigkeit der Kulturen und gleichzeitig hält er an der Vorstellung fest, dass die aus dem westlichen Kulturkreis stammenden Grundrechte universelle Gültigkeit haben und deshalb nicht verhandelbar sind. Obwohl Taylor darin keinen Widerspruch sieht, scheint er selbst die Explosivität seiner Annahme zu ahnen, wenn feststellt, dass in den zunehmend multikultureller werdenden Gesellschaften auch die Zahl von Menschen größer wird, die zwar unsere Mitbürger seien, zugleich aber Angehörige von Kulturen, die unsere philosophischen Grundannahmen infrage stellen. Die Herausforderung bestehe nun darin, dass „wir uns mit ihrem Gefühl von Marginalisierung auseinandersetzen müssen, ohne unsere politischen Grundprinzipien auf Spiel zu setzen."[290] Verschärft wird dieser Widerspruch dadurch, dass eine konsequente Politik der Anerkennung fordert, dass „wir alle die Gleichwertigkeit unterschiedlicher Kulturen erkennen sollen; dass wir sie nicht nur leben lassen, sondern auch ihren *Wert* anerkennen sollen."[291]

Multikulturelle Lehrpläne an Schulen und Universitäten dienen also nicht in erster Linie der Erweiterung des kulturellen Blickfeldes, sondern haben vornehmlich den Zweck, den ethnokulturellen Minderheiten die Anerkennung zuteil werden zu lassen, die ihnen zukommt. Beispielsweise soll die Kenntnis der Werke der „toten weißen Männer", das heißt der großen, meist weißen Schriftsteller der Weltliteratur, abgelöst werden durch die Beschäftigung mit Autoren, die den Minderheiten entstammen. Der Seitenwechsel soll dabei unabhängig von Qualitätsmaßstäben erfolgen, weil die Qualitätsmaßstäbe selbst in Verdacht stehen, von der dominanten Kultur diktiert zu sein. Taylor bleibt aber trotz seines Bekenntnisses zum Axiom der kulturellen Gleichwertigkeit ambivalent. Er argumentiert, der Grundsatz, dass alle Kulturen gleichwertig seien, sei auf eine Art Glaubensakt angewiesen. Denn die Forderung, der Respekt vor der Gleichheit verlange, dass den Praktiken und Hervorbringungen anderer Kulturen tatsächlich und von vornherein ein gleich großer Wert beigemessen werden soll, sei rational nicht zu begründen. Es sei zwar sinnvoll, zu behaupten, eine Kultur habe einen Anspruch darauf, dass wir uns bei der Beschäftigung mit ihr von der Annahme leiten lassen, sie besitze einen Wert. Aber es sei nicht sinnvoll, zu behaupten, sie habe einen Anspruch darauf, dass wir am Ende zu dem Urteil gelangen, sie sei tatsächlich wertvoll oder genauso wertvoll wie irgendeine andere Kultur.[292]

Wesentlich konsequenter in der Frage, ob Kulturen darauf Anspruch haben, für wertvoll oder genauso wertvoll wie irgendeine andere Kultur gehalten zu werden, sind die Vertreter des radikalen Multikulturalismus. Im Sinne einer radikalkulturrelativistischen Position argumentieren sie, es gebe keine Möglichkeit, die guten oder schlechten Seiten kultureller Praktiken zu überprüfen. Ein solches Vorgehen würde Kriterien erfordern, mit denen man den Wert einer Kultur messen könnte. Solche objektiv gültigen Kriterien gibt es aber nicht, jedenfalls stehen sie nicht zur Verfügung. Deshalb sieht Chandran Kukathas keinen Grund, kulturelle Praktiken zu verbieten, nur weil man sie für moralisch unerträglich hält oder glaubt, dass sie den Mitgliedern einer ethnokulturellen Gruppe schaden. Unter den extremen Praktiken, die nach Kukathas zu tolerieren sind, befinden sich wohlbekannte Beispiele: die Klitorisbeschneidung von Mädchen; kranke Kinder, denen ihre Eltern aus religiösen Gründen Bluttransfusionen verweigern; arrangierte Ehen von minderjährigen Kindern.[293]

Iris M. Young liefert die theoretische Rechtfertigung einer totalen Toleranz gegenüber welchen kulturellen Praktiken auch immer: „Gruppen können gesellschaftlich nicht gleichberechtigt sein, solange ihre spezifischen Erfahrungen, ihre Kultur und ihre gesellschaftlichen Beiträge nicht öffentlich bestätigt und anerkannt werden".[294] James Tully betont, dass „die Bedingung für Selbstachtung erfüllt wird nur in einer Gesellschaft, in der die Kulturen aller ihrer Mitglieder anerkannt und von den anderen bestätigt werden, sowohl von denen, die diese Kulturen teilen wie von denen, die sie nicht teilen".[295] Tully besteht darauf, dass man den Wert einer kulturellen Praxis nur aus der betreffenden Kultur selbst heraus bestimmen kann. Das, was für diese Kultur einen zentralen Wert hat, muss unbedingt geachtet und anerkannt werden.[296]

Auch das Axiom von der Gleichwertigkeit der Kulturen sieht sich starker Kritik ausgesetzt:

Erster Einwand: Die Behauptung, alle Kulturen seien gleich wertvoll, sei eine Fiktion. Der Soziologe Paul Scheffer spitzt diese Behauptung auf den Satz zu: „Nicht alles, was anders ist, hat auch Wert."[297] Es sei evident, dass einige Gesellschaften wertvollere Ideen und Kunstwerke hervorgebracht und einen größeren Beitrag zum technischen und zivilisatorischen Fortschritt der Menschheit beigetragen hätten. Es sei deshalb zulässig zu behaupten, dass bestimmte Kulturen höher entwickelt seien als andere und dass sie gerechter, freier, fortschrittlicher und aufgeklärter seien.

Zweiter Einwand: Aus dem Axiom der Gleichwertigkeit der Kulturen leitet der Multikulturalismus den Anspruch auf gleiche und öffentliche Anerkennung aller Kulturen ab. Die Forderung nach gleicher Anerkennung aller Kulturen artet aber in eine Zumutung aus. Der amerikanische Politikprofessor Robert K. Fullinwider formuliert diese Zumutung mit unverhohlener Ironie: „Weshalb sollte ich z.B. einen Südstaatenbaptisten achten, der glaubt, dass ich verflucht bin, weil ich nicht seine Religion praktiziere? Warum sollte ich diesen Glauben achten? Und warum sollte er, umgekehrt, meine Geringschätzung seines bornierten Aberglaubens achten? Warum sollte Young Mitbürger achten, die gegenüber Frauen eine chauvinistische Einstellung haben? [...] Das Ideal, das jeden von uns zur Achtung aller anderen auf der Grundlage ihrer Verschiedenheit aufruft, ist nicht von dieser Welt."[298] Wie politisch brisant dieses Bonmot ist, wird deutlich, wenn man das Beispiel auf Deutschland überträgt und die Südstaatenbaptisten durch Muslime ersetzt. Der britische Politikwissenschaftler Peter Jones fällt über das Axiom der kulturellen Gleichwertigkeit ein vernichtendes Urteil: „Den Menschen ist es erlaubt, an den Wert der eigenen Kultur zu glauben [...] jedoch verlangt man auch von ihnen, dass sie glauben, dass andere Kulturen, die unterschiedliche und konfliktträchtige Überzeugungen und Werte verkörpern, nicht weniger wertvoll sind. Wie können wir von den Leuten erwarten, dass sie solch eine Absurdität schlucken?"[299]

Dritter Einwand: Die Haltung der radikalen Multikulturalisten ist im Gegensatz zu Taylor zwar konsequent, sie berufen sich aber auf zwei Aussagen, die sich logisch ausschließen. Die erste Aussage lautet, es gebe keine Kriterien, mit denen Kulturen und kulturelle Praktiken bewertet werden können. Die zweite Aussage ist das Axiom, nach dem alle Kulturen gleichwertig sind. Wenn es aber keine Maßstäbe für die Bewertung anderer Kulturen und kultureller Praktiken gibt, dann kann auch nicht festgestellt werden, dass alle Kulturen gleichwertig sind.

Vierter Einwand: Der Multikulturalismus tendiert dazu, alle Praktiken mit der Behauptung zu rechtfertigen, sie seien Teil einer bestimmten Kultur. Welche Konsequenzen eine solche Argumentation hat, lässt sich am Beispiel der Forderung zeigen, Ureinwohner vom Walfangverbot auszunehmen. Das tragende multikulturalistische Argument dabei ist, dass das Recht auf Walfang Teil ihrer traditionellen Kultur und Ernährungsgewohnheiten sei. Ironisch könnte man mit demselben Recht behaupten, dass der Walfang Teil der traditionellen Kultur der Norweger sei und das Verbot die norwegische Kultur gefährde. In Wirklichkeit muss die Tötung von Walen aus Gründen einer universalistisch verstandenen ökologischen Ethik ausgeschlossen werden, selbst wenn das Verbot Änderungen in Kultur und Wirtschaftsweise bestimmter Gemeinschaften nach sich ziehen sollte.[300]

Fünfter Einwand: Der Gleichheitsgrundsatz fordert nicht die gleiche Wertschätzung der Kulturen. Der demokratische Staat und die demokratische Gesellschaft sind zwar dazu verpflichtet, alle Bürger gleich zu behandeln. Daraus lässt sich aber nicht die Verpflichtung ableiten, bestimmte Eigenschaften der Bürger, etwa das religiöse Bekenntnis oder eine bestimmte kulturelle oder subkulturelle Zugehörigkeit, öffentlich anzuerkennen und wertzuschätzen, genauso wenig wie es z.B. einen Anspruch auf die öffentliche Anerkennung für Charaktereigenschaften wie Geiz oder Verschwendungssucht geben kann. Aus Sicht der Multikulturalismuskritik kann es *keine Gleichwertigkeit der Kulturen* geben. Es gibt nur eine *Gleichwertigkeit der Menschen.*

Sechster Einwand: Parekhs Vorstellung eines permanenten interkulturellen Dialoges über Grundwerte ist illusorisch. Menschen stellen ihre unbedingten, unteilbaren Werte nicht zur Disposition, nur weil eine andere Gruppe diese Werte nicht akzeptieren kann. Multikulturelle Gesellschaften basieren notwendigerweise auf Kulturrelativismus. Und in einer kulturrelativistischen Gesellschaft kann ein solcher Dialog nur darauf hinauslaufen, dass die Dialogpartner zwar gegenseitig Kritik üben an ihren jeweiligen Überzeugungen und Praktiken, sie aber gleichzeitig anerkennen. Eine Kritik, die den Verzicht auf bestimmte kulturelle Praktiken fordert, ist schon deshalb ausgeschlossen, weil es unter kulturrelativistischen Verhältnissen gar keinen objektiven Maßstab für die Feststellung extremer kultureller Praktiken gibt, aufgrund dessen sie verboten werden könnten. Was passiert also mit Normen und Werten, die nicht kompatibel sind, die sich gegenseitig ausschließen, die nicht gegenseitig anerkannt oder kompromißhaft abgestimmt werden können und die deshalb einfach unvereinbar bleiben? Welche höhere Instanz entscheidet dann auf welcher Grundlage und mit welchem Recht Streitfälle, die in letzter Konsequenz Ursache für einen Bürgerkrieg sein könnten?

Am Prinzip der Gleichwertigkeit der Kulturen wird das kulturrelativistische Dilemma des Multikulturalismus deutlich. Der Preis, den der *radikale Multikulturalismus* für seine strikte Beachtung des Prinzips der Gleichwertigkeit der Kulturen bezahlt, besteht darin, dass es keine gemeinsame Grundlage für das Gemeinwesen gibt und deshalb seine Funktionsfähigkeit oder gar seine Existenz aufs Spiel gesetzt wird. Der Preis, den der *liberale Multikulturalismus* dafür bezahlt, dass das Prinzip der Gleichwertigkeit der Kulturen im Zweifelsfall einer Hierarchie der Kulturen weichen muss, besteht darin, dass das Prinzip der Gleichwertigkeit der Kulturen karikiert wird. Der *liberale Multikulturalismus* gerät damit in den Verdacht der Doppelmoral, die möglicherweise mehr gesellschaftliche Konflikte erzeugt als beilegen kann. Die Doppelmoral erzeugt Gefühle der Diskriminierung bei den Gruppen, die vom gemeinsamen Wertekern abweichen. Welche widersprüchlichen Folgen der Grundsatz der „selektiven Bewahrung der Kultur" hat, kommt am deutlichsten bei John Rex zum Ausdruck: „Multi-culturalism in the modern world involves on the one hand the acceptance of a single culture and a single set of individual rights governing the public domain and a variety of folk cultures in the private domestic and communal domains."[301] Die multikulturelle Gesellschaft bei Rex erlaubt also „the continuance of folk values and folk religions as long as these do not interfere with the functioning of the main political, economic and legal institutions of society."[302] Die Vorstellung, wonach in einer multikulturellen Gesellschaft die Einwanderer ihre Kultur nur insoweit aufrechterhalten und ihr gemäß leben dürfen, als diese nicht mit zentralen Werten und Institutionen des Einwanderungslandes in Widerstreit gerät, ist inkonsistent. Kann unter dieser Bedingung überhaupt noch von Aufrechterhaltung von

Kultur gesprochen werden? Wenn man es nämlich ernst meint mit der Forderung, Einwanderer sollten und dürften ihre Ursprungskultur beibehalten und ihre kulturelle Identität bewahren, dann ist es ein unaufhebbarer Widerspruch, warum das nur für einen Teil, nicht aber für die ganze Kultur gelten soll. Unter diesen Umständen kann nur schwer begründet werden, dass die Einwanderer im privaten Bereich Anspruch auf die Aufrechterhaltung ihrer Kultur haben sollen, während in der öffentlichen Sphäre gleichzeitig etwas ganz anderes gelten soll. Denn dort haben die Einwanderer die geltenden Gesetze und Normen des Einwanderungslandes nicht nur formell zu akzeptieren (strukturell-funktionale Integration), sondern offenbar sogar zu internalisieren, auch wenn diese Normen denen der Herkunftskultur diametral entgegenstehen. Dieses Modell übersieht also, dass *Kultur und Identität ganzheitliche Phänomene* sind und nicht nach gesellschaftlichen Teilsystemen getrennt existieren. Multikulturalität kann, wenn sie ernst genommen wird, nicht auf den privaten Bereich beschränkt werden, denn sonst wäre mit Multikulturalität bloße kulturelle Folklore gemeint.[303] Vor allem aber, wie sollte eine Unterscheidung zwischen privaten und öffentlichen Normen überhaupt funktionieren? Ist Ehe Privat- oder öffentliche Angelegenheit; hat das Kopftuchtragen öffentliche Bedeutung oder ist es reine Privatangelegenheit?

3.8.7   Einheit in Verschiedenheit

Als am 7. Juli 2005 in der Londoner U-Bahn drei Bombenexplosionen 52 unschuldige Menschen in den Tod rissen und weitere 700 verletzten, wurde das allgemeine Entsetzen in Großbritannien durch die Nachricht gesteigert, dass die Bombenattentäter „junge Briten" waren. Die vier Täter waren in der Tat britische Staatsangehörige pakistanischer Abkunft. Ihr Anführer erklärte in einem Bekennervideo, die Terrorgruppe führe Krieg gegen die britische Gesellschaft und ihre demokratisch gewählte Regierung, die in den Kriegen in Afghanistan und Irak Grausamkeiten gegen „mein Volk" begehe. Der Umstand, dass die britische Gesellschaft verstört auf die Tatsache reagierte, dass die Attentäter scheinbar gut integrierte britische Staatsbürger waren, verriet ein sehr formales Verständnis von nationaler Zugehörigkeit. Weil die britische Öffentlichkeit nicht zwischen formaler Staatsangehörigkeit und dem Zugehörigkeitsgefühl zur Nation differenzierte, erschien ihr der extreme Mangel an Loyalität, den die Attentäter gegenüber der britischen Gesellschaft offenbart hatten, als etwas fast Dämonisches. Tatsächlich hat das furchtbare Ereignis lediglich gezeigt, welches Potenzial sich auftun kann, wenn Staatsangehörigkeit und ethnokulturelle, nationale Identität nicht übereinstimmen. Das ist auch der Grund, weshalb der Kommentar des italienischen Journalisten Magdi Cristiano Allam, die Attentäter hätten die Ungeheuerlichkeit besessen, ihre eigenen Landsleute umzubringen, nicht den Kern der Sache trifft.[304] Denn aus der Perspektive der Attentäter handelte es sich bei den toten Briten gerade nicht um Landsleute, sondern um Feinde.

Nationale Identität im Sinne einer formalen Zugehörigkeit zu einem bestimmten Staat, so wie er im Reisepass zum Ausdruck kommt, ist für den Multikulturalismus kein Problem. Die Frage ist nur, ob eine rein *formale* Konzeption nationaler Identität ausreichend sein kann. Bedeutende multikulturalistische Denker wie Taylor, Barry, Kymlicka, Parekh oder in Deutschland Habermas sind sich bewusst, dass in hier eine entscheidende Schwachstelle der multikulturalistischen Theorie liegt. Auch sie gehen davon aus, dass die moderne Gesellschaft nicht ohne ein Gemeinschaftsgefühl auskommen kann. Gerade *weil* multikulturelle Gesellschaften aus teilweise sehr verschiedenen ethnokulturellen Gemeinschaften bestehen, sind sie auf ein *gemeinschaftliches Zusammengehörigkeitsgefühl* angewiesen.

Gefühle der Zusammengehörigkeit sind das Produkt gegenseitigen Vertrauens. Dabei geht es in erster Linie nicht um ein interpersonelles Vertrauen, das auf bestimmte Personen bezogen ist, sondern um einen abstrakten und generalisierten Vertrauensvorschuss, den Menschen vor allem dann geben, wenn sie im anderen eine Ähnlichkeit des Fühlens, Denkens und Handelns *vermuten*. Taylor etwa, aber auch Barry halten es für ausgeschlossen, dass liberale Demokratien gerechte politische Entscheidungen treffen können, solange ihre Bürger nicht ein Gefühl der Zusammengehörigkeit mit ihren Landsleuten haben, sich nicht identifizieren mit einem gemeinsamen Schicksal und bereit sind, Opfer für das „gemeinsame Wohl" zu bringen. Wie dieses Vertrauen geschaffen werden kann in einer Situation kultureller Unterschiede – das ist eines der bislang ungelösten Schlüsselprobleme des Multikulturalismus.[305]

Trotz der Einsicht in die Notwendigkeit eines Zusammengehörigkeitsgefühls betrachten die Anhänger einer Politik der Anerkennung kultureller Differenz die Forderung, dass die Immigranten die nationale Identität des Aufnahmelandes zu übernehmen hätten, als unannehmbar. Eine nationale Identität halten sie zwar für unverzichtbar, aber nicht in ihrer herkömmlichen Form. Eine ethnokulturell geprägte nationale Identität ist nicht mit der Vorstellung einer kulturpluralistischen Gesellschaft vereinbar. Diese Kluft versucht die multikulturalistische Theorie durch eine Neubestimmung des Begriffes der nationalen Identität zu überwinden. Während der herkömmliche Identitätsbegriff eine stark ethnokulturelle Färbung hat, entsteht eine neue, multikulturalistisch gedachte nationale Identität durch Ablösung von einem speziellen ethnokulturellen Hintergrund. Ziel ist eine Art von *synthetischer Identität*. Bei Parekh erwächst diese synthetische Identität, die Ausdruck einer breit akzeptierten gemeinschaftlichen Kultur ist, aus der Interaktion der verschiedenen ethnokulturellen Gruppen. Will Kymlicka kommt mit seinen Überlegungen zu einem ähnlichen Ergebnis wie Parekh. Er geht von der Voraussetzung aus, dass die kollektive Identität der Bürger nicht in einer nur „staatsbürgerlichen" Haltung bestehen kann. Damit sind die Anerkennung von Recht und Verfassung, die Kenntnis der Sprache sowie die Teilnahme an den gesellschaftlichen Institutionen eines Landes gemeint. Eine solche nur „staatsbürgerliche" Haltung wird in Deutschland als Verfassungspatriotismus bezeichnet. Integrationstheoretisch entspricht ihr die strukturell-funktionale oder, wie Kymlicka es nennt, die institutionelle Integration. Die strukturell-funktionale Integration bedeutet nicht automatisch, dass die Einwanderer Loyalität empfinden gegenüber den Institutionen des Aufnahmelandes und sich mit ihm wirklich identifizieren. Will Kymlicka sieht deshalb die Gefahr, dass der Multikulturalismus eine Art von „*mentalem Separatismus*" fördere.[306] Kymlicka meint, der moderne Staat kann zwar religiös, nicht aber kulturell neutral sein. Zusammen mit Bhikhu Parekh argumentiert er, dass jeder Staat aus Gründen der Selbsterhaltung eine gemeinschaftliche Kultur, eine Nationalkultur, etablieren muss. Deshalb braucht auch die multikulturelle Einwanderungsgesellschaft eine Nationalkultur. Diese Nationalkultur nennt Kymlicka „*gesellschaftliche Kultur*"[307]. Die gesellschaftliche Kultur ist die Kultur, die auf dem Territorium eines bestimmten Staates vorgefunden wird. Ihre Kennzeichen sind eine gemeinsame Sprache, die im öffentlichen wie im privaten Leben verwendet wird und die Teilhabe der Bürger an gemeinsamen gesellschaftlichen und öffentlichen Institutionen (Schulen, Medien, Recht, Wirtschaft, Verwaltung, Justiz usw.). Durch die Verankerung der gemeinsamen Sprache als Amtssprache fällt der Staat eine Entscheidung darüber, welche gesellschaftliche Kultur es im Lande gibt. Das sieht zunächst nach einem Argument gegen den Multikulturalismus aus. Aber in Kymlickas Konzept tritt die gesellschaftliche Kultur als neue Nationalkultur an die Stelle der alten, ethnisch geprägten Nationalkultur, so wie sie bisher aus Ländern wie Deutschland, Polen, Dänemark, Italien, Finnland, Irland oder Norwegen bekannt war. Wenn die Nationalkultur alten Typs aus gemeinsamen ethnokulturellen Merkmalen wie gemeinsamen religiösen Überzeugungen, Lebensstilen, Bräuchen oder Familiensitten bestanden hatte, besteht die gesellschaftliche Kultur als *Nationalkultur neuen Typs* nur noch aus der gemeinsamen Sprache und den gemeinsamen sozialen Institutionen. Und damit, so Kymlicka, ist die gesellschaftliche Kultur offen für alle Einwanderer, die sich einerseits ihre ethnische und religiöse Identität bewahren können, sich aber gleichzeitig in die gesellschaftliche Kultur der Aufnahmegesellschaft integrieren. Über die gesellschaftliche Kultur sollen sich die Bürger der multikulturellen Gesellschaft mit ihrem Land identifizieren, so dass auf deren Grundlage ein Minimum an kollektivem Zusammengehörigkeitsgefühl entstehen kann. Der amerikanische Politikwissenschaftler Robert D. Putnam stellt die optimistische Prognose, dass die multikulturelle Gesellschaft in der Lage ist, die „Inklusionslinien" großzügiger zu ziehen und dem gemeinschaftlichen „Wir" einen breiteren Zuschnitt zu geben. Dadurch entstehen neue „umfassendere Identitäten" und neue Formen der gesellschaftlichen Solidarität.[308]

Kymlickas Begriff der gesellschaftlichen Kultur schafft leider keine Klarheit. Ist gesellschaftliche Kultur eine über den einzelnen Einwandererkulturen stehende gemeinsame Kultur, die von den kulturellen Inhalten getragen wird, deren Ausdrucksmittel eine bestimmte Sprache ist? Also im Falle der deutschen Sprache auch die deutsche Kultur? Das würde bedeuten, dass die verschiedenen Einwandererkulturen von der Kultur der autochthonen Aufnahmegesellschaft überwölbt werden. Ein solcher Begriff lässt doch wieder an eine ethnisch bestimmte Kultur denken und wäre deshalb eher nicht mit einer multikulturalistisch orientierten gesellschaftlichen Kultur vereinbar. Oder wird Sprache bloß instrumentell verstanden, als gemeinsames Mittel der gesellschaftlichen Kommunikation, das für das Funktionieren einer modernen Gesellschaft unerlässlich ist? Oder meint Kymlicka eine gemeinsame gesellschaftliche Kultur, deren Inhalt in einer multikulturellen Einwanderungsgesellschaft in einem permanenten Abstimmungsprozess zwischen allen ethnokulturellen Gruppen ausgehandelt werden muss? Wenn ja, wie kann dieser Abstimmungsprozess in der Realität organisiert werden? Führt man diesen Ansatz gedanklich zu Ende, dann würde die gesellschaftliche Kultur auf dem Wege demokratischer Kompromissbildung aus Elementen unterschiedlichster Herkunft neu montiert. Aber wie wahrscheinlich ist die Bildung einer gemeinsamen Kultur in einem Verfahren eklektizistischer Konstruktion? Kulturen sind historisch gewordene, konsistente Systeme, deren Teile auf das Ganze abgestimmt, komplementär und miteinander verzahnt sind. Das ist der Grund, weshalb Institutionen oder Verfahren, die in dem einem Land erfolgreich sind, in einem anderen nicht funktionieren. Sie können nur funktionieren, wenn sie an die spezifischen kulturellen Bedingungen einer bestimmten Gesellschaft anschließen können. Die Schwierigkeit oder gar Unmöglichkeit, z.B. eine Demokratie nach westlichem Vorbild im Irak einzuführen, ist ein prominentes Beispiel für diesen Zusammenhang.

Auch Brian Barry kommt nicht über Kymlickas Ansatz hinaus zu einem schlüssigen Konzept. Wie Kymlicka kann er sich nicht vorstellen, dass die multikulturelle Gesellschaft mit einer bloß formalen Konzeption nationaler Identität im Sinne des Verfassungspatriotismus auskommen kann und der Verfassungspatriotismus allein in der Lage ist, das notwendige Gefühl nationaler Zusammengehörigkeit zu erzeugen. Er fordert stattdessen ein nationales Zusammengehörigkeitsgefühl, das weder eine bloß formale Konzeption nationaler Identität darstellt noch eine ethnokulturell begründete. Sein Lösungsvorschlag besteht in einer „zivilen Nationalität" (Brian Barry). Aber was kann Integration in eine „zivile Nationalität" bedeuten? Barry glaubt an die Möglichkeit, dass Einwanderer die nationale Identität des Aufnahmelandes übernehmen können, ohne sich kulturell vollständig anzupassen und ohne die Herkunftsidentität ablegen zu müssen. Das alte Konzept der *„absorbierenden Assimilation"* wird abgelöst vom neuen Konzept der *„zusätzlichen Assimilation"*. Zusätzliche Assimilation bedeutet, die bisherige kulturelle Mitgliedschaft aufrechtzuerhalten und gleichzeitig eine neue hinzuerwerben.[309]

Dieses Konzept wirft allerdings mehr Fragen auf als es Antworten gibt. Welche der beiden Identitäten, Herkunftsidentität oder nationale Identität der Aufnahmegesellschaft ist die primäre, welche die Sekundäridentität? Welche der beiden Identitäten hat Vorrang im Konfliktfall? Additiv können Identitäten nur sein, wenn sie sich nicht widersprechen, wenn sie die Träger nicht in einen unlösbaren Wertekonflikt verwickeln, sondern komplementär sind oder wenigstens nebeneinander existieren können, ohne sich gegenseitig infrage zu stellen. Im Übrigen ist bereits der Begriff der „zusätzlichen Assimilation" ein Widerspruch in sich, denn Assimilation heißt gerade Aufgabe der alten Herkunftsidentität und Übernahme der nationalen Identität der autochthonen Aufnahmegesellschaft. Barry, Parekh und Kymlicka stecken in ihrem multikulturalistischen Dilemma fest. Sie fordern einerseits eine gesellschaftliche Kultur als Medium eines Zusammengehörigkeitsgefühls, andererseits aber wollen sie den Einwanderern zugestehen, ihre Herkunftskultur beizubehalten im Sinne der Taylor'schen Vorstellung, dass die Verwurzelung in der jeweils eigenen Kultur ein Problem der Entfaltung authentischen Menschseins ist. Geht man von der Annahme aus, dass die gesellschaftliche Kultur synthetischen Charakter haben soll, also das Produkt eines interkulturellen Abstimmungsprozesses ist, dann ist immer noch nicht klar, welchen Anreiz und welche Veranlassung die zugewanderten, vor allem aber die einheimischen Bürger haben sollten, sich diese künstlich produzierte Primärkultur überhaupt anzueignen.

Der multikulturalistische Diskurs über die Notwendigkeit eines nationalen Zusammengehörigkeitsgefühls hat bislang nur zu widersprüchlichen und wenig schlüssigen Ergebnissen geführt. Es gibt keinen Hinweis darauf, dass eine ausschließlich verfassungspatriotisch Haltung überhaupt so etwas wie eine nationale Identität begründet, und falls doch, ob sie ausreicht, um multikulturelle Einwanderungsgesellschaften zu integrieren. Andererseits sind auch *additive nationale Identitäten* nur gedankliche Konstrukte von zweifelhaftem empirischem Gehalt. Gleichwohl können diese Erörterungen bewusst machen, dass das Problem der Einheit in der Verschiedenheit zu seiner Lösung mehr braucht als eine bloß formale Integration von Einwanderern in die Aufnahmegesellschaft.

Die Frage des nationalen Zusammengehörigkeitsgefühls ist eng mit dem Problem eines gesellschaftlichen Basiskonsenses verbunden. Die amerikanischen Theoretiker des Multikulturalismus haben beim Problem, wie eine neue nationale Identität jenseits rein formal verstandener Staatsangehörigkeit und verfassungspatriotischer Bindung einerseits und alter ethnokulturell geformter nationaler Identität andererseits möglich sein kann, bisher noch keine überzeugende Alternative zur ethnokulturellen Identität des klassischen Nationalstaates gefunden.

Aber sie halten eine nationale Identität als gemeinsame Grundlage des Zusammenlebens gerade in der multikulturellen Einwanderungsgesellschaft für unverzichtbar. Sie bezweifeln, dass ein Verfassungstext alleine das notwendige Maß an emotionalen Bindungen der Bürger an ihr Land erzeugen kann. Deshalb stellen sie einen kulturellen Faktor, durch den ein Zusammengehörigkeitsgefühl geweckt werden soll, in ihre Rechnung ein. Dagegen tun sich die Vertreter des deutschen Multikulturalismus schwer damit, dem Problem eines kollektiven Zusammengehörigkeitsgefühls überhaupt grundlegende Bedeutung zuzumessen. Wo sie es doch tun, kommen sie auf eine Lösung, die das Problem über Gebühr simplifiziert. Ihre Lösung ist die ritualisierte Beschwörung des Grundgesetzes. Sie sind davon überzeugt, dass eine verfassungspatriotische Haltung der Bürger genügt, um jenes unerlässliche Minimum an Zusammengehörigkeitsgefühl zwischen Einwanderern und Einheimischen zu erzeugen, das die Gesellschaft zu ihrem Zusammenhalt benötigt.

Weil die amerikanischen Theoretiker des Multikulturalismus den kulturellen Faktor im Blick haben, kommen sie auch in der Frage der Loyalität der Einwanderer gegenüber der Aufnahmegesellschaft zu anderen Schlussfolgerungen als deutsche Multikulturalisten. In den USA und in Kanada wird das Modell einer *hierarchisch strukturierten Doppelidentität* propagiert. Danach hat die Identifikation mit der eigenen ethnischen Gruppe hinter der Identifikation mit der Gesamtgesellschaft zurückzustehen. Die Identifikation mit dem Einwanderungsland hat Vorrang. Die Bindestrich-Kanadier oder Bindestrich-Amerikaner sind also in erster Linie Kanadier oder Amerikaner und erst in zweiter Linie Engländer, Deutsche, Ukrainer oder Chinesen. Allerdings ist damit noch nicht gesagt, dass eine solche nationale Doppelidentität überhaupt real möglich ist. Vielleicht bedeutet diese Form der Doppelidentität auch nur, dass vor dem Bindestrich eine formale Staatsangehörigkeit steht, und hinter dem Bindestrich ein nationales Zugehörigkeitsgefühl ausgedrückt wird. In Deutschland wird die kulturelle Orientierung der Gesellschaftsmitglieder als Faktor gesellschaftlicher Integration oder Desintegration unterschätzt. Ob die Loyalität der deutschen Staatsbürger türkischer Herkunft im Zweifelsfall dem deutschen oder dem türkischen Staat gilt, wird nicht einmal als Problem wahrgenommen. Dass deutsche Staatsbürger türkischer Herkunft weiterhin die Türkei als ihre eigentliche Heimat betrachten und sich dem türkischen Staat verpflichtet fühlen[310], nimmt die politische Öffentlichkeit in Deutschland überwiegend stillschweigend hin oder betrachtet diese Einstellung als legitim.

Mehrfachidentitäten gehören zum Menschsein. Jeder hat eine familiäre Identität, eine geschlechtliche, eine konfessionelle, eine landsmannschaftliche. Er fühlt sich einer Gemeinde zugehörig oder einer bestimmten Berufsgruppe usw. Kennzeichen dieser Identitäten ist, dass sie sich entweder *konzentrisch* oder *komplementär* zueinander verhalten oder bloß *additiv* nebeneinander stehen. Konzentrisch sind Identitäten, wo sich jemand als Angehöriger einer ganz bestimmten Familie fühlt und sich gleichzeitig mit einer bestimmten Gemeinde, einer Region, einem Land oder einer Nation identifiziert. Über die Identifikationsstärke der einzelnen konzentrischen Zugehörigkeiten ist damit nichts ausgesagt. Man kann sich stark mit seiner Familie identifizieren, sich aber keiner Gemeinde oder Region verbunden fühlen, dafür aber wieder der Nation. Komplementär sind Identitäten, wenn ein Metallfacharbeiter der Branchengewerkschaft IG Metall angehört und aktiv als Betriebsrat mitarbeitet. Additiv sind Identitäten, die nebeneinander stehen, aber nicht miteinander konkurrieren oder sich gar widersprechen. Der Facharbeiter kann überzeugtes SPD-Mitglied sein und gleichzeitig praktizierender Katholik und Mitglied des örtlichen Fußballvereins. Die Identitäten können zwar durchaus in einer gewissen Spannung zueinander stehen, sie dürfen aber nicht den Charakter *unteilbarer Identitäten* haben[i], das heißt, sie dürfen sich nicht gegenseitig ausschließen oder in einem für das Individuum unerträglichen spannungsgeladenen Verhältnis zueinander stehen. Das heißt, der Facharbeiter, der ein gläubiger Katholik ist, kann nicht gleichzeitig Atheist sein. Er wird auch kaum einer Partei beitreten, die in ihrem Parteiprogramm atheistische Positionen vertritt. Er ist Gewerkschafter und damit kein Arbeitgeber. Er ist Deutscher und kann sich nicht gleichzeitig als Franzose fühlen, auch wenn er eine große Sympathie für Frankreich hegt. In dem Augenblick, in dem seine Sympathie für Frankreich das Übergewicht bekommt, ist seine Identität als Deutscher gebrochen. Es scheint zwar möglich, dass Individuen kein oder nur ein sehr schwaches Gefühl der Zugehörigkeit zu einem nationalen Kollektiv verspüren. Sobald aber nationale Identität als starkes Gefühl der Zugehörigkeit zu einer Gemeinschaft empfunden wird, ist sie eine unteilbare Identität. Es ist deshalb ungewiß, ob Mehrfachidentitäten im Sinne eines Zugehörigkeitsgefühls zu zwei oder mehreren nationalen Gemeinschaften überhaupt möglich sind. Nimmt man aber trotzdem einmal an, Mehrfachidentitäten existierten, dann ist es zweifelhaft, ob Individuen mit einer Mehrfachidentität in der Lage sein würden, einen möglichen Loyalitätskonflikt zufriedenstellend zu bewältigen. In der Realität dürfte die Rolle eines „Dieners zweier Herren" die meisten Individuen nämlich überfordern. Der Diener Truffaldino in Carlo Goldonis gleichnamiger Komödie, der den Spagat bravourös meistert, ist deshalb ein ziemlich schlechtes Beispiel. Das in logischer wie empirischer Hinsicht zweifelhafte Konzept der Mehrfachidentitäten hat im deutschen Integrationsdiskurs einen großen politischen Einfluss. Es begleitet die Auseinandersetzungen um die Forderung, Einwanderern die Doppelstaatsangehörigkeit zuzugestehen. Angesichts der Zweifel an der Möglichkeit von Mehrfachidentitäten oder *hierarchisch* strukturierter Doppelidentitäten führt die Einführung der Doppelstaatsangehörigkeit bei Einwanderern dazu, dass sie ihre Herkunftsstaatsangehörigkeit im Sinne einer *identifikatorischen Staatsangehörigkeit* beibehalten und die Staatsangehörigkeit des Aufnahmelandes im Sinne einer *instrumentellen Staatsangehörigkeit* zusätzlich erwerben. Die erste erfüllt das emotionale Bedürfnis nach nationaler Zugehörigkeit und Heimat und die zweite bedient das Bedürfnis nach erleichterten Reisemöglichkeiten oder konsularischen Dienstleistungen, vergrößert das Spektrum beruflicher Chancen und verschafft umfassende demokratische Teilhabe ohne wirkliche Identifikation mit dem Einwanderungsland.

---

[i]   Der Begriff der unteilbaren Identität schließt an Albert O. Hirschmans Terminologie der teilbaren und unteilbaren Konflikte an.

3.9 Ausgewählte Probleme des Assimilationsmodells

Otto Schily (Juni 2002): „Ich sage Ihnen ganz offen: Die beste Form der Integration ist Assimilierung."

Recep Tayyip Erdogan (Februar 2008): „Assimilation ist ein Verbrechen gegen die Menschlichkeit."

Arnulf Baring (April 2006): „Wir müssen energisch darauf hinarbeiten, dass Immigranten zu Deutschen werden, also nicht nur unsere Sprache beherrschen, sondern sich auch unsere Kultur, Geschichte und allgemeine Umgangsformen zu eigen machen."

Das Konzept der Assimilation scheint ausgedient zu haben, weil Assimilation als ein Angriff auf das kulturelle Selbstbestimmungsrecht und das Prinzip der Gleichwertigkeit von Kulturen und Lebensstilen angesehen wird. Nach multikulturalistischen Vorstellungen sollen sich Einwanderer stattdessen integrieren, was immer darunter auch verstanden werden mag. Auf keinen Fall jedoch sollen sie ihre mitgebrachte Kultur aufgeben und sich assimilieren. Sie werden dazu aufgefordert und darin unterstützt, im Rahmen einer kulturpluralistischen Gesellschaft mit Hilfe staatlicher Maßnahmen ihre Herkunftskulturen zu erhalten. Gleichzeitig werden Bevölkerung und Institutionen des Aufnahmelandes dazu angehalten, den kulturellen Pluralismus als Bereicherung der eigenen Kultur zu sehen. Assimilationspolitik scheint aber nicht nur diskreditiert, sondern auch erledigt. Dort, wo sie verfolgt wird, scheint sie zu versagen. Während sich Italiener, Russen, Polen, Tschechen und Ungarn, die zwischen den beiden Weltkriegen nach Frankreich kamen, erfolgreich assimiliert haben, erzielt die französische Assimilationspolitik bei ihren nordafrikanischen Einwanderern heute nur noch sehr begrenzte Erfolge.[311]

Tatsache ist, dass in Integrationstheorie und Integrationspolitik ein Paradigmenwechsel stattgefunden hat. Galt ethnische und kulturelle Homogenität bis vor wenigen Jahrzehnten noch als gesellschaftliches Leitbild, ist innerhalb kurzer Zeit ein Wandel zum Paradigma kultureller Heterogenität eingetreten. Die multikulturelle Gesellschaft wird in einem doppelten Sinn als unvermeidliches Geschehen gesehen. Normativ wird sie als wünschenswerte Form der Zukunftsgesellschaft propagiert, empirisch wird sie als Entwicklungsnotwendigkeit behauptet. Worauf der Paradigmenwechsel genau zurückzuführen ist, ist ungeklärt. Aus der Perspektive der Einwanderungsgesellschaft mögen die Gründe für den Paradigmenwechsel in der zunehmenden funktionalen und sozialen Differenzierung, vor allem aber in Pluralisierung und Individualisierung der Gesellschaft zu suchen sein. Denn das Heterogenitätsparadigma umfasst nicht nur das Moment ethnokultureller Pluralität, sondern reicht sehr viel weiter und berührt die Pluralisierung der Lebensformen schlechthin. Dass die Assimilationspolitik heute weniger erfolgreich ist als in der Vergangenheit, hängt nach Taylor wohl mit einem grundsätzlichen kulturellen Wandel zusammen, der wahrscheinlich in den 1960er Jahren eingesetzt hat. Ganz allgemein hat die Vorstellung, dass man sein Anderssein im Namen der Anpassung an die dominierende Lebensweise und Identität zu unterdrücken habe, ihre Selbstverständlichkeit verloren. Feministinnen, Behinderte, Prostituierte, Schwule und Lesben, Menschen mit besonderen sexuellen Vorlieben, besonders dicke, große oder kleine Menschen, alle möglichen Opfer unrechtmäßiger Handlungen, religiöse Gruppen, sie alle fordern, dass die Gesellschaft die ganze Vielfalt der Unterschiede akzeptiert, statt sie zu ignorieren oder gar auszuschließen. Abzulesen ist diese Entwicklungstendenz an den erfolgreichen „Anerkennungskämpfen" (Jürgen Habermas) dieser Minderheiten. Und in diesem Trend liegen auch die ethnischen und kulturellen Minderheiten. Aus der Perspektive der Einwanderer betrachtet hat die Tatsache, dass ihre Assimilationsbereitschaft dramatisch gesunken ist, nicht nur mit dem Problem ihrer meist hohen Arbeitslosigkeit und sozialen Chancenlosigkeit zu tun, sondern dürfte auf einen Einstellungswandel der Immigranten selbst zurückzuführen sein. Charles Taylor meint: „Das früher vorherrschende Gefühl tiefer Dankbarkeit gegenüber dem Gastland, das nicht nur Zuflucht, sondern auch neue Chancen gewährte, ließ jede Forderung nach Anerkennung von Differenz ungerechtfertigt und unangebracht erscheinen. Dieses Gefühl wurde inzwischen ersetzt durch etwas, das einer alten, von vielen Religionen geteilten Lehre ähnelt, nämlich der Überzeugung, dass die Erde dem ganzen Menschengeschlecht geschenkt wurde. Das heißt, dass kein Flecken Land einem Volk allein deshalb gehören kann, weil es dort geboren wurde. Folglich ist niemand, dem Zuzug gewährt wird, verpflichtet, die Auflagen des Gastlandes bedingungslos zu akzeptieren."[312] Die Einwanderer sehen heute also keine Notwendigkeit mehr, sich zu assimilieren. Sie wollen sich zwar „integrieren", aber nicht um den Preis der kulturellen Selbstaufgabe und sie pochen gleichzeitig auf das Recht, die Gesellschaft, in die sie sich integrieren sollen, ihrerseits zu verändern.[313]

Die Stärke des multikulturellen Paradigmas ist eine Tatsache. Aber die immer weiter zunehmende ethnokulturelle Differenzierung schafft nicht nur neue Linien der gesellschaftlichen Auseinandersetzung, sondern erhöht zusammen mit herkömmlichen sozialen Konflikten das gesellschaftliche Konfliktpotential. Es radikalisiert die Konfliktbeteiligten in einem Ausmaß, das in der kulturell relativ homogenen Gesellschaft unbekannt war. Der Wechsel zum Heterogenitätsparadigma hat dazu geführt, dass die Minderheiten sich heute stärker als früher entlang der ethnischen Grenzen organisieren. Dadurch können sie ihre jeweiligen Interessen um so effektiver verfolgen, zumal der Vertretung ethnischer Interessen ein besonders hoher Grad an Legitimität zugestanden wird und die Vertreter dieser Interessen allemal auf die wohlwollende Unterstützung der politischen Öffentlichkeit und der öffentlichen Meinung zählen können.

Das Risiko der multikulturellen Einwanderungsgesellschaften besteht darin, dass die Vernachlässigung der eigenen Kultur zum Entstehen einer Gesellschaft beiträgt, „die immer mehr den inneren Zusammenhalt verliert und in der es keine Bürger mehr gibt, sondern nur noch Konsumenten."[314] Außerdem entsteht in einer Gesellschaft, in der es nicht gelingt, die Einwanderer zu integrieren, eine neue Unterschicht, die räumlich abgesondert und kulturell abgeschottet ist. Die Chancen dieser ethnokulturellen Unterschicht zur gesellschaftlichen Integration werden immer geringer, sie wird schließlich zum unerschöpflichen Reservoir für alle denkbaren Variationen von Gewalt und Hass gegen die Mehrheitsgesellschaft. Und da der einzige Anker im Abwärtssog aus sozialer Deklassierung und gesellschaftlicher Isolierung die Herkunftskultur ist, werden genau diese verheerenden Strukturen immer wieder aufs Neue reproduziert. Im Frühherbst des Jahres 2010 wird in Deutschland zum x-ten Mal eine Diskussion über Integrationsdefizite geführt. Bis zu einem gewissen Grad jedoch sind die Klagen über diese Probleme künstlich, denn Integrationsdefizite sind der Normalfall in der multikulturellen Gesellschaft. Die multikulturelle Gesellschaft ist *notwendigerweise* eine Gesellschaft der Integrationsdefizite. Es gibt keine multikulturelle Gesellschaft ohne soziale, politische, wirtschaftliche und identifikatorische Integrationsdefizite. Aus Sicht der Multikulturalismuskritik muss deshalb auf nationaler Ebene alles getan werden, um Ethnisierungen abzubauen, damit sich das gesellschaftliche Konfliktpotential verringert.[315] Das Instrument dafür ist eine Integrationsstrategie, die auf das Modell der Assimilation setzt. Die *Legitimation einer assimilatorischen Integrationsstrategie* leitet sich aus dem Grundsatz ab, dass nur Individuen einen Grundrechtsanspruch auf Gleichheit, Gleichbehandlung und Gleichberechtigung haben, nicht aber Kulturen. Aus assimilatorischer Sicht ist das Assimilationsmodell alternativlos, weil andere Integrationsfaktoren entweder krisenanfällig sind oder nur eine begrenzte Reichweite haben. Krisenanfällig ist beispielsweise die Integration über den Wohlfahrtsstaat oder den Arbeitsmarkt. Eine begrenzte Reichweite haben das Recht und die Religion. Weil sich das Recht aus der Kultur ableitet, ist es kein eigenständiger Integrationsfaktor. Religion *kann* ein sehr potenter Integrationsfaktor sein. Dann muss sie aber über das Sinngebungs- und Wertemonopol verfügen oder wenigstens die unbestrittene Vorherrschaft haben. Was ist aber, wenn Religion als Produzent gesellschaftlicher Normen ausfällt, weil ihr die durchgängige Zustimmung der Gesellschaftsmitglieder fehlt? Oder ein einheitliches Wertemonopol wegen des religiösen und weltanschaulichen Pluralismus nicht existiert oder zumindest von bedeutenden Minderheiten nicht geteilt wird? Dann bleibt nach assimilatorischer Auffassung nur übrig, die Gesellschaft auf der Grundlage einer gemeinschaftlich geteilten Kultur zu integrieren. Die gemeinschaftlich geteilte Kultur ist der Boden für gesellschaftliche Solidarität und gesellschaftlichen Zusammenhalt. Ernest Gellner liefert ein indirektes, aber überzeugendes Argument für die Nützlichkeit einer gemeinschaftlich geteilten Kultur. Er meint, dass eine stabile Regierung, Wohlstand und die Aussicht auf Wachstum die Menschen daran hindert, diese Errungenschaften aufs Spiel zu setzen, nur um einen gewaltsamen ethnischen Konflikt vom Zaun zu brechen. Aber falls diese Bedingungen entfallen, lebe das Bedürfnis auf, den sozialen Zusammenhalt durch ethnokulturelle Gemeinschaftsbildung wiederzubeleben.[316] Dagegen wiederum ist eine gemeinschaftlich geteilte Kultur die wirksamste Barriere. An das Argument möglicher ethnokultureller Verwerfungen in der multikulturellen oder multiethnischen Gesellschaft knüpft auch die unter dem Dach des „Institut de droit international" firmierende, renommierte Juristenvereinigung mit ihrer aus dem Jahre 1892 stammenden Resolution „Règles internationales sur l'admission et l'expulsion des étrangers" an. Die Resolution, die sich mit Zulassung von Einwanderern und ihrer Einbürgerung in die Aufnahmegesellschaften befasst, bestimmt in Artikel 6, dass die Zulassung von Fremden in das eigene Staatsgebiet abgelehnt werden kann, wenn es die Besorgnis gibt, es liege eine „différence fondamentale" der Kulturen oder eine „accumulation dangereuse d' étrangers" vor. Der Gedanke, dass die Nationen das Recht haben, ihre eigene Kultur zu schützen und ihre kulturelle Homogenität zu bewahren, findet sich auch in Artikel 1 der Charta der Vereinten Nationen aus dem Jahre 1948, in der das Selbstbestimmungsrecht der Völker festgeschrieben ist. Nach assimilatorischer Auffassung schließt dieses Recht selbstredend die Berechtigung der Staaten mit ein, die kulturelle Homogenität durch geeignete Maßnahmen wirkungsvoll zu sichern.

Die nationale Kultur ist der Boden für einen *Gemeinsamkeitsglauben* (Max Weber) derjenigen, die sich als ethnisch-kulturelle Gemeinschaft verstehen. Der Gemeinsamkeitsglaube fördert das gegenseitige Vertrauen selbst in einer von Anonymität geprägten Gesellschaft. Auch wenn sie sich nicht persönlich kennen, vertrauen Menschen anderen Menschen allein schon deshalb eher, wenn sie derselben ethnokulturellen Gruppe angehören. Gründe dafür finden sich in einer gemeinsamen Sprache, einem gemeinsamen Verstehenshorizont und Weltverständnis. Sie finden sich aber auch in Gemeinsamkeiten der Bewertung von Ereignissen und Situationen oder des wahrscheinlichen Verhaltens des anderen. Diese Mechanismen sind in Alltagssituationen gut zu beobachten: Touristen, die im Ausland in Schwierigkeiten geraten und Hilfe brauchen, werden sich zuerst an Landsleute wenden, weil sie von ihnen am ehesten Verständnis und Solidarität erwarten.

Mit dem Paradigmenwechsel und allen anderen gesellschaftlichen Veränderungen der letzten Jahrzehnte hat sich die Frage nach den Bedingungen einer wirksamen gesellschaftlichen Integration keineswegs erledigt. Die modernen Gesellschaften sind nicht nur mit Desintegrationswirkungen, die von Pluralisierung und Individualisierung ausgehen, konfrontiert, sondern auch mit denen multikultureller Einwanderung. Deshalb ist die Herausforderung, wie die Integrationsprobleme gelöst werden können, drängender denn je. Die assimilatorische Sichtweise gibt darauf eine eindeutige Antwort. *Grundlage* jeder erfolgreichen Integration in die Einwanderungsgesellschaft ist die gemeinschaftlich geteilte Kultur. Assimilation ist das *Instrument* zur Verwirklichung dieser Grundlage. *Ziel* ist die kulturell relativ homogene Gesellschaft. Aus assimilatorischer Sicht ist sie die Voraussetzung für sozialen Frieden, Wohlstand und stabile Demokratie.

3.9.1   Theorie der Nation als Voraussetzung einer Theorie der Assimilation

Die Form der kulturellen Integration hängt eng mit dem Verständnis von Nation zusammen. So ist der Multikulturalismus nur mit der Vorstellung der Staatsbürgernation zu vereinbaren. Grundlagen der Staatsbürgernation sind die *kulturneutrale* Verfassung und eine liberaldemokratische politische Kultur. Das emotionale Äquivalent dafür ist der Verfassungspatriotismus. Die auf diesem Fundament stehende Staatsbürgernation legitimiert sich durch staatsbürgerliche Gleichheits- und Teilhaberechte und die streng rechtsförmig geregelten Verfahren des liberalen Rechtsstaates. Die Staatsbürgernation hat also nichts mit ethnischer oder kultureller Zugehörigkeit zu tun. Was die Nation zusammenhält, ist ein gemeinsamer Glaube an die Verfassung. Die Staatsbürgernation ist ausschließlich eine politische Gemeinschaft. Verliert die Verfassung ihre Legitimation, ist die Staatsbürgernation am Ende. Dagegen hat das Assimilationsmodell die Vorstellung der Kulturnation zur Voraussetzung. Dieser Nationstyp beruht auf der Gemeinsamkeit von Kultur, Geschichte, Tradition, Sprache. Seine historische Erscheinungsform ist die kulturell relativ homogene Gesellschaft. Die Existenz der Kulturnation ist von der Verfassung unabhängig. Sie verträgt sich mit unterschiedlichen Gesellschaftsordnungen.[317] Die jeweilige Verfassung ist lediglich die zeitgebundene politische Aktualisierung der nationalen Kultur. Die Kulturnation muss sich nicht notwendigerweise politisch konstituieren.

Die Vorstellung, die im Typ der Kulturnation das Grundmodell der Nation sieht, geht auf Otto Bauer (1882–1938) zurück. Bauer war einer der wichtigsten austromarxistischen Theoretiker und Autor der wahrscheinlich bedeutsamsten marxistischen Abhandlung zur Theorie der Nation.[318] Sein Anliegen war es, die Nation nach objektiven und objektivierbaren Kriterien zu bestimmen. Damit grenzt er sich von metaphysischen und psychologischen Theorien der Nation ab. Während die metaphysischen Nationsvorstellungen an nationale Mythen anknüpfen, wie sie etwa in der Sage von Wilhelm Tell, dem Schweizer Freiheitskämpfer und Tyrannenmörder, enthalten sind, gehen die psychologischen Theorien davon aus, dass sich die Nation im kollektiven Bewusstsein der Zusammengehörigkeit und im Willen, eine Nation zu bilden, konstituiert. Aber auch die landläufigen soziologischen Erklärungen reichen Bauer nicht aus. Die bloße Aufzählung der wichtigsten Elemente der Nation wie Gemeinsamkeit von Abstammung, Territorium, Sprache, Sitten und Gebräuchen, Geschichte, Gesetzen und Religion, kann das Phänomen Nation nicht ausreichend erklären. Erst wenn die *Nation als System* begriffen wird, ist der notwendige theoretische Komplexitätsgrad erreicht. In dieser systemischen Vorstellung ist die gemeinsame Geschichte wirkende Ursache, die gemeinsame Kultur das Mittel ihrer Wirksamkeit, die gemeinsame Sprache Vermittlerin der gemeinsamen Kultur, aber gleichzeitig ist die Sprache das Produkt der Kultur und ihr Produzent.[319] Bauer begreift die Nation als eine dialektische Erscheinung. Die Nation ist ein System miteinander korrespondierender Elemente, die nicht einzeln, sondern nur in ihrer Gesamtheit die Nation ausmachen.

Für Bauer ist die Nation das Produkt einer geschichtlichen Entwicklung. Sie beginnt mit einer Abstammungsgemeinschaft und führt über die Stufen einer Kultur- und Schicksalsgemeinschaft zu einer „Charaktergemeinschaft". Die Nation ist „das Historische in uns, ist das Nationale in uns, ist es, was uns zur Nation zusammenschmiedet."[320] Der Begriff der Charaktergemeinschaft stellt heute aufgrund seiner essentialistischen Tönung eine etwas problematische Kategorie dar, obwohl er für Bauer nur das Ensemble der Durchschnittseigenschaften und der übereinstimmenden Merkmale der Nationsmitglieder ist und insofern gar nicht dauerhaft, sondern veränderlich, also gerade nicht essentialistisch ist. Allerdings kann auf den Begriff der Charaktergemeinschaft verzichtet werden ohne dass die Verständlichkeit und Schlüssigkeit von Bauers Theorie leidet. Dreh- und Angelpunkt in Bauers Nationstheorie ist das dialektische Verhältnis von Kultur- und Schicksalsgemeinschaft. Wehler und andere legen eine völlig falsche Spur, wenn sie die Kultur- oder Volksnation als eine Abstammungsgemeinschaft definieren. Die Nation ist gerade *keine* Abstammungsgemeinschaft. Die Abstammungsgemeinschaft ist lediglich eine historische Vorstufe der modernen Nation, der Kulturnation. Ohne eine gemeinsame Kultur kann es die Nation nicht geben. Personen, die gleicher Abstammung sind, aber keine gemeinsame Kultur haben, können auch keine Nation bilden.[321] Von zwei Kindern eines deutsch-italienischen Ehepaares, wächst das eine in Deutschland, das andere in Italien auf. Beide haben dieselbe Abstammung, kulturell sind sie aber verschieden sozialisiert, deshalb können sie nach Bauer auch keine „Nationsgenossen" sein.

Die nationale Sprachgemeinschaft allerdings ist nur eine Teilerscheinung, eine der Ausdrucksformen der Kulturgemeinschaft und eines der Produkte der nationalen Schicksalsgemeinschaft.[322] Ob Sprache allerdings die Fähigkeit besitzt, die Nation hervorzubringen, indem sie besondere Solidaritäten herstellt und wirksam werden läßt, wie Benedict Anderson meint, ist zweifelhaft.[323] Es scheint eher so, dass eine gemeinsame Sprache eine notwendige, aber noch nicht hinreichende Bedingung für Entstehung und Existenz der Nation ist.

Die Kulturgemeinschaft ist Voraussetzung für die Möglichkeit, dass eine Nation entstehen kann. Aber auch die Kulturgemeinschaft reicht nicht aus. Zur Kulturgemeinschaft tritt die Schicksalsgemeinschaft hinzu. Sie steht im Zentrum der Bauerschen Theorie: „Die Nation ist nie etwas anderes als Schicksalsgemeinschaft. Aber die Schicksalsgemeinschaft wird wirksam [...] durch die Überlieferung der durch das Schicksal der Nation in ihrer Eigenart bestimmten Kulturgüter."[324] Natürlich war zu Bauers Lebzeiten der Begriff der Schicksalsgemeinschaft den Zeitgenossen schon deshalb ohne Weiteres verständlich, weil der Krieg für die Menschen in Europa damals so etwas wie ein Generationenerlebnis war. Dieses Generationenerlebnis erteilte allen Bürgern des jeweiligen Landes die lebenslang eindrucksvolle Lehre, dass die individuelle Existenz untrennbar mit dem Schicksal der eigenen Nation verbunden ist. Das kollektive Bewusstsein dieses dramatischen Zusammenhangs ist nach dem Zweiten Weltkrieg unter den Bedingungen der längsten Friedensphase in der europäischen Geschichte sehr viel schwächer geworden. Aber Bauers Begriff der Schicksalsgemeinschaft ist nach wie vor eine sinnvolle Kategorie. Die Schicksalsgemeinschaft entsteht nämlich nicht nur durch dramatische oder gar traumatische Kollektiverlebnisse, sondern schon durch die schlichte Tatsache des gesellschaftlichen Zusammenlebens. Dabei kommen Faktoren ins Spiel wie die Erfahrung des gemeinsamen Schulbesuchs mit ihren standardisierten Abschlüssen, eine gemeinsame wirtschaftliche Tätigkeit, die Entfaltung eines einheitlichen Verkehrsraumes, die Nationalliteratur, ein durch eine gemeinsame Sprache abgegrenzter Raum für Medien, die allgemeine Wehrpflicht, demokratische Teilhaberechte.[325] Dadurch entsteht etwas, was Anderson ein gemeinsames *„Erfahrungsuniversum"* nennt.[326] Gerade auch ein nationalstaatlicher Wirtschafts- und Sozialraum wirkt sich im Bauerschen Sinn schicksalsgemeinschaftsbildend aus. Wohl und Wehe der Wirtschaftsbürger stehen in engem Zusammenhang mit der gesamtwirtschaftlichen Entwicklung, an der sie als Produzenten und Konsumenten einen unmittelbaren Anteil haben. Die Leistungsfähigkeit der Volkswirtschaft allgemein, ihre internationale Konkurrenzfähigkeit, die Wirtschafts- und Finanzpolitik des Staates, der Verlauf der Inlandskonjunktur, die Geldwertstabilität, die Entwicklung des Arbeitsmarktes und viele andere Faktoren haben einen bestimmenden Einfluss auf Lebenslage und Lebensweise der Bürger und beeinflussen den Verlauf der individuellen Biographien auf eine jeweils landestypische Art. Das heißt, die typische Biographie eines französischen, polnischen, amerikanischen Wirtschaftsbürgers unterscheidet sich von der typischen Biographie eines deutschen Wirtschaftsbürgers in vielerlei Hinsicht. Unterschiedlich sind die Eintrittszeiten in die Wirtschaft, die Ausbildungsvoraussetzungen, die Aufstiegserwartungen, die durchschnittlichen Tages-, Wochen-, Jahres- und Lebensarbeitszeiten, der Lebensstandard, die Verdienstmöglichkeiten, die Eigentumsbildung, die Sparquote, die Konsumbedürfnisse oder die Urlaubsgewohnheiten usw. Das Sitzen in demselben volkswirtschaftlichen Boot kann folglich durchaus als Aspekt der Zugehörigkeit zu einer Schicksalsgemeinschaft beschrieben werden. Vergleicht man die typischen Biographien von Wirtschaftsbürgern aus Ländern mit einem extrem unterschiedlichen Entwicklungsstand, z.B. afrikanischer Länder mit europäischen, dann wird der schicksalhafte biographische Unterschied mit Händen greifbar. Diese unterschiedlichen Bedingungen prägen noch auf unabsehbare Zeit das individuelle Schicksal auf eine jeweils landestypische Weise, selbst in einem einheitlichen europäischen Wirtschaftsraum mit seiner einheitlichen Währung. Wie sehr der Nationalstaat der entscheidende Bezugsrahmen für das Individuum, seine Lebensweise, seine Lebenschancen und seine gesellschaftliche Existenzweise ist, wird auch deutlich am Beispiel des Sozialstaates.

Der Sozialstaat entscheidet über die Chancen seiner jungen Bürger, indem er ihre Zugangs-möglichkeiten zu Bildung und Ausbildung regelt. Der Sozialstaat bestimmt die Lebensum-stände seiner Bürger über das Niveau der Daseinsvorsorge wesentlich mit. In zahllosen Be-reichen wie der Müllbeseitigung oder dem Gesundheitssystem, in der materiellen Absiche-rung bei Unfall, Krankheit, Arbeitslosigkeit und Bedürftigkeit oder der Ausgestaltung der Alterversorgung erbringt er Nachweise seiner Leistungsfähigkeit oder Leistungsschwäche. So herrschen in den verschiedenen Nationalstaaten jeweils eigene Sozialstaatswirklichkeiten. Die kosmopolitisch angehauchten Globalisierungsphantasien übersehen, dass auch in Zu-kunft nur eine Minderheit unentwegt um die Welt fliegt und überall zuhause ist, während die Mehrheit auf Gedeih und Verderb an die Länder gebunden ist, in der sie geboren wurde und deren Verhältnisse und deren Entwicklung ihr individuelles Lebensschicksal prägt. Selbst die europäischen Nationalstaaten bleiben auf unabsehbare Zeit der Ort, an dem Schicksalsge-meinschaften existieren.

Schicksalsgemeinschaft heißt nicht, dass die Menschen einfach demselben Schicksal unter-worfen sind und über ein gemeinsames Erfahrungsuniversum verfügen. Bei der Schicksals-gemeinschaft geht es um das *gemeinsame Erleben* desselben Schicksals. Nicht die Gleichar-tigkeit des Schicksals, sondern das gemeinsame Erleben und Erleiden des Schicksals erzeugt die Nation. *Gemeinsam* wird das Schicksal erlebt, wenn sich die Schicksalsgenossen in ei-nem gemeinsamen Verständnishorizont bewegen und dem Geschehen den gleichen Sinn und die gleiche Bedeutung geben. Den gemeinsamen Verständnishorizont stellt die gemeinsame Kultur zur Verfügung. Die Kulturgemeinschaft ist also die Grundlage dafür, dass ein Be-wusstsein der Zusammengehörigkeit entstehen kann. Das ist nach Otto Bauer der Grund, weshalb die Schicksalsgemeinschaft immer nur in Verbindung mit Kulturgemeinschaft zur Nation werden kann. Diesen Zugang zur Nation teilt auch der polnische Soziologe Florian Znaniecki. Auch für ihn ist die Nation ein ganz und gar kulturelles Phänomen. Die Nation ist ein solidarisches Kollektiv aus Millionen von Individuen, die an einer gemeinsamen Kultur teilhaben. Dieses Kollektiv kann deshalb sogar über längere Zeit hinweg ohne gemeinsame politische Institutionen, ohne einen gemeinsamen Staat, bestehen. 123 Jahre staatlicher Nichtexistenz in der Zeit der polnischen Teilung zwischen 1795 und 1918 sind der histori-sche Beleg dafür, dass die gemeinsame Kultur ein „nationales Band" (więź narodowa) schafft, das die nationale und gesellschaftliche Solidarität (solidarność narodowa) am Leben erhält.[327] Das polnische Beispiel ist besonders aufschlußreich für die herausregende Rolle der gemeinsamen Kultur, weil die Bevölkerung im geteilten Polen nur in einem sehr einge-schränkten Sinn einer Gleichartigkeit des Schicksals unterworfen war. In ihrem jeweiligen Alltag machten die Polen im preussischen, russischen und österreichischen Teilungsgebiet, außer der Tatsache, unter Fremdherrschaft zu leben, durchaus sehr unterschiedliche Erfah-rungen. Aber sie konnten sich einen gemeinsamen, kulturell bedingten Verständnishorizont bewahren, der es ermöglichte, sich als eine polnische Schicksalsgemeinschaft zu verstehen.

Die Theorie von Otto Bauer bietet noch immer ein überzeugendes Modell der Nation. Ge-meinsame Kultur, gemeinsames Schicksal und gemeinsames Erfahrungsuniversum sind die Voraussetzungen für die Entstehung der Nation. Sie erklären aber nicht, *warum* sie entsteht, denn das setzt einen kollektiven Willen voraus. Ein Rückgriff auf die psychologische Sicht-weise kann Bauers Modell vervollständigen. Ernest Renan kommt auf seine berühmte Frage, was eine Nation ist, zum Schluss, dass die Nation nicht auf Gemeinsamkeiten von Rasse,

Sprache und Religion gründet, nicht gebildet wird durch ein feststehendes Territorium und auch keine bloße Interessengemeinschaft ist. Sie ist ein „geistiges Prinzip", das dem kollektiven Willen entspringt, ein gemeinsames Leben zu führen; sie ist ein tägliches Plebiszit ihrer Mitglieder für das kollektive Zusammenleben in einer bestimmten Nation.[328] Diese Auffassung trifft nur halbwegs zu, weil die materielle Seite der Nation, also Sprache, Kultur, Territorium, ignoriert wird. Nationen sind eher *gesellschaftliche Konstruktionen* (Ernest Gellner),[329] genauer gesagt *vorgestellte* oder *imaginierte Gemeinschaften*, wie Benedict Anderson sie nennt. Die Nation ist *Gemeinschaft*, weil sie, unabhängig von realer Ungleichheit, als „kameradschaftlicher Verbund von Gleichen" verstanden wird.[330] *Vorgestellt* ist sie, weil sich nur die wenigsten Angehörigen einer Nation jemals persönlich begegnen oder auch nur voneinander hören. Trotzdem existiert im Kopf eines jeden die Vorstellung dieser Gemeinschaft. Die Gemeinschaft existiert, insoweit und solange sich ihre Angehörigen mental und emotional mit einem Kollektiv identifizieren,[331] „Die Nation wird zur mentalen Realität, insoweit sie als eine solche imaginiert wird."[332] Vorgestellte Gemeinschaft bedeutet aber nicht, dass sie als Fiktion zu begreifen wäre. Und obwohl es sich nur um eine Vorstellung handelt, ist die Gemeinschaft für ihre Mitglieder etwas Reales. Zwar erleben die Individuen ihre Nation nur im kleinen Ausschnitt des eigenen Lebens unmittelbar, zwar nehmen sie nur selten persönlich an den wichtigen Ereignissen der Nation unmittelbar teil, aber die nationalen Medien schaffen ein virtuelles Band, das sie mit den anderen Nationsmitgliedern verbindet. Das Leben jedes Individuums ist lediglich ein Ausschnitt im Leben des gesamten Kollektivs. Die Verbindung zwischen beiden stellen die Medien her, indem sie das einzelne Leben zum nationalen Kollektiv in Beziehung setzen. Das mediale Band erzeugt dadurch das Gefühl eines gemeinsamen Schicksals. Im Kern ist Andersons Theorie also eine Theorie der massenmedialen Herstellung der Nation. Das gemeinsame Schicksal erklärt noch nicht das Gefühl der Zusammengehörigkeit. Andersons Analogie zur religiösen Pilgerfahrt hilft an dieser Stelle weiter. Die Pilgerfahrt führt Menschen aus den unterschiedlichsten Gegenden und Lebenswelten zusammen, Menschen, die ansonsten in keiner Beziehung zueinander stehen. Das provoziert die Frage, warum der andere dasselbe tut wie man selbst. Die Antwort darauf ist, dass es zwischen den Individuen eine Verbindung gibt, und zwar in Form einer Gleichartigkeit, einer gemeinsamen Idee, einer gemeinsamen Überzeugung, eines gemeinsamen Selbstverständnisses. Dadurch entsteht ein Wir-Gefühl, die Idee einer Gemeinschaft. Die Pilger fühlen sich verbunden durch einen Gemeinsamkeitsglauben (Max Weber). Dieser Gemeinsamkeitsglaube produziert ein Gefühl der Zusammengehörigkeit.[333]

Die Nation ist nicht nur mentale, sondern auch soziale Realität, wie Otto Bauer gezeigt hat. Die Nation hat sehr wohl materielle Grundlagen, und ist nicht nur ein geistiges Prinzip wie Renan meint. Die Nation ist beides, sie ist eine dialektische Beziehung zwischen *objektiven Elementen* wie Territorium, Sprach-, Kultur- und Schicksalsgemeinschaft und *subjektiven* wie dem Gefühl der Zusammengehörigkeit, einem Wir-Gefühl. Deshalb führt eine bloß psychologische oder konstruktivistische oder auch eine bloß an sozialen Tatsachen orientierte Theorie in die Irre. Die Anhänger der Staatsbürgernation, die sich gerne auf Renan berufen, liegen falsch, wenn sie glauben, dass das Phänomen Nation ausreichend erklärt ist durch den kollektiven Willen, eine politische Gemeinschaft zu bilden. Denn das ist noch keine Erklärung dafür, *warum* eine Nation eine Nation sein will. Dazu braucht es Voraussetzungen, die diesen gemeinsamen Wunsch überhaupt erst entstehen lassen. Diese Voraussetzungen liegen in einer gemeinsamen Kultur. Auf dem Boden einer gemeinsamen Kultur *kann* (er muss es nicht zwangsläufig) der Wille entstehen, eine Nation zu bilden.

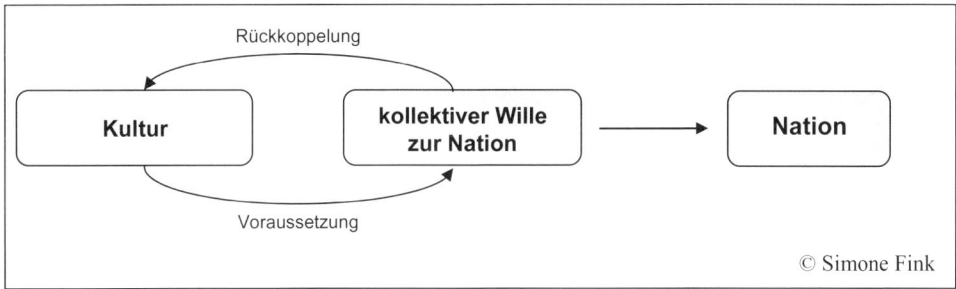

Abb. 3.9 *Modell der Nation*

Eine häufig vorgebrachte Kritik an assimilatorischen Vorstellungen lautet, dass sich die Einwanderer mit Kultur und Geschichte des Aufnahmelandes doch gar nicht identifizieren könnten, weil sie ihre ethnischen Wurzeln nicht in der Aufnahmegesellschaft hätten. Diese Kritik basiert auf einer Karikatur des Nationsbegriffs. Wie Otto Bauer gezeigt hat, ist die Nation gerade keine Abstammungsgemeinschaft, sondern eine Schicksals- und Kulturgemeinschaft, in der die *Idee* einer Gemeinschaft mit Vergangenheit und Zukunft enthalten ist. Die Geschichte einer Nation ist, soweit sie über die eigene Lebenszeit hinaus zurückreicht, für alle ihre gegenwärtigen Mitglieder abstrakt. Das liegt daran, dass alles, was außerhalb des eigenen Erlebens liegt, in einem psychologischen Sinne fiktiv ist. Die Geschichte einer Nation ist einerseits natürlich Realität, andererseits ist sie fiktiv, weil die Individuen, die nicht Zeitzeugen sind, sie nicht *selbst* erlebt haben. Der Bezug zu vergangenen Generationen der Nation ist für die Einheimischen deshalb nicht weniger abstrakt wie für Einwanderer. Aber es geht nicht um reale Vorfahren. Die realen Vorfahren verlieren sich nach wenigen Generationen im Nebel der Familiengeschichten. Zu ihnen *kann* das Individuum in gar keiner persönlichen Beziehung stehen. Es geht viel eher um hypothetische Vorfahren, die durch die Sozialisation des Individuums gleichsam Gestalt annehmen. Entscheidend dafür, dass sich die Individuen die Geschichte einer Nation aneignen können, ist ihre Inklusion in eine Gemeinschaft, die auf den Schultern der Vorfahren steht. Die inklusorische Sozialisation ermöglicht zunächst die Identifikation des Individuums mit der Gemeinschaft, zu der das Individuum in der Gegenwart gehört. Die Identifikation mit der Gemeinschaft der Gegenwart schafft die Voraussetzung dafür, sich als Teil eines größeren zeitlichen Zusammenhangs zu fühlen, eines Zusammenhangs, der über die eigene Lebenszeit hinausreicht. Es ist die Identifikation mit der Gemeinschaft, die den Sinn schafft für Kontinuität, für das Gefühl, Teil eines Vergangenheits-Zukunfts-Kontinuums zu sein. In der Möglichkeit, sich die gemeinsame Geschichte, die Geschichte der imaginierten Gemeinschaft, anzueignen, unterscheiden sich Einheimische von Einwanderern nicht. Deshalb kann eine Gesellschaft, die nach relativer kultureller Homogenität strebt, darauf bestehen, dass es nur *ein* Geschichtsbewusstsein und *eine* Geschichte für alle gibt: die Geschichte der Aufnahmegesellschaft. Die Geschichte der Herkunftsländer der Einwanderer hat keinen Platz im Geschichtskanon der Aufnahmegesellschaft und spielt deshalb in der öffentlichen Bildung und im öffentlichen Raum keine Rolle.

Dass die Nation ein durch und durch kulturelles Phänomen ist, gilt, historisch gesehen, selbst für ein klassisches Einwanderungsland wie die USA. Am Anfang stand nicht der vom Himmel gefallene Wille zu einer gemeinsamen Verfassung und einer kulturneutralen Staatsbürgernation. Am Anfang stand eine englischsprachige, angelsächsische protestantische Kulturgemeinschaft, die ihrem politischen Willen in einer Verfassung Ausdruck verlieh. Und nur weil diese auf einer Kulturgemeinschaft beruhende Nation bereits bestand, war es später möglich, die Nation in eine Staatsbürgernation umzuinterpretieren, die angeblich nicht mehr zu sein braucht als eine auf den bloßen verfassungspolitischen Willen gestützte Gemeinschaft. Aber diese Interpretation deckt sich nicht mit den historischen Tatsachen. Viele der späteren Einwanderer hatten keinen europäisch-protestantischen Hintergrund und haben deshalb den ursprünglichen kulturellen Konsens der Gründergemeinde nicht geteilt. Aufgrund der Mehrheitsverhältnisse jedoch waren sie gezwungen, sich entweder zu assimilieren oder die Dominanz der kulturellen Mehrheit, die in der Verfassung und der gesellschaftlichen Realität zum Ausdruck kam, anzuerkennen oder mindestens hinzunehmen. Der historische Blick lehrt also, dass die Staatsbürgernation weniger Realität als vielmehr politisches Programm ist. Es gibt keine Nation, die ihre Identität ausschließlich aus ihrer Verfassung bezieht. Ob das Modell der Staatsbürgernation überhaupt funktionieren *kann*, wenn nicht ein Minimum an kulturellem Konsens vorhanden ist, ist folglich eine offene Frage. Habermas irrt, wenn er behauptet, die Entstehungsbedingungen der Nation bzw. des nationalen Bewusstseins seien so „hochartifiziell", dass es allein schon deshalb keine Begründung für die Annahme gibt, „eine staatsbürgerliche Solidarität unter Fremden [lasse sich] nur in den Grenzen einer Nation, die auf einer Kulturgemeinschaft beruht", herstellen.[334]

Eine dem Assimilationsmodell zugrundeliegende Theorie der Nation sieht die Nation nicht als Abstammungsgemeinschaft, sondern durchaus als Willensgemeinschaft. Allerdings steht im Mittelpunkt dieser Willensgemeinschaft eine Kultur- und Schicksalsgemeinschaft. Diese Nation ist natürlich auch Staatsbürgernation, aber sie ist es nicht voraussetzungslos. Sie kann nur vollentwickelte Staatsbürgernation sein, *weil* sie zuerst Kultur-, Schicksals- und Willensgemeinschaft ist. Bauman macht dem Assimilationsmodell den Vorwurf, es sei ambivalent. Auf der einen Seite wolle das Modell der Kulturnation die Assimilation der Fremden, andererseits könne dieses Modell eine erfolgreiche und vollständige Assimilation nicht akzeptieren, weil es essentialistisch sei, das heißt, weil es die Grenzen der Nationen für natürlich, und damit im Prinzip für unüberwindbar hält. Ein auf Bauers Theorie gestütztes Nationsmodell hat gerade *keine* essentialistische Sicht der Nation. Das Gegenteil ist der Fall. Während multikulturalistische Ansätze die ethnokulturelle Zugehörigkeit verabsolutieren, geht das Assimilationsmodell von der Durchlässigkeit der kulturellen Grenzen und der Möglichkeit zum kulturellen Identitätswechsel aus. Insofern hat Bauman zwar Recht, wenn er davon spricht, dass eine erfolgreiche Assimilation den widerruflichen, freiwilligen Charakter von Nation und nationaler Zugehörigkeit vor Augen stellt. Er irrt jedoch, wenn er meint, das Modell der Kulturnation wolle den widerruflichen Charakter nationaler Zugehörigkeit verbergen.[335]

Den beiden gegensätzlichen Nationsvorstellungen entsprechen zwei Grundmodelle von Staatsbürgerschaft. Dem Modell der Staatsbürgernation ordnet der Erziehungswissenschaftler Micha Brumlik die *liberal-individualistische Staatsbürgerschaft* zu, dem Modell der Kulturnation die *demokratisch-republikanische*. Das liberal-individualistische Modell fordert von den Menschen lediglich äußeren Gesetzesgehorsam und die Bereitschaft, Steuern zu zahlen. Für Einwanderer heißt das, sie dürfen an ihrer Herkunftskultur nicht nur festhalten, sie dürfen auch versuchen, ihre Herkunftskultur im Ankunftsland öffentlich durchzusetzen. Das liberal-individualistische Staatsbürgerschaftsmodell verlangt keine Anerkennung einer nationalen Kultur, es ist Ausdruck einer Rechts- und Interessengemeinschaft ohne weitere emotionale Bindungen an eine gesellschaftliche Gemeinschaft. Eine besondere Loyalität oder die Identifikation mit dem Einwanderungsland wird nicht gefordert; das Staatsangehörigkeitsverständnis ist instrumentell-utilitaristisch. Doppel- oder Mehrfachstaatsangehörigkeiten werden als unproblematisch betrachtet; die möglichst schnelle Verleihung der Staatsbürgerschaft wird als Mittel zur Integration gesehen. In integrationstheoretischer Perspektive ist die liberal-individualistische Staatsbürgerschaft das Staatsbürgerschaftsmodell des Multikulturalismus. Das demokratisch-republikanische Modell dagegen fordert von den Menschen Engagement für das Gemeinwesen und die Identifikation mit ihm. Von den Einwanderern werden die Übernahme der Normen und Werte des Aufnahmelandes sowie die Aufgabe ihrer Herkunftskultur erwartet. Das demokratisch-republikanische Staatsbürgerschaftmodell verlangt die Anerkennung einer nationalen gesellschaftlichen Kultur und die individuelle Eingliederung in die nationale gesellschaftliche Gemeinschaft. Die Nation versteht sich als Solidargemeinschaft. Das Staatsangehörigkeitsverständnis ist identifikatorisch. Doppel- oder Mehrfachstaatsangehörigkeiten werden als problematisch betrachtet und deshalb nach Möglichkeit vermieden; die Verleihung der Staatsbürgerschaft wird als Abschluss einer erfolgreichen Integration, das heißt einer gelungenen Assimilation gesehen. In integrationstheoretischer Perspektive ist die demokratisch-republikanische Staatsbürgerschaft das Staatsbürgerschaftsmodell assimilatorischer Integrationsvorstellungen.[336]

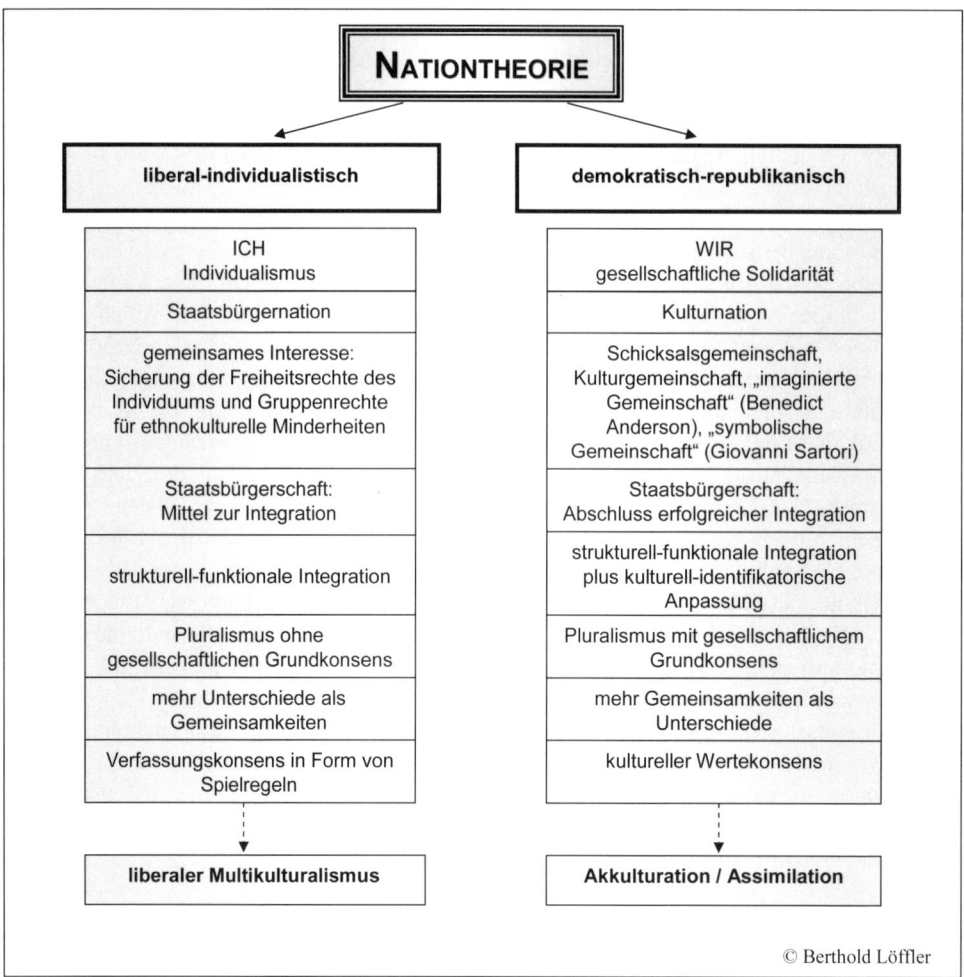

Abb. 3.10 *Liberal-individualistische und demokratisch-republikanische Nationtheorie*

3.9.2   Die Notwendigkeit, Taylor vom Kopf auf die Füße zu stellen

Dass demokratische Gesellschaften gut funktionieren, wenn die Bürger *grundlegende* Gemeinsamkeiten haben, ist weitgehend unbestritten. Grundlegende Gemeinsamkeiten können eine gemeinsame Religion oder eine gemeinsame Kultur sein. In der multikulturellen Gesellschaft stehen eine gemeinsame Kultur oder eine gemeinsame Religion als Grundlage des Zusammenlebens aber nicht zur Verfügung. Für dieses Defizit reklamiert der Multikulturalismus einen vollwertigen Ersatz: Es ist der von allen geteilten Wille, trotz aller Unterschiede der Religion, Herkunft oder Kultur in einem demokratischen Gemeinwesen zusammenzuleben. Dieser Wille manifestiert sich in der Verfassung. Als Vorbild für dieses

Modell der Staatsbürgernation gelten gemeinhin die USA. Aber auch bei dieser Idee kommt es auf einen von *allen* geteilten Grundkonsens an. Es liegt auf der Hand, dass eine so weitgehende Erwartung nur schwer mit Doppelloyalitäten, Bikulturalität und Transnationalität vereinbar ist.

Nationen, die auf dem Prinzip einer gemeinsamen ethnischen Kultur gründen, aber auch Nationen, die auf dem Boden eines liberalen Multikulturalismus stehen, beanspruchen eine weitgehende Anpassung an einen Wertekonsens. Die Kulturnationen fordern eine Anpassung an die ethnische Kultur, die Staatsbürgernationen an die Verfassung, deren Grundwerte für universell gültig gehalten werden. Erstaunlicherweise wird kaum zur Kenntnis genommen, dass z.B. auch der amerikanische Verfassungskonsens ein *kultureller* Wertekonsens ist, der, wie Huntington gezeigt hat, seine Wurzeln in der weißen, europäisch-protestantischen Kultur hat. Wenn Huntington, Schlesinger[337] und andere sich um die Zukunft Amerikas Sorgen machen und den Grund dafür in der Multikulturalisierung der USA sehen, dann liegt das daran, dass sie den Verlust dieses Wertekonsenses befürchten. Denn ob sich in der multikulturellen Gesellschaft genügend gemeinsame Werte finden lassen, die für den gesellschaftlichen Zusammenhalt und ein friedliches Zusammenleben notwendig sind, ist schon deshalb eine offene Frage, weil die universelle Gültigkeit der westlichen Grundwerte zunehmend in Zweifel gezogen wird. Das Dilemma des Multikulturalismus besteht darin, dass auch multikulturelle Demokratien darauf angewiesen sind, dass sich die Bürger mit ihnen identifizieren. Auch multikulturelle Demokratien brauchen Gemeinsamkeiten, haben sie aber von Haus aus nicht. Taylor selbst kommt immer wieder auf das Problem zu sprechen, dass fehlende nationale Solidarität und ein defizitäres Zusammengehörigkeitsgefühl ein *Geburtsfehler der multikulturellen Gesellschaftsidee* seien. Demokratische Systeme sind ständig mit Fragen konfrontiert, über die ein Konsens hergestellt werden muss. Das wiederum setzt einen sozialen Zusammenhalt voraus.[338] Taylor definiert diesen Zusammenhalt etwas pathetisch: „Die Mitglieder der Gesellschaft müssen einander kennen, einander zuhören, einander verstehen."[339] Das kann in der industriellen Massengesellschaft natürlich nicht wörtlich gemeint sein. Die Formulierung deutet aber an, dass sich die Mitglieder der demokratischen Gesellschaft über etwas verbunden fühlen müssen, das über die bloße Erwartung funktionierender staatlicher Institutionen und eines leistungsfähigen Sozialstaats hinausgeht. Ein solidarisches Verbundenheitsgefühl ist in einer Demokratie Voraussetzung dafür, dass die Bürger bereit sind, Pflichten auf sich zu nehmen und manchmal sogar persönliche Opfer zu bringen. Die Bürger müssen nicht nur Steuern zahlen und sich an die Gesetze halten. Sie müssen sich auch engagieren, wenn ihre Gemeinschaft von innen oder von außen bedroht ist.[340] Taylor artikuliert diese Notwendigkeit in dem für ein deutsches Publikum gewöhnungsbedürftigen Gedanken, dass eine demokratische politische Gemeinschaft nur möglich sei, wenn „die Bürger einen starken Sinn für die Zugehörigkeit zu ihrem Gemeinwesen haben, ja dass sie im äußersten Fall dazu bereit sind, für es zu sterben. Kurz, sie müssen etwas besitzen, das man […] ‚Patriotismus' nannte."[341]

Für Taylor ist eine gemeinsame demokratische Identität der Bürger die Achillesferse der Demokratie. Eine gemeinsame Identität, die sich aus einem starken Zusammengehörigkeitsgefühl entwickelt, erzeugt gegenseitiges Vertrauen. Die Demokratie beruht also auf Vertrauen; ohne ein Mindestmaß an gegenseitigem Vertrauen bricht sie zusammen. Zusammengehörigkeitsgefühl, gemeinsame Identität und Vertrauen entstehen nach Taylor in einer

Gesellschaft, die auf Gleichheit und die gleiche Würde aller Bürger ausgelegt ist. Die Forderungen Taylors sind in der Tat notwendige Voraussetzungen für ein funktionierendes demokratisches System. Trotzdem gerät Taylor auf die Irrwege des Verfassungspatriotismus, der darauf fixiert ist, im Recht die entscheidende gesellschaftliche Gestaltungsmacht zu sehen. Taylor glaubt, dass die Bürger ein Zusammengehörigkeitsgefühl und gegenseitiges Vertrauen entwickeln, wenn sie sich über ein gemeinsames Schicksal miteinander verbunden fühlen und an einem gemeinsamen Vorhaben im Sinne eines gemeinsamen Verfassungsprojektes beteiligt sind.[342] Aber aus assimilatorischer Sicht ist es genau umgekehrt. Menschen machen sich an ein gemeinsames Vorhaben, z.B. an ein gemeinsames Verfassungsprojekt, wenn sie sich gegenseitig vertrauen und sich zusammengehörig fühlen, nicht umgekehrt. Und was ein gemeinsames Schicksal angeht, so muss es die Schicksalsgenossen nicht zwangsläufig emotional miteinander verbinden, so dass daraus automatisch ein Gefühl der Zusammengehörigkeit entsteht. Die Bürger und Nationalitäten der Sowjetunion hatten 75 Jahre, die Bürger und Völker Jugoslawiens 50 Jahre ein gemeinsames Schicksal. Das hat sie keineswegs einander nähergebracht. Deshalb bringt das gemeinsame Schicksal allein kein Zusammengehörigkeitsgefühl, keine gemeinsame Identität, kein gegenseitiges Vertrauen hervor. Beide von Taylor genannten Quellen des Vertrauens, also ein gemeinsames Schicksal und ein gemeinsames Vorhaben, sind weniger die Ursache, als vielmehr die Folge gegenseitigen Vertrauens. Wenn die Demokratie das gegenseitige Vertrauen der Bürger braucht, wenn aber ein gemeinsames Schicksal und ein gemeinsames Vorhaben dieses Vertrauen nicht herstellen können, woher kann dann das Vertrauen kommen?

Fritz Scharpf sieht die Quelle des gesellschaftlich notwendigen Vertrauens in einem Zusammengehörigkeitsgefühl, das er im Anschluss an Max Weber *Gemeinsamkeitsglauben* nennt. Der Gemeinsamkeitsglaube gründet sich auf geschichtliche, sprachliche, kulturelle und ethnische Gemeinsamkeiten. Der Gemeinsamkeitsglaube ist wirksam, wenn sich Menschen einer bestimmten Gemeinschaft zugehörig fühlen, die unter den Bedingungen der modernen Großgesellschaften nur eine „imaginäre Gemeinschaft" (Benedict Anderson) sein kann. Ein gemeinsames Schicksal braucht nicht zwingend einen Gemeinsamkeitsglauben, Gemeinsamkeitsglaube nicht zwingend ein gemeinsames *reales* Schicksal. Es reicht ein *vorgestelltes* Schicksal als Nation völlig aus. Gemeinsamkeitsglaube entsteht, wenn Menschen über einen gemeinsamen Sinnhorizont, über eine gemeinsame Vorstellung von der Welt, über ein gemeinsames Selbstverständnis verfügen, sich in einer gemeinsamen Symbolwelt bewegen, eine *Verständnisgemeinschaft*[343] (Max Weber) bilden, mit einem Wort: Gemeinsamkeitsglaube entsteht auf dem Boden einer gemeinsamen Kultur. Der Gemeinsamkeitsglaube bringt in einem Kollektiv das Gefühl hervor, dass zwischen den Mitgliedern der Gruppe mehr Gemeinsamkeiten als Unterschiede herrschen, dass es *grundlegende* Gemeinsamkeiten gibt, durch die alle Mitglieder der Gesellschaft miteinander verbunden sind. Gemeinsamkeitsglaube ist folglich die Grundlage einer stabilen und leistungsfähigen Demokratie. Darin liegt die eigentliche Berechtigung für eine assimilatorische Integrationspolitik, deren Ziel die kulturell relativ homogene Gesellschaft ist.

Diese Überlegungen korrelieren mit empirischen Erkenntnissen der Demokratieforschung. Danach bestehen Zusammenhänge zwischen der Staatsform einerseits und der ethnischen und religiösen Zusammensetzung eines Landes andererseits. Untersuchungen des amerikanischen Freedom House, einer weltweit renommierten Einrichtung der Demokratieforschung, zeigen, dass der Anteil der Staaten, deren politisches System eine hohe demokratische Qualität aufweist, unter den Ländern mit einer ethnisch relativ homogenen Bevölkerung[i] signifikant höher ist als unter den ethnisch heterogenen Staaten. Umgekehrt sind unter den ethnokulturell heterogenen Ländern signifikant mehr Staaten vertreten, deren politisches System undemokratisch oder nur eingeschränkt demokratisch ist. Im Jahre 1998 waren 58 Prozent der ethnisch homogenen Staaten uneingeschränkt demokratisch, während 19 Prozent halbdemokratisch waren und 23 Prozent autoritär oder diktatorisch regiert wurde. Bei den ethnisch heterogenen Staaten waren nur 29 Prozent demokratisch, 40 Prozent halbdemokratisch und in 31 Prozent der Länder gab es kein demokratisches politisches System.

Auch die religiöse Prägung einer Gesellschaft steht in einem auffälligen Zusammenhang mit der Wahrscheinlichkeit demokratischer Verhältnisse. Religion ist zwar nicht identisch mit der Kultur von Gesellschaften, aber es besteht eine enge Wechselbeziehung zwischen der Kultur ethischer Gruppen oder nationaler Gesellschaften und der jeweiligen Religion und ihrer Wertvorstellungen. Freedom House beobachtet, dass sich die übergroße Mehrheit der Demokratien in Ländern mit christlicher Prägung befindet. Von den 88 Staaten, die Freedom House Anfang 1999 als einwandfrei demokratisch eingestuft hat, hatten 79 einen kulturell christlichen Hintergrund. Dagegen gehörten nur 11 von 67 Staaten, die als undemokratisch eingestuft waren, zum Kreis Länder, die kulturell vom Christentum geprägt worden sind. Dass die moderne Demokratie in Ländern entstanden und verbreitet ist, die dem christlichen Kulturkreis angehören, ist kein Zufall. Voraussetzung für eine demokratische Entwicklung sind die in der christlichen Religion angelegte Achtung von Freiheit und Autonomie des Individuums, die Vorstellung der Gleichheit vor Gott, die Idee eines angemessenen Ausgleichs der Interessen zwischen Individuum und Gemeinschaft oder zwischen Kapital und Arbeit, die Überzeugung von der Unvollkommenheit alles irdischen Tuns und aller menschlichen Institutionen. Wesentlich ist auch die in den Christusworten „Gebt dem Kaiser, was des Kaisers ist, und Gott, was Gottes ist." (Markusevangelium 12, 13) oder: „Mein Reich ist nicht von dieser Welt." (Johannesevangelium 18, 36) angelegte Trennung von Religion und Politik. Im Glauben an die Macht des Wortes und die Bedeutung der Überzeugung durch Rede wird auch der Ursprung der wichtigsten Instrumente der demokratischen Kommunikation gesehen. Dagegen haben Kulturen mit einer starken Einbindung des Einzelnen in Verhältnisse, in denen die Interessen von Familie, Klan, Sippe oder Stamm alles andere überragt, viel seltener oder noch nie demokratische Strukturen dauerhaft hervorgebracht.[344]

Der Zusammenhang zwischen ethnischer Homogenität, Religion und Demokratie gilt in der Demokratieforschung als erwiesen und verallgemeinerbar. Korreliert man den Demokratisierungsgrad einerseits mit der religiöse Struktur und der ethnischen Homogenität der Staaten andererseits, dann zeigt sich ein eindeutiger Zusammenhang. Je höher der Anteil der christlichen Religionen, und je ethnisch homogener ein Land, desto höher sein Demokratisierungsgrad. In ethnisch und religiös heterogenen Ländern erschwert die meist hohe Spannung zwischen den ethnischen und religiösen Gruppen eine demokratische Konfliktregelung.[345] Die gemessenen Zusammenhänge gelten zunächst einmal für Staaten, die *multiethnisch* sind. In multiethnischen Staaten setzt sich die Bevölkerung historisch aus mehreren ethnischen

---

[i] Der Bevölkerungsanteil der stärksten ethnischen Gruppe beträgt mehr als 75 Prozent.

Gruppen zusammen, die meist in einigermaßen abgrenzbaren Siedlungsräumen leben. Aus dem Befund geht allerdings nicht klar hervor, ob eine Tendenz zum Verlust an demokratischer Qualität auch in *multikulturellen* Gesellschaften anzunehmen oder wenigstens in der Zukunft zu befürchten ist. Im Unterschied zu den multiethnischen Gesellschaften mit ihren historischen Minderheiten sind multikulturelle Gesellschaften das Ergebnis von Einwanderung, die erst kürzlich stattgefunden hat. Eine Übertragbarkeit kann jedoch angenommen werden, wenn sich die Einwanderer nicht assimilieren, sondern sich von der Gesamtgesellschaft kulturell, räumlich und mental absondern. Die Dauer des Aufenthalts, die Endgültigkeit der Einwanderung und die Fähigkeit, sich in schlagkräftigen ethnokulturellen Interessengruppen zu organisieren, schafft dann Bedingungen, die denen der historischen Minderheiten ähnlich sind. Damit dürften multiethnische und multikulturelle Staaten, zumindest langfristig, grundsätzlich mit ähnlichen Problemen konfrontiert sein. In multikulturellen Staaten muss der Verlust an demokratischer Qualität allerdings nicht zwangsläufig und sofort auf das gesamte politische System durchschlagen. In den klassischen wie den neuen Einwanderungsländern ist zu nämlich beobachten, dass zunächst nur die ethnischen Kolonien zu Zonen mutieren, in denen die demokratisch legitimierten Institutionen des Staates nur noch begrenzt wirksam sind. Die verminderte Wirksamkeit ist die Folge von Parallelgesellschaften in den ethnischen Kolonien: dort gelten häufig traditionelle Normen, die die Einwanderer aus ihren Herkunftsländern mitbringen, die aber mit den Grundrechten und der Rechtsordnung des demokratischen Rechtsstaates unvereinbar sind. Eine Entwicklung, die Zonen unterschiedlichen Rechts und unterschiedlicher Mitwirkungsmöglichkeiten schafft, Zonen, in denen die Freiheit und das Selbstbestimmungsrecht der Individuen eingeschränkt werden durch patriarchale, religiöse oder kulturell bedingte Zwangsstrukturen, bedeutet, auch gesamtgesellschaftlich betrachtet, einen Verlust an demokratischer Systemqualität.

Die Demokratietheorie zeigt, dass es einen Zusammenhang gibt zwischen ethnokultureller Homogenität einer Gesellschaft und der Qualität ihres demokratischen Systems. Aus assimilatorischer Sicht ist es deshalb nicht nur ein legitimes politisches Ziel, sondern sogar ein Gebot rationaler Politik, gesellschaftliche Integration über relative kulturelle Homogenität herzustellen.

3.9.3　　Argumente für Assimilation: Gleichheitsprinzip, Konfliktarmut, Demokratie

Der Soziologe Zygmunt Bauman schreibt über die anthropologischen und soziologischen Voraussetzungen einer Politik der kulturellen Homogenität, es sei kein Wunder, „daß die Postmoderne, das Zeitalter der Kontingenz *für sich*, der selbstbewussten Kontingenz, auch das Zeitalter der Gemeinschaft ist: der Lust auf Gemeinschaft, der Suche nach Gemeinschaft, der Erfindung der Gemeinschaft, der Imaginierung der Gemeinschaft.“[346] Aus dieser Sicht ist die ethnokulturelle Gruppe ein Refugium gegen eine feindselige, lieblose Welt und der Ort, an dem die Mitglieder der Gruppe einander vertrauen können. Wenn es stimmt, dass die ethnische, kulturelle, religiöse, politische Gemeinschaft als „Kontingenz mit Wurzeln, als Freiheit mit Sicherheit" empfunden wird, wenn der moderne Mensch in einer Welt lebt, „deren hervorstechendstes Merkmal die obsessive Suche nach Gemeinschaft ist"[347], dann ist die Assimilation, die Herstellung relativer kultureller Homogenität die angemessene Antwort auf dieses Bedürfnis. Bauman hat aus seiner Zeitdiagnose die Schlussfolgerung gezogen, dass die Ambivalenz die conditio humana der Moderne ist. Unter Ambivalenz versteht er das Leben mit dem Unklaren, Uneindeutigen, ja dem Zweideutigen, dem Undurchschaubaren, den Grenzfällen und Mischungen. Bauman behauptet, dass es das Schicksal der Menschen sei, diese Ambivalenz auszuhalten und sich in ihr einzurichten. Wenn er Recht hat mit seiner Diagnose, dass die Suche nach Gemeinschaft ein grundlegendes Bedürfnis der Individuen ist, dann kann die Einsicht in die vermeintliche Unmöglichkeit, diese Gemeinschaft zu erreichen, nicht dazu führen, das Ziel, dieses grundlegende Bedürfnis zu stillen, aufzugeben. Es bleibt den Menschen auch in der Suche nach Gemeinschaft nur das immerwährende *Streben* nach dem Ideal, auch wenn es die Einsicht gibt, dass das Ideal nie ganz zu erreichen ist. (Goethe Faust II: „Wer immer strebend sich bemüht, den können wir erlösen.") Nur das Streben kann zum Fortschritt führen. Baumans Schlussfolgerung, sich abzufinden mit der Ambivalenz ist Ausdruck eines resignativen Umgangs mit der Welt. Baumans Zeitdiagnose jedoch kann aus assimilatorischer Sicht auch anders gelesen werden, nämlich als ein, wenn auch nicht beabsichtigtes, Plädoyer für Homogenität, für Assimilation.

Wie die multikulturalistischen Ansätze so geht auch die assimilatorische Sicht von der Voraussetzung aus, dass es ein anthropologisches Grundbedürfnis der Menschen ist, in einer (kulturellen) Gemeinschaft zusammenzuleben. Kulturelle Gemeinschaften gründen auf der Ähnlichkeit ihrer Mitglieder. Die menschliche Natur lässt die Individuen also die Nähe von Gleichartigen suchen (soziale Homophilie). Allerdings gibt es einen grundlegenden Unterschied zwischen der multikulturalistischen und der assimilatorischen Sichtweise. Er besteht in einer völlig unterschiedlichen Sicht des Verhältnisses von Minderheit zu Mehrheit und umgekehrt. Die assimilatorische Position geht davon aus, dass Gesellschaften ihrer Natur nach keine großen Abweichungen tolerieren können. Sind die Abweichungen groß, muss die Zahl der Abweichler klein sein, um von der Gesellschaft ertragen werden zu können. Beispiele dafür sind die Zeugen Jehovas, die Amish in den USA, die Chinesen in Amsterdam oder die orthodoxen Juden in Antwerpen. Nicht zuletzt geht es dabei um die Lebensfähigkeit der Demokratie. Ein Gemeinwesen, eine Stadt, ein ganzes Land kann es ertragen, wenn es kleine, isolierte Gemeinschaften gibt, doch nicht, wenn sich die Hälfte, ein Viertel, ein Fünftel oder ein Zehntel der Bevölkerung von der Gesamtgesellschaft abschottet.[348] Gerade die neuere europäische Geschichte Zentraleuropas, z.B. der Donaumonarchie oder der II. Republik Polen (1918–1939)[i] belegt, dass ethnokulturelle Minderheiten dazu neigen, selbst noch die eindeutigsten Sachfragen unter dem Blickwinkel ethnischer Interessenpolitik zu betrachten und damit partikularistische oder gar separatistische Tendenzen begünstigt. Darin sieht der Multikulturalismus kein Problem. Er gesteht den Minderheiten einen Anspruch auf die Bewahrung ihres kulturellen Eigeninteresses selbst dann zu, wenn dieser Anspruch auf Kosten des Gemeinwohlinteresses der gesamten Gesellschaft geht und wenn der Preis dafür Desintegration, Konflikt und Destabilisierung ist. Das Assimilationsmodell beruft sich auf das Recht der Mehrheit, gegenüber Einwandererminderheiten eine Politik der Privilegierung der eigenen Kultur zu betreiben. Das gilt umso mehr als die Einwanderer nicht in einen menschenleeren oder kulturneutralen Raum kommen. Sie stoßen auf Gesellschaften mit hoch-

---

[i]   Die Mechanismen und fatalen Folgen ethnischer Interessenpolitik in der Donaumonarchie beschreibt Otto Bauer anschaulich in seinem Buch über die Nationalitätenfrage und die Sozialdemokratie von 1907.

entwickelten Kulturen, die in dicht besiedelten Räumen leben. Da die Einheimischen vor den Einwanderern da waren, können sie sich auf die älteren Rechte berufen. Aus dieser Tatsache wird ein Anspruch auf kulturelle Anpassung der Einwanderer an die Kultur der Einheimischen abgeleitet. Je vielfältiger die kulturelle Herkunft der Einwanderer, desto größer ist das desintegrative Potenzial und desto wichtiger die kulturelle Homogenisierung. Während das multikulturalistische Heterogenitätsparadigma in den Leitsatz gefasst werden könnte „So viele Unterschiede wie möglich, so viel Gemeinsamkeiten wie nötig" lautet der Leitsatz des Homogenitätsparadigma: „So viele Gemeinsamkeiten wie möglich, so wenig grundsätzliche Unterschiede wie möglich". Diese Position spiegelt die Auffassung wider, dass die moderne Gesellschaft nicht an zuwenig Differenz leidet, sondern dass ein Zuviel an Differenz die gesellschaftliche Integration gefährdet.

Das Phänomen der sozialen Homophilie, also die Neigung der Menschen, die Gesellschaft von ihresgleichen zu suchen, ist verantwortlich für das häufig beklagte Verhalten von Einwanderern, sich in eigenen Vierteln abzuschotten. Diese Klagen sind berechtigt, weil Segregation integrationshemmend ist. Aber die Ghettoisierung der Einwanderer ist nur die halbe Wahrheit. In der ethnokulturell vielfältigen Gesellschaft kommt es nämlich nicht nur zu einer Ghettoisierung von unten, sondern auch zu einer von oben. Die Mittel- und Oberschichten der Aufnahmegesellschaft beklagen zwar ständig die Ghettoisierung von unten. Aber sie selbst neigen dazu, sich räumlich abzugrenzen, weil sie z.B. den Schulerfolg der eigenen Kinder in ethnokulturell gemischten Schulen gefährdet sehen. Deshalb achten sie in der Wahl des Wohnortes durchaus auf ein gewisses Maß an Homogenität. In den USA, wo diese Entwicklung am weitesten vorangeschritten ist, lebten Ende der 1990er Jahre bereits 16 Mio. Menschen in 20 000 solcher festungsartigen „gated communities". Das Ergebnis dieser Entwicklung, die in Europa bisher nur in abgeschwächter Form stattfindet, ist die Fragmentierung und Spaltung der Gesellschaft. Dabei scheint die gegenseitige Abschottung kaum zu vermeiden, weil sie eine Reaktion auf soziale und kulturelle Unterschiede ist, die von den Betroffenen als zu groß empfunden werden. Aus diesem Grund ist die multikulturelle Gesellschaft zwangsläufig eine fragmentierte Gesellschaft, die zu Ungleichheit, Anomie, Destabilisierung und Zerfall neigt und deshalb ein enormes Konfliktpotential enthält. Dem setzt das Assimilationsmodell eine Strategie der sozialen und kulturellen Homogenisierung entgegen.

Die assimilatorische Sichtweise wirft dem Multikulturalismus vor, die ethnokulturelle Identität zu verabsolutieren und kulturelle, religiöse oder ethnische Empfindlichkeiten als angebliche Diskriminierung von Minderheiten zu kultivieren und zu instrumentalisieren. Die Politik der Anerkennung kultureller Differenz führt dazu, dass die ethnischen und kulturellen Unterschiede permanent betont werden und die kulturelle Herkunft überbewertet wird. Dadurch wird ein essentialistisches Denken gefördert, das kulturelle Unterschiede quasi biologisiert. *Aus biologischen Merkmalen wird auf unveränderliche kulturelle Unterschiede geschlossen, kulturelle Merkmale werden wie biologische Unterschiede behandelt.* In Deutschland haben Einwanderer oder Kinder von Einwanderern, die sich als Deutsche fühlen, häufig damit zu kämpfen, dass sie von der alteingesessenen Bevölkerung als Ausländer gesehen und etikettiert werden, oft in guter Absicht. Bemerkungen wie „Sie sprechen aber gut deutsch" oder ungefragte Hinweise in der Metzgerei auf Fleischwaren, die kein Schweinefleisch enthalten, werden nicht von allen Einwanderern als hilfreich, sondern als ausgrenzend empfunden.[349] Das Beispiel eines Essentialismus mit der Wirkung eines wohlmeinenden Rassismus lieferte kurz nach der Bundestagswahl im September 2009 die CDU-Politikerin Rita Süssmuth. Ihre Forderung, Migranten in die neue Regierung aufzunehmen, zielte auf den FDP-Politiker Philipp Rösler.[350] Rösler ist jedoch ein Kriegswaise, der seit seinem 9. Lebensmonat bei deutschen Eltern in Deutschland aufgewachsen ist. Aber aufgrund seiner asiatischen Gesichtszüge können ihn Süssmuth und viele andere offenbar nur als Migranten wahrnehmen, mögen seine kulturelle Sozialisation (Enkulturation) und sein subjektives Identitätsempfinden noch so sehr etwas anderes sagen. Auch die SPD-Bundestagsabgeordnete Lale Akgün lief in die Essentialismus-Falle, als sie eine Bundespräsidentin mit türkischen Wurzeln forderte.[351] Die essentialistische Suggestion ist, dass die gewünschte Bundespräsidentin eine unauslöschbare türkische Identität in sich trägt, unabhängig davon, ob sich die Kandidatin subjektiv als Deutsche fühlt oder wie lange schon ihre Familie in Deutschland lebt. Die biologistische Denkweise bemisst die kulturelle Identität eines Individuums daran, ob dieses oder jenes „Blut" zu diesem oder jenem Anteil in jemandes Adern fließt. Das historische Beispiel lässt sich kaum übersehen. Die Behandlung der sogenannten Judenfrage im Dritten Reich fußte auf demselben Prinzip. Juden, die längst Deutsche waren, wurden, entgegen ihrer kulturellen deutschen Identität, vom Nationalsozialismus als Juden *rekonstruiert*. Multikulturalistisches Denken hat natürlich keine solche Absicht, aber häufig eine ähnliche Wirkung.

Assimilation löst die ethnokulturellen Unterschiede auf. Die kulturelle Herkunft verliert ihre Bedeutung, weil Kultur kein Unterscheidungsmerkmal mehr ist. Der Verfassungsrichter Udo di Fabio, der Innenminister Thomas de Maizière, sein Cousin Lothar, der letzte Ministerpräsident der DDR, oder der FDP-Politiker Wolfgang Kubicki haben in essentialistischer Ausdrucksweise italienische, französische oder polnische Wurzeln, in ihren Adern fließt sozusagen italienisches, französisches oder polnisches Blut. Aber abstammungsgeschichtliche Betrachtungen sind nutzlos. Nationen, so Otto Bauer, sind gerade keine Abstammungs-, sondern Kulturgemeinschaften. Die Identität der Individuen ist die Verbindung aus einem Zugehörigkeitsgefühl zu einer kulturellen Gemeinschaft und objektiven Merkmalen wie Sprache und Lebensform. Deshalb werden di Fabio, Kubicki und die de Maizières nicht als Migranten oder Nachfahren von Migranten wahrgenommen, sondern als Deutsche mit einem italienischen, französischen oder polnischem Namen, und in manchen Fällen wird der Name noch nicht einmal als nichtdeutsch wahrgenommen.

Aus assimilatorischer Sicht ist der Multikulturalismus eine Ideologie der Ungleichheit, obwohl er die Gleichwertigkeit der Kulturen verkündet. Gelegentlich wird das Gleichheitsprinzip sogar von multikulturalistischen Autoren infrage gestellt. So betrachtet Birgit Rommelspacher den Gleichheitsanspruch im Christentum mit Vorbehalt: „Im Christentum sind alle Menschen gleich, denn sie sind alle Kinder Gottes und alle durch den Tod Christi erlöst worden."[352] Rommelspacher kritisiert, dass diese Auffassung alle Menschen einschließe, selbst diejenigen, die nichts davon wissen oder wissen wollen. So sei der christliche Glaube zwar egalitär, aber ebenso universell und habe daher die Andersartigkeit der anderen auf eine dominante Weise negiert. Dazu ist zu bemerken, dass sich das Christentum schon wesentlich unsympathischere Vorwürfe hat machen lassen müssen. Gleichwohl sind solche Gedanken ein weiteres Indiz dafür, dass der Multikulturalismus die Anlage zu einer Ideologie der Ungleichheit hat. Der Grund dafür liegt in seinem Umgang mit den ethnokulturellen Unterschieden. Um Gleichheit zu gewinnen, errichtet er ein Regime der Unterscheidung und

Differenzierung, aus dem Ausnahmeregelungen, Sonderbehandlung, positive Diskriminierung hervorgehen. Ethnische Grenzen und Unterschiede werden zementiert, die Anerkennung der Differenz lässt sie immer und überall sichtbar und spürbar werden. Die Politik der Anerkennung kultureller Differenz mutiert zu einem Instrument der gesellschaftlichen Konstruktion des *ewigen* Fremden, des *grundsätzlich* anderen. Der Multikulturalismus wendet dagegen ein, die Assimilation sei mit der liberalen Demokratie unvereinbar, weil sie Unterschiede beseitigen möchte, die für die Betroffenen ihre Identität und Würde ausmachen.

Aber dieses Argument ist verfehlt, weil es essentialistisch ist. Kulturelle Identität ist sozial konstruiert und kann auch sozial dekonstruiert oder rekonstruiert werden. Die Geschichte der Assimilation in Europa liefert die empirischen Belege dazu. Das Einwohnerverzeichnis einer Stadt wie Wien mit ihren tschechischen, slowakischen, ungarischen, kroatischen, serbischen und polnischen Nachnamen, denen deutsche Vornahmen vorausgehen, illustriert das. In der demokratischen Republik, die sich am Modell der kulturell relativ homogenen Gesellschaft orientiert, gibt es ohne Assimilationsbereitschaft keine Einwanderung. Sie ist Bestandteil eines unsichtbaren Vertrages zwischen Einheimischen und Einwanderern.

Ein weiteres Argument des Multikulturalismus gegen das Modell der kulturell relativ homogenen Gesellschaft lautet, es schließe Menschen mit anderem kulturellen Hintergrund aus, es sei ein Modell der *Exklusion*. Aus Sicht ihrer Befürworter ist Assimilation im Gegenteil ein humanes Integrationskonzept, weil es *Inklusion* gerade am konsequentesten verwirklicht. Das Assimilationsmodell macht den Einwanderern nämlich das Angebot, zur Aufnahmegesellschaft *wirklich* dazuzugehören. Aber Inklusion ist natürlich nicht voraussetzungslos. Ihre soziale Voraussetzung besteht im Willen und der Fähigkeit, Teil eines Kollektivs zu werden, sich also mit denen, die schon Teil dieses Kollektivs sind, in jeder Hinsicht *gemein* zu machen. Die multikulturelle Gesellschaft hingegen schließt nur vordergründig niemanden aus. In Wirklichkeit erzeugt die ethnisch und kulturell heterogene Gesellschaft soziale Ungleichheit und damit *faktische Exklusion*. Bauman hat deshalb nicht Recht, wenn er Assimilation als Bestätigung der Minderwertigkeit, Unerwünschtheit und Deplaziertheit der Lebensform des Fremden denunziert.[353] Wer seine Existenz in einen gänzlich neuen Lebenszusammenhang stellt, kann nicht erwarten, dass er das Gewohnte und Hergebrachte behält. Er muss sich auf neue Lebensverhältnisse einlassen.

Wenn Samuel P. Huntington Recht hat, dann bestimmt nicht Politik, sondern Kultur den Erfolg einer Gesellschaft. Es sind die kulturellen Faktoren, die die wirtschaftliche und politische Entwicklung prägen.[354] Auf dem Boden der europäischen Kultur haben sich die wohlhabendsten und freiesten Gesellschaften der Erde entwickelt. In Deutschland treffen Einwanderer auf eine Gesellschaft, die in wirtschaftlicher, sozialstaatlicher, infrastruktureller und kulturell-zivilistorischer Hinsicht beispiellos leistungsfähig ist. Sie treffen auf eine ursprünglich kulturell relativ homogene Gesellschaft, die im Laufe ihrer Geschichte kollektive Eigenschaften entwickelt hat, die diesen Entwicklungsstand hervorbrachten: industrielle Tugenden, Solidarität, gesellschaftliche Disziplin. Verglichen mit den weniger entwickelten Gesellschaften repräsentiert Deutschland eine ausgesprochen erfolgreiche gesellschaftliche Kultur. Wieso sollten die Mitglieder der deutschen Aufnahmegesellschaft über die Adaption einzelner nützlicher Elemente aus anderen Kulturen hinaus den Charakter ihrer gesamten Kultur zur Disposition stellen? Wieso sollte eine überaus erfolgreiche Kultur ihre Errungenschaften ohne Not aufs Spiel setzen? Im multikulturalistischen Paradigma wird kulturelle Heterogenität als Entwicklungsmotor, als Innovationsreserve gefeiert. Dafür gibt es aber keine empirischen Belege. Die Gegenthese, dass kulturelle Homogenität entwicklungsfördernd ist, scheint nicht unbegründet.[355] Denn wenn Diversität ein so großer Vorteil wäre, dann müssten die multikulturellen und multiethnischen Gesellschaften nach Demokratie und ökonomischer Leistungsfähigkeit an der Weltspitze liegen. Oder wie sollte es trotz einer großen (und deshalb innovationshemmenden) kulturellen Homogenität möglich gewesen sein, dass sich z.B. das deutsche Kaiserreich bis 1914 technologisch und industriell an die Weltspitze vorgearbeitet hatte?

Das Assimilationsmodell ist, an den Maßstäben der europäischen Erfahrung gemessen, die historisch erfolgreiche Form der Integration von Einwanderern. Europa ist ein Beispiel für den permanenten Austausch unterschiedlicher Kulturen auf engem Raum, aber auch eine Geschichte permanenter erfolgreicher Assimilation in die einzelnen Kulturen. Austausch und Assimilation erscheinen geradezu als komplementäre Phänomene. Die Erfolgsgeschichte der Assimilation kennt beeindruckende Beispiele, angefangen von den westgermanischen Ubiern, die sich romanisiert haben, bis zu Hugenotten und Polen, aus denen Preußen und Deutsche wurden oder Österreichern, deren Vorfahren aus ganz Mittel- und Südosteuropa stammen. Durch Städte wie Wien, Paris, Berlin oder Triest ziehen sich die Spuren erfolgreicher Assimilation. Die historischen Tatsachen belegen, dass der Identitätswechsel durch Anreize gefördert wird: mit dem Wunsch nach einer Verbesserung der Lebensumstände, dem Wunsch nach sozialem Aufstieg und Anerkennung durch die Mehrheitsgesellschaft. Das Ursprungsmodell der Assimilation findet sich im Verhalten des europäischen Adels. Mit der Heirat über Landes- und Kulturgrenzen hinweg war immer eine Anpassung an die Kultur des Territoriums verbunden, in das Adlige durch Heirat gekommen waren. Die Anpassung war meist schon in der zweiten Generation abgeschlossen und drückte sich oft in naturalisierten Namen aus. Aus den Abkömmlingen des bayerischen Hauses von Thurn und Taxis wurden, nachdem sie in das Schloss von Duino am Golf von Triest eingezogen waren, die Herren della Torre e Tasso. Der britische Zweig des deutschen Adelsgeschlechtes der Sachsen-Coburg-Gotha wandelte sich zum Haus Windsor, aus der griechischen Prinzessin Sophia Margarita Victoria Friederika Schleswig-Holstein-Sonderburg-Glücksburg wurde eine durch und durch ihrem Land ergebene spanische Königin.

Auch wenn sich das Assimilationsmodell am Ideal der kulturell relativen Homogenität orientiert, geht es nicht davon aus, dass durch sie die konfliktfreie Gesellschaft möglich würde. Ziel ist immer nur *relative* Konfliktarmut durch die Vermeidung unteilbarer antagonistischer Konflikte, die eine Folge kultureller Gegensätze sind. Wilhelm Heitmeyer sieht die zunehmenden ethnisch-kulturellen Konflikte zusammenhängen mit desintegrativen Prozessen, die sich insbesondere in den Großstädten zuspitzen. Seiner Meinung nach schwächen die Struktur-, Regulations- und Kohäsionskrisen die Möglichkeiten einer erfolgreichen System- und Sozialintegration.[356] Nach assimilatorischer Auffassung spielen die Kohäsionskrisen dabei eine strategische Schlüsselrolle. Kohäsionskrisen entstehen vor dem Hintergrund kultureller Heterogenität. Deshalb bezweifelt die assimilatorische Position generell, dass desintegrative Prozesse ohne eine assimilatorische Integration überhaupt vermieden werden können. Als Ursache dafür wird vermutet, dass Struktur- und Regulationskrisen (beruflicher, sozialer und ökonomischer Misserfolg plus Orientierungslosigkeit und Verfall verbindlicher Werte und

Normen), die zunächst nur die Qualität *teilbarer Konflikte* haben, unter dem Einfluss kultureller Faktoren zu *unteilbaren Konflikten* werden. Ethnische Interessen komplizieren aber nicht nur den gesellschaftlichen Konflikt zusätzlich zu den sozialen Verteilungskonflikten, sondern sie heben ihn auf ein qualitativ anderes Niveau. Soziale Konflikte sind prinzipiell lösbar, ethnische nicht. Dieses Dilemma hat Ernst-Wolfgang Böckenförde schon 1976 vorweggenommen und auf das Theorem zugespitzt, dass der freiheitliche, säkulare Staat von Voraussetzungen lebe, die er selbst nicht garantieren könne. Gern übersehen wird jedoch die Fortsetzung dieses Satzes. Böckenförde betont, der freiheitliche Staat könne nur bestehen, „wenn sich die Freiheit, die er seinen Bürgern gewährt, von innen her, aus der moralischen Substanz des einzelnen und der *Homogenität* der Gesellschaft, reguliert."[357] Böckenfördes Satz stammt aus einer Zeit, als die soziale Realität in Deutschland noch nicht in den Kategorien ethnokultureller Heterogenität beschrieben worden ist. Bezweifelt man, dass die Verfassung allein die Gesellschaft integrieren kann, glaubt man, dass es dazu einer weitergehenden Homogenität der Gesellschaft bedarf, dann bleibt dem demokratischen Nationalstaat nach dem Niedergang der Staatsreligion oder nach dem Untergang der großen Ideologien nur die gesellschaftliche Kultur als Grundlage nationaler Einheit. Was immer Böckenförde mit seinem Begriff der Homogenität damals im Blick hatte, heute jedenfalls bergen die desintegrierenden Folgen starker kultureller Heterogenität die Gefahr, die Existenz der Gesellschaft zu riskieren und auf lange Sicht Verhältnisse zu reproduzieren, die durch die Lehren aus den konfessionellen Bürgerkriegen des 16. und 17. Jahrhunderts in Europa überwunden geglaubt waren.

Die von Heitmeyer diagnostizierte Struktur-, Regulations- und Kohäsionskrise schlagen sich in Anomieerscheinungen nieder. Die Krisen haben aber eine Vorgeschichte: die wechselseitige *Entfremdung* der Gesellschaft. Vielleicht kann in der Entfremdung sogar *die* Voraussetzung für alle Formen der Anomie gesehen werden, die für multikulturelle Gesellschaften typisch sind. Der immerwährende Appell des Multikulturalismus an die Gesellschaft lautet, dass wir die kulturellen Unterschiede, wenn wir sie schon nicht lieben können, aushalten müssen. Aus assimilatorischer Sicht überfordert das permanente Aushaltensollen aber die menschliche Psyche, weil Menschen nicht nur in permanent konflikthaften Lebenszusammenhängen existieren können. Das Assimilationsmodell möchte deshalb die Unterschiede überwinden. Das multikulturalistische Programm verschärft das Problem, weil es die Gruppen der multikulturellen Gesellschaft zusätzlich noch darin unterstützt, die ethnokulturellen Trennlinien zu betonen und das entlastende Bedürfnis nach Vertrauen, Berechenbarkeit und einem gemeinsamem Verständnishorizont ausschließlich in der eigenen ethnokulturellen Gemeinschaft zu befriedigen, auf Kosten des Zusammenhalts der Gesamtgesellschaft. Das Mittel dieser Unterstützung ist die Überbetonung der kulturellen Differenz, ihre Folge Spielart eines pervertierenden Pluralismus: Die einzige Gemeinsamkeit der Mitglieder der multikulturellen Gesellschaft besteht in den Unterschieden. In der Befriedigung des Bedürfnisses nach einer überschaubaren inneren Heimat liegt der tiefere Grund für die kulturelle Abschottung (Segmentation) und die räumliche Absonderung (Segregation) ethnisch verschiedener Gemeinschaften. Die Eroberung einer neuen inneren Heimat ist für die Einwanderer mit der manchmal qualvollen Mühe verbunden, sich neue innere Perspektiven zuzulegen, die gleichzeitig den hohen Preis der Unsicherheit und der Aufgabe des Vertrauten kosten. In der multikulturellen Gesellschaft jedoch bleibt immer die Alternative, der alten, aus der Herkunftskultur mitgebrachten, inneren Heimat verhaftet zu bleiben. Die daraus resultierende separatistische Struktur der multikulturellen Gesellschaft verhindert das Entstehen eines solidarischen Miteinanders und erlaubt höchstens ein Nebeneinander der gesellschaftlichen Gruppen. Die Fremdheit, die das Nebeneinander begleitet, kann nie völlig überwunden werden. Aber genau darin liegt der Keim für einen Konflikt, der die Tendenz hat, antagonistisch, das heißt, unteilbar zu werden. Das Assimilationsmodell versteht sich daher als Gegenprogramm zu der in der multikulturalistischen Idee programmierten Entfremdung.

Die Betonung der kulturellen Differenz ist eng gekoppelt an das Prinzip der Gleichwertigkeit der Kulturen. Das Zusammenspiel der beiden Faktoren wirkt sich im Laufe der Zeit auch auf den Alltag der Gesamtgesellschaft aus. Zunächst legitimiert das Prinzip der Gleichwertigkeit der Kulturen einen Alltagsrelativismus, der seinerseits Tendenzen der gesellschaftlichen Entfremdung fördert. Die gesellschaftliche Entfremdung wird zur wichtigsten Quelle gesellschaftlicher Anomie. Am Anfang steht die zunehmende Beliebigkeit gesellschaftlicher Wertvorstellungen und Normen, Verhaltensregeln und Konventionen. Der Alltag wird zum Erfahrungsbereich einer grenzenlosen Vielfalt an Handlungsweisen, die keiner Bewertung mehr unterzogen werden (dürfen). Um noch einmal das Bonmot von Terry Eagleton aufzugreifen: Es ist genau nicht mehr so, dass klar wäre, ob man auf den Boden spuckt oder nicht. Die Konventionen und Regeln haben ihre Eindeutigkeit verloren. Die einen spucken auf die Straße, die anderen nicht. Beide Verhaltensweisen werden akzeptiert, schulterzuckend-gleichgültig oder verärgert quittiert oder mit ihrem jeweiligen kulturellen Hintergrund gerechtfertigt. Dabei ist das Spucken noch ein harmloses Beispiel, weil es gerade noch im Bereich eines Konfliktes unterschiedlicher ästhetischer Auffassungen angesiedelt ist. Es braucht aber nicht viel Vorstellungskraft, sich ein Kontinuum immer problematischerer Konstellationen vorzustellen, bis die Beschädigung der sozialen Beziehungen ein kritisches Niveau erreicht hat. Ein solches Niveau ist in manchen Quartieren deutscher Großstädte bereits Wirklichkeit. Im Übrigen geht es bei der gesellschaftlichen Entfremdung nicht so sehr um die spektakulären Abweichungen, weniger um schwere Straftaten, um Zwangsheirat und Ehrenmord. Es geht vielmehr um die tausendfachen kleinen Abweichungen, um die Anomie des Alltags. Rücksichtslosigkeiten, zwischenmenschliche Kälte, Mangel an Solidarität und Hilfsbereitschaft, Mangel an Höflichkeit und Freundlichkeit, Misstrauen, Gleichgültigkeit, Distanz, latente und offene Feindseligkeit prägen den Alltag und die Mentalität der Menschen nachhaltiger als die großen Negativereignisse. Es sind die täglichen kleinen Anomien, auf die man immer und überall stößt und die am Ende gar nicht mehr als Ausnahme erkannt werden, weil die Ausnahmen selbst zum Regelfall geworden sind. Unter der permanenten kulturellen Rechtfertigung oder gleichgültigen Hinnahme abweichenden Verhaltens erodieren genau die Alltagsregeln, die das Zusammenleben weit vor und weit über die Rechtsnormen hinaus steuern und überhaupt erst möglich machen. In diesem Zusammenhang sieht die assimilatorische Auffassung die eigentliche Begründung für die Forderung, dass die kulturellen Normen der Aufnahmegesellschaft exklusive Geltung haben sollten.

Die Überlegung, dass Multikulturalität die Ursache gesellschaftlicher Entfremdung ist oder mindestens sein kann, wird auch durch empirische Daten aus den USA gestützt, die der amerikanische Politikwissenschaftler Robert D. Putnam analysiert hat. Wollen sich die Sozialwissenschaften mit den Auswirkungen ethnokultureller Diversität auf die sozialen Beziehungen auseinandersetzen, können sie auf zwei Hypothesen zurückgreifen: a) die Kontakthypothese: Danach nährt ethnokulturelle Vielfalt interethnische Toleranz und gesellschaftliche Solidarität. Wenn wir mehr Kontakt haben mit Menschen, die nicht sind wie wir, überwinden wir unsere anfänglichen Bedenken und vertrauen ihnen mehr. Diversität reduziert also ethnozentrische Haltungen, fördert Vertrauen und Solidarität zu Menschen außerhalb der eigenen Gruppe und bringt die Unterscheidung zwischen der eigenen und der anderen Gruppe zum Verschwinden. b) die Konflikthypothese. Sie besagt, dass Diversität Misstrauen gegen Menschen außerhalb der eigenen Gruppe nährt, u.a. weil sich die Menschen der Unterschiede deutlicher bewusst werden. Danach vergrößert Diversität die Unterscheidung zwischen der eigenen und der anderen Gruppe, fördert Binnensolidarität und Ethnozentrismus. Allgemein sieht Putnam die Annahme bestätigt, dass Diversität gesellschaftliche Solidarität reduziert und den sozialen Rückzug begünstigt, auch wenn er die Hoffnung äußert, dass erfolgreiche Einwanderungsgesellschaften auf lange Sicht solche Fragmentierungen überwinden können, indem sie neue Formen sozialer Solidarität und gesellschaftlicher Identität schaffen. Putnams Ergebnisse sind aufschlussreich, in mancher Hinsicht sogar überraschend. In den durch große Vielfalt geprägten Städten Los Angeles oder San Francisco sagen rund 30 Prozent der Einwohner, dass sie ihren Nachbarn ‚stark' vertrauen, wohingegen es in den ethnisch homogenen Gemeinden North und South Dakotas 70 bis 80 Prozent sind. Dabei fällt auf, dass gerade auch das interethnische Vertrauen im homogenen South Dakota relativ hoch und in den heterogenen Kommunen San Francisco oder Los Angeles relativ niedrig ist. Daraus lässt sich schließen: Je mehr ethnokulturell unterschiedliche Menschen um uns leben, desto weniger vertrauen wir ihnen. Nur scheinbar paradox verhält sich dazu das Resultat, dass in Lebensräumen mit großer Diversität die Individuen nicht bloß denen misstrauen, die anders sind, sondern auch denen, die gleich sind. Diversität scheint also Vertrauen als Basis sozialer Beziehungen insgesamt in Mitleidenschaft zu ziehen und Anomie oder soziale Isolation hervorzubringen. In Zonen mit ethnokulturell vielfältiger Bevölkerung, d.h. größerer Diversität, verhalten sich die Individuen signifikant anders als in ethnokulturell homogenen Zonen: Sie ziehen sich vom Gemeinschaftsleben zurück und misstrauen ihren Nachbarn, selbst dann, wenn diese Nachbarn zu derselben ethnokulturellen Gruppe gehören. Sie haben weniger feste Freunde und Vertraute und verbringen mehr Zeit vor dem Fernseher, den sie als „meine wichtigste Form der Unterhaltung" bezeichnen. Sie geben an, weniger Lebensqualität zu haben, engagieren sich weniger bürgerschaftlich oder karitativ, arbeiten seltener bei Gemeinschaftsprojekten mit. Sie gehen seltener zum Wählen, zeigen weniger Vertrauen zur lokalen Politik und den lokalen Nachrichtenmedien und trauen sich weniger politische Wirksamkeit zu. Mit einem Wort: In ethnisch diversen Nachbarschaften neigen die Angehörigen aller ethnokulturellen Gruppen zum sozialen Rückzug. Das Vertrauen, auch in die eigene ethnokulturelle Gruppe, ist geringer, Altruismus und Zusammenarbeit rarer, Freundschaften sind seltener. Putnam drückt diesen Sachverhalt mit dem Bild aus, dass Diversität offensichtlich in allen von uns die Schildkröte zum Vorschein bringt. Die Schildkröte, die sich in ihrem Panzer verkriecht.[358]

Ein Verhalten, wie es Putnam bei Bürgern in ethnokulturell vielfältigen Gesellschaften beobachtet, beeinträchtigt die Funktionsfähigkeit demokratischer Gesellschaften. Die demokratische Gesellschaft lebt geradezu von Bürgern, die gegenüber anderen offen sind und ihre private Isolierung überwinden, die sich freiwillig engagieren, sich gesellschaftliche und politische Beteiligung wünschen und fähig sind zur Zusammenarbeit mit anderen. Daraus ergeben sich die Schlussfolgerungen: a) Wenn die Defizite eine Folge der gesellschaftlichen Multikulturalität sind, dann beeinträchtigt Multikulturalität die Funktionsfähigkeit der Demokratie, b) Demokratie scheint deshalb auf ein gewisses Maß an Homogenität angewiesen zu sein.

Eine grundlegende sozialpsychologische Erkenntnis lautet, dass Menschen einander leichter vertrauen und miteinander kooperieren, wenn die soziale Distanz gering ist. Ist sie gering, dann stellt sich ein Gefühl gemeinsamer Identität; Geschlossenheit und geteilter Erfahrungen ein. Ist die soziale Distanz dagegen groß, nehmen Menschen die anderen als Menschen wahr, die in eine *andere* Kategorie gehören.[359] Die Übertragbarkeit des Ansatzes der sozialen Distanz drängt sich geradezu auf. Es gibt keinen plausiblen Grund anzunehmen, dass dieser Mechanismus bei ethnokultureller Distanz nicht genauso funktioniert. Aber über die Parallelität dieser Mechanismen hinaus ist auch ihre Komplementarität denkbar. Hartmut Esser behauptet, alle ethnisch vielfältigen Gesellschaften sind ethnisch geschichtete Gesellschaften. Das heißt, die Stellung der Individuen in der Sozialstruktur steht in einem systematischen Zusammenhang mit ihrer Zugehörigkeit zu einer bestimmten ethnokulturellen Gruppe. Wo jemand in der Sozialstruktur angesiedelt ist, hat damit zu tun, welcher ethnischen Gruppe er angehört. So ist beispielsweise die Wahrscheinlichkeit, dass Türken arbeitslos sind oder ungelernte Arbeit verrichten, mehrfach so hoch als das bei ethnischen Deutschen der Fall ist. Nach Esser bedeutet die ethnische Schichtung der Gesellschaft für die Einwandererminderheiten also, bevorzugt den Unterschichten anzugehören. Sollten sich die Wirkungen, die soziale Distanz und ethnokulturelle Distanz auf die Qualität sozialer Beziehungen haben, komplementär verhalten oder gar verstärken, wäre das eine brisante Entdeckung, die ein neues Licht auf Multikulturalismus und Assimilation werfen würde.

3.9.4 Assimilation und soziale Gleichheit

Die Gesellschaftsordnungen der Moderne beziehen ihre Legitimation vor allem anderen aus dem Grundwert der sozialen Gleichheit. Das vielleicht gewichtigste Argument für das Modell der (kulturellen) Assimilation ergibt sich aus dem Problem der sozialen Ungleichheit in Einwanderungsgesellschaften. Dem Problem gegenüber steht die immerwährende Forderung nach materieller Gleichheit und Gleichheit der Lebenschancen. Wenn Hartmut Esser Recht hat mit seiner Feststellung, dass in ethnokulturell heterogenen Gesellschaften *notwendigerweise* mehr soziale Ungleichheit und Benachteiligung herrscht als in homogenen, dann läge darin das gewichtigste Argument für die Integrationsform der Assimilation überhaupt.

Das Prinzip der sozialen Gleichheit wurzelt in der menschen- und bürgerrechtlichen Forderung nach Gleichheit aller Bürger vor dem Gesetz. Das Gleichheitsprinzip, an dem alle Menschen allein aufgrund ihres Menschseins teilhaben, war die ideologische Grundlage für die demokratischen Revolutionen des 19. Jahrhunderts. Die bürgerlichen Demokratiebewegungen verwirklichten das Gleichheitsprinzip aber nur in der Form formeller Gleichheit. Die historische Entwicklung zeigte jedoch, dass die formelle Gleichheit an der Verelendung und der faktischen Rechtlosigkeit der proletarischen Massen nur wenig änderte, manchmal sogar zu einer Verschlechterung der sozialen Lage der besitzlosen Klassen führte. Vor diesem Hintergrund entstand die Arbeiterbewegung, die sich neben der demokratischen auch die soziale Emanzipation der benachteiligten Klassen zum Ziel setzte. Sie drängte auf die Verwirklichung materieller Gleichheit. Eine grundlegende Begründung dafür war, dass das Prinzip der formellen Gleichheit ohne Ergänzung durch materielle Gleichheit an der sozialen Asymmetrie und dem Elend der werktätigen Bevölkerung nichts ändert. Auch wenn das Ideal der sozialen Gleichheit wohl immer nur näherungsweise realisiert werden kann, hat es seinen Rang als wichtigstes Legitimationsargument des demokratischen Wohlfahrtsstaates nicht verloren. Das hat weitreichende Konsequenzen. Stellte sich nämlich heraus, dass ethnokulturell heterogene Gesellschaften notwendigerweise weniger soziale Gleichheit, weniger Chancengleichheit und weniger gesellschaftliche Teilhabe hervorbringen können als ethnokulturell homogene, wäre das Modell des Multikulturalismus ernsthaft infrage gestellt, vielleicht sogar diskreditiert.

Gleichheit und Ungleichheit sind soziologische Schlüsselbegriffe zur Analyse von Gesellschaften. In allen Gesellschaften gibt es Interessenkonflikte. Einwanderungsgesellschaften aber sind ausgesprochene Konfliktgesellschaften, weil bei ihnen zu den teilbaren Konflikten (Verteilungskonflikte) die unteilbaren (ethnokulturelle Konflikte) dazukommen. Bei ihnen stellt sich das Gleichheitsproblem mit besonderem Nachdruck, weil soziale Gleichheit als das Mittel gilt, die gesellschaftlichen Konflikte soweit zu entschärfen, dass sie die Systemstabilität nicht gefährden können. Das Gleichheitsproblem besteht vor allem in *systematischer* vertikaler Ungleichheit, das heißt, in systematischen Unterschieden nach Einkommen, Vermögen, Schicht- und Klassenzugehörigkeit, Chancen, gesellschaftlichem Prestige, Macht, Einfluss usw. Systematisch ist die Ungleichheit, wenn sich die ethnischen und religiösen Gruppen oder die verschiedenen Schichten und Klassen bei der durchschnittlichen Bildung, beim Durchschnittseinkommen, bei ihren Rechten oder bei Macht, Einfluss, politischer und gesellschaftlicher Teilhabe signifikant unterscheiden. Beim Gleichheitsproblem trifft Esser eine *idealtypische* Unterscheidung zwischen ethnisch homogenen und ethnisch heterogenen Gesellschaften. In ethnisch homogenen wie auch in ethnisch heterogenen Gesellschaften kann systematische vertikale soziale Ungleichheit herrschen oder auch nicht. In ethnisch homogenen Gesellschaften zeigt sich vertikale Ungleichheit daran, dass die Sozialstruktur stark klassen- oder schichtbezogen ist und die Unterschiede auch Geschlecht, Religion oder Region betreffen. Soziale, religiöse oder regionale Differenzierung bringt zwar subkulturelle Unterschiede hervor, sie haben aber keinen ethnischen Hintergrund. Lösen sich die Gruppenunterschiede in einem Prozess der Pluralisierung und Individualisierung auf, verschwindet in der ethnisch homogenen Gesellschaft die systematische vertikale Ungleichheit, während die individuelle Ungleichheit natürlich bleibt. Mit der Auflösung von Klassen und Schichten nähern sich die Gesellschaftsmitglieder kulturell aneinander an, während sich gleichzeitig Lebensweisen und Lebensstile pluralisieren. Die Pluralisierung bleibt freilich in der Bandbreite eines ansonsten ethnisch homogenen Milieus. In diesem Fall zeichnet sich die ethnisch homogene Gesellschaft durch ein hohes Maß an sozialer Gleichheit aus; soweit Ungleichheit vorliegt handelt es sich um horizontale Ungleichheit, wie sie etwa in verschiedenen Lebensstilen zum Ausdruck kommt. Auf der anderen Seite findet man die ethnisch heterogenen Gesellschaften mit oder ohne systematische vertikale soziale Ungleichheit zwischen den verschiedenen ethnischen Gruppen. Ethnisch heterogene Gesellschaften haben dann kein Problem sozialer Ungleichheit, wenn ethnisch, religiös und kulturell unterschiedliche Gruppen gleichberechtigt nebeneinander existieren und wenn diese Gruppen einen gleichen Zugang zu den gesellschaftlichen Positionen, Berufen und Ressourcen (Mittel, Macht und Möglichkeiten) haben. Diese Gesellschaftsform nennt Esser *multikulturell*. Ethnisch heterogene Gesellschaften haben aber dann ein Problem sozialer Ungleichheit, wenn sie ethnisch geschichtet sind. *Ethnisch geschichtet* ist eine Gesellschaft, wenn zwischen den verschiedenen ethnischen Gruppen *systematische* vertikale soziale Ungleichheit herrscht. Diese Form der Ungleichheit bedeutet, dass die gesellschaftlichen Gruppen nicht den gleichen Zugang zu gesellschaftlich knappen Mitteln und Möglichkeiten haben. Ungleicher Zugang heißt, dass sich die ethnischen Gruppen in Bildung, Qualifikation, in Berufen, beim Einkommen, bei der interessenpolitischen Durchsetzungsfähigkeit, bei der Beteiligung an den öffentlichen Angelegenheiten, in ihrer Markt- und Organisationsmacht stark unterscheiden. Dagegen liegt keine ethnische Schichtung vor, wenn sich die verschiedenen ethnischen Gruppen in einer Gesellschaft sozialstrukturell nicht oder nur unwesentlich voneinander unterscheiden. Es gibt dann zwar auch soziale Ungleichheit, aber sie ist individuell und steht in keinem systematischen Zusammenhang mit ethnokulturellen Eigenschaften oder Gruppenzugehörigkeiten. Ethnische Schichtung erkennt man daran, dass bestimmte ethnische Gruppen vorzugsweise bestimmte Positionen im sozialen System einnehmen. Das ist z.B. der Fall, wenn alle oder fast alle Friseure oder alle oder fast alle Änderungsschneider zu einer bestimmten ethnischen Gruppe gehören. Der amerikanische Soziologe Milton Gordon hat dafür die Bezeichnung „ethclasses" eingeführt. *Ethnisch heterogene Gesellschaften sind folglich ethnisch geschichtete Gesellschaften.* In ihnen stehen die verschiedenen ethnischer Gruppen in einem systematischen Verhältnis der Über- oder Unterordnung. Bei den schwächeren Formen kann die Zugehörigkeit zu einer bestimmten Gruppe abgelegt werden. Bei den stärkeren Formen ist das soziale Schicksal unausweichlich, weil es häufig ideologisch oder religiös legitimiert ist. Oft geht diese vertikale Schichtung mit einer gesellschaftlichen Funktionenteilung einher. Ein illustratives Beispiel dafür bietet das hierarchische Kastenwesen in Indien. Ein religiös bestimmtes unentrinnbares Schicksal ordnet den Individuen bestimmte gesellschaftliche Ränge oder Berufe zu.[360]

Bei der Beschreibung der strukturellen Hintergründe ethnischer Schichtung muss unterschieden werden zwischen der ethnischen Differenzierung des Arbeitsmarktes und der Segmentation ethnokultureller Gruppen. Diese Unterscheidung kann ebenfalls mit dem *Struktur-Kultur-Paradigma* erfasst werden. Die Differenzierung des Arbeitsmarktes gehört zur strukturellen und die Segmentation zur kulturellen Dimension. Was die *strukturelle Dimension* angeht, so ist der Arbeitsmarkt dann differenziert, wenn bestimmte Gruppen auf bestimmte Branchen und unterschiedliche Lohngruppen bei gleicher Tätigkeit systematisch verteilt sind. Solche systematischen Gruppenmerkmale sind Geschlecht, Alter oder eben ethnische Kriterien. Ethnische Differenzierung des Arbeitsmarktes bedeutet, dass die ungleiche Entlohnung der gleichen Tätigkeit mit ethnischer Zugehörigkeit zusammenhängt. Das ist häufig dort zu beobachten, wo ungelernte Einwanderer eine schlechter bezahlte Arbeit annehmen. Ethnische Differenzierung des Arbeitsmarktes kann aber auch bedeuten, dass sich die ethnischen Gruppen systematisch auf bestimmte Branchen und Tätigkeiten verteilen, so etwa wenn Einwanderer bestimmte Berufe ausüben („niedere", schlecht bezahlte Tätigkeiten) oder bestimmte ökonomische Nischen besetzen (Kleingewerbe, z.B. Reinigung, Gastronomie, Reparatur, einfache Dienstleistungen wie Schuheputzen usw.). Für Esser ist die ethnische Differenzierung des Arbeitsmarktes die hauptsächliche Ursache für die Entstehung ethnischer Schichtung und damit eine wichtige Ursache ethnischer Konflikte. Die ethnische Differenzierung des Arbeitsmarktes ist die Basis einer objektiven gemeinsamen sozialen Lage und eines subjektiv empfundenen gemeinsamen Schicksals der Immigranten. Diese gleichsam negative Schicksalsgemeinschaft kann sich verselbständigen und radikalisieren, wenn die ethnischen, kulturellen und religiösen Unterschiede ideologisiert werden.[361]

Die *kulturelle Dimension* der Bildung und Verfestigung ethnischer Schichtung ist am Phänomen der *Segmentation* abzulesen. In der ersten Phase gehen die ethnischen Gruppen in einer Gesellschaft auf Distanz zueinander. Ursache für die soziale Distanzierung können Vorurteile und Diskriminierung sein, aber auch kulturelle Distanz, die sich in großen oder unüberwindlichen Unterschieden zwischen den Werten und Normen der verschiedenen ethnischen Gruppen zeigt und Fremdheitsgefühle erzeugt.[i] In der zweiten Phase zersplittern soziale Systeme und bilden eigenständige Teile. Dieser Prozess ist die Segmentation. In den Einwanderungsgesellschaften entsteht die *Segmentation* ethnischer Gruppen durch freiwillige kulturelle Selbstabschließung von der umgebenden Gesellschaft. Die Einwanderer bleiben bewusst oder unbewusst ihrer Herkunftskultur (Sprache, alltägliche Gewohnheiten, Interaktionen, emotionale Identifikation) verhaftet. Diese Tendenz wird verstärkt durch die Tatsache, dass die Einwanderer der ersten Generation häufig aus unterentwickelten Regionen stammen, sich in einer großen kulturellen Distanz zur Aufnahmegesellschaft befinden, nur eine geringe Bildung und schlechte berufliche Qualifikationen haben und erst im Erwachsenenalter eingewandert sind. Die Folge von Segmentation ist die Entstehung von *Sub- oder Parallelgesellschaften*. Esser nennt als Beispiel für eine typische Sub-Gesellschaft die ethnische Gemeinde der Türken in Deutschland. Die Segmentationsspirale wirkt umso nachhaltiger, je größer die ethnische Gemeinde und je größer die kulturelle Distanz zur Aufnahmegesellschaft ist. „Daher wundert es nicht, dass etwa in der BRD die türkische Bevölkerung inzwischen eine Art von ‚Sub'-Nation bildet, durchaus in der wörtlichen Bedeutung des Präfixes ‚sub'".[362] Türken leben in relativ großer Zahl in Deutschland, der kulturelle Anpassungsdruck ist deshalb geringer als bei kleinen Gruppen, die sich stärker anpassen müssen, weil sie im Alltag häufig keine ethnokulturellen Rückzugsmöglichkeiten haben. Religion und islamische Prägung bewirken, dass sich die Türken in Deutschland auf Distanz zur Aufnahmegesellschaft befinden. Mindestens ein Teil von ihnen scheint, was Bildung, berufliche Qualifikation, Möglichkeiten des sozialen Aufstiegs und die Befriedigung materieller Bedürfnisse angeht, anspruchsloser zu sein als es die deutsche Mehrheitsgesellschaft ist. Deshalb haben sie einen nur geringen Anreiz, ihr ethnokulturelles Milieu oder gar ihre ethnischen Kolonien zu verlassen.[363]

Die kulturelle Selbstabschließung hat einen hohen Preis. Sie steht der Teilhabe an Mitteln, Macht und Möglichkeiten der Gesamtgesellschaft entgegen. Denn es ist die Aufnahmegesellschaft, die über alle nur einigermaßen interessanten beruflichen, gesellschaftlichen und institutionellen Positionen verfügt. Bildungssystem, Arbeitsmarkt und die Politik sind die zentralen Institutionen, die den Zugang zu den Ressourcen, Positionen und Möglichkeiten der Gesellschaft herstellen. Aber diese Institutionen sind abhängig von den kulturellen Vorgaben der Aufnahmegesellschaft. An diese Institutionen sind soziale Netzwerke angela-

---

[i]   Vorurteile sind nicht sachlich begründete oder durch Erfahrung erworbene Einstellungen. Diskriminierungen sind nicht gerechtfertigte Ungleichbehandlungen von Personen unterschiedlicher Gruppenzugehörigkeit.

gert, zu denen nur der Zugang hat, der sich nach diesen kulturellen Vorgaben richtet und am sozialen Beziehungsgeflecht der Aufnahmegesellschaft teilnehmen kann. Das ist auch der wichtigste Grund für die enorme Bedeutung, die der Erwerb kultureller Fertigkeiten bei der Platzierung auf die Positionen der Aufnahmegesellschaft hat. Solange die Institutionen der Aufnahmegesellschaft auf der Grundlage einer nationalen Kultur organisiert sind, ist das kulturelle Kapital, das zur Platzierung erforderlich ist, stets nur das der jeweiligen nationalen Kultur – und eben nicht das der eingewanderten ethnischen Gruppen. Insofern gibt es nach Esser zumindest *empirisch* gesehen eine gewisse Leitkultur. Die faktische Teilhabe an der nationalstaatlich verfassten Aufnahmegesellschaft setzt also eine einseitige kulturelle Anpassung voraus.[364] Gerade weil es diesen sozialintegrativen Sachzwang gibt, strebt eine multikulturalistische Politik an, diesen Zusammenhang aufzulösen. Ein zentrales Mittel dieser Politik ist die Multikulturalisierung des Bildungsbereiches mit dem Ziel, die kulturelle Hegemonie der Aufnahmegesellschaft zu brechen.

Die kulturelle Segmentation ethnokulturell vielfältiger Gesellschaften geht einher mit *räumlicher Segregation*. Das heißt, die ethnischen Gruppen entmischen sich, sie konzentrieren sich in bestimmten Stadtvierteln und sondern sich ab. Begünstigt wird diese Entwicklung meist durch die Lage auf dem Wohnungsmarkt. Einwandererminderheiten ziehen häufig dorthin, wo es billigen Wohnraum gibt. Eine weitere Erklärung für ethnische Segmentations- und Segregationsprozesse bietet der sogenannte Invasions-Sukzessions-Zyklus. Einwanderer ziehen in ein bislang einheimisches Wohnviertel. Die Einheimischen, die es sich leisten können, ziehen weg. Das wiederum erlaubt den Nachzug weiterer Einwanderer. Segregation muss dabei gar nicht auf einer *negativen* sozialen Distanzierung beruhen. Es reicht die offensichtlich anthropologisch begründete Vorliebe für eine Mindestzahl von Angehörigen der eigenen ethnischen Gruppe.[365]

Kulturelle Segmentation und räumliche Segregation bilden einen Teufelskreis. Sie behindern die strukturell-funktionale Integration der Einwanderer[i], von einer kulturellen Integration im Sinne der Assimilation ganz zu schweigen. Die mangelhafte strukturell-funktionale Integration steht ihrerseits der kulturell-identifikatorischen Anpassung an die Mehrheitsgesellschaft im Wege. Räumliche Segregation fördert kulturelle Segmentation, weil die Einwanderer überwiegend unter sich bleiben. Die kulturelle Segmentation verstärkt wiederum die räumliche Segregation. Die sich gegenseitig verstärkende Spirale aus ethnischer Differenzierung des Arbeitsmarktes, strukturell-funktionaler Nichtintegration, aus räumlicher Segregation und aus kultureller, sozialer und emotionaler Segmentation begünstigt die Entstehung gut ausgebauter ethnischer Gemeinden. In den ethnischen Kolonien entsteht dadurch eine neue gesellschaftliche Unterschicht, die Unterschicht der Einwanderer. Auf diese Weise etabliert sich ein festes System der ethnischen (Unter-) Schichtung. Aus diesen Beobachtungen zieht Esser eine schwerwiegende Schlussfolgerung. Nach seiner Auffassung sind, empirisch betrachtet, *alle dauerhaft ethnokulturell heterogenen Gesellschaften ethnisch geschichtete Gesellschaften*. Gesellschaftspolitisch brisant dabei ist, dass die ethnische Schichtung zulasten der ethnischen Minderheiten geht. Ethnische Schichtung heißt *Unterschichtung* der Einwanderer.[366] Wenn die Ursachen systematischer vertikaler Ungleichheit bei den ethnokulturell

---

[i] In der Terminologie Essers strukturelle Assimilation.

heterogenen Gesellschaften selbst liegen, wenn die soziale Benachteiligung der Einwanderer eine, wenn auch nicht beabsichtigte, systematische Begleiterscheinung ethnokulturell vielfältiger Gesellschaften ist, wirft das die Frage auf, ob multikulturalistische Gesellschaftskonzeptionen den Prinzipien sozialer Gerechtigkeit nicht fundamental widersprechen.

Das scheinbar gleichberechtigte multikulturelle Nebeneinander der verschiedenen ethnokulturellen Gruppen in einer Gesellschaft ist nach Esser in Wirklichkeit ein soziales Übereinander nach ethnischen Gesichtspunkten. Beispiele sind nicht nur die klassischen Einwanderungsländer wie die USA mit ihrem farbigen Bevölkerungsanteil, sondern auch die jungen europäischen Einwanderungsgesellschaften, etwa Deutschland, Frankreich, Großbritannien, die Niederlande oder Belgien. Die Entstehung neuer ethnischer Unterschichten kann die (System-)Integration der jeweiligen Gesellschaft gefährden. Die Einwanderer fühlen sich benachteiligt und empfinden auch deshalb keine Loyalität zur Gesellschaft, in der sie leben. Sie entwickeln starke kollektive Identitäten, deren Kehrseite die Abgrenzung von der Aufnahmegesellschaft ist. Natürlich führt ethnische Schichtung für sich allein genommen noch nicht automatisch zu ethnischen Konflikten. Aber ethnische Schichtung lässt ein Konflikt*potential* entstehen, das relevant werden kann, wenn die ethnische Gruppe groß genug ist, um eine eigene Infrastruktur und entsprechende organisatorische Fähigkeiten auszubilden.[367] Die Tendenz zur Entwicklung eines Konfliktpotentials wird verstärkt durch den Gleichheitsanspruch, der in modernen Gesellschaften den Kern der Systemlegitimierung ausmacht. In einer solchen Konstellation entstehen die Vorstufen des ethnischen Konflikts: soziale Distanz, Entfremdung, Ablehnung der Mehrheitsgesellschaft, latente Bereitschaft zur Revolte.

Für Esser sind ethnisch heterogene Gesellschaften immer auch ethnisch geschichtete Gesellschaften. Die Ursache dafür erblickt er darin, dass Zugang zu interessanten Positionen und Ressourcen in der Aufnahmegesellschaft nur der erhalten kann, der sich den kulturellen Eigenheiten der Einheimischengesellschaft anpasst und damit Teil ihres sozialen Beziehungsgeflechtes werden kann. Die Frage ist nun, ob eine ethnokulturell heterogene Gesellschaft dann im Esserschen Sinne überhaupt multikulturell sein kann. An dieser Stelle gerät Esser in eine Sackgasse. Er erkennt einerseits, dass ethnisch heterogene Gesellschaften immer auch ethnisch geschichtete Gesellschaften sind. Andererseits ist sein idealer Gesellschaftstyp die multikulturelle Gesellschaft. Sie definiert er als ethnisch heterogene Gesellschaft ohne ethnisch bedingte sozialstrukturelle Ungleichheit. Diese Definition ist aber widersprüchlich. Nach Esser sind nämlich alle ethnisch heterogenen Gesellschaften immer auch ethnisch geschichtet. Sie sind also Gesellschaften, in denen das Unterschichtdasein und die soziale Ungleichheit mit der ethnokulturellen Herkunft zu tun haben. Um sein multikulturelles Modell zu retten, fordert Esser, dass sich die Einwanderer strukturell und kulturell assimilieren müssen, um die ethnisch bedingte soziale Ungleichheit zum Verschwinden zu bringen. Weil sich der Assimilationsbegriff aber nicht mit der multikulturellen Gesellschaft verträgt, muss er seinen Assimilationsbegriff umdeuten. Mit struktureller Assimilation meint er die strukturell-funktionale Sozialintegration. Unter kultureller Assimilation versteht er bekanntlich eine instrumentell-utilitaristische Anpassung.[368] Die Immigranten eignen sich die kulturellen Fertigkeiten der Aufnahmegesellschaft an. Das wiederum ist Voraussetzung für eine erfolgreiche strukturell-funktionale (Sozial-)Integration. Aus assimilatorischer Sicht sind Essers Anforderungen an eine erfolgreiche Integration allerdings nicht ausreichend. Zwingend hinzukommen muss die wirkliche *Internalisierung* der Kultur der Aufnahmegesellschaft. Das aber ist gleichbedeutend mit der kulturellen Assimilation, die dann stattfindet, wenn Einwanderer die eigene Kultur aufgeben und die Kultur des Aufnahmelandes vollständig übernehmen. Diese Assimilationsstufe nennt Esser identifikative Assimilation. In Konzeptionen der multikulturellen Gesellschaft jedoch hat die identifikative Assimilation keinen Platz. Um die soziale Ungleichheit in ethnisch heterogenen Gesellschaften zu überwinden, braucht Essers Modell deshalb die identifikative Assimilation nicht. Notwendig sind lediglich die strukturelle, die soziale und die kulturelle Assimilation. Aus assimilatorischer Sicht dagegen kann Ungleichheit erst unter den Bedingungen der vollständigen Integration verschwinden. Die vollständige Integration ist eine Einheit aus strukturell-funktionaler Integration plus kulturell-identifikatorischer Anpassung. Nur wenn die Einwanderer die kulturellen Eigenheiten der Aufnahmegesellschaft internalisieren, können sie einen wirklichen Zugang zu ihr zu bekommen und Teil von ihr werden. Nur wenn sie wirklich Teil dieses Beziehungsnetzwerks geworden sind, und nicht nur Außenstehende, die in den kulturellen Werten und Gepflogenheiten der Aufnahmegesellschaft bewandert sind, können sie die Chancen und Möglichkeiten der Gesellschaft auch so nützen, dass die sozialstrukturellen Unterschiede zur Mehrheitsgesellschaft tatsächlich verschwinden. Das Ergebnis eines solchen Prozesses ist am Ende aber keine heterogene multikulturelle, sondern eine kulturell relativ homogene Gesellschaft.

Eines der vorrangigen Ziele multikulturalistischer Gesellschaftskonzeptionen besteht darin, Bedingungen zu schaffen, unter denen Einwanderer ihre kulturellen Eigenheiten aufrechterhalten können. Wenn aber andererseits kulturelle Differenzen systematisch soziale Ungleichheit erzeugen und stützen, *dann ist ethnische Unterschichtung der Preis ethnokulturell heterogener Gesellschaften*. Ethnische Unterschichtung lässt sich also nicht vermeiden, wenn die ethnischen Unterschiede nicht durch Assimilation aufgelöst werden. Nur wenn es keine unterschiedlichen ethnokulturellen Gruppen mehr gibt, kann Ethnizität keine sozialstrukturellen Unterschiede mehr markieren.[369] Assimilation zielt darauf ab, dass sich die Einwanderer auch emotional mit ihrer neuen Heimat identifizieren. Assimilation ist damit letztlich die Bedingung für gesellschaftliche Gleichheit und soziale Gerechtigkeit.

3.9.5 Grundzüge einer assimilatorischen Politik

Das Assimilationsmodell beruht auf dem Leitsatz, dass wirkliche Integration nur durch Assimilation möglich ist. Aber auch eine assimilatorische Politik kann nicht in die Privatsphäre der Bürger eingreifen, um sie im Sinne der gesellschaftlich bevorzugten Kultur zu formen. Aber sie kann den öffentlichen Raum, die Tätigkeit des Staates und seiner Institutionen auf das Modell der kulturell relativ homogenen Gesellschaft ausrichten, falls die Mehrheitsgesellschaft einen Übergang zu multikulturellen Verhältnissen ablehnt. Im Assimilationsmodell wird die kulturelle Selbstbehauptung der Aufnahmegesellschaft als legitimes Anliegen betrachtet. Eine Politik, die sich diesem Ziel verschreibt, orientiert sich am Modell der kulturell relativ homogenen Gesellschaft. Sie verlangt von den Einwanderern, das öffentliche Monopol der Mehrheitskultur anzuerkennen. Da es keinen menschenrechtlich begründbaren Anspruch auf Einwanderung gibt[370], entscheidet die Aufnahmegesellschaft frei darüber, ob sie überhaupt und wenn ja, wie viele Einwanderer sie will. Gleichfalls entscheidet die Aufnahmegesellschaft, woher und aus welchen Kulturen sie Einwanderer aufnehmen möchte und unter welchen Bedingungen Einwanderung stattfinden soll. Den multikulturalistischen Einwand, dass eine Einwanderungspolitik, die sich kultureller Selektionskriterien bedient, rassistisch sei, hält die assimilatorische Position für irrelevant. Dagegen anerkennt sie, dass Einwanderer, die bereit sind, sich zu assimilieren, gegenüber der Aufnahmegesellschaft einen Anspruch auf volle Teilhabe an der nationalen Kultur des Einwanderungslandes und auf die Eingemeindung in die gesellschaftliche Gemeinschaft haben.

Die Mittel, die der Aufnahmegesellschaft zur Assimilierung von Einwanderern zur Verfügung stehen, reichen von staatlichem Zwang bis zu den verschiedensten Formen einer anreizgesteuerten Politik zur Anpassung an die Mehrheitskultur. Staatlicher Zwang äußert sich z.B. in der Unterdrückung kultureller Aktivitäten ethnischer Minderheiten, im Verbot, die Herkunftssprache zu sprechen oder in der zwangsweisen Naturalisierung von Vor- und Nachnamen. So hat das sozialistische Bulgarien in den 1980er Jahren die Angehörigen der türkischen Minderheit dazu gedrängt, ihre Namen bulgarisieren zu lassen.

Das Ergebnis einer Politik der Zwangsassimilierung wird widersprüchlich diskutiert. Heckmann vermutet, dass kulturelle Zwangsanpassung bei gleichzeitiger sozialer, ökonomischer und politischer Offenheit der Mehrheitsgesellschaft mittelfristig erfolgreich ist. Allerdings wird nicht unterschieden zwischen historischen und neuen Minderheiten. Bei historischen Minderheiten stößt Zwangsassimilierung regelmäßig auf starken Widerstand, etwa die Italianisierung in Südtirol, die Russifizierung in Finnland, die Germanisierung in Polen-Westpreußen, die Magyarisierung der Slowaken usw. Die Wirksamkeit von Zwangsassimilierung wird auch gedämpft durch die Nähe einer Anlehnungsmacht, also eines Staates, in dem die Landsleute der nationalen Minderheit das Staatsvolk sind, was z.B. im Verhältnis Südtirols zu Österreich der Fall ist. Bei neuen Einwandererminderheiten dagegen hat Zwangsassimilierung in der Vergangenheit zum Erfolg geführt, wie die Bekämpfung der deutschen Kultur in den USA während des Ersten Weltkrieges belegt.[371] Allerdings weisen die europäischen Erfahrungen der Gegenwart eher darauf hin, dass eine assimilatorische Integrationspolitik gerade bei Einwandererminderheiten aus nichteuropäischen Kulturkreisen nicht besonders erfolgreich ist.

Eine umsichtige und behutsame Assimilationspolitik gestaltet die Integration von Einwanderern so, dass eine strukturelle Notwendigkeit zur Anpassung an die Lebensweise der Aufnahmegesellschaft besteht. Die assimilatorische Gesellschaft arbeitet mit materiellen Anreizen und immateriellen Belohnungen für Assimilationsfortschritte. Sie lockt z.B. mit höherem Wohlstand, bietet den Einwanderern Bildung, sozialen und beruflichen Aufstieg, gesellschaftliches Fortkommen, politische Gleichberechtigung, Zugang zu Positionen und Ämtern des öffentlichen Lebens usw. im Tausch gegen kulturelle Anpassung. Um die assimilatorischen Bemühungen der Einwanderer zu unterstützen, wird die Politik der strukturell-funktionalen Integration ergänzt durch ein Programm, das ausschließlich an den kulturellen Maßstäben der Aufnahmegesellschaft ausgerichtet ist. Eine assimilatorische Politik ist das genaue Gegenteil einer multikulturalistischen. Eigenheiten der Immigranten, die von der gesellschaftlichen Kultur der Aufnahmegesellschaft abweichen, werden gerade nicht berücksichtigt. Zu einem solchen Programm gehört die konsequente Durchsetzung eines Sprachmonopols in allen Bereichen des öffentlichen Lebens. Die Herkunftssprachen der Einwandererminderheiten verschwinden aus dem öffentlichen Raum. Eigenheiten der Herkunftskulturen der Einwanderer, wie etwa Feste im Jahresablauf, Speise-, Gebets-, Bekleidungs- und Fastenvorschriften oder wichtige religiöse und kulturelle Feste von Einwandererminderheiten werden ausgeblendet. Religiös oder kulturell bedingte Essensvorlieben oder Beschränkungen sind genauso Privatsache wie die Essens- und Trinkgewohnheiten aller anderen, also etwa Vegetariern oder Nichtalkoholtrinkern. Ausnahmen von gesetzlichen Tatbeständen wie z.B. vom Schächten, werden nicht zugelassen, da sie die Einheit der Rechtsordnung untergraben. Dasselbe gilt für Bestattungsvorschriften und Friedhofsordnungen. Nach religiösem Bekenntnis getrennte Bestattung widerspricht dem Gleichheitsprinzip, fördert Abschottungstendenzen und religiöse Intoleranz. Religiöse, kulturelle oder politische Symbole, die mit den Werten der einheimischen Gesellschaft nicht kompatibel sind, werden aus dem öffentlichen Raum verbannt, gegebenenfalls gesellschaftlich geächtet. Die Einwanderer werden nach dem Vorbild des berühmten „Den svenska koden" an die Kultur der Aufnahmegesellschaft herangeführt und mit ihr vertraut gemacht. Dieses Lehrbuch der schwedischen Alltagskultur erklärt die ungeschriebenen Regeln des gesellschaftlichen Zusammenlebens und führt Einwanderer in Gebräuche und Sitten ein, so dass am Ende auch detaillierte Fragen, wie die, wie man sich bedankt, wie man Fettnäpfchen vermeidet oder wann man in Schweden die Schuhe auszieht, beantwortet sind. Nach französischem Vorbild naturalisiert eine assimilatorische Politik die Namen der Einwanderer in Phonetik und Schreibweise oder erleichtert die Möglichkeit zur Änderung von Vor- und Nachnamen. Eingewanderte Religionen werden den einheimischen erst dann gleichgestellt, wenn sie sich *inkulturiert* haben und ihr Wertesystem soweit *modifiziert* haben, dass es sich mit den kulturellen Werten der Aufnahmegesellschaft widerspruchsfrei verträgt.

Die Schule spielt in allen Assimilationsstrategien eine Schlüsselrolle. Der italienische Soziologe Bruno Tellia weist darauf hin, dass der Schule sowohl im Multikulturalismus als auch im Assimilationsmodell eine überragende Bedeutung zukommt. Während der Multikulturalismus in der Schule ein Instrument sieht, den Einwanderern dabei zu helfen, ihre Herkunftskultur und ihre mitgebrachte Sprache aufrechtzuerhalten, will das Assimilationsmodell die Einwanderer und ihre Kinder mit Hilfe der Schule zu Bürgern der nationalen Gemeinschaft machen. Mit dem Aufkommen der Demokratiebewegungen im 19. Jahrhundert bekam die Schule neben der Wissensvermittlung und der Moralerziehung eine dritte Funktion übertragen. Sie sollte den Schülern die Kultur ihres Volkes nahebringen, um ihre nationale Identität zu formen. Die assimilatorische Bedeutung der Schule hat sich in der modernen Gesellschaft eher noch erhöht. Eine assimilatorische Bildungspolitik nimmt Kindergarten und Schule in ihren Dienst. Kindertagesstätten und Ganztagsschulen sind die geeigneten Instrumente einer assimilatorischen Erziehung, weil auf diese Weise der sozialisatorische Einfluss von Eltern und ethnokultureller Gemeinde abgeschwächt oder neutralisiert werden kann. Gleichzeitig versteht sich eine assimilatorische Bildungspolitik als „Zivilisationsoffensive". Der niederländische Kultursoziologe Gabriël van den Brink versteht unter diesem Begriff staatliche Massnahmen, die der Entfaltung der Persönlichkeit und der Anhebung des allgemeinen Bildungs- und Qualifikationsniveaus der Unterschichten dienen.[372] Diese Zivilisationsoffensive richtet sich aber nicht nur an die Einwanderer, sondern gleichermaßen an die Einheimischen. Ihr Ziel ist Chancengleichheit für alle Bürger. Dieses Ziel wird erreicht, indem den jungen Einwanderern und Einheimischen das Wissen und die Fertigkeiten für die spätere Berufsausübung, aber auch die kulturellen Grundlagen der Gesellschaft und die in ihr geltenden Normen und Regeln vermittelt werden. Interessante berufliche und gesellschaftliche Positionen (Platzierung) sind nämlich eng verknüpft mit kulturellem Wissen und kulturellen Fertigkeiten (Kulturation) der Aufnahmegesellschaft. Nur wer eine gute Bildung hat, sich in einer Gesellschaft situationsangemessen zu bewegen weiß und die Normen, Regeln, Sitten, Bräuche und Üblichkeiten kennt und internalisiert hat, hat Chancen auf eine gute Position, auf berufliches Fortkommen, auf gesellschaftliche Akzeptanz und soziales Prestige. Aus assimilatorischer Sicht ist es kein Zufall, dass gerade die drei Länder (Korea, Japan und Finnland) bei den internationalen PISA-Tests am besten abgeschnitten haben, die eine kulturell homogene Bevölkerung haben.[373] Die Wirklichkeit in Deutschland sieht dagegen wesentlich trister aus. Rund ein Fünftel der Jugendlichen sind im Deutschland des Jahres 2010 dank Bildungs- und Ausbildungsdefiziten für eine qualifizierte Beschäftigung verloren. Sie kommen oft aus sozial schwachen Verhältnissen und aus Einwandererfamilien. Sie aufzugeben ist moralisch verwerflich und eine volkswirtschaftlich nicht zu rechtfertigende Vergeudung von Humankapital. Eine assimilatorische Bildungspolitik kann deshalb den allseits beklagten Fachkräftemangel entschärfen und eine wirkliche Integration von Einwanderern und sozial Schwachen in die Gesellschaft bewirken. Assimilationspolitik ist daher Sozialstaatspolitik. Die soziale Republik schafft die Grundlagen für soziale Gerechtigkeit durch eine Politik der Homogenisierung der Gesellschaft.

Auch die Wehrpflicht wird als volkspädagogisches Unternehmen aufgefasst, das die identitätsbildende Arbeit der Schule zu einem erfolgreichen Abschluss bringen soll. Ein bekanntes Beispiel dafür bietet die israelische Armee. Neben ihrem Verteidigungsauftrag hat sie auch eine homogenisierende nationsbildende Funktion. Die aus aller Welt einwandernden Juden werden in der Armee assimiliert und mit den autochthonen Angehörigen der jüdisch-israelischen Gesellschaft zu einer Nation verschmolzen. In Zeiten, in denen die Wehrpflicht aufgehoben wird, führt der assimilatorische Staat eine allgemeine Dienstpflicht ein. Sie bringt Einheimische und Immigranten zusammen, führt die Einwanderer an die Institutionen und Werte der Aufnahmegesellschaft heran und entfaltet dadurch eine homogenisierende Wirkung.

Eine moderne Assimilationspolitik versteht Integration als einen *komplementären Prozess*. Es mag ein wenig erstaunen, aber der Grundsatz assimilatorischer Politik ist, dass beide Seiten, Einheimische und Einwanderer, aufeinander zugehen. Beide Seiten erbringen Leistungen, allerdings unterschiedliche. Die Aufnahmegesellschaft verschafft den Einwanderern einen gleichberechtigten Zugang zum gesellschaftlichen, sozialen, rechtlichen, wirtschaftlichen, kulturellen und politischen Leben. Sie bietet Wohlstand, Arbeit, Bildung, soziale Sicherheit, Aufstiegschancen. Sie gibt den Einwanderern die Möglichkeit, am Ende eines erfolgreichen Integrationsprozesses die Staatsbürgerschaft zu erhalten und politisch mitzubestimmen. Diese Vorleistung verlangt nach einer Gegenleistung. Die Gegenleistung besteht in einer *ungeteilten* Loyalität gegenüber dem Einwanderungsland. Diese Loyalität entwickelt sich in dem Maße, in dem sich die Einwanderer der Lebensweise der Aufnahmegesellschaft anpassen, Kultur und Identität der Aufnahmegesellschaft übernehmen und ihre Herkunftskultur hinter sich lassen. Aus assimilatorischer Sicht ist das kein unverbindlicher Wunsch, sondern ein *Anspruch*, den die Aufnahmegesellschaft legitimerweise an die Einwanderer richten und für dessen Einlösung sie alle Maßnahmen ergreifen darf, die nicht gegen elementare Grundrechte verstoßen. Es war ausgerechnet Cem Özdemir, der anlässlich seiner Wahl zum Bundesvorsitzenden der Grünen am 15. November 2008 den *Grundgedanken einer assimilatorischen Integrationspolitik* formuliert haben könnte, als er sagte: „Ich möchte für eine Gesellschaft kämpfen, in der alle mitgenommen werden. Egal ob sie aus Kasachstan kommen, aus Anatolien oder ob sie schon im Teutoburger Wald gegen die Römer gekämpft haben."[374]

3.9.6   Kritik der Assimilation

Auffällig ist zunächst die theoretische Schwäche des Assimilationsmodells. Deshalb unternehme ich auch den Versuch, Kernelemente einer Theorie der Assimilation zu formulieren. Darüber hinaus ist das Assimilationsmodell mit Kritik aus verschiedenen Richtungen konfrontiert. Ein aussagekräftiges Beispiel der Fundamentalkritik am Assimilationsmodell stammt von dem britischen Politikwissenschaftler Bhikhu Parekh. Er bestreitet nicht, dass die kulturell homogene Gesellschaft ihre Vorzüge hat. Sie ermögliche ein Gefühl der Gemeinschaft und der Solidarität, erleichtere die interpersonelle Kommunikation; psychologisch und politisch sei sie ökonomisch und wirke systemstabilisierend. Aber das Modell der kulturell homogenen Gesellschaft basiere auf einer Ideologie der Exklusion, weil in ihr Menschen aus anderen Kulturen keinen Platz hätten. Diese Gesellschaftsform schaffe kein günstiges Klima für kulturelle Innovation und intellektuelle Durchbrüche außerhalb des traditionellen Rahmens. Parekh ist davon überzeugt, dass unter denselben Bedingungen die kulturell vielfältige Gesellschaft der homogenen überlegen ist. Es gebe keine einsehbaren Gründe, warum nicht auch die multikulturelle Gesellschaft ein Gefühl der Gemeinschaft, der Solidarität, der gemeinschaftlichen Loyalität und einen breiten moralischen und politischen Konsens entwickeln können sollte. Die kulturpluralistische Gesellschaft habe trotz allem eine höhere Wahrscheinlichkeit größer, die Qualitäten einer guten Gesellschaft zu erreichen als die homogene. Während die multikulturelle Gesellschaft flach, eklektizistisch, indifferent und schwach, ohne Zusammenhalt und historische Tiefe sein könne, könne die homogene Gesellschaft repressiv, intolerant, engherzig, in sich gekehrt und autoritär sein und tendiere zu Abschließung und zu Aversion gegen Änderungen und Unterschiede.[375] Allerdings ist Parekhs Kritik nicht sehr überzeugend, denn die Vorzüge der kulturell relativ homogenen Gesellschaft sind empirisch und historisch evident. Dagegen hängt seine Behauptung in der Luft, die multikulturelle Gesellschaft könne dieselben Qualitäten, die er der kulturell relativ homogenen Gesellschaft zubilligt, entwickeln. Sein Behauptung ist bloß eine Wunschvorstellung, weil die multikulturelle Gesellschaft genau über die Qualitäten nicht verfügt, von denen Parekh behauptet, dass sie auch die kulturell vielfältige Gesellschaft hervorbringen könne: Dass es der multikulturellen Gesellschaft strukturell genau an diesen Qualitäten mangelt, ist das Schlüsselproblem, das der Multikulturalismus bislang nicht lösen konnte. Und es ist nicht absehbar, ob es überhaupt je gelöst werden kann.

Fraglich ist auch, ob sich Einwanderer aus Kulturen, die mit den europäischen Kulturen nicht kompatibel sind, überhaupt assimilieren können oder wollen. Zwischen den Einwanderern aus vormodernen Kulturen und der demokratisch verfassten säkularisierten Industrie- und Dienstleistungsgesellschaft tut sich nämlich eine denkbar große Distanz auf. Für Hoffmann-Nowotny ist das der Grund, weshalb sich Einwanderer aus dem islamischen Kulturkreis reislamisieren, so dass die mitgebrachte kulturelle Identität und die Abgrenzung zur Aufnahmegesellschaft sogar noch verstärkt werden.[376] Einer solchen Entwicklung steht auch das

Assimilationsmodell ratlos gegenüber. Assimilatorische Ansätze geben keine Antwort auf die Frage, wie die Einwanderungsgesellschaft auf Einwandererminderheiten reagieren soll, die zur Assimilation nicht bereit oder fähig sind.

Die Erfolgsaussichten einer assimilatorischen Politik hängen nicht zuletzt davon ab, ob die gesellschaftliche Kultur, an die sich die Einwanderer assimilieren sollen, stark oder schwach ist. Typologisch betrachtet können *chauvinistische, starke* und *schwache* Kulturen unterschieden werden. Chauvinistisch, stark oder schwach können Kulturen ganz unabhängig von ihrem zivilisatorischen Niveau sein. Das heißt, auch vormoderne oder rückständige Kulturen können chauvinistische Kulturen sein, sind es vielleicht sogar in besonderem Maße. Chauvinistische Kulturen hegen Überlegenheitsgefühle, sind verbündet mit absolutistischen Religionen oder Nationalismen. Dagegen sind starke Kulturen selbstbewusste Kulturen. Sie üben eine besondere Anziehung auf Individuen aus, die dieser Kultur bisher nicht angehören und wecken den Wunsch nach Übernahme. Von Haus aus hegen starke Kulturen keine Überlegenheitsgefühle oder Verachtung anderen Kulturen gegenüber. Sie lehnen andere Kulturen nicht ab, sondern sie nehmen fremde kulturelle Elemente auf und adaptieren sie. Bedingung für cinc Adaption ist, dass das fremde Kulturelement einen Gewinn für die eigene Kultur verspricht. Die deutsche Kultur der 2. Hälfte des 19. und der 1. Hälfte des 20. Jahrhunderts ist ein anschauliches Beispiel für eine starke Kultur. Sie war Voraussetzung für die Assimilation der Juden in Deutschland. Aus den Juden in Deutschland wurden deutsche Juden. In der Gegenwart ist vor allem die amerikanische eine starke Kultur. Das zeigt sich am weltweit erfolgreichen Export amerikanischer Kulturmuster: Halloween, neue Musikrichtungen wie der Hip Hop, sprachliche Amerikanismen, die Hollywoodisierung des Films, kulturbildende Erzeugnisse, wie Coca Cola, McDonald's oder Jeans, aber auch neue zwischenmenschliche Umgangsformen.

Schwache Kulturen sind an ihrem Kulturrelativismus zu erkennen. Er äußert sich in Selbstzweifeln, in Selbstdistanzierung, Geringschätzung der eigenen Kultur, manchmal sogar in offenen oder latenten kollektiven Minderwertigkeitsgefühlen. Ausgleich schafft die unkritische Übernahme von Elementen aus anderen Kulturen, ihre Verklärung und Idealisierung. Die Idealisierung wird häufig begleitet von der Angst, andere Kulturen zu kritisieren, selbst wenn sie gegen menschenrechtliche oder zivilisatorische Standards verstoßen. Anzeichen mangelnden kulturellen Selbstbewusstseins lassen sich z.B. dem Umstand entnehmen, dass die Partner binationaler Ehen, ihre Hochzeit, die in Deutschland stattfindet, auffällig oft nach den Hochzeitsbräuchen des nichtdeutschen Partners feiern. Kulturelle Kräfteverhältnisse lassen sich daran ablesen, ob die in Deutschland lebenden Partner binationaler Ehen oder Lebensgemeinschaften ihren Kindern eher deutsche Vornamen oder eher Vornamen aus der Vornamenskultur der nichtdeutschen Partner geben. Der ehemalige Fußballstar Mehmet Scholl oder der Generalsekretär des Zentralrats der Muslime in Deutschland, Aiman Mazyek, sind prominente Beispiele für die Konstellation, dass sich bei der Vornamensvergabe ein nichtdeutscher Vater gegen eine deutsche Mutter durchgesetzt hat. Ein weiteres Kennzeichen von kultureller Schwäche ist der Verlust von historischem und kulturellem Grundwissen. In der säkularisierten deutschen Gesellschaft werden ursprünglich religiöse Symbole häufig nicht mehr erkannt, selbst wenn sie fester Bestandteil der gesellschaftlichen Kultur sind. Nach einer Umfrage unter der weiblichen Bevölkerung aus dem Jahre 2008 wussten 73 Prozent der befragten Frauen nicht, was an Pfingsten gefeiert wird. Nur 27 Prozent kannten den

Hintergrund.[377] Auch das historische Grundwissen scheint ausgedünnt. Der übermächtige Nationalsozialismus verdeckt alle andere Geschichte. Aber selbst über ihn sind eher moralische Urteile als historisches Tatsachenwissen vorhanden. Der Bevölkerungswissenschaftler Herwig Birg hat kürzlich vor einem „drohenden Kulturabbruch" durch die Einwanderung bildungsferner Immigranten gewarnt.[378] Möglicherweise kann auch noch in einem anderen Sinn von einem Kulturabbruch gesprochen werden. An die Stelle der Kenntnis von Kultur und Geschichte der Gesellschaft, der man angehört, rücken die Inhalte einer hybriden Kulturwelt, einer Kultur, die von amerikanischen Spielfilmen, von MTV oder VIVA geprägt ist. Es kann also nicht mehr ungefragt davon ausgegangen werden, dass sich die jungen Deutschen mit ihrer Kultur identifizieren. Schon deshalb nicht, weil sie sie gar nicht kennen. Und falls von Identifikation gesprochen werden kann, beschränkt sie sich auf eine de facto multikulturelle Fußballnationalmannschaft[i], deren ethnisch nichtdeutsche Mitglieder zwar deutsche Pässe haben und für Deutschland kicken, sich aber nicht als Deutsche fühlen. Möglicherweise hat der Kulturabbruch in den vergangenen Jahrzehnten bereits begonnen. Wenn die kollektive kulturelle Identität der Deutschen aber nur schwach entwickelt ist, kann auch Assimilationspolitik nicht erfolgreich sein. Eine schwache Kultur schwächt die Assimilationsanreize bei den Einwanderern. Allein die Tatsache, dass ein Land ein entwickelter Wohlfahrtsstaat auf einem hohen technisch-zivilisatorischen Niveau ist, wirkt nicht automatisch assimilatorisch. Das Assimilationsmodell funktioniert nur bei einer starken selbstbewussten Kultur. Wenn die politischen Repräsentanten in Deutschland die Einwanderer geradezu darum betteln, die deutsche Sprache zu lernen, obwohl das in ihrem ureigenen Interesse ist, oder sie darum bitten, die deutsche Staatsangehörigkeit anzunehmen, obwohl das ein erstrebenswertes Ziel für Einwanderer sein müsste, dann ist das ein unverkennbares Symptom dieser kulturellen Schwäche.

Assimilationsansätze haben aber noch weitere Schwächen. Sie sind logisch schwer zu vereinbaren mit dem Grundrecht auf Religionsfreiheit. Eine assimilatorische Politik fordert zwar die völlige Anpassung der Einwanderer an die Kultur der Aufnahmegesellschaft, gesteht ihnen aber bei der Religion eine Ausnahme zu. Damit wird das Ziel einer vollständigen Assimilation aber verfehlt. Die Religion einer Gesellschaft ist zwar nicht identisch mit ihrer Kultur, aber trotzdem gibt es einen engen Zusammenhang zwischen beidem. Religion prägt wesentlich Kultur und kulturelle Identität der Individuen mit. Mit einer fremden Religion wird zwangsläufig auch eine fremde Kultur importiert. Die kulturelle Annäherung stößt an Grenzen, solange die mitgebrachte Religion praktiziert wird. Dieser Zusammenhang begrenzt aber die assimilatorische Reichweite. Das Assimilationskonzept kann diesem Widerspruch nur entgehen, wenn sie die Religionsfreiheit einschränkt. Das wiederum ist schlechterdings undenkbar. Falls aber die europäischen Kulturen ihre eigenen Werte nicht relativieren wollen, bleibt als alternative Möglichkeit nur, die trennenden Momente durch die Europäisierung der außereuropäischen Religionen zu überwinden. Die eingewanderten Religionen müssten ihre Werte den europäischen Grundwerten soweit anpassen, dass alle grundlegenden

---

[i] Die Tageszeitung vom 12. Juni 2010 gab ihrer Begeisterung darüber mit dem subtilen Wortspiel von „Unserer Internationalmannschaft" Ausdruck.

Unterschiede aufgehoben wären.[i] Aber ist eine solche Vorstellung wirklich realistisch? Um den Islam als Beispiel zu nehmen: Ist es wirklich realistisch, auf die Entorientalisierung und Inkulturation des Islam zu setzen? Ist es wirklich realistisch zu erwarten, dass der Islam die europäischen Grundwerte übernimmt und auf seinen totalitären Anspruch verzichtet, das gesamte Leben der Gläubigen detailliert zu regeln?[379] Es spricht nicht sehr viel für die Erwartung, der Islam sei zu einer solchen Modifikation seiner Werte fähig und bereit. Der Islam wird die Forderung nach einer Modifikation vielmehr als den Versuch einer Entstellung seiner heiligen Schriften und seiner religiösen Tradition verurteilen. Insofern weist nichts darauf hin, dass sich die Gegenstände des islamisch-europäischen Wertekonfliktes verflüchtigen oder entschärfen. Die Themen Polygamie, Apostasiefrage, Trennung von Staat und Religion, Ungleichheit der Geschlechter, Verhältnis zu Gewalt, Verhältnis zu den Ungläubigen und die konfliktgeladenen Bestimmungen des islamischen Rechts, angefangen von den Eigenheiten des Familien- und Erbrechts bis zu Speisevorschriften wie dem Schächten werden bleiben. Das Assimilationsdilemma lässt sich nicht aufheben: Wollen sich gläubige Muslime assimilieren, dann müssen sie sich vom islamischen Wertesystem trennen. Bleiben sie islamischen Werten verbunden, dann können sie sich nicht assimilieren. Die einzige Alternative dazu wäre, dass sich die Individuen säkularisieren.

Im Übrigen belegen alle neueren Untersuchungen, dass nur eine kleine Minderheit überhaupt bereit ist, sich zu assimilieren[ii].[380] Insbesondere die türkischen Einwanderer stehen fest zu ihren kulturellen Wurzeln und Werten und sind auch nicht bereit, davon abzulassen. Eine Assimilation ist nicht zu erwarten, „da die starke Familienbindung und auch die Kontakte ins ‚Mutterland' so stark und vielfältig sind, dass sich kulturelle und religiöse Überzeugungen und Wertestrukturen immer wieder reproduzieren." Daraus ziehen die Meinungsforschungsinstitute Info Berlin und Liljeberg Research International die Schlussfolgerung, dass in Deutschland ein türkischsprachiges Bildungswesen aufgebaut werden müsse, das den Kindern türkische Kultur und türkische Literatur vermitteln könne. Das Thema Integration der Türken in Deutschland müsse insofern neu überdacht werden, als „diese Gruppe inzwischen alle Merkmale einer ethnischen Minderheit [erfüllt]. Vielleicht sollte man sie als solche anerkennen und mit den entsprechenden Rechten (und natürlich Pflichten) ausstatten?"[381]

Der ethnisch homogene Nationalstaat ist eine Fiktion. Moderne Gesellschaften sind irreversibel multikulturell und werden immer multikultureller.[382] Unter den Bedingungen der Globalisierung verwischt die internationale Migration zunehmend kulturelle Grenzen. Die Lebenswelten werden heute als multikulturell erfahren. Die in die multikulturelle Gesellschaft hineingewachsenen jungen Generationen begreifen Multikulturalität als Normalfall, für sie ist Multikulturalität ein fester Bestandteil ihres Lebens, mit Assimilation und ihrer Begrün-

---

[i]   Eine solche Absicht verfolgt z.B. die Idee eines Euro-Islam, wie sie von dem Politikwissenschaftler Bassam Tibi vertreten wird. Er möchte eine Anpassung des Islam an die Werte der „europäischen Moderne". Der Europäisierungsgedanke findet sich aber auch in dem Bemühen, den Islam als theologische Wissenschaft an deutschen Universitäten zu installieren.

[ii]   So äußerten in einer von der Bertelsmann Stiftung in Auftrag gegebenen Befragung nur 7 Prozent der Einwanderer die Absicht, sich zu assimilieren. (Zuwanderer in Deutschland. Ergebnisse einer repräsentativen Befragung von Menschen mit Migrationshintergrund. Durchgeführt durch das Institut für Demoskopie Allensbach im Auftrag der Bertelsmann Stiftung. Gütersloh 2009, S. 4)

dung können sie nichts anfangen. Aber selbst wenn Assimilation wünschenswert wäre, wäre sie doch illusorisch. Die Lebensform der Zukunft ist eine breit verstandene Diversität von Kulturen und Lebensstilen, die multikulturelle Gesellschaft basiert auf Bikulturalität und Bilingualität.

4   Integration oder der deutsche Weg zum Multikulturalismus

Die ehemalige Vorsitzende der Einwanderungskommission, Rita Süßmuth, sieht die Deutschen zunehmend mit der Tatsache konfrontiert, „dass in ihrer Umgebung Menschen aus verschiedenen Nationen leben. Viele Deutsche erwarten, dass Migranten sich uneingeschränkt an die Kultur, die Werte und die Normen der Mehrheitsgesellschaft anpassen, wie Einheimische leben, ihre Sprache beherrschen, nirgendwo auffallen, niemanden stören oder belasten."[383] Das gilt für alle Lebensbereiche, besonders für Bildung, Arbeit, kulturelle, soziale und politische Partizipation und für das Wohnen. „Die Erwartung ist die der einseitigen Anpassung, der Assimilation an die Aufnahmegesellschaft. Diese Konzeption geht aus von einer dominanten deutschen Leitkultur, mit der sich die Migranten unter Verzicht auf ihre Herkunftskultur identifizieren sollen."[384] Süßmuth scheint die Feststellung zu bestätigen, dass in „Deutschland […] Multikulturalismus keine offensive und mehrheitsfähige politische Strategie" ist.[385] Dieses resigniert klingende Urteil eines Anhängers multikulturalistischer Politik gibt allerdings nicht die ganze Wirklichkeit wieder. Zutreffend ist wohl, dass der Multikulturalismus in der einheimischen deutschen Bevölkerung bis auf Weiteres politisch nicht mehrheitsfähig scheint. Aber selbst wenn die Front der „Multikulti ist gescheitert"-Verkünder von Edmund Stoiber bis Seyran Ates reicht, ihre Angriffe haben nichts daran ändern können, dass der Multikulturalismus zur dominierenden gesellschaftspolitischen Unterströmung geworden ist. Er ist heute das wenn auch heimlich herrschende gesellschaftliche Paradigma. Dieses Paradigma besitzt im Zukunftsdiskurs der politischen Öffentlichkeit sowie der Sozialwissenschaften eine nahezu konkurrenzlose Position. Politische Klugheit und taktisches Gespür scheinen es dem multikulturalistischen Lager nahezulegen, den Diskurs um die Einwanderungsgesellschaft aber nicht unter dem Begriff des Multikulturalismus selbst zu führen, sondern bevorzugt unter dem Begriff der Integration, denn der in Deutschland verwendete Integrationsbegriff ist undifferenziert, vieldeutig und unscharf. Das schafft den nötigen Freiraum für pragmatisches Handeln oder politisches Nichtstun und vermittelt ganz nebenbei den Eindruck eines gesellschaftlichen Konsenses, der wiederum nur auf der Grundlage eines solch offenen Begriffes denkbar ist.

Im öffentlichen und sozialwissenschaftlichen Sprachgebrauch lassen sich vier Bedeutungsvarianten unterscheiden:

1. Integration in der Bedeutung von strukturell-funktionaler Integration
2. Integration als Synonym für Multikulturalismus
3. Integration als Synonym für Assimilation

4. Integration als Oberbegriff für die verschiedenen Formen kultureller Integration, angefangen von assimilatorischen Ansätzen bis zu den verschiedenen multikulturalistischen
Vorstellungen.

Die Bedeutungsvielfalt des Begriffes belegt, dass alle möglichen und sehr verschiedene Konzepte und Ansätze gemeint sein können, wenn von Integration die Rede ist, selbst solche, die
sich widersprechen, einander ausschließen oder nur mit viel Phantasie überhaupt unter den
Integrationsbegriff subsumiert werden können. Der Integrationsbegriff ist also so offen, dass
er sowohl für Multikulturalismus als auch für Assimilation stehen kann. Er bietet eine gefäl-
lige Verpackung für integrationspolitische Vorstellungen, die entweder bei der deutschen
Mehrheitsbevölkerung oder in der (politischen) Öffentlichkeit keinen guten Ruf haben. Im
ersten Fall trifft das auf den Begriff Multikulturalismus zu, im zweiten Fall auf den Begriff
der Assimilation. Ein herausragendes Beispiel für die taktische Rolle, die der Integrationsbegriff in der öffentlichen Diskussion der Bundesrepublik übernommen hat, steckt in dem Leitsatz des ehemaligen Bundeskanzlers Gerhard Schröder, der die „gelungene Integration" auf
die Parole brachte: „Verfassung achten, die Gesetze befolgen und die Landessprache beherrschen". Damit hatte Schröder eine Formel gefunden, die eingängig und geschmeidig den
gesellschaftlichen Minimalkonsens auf den Punkt brachte und damit für eine breite öffentliche Anwendung geeignet war. Gleichzeitig und scheinbar ganz nebenbei war Schröders In-
tegrationsformel auch tauglich als definitorische Kurzfassung der deutschen Variante des
Multikulturalismus. Die Schröder-Formel war zum Synonym für den *deutschen Weg zum
Multikulturalismus* geworden.

4.1   Multikulturelle Gesellschaft – ein Begriff wandert ein

Die Schröder-Formel aus dem Jahre 2000 bildet den vorläufigen Abschluss einer Entwicklung, die am Ende der 1970er Jahre begonnen hatte. In den 1980er Jahren mehrten sich die
Stimmen, die die Konzeptionslosigkeit der Immigrationspolitik und die mangelhafte Gestaltung der Einwanderung in Deutschland beklagten. Es tauchte die These auf, dass Deutschlands Zukunft von einer „vernünftigen Einwanderungs- und Integrationspolitik" abhänge.
Gewarnt wurde vor einer weiteren Tabuisierung, Verdrängung oder Vernachlässigung der
Einwanderungsfrage. Ein „Ende der Lebenslügen" in der Einwanderungs- und Integrationspolitik und den Übergang von einer naturwüchsigen zu einer konzeptionell aufbereiteten
Einwanderungspolitik forderte 1994 ein „Manifest der 60". Dieses Manifest, das dem deutschen Integrationsdiskurs in der Folgezeit einen großen Schub in Richtung eines liberalen
deutschen Multikulturalismus verlieh und einigen Einfluss auf die politische Öffentlichkeit
entfaltete, hatten 60 meistens bekannte deutsche Wissenschaftler unterzeichnet. Die Autoren
stellten fest, als Resultat von Wanderungsbewegungen habe sich die Bevölkerung der Bundesrepublik ethnisch differenziert. Es seien ethnische Minderheiten und ethnisch geprägte
Milieus entstanden mit Verhaltensweisen, Loyalitäten, Traditionen und kulturellen Ausdrucksformen, die sich von denen der Mehrheits- und Aufnahmegesellschaft deutlich unterschieden. Ethnizität sei damit zu einem wichtigen Merkmal der Sozialstruktur Deutschlands

geworden.[386] Ein Land, das bislang kulturell homogen war und keine Erfahrungen mit ethnokultureller Vielfalt hatte, sah sich vor die Frage gestellt, was ethnische Heterogenität a) für den Zusammenhalt der Bevölkerung und der gesellschaftlichen Strukturen und b) als Ursache möglicher gesellschaftlicher Konflikte überhaupt bedeute.

Deutschland hatte nach Ansicht der Autoren die Wahl zwischen drei Handlungsalternativen:

1. einer Laissez-faire-Strategie, also einer Politik, die der spontanen Entwicklung freien Lauf lässt und die auf eine naturwüchsige multikulturelle Gesellschaft hinausläuft. Eine Laissez-faire-Strategie sieht keinen staatlichen Handlungsbedarf. Bei dieser Strategie verzichtet der Staat darauf, auf die Entwicklung der Einwanderungsgesellschaft Einfluss zu nehmen oder sie gar zu steuern.
2. einer Politik der Förderung ethnischer Heterogenität, wie sie Bestandteil liberaler oder radikaler Multikulturalismuskonzepte ist. Gesellschaftliches Entwicklungsziel aller Multikulturalismen ist die ethnisch-kulturell pluralistische Gesellschaft. Eine Politik der Förderung ethnischer Heterogenität hält die staatlichen Stellen und gesellschaftlichen Institutionen dazu an, die ethnischen Gruppen zu ermutigen, sich als ethnokulturelle Gemeinschaften zu organisieren mit dem Ziel, einen formell-rechtlichen Minderheitenstatus zu erreichen und ihr Gewicht in der Politik geltend zu machen. Ethnische Grenzen und kulturelle Differenzen werden durch eine Politik der Förderung ethnischer Heterogenität intensiviert, verfestigt und institutionalisiert.
3. Strategien zur Einebnung ethnischer Unterschiede. Darunter ist eine Politik der einseitigen Anpassung (Assimilation) oder, zumindest theoretisch, eine Politik der „gegenseitigen" Assimilation zu verstehen. Die gegenseitige Anpassung führt zu einer gemeinsamen gesellschaftlichen Kultur bei gleichzeitiger Existenz verschiedener ethnokultureller Orientierungen im privaten Bereich.

Die Autoren des „Manifestes der 60" sprachen sich für eine Strategie der Einebnung ethnokultureller Unterschiede aus. Sie verstanden darunter die kulturelle und soziale Annäherung zwischen Minderheiten und Mehrheit und den schrittweisen Rückgang der spezifischen ethnischen Gruppenidentitäten zugunsten einer neuen synthetischen gesellschaftlichen Kultur. Der Erfolg solcher Annäherungsstrategien war für die Autoren wiederum abhängig von der Offenheit der Aufnahmegesellschaft und ihrer Bereitschaft, interkulturelle Kontakte mit den Einwanderern zu suchen und ihnen sozialökonomische Mobilitätschancen zu bieten. In ihrer Bestandsaufnahme der gesellschaftlichen Lage stellten die Autoren fest, dass die Aufnahmegesellschaft allerdings noch weit entfernt sei von dieser Offenheit. Die Unübersichtlichkeit der Einwanderung werde von vielen Bürgern als Bedrohung wahrgenommen. Dieses Bedrohungsgefühl speise sich aus der Angst vor sozialer und ökonomischer Konkurrenz, aus kulturellen Überfremdungsängsten und gruppenpsychologisch begründeter Abwehr gegen Fremde. Das Bedrohungsgefühl werde verstärkt durch Orientierungsmangel und Perspektivlosigkeit, eine Unbestimmtheit der Werte und eine schleichende gesellschaftliche Entsolidarisierung. Die kulturellen Überfremdungsängste richteten sich vor allem gegen Einwanderer aus außereuropäischen Kulturen. Eine verantwortungsvolle Einwanderungs- und Integrationspolitik könne sich deshalb nicht auf die Entwicklung tragfähiger Konzepte durch die Politik beschränken. Auch die einheimische Bevölkerung müsse sich mehr als bisher auf die

Integration der Einwanderer einstellen.[387] „Die einheimische Bevölkerung muß lernen, Einwanderer nicht nur hinzunehmen, sondern mit ihnen aktiv zu leben und zu arbeiten."[388]

Im Vorgriff darauf, dass die Aufnahmegesellschaft ihre Einstellung gegenüber Einwanderung und Integration grundlegend ändern müsse, hatten die deutschen Kirchen bereits 1980 Thesen veröffentlicht, die in die Schlussfolgerung einmündeten: „Wir leben in der Bundesrepublik in einer multikulturellen Gesellschaft."[389] Die Thesen hatte der Interkulturelle Beauftragte der Evangelischen Kirche in Hessen und Nassau, Jürgen Micksch, aufgestellt. Mit seinen Thesen importierte er den Begriff der „multikulturellen Gesellschaft" aus dem englischsprachigen Raum nach Deutschland und löste dadurch eine breite und kontroverse Diskussion aus. In der Startphase hat zur Verbreitung des Multikulturalismusbegriffes auch ein Interview der Wochenzeitung „Die Zeit" vom 28. Oktober 1988 beigetragen, in dem der damalige CDU-Generalsekretär Heiner Geißler „die Vision einer multikulturellen Gesellschaft" als „eine große Chance" für Deutschland bezeichnet hat.[390] Mit diesem Auftakt wurde in die öffentliche Diskussion der Bundesrepublik die Frage eingeführt, ob die Integration der nach Deutschland gekommenen Ausländer verlange, dass sie ihre kulturelle Identität und ihre Traditionen aufgeben und sich der Aufnahmegesellschaft anpassen oder ob nicht ein Nebeneinander verschiedener kultureller Traditionen in Deutschland sinnvoll und möglich sei.[391] Jürgen Micksch selbst beschrieb die multikulturelle Gesellschaft als eine Gesellschaft, in der „Menschen mit verschiedener Abstammung, Sprache, Herkunft und Religionszugehörigkeit so zusammenleben, dass sie deswegen weder benachteiligt noch bevorzugt werden. Zwischen den […] eingewanderten Menschen und den Einheimischen wird eine ständige Kommunikation angestrebt. Der Begriff des multikulturellen Zusammenlebens geht realistisch davon aus, dass es zwischen diesen verschiedenen kulturellen Traditionen auch Spannungen und Konflikte gibt. Aber diese Konflikte sollen im Dialog gelöst werden und nicht durch Benachteiligung von Minderheiten. Es ist selbstverständlich, dass sich diese Minderheiten in den meisten Lebenssituationen der Mehrheit anzupassen haben. Das Leben in der Bundesrepublik wird auch künftig überwiegend von der Mehrheitskultur bestimmt bleiben. In dem Miteinander mit Minderheitenkulturen wird jedoch keine Gefahr gesehen, die es abzuwehren gilt, sondern eine Chance zur Förderung des europäischen und weltweiten Zusammenlebens und für den gegenseitigen kulturellen Austausch."[392] Multikulturalismus bedeutet folglich, Einwanderung, politische Gleichberechtigung durch Einbürgerung und kulturelle Vielfalt rückhaltlos zu bejahen. Seine Grenzen habe der Multikulturalismus lediglich in den Grundwerten der Rechtsordnung und des liberalen Verfassungsstaates. Das hieß, die Integration der Einwanderer beschränkt sich darauf, dass sie die rechtliche und politische Ordnung mit ihren Grundwerten und Institutionen anerkennen.[393] Hartmut Esser, einer der Pioniere der Migrationssoziologie, skizzierte die multikulturelle Gesellschaft als eine Gesellschaft, die trotz ihrer Unterschiedlichkeit und Differenz integriert ist. Die verschiedenen ethnischen, kulturellen und religiösen Gruppen bewegen sich zwar in einem gemeinsamen wirtschaftlichen und politischen Rahmen, sie behalten aber ihre Eigenständigkeit und stehen in *geregelten* und *spannungsarmen* Beziehungen zueinander. Obwohl alle Gruppen innerhalb eines gemeinsamen politischen und wirtschaftlichen Rahmens leben, braucht keine auf ihre eigenen kulturellen Einrichtungen zu verzichten und ihre Identität aufzugeben. Vielmehr profitieren alle von der Vielfalt des kulturellen Lebens.[394] So verstanden bedeutet Integration den Aufbau einer multikulturellen Gesellschaft.

In der Anfangszeit des deutschen Multikulturalismusdiskurses überwogen eine harmonisierende und idealistische Ansätze (Radtke), wie sie bei Jürgen Micksch oder auch Hartmut Esser zum Ausdruck kommen. Diese Ansätze hatten häufig eine ausgesprochen politische Stoßrichtung, sie waren konzeptionell meist fragmentarisch, oftmals sogar feuilletonistisch und weitgehend ohne theoretische Fundierung.[395] Später kamen stärker realistisch getönte Beiträge aus Politikwissenschaft, Soziologie und Publizistik dazu. Auch Jürgen Micksch hat sich allmählich eine nüchternere Sichtweise der multikulturellen Gesellschaft zugelegt: „Mit dem Begriff der multikulturellen Gesellschaft wird nicht irgendeine Harmonie umschrieben, vielmehr lenkt er die Aufmerksamkeit auf die Konflikte in der Gesellschaft. Wer mit diesem Begriff arbeitet, träumt nicht mehr von einer ‚homogenen deutschen Nation‘. Er orientiert sich an der Realität der kulturellen Vielfalt und sucht nach Zielvorstellungen, die ein gewaltfreies und friedliches Zusammenleben möglich machen.‘‘[396]

Die eigentliche sozialwissenschaftliche Karriere des Multikulturalismus beginnt in Deutschland erst Ende der 1980er Jahre. Aber der Multikulturalismusbegriff wurde in den sozialwissenschaftlichen Begriffskanon aufgenommen, ohne dass er präzisiert oder allgemeinverbindlich hätte definiert werden können. Der Begriff blieb sowohl in seiner normativen wie in seiner empirisch-analytischen Dimension vieldeutig. Der Politikwissenschaftler Axel Schulte bemängelte damals, dass nur unter Vorbehalt von einem „Konzept" der multikulturellen Gesellschaft gesprochen werden könne – zumindest dann, wenn mit „Konzept" die Vorstellung einer systematisch entwickelten und sozialwissenschaftlich fundierten „Theorie" verbunden werde. Aufschlussreich ist, dass diese Feststellung aus dem Jahre 1990 bis heute nichts an Aktualität verloren hat. Schulte hat angesichts dieses Defizits versucht, die damalige Diskussion zu strukturieren. Den gemeinsamen Kern der verschiedenen Vorstellungen von einer multikulturellen Gesellschaft sah er in der Frage, wie ein Zusammenleben von einheimischer Bevölkerung und Einwandererminderheiten gestaltet werden kann. Die Einwandererminderheiten sollten weder sozial diskriminiert noch isoliert werden und sie sollten über ausreichende Möglichkeiten verfügen, ihre jeweiligen Kulturen, Identitäten, Beziehungen und Vereinigungen aufrechtzuerhalten und weiterzuentwickeln. Die Einheimischen und die Einwanderer sollten in gleichberechtigte Austauschbeziehungen miteinander treten. Die in diesem gemeinsamen Kern zum Ausdruck kommende Vorstellung von Integration wird auch als „plurale und kulturautonome Integration" (Wolf-Dieter Just) oder als „Integration, aber keine Assimilation" (Hartmut Esser) bezeichnet.[397]

4.1.1   Bereicherung als Synonym für Multikulturalismus

Die kulturelle Vielfalt, die durch Arbeitsmigration und humanitäre Einwanderung entstanden war, wurde mit dem Aufkommen des Multikulturalismusdiskurses zunehmend nicht mehr als Bedrohung der nationalen und nationalkulturellen Einheit oder als Abirrung vom Ideal der ethnisch-kulturellen Homogenität der Nation gesehen, sondern als Chance für die deutsche Gesellschaft, als Quelle der *Bereicherung*.[398] Die neue Perspektive gründet auf der Idee, dass Menschen die Eigenarten der anderen als Bereicherung empfinden, weil ihr Lebenshorizont durch die Gemeinschaft mit den anderen geöffnet und erweitert wird. Die (kulturelle) Differenz ist also keine Bedrohung, sondern eine wünschenswerte Ergänzung. Eine Politik, die diesen Zusammenhang beachtet, wird danach trachten, dass die Einwanderer ihre ethnokulturelle Identität beibehalten, weil den Einheimischen so die Chance geboten wird, die angebliche provinzielle Enge ethnisch und kulturell relativ homogener Gesellschaften hinter sich zu lassen.[399] Leitsatz dieser neuen Perspektive wurde die Parole „Kulturelle Vielfalt statt nationaler Einfalt"[400].

Auch der Bereicherungsbegriff verdankt seine Karriere der Evangelischen Kirche. Sie hatte in einer Stellungnahme verlauten lassen, „daß kulturelle Traditionen und Besonderheiten verschiedener ethnischer Gruppen auch eine Bereicherung für das Zusammenleben sein können und von der Bevölkerung positiv eingeschätzt werden sollten."[401] Es war wiederum Jürgen Miksch, der den „Topos der Bereicherung"[402] popularisierte, als er seit Anfang der 1980er Jahre Arbeitsmigration als kulturelle Bereicherung thematisierte. Micksch appellierte an die Öffentlichkeit, die Gastarbeiter und ihre Familien nicht immer nur im Zusammenhang mit „Ausländerproblemen" zu sehen, sondern mit anderen Augen zu betrachten. Er sprach von „anderen Kulturen, mit denen wir Anregungen, Impulse und geistige Herausforderungen verbinden", von „kultureller Vielfalt", von „ständiger Kommunikation zwischen Einwanderern und Einheimischen", und von „gegenseitiger kultureller Bereicherung".[403]

Kulturelle Verschiedenartigkeit sollte also nicht mehr als Problem wahrgenommen werden, sondern als neues Ideal einer fortschrittlichen gesellschaftlichen Entwicklung, deren Ziel eine humane, tolerante und sich menschlich gegenseitig bereichernde Gesellschaft sein sollte. In dieser Vision einer neuen Gesellschaft wurde „Bereicherung" zum Schlüsselbegriff, zur verbalen Wendemarke des einwanderungs- und integrationspolitischen Paradigmenwechsels. Frühe Bekenntnisse zu diesem Paradigmenwechsel finden sich nicht nur bei Kirchenleuten, Gewerkschaftern oder linksliberalen Politikern. Auch prominente christdemokratische Politiker schlossen sich der Wende an. So schrieb der CDU-Politiker Ulf Fink bereits 1983: „Vom Deutschen verlangt Integration, den Ausländer in seiner kulturellen Eigenständigkeit zu akzeptieren; *das Nebeneinander verschiedener Bräuche und Kulturen als eine Bereicherung zu erleben.*"[404] Aber auch Bundesinnenminister Wolfgang Schäuble hat den Bereicherungsbegriff in seinem offiziellen Wortschatz untergebracht: „Ich brauche […] nicht lange zu erläutern, dass wir die Chancen der Globalisierung – die ja in einer neuen Offenheit in der Begegnung mit anderen Menschen in einem Maße, wie es frühere Generationen gar nicht gekannt haben, bestehen – nur nutzen können, wenn wir Fremdheit nicht als Bedrohung, sondern als Bereicherung empfinden."[405] Oder die CDU-Politikerin und Vorsitzende der Unabhängigen Kommission „Zuwanderung", Rita Süssmuth, die den Bereicherungsbegriff in ihrem Buch über Migration und Integration aus dem Jahre 2006 bei nahezu jeder sich bietenden Gelegenheit verwendet.[406] In der politischen Öffentlichkeit gehört der Begriff zum integrationspolitischen Standardvokabular. Parteivorsitzende, Bundespräsidenten, Bundeskanzler, Bischöfe oder Arbeitgeberpräsidenten greifen auf ihn in ihren Neujahrs-, Richtungs- und Grundsatzreden genauso zurück wie Oberbürgermeister und Landräte anlässlich von Eröffnungsfeiern zur „Woche der ausländischen Mitbürger". Schulleiter bezeichnen die vielen verschiedenen Nationalitäten an ihrer Schule als Bereicherung ebenso wie Gewerkschaftssekretäre die Multinationalität von Betriebsbelegschaften. Gelegentlich blitzen sogar spezielle kulturelle oder nationale Vorlieben auf, wenn bestimmte Gruppen gar als besondere Bereicherung klassifiziert werden. So steht die türkischstämmige ehemalige SPD-Bundestagsabgeordnete Lale Akgün auf dem Standpunkt, dass besonders die Muslime eine Bereicherung für Deutschland seien.[407]

Aber auch in den Sozialwissenschaften ist der Bereicherungsbegriff zügig angekommen und wurde fester Bestandteil des sozialwissenschaftlichen Vokabulars zum Einwanderungs- und Integrationsdiskurs in Deutschland. 1992 hat der Migrationssoziologe Friedrich Heckmann die grundlegende Erkenntnis dieses Paradigmenwechsels auf den Satz gebracht: „Insgesamt hat die Kultur des Staates Bundesrepublik [durch die Einwanderung verschiedener ethnischer Minderheiten] eine ethnische Auflockerung und Bereicherung erfahren."[408] An die Stelle des Ideals der nationalen Homogenität trat das der ethnisch-kulturellen Heterogenität, das Ideal der kulturellen Unterschiede, der kulturellen Differenz.

Analytisch betrachtet sind es drei spezifische Funktionen, die der Bereicherungsbegriff im Integrationsdiskurs erfüllt:

- Er hemmt oder verhindert den kritischen Diskurs (Verhinderungsfunktion).
- Er immunisiert gegen Kritik am Multikulturalismus (Immunisierungsfunktion).
- Er dient der Legitimation der multikulturellen Gesellschaft (Legitimationsfunktion).

Der Bereicherungsbegriff ist heute fester Bestandteil des politisch korrekten Wortschatzes. Seine moralische Aufladung wird allerdings leicht zum Totschlagsargument. Wenn Einwanderer nämlich grundsätzlich eine Bereicherung für die Aufnahmegesellschaft sind, dann verbietet sich eine offene Diskussion über Probleme und Konflikte mit Einwanderung und Integration. Wer es trotzdem tut, dem droht nicht nur das integrationspolitische Abseits.[i] Der politisch korrekte Charakter des Begriffes ist es auch, der den Erziehungswissenschaftler Frank-Olaf Radtke ärgert: „Fast schwärmerisch wird erzählt von dem […] verbreiteten ‚Wunsch nach einem bunten Deutschland mit vielen Ausländern, weil die Erfahrung gemacht wurde, daß andere Traditionen integriert werden können und den Alltag lebendiger machen‘ […]. Kulturelle Vielfalt habe seit jeher die deutsche Geschichte bestimmt: ‚So vermischen sich z.B. in Bayern die unterschiedlichsten Stämme: Kelten, Römer und Sueben. Zu den Ahnen der Bayern gehören die Naristen und Varisten, Skiren und Slaven, Heruler und Hunnen. Sie brachten ebenso unterschiedliche kulturelle Traditionen mit wie die in den letzten Jahrzehnten zugewanderten Ausländer‘ […]. Eine eigenwillige Betrachtung des Industriestandortes Bayern und seiner ‚Ausländerpolitik‘."[409] Allgemein bemängeln linksliberale Kritiker des Bereicherungsparadigmas, dass die Immigranten und ihre Kulturen unter Nützlichkeitsgesichtspunkten gesehen werden. So funktionalisierten die städtischen Mittel- und Oberschichten die Einwandererminderheiten, weil sie in den Immigranten vor allem ein Mittel zur eigenen kulturellen Bereicherung sähen. Die Immigranten sollten mit ihren Kulturen dazu beitragen, Defizite, die in der deutschen Gesellschaft bestehen, zu kompensieren. Die Einwanderer sollten „unsere graue Welt bunter machen", „unserer Spätkultur auf die Sprünge helfen" und zur Erweiterung der Konsum- und Genussmöglichkeiten beitragen. Diese instrumentalisierende Sichtweise finde ihren sinnfälligen Ausdruck in einer verräterischen Wortwahl im Zusammenhang mit dem Einwanderungsthema. Typische Begriffe seien Vorteil, Gewinn, Tausch oder eben Bereicherung.[410]

---

[i] Die Schriftstellerin Thea Dorn fragt in einem Beitrag für die Wochenzeitung „Die Zeit", was denn außer einem Gefühl der moralischen Erhebung gewonnen sei, wenn der offizielle Integrationsdiskurs darauf besteht, das höchst komplexe Phänomen der Einwanderung pauschal als Bereicherung zu verkaufen und artig beklatschen zu lassen („Die Zeit" Nr. 40 vom 30. September 2010).

Dem Bereicherungsbegriff fällt eine weitere, wichtige Rolle im öffentlichen Diskurs zu. Er ist unverzichtbar geworden bei der Legitimation des Konzeptes der multikulturellen Gesellschaft. „Bereicherung" kann quantitativ, aber auch qualitativ gemeint sein. In einem quantitativen Sinne wird unter Bereicherung die schlichte Tatsache verstanden, dass die Einwanderung zu einer Erweiterung von Lebensstilen, Verhaltensweisen und Verhaltensmustern, von moralischen und sozialmoralischen Vorstellungen sowie von religiösen Bekenntnissen in Deutschland geführt hat. In einem qualitativen Sinne deutet der Bereicherungsbegriff auf eine höhere, wertvollere Form des gesellschaftlichen Zusammenlebens. Im öffentlichen Diskurs werden quantitativer und qualitativer Aspekt gleichgesetzt. Vielfalt und Pluralismus werden per se als positiv und erstrebenswert eingeschätzt, logischerweise selbst dann, wenn sie mit negativen gesellschaftlichen Erscheinungen verbunden sind. Durch die umstandslose Gleichsetzung von Pluralität und Lebensqualität wird der Bereicherungsbegriff ideologisch aufgeladen und überhöht. Er wird damit zum emotionalen Äquivalent für das Konzept der multikulturellen Gesellschaft. Da der Begriff „multikulturelle Gesellschaft" selbst nicht durchgängig gesellschaftsfähig und politisch mehrheitsfähig ist, ist der Bereicherungsbegriff zur Chiffre für die multikulturelle Gesellschaft geworden.

Der Bereicherungsbegriff dient häufig auch dazu, den Multikulturalismus gegen Kritik zu immunisieren und Kritiker der multikulturellen Gesellschaft mundtot zu machen. Der Bereichungsbegriff wird zur Bereicherungskeule. Die soziale Realität kann nur in einer geschönten, kosmetisch aufbereiteten Form Gegenstand des gesellschaftlichen Diskurses sein. Das ist möglicherweise der Grund dafür, dass den politischen Nutzern des Bereicherungsbegriffes als konkretes Beispiel meist nicht viel mehr als der Hinweis auf die Vielfalt des gastronomischen Angebotes einfällt. Selbst ein so renommierter Politikwissenschaftler wie Robert D. Putnam[411] verwendet den gastronomisch-kulinarischen Aspekt als ernsthaftes Argument für die multikulturelle Gesellschaft. Dagegen werden Ängste und Fremdheitsgefühle, die die einheimische Bevölkerung angesichts von Zuwanderern aus fremden Kulturkreisen empfinden, ignoriert oder als fremdenfeindlich etikettiert. „Der Topos von der ‚Bereicherung', als die die Zuwanderer empfunden werden sollen, wird von den Einheimischen in den betroffenen Stadtvierteln als zynisch empfunden. ‚Die herrschende Mittelklasse verachtet die kleinen Leute' – das ist der Eindruck, der sich bei ihnen zu Recht aufdrängt."[412] Die herrschenden Mittelschichten jedoch verbinden mit dem Bereicherungsbegriff vor allem eine folkloristische, exotische oder kulinarische Erweiterung des kulturellen Spektrums der Gesellschaft. Von anderen Lebensstilen, abweichenden Wertvorstellungen oder gar sozialen Unverträglichkeiten sind sie dank räumlicher und gesellschaftlicher Trennung zu den Immigranten ohnehin nicht betroffen.

Das Bereicherungsargument desavouiert sich, weil mit seiner Hilfe die zahlreichen gesellschaftlichen Defizite, sozialen Probleme und Wertekonflikte, die unmittelbar mit Immigration und scheiternder Integration verbunden sind, ausgeblendet werden sollen. Und damit ist nicht einmal in erster Linie gemeint, dass die Kosten der Immigration im Vergleich zu ihrem Nutzen vorerst noch hoch sind, manchmal sogar höher als der Gewinn.[413] Auch die Auseinandersetzungen, die sich um den nach Deutschland eingewanderten Islam abspielen, belegen die Fragwürdigkeit des Bereicherungsargumentes. Obwohl er doch in offizieller Rede eigentlich als Bereicherung zu gelten hat, schlagen ihm das ausgeprägte Misstrauen der einheimischen Bevölkerung und die scharfe Kritik vieler Intellektueller entgegen. Der Islam, so wie er in Europa und Deutschland angekommen sei, sei nicht mit den Werten der europäisch-westlichen Welt kompatibel. Von daher darf bezweifelt werden, ob Bereicherung eine geeignete begriffliche Kategorie ist, die Entwicklung von Immigration und Integration in der Bundesrepublik zutreffend zu beschreiben.

4.1.2   Unvermeidbarkeitsthese und ein realistischerer Multikulturalismus

Der Versuch, die multikulturelle Gesellschaft genauer zu beschreiben, zwang ihre Anhänger zunehmend, von idealisierenden Betrachtungen abzugehen, einen realistischeren Blick auf diesen Gesellschaftstyp zu werfen und mit einigen landläufigen Missverständnissen aufzuräumen. Sie gingen von der Prämisse aus: „Deutschland ist ein Einwanderungsland, und auch dadurch multikulturell. Wir feiern das nicht, wir stellen es nur fest. Wo es multikulturell zugeht, geht es auch unübersichtlich zu. Multikulturelle Gesellschaft: Das ist, so gesehen, nur ein anderes Wort für die Vielfalt und Uneinheitlichkeit aller modernen Gesellschaften, die offene Gesellschaften sein wollen. Diese Tendenz ist nicht umkehrbar."[414] Zu einer idealisierenden Betrachtungsweise gehörte die – zumindest damals häufig verbreitete – Ansicht, dass eine multikulturelle Gesellschaft eine bunte, farbenfrohe, fröhliche und harmonische Gesellschaft (naiver Multikulturalismus) ist. Die multikulturelle Gesellschaft ist aber eher eine Gesellschaft mit einer „verwirrenden, manchmal ärgerlichen und manchmal beflügelnden Vielfalt".[415] Außerdem ist „die multikulturelle Gesellschaft auch eine Zumutung, und zwar für die Einheimischen und für die Einwanderer."[416] Ihre Vielfalt hat zwar große Vorteile, zugleich ist es aber auch schwer, mit ihr zu leben. Die Perspektive einer Multikulturalismus-Politik kann also weder die eines harmonisch-fröhlichen Miteinanders noch die von endlosem Streit angesichts unzähliger Konflikte sein.[417] Vor allem heißt das, „daß die multikulturelle Gesellschaft eine Konfliktgesellschaft ist und bleiben wird. Es irrt, wer meint, ohne Ausländer ginge es in dieser Gesellschaft friedlicher zu. Es irrt aber auch, wer meint, die multikulturelle Gesellschaft wäre eine harmonische Gesellschaft."[418]

Ein wichtiges Element des deutschen Multikulturalismus war auch die *These von der Unvermeidbarkeit der multikulturellen Gesellschaft* fest. Die multikulturelle Gesellschaft wurde als Notwendigkeit der historischen Entwicklung begriffen. Aber auch die Unvermeidbarkeitsthese selbst entwickelte sich weiter. Eine eigene Variante schlug mit der Geburtsstunde des *wirtschaftlichen Sachzwangargumentes*. Dieses Argument war in Deutschland im Verlauf der 1990er Jahre aufgekommen. Im Jahre 2001 wurde es im Bericht der „Unabhängigen Kommission Zuwanderung", die nach ihrer Vorsitzenden Rita Süßmuth allgemein als Süßmuth-Kommission bezeichnet wurde und vom damaligen Bundesinnenminister Otto Schily eingesetzt worden war, aufgegriffen. Im politischen Spektrum waren es vor allem die Grünen, die ihre idealistischen Multikulturalismusvorstellungen ergänzten durch das Argument der wirtschaftlichen Vernunft. Das wirtschaftliche Sachzwangargument propagierte Einwanderung als Ausweg aus der demographischen Krise, als Ausweg aus dem angeblich bevorstehenden Mangel an qualifizierten Arbeitskräften und der Krise der Alterssicherung. Es pries die multikulturelle Gesellschaft als unerschöpfliche Quelle wirtschaftlich-technologischer Innovation und gesellschaftlicher Dynamik. Es ging jetzt in erster Linie nicht mehr um die kulturelle Bereicherung der einheimischen deutschen Gesellschaft durch

die Umgestaltung in eine multikulturelle Gesellschaft, sondern um nachhaltige Wohlstandssicherung durch Einwanderung und kulturelle *Diversität*, also um *materielle* Bereicherung
der Gesellschaft mit dem Instrument des Multikulturalismus. Dieses Argument, angezielt auf
eine in Fragen der Wirtschaft und Wohlstandssicherung hellhörige Bevölkerung, verfehlte
seine Wirkung nicht und wurde auch von den anderen im Bundestag vertretenen Parteien bis
hin zur CDU aufgegriffen. Auf lebhafte Resonanz stieß das wirtschaftliche Sachzwangargument auch bei Gewerkschaften und Unternehmerverbänden.

Zu den geschichtsphilosophischen und ökonomischen Argumenten kamen *sozialpsychologische* und *moralische* Begründungen hinzu. Eine typisch psychologische Begründung für
die multikulturelle Gesellschaft spielt mit dem Gedanken der emanzipatorischen Entwicklung der Menschheit und der Persönlichkeitsreifung des Individuums, dessen Horizont sich
durch den kulturellen Pluralismus erweitert und das dadurch eine komplexere Identität er-
wirbt.[419] Hinzu kamen moralisch-appellative Argumente: Die Deutschen selbst hätten in ihrer
Geschichte „vielfach und weidlich" die Möglichkeit zur Einwanderung in andere Länder
genutzt, so dass sie jetzt moralisch dazu verpflichtet seien, die Umgestaltung ihrer Gesellschaft in eine multikulturelle hinzunehmen.[420]

4.1.3   Politisches Programm: Multikulturelle Demokratie

Nachdem auch die letzten Reste der marxistisch inspirierten Hoffnung auf eine neue, bessere
Welt mit dem Zusammenbruch des realen Sozialismus in Osteuropa 1989 für unabsehbare
Zeit untergegangen waren, wurde die Idee der multikulturellen Gesellschaft für viele heimat-
los gewordene Intellektuelle zum Ersatz. Die Idee der multikulturellen Gesellschaft nahm
den Charakter einer neuen Gesellschaftsutopie an. Das programmatische Aushängeschild der
neuen Gesellschaftsutopie lautete auf „multikulturelle Demokratie". Allerdings kam das
politische Programm, das zur Propagierung dieser Gesellschaft neuen Typs gebraucht wurde,
über das bloße Schlagwort der „multikulturellen Demokratie" nicht hinaus. Der Begriff blieb
weit entfernt davon, ein Konzept zu werden, er blieb konturenlos, unsystematisch, sein Inhalt
vage.

Wenn Daniel Cohn-Bendit und Thomas Schmid ihre Hoffnung darauf setzten, dass die Kon-
flikthaftigkeit der multikulturellen Einwanderungsgesellschaft einen Prozess der Bereicherung für Einwanderer und Einheimische anstoßen könne, dann bedürfe es einer spezifischen
Form der Demokratie, einer Demokratie mit besonderen politischen und gesellschaftlichen
Verfahren, die auf diesen Zweck zugeschnitten seien. Diese Form sei die multikulturelle
Demokratie.[421] Niemand dürfe sich allerdings Illusionen darüber machen, wie steinig und
hart der Weg dahin sei. Denn die Aufgeschlossenheit gegenüber den Fremden – „anders als
die blauäugigen Ausländerfreunde offensichtlich annehmen – [ist] vermutlich kein menschliches Grundbedürfnis".[422] Cohn-Bendit und Schmid bemängeln Ansichten, die in der bloßen
Tatsache der multikulturellen Gesellschaft die Kraft sähen, die Demokratie unter dem Motto
„Vielfalt statt Einfalt" erblühen zu lassen. Dieser Ansicht widersprechen die beiden Autoren
mit der Feststellung, dass sich Demokratie nicht umstandslos aus der multikulturellen Situation ergebe.[423] Im Gegenteil: Wenn die Pluralisierung der Gesellschaft und speziell ihre kulturelle Pluralisierung als ein Zuwachs an Demokratie gedeutet wird, müsse man als Kehrseite
eines Mehr an Demokratie eben auch einen Zuwachs an Konflikten in Kauf nehmen.[424]

Auch wenn empirische Beschreibung und normative Begründung der multikulturellen Demokratie mehr oder weniger im Anfangsstadium stecken geblieben sind, klar war, dass in der
multikulturellen Demokratie von den Einwanderern nicht einfach die Übernahme der Werte
der Aufnahmegesellschaft verlangt werden kann. Insofern kann von einem *realistischen
Multikulturalismus* gesprochen werden. Wenn sich die weitere Demokratisierung aber nicht
umstandslos aus der multikulturellen Situation ableiten lässt, dann folgt daraus, dass unter
den Bedingungen einer multikulturellen Demokratie die gemeinsame Werteordnung zwischen Einheimischen und Einwanderern ausgehandelt werden muss, falls mit der Gleichberechtigung der verschiedenen Kulturen Ernst gemacht werden soll. Falls aber die Einwanderung ein permanenter Prozess ist, kann auch die Aushandlung einer gemeinsamen Wertebasis
nur als permanenten Prozess gedacht werden. Das konsequent verfolgte Modell einer multikulturellen Demokratie wird deshalb die Aufnahmegesellschaften völlig verändern. Je ferner
die Einwanderer der Kultur der Aufnahmegesellschaft stehen und je größer ihr Anteil an der
Gesamtgesellschaft ist, desto radikaler wandelt sich unter den Bedingungen der multikulturellen Demokratie das Gesicht der Aufnahmegesellschaft.

4.1.4   Ethnisches oder staatsbürgerliches
Nationalstaatsverständnis

Gleichzeitig mit der Forderung nach einer multikulturellen Gesellschaft geriet auch das deutsche Nationalstaatsverständnis ins Visier der multikulturalistischen Gesellschaftskritik. Die
deutsche Nation verstehe sich als ethnische Abstammungsgemeinschaft, in der Einwanderer
aus fremden Völkern keine Staatsbürger werden könnten. Die ethnische Nationalstaatsidee
sei mit der Vorstellung einer Nationalkultur verbunden, die inhaltlich definiert und gegen
fremde Kulturen abgegrenzt werden könne. Das überlieferte ethnische Nationalstaatsverständnis, dem die Autoren des „Manifestes der 60" mit der Absicht seiner Diskreditierung
das nationalsozialistisch belastete Adjektiv „völkisch" beigesellten, behindere immer noch
die Akzeptanz der vom modernen Verfassungsstaat geschützten kulturellen Freiheit. Das
Kulturverständnis des ethnischen Nationalstaates gründe auf einer konstruierten nationalen
kulturellen Identität, die innovationsfeindlich sei und abgrenzend wirke. Im Gegensatz dazu
schütze der liberale Verfassungsstaat die kulturelle Freiheit aller Bürger und öffne sich damit
für kulturelle Vielfalt und Dynamik. Im liberalen Verfassungsstaat gebe es keinen nationalen
Geschmack, keine nationale Kunst oder Religion. Es bleibe den Staatsbürgern überlassen,
welche Kulturwerte sie innerhalb der Grenzen der Rechtsordnung für sich selbst für verbindlich halten wollten. Dieses Recht müsse in Deutschland auch für Staatsbürger nichtdeutscher
Herkunft und für Ausländer gelten, die keine Deutschen sind oder werden wollen. Dem „völkischen" Nationalstaatsverständnis stellt der akademische Multikulturalismus in Deutschland
den Gedanken entgegen, die Zerstörung der alten nationalen Selbstverständlichkeiten bein-
halte die Chance, die nationale Identität, die bisher eine ethnokulturell deutsche Identität
gewesen sei, in eine Identität zu verwandeln, die sich an entnationalisierten demokratischen
Werten und Traditionen orientiere. Diese Identität entspreche dem Begriff des Verfassungspatriotismus, wie er auf Jürgen Habermas zurückgeht. Diese neue, gewissermaßen demokratische Identität sei die Voraussetzung für den Umgang mit Pluralität. Nicht die Existenz von
Konflikten überhaupt sei entscheidend, sondern die Frage, wie mit ihnen umgegangen werde.

Das heißt, die Konflikte würden nicht durch Ausgrenzung und Abschottung gelöst, sondern durch Aushandlung und Konsensbildung.[425]

Die Kritik des ethnischen Nationalstaatsverständnisses trifft allerdings nicht ganz die deutsche Realität. Das deutsche Nationalstaatsverständnis war zwar, historisch gesehen, tatsächlich am Modell der Kulturnation orientiert, gleichwohl konnten Einwanderer immer deutsche Staatsbürger werden. Es gab zwar noch keinen Einbürgerungsanspruch, wie er 1990 eingeführt wurde. Aber schon das Reichs- und Staatsangehörigkeitsgesetz vom 22. Juli 1913 sah die Einbürgerung „unbescholtener" Ausländer auf Antrag (Ermessenseinbürgerung) vor. Dass sich das Ermessen, das die Einbürgerungsbehörde auszuüben hatte, am Modell der kulturellen Assimilation orientierte, war eine bloße Konsequenz des Ideals der kulturell homogenen Gesellschaft, das Deutschland damals mit fast allen anderen Nationen der entwickelten Welt gemeinsam hatte.

4.1.5   Die Ratlosigkeit des liberalen Multikulturalismus in Deutschland

Am Beispiel des „Manifestes der 60" zeigt sich die Ratlosigkeit des liberalen Multikulturalismus in Deutschland. Er ist nicht in der Lage, Ziele und Bedingungen für eine multikulturelle Entwicklung der deutschen Gesellschaft präzise zu bestimmen. Ist die Multikulturalität der Gesellschaft, die ethnokulturelle Vielfalt, der kulturelle Pluralismus das *eigentliche Ziel* oder nur ein *Übergangsstadium*? Ist sie nur ein Übergangsstadium, dann Übergang wohin? Übergang in ein deutsches Modell des Melting Pot mit einer synthetischen gesellschaftlichen Kultur als gemeinsamer Grundlage bei gleichzeitigem Fortbestehen der ethnischen Kulturen im Privatbereich? Wer erzeugt mit welchen Mitteln die neue synthetische gesellschaftliche Kultur, die nicht mehr deutsche Kultur ist, sondern eine hybride Komposition verschiedener in Deutschland ansässiger Minderheitenkulturen? Entsteht diese neue synthetische Kultur durch Mehrheitsentscheidung? Was können die Inhalte einer solchen synthetischen gesellschaftlichen Kultur sein, welche Inhalte sind ausgeschlossen? Aber nicht nur Fragen bleiben unbeantwortet, auch Widersprüche trüben die Eleganz multikulturalistischer Argumentation. In einem liberalen Rechtsstaat gehören die öffentliche Artikulation und Durchsetzung individueller und kollektiver Interessen zu den unveräußerlichen Grundrechten. Nach Meinung der Autoren soll die kulturelle Orientierung aber *ausschließlich* auf den Privatbereich der Individuen beschränkt sein. Wer bringt aber die ethnischen Privatkulturen dazu, sich auf den privaten Bereich zu beschränken, was nach Ansicht der Autoren des Manifestes wiederum zwingende Voraussetzung dafür wäre, dass die Gesellschaft nicht durch ethnokulturelle Konflikte zerrissen wird? Ist die Multikulturalität der Gesellschaft jedoch das eigentliche Ziel, dann ist zu klären, ob und unter welchen Bedingungen eingewanderte Minderheiten, die nicht in geschlossenen Siedlungsgebieten leben, auf lange Sicht in den Genuss eines innerstaatlichen und völkerrechtlichen Gruppenschutzes kommen können. Da bei ihnen das traditionelle Instrument der territorialen Autonomie nicht weiterhelfe, komme möglicherweise eine personale Autonomie als Lösung ins Spiel; eine Lösung, die einen Gruppenschutz auch ohne geschlossenes Siedlungsgebiet ermögliche. Am Ende mündet die argumentative Unentschlossenheit immerhin in eine hellsichtige Warnung: „Ebenso geläufig wie ängstigend ist die Frage nach dem ethnischer Vielfalt innewohnenden gesellschaftlichen Konfliktpotential. Die bloße Existenz ethnischer Gruppen innerhalb staatlich verfasster Gesellschaften ist keineswegs ‚automatisch‘ gleichbedeutend mit Konflikt. Sie beinhaltet aber die Möglichkeit ethnischer Konflikte, die zu den leidenschaftlichsten und gewalttätigsten Konfliktarten gehören. Ethnische Konflikte können besonders dann entstehen, wenn drei Merkmale gleichzeitig auftreten: Machtunterschiede zwischen den Gruppen, eine Ideologie des Ethnozentrismus und Konkurrenz der Gruppen um knappe Güter. Die ersten beiden Bedingungen gibt es in fast allen multiethnischen Gesellschaften. Zur Konkurrenz der Gruppen um knappe Güter hingegen kommt es vorwiegend in sozialökonomischen Krisensituationen und bei kapazitätsüberschreitender Zuwanderung.“[426] Wenn aber die ethnokulturelle Heterogenität die Wahrscheinlichkeit interethnischer Konflikte erhöht[427], dann wäre das Modell der multikulturellen Gesellschaft keine rationale politische Wahl.

4.1.6   Kritik und Selbstkritik

Die Kritik am Multikulturalismus ist so alt wie der Multikulturalismus selbst. So stießen auch in Deutschland multikulturalistische Ideen von Anfang an auf Kritik und Ablehnung. Und zwar nicht nur in der Politik, sondern auch bei deutschen (Sozial-)Wissenschaftlern linker wie konservativer Herkunft. Den zum Teil heftig polemischen Ton, der diese Diskussion begleitete, hatte der Multikulturalismus häufig durch seine eigene Polemik provoziert. Schrille Leitsätze wie die Parole „Kulturelle Vielfalt statt nationaler Einfalt“ eckten an. Schon kurz nachdem der Begriff der multikulturellen Gesellschaft in Deutschland angekommen war, regte sich Widerstand im nationalkonservativen akademischen Milieu. Im Heidelberger Manifest, das eine Reihe von Hochschullehrern 1982 unterzeichnet hat, wird die Einwanderung als „Unterwanderung des deutschen Volkes durch Zuzug von vielen Millionen von Ausländern und ihren Familien“ sowie als „Überfremdung unserer Sprache, unserer Kultur und unseres Volkstums“ bezeichnet. Die „Integration großer Massen nichtdeutscher Ausländer“ wird als unvereinbar mit der „Erhaltung des deutschen Volkes und seiner geistigen Identität auf der Grundlage unseres christlich-abendländischen Erbes“ angesehen und als Schritt „zu den bekannten ethnischen Katastrophen multikultureller Gesellschaften“ betrachtet.[428] Die Ablehnung des Multikulturalismus ging aber weit über das nationalkonservative Milieu hinaus. Weitere Wissenschaftler ließen der multikulturalistischen Provokation eine Abrechnung folgen. Unter den prominenten Kritikern befanden sich z.B. die Bevölkerungswissenschaftler Josef Schmid und Herwig Birg, der Soziologe Hans Joachim Hoffmann-Nowotny oder der Verhaltensforscher Irenäus Eibl-Eibesfeldt.[429] Ihre Vorwürfe an die Befürworter des Multikulturalismus lauteten auf Naivität und exzessives Gutmenschentum, auf Staatsnihilismus, zerstörerischen Werte- und Kulturrelativismus sowie auf vorsätzliche Liquidierung der eigenen nationalen Kultur. Der Kölner Soziologe Erwin Scheuch und seine Frau Ute stellten fest: „Wie bei Political Correctness in den USA soll die eigene Kultur relativiert und schließlich zerstört werden […]. Bei[m] […] Multikulturalismus geht es also nicht um die Sache der Zuwanderung von meist mittellosen Menschen, sondern um die Kultur dieses Landes als Gesellschaft eines freiheitlichen Bürgertums. […] Multi Kulti als Political Correctness ist in Wirklichkeit nicht einmal nur ein Wertkonflikt, sondern ein Kulturkampf […].“[430] Multikulturalismus gewissermaßen als Kulturkampf gegen sich selber. Der Politikwissenschaftler Bassam Tibi beklagte, der Multikulturalismus sei gleichbedeutend mit Kulturrelativismus und Kulturrelativismus gleichbedeutend mit der Zerstörung der demokratischen Gesellschaft. In einer Multikultur gebe es keine verbindlichen Werte, ja noch nicht einmal einen Konsens darüber, dass Intoleranz nicht zu dulden sei.[431] Den Hang zur multikulturalistischen Ideologie erklärt Tibi als Ausfluss eines „pathologischen Selbsthasses" der Deutschen und illustriert seine Behauptung mit einem Beispiel aus Berlin, das er im Wochenmagazin „Spiegel" gefunden hatte: Zwei minderjährige syrische Mädchen, die in Deutschland geboren worden sind, integrieren sich in Schule und sozialer Umwelt und haben deutsche Freunde. Das missfällt den nichtintegrierten Eltern, die mit Misshandlung und Entführung der Mädchen dagegen einschreiten. Aber auch eine Solidaritätsdemonstration der Mitschüler der Mädchen kann die deutschen Behörden nicht zum Einschreiten veranlassen. Das Jugendamt begründet seine Untätigkeit mit der Rücksichtnahme auf die fremden Sitten der syrischen Familie. Aus Angst, als Ausländerfeinde dazustehen, wenn sie sich in die Angelegenheiten einer ausländischen Familie einmischen, verweigern die zuständigen Mitarbeiter des Jugendamtes ihre Hilfe, obwohl sie nach deutschem Recht dazu verpflichtet gewesen wären. So entstünden in Deutschland aufgrund einer überzogenen Toleranz gegenüber Einwanderern aus fremden Kulturen rechtsfreie Räume, die schwerwiegende Folgen für das Rechtsbewusstsein der Gesellschaft nach sich zögen. Tibi bilanziert das Beispiel mit der Feststellung: „Das ist ein anschaulicher Fall für die Verleugnung der eigenen Werte sowie der eigenen demokratischen Staatsordnung, in der Kindesmisshandlung, ja Entführung eigentlich gegen alle gültigen Normen und Werte verstößt – eigentlich insofern, da hier der Werte-Relativismus bereits obsiegt hat. Das ist das häßliche, das gefährliche Gesicht des Multikulturalismus."[432]

Multikulturalismus wird als Anschlag auf das Selbstbestimmungsrecht der Aufnahmegesellschaft verurteilt. Der Verhaltensforscher Irenäus Eibl-Eibesfeldt bemängelte: „Die oft wiederholte Behauptung, die europäischen Länder würden wegen der Überalterung ihrer Bevölkerung auf die Zuwanderung von Arbeitskräften angewiesen sein, hält einer Überprüfung nicht stand. Die Immigration würde aller Voraussicht nach mehr Probleme wirtschaftlicher und sozialer Art aufwerfen, als sie löst. Menschenverachtend ist der Vorschlag, den eigenen Bevölkerungsschwund durch Immigranten auszugleichen, da er auf lange Sicht die Verdrängung der eigenen Bevölkerung in Kauf nimmt."[433]

Die Kritik aus dem linken Spektrum erhob den Vorwurf, der Multikulturalismus lasse sich für die Herrschaftsinteressen in der kapitalistischen Klassengesellschaft funktionalisieren. Der Frankfurter Erziehungswissenschaftler Frank-Olaf Radtke etwa beanstandet, dass das Konzept der multikulturellen Gesellschaft die Bedeutsamkeit kultureller Faktoren über- und die objektiven ökonomischen, rechtlichen und politischen Ungleichheiten und Zwänge unterschätze. Dadurch würde die strukturelle gesellschaftliche Ungleichheit verharmlost. Diese Verharmlosung wirke entpolitisierend und damit herrschaftsstabilisierend. Mit der Hervorhebung der kulturellen Besonderheiten ethnischer Minderheiten würde die gemeinsame Klassensolidarität aller abhängig Beschäftigten untergraben; die in der Realität bestehenden materiellen Interessenkonflikte und Machtasymmetrien würden auf die Auseinandersetzung um kulturelle Werte reduziert und damit verniedlicht. Das alles diene der Sicherung der bürgerlich-kapitalistischen Herrschaft. Mit einem Wort: Durch die Betonung kultureller Besonderheiten besorge der Multikulturalismus das Geschäft rechter politischer Kräfte.[434]

Neben rechter und linker Multikulturalismuskritik gibt es auch Anklänge einer multi-kulturalistischen Selbstkritik:

Erstens: Der Multikulturalismus misst der Kultur eine erhebliche gesellschaftliche Bedeu-tung bei und lehnt eine kulturblinde Politik, die sich im Sinne des klassischen Liberalismus nur auf das Individuum und seine Rechte bezieht, ab. Die Kehrseite dieser Kulturfixierung liegt in der Gefahr, dass das multikulturalistische Denken kulturelle Merkmale verabsolutiert (kultureller Essentialismus). Die paradoxe Folge davon ist, dass der liberale Multi-kulturalismus die Gruppenunterschiede betont und festschreibt, obwohl er sie eigentlich aufheben will. Selbstkritisch wird daher davor gewarnt, dass Kultur nicht per se bewahrens- und unterstützenswert ist, denn Kultur kann auch repressiv sein, insbesondere dann, wenn sie, wie etwa die islamische Kultur, ein ausschließliches Interpretationsrecht für alle Lebens-sphären beansprucht.[435]

Zweitens: Die Psychologin Birgit Rommelspacher räumt selbstkritisch ein, dass der Multikulturalismus bisweilen erst die Probleme schafft, die er dann vorgibt lösen zu müs-sen.[436] Wie Esser beim Phänomen der ethnischen Unterschichtung gezeigt hat, kann eine Verfestigung ethnischer Vielfalt der Verbesserung der sozialökonomischen Lage der Minder-heiten und der Förderung von sozialem Aufstieg im Wege stehen. Besonders die Geschlos-senheit und Selbstgenügsamkeit der ethnischen Gemeinden behindere das Aufbrechen ethni-scher Schichtung und die Aufnahme außerethnischer Kontakte, die notwendig seien, um soziale Mobilität zu fördern und die Einwanderer für den allgemeinen gesellschaftlichen Wettbewerb zu qualifizieren. Scheiterten die Bemühungen, das ethnozentrische Denken der verschiedenen Gruppen aufzubrechen, sei langfristig sogar der innere Friede in Deutschland gefährdet.[437]

Drittens: Zwar steht im Zentrum der unterschiedlichen Multikulturalismus-Konzepte die Vorstellung, die mitgebrachte Kultur der Einwanderer sei eine Bereicherung für das Einwan-derungsland. Aber viele Befürworter der multikulturellen Gesellschaft bestreiten nicht, dass diese Gesellschaftsform auch Kehrseiten hat: kulturelle Konflikte, soziale Ungleichheit und gesellschaftliche Auseinandersetzungen. Deshalb würden nicht alle Mitglieder der Aufnah-megesellschaft die multikulturelle Gesellschaft als Bereicherung wahrnehmen. Insbesondere die sogenannten Modernisierungsverlierer seien mit den dunklen Seiten der multikulturellen Gesellschaft konfrontiert: „Denn hier zeigt sie ihr hässliches Gesicht: Anschauungsunterricht in Deklassierung, Konkurrenz, Lärm, Unordnung und die Allgegenwart fremder Kulturen und Lebenswelten, die die eigene Fremdheit unterstreichen […]. Der fortschrittliche Lehrer aus Berlin-Zehlendorf oder aus dem Frankfurter Westend hat es sehr viel leichter, der multi-kulturellen Gesellschaft etwas abzugewinnen. Auch deswegen, weil sie ihm nicht auf den Leib rückt. Er kann ihre Vorteile genießen, ohne sich ihren Nachteilen aussetzen zu müs-sen."[438] Gute Lebens- und Entwicklungschancen für die Einheimischen seien zwar ein wirk-sames Mittel gegen Xenophobie. Das heiße aber nicht, dass in der multikulturellen Konflikt-gesellschaft die xenophobe Abneigung gegen die multikulturelle Gesellschaft zusammen mit der Lösung sozialer Probleme verschwinden werde. Cohn-Bendit und Schmid kritisieren auch den politisch korrekten Umgang mit dem Phänomen der Fremden in der Gesellschaft: „Fremde haben willkommen zu sein: Das scheint die multikulturelle Sittenpolizei zu fordern. Dass sie keineswegs immer willkommen sind, hat jedoch auch mit einem grundsätzlichen, keineswegs spezifisch deutschen Problem zu tun, nämlich mit einem tiefsitzenden, offenbar fast anthropologisch verankerten Unwillen nahezu aller Gemeinschaften, auf die, die nicht dazugehören, zuzugehen: Man definiert sich selbst und gewinnt Kontur, indem man sich von anderen abgrenzt; nur weil es welche gibt, die nicht dazugehören, kann man sicher sein, selbst dazuzugehören. Das gilt im Übrigen meist für beide Seiten: Auch der Fremde kann sich seiner selbst sicherer werden, wenn in der Fremde die Grenze zwischen ihm und den ihm Fremden klar gezogen ist."[439]

Viertens: Gesehen wird auch die Gefahr, dass Multikulturalität und multikulturalistische Politik Konflikte schürten und den gesellschaftlichen Zusammenhalt gefährden, weil aufgrund der unterschiedlichen kulturellen Perspektiven der Blick für eine gemeinsame Grundlage der Gesellschaft verloren gehe. Die Pluralisierung der Gesellschaft wecke die Furcht vor Identitätsverlust. Einwanderer aus fremden Kulturen stellten die Selbstverständlichkeit von Sprache und Verhaltensgewohnheiten und die gesellschaftliche Normalität infrage. Zu dieser Normalität gehöre für die Einheimischen die Verankerung in einer nationalen Geschichte, in einer deutschen und europäischen Kultur und in dem Selbstverständnis, einer säkularen und zugleich christlich geprägten Gesellschaft anzugehören.[440]

Fünftens: Unterschiedliche kulturelle Perspektiven und Wertsysteme führen nur dann zu einer flexiblen und entwicklungsfähigen multikulturellen Gesellschaft, wenn die Gesellschaft zu einem solch anspruchsvollen Lernprozess bereit und fähig ist. Andernfalls droht Desintegration und Chaos.[441] Eine multikulturalistische Integrationspolitik kann also nicht gegen die einheimische Bevölkerung gemacht werden. Weil sie Legitimationsprobleme aufwirft, muss sie konsensfähig sein.

4.2 Die politisch-philosophische Grundlegung des deutschen Multikulturalismus

Die theoretischen Begründungsversuche für eine multikulturelle Gesellschaft sind bis heute fragmentarisch geblieben, auch in Deutschland. Zwar sind die verschiedenen Richtungen des Multikulturalismus über allgemein geteilte Grundannahmen und Programmsätze miteinander verbunden, gleichwohl verfügt der Multikulturalismus über keine durchkonstruierte politisch-philosophische Grundlegung, über kein einheitliches Programm. Im deutschen Multikulturalismusdiskurs besetzt Jürgen Habermas eine herausragende Position. Für die deutsche Ausgabe von Charles Taylors Schrift „Multikulturalismus und die Politik der Anerkennung" hat Habermas einen Beitrag unter dem Titel „Anerkennungskämpfe im demokratischen Rechtsstaat"[442] verfasst. Dieser Beitrag kann als das intellektuelle Gründungsdokument des bundesrepublikanischen Multikulturalismus, als seine politisch-philosophische Grundlegung angesehen werden.

Nach Habermas sehen sich die modernen Gesellschaften mit Emanzipationsbewegungen ganz unterschiedlicher Art und Herkunft konfrontiert. Vor allem ethnische und kulturelle Emanzipationsbewegungen sind eine große Herausforderung. Mit Blick auf Deutschland bemerkt er, dass sich Länder, deren „nationales Selbstverständnis an die Integration fremder

Kulturen erst angepasst werden muss"[443] mit dieser neuen Herausforderung besonders schwer tun. Diese Aufgabe wird umso größer sein, je tiefer die religiösen, rassischen und ethnischen Unterschiede oder die historisch-kulturellen Ungleichzeitigkeiten sind, die überbrückt werden müssen. Die Aufgabe wird umso schmerzlicher sein, je mehr die Anstrengungen der Einwanderer, sich als ethnische Minderheit zu behaupten, einen fundamentalistisch-abgrenzenden Charakter annehmen.

Wie hat nach Ansicht von Habermas der liberale Rechtsstaat auf diese Herausforderungen zu reagieren? Das Grundproblem besteht in „der rechtlichen Gleichstellung und gleichen Anerkennung von kulturell definierten Gruppen, also von Kollektiven, die sich durch Tradition, Lebensform, ethnische Abstammung usw. von anderen Kollektiven unterscheiden – und deren Angehörige sich um der Erhaltung und Entfaltung ihrer Identität willen von allen übrigen Kollektiven unterscheiden *wollen*."[444] In seiner Antwort konzentriert sich Habermas auf folgende Schwerpunkte:

1. die Bestimmung seiner eigenen Position zwischen klassischem Liberalismus (L1) und liberalem Multikulturalismus (L2);
2. die Frage, was die multikulturelle Gesellschaft zusammenhält;
3. die Frage, wie ein Zusammenleben verschiedener ethnischer Gruppen, Kulturen und Lebensformen in der multikulturellen Gesellschaft organisiert werden kann;
4. die Frage, ob die Aufnahmegesellschaft das Recht hat, die historisch gewachsene kulturelle Identität der eigenen Nation (etwa durch Assimilation) zu sichern.

In seinem ersten Schwerpunkt versucht Habermas seine eigene Position zwischen klassischem Liberalismus (L1) und liberalem Multikulturalismus (L2) zu bestimmen. Er beginnt seine Überlegungen bei den menschenrechtlich-anthropologischen Grundannahmen der multikulturalistischen Philosophie Taylors. Dazu gehört die „vollständige Anerkennung" des Menschen in seiner Rolle als Individuum und als gemeinschaftliches Wesen. Die vollständige Anerkennung stützt sich auf zwei Formen von Achtung, nämlich: a) die Achtung vor der unverwechselbaren Identität des Individuums, unabhängig von Geschlecht, Rasse, ethnischer Zugehörigkeit; b) die Achtung vor den Traditionen und Lebensformen (diskriminierter) Gruppen, und das heißt nicht nur ethnokultureller Gruppen, sondern z.B. auch der Homosexuellen und anderen.[445]

Habermas teilt zwar Taylors Auffassung, nach der die psychische Integrität der Individuen nur dadurch gewahrt werden kann, dass ihr Anspruch auf Bewahrung ihrer kulturellen Identität auch menschenrechtlich verankert wird. Er bezweifelt aber, ob sich ein um kollektive Rechte erweiterter klassischer Liberalismus mit dem Selbstverständnis des liberalen Rechtsstaates verträgt. Nach Habermas vergreift sich Taylor mit seinem Liberalismus 2 an den unveräußerlichen Prinzipien des liberalen Rechtsstaates, weil er den individualistischen Kern des modernen Freiheitsverständnisses zur Disposition stellt. Aus dieser grundsätzlichen Kritik entwickelt Habermas seine eigene Liberalismus-Variante. Sie ist zwischen klassischem Liberalismus (L1) und liberalem Multikulturalismus (L2) angesiedelt und behauptet, dass in den subjektiven Grundrechten der Schutz der eigenen Kultur bereits enthalten ist. Habermas begründet das damit, dass auf der einen Seite die Integrität der Individuen nur garantiert werden kann, wenn der liberale Rechtsstaat die jeweilige kulturelle Identität der Individuen schützt. Denn die „Identität des Einzelnen ist mit kollektiven Identitäten verwoben und kann nur in einem kulturellen Netzwerk stabilisiert werden, das sowenig wie die Muttersprache selbst als ein privater Besitz angeeignet wird."[446] Auf der anderen Seite behauptet er, dass sich der Schutz der kollektiven Eigenheiten, Traditionen und Lebensformen von Minderheiten schon aus den Grundrechten des Individuums ergibt. Die individuellen Rechte sind kulturellen Differenzen gegenüber also keineswegs blind. Natürlich verlangt eine richtig verstandene Theorie der Rechte eine Politik der Anerkennung kultureller Unterschiede, die die kulturelle Identität der Individuen vor Verletzung schützt. Aber der Schutz der kulturellen Integrität der Individuen resultiert aus individuellen Rechtsansprüchen und nicht aus einer allgemeinen Wertschätzung der jeweiligen Kultur. Taylors Politik der Anerkennung stünde, so Habermas, auf schwachen Füßen, wenn die Anerkennung davon abhängig gemacht würde, dass den verschiedenen Kulturen ein gleicher Wert unterstellt würde oder ihr Wert daran gemessen würde, welchen Beitrag sie zur Weltzivilisation geleistet hätten. Den Respekt, den jeder Mensch beanspruchen darf, hat nichts damit zu tun, wie hochentwickelt oder zurückgeblieben seine Herkunftskultur ist. Weil der Schutz der kulturellen Integrität der Individuen aber aus Grundrechten und nicht aus einer Wertschätzung der jeweiligen Kultur resultiert, braucht die gleichberechtigte Koexistenz verschiedener ethnischer Gruppen und ihrer kulturellen Lebensformen nicht durch kollektive Rechte gesichert werden. Aber noch aus einem anderen Grund ist die Einführung von kollektiven Rechten unzulässig. Der Schutz von kultureller Identität, kulturellen Lebensformen und Traditionen soll der Anerkennung der *einzelnen* Mitglieder dieser Gruppen dienen, und nicht dem Kollektiv. Der Schutz kultureller Identität hat nach Habermas nicht „den Sinn eines administrativen Artenschutzes. Der ökologische Gesichtspunkt der Konservierung von Arten lässt sich nicht auf Kulturen übertragen."[447] Als Begründung führt er an, kulturelle Überlieferungen und Lebensformen bewahrten sich normalerweise dadurch, dass diejenigen, die sie aus Überzeugung leben, andere davon überzeugen, es ihnen nachzutun. Der Rechtsstaat kann aber die kulturelle Reproduktion und die Aufrechterhaltung von Lebenswelten nur ermöglichen, nicht aber garantieren. Im Umkehrschluss folgert Habermas, dass eine staatliche Überlebensgarantie den Angehörigen einer bestimmten Kultur die Freiheit nehmen würde, selbst zu entscheiden, ob sie ein bestimmtes kulturelles Erbe antreten wollten oder nicht.[448]

In seinem zweiten Schwerpunkt befasst sich Habermas mit dem Problem des inneren Zusammenhalts der multikulturellen Gesellschaft. Im Problem des inneren Zusammenhalts sieht er ein Grundproblem dieses Gesellschaftstyps. Der multikulturell-liberale Rechtsstaat stützt sich auf das Prinzip der ethischen bzw. kulturellen Neutralität. Steht dieses Prinzip aber nicht im Widerspruch zur Notwendigkeit einer gemeinsamen politischen Kultur und eines Verfassungspatriotismus, dessen ethisch-normativer Gehalt von allen Bürgern geteilt wird? Nach Habermas lassen sich ethische Fragen, also Fragen nach verbindlichen Werten, nicht unter dem Gesichtspunkt beurteilen, ob etwas gleichermaßen für alle gut ist. Nur die Individuen könnten selbst beurteilen, was gut ist für sie (Konzeptionen des guten Lebens). Deshalb erhebt der klassische Liberalismus die Forderung nach einer *ethischen Neutralität des Rechts*. Daraus folgt, dass es keine politischen Entscheidungen über Werte geben kann, weil es dafür keine unparteilichen Lösungen gibt. Der klassisch liberale Staat darf folglich keine kollektiven Ziele verfolgen (Liberalismus 1), außer wenn er die private Freiheit sowie die persönliche Wohlfahrt und Sicherheit der Bürger im Auge hat. Das Gegenmodell (Liberalismus 2) erwartet hingegen, dass der Staat nicht nur die Grundrechte gewährleistet, sondern unmittelbare Wertentscheidungen trifft. Und das tut er ausdrücklich, wenn er bestimmte Gruppen, Kulturen oder Religionen fördert. Nach Habermas behauptet die liberale Theorie der Rechte aber einen absoluten Vorrang der subjektiven Rechte vor kollektiven politischen Zielen. Politische Ziele, die sich aus Werten ableiten lassen, können subjektive Grundrechtsansprüche nur dann überwinden, wenn diese Ziele ihrerseits mit Grundrechten begründet werden können.[449] Als Beispiel dafür nennt Habermas das seit 2006 geltende Antidiskriminierungsgesetz. Es verbietet Benachteilungen aufgrund von Rasse, ethnischer Herkunft, Geschlecht, Religion, Weltanschauung, Behinderung, Alter (jedes Lebensalter) und sexueller Orientierung. Die nach Art. 2 Abs. 1 GG garantierte Handlungsfreiheit von Arbeitgebern und Privaten wird durch das Antidiskriminierungsgesetz zwar eingeschränkt, diese Beschränkung wird aber gerechtfertigt durch das Ziel, das Gleichheitsgrundrecht nach Art. 3 GG umfassend zu schützen.

Nach Taylor ist der klassisch liberale Rechtsstaat auf den Gedanken der ethisch-kulturellen Neutralität und den absoluten Vorrang der subjektiven Rechte vor kollektiven politischen Zielen fixiert. Trotzdem beobachtet Habermas, dass auch im klassisch liberalen Rechtsstaat die ethisch-kulturelle Neutralität des Rechts in dem Augenblick verloren geht, in dem er die politischen Problemlösungen in die Form von Rechtsvorschriften gießt. Wenn nämlich die Lösung von Problemen Gesetzesform annimmt, dann bedeutet das, dass die spezifischen Zielsetzungen des politischen Willens einer bestimmten Gesellschaft selbst in die rechtlichen Normen eingehen. Die spezifischen Zielsetzungen des politischen Willens aber resultieren ihrerseits aus Wertvorstellungen. Rechtsordnungen sind also „ethisch imprägniert", das heißt, sie enthalten gesellschaftlich geteilte und akzeptierte Werte: „Deshalb ist jede Rechtsordnung auch der Ausdruck einer partikularen Lebensform, nicht nur Spiegelung der universellen Gehalte der Grundrechte."[450] Die Funktionsweise des liberalen Rechtsstaates hat folglich ein Doppelgesicht. Die Entscheidungen des Gesetzgebers lassen sich einerseits als Verwirklichung der (Grund-)Rechte verstehen. Andererseits aber drücken rechtliche Regelungen immer auch das Selbstverständnis von Kollektiven und ihrer Lebensformen aus. Habermas zieht daraus den Schluss, dass sich Selbstverständigungsdiskurse über verbindliche gesellschaftliche Werte gar nicht vermeiden lassen, sobald Gesellschaften ihre politischen Ziele dadurch verwirklichen wollen, dass sie sie in die Form von Rechtsnormen bringen.[451] Rechtliche Regelungen, so Habermas, nehmen also zwangsläufig die gesellschaftlich relevanten Werte und Einstellungen der Bürger mit auf. Ein Beispiel dafür ist die Stellung, die die deutsche Verfassung der Familie im Unterschied zu eheähnlichen Lebensgemeinschaften einräumt. Wertbezogene Entscheidungen fallen aber auch dort, wo sich die Bürger eines bestimmten Landes beispielsweise darüber auseinandersetzen, welche nationale Kultur und welches kulturelle Selbstverständnis sie pflegen und welche nationalen Traditionen sie verfolgen wollen, welche Sprache Amtssprache sein soll oder welchen Inhalt die Lehrpläne an den Schulen haben sollen.

„Weil ethisch-politische Fragen ein unvermeidlicher Bestandteil der Politik sind und weil entsprechende Regelungen die kollektive Identität der Staatsbürgernation zum Ausdruck bringen, können sich an ihnen Kulturkämpfe entzünden, in denen sich missachtete Minoritäten gegen eine unempfindliche Mehrheitskultur zur Wehr setzen."[452] Wie solche Entscheidungen ausfallen, hängt von der Zusammensetzung der Staatsnation ab. In der ethnokulturell homogenen Staatsnation haben die Bürger Erfahrungen und Lebenszusammenhänge gemeinsam. Sie teilen bestimmte kulturelle Lebensformen, die ihre Identität ausmachen. Dieser Kontext ist dann der Horizont, innerhalb dessen die Staatsbürger ihre ethisch-politischen Selbstverständigungsdiskurse führen. Ändert sich die Zusammensetzung der Grundgesamtheit der Bürger, ändert sich auch dieser Horizont, so dass über dieselben Fragen andere Diskurse geführt und andere Ergebnisse erzielt werden. Die liberale Theorie der Rechte verbietet den Bürgern nicht, in ihrem Gemeinwesen Werte zur Geltung zu bringen, die sie entweder von Haus aus schon teilen oder auf die sie sich in politischen Diskursen einigen. Verboten, so Habermas, ist allerdings die staatliche Privilegierung einer Lebensform „auf Kosten der Gleichberechtigung anderer kultureller Lebensformen", weil das „deren Anspruch auf reziproke Anerkennung" beleidigt.[453]

Wie aber wird in der ethnokulturell heterogenen, das heißt der multikulturellen Staatsbürgernation ein Minimum an innerem Zusammenhalt erzeugt? Um diesen Zusammenhalt herzustellen, fordert Habermas, ethisch-kulturelle und politische Integration streng zu trennen. „Die *ethische Integration* von Gruppen und Subkulturen mit je eigener kollektiver Identität muss also von der Ebene der abstrakten, alle Staatsbürger gleichmäßig erfassenden politischen Integration entkoppelt werden."[454] Nach Habermas ist die politische Integration aller Staatsbürger neutral gegenüber den Differenzen, die innerhalb des Staates zwischen den ethisch-kulturellen Gemeinschaften bestehen und sichert so die „Loyalität gegenüber der gemeinsamen politischen Kultur". Insofern kann von einer ethisch-kulturellen Neutralität des Rechts gesprochen werden. Die gemeinsame politische Kultur aber gründet in einer Interpretation der Verfassungsprinzipien, die jede Staatsnation aus der Sicht ihrer historischen Erfahrungen vornimmt und die insofern ethisch nicht neutral sein kann. „Vielleicht sollte man besser von einem gemeinsamen Interpretationshorizont sprechen, innerhalb dessen aus aktuellen Anlässen öffentlich um das politische Selbstverständnis der Bürger einer Republik gestritten wird."[455] Innerhalb dieses gemeinsamen Interpretationshorizonts wird dann über die beste Interpretation *derselben* Grundrechte und Prinzipien gestritten. Diese Grundrechte und Prinzipien wiederum bilden die Basis der Verfassungs- und Rechtsordnung, die den Kern des Verfassungspatriotismus ausmacht. Der Verfassungspatriotismus scheint für Habermas das *emotionale Äquivalent* der Verfassungs- und Rechtsordnung zu sein. Ohne eine solche emotionale Verankerung, so Habermas, können Grundrechte und Prinzipien nicht zur treibenden Kraft für ein Gemeinwesen „von Freien und Gleichen" werden. Gleichzeitig dürfen Grundrechte und Prinzipien, die den ethischen Gehalt des Verfassungspatriotismus ausmachen, die Neutralität der Rechtsordnung gegenüber den verschiedenen Gemeinschaften, die unterhalb der politischen Ebene in ihre jeweiligen ethnischen Kulturen integriert sind, nicht beeinträchtigen. Der ethisch-kulturelle Gehalt des Verfassungspatriotismus muss vielmehr „den Sinn für die differenzielle Vielfalt und die Integrität der verschiedenen koexistierenden Lebensformen einer multikulturellen Gesellschaft schärfen."[456]

In seinem dritten Schwerpunkt fragt Habermas danach, wie das Zusammenleben verschiedener ethnischer Gruppen, Kulturen und Lebensformen organisiert werden kann. Habermas ahnt, dass das Zusammenleben verschiedener Kulturen Konfliktpotential enthält. Aber die naheliegende Föderalisierung eines Landes ist nur dann eine Lösung, wenn sich die verschiedenen ethnischen Gruppen und kulturellen Lebenswelten territorial einigermaßen voneinander abgrenzen lassen. Die Föderalisierung ist nur in multiethnischen Gesellschaften wie der Schweiz möglich, aber nicht in multikulturellen, wie etwa den USA. Auch in Deutschland ist territoriale Abgrenzung nicht denkbar, weil sich die deutsche Gesellschaft und die Einwandererminderheiten siedlungsgeographisch in einer Gemengelage befinden. Da auch rechtsstaatlich verfasste multikulturelle Gesellschaften danach streben, gleiche subjektive Rechte für *alle* zu verwirklichen, haben sie die Pflicht, die gleichberechtigte Koexistenz verschiedener ethnischer Gruppen und kultureller Lebensformen zu gewährleisten. Die gleichberechtigte Koexistenz der verschiedenen kulturellen Lebensformen sichert jedem Bürger die Chance, seine Kultur zu bewahren oder sich von ihr abzuwenden.[457] Die gleichberechtigte Koexistenz der unterschiedlichen kulturellen Lebensformen gilt nach Habermas jedoch nicht uneingeschränkt. „In multikulturellen Gesellschaften kann die rechtsstaatliche Verfassung nur Lebensformen tolerieren, die sich im Medium […] nichtfundamentalistischer Überlieferungen artikulieren, weil die gleichberechtigte Koexistenz dieser Lebensformen die gegenseitige Anerkennung der verschiedenen kulturellen Mitgliedschaften verlangt."[458]

In seinem vierten Schwerpunkt räumt Habermas zunächst ein, dass Einwanderung das ethisch-kulturelle und politische Selbstverständnis der Nation herausfordert. Denn der Zustrom von Immigranten verändert die Zusammensetzung der Bevölkerung auch in ethisch-kultureller Hinsicht. Vor diesem Hintergrund fragt er sich, „ob nicht der Wunsch nach Immigration seine Grenze findet am Recht eines politischen Gemeinwesens, seine politisch-kulturelle Lebensform intakt zu halten. Schließt nicht das Recht auf Selbstbestimmung […] das Recht auf Selbstbehauptung der Identität einer Nation ein, und zwar auch gegenüber Immigranten, die diese geschichtlich gewachsene politisch-kulturelle Lebensform umprägen könnten?"[459] Darf ein liberaler Rechtsstaat zum Schutz der Lebensform der einheimischen Bürger von Immigranten verlangen, sich zu assimilieren? Um diese Fragen zu beantworten, unterscheidet Habermas zwei Stufen:

1. die erste Stufe bezeichnet eine Form der Anpassung von Immigranten, bei der es um die Zustimmung zu den Prinzipien der Verfassung geht, und zwar in der Interpretation, wie sie durch das ethisch-politische Selbstverständnis der Bürger und durch die politische Kultur des Landes bestimmt ist.
2. die zweite Stufe meint nicht nur die Bereitschaft zur äußeren Anpassung, sondern bedeutet die „Einübung in die Lebensweise, in die Praktiken und Gewohnheiten der einheimischen Kultur; das bedeutet eine Assimilation, die auf die Ebene ethisch-kultureller Integration durchschlägt und somit die kollektive Identität der Herkunftskultur der Einwanderer tiefergehend berührt."[460]

Der liberale Rechtsstaat, der mit der Trennung der politischen und der ethisch-kulturellen Integrationsebene ernst macht, darf von Einwanderern nur die politische Sozialisation im Sinne der ersten Anpassungsstufe verlangen. Der liberale Rechtsstaat darf die Identität des Gemeinwesens, die auch durch Immigration nicht angetastet werden darf, nur insofern wahren als sich diese Identität auf die Verfassungsprinzipien bezieht. Habermas glaubt, dass die Identität des Gemeinwesens gerade nicht an einer kulturellen Lebensform festgemacht ist, die im Lande vorherrscht. „Demnach muß von Einwanderern nur die Bereitschaft erwartet werden, sich auf die politische Kultur ihrer neuen Heimat einzulassen, ohne deshalb die kulturelle Lebensform ihrer Herkunft aufgeben zu müssen. Das Recht auf demokratische Selbstbestimmung schließt gewiß das Recht der Bürger ein, auf dem inklusiven Charakter ihrer eigenen politischen Kultur zu bestehen; diese sichert die Gesellschaft vor der Gefahr der Segmentierung – vor der Ausgrenzung fremder Subkulturen oder dem separatistischen Auseinanderfallen in beziehungslose Subkulturen. Die politische Integration schließt auch […] fundamentalistische Einwandererkulturen aus. Davon abgesehen, rechtfertigt sie aber nicht die erzwungene Assimilation zugunsten der Selbstbehauptung einer im Lande dominierenden kulturellen Lebensform.«[461]

4.2.1   Kritik

Widerspruchsfreiheit durch abstrakte Fiktionen
Habermas politisch-philosophische Grundlegung ist weitaus weniger schlüssig als es auf den ersten Augenblick scheint. Seine Position ist nämlich nur so lange widerspruchsarm, solange sie sich auf einem hohen Abstraktionsniveau bewegt. Es ist das Abstraktionsniveau, das Habermas unangreifbar macht, seine Position plausibel klingen lässt und ihn gegen Kritik immunisiert. Wie bequem es sich Habermas auf seiner abstrakten Ebene eingerichtet hat, wird immer dann sichtbar, wenn seine Überlegungen auf die konkrete gesellschaftliche Wirklichkeit angewandt und an ganz konkreten gesellschaftlichen Themen überprüft werden sollen. In Habermas' Denken nehmen die universellen Grundrechte die zentrale Position ein. Welche Rechte Grundrechte sind, lässt sich dabei noch am leichtesten beantworten. Auf internationaler Ebene sind das die subjektiven Rechte, wie sie in der Allgemeinen Erklärung der Menschenrechte der Vereinten Nationen vom 10. Dezember 1948 formuliert worden sind. In der Bundesrepublik Deutschland sind es die Grundrechte, die in den Artikeln 1 bis 19 GG niedergelegt wurden. Was aber im konkreten Fall den unveräußerlichen Kern der verschiedenen Grundrechte ausmacht, was schon dazugehört, was nicht mehr und was noch nicht, liegt gerade nicht fest und muss deshalb durch Auslegung ermittelt werden. Die Grenzen des unveräußerlichen Kerns der Grundrechte sind nämlich fließend und vor allem kulturbedingt. Ein Beispiel aus der multikulturellen Wirklichkeit der Bundesrepublik kann die Schwierigkeiten am konkreten Fall verdeutlichen. Ist die in der jüdischen und islamischen Bevölkerung geübte Praxis der Knabenbeschneidung ein Grundrechtsverstoß? Wenn es beim Recht auf körperliche Unversehrtheit darum geht, die Individuen vor unnötigen Schmerzen und Eingriffen in ihre körperliche und psychische Unversehrtheit zu schützen, dann ist die Knabenbeschneidung ein Grundrechtsverstoß und damit auf der Gesetzesebene eine strafwürdige Tat. Möglicherweise kann dieser Grundrechtsverstoß aber durch ein anderes Grundrecht, nämlich das der freien Religionsausübung nach Art. 4 GG gerechtfertigt werden, worauf sich die Anhänger dieser Praxis auch berufen. Aus Sicht der europäischen Grundwertetradition ist die Knabenbeschneidung nicht durch das Grundrecht auf freie Religionsausübung geschützt. Religiöse Praktiken können nicht durch Art. 4 GG gerechtfertigt werden, wenn sie die körperliche und psychische Unversehrtheit von Individuen verletzen. Damit ist das Dilemma vollständig und grundsätzlich nicht auflösbar. Aus der einen kulturellen Perspektive handelt es sich um einen barbarischen Brauch, der Kindern unnötige Schmerzen zufügt und sie traumatisiert. Aus der anderen kulturellen Perspektive ist Beschneidung ein unverzichtbares religiöses Grundrecht und geradezu notwendig zur Vermeidung psychischer Deformationen, die gerade im Falle der Nichtbeschneidung einträten. Unbeschnittene Jungen werden nämlich in der muslimischen Gesellschaft nicht akzeptiert, die Beschneidung gehört zum Muslimsein und zur männlichen Identität.[462] Die Pointe an diesem Wertekonflikt ist,

dass aus beiden kulturellen Perspektiven Verbot oder Erlaubnis der Beschneidung gleichermaßen auf einen Verstoß gegen das Grundrecht auf körperliche und psychische Unversehrtheit hinauslaufen. Dieses Beispiel zeigt, dass auch die universellen Grundrechte in der konkreten Rechtsanwendung nicht kulturneutral sind, sondern immer kulturabhängig interpretiert werden.

Die Knabenbeschneidung ist nur eines unter zahllosen Beispielen für Wertekollisionen in der Einwanderungsgesellschaft und das Problem kulturabhängiger Auslegung von Rechtsnormen. Solche Kollisionen ergeben sich bei jedem anderen Grundrecht auch, wie etwa im Fall des sogenannten Karikaturenstreits, wo das Grundrecht der Meinungsfreiheit gegen das islamische Bilderverbot, das heißt also gegen vermeintliche religiöse Grundrechte steht. Unterhalb der Verfassung häufen sich die Kollisionen. Auf der Gesetzesebene kommen nämlich die Wertkonflikte des Alltags zum Ausdruck: Je konkreter die Normen sind, die für unterschiedliche kulturelle Wertvorstellungen stehen, desto konflikthafter ist die Begegnung dieser unterschiedlichen Normen. Das zeigt sich an tierschutzrechtlichen Fragen wie dem Schächten ebenso wie an schulrechtlichen Problemen wie der Teilnahme von Mädchen am koedukativen Sportunterricht. Beim Problem sogenannter Zwangsehen wird zudem offenkundig, dass die Frage, ob eine Zwangsehe vorliegt, nur auf einer abstrakten Ebene überhaupt eindeutig festgestellt werden kann. Im konkreten Fall gibt es einen fließenden Übergang zwischen arrangierter Ehe und Zwangsehe. Außerdem sind sich viele Ehepartner des Zwangscharakters aus Gründen ihrer kulturellen Prägung gar nicht bewusst, oder falls sie sich bewusst sind, aus Loyalität zur Familie oder aus Angst vor einer Ächtung durch Familie und ethnokulturelles Milieu, nicht bereit, Konsequenzen zu ziehen.

Weil sich Habermas mit seiner Berufung auf die universellen Grundrechte lediglich auf eine abstrakte Fiktion bezieht, kann er nichts beitragen zur Lösung konkreter Unverträglichkeiten, wie sie aus den Wertekonflikten in der multikulturellen Einwanderungsgesellschaft herrühren. Erschwerend kommt hinzu, dass sich Wertekollisionen nicht nur auf der Ebene von Verfassung und Gesetzen zeigen, sondern auch im Bereich nichtrechtlicher gesellschaftlicher Normen, die den Alltag der Individuen, mehr noch als Verfassung und Gesetze, bestimmen.

Mit seiner Fixierung auf die Idee universeller, überall und unterschiedslos geltender Grundrechte verabsolutiert Habermas das Recht. Er verkennt, dass die individuellen Grundrechte nur in einer hochabstrakten Form universell gültig und kulturunabhängig konsensfähig sind. Habermas behandelt die Rechtsnormen nicht als Produkte menschlicher Aktivität, als Phänomene, die in einem engen Zusammenhang mit der Kultur konkreter, historisch gewordener Gesellschaften stehen, sondern als abstrakte Prinzipien, die gleichsam überzeitlich und unabhängig von konkreten Gesellschaften existieren. Ein Weiteres kommt hinzu: Was abstrakt formuliert konsensfähig klingt, kann auf der Ebene konkreter Entscheidungen schnell politisch brisant werden für den, der die realen gesellschaftlichen und politischen Konsequenzen abstrakter Schlussfolgerungen zu Ende zu denken wagt. Das ist etwa der Fall, wo Habermas die Ansicht vertritt, dass fundamentalistisch-intolerante Einwanderergruppen den Anspruch verwirken, ihre kulturellen Lebensformen zu entfalten. Nur, wer ist z.B. in Deutschland konkret damit gemeint und welche Schritte soll die Aufnahmegesellschaft unternehmen, um solche Gefahren abzuwenden? Welche Maßnahmen soll sie gegen Minderheiten ergreifen, die Habermas' Ausschlusskriterien erfüllen, aber schon eingewandert sind?

Die Verabsolutierung des Rechts bei Habermas hat eine weitere Konsequenz. Habermas überschätzt die Kraft des Rechts, die gesellschaftlichen Verhältnisse zu gestalten: Aus der normativen Kraft des Faktischen wird bei Habermas die faktische Kraft des Normativen. Oder besser gesagt: die faktenschaffende Kraft des Normativen! Es entsteht der Eindruck, als seien es die Rechtsnormen, die sich die gesellschaftliche Wirklichkeit schüfen, und als sei es nicht vielmehr so, dass Rechtsnormen Ausdruck der sozialen Verhältnisse und der kulturellen Wertesysteme der Gesellschaften seien. Dass Habermas die gesellschaftsgestaltende Kraft des Rechts überschätzt, lässt sich an Gesellschaften zeigen, denen fremdes Recht aufgezwungen wurde. Ein Recht, das nicht an das kulturelle Wertesystem einer Gesellschaft anschließen kann, wird nicht einmal von den Organen der Rechtspflege dieser Gesellschaft internalisiert, geschweige denn von den Bürgern. Es wird oberflächlich angewandt, d.h. Buchstaben und Geist des Gesetzes fallen auseinander. Könnten die aus den kulturellen Werten Europas hervorgegangenen Rechtsnormen sich ihre gesellschaftliche Wirklichkeit tatsächlich selbst schaffen, hätten Verfassung und Gesetze tatsächlich die ihnen von Habermas zugeschriebene verhaltenssteuernde Kraft, dann müssten z.B. die Verhältnisse in der Türkei, die 1926 das Schweizer Zivilrecht übernommen hat,[463] nach so vielen Jahren denen in der Schweiz wesentlicher ähnlicher sein als sie es in Wirklichkeit sind.

Die verfassungspatriotische Denkfalle

Auch die überwertige Rolle, die der Verfassungspatriotismus in Habermas' Denken einnimmt, zeigt, dass er die gesellschaftsgestaltende Kraft des Rechts und der universellen Grundrechte überschätzt. Die zentrale Rolle des Verfassungspatriotismus in seinem politisch-philosophischen Denken resultiert aus dem wunden Punkt aller integrationstheoretischen Überlegungen, der Frage nämlich, wie das Minimum an innerem Zusammenhalt in der multikulturellen Gesellschaft, hergestellt werden kann? Habermas' Antwort darauf ist, dass er den Verfassungspatriotismus zum Garanten dieses inneren Zusammenhalts erklärt.

Der Begriff Verfassungspatriotismus stammt ursprünglich von dem Politikwissenschaftler Dolf Sternberger. Bei Sternberger ist Verfassungspatriotismus ein Synonym für Loyalität und Solidarität der Bürger mit dem demokratischen Verfassungsstaat, der Recht und Freiheit sichert. Sternberger versteht den Verfassungspatriotismus als einen zweiten republikanischen Patriotismus neben dem, wie er es nennt, „nationalen Patriotismus". Der nationale Patriotismus, der die Liebe zum physisch und historisch konkreten Vaterland und das Verbundenheitsgefühl mit der Nation meint und sich im Bewusstsein einer gemeinsamen Sprache, einer gemeinsamen Geschichte und einer ethnischen und nationalen Zusammengehörigkeit zeigt, wird bei Sternberger ergänzt durch einen „verfassungspolitischen Vaterlandsbegriff". Sternberger wollte mit dem Verfassungspatriotismus keinen Ersatz für den nationalen Patriotismus und das Nationalgefühl schaffen[464], sondern sie ergänzen. Der Rechtswissenschaftler Josef Isensee meint, der Verfassungspatriotismus Sternbergers wolle „das hergebrachte Verständnis von Patriotismus, der Liebe zum Vaterland, anreichern um die Liebe zur Verfassung."[465] Im Verfassungspatriotismus spiegelt sich also das Bewusstsein wider, dass Demokratie und Grundrechte zu festen Bestandteilen der deutschen Identität geworden sind.[466]

1987 nimmt Habermas Sternbergers Begriff auf und prägt ihn um. Während bei Sternberger zum nationalen Patriotismus ein Verfassungspatriotismus hinzutritt, löst Habermas den Patriotismus aus dem nationalen Rahmen. Er denkt an einen postnationalen Patriotismus, der jeden Bezug auf kulturelle Werte, eine nationale Schicksalsgemeinschaft oder gesellschaftliche Homogenität ablehnt. Habermas' Idee eines abstrakten Verfassungspatriotismus geht von der moralischen Katastrophe von Auschwitz aus. Angesichts dieser Katastrophe sind deutsche Geschichte und Kultur auch vor Auschwitz so belastet, dass nach Auschwitz nicht einfach unbefangen an eine vermeintlich bessere deutsche Tradition angeknüpft werden kann. Solange das kollektive Schuldbewusstsein aller Deutschen fortbesteht, gehört der Bruch mit der Tradition zum nationalen Selbstverständnis. „Auschwitz wird so zur negativen Quelle eines neuen, eines postnationalen, ja eines antinationalen deutschen Selbstbewusstseins[…].“[467] Die Deutschen können keine „konventionelle Form ihrer nationalen Identität" mehr beanspruchen, weil nach Auschwitz keine ethnisch-kulturell begründete Nation mehr möglich ist, sondern nur noch eine Staatsbürgernation. Der abstrakte Verfassungspatriotismus, der die deutsche Identität zukünftig ausmachen soll, ist folglich die moralisch-politische Konsequenz aus der NS-Vergangenheit und er ist gleichzeitig der einzige zulässige Patriotismus, den sich die Deutschen zu eigen machen dürfen.[468] Dieser entnationalisierte Verfassungspatriotismus will eine „in Überzeugungen verankerte Bindung an universalistische Verfassungsprinzipien“[469] sein. Abgesehen davon verwandelt sich in der postnationalen Gesellschaft der Patriotismus ohnehin in eine Loyalität gegenüber den Verfahren der demokratischen Willensbildung und den Rechtsgarantien der Verfassung, die das Zusammenleben unterschiedlicher Lebensformen auf gleichberechtigter Grundlage möglich machen sollen. Diese Perspektive ist geradezu ideal für eine multikulturelle Republik, die sich von der Vorstellung einer vorstaatlichen Schicksalsgemeinschaft oder eines gemeinsamen kulturellen Kerns distanziert. Der Verfassungspatriotismus wird zum emotionalen Äquivalent für die alte Vaterlandsliebe, die in Deutschland nach Hitler nicht mehr möglich ist. Isensee hat in der Umprägung des Begriffes vom Verfassungspatriotismus den Versuch gesehen, Deutschland und die deutsche Kultur abzuschütteln. Habermas' Verfassungspatriotismus habe nichts mehr mit Land und Leuten, Geschichte und Kultur zu tun. Nach dieser Definition sei die Verfassung das Vaterland.[470] Deutschland als eine Nation, in der Staatsbürgernation und Kulturnation identisch sind, wird abgeschafft und durch das Modell der vorgeblich kulturneutralen Staatsbürgernation ersetzt, in deren Rahmen sich eine entnationalisierte kosmopolitische multikulturelle Republik entwickeln kann.

Habermas Verfassungsidee, so die Kritik, ist weder zeit- noch ortsgebunden und im Ergebnis wurzellos. Habermas' Verfassungspatriotismus sei eine blutleere Abstraktion, die unterschlage, dass auch die moderne Staatsbürgernation von gemeinsamen Überzeugungen und dem Gemeinschaftsgefühl der Bürger abhänge. Diese Kritik basiert auf der Annahme, dass die Verfassung nicht Ursache des Zusammenhalts der Gesellschaft ist, sondern lediglich ihr rechtlicher Ausdruck. Der gesellschaftliche Zusammenhalt hängt von Voraussetzungen ab, die nicht im Verfassungstext enthalten sind und die der Verfassungstext selbst auch nicht erzeugen kann.[471] „Mit der dünnen Abstraktion des Verfassungspatriotismus lässt sich nicht begründen, warum ein Volk in guten und schlechten Tagen zusammenhalten, warum alle für einen und einer für alle einstehen soll, warum der Einzelne Opfer und Transferleistungen erbringen soll, für die er kein Äquivalent erhält. Die kümmerliche Substanz, die nicht ausreicht, die Solidargemeinschaft der gesetzlichen Krankenversicherung ethisch zu fundieren, gibt nicht die Energie, die moderne Gesellschaft zu integrieren, nicht die nationale, vollends nicht eine multikulturelle Gesellschaft.“[472]

Das ist auch der wichtigste Grund dafür, warum von einer Bejahung des Grundgesetzes durch Einwanderer *nicht direkt* auf ein Gefühl der Zugehörigkeit und der Loyalität zur Aufnahmegesellschaft geschlossen werden kann. Die bloß formale Bejahung der Verfassung, ja selbst die gewissenhafte Befolgung der Gesetze sagt also noch nicht viel aus über den Grad der Identifikation mit einer gegebenen Rechtsordnung und mit den kulturellen Werten und der Lebensform einer Gesellschaft, deren rechtlicher Ausdruck Verfassung und Gesetze sind. Wenn sich Kontinentaleuropäer bei einem Urlaub in Großbritannien peinlich genau an den Linksverkehr halten, heißt das noch lange nicht, dass sie den Linksverkehr gut finden und dem Rechtsverkehr abschwören wollen. Sie beachten die ihnen fremden Regeln, weil sie die Machtverhältnisse realistisch einschätzen und klug genug sind, sich nicht selbst zu gefährden. Eine wirklich verinnerlichte Achtung vor der Verfassung und der Gesetzesordnung ist also nicht Voraussetzung einer geglückten Integration, sondern eher Folge einer gelungenen kulturellen Anpassung. Die Feststellung, wie Individuen oder Gruppen zu einer gegebenen Rechtsordnung stehen, taugt höchstens zur Negativbestimmung gesellschaftlicher Integration.

Das Bekenntnis zum Grundgesetz braucht nicht mehr zu bedeuten als dass Einwanderer die grundrechtlich verankerte Möglichkeit begrüßen, ihre eigene Lebensform autonom entfalten zu können, auch wenn diese Lebensform von den Vorstellungen der Mehrheitsbevölkerung abweicht. Das Bekenntnis zum Grundgesetz kann sich darin erschöpfen, dass Einwanderer ausschließlich die verfassungsrechtlich gesicherte Möglichkeit bejahen, die eigenen ethnokulturellen Interessen ungehindert vertreten zu können. Die Zustimmung zum Grundgesetz bedeutet nicht automatisch eine identifikatorische Verbundenheit der Immigranten mit dem Einwanderungsland, seiner Gesellschaft und seiner Kultur. Sie bedeutet nicht automatisch, dass die Werte der Verfassung internalisiert und als gesellschaftlicher Minimalkonsens betrachtet werden. Hinter der Zustimmung zur Verfassung des Aufnahmelandes kann auch eine Haltung stehen, die sich aus bloßen Nützlichkeitserwägungen speist. Eine identifikatorische Einstellung zum Einwanderungsland verlangt Habermas von den Bürgern und den Einwanderern auch gar nicht. Dennoch kann sich selbst Habermas nicht damit zufrieden geben, dass Immigranten selektiv nur solche Teile der Verfassung akzeptieren, die im eigenen ethnokulturellen Gruppeninteresse liegen.

Wer Verfassungsbekenntnis und Zusammengehörigkeitsgefühl gleichsetzt, tappt in die *verfassungspatriotische Denkfalle*. Die Grundgesetzbegeisterung mancher islamischer Interessenvertreter liefert dafür eindrucksvolle Belege.[473] Islamische Interessenvertreter verabsolutieren das Grundrecht auf freie Religionsausübung nach Art. 4 GG und ignorieren seine Einbindung in das grundrechtliche Gesamtgefüge. Die relativierende Wirkung der gegenseitigen Verschränkung der Grundrechte wird ignoriert. Dadurch wird es argumentativ möglich, auch grundrechtswidrige Haltungen und Handlungen (z.B. Verstöße gegen das Selbstbestimmungsrecht der Frau usw.) nicht nur verfassungsrechtlich zu legitimieren, sondern darüber hinaus als Ausdruck individueller Grundrechtsverwirklichung hinzustellen. Im Schutz dieses rein formalen Grundrechts- und Verfassungsverständnisses wird das Recht auf freie Religionsausübung verzerrt zugunsten einer gesellschaftlich-politischen Praxis, die bis zu antidemokratischen, faschistoiden Bestrebungen reichen kann. Gruppierungen mit einem nur formalen Verfassungsverständnis geht es gerade nicht um die Zustimmung zu den im Grundgesetz kodierten kulturellen Werten. Es geht ihnen vielmehr um die utilitaristische Nutzung von individuellen und kollektiven Freiheitsspielräumen, um Ziele zu erreichen, die jenseits des kulturellen Wertekonsenses liegen, der im Grundgesetz gesehen wird. In die verfassungspatriotische Denkfalle läuft also, wer den Umstand nicht sieht, dass sich das notwendige Maß an Loyalität, auf das jedes Land und jede Gesellschaft angewiesen ist, nicht einfach aus der formalen Zustimmung zu seiner Verfassung abgeleitet werden kann. Dieses Maß an Loyalität setzt tiefer an, nämlich am Zugehörigkeitsgefühl der Individuen zu einer bestimmten Gesellschaft, zu einem bestimmten Land und seiner Kultur. Die Zustimmung zu einer Verfassung kann nur als rechtlicher Ausdruck dieser Loyalität und damit *als Teil* der Loyalität zur Aufnahmegesellschaft verstanden werden.

Trennung von politischer und kultureller Integration?

Die Konturen seines Entwurfes einer multikulturellen Gesellschaft sind auch an anderen Stellen widersprüchlich. So erklärt Habermas im Anschluss an Niklas Luhmann, dass das Recht gegenüber kultureller Differenz in einer Gesellschaft schon deshalb neutral sein muss, weil komplexe, moderne Gesellschaften nicht mehr durch einen Wertekonsens zusammengehalten werden können, sondern nur noch durch einen Konsens über die Verfahren legitimer Rechtsetzung und Machtausübung. Die einzige Gemeinsamkeit, die die Bürger in modernen Gesellschaften miteinander verbindet, besteht darin, dass sie ein gemeinsames Interesse an den privaten und öffentlichen Freiheiten, an demokratischen Verfahren der Konfliktaustragung und an der rechtsstaatlichen Zügelung politischer und wirtschaftlicher Macht haben. Das alles gilt natürlich umso mehr in der multikulturellen Gesellschaft. Daraus schließt Habermas: „Die demokratische Ordnung ist also nicht von Haus aus auf eine mentale Verwurzelung in der ‚Nation' als einer vorpolitischen Schicksalsgemeinschaft angewiesen."[474] Aber selbst Habermas scheint sich der Tragfähigkeit seiner These nicht ganz sicher zu sein. Vorsichtshalber ergänzt er sie mit dem flankierenden Argument, eine Stärke des demokratischen Verfassungsstaates sei es, Lücken in der sozialen Integration, die durch einen fehlenden kulturellen Wertekonsens verursacht sind, durch politische Partizipation seiner Bürger schließen zu können. Aber auch diesem Argument scheint Habermas nicht zu trauen, deshalb betont er: „[…] der demokratische Prozess muss sich, wenn er die Solidarität der Staatsbürger über die zentrifugalen Spannungen hinweg sichern soll, durch seine Ergebnisse stabilisieren können. Die Gefahr einer Entsolidarisierung kann er nur solange abwenden, wie er anerkannten Maßstäben sozialer Gerechtigkeit genügt. Nur ein demokratischer Prozess, der für die angemessene Ausstattung mit, und eine faire Verteilung von Rechten sorgt, kann Solidarität stiften. Der Staatsbürgerstatus muss einen Gebrauchswert haben und sich in der Münze sozialer, ökologischer und kultureller Rechte auszahlen. Insofern hat die sozialstaatliche Politik eine nicht unerhebliche Legitimationsfunktion übernommen."[475] Dieser Satz enthüllt, wie kümmerlich Habermas Theorem gesellschaftlicher Integration in Wirklichkeit ist. Politische Partizipation vermag den fehlenden kulturellen Wertekonsens mitnichten zu ersetzen. Im Gegenteil handelt es sich um das unterschwellige Eingeständnis, dass die moderne Gesellschaft dringend auf ihn angewiesen ist, sonst müsste die Abwesenheit des kulturellen Wertekonsenses bei Habermas nicht mit sozialstaatlicher Leistungsfähigkeit kompensiert werden. Es sind in Wirklichkeit also nicht politische Partizipation und nicht der Verfassungspatriotismus, die die Gesellschaft zusammenhalten, sondern vor allem ein leistungsfähiger Wohlfahrtsstaat. Seine Schwäche bedeutet den Zusammenbruch der gesellschaftlichen Bindungskräfte.

Aus der empirisch nicht belegten These von der Unmöglichkeit einer gesellschaftlichen Integration über gemeinsame kulturelle Werte leitet Habermas die Forderung ab, dass politische Integration und ethisch-kulturelle Integration voneinander getrennt werden müssen, weil „die Identität des Gemeinwesens [...] an den in der politischen Kultur verankerten Verfassungsprinzipien und nicht an [...] einer im Lande vorherrschenden kulturellen Lebensform festgemacht ist."[476] Dazu muss sich die „zur nationalen Kultur aufgespreizte Mehrheitskultur [...] aus ihrer geschichtlich begründeten Fusion mit der allgemeinen politischen Kultur lösen, wenn sich alle Bürger gleichermaßen mit der politischen Kultur ihres Landes identifizieren können. In dem Maße wie dieser Prozess der Entkoppelung der politischen Kultur von der Mehrheitskultur gelingt, stellt sich die Solidarität der Staatsbürger auf die abstraktere Grundlage eines ‚Verfassungspatriotismus‘ um."[477]

Die Trennung zwischen politischer und ethisch-kultureller Integration funktioniert allerdings wiederum nur unter den sterilen Bedingungen der Abstraktion. Das Problem ist nämlich, dass es eine solche Entkoppelung nicht gibt. Genauso wie Recht und Verfassung kulturell nicht neutral sein können, sondern immer den politischen Willen und die Lebensform einer konkreten Rechtsgemeinschaft spiegeln, genauso leitet sich die gemeinsame politische Kultur aus der Gesamtkultur einer Gesellschaft ab. Die gemeinsame politische Kultur einer Gesellschaft wurzelt also nicht lediglich in einer gemeinsamen Interpretation der Verfassungsprinzipien. Es ist offensichtlich, dass ein gemeinsamer Interpretationshorizont ein Wertesystem voraussetzt, das auf der Grundlage einer gemeinschaftlich geteilten Kultur entsteht. Wenn Recht und Verfassung Teil einer bestimmten, historisch geprägten politischen Kultur sind, dann spiegeln sie den kulturellen Wertekonsens einer Gesellschaft. Wenn Recht, Verfassung, politische und gesellschaftliche Kultur zusammenhängen, dann gibt es diesen Zusammenhang auch in der multikulturellen Einwanderungsgesellschaft. Ändert sich die ethnokulturelle Zusammensetzung der Aufnahmegesellschaft, dann wird langfristig auch die Verfassung ihre Identität verändern, weil sich die Werte ändern, die ihr zugrunde liegen. Habermas, der die Verfassung als unverhandelbare Grundlage des Zusammenlebens zwischen Einwanderern und Einheimischen betrachtet, sitzt damit einer unpolitischen und ahistorischen Fiktion auf.

Die klassischen Dilemmata des Multikulturalismus
Bei den klassischen Dilemmata des Multikulturalismus geht es Habermas nicht besser als den anderen Theoretikern des Multikulturalismus. Er kann diese Dilemmata nur überwinden; wenn er abstrakt und losgelöst von der sozialen Wirklichkeit argumentiert. Am Ende scheitert auch seine multikulturalistische Gesellschaftstheorie an ihren Widersprüchen.

Habermas nimmt eine Mittelstellung zwischen klassischem Liberalismus und liberalem Multikulturalismus ein. Aber auch diese Mittelstellung enthält keine überzeugende Antwort auf die Dilemmata des gemäßigten liberalen Multikulturalismus, zu der auch Habermas Position gehört. Das wichtigste Dilemma entsteht dadurch, dass es in der multikulturellen Einwanderungsgesellschaft *zwangsläufig* zu einer Kollision unterschiedlicher kultureller Vorstellungen und Grundwerte kommt. Als Alternative zu Habermas gemässigtem liberalen Multikulturalismus fordert der radikale Multikulturalismus, unterschiedliche, ja sogar gegensätzliche Vorstellungen über die gesellschaftlichen Grundwerte bedingungslos zu akzeptieren und als absolut gleichberechtigt anzuerkennen. Der unter diesen Umständen drohende Bürgerkrieg wird nicht abgewendet durch das Aushandeln wertbezogener Kompromisse, sondern durch die gemeinsame Festlegung von Verfahren, wie im Fall einer Wertekollision vorgegangen werden soll, um wenigstens unterhalb der Schwelle zum gewaltsamen Konflikt zu bleiben. Diese Vorstellung ist theoretisch einigermaßen widerspruchsfrei, die Frage ist nur, wie realistisch diese Option mit Blick auf gesellschaftliche Konflikte mit kulturellem Hintergrund ist. Im Gegensatz dazu enthält der liberale Multikulturalismus einen Widerspruch, der schon in der Theorie unauflöslich bleibt. Der Widerspruch besteht in der Forderung nach gemeinsamen Grundwerten einerseits bei gleichzeitiger Anerkennung der kulturellen Differenz unterschiedlicher ethnischer Gruppen andererseits. Zwar gesteht der liberale Multikulturalismus – im Gegensatz zur radikalen Variante – der Aufnahmegesellschaft zu, Grundwerte vorzugeben, die für alle verbindlich sind. Dieses Privileg der Aufnahmegesellschaft bedeutet aber, dass die Werte der differenten Kultur(en) gerade nicht oder nicht vorbehaltlos anerkannt werden, es sei denn, sie deckten sich zufällig mit den Werten der Aufnahmegesellschaft. Das Dilemma heißt nun: Entweder Anerkennung der kulturellen Differenz und damit Anerkennung der differenten Werte, dann aber muss die Aufnahmegesellschaft ihre eigenen Werte, die sie eigentlich für unverhandelbar hält, grundsätzlich zur Disposition stellen. Denn eine Politik der Anerkennung der Differenz schließt eine Politik aus, die im Namen der eigenen Grundwerte differente Einwandererkulturen einfach auf Werte verpflichten will, die wiederum den Einwandererminderheiten fremd sind oder die sogar im Gegensatz zu den mitgebrachten Werten der Herkunftskultur stehen. Oder die Aufnahmegesellschaft betreibt eine Politik der faktischen Privilegierung der eigenen Grundwerte und kulturellen Normen, dann verlässt sie aber zwangsläufig die Ebene des Multikulturalismus.

Wie bei Taylor so ist auch bei Habermas die Forderung, die unverwechselbare Identität des Individuums zu achten, Dreh- und Angelpunkt der Begründung einer multikulturalistischen Politik der Anerkennung. Habermas übernimmt die Grundannahme Taylors, nach der das Individuum seine psychische Integrität nur dann aufrechterhalten kann, wenn es diejenige kulturelle Identität, in der es sozialisiert worden ist, bewahren kann. Dahinter steht das Argument, dass Menschen ihre Persönlichkeit nur dann uneingeschränkt entfalten können, wenn sie kulturell verwurzelt sind. Diese Annahme ist zunächst einmal unbestritten. Zweifelhaft ist allerdings, ob die uneingeschränkte Entfaltung der Persönlichkeit des Individuums nur in einer bestimmten, das heißt im Falle von Immigranten nur in der Herkunftskultur, möglich ist. Woraus sollte sich ein Anspruch auf die Bewahrung der kulturellen Herkunftsidentität zwingend ableiten lassen? Es ist nicht zu erkennen, weshalb die psychische Integrität von Einwanderern infragegestellt wird, wenn die Aufnahmegesellschaft von den Immigranten fordert, sich Schritt für Schritt von ihrer Herkunftskultur zu lösen. Denn die Aufnahmegesellschaft, die von ihren Immigranten kulturelle Anpassung verlangt, bietet den Einwanderern durchaus eine kulturelle Verwurzelung, wenn auch eine neue. Menschenrechtlich bedenklich wäre nur der Versuch, Einwanderer ihrer alten Identität zu berauben, ihnen aber gleichzeitig eine neue, das heißt die kulturelle Identität der Aufnahmegesellschaft, zu verweigern. Natürlich kann der kulturelle Identitätswechsel nicht erzwungen werden. Aber weshalb sollte es der Aufnahmegesellschaft nicht freistehen, Einwanderer mit einer auf positive Anreize gestützten Politik der Assimilation zu integrieren, wenn die Aufnahmegesellschaft das Modell einer kulturell relativ homogenen Gesellschaft verfolgt? Warum sollte es der Aufnahmegesellschaft nicht freistehen, grundsätzlich nur solche Einwanderer aufzunehmen, die eine hohe Wahrscheinlichkeit für eine erfolgreiche Assimilation mitbringen, oder nur solchen Einwanderern ein Daueraufenthaltsrecht oder die Staatsbürgerschaft zu verleihen, die sich bereits assimiliert haben? Eine Pflicht zur Achtung der kollektiven Traditionen und Lebensformen von ethnokulturellen Gruppen besteht nur gegenüber historischen Minderheiten, nicht aber gegenüber neuen Einwandererminderheiten. Der Vorstellung, die psychische Integrität des Individuums könne nur durch Bewahrung der kulturellen Herkunftsidentität gesichert werden, steht außerdem die Tatsache entgegen, dass Immigranten ihre Entscheidung, in ein anderes Land einzuwandern, grundsätzlich freiwillig treffen.[478] Das bedeutet, dass Einwanderern grundsätzlich auch zugemutet werden kann, sich auf die Bedingungen der Aufnahmegesellschaft einzulassen. Die Situation ist vergleichbar mit den Umständen eines zivilrechtlichen Vertragsschlusses. Hält eine der vertragsschließenden Parteien die Bedingungen der anderen Partei für unzumutbar, weil ihr etwa der Preis zu hoch erscheint, dann verzichtet sie auf den Abschluss. Verlangt eine bestimmte Aufnahmegesellschaft von Immigranten, dass sie sich assimilieren sollen, dann entscheiden die Einwanderungswilligen selbst darüber, ob ihnen die Einwanderung der Verzicht auf ihre Herkunftskultur wert ist. Habermas dagegen besteht darauf, dass der liberale Rechtsstaat die Assimilation der Einwanderer weder erwarten, geschweige denn verlangen darf. Aus seiner Sicht ist die kulturelle Herkunft aufgrund ihrer sozialisatorischen Schlüsselrolle etwas Unantastbares. Damit bestreitet Habermas der Aufnahmegesellschaft das Recht, über die Bedingungen für Einwanderung souverän zu entscheiden. Er räumt den Einwanderern de facto einen Anspruch darauf ein, zu ihren eigenen, und nicht zu den Bedingungen der Aufnahmegesellschaft einwandern zu können. Das Recht der Aufnahmegesellschaft auf demokratische Selbstbestimmung wird damit unzulässig beschränkt.

Wenn Habermas die kulturelle Herkunft zu etwas Unantastbarem erklärt, landet er zwangsläufig in der essentialistischen Falle, die eine bestimmte kulturelle Herkunft als unveränderliches Wesensmerkmal behandelt, das wie ein unabänderliches Schicksal über dem Individuum steht. Aus dieser essentialistischen Perspektive ist es dann nur noch ein Schritt zur Biologisierung kultureller Merkmale. Wenn die ethnisch-kulturelle Herkunftsidentität als ein quasibiologisches Merkmal zu betrachten ist, dann determinieren Geburtsort und Familie die kulturelle Identität der Individuen für alle Zeiten nach der Formel „Einmal Türke, immer Türke"[479]. Empirisch gesehen wechseln kulturelle Merkmale und Zugehörigkeiten oder modifizieren sich, auch wenn sie sich weniger schnell verändern als flüchtige Merkmale wie Mode oder Musikgeschmack usw. Die Identität des Individuums ist also keine unveränderliche Größe, wie die zahllosen erfolgreichen Assimilationsprozesse in der Geschichte der menschlichen Gesellschaften belegen. Die kulturelle Identität des Individuums ist eine variable Größe, die immer von den jeweiligen sozialisatorischen Bedingungen und der sozialen Umwelt oder sogar nur von einem freien Willen abhängt, wie Habermas selbst feststellt. Das ist der wichtigste Grund dafür, dass die kulturelle Identität des Individuums im Zuge der selbst gewollten und freiwillig unternommenen Immigration grundsätzlich zur Disposition steht. Die kulturelle Anpassung ist aber nicht nur normativ legitimiert. Sie ist auch soziologisch notwendig, ja sogar bis zu einem bestimmten Grad zwangsläufig. Selbst in multikulturellen Gesellschaften müssen Einwanderer, jedenfalls solange sie in der Minderheit sind, sich an Umstände anpassen, die ihren Hintergrund in den kulturellen Gegebenheiten der Aufnahmegesellschaft haben. Die Integration von Einwanderern in den Arbeitsmarkt z.B. scheitert, wenn sie nicht bereit oder fähig sind, bestimmte Regeln und Normen einzuhalten, etwa pünktlich am Arbeitsplatz zu erscheinen, diszipliniert zu sein oder sich kollegial und aufrichtig zu verhalten usw. Es geht also gar nicht um die Alternative kulturelle Anpassung oder nicht. Es geht immer nur um Reichweite und Umfang der kulturellen Anpassung, da selbst eine erfolgreiche strukturell-funktionale Integration eine gewisse kulturelle Anpassungsleistung voraussetzt, selbst dann, wenn sie einen bloß instrumentell-utilitaristischen Charakter hat.

Zwar bestreitet auch Habermas, dass der liberale Rechtsstaat verpflichtet ist, die Traditionen und Lebensformen neuer Einwandererminderheiten zu bewahren oder gar zu protegieren. Das heißt, der liberale Rechtsstaat braucht keinen ethnischen Artenschutz zu betreiben. Andererseits aber kommt der liberale Rechtsstaat um den ethnischen Artenschutz gar nicht herum, wenn er, wie Habermas meint, jedem Individuum die Möglichkeit garantieren muss, seine Herkunftskultur in seinem kulturellen Milieu zu bewahren. Im liberalen Rechtsstaat haben die Bürger das Recht, ihre jeweilige Kultur im Rahmen ihrer verfassungsrechtlich garantierten Privatautonomie individuell zu verwirklichen. Aber wenn die kulturellen Unterschiede in einer Gesellschaft politisch anerkannt und die Kultur der Immigranten der Kultur der Mehrheitsgesellschaft in jeder Beziehung gleichgestellt werden sollen, dann ist dieses Ziel ohne eine gezielte öffentliche Förderung der Minderheitenkulturen nicht zu erreichen. Das heißt, es reicht gerade nicht aus, die Bewahrung und Pflege der verschiedenen Kulturen zur Privatsache zu erklären.

Das Ende der kulturellen Hegemonie?
Die Forderung, dass Immigranten die Möglichkeit haben müssen, ihre Herkunftskultur zu bewahren hat eine Kehrseite. Diese Kehrseite liegt in der Überlegung, ob nicht die Aufnahmegesellschaft ihrerseits das Recht hat, ihre eigene politische und kulturelle Lebensform gegen Veränderung durch fremde Einwandererkulturen zu schützen. In dieser Kollision der Ansprüche von Aufnahmegesellschaft und Einwanderern stellt sich Habermas auf die Seite der Einwanderer. Habermas' Argumentation hat eine besondere Pointe. Sie besteht darin, dass er den Immigranten nicht nur ein Recht auf die Bewahrung ihrer Herkunftskultur zugesteht, sondern der Aufnahmegesellschaft gleichzeitig das Recht abspricht, eine Politik der kulturellen Integration zu betreiben mit dem Ziel, die kulturelle Hegemonie der Mehrheitsgesellschaft aufrechtzuerhalten. Diese Haltung bestreitet der Aufnahmegesellschaft das Recht, ihre eigene kulturelle Lebensform zu bewahren, mindestens soweit es um eine für alle verbindliche gesellschaftliche Kultur geht. Wenn die Aufnahmegesellschaft aber nicht mehr berechtigt ist, eine Politik der assimilatorischen Integration zu betreiben, dann hat sie in letzter Konsequenz nur noch das Recht, in ihre eigene kulturelle Selbstabschaffung einzuwilligen. Genau das deutet Habermas an, wenn er darauf hinweist, dass der Verzicht auf eine assimilatorische Politik im Dienste der kulturellen Selbstbehauptung der Mehrheitsgesellschaft eine enorm wichtige Konsequenz hat: Die „legitimerweise behauptete Identität des Gemeinwesens [bleibt] in der Folge der Immigrationswellen keineswegs auf Dauer vor Veränderung bewahrt".[480] Habermas' Konzept sieht also vor, dass die Aufnahmegesellschaft ihre kulturelle Hegemonie aufgibt und alle kulturellen Lebensformen im öffentlichen Raum *automatisch* gleichstellt. Die automatische Gleichstellung aller kulturellen Lebensformen im öffentlichen Raum, die nicht durch eine demokratische Entscheidung legitimiert ist, verträgt

sich aber weder mit dem Demokratieprinzip (Art. 20 Abs. 1 GG) noch mit dem Prinzip der Volkssouveränität (Art. 20 Abs. 2 GG). Diese beiden Prinzipien verschaffen der Nation das Recht, die Ziele, Formen und Bedingungen der gesellschaftlichen Entwicklung unter Beachtung der elementaren menschenrechtlichen Grundsätze frei festzulegen. Diese Befugnis ist das Herzstück demokratischer Selbstbestimmung. Dieses Selbstbestimmungsrecht schließt das Vorrecht der eigenen Kultur im eigenen Land ein.[481] Von daher sind Einwände gegen eine Politik der Mehrheitsgesellschaft, die ihre kulturellen Traditionen und ihre Lebensweise privilegiert, demokratisch nicht zu begründen. Der demokratische Rechtsstaat muss die kulturellen Lebensformen der Mehrheitsgesellschaft sogar privilegieren, wenn das dem politischen Willen der Mehrheit entspricht.

Habermas lehnt die staatliche Privilegierung der kulturellen Lebensform der Einheimischen ab. Aber was heißt das? Da z.B. die monogame Ehe allein schon durch den Umstand privilegiert ist, dass die polygame Ehe verboten ist, bedeutet die Aufhebung der staatlichen Privilegierung, dass alle Eheformen rechtlich gleichgestellt werden müssten. Die staatliche Privilegierung bestimmter kultureller Merkmale wie etwa der Landessprache lässt sich gar nicht vermeiden, wenn das Gemeinwesen nicht in den Strudel von sozialer Erosion und gesellschaftlicher Desintegration geraten soll. Einheimische und Einwanderer treffen mit notwendigerweise unvereinbaren Forderungen aufeinander. Große und kulturell ferne Einwandererminderheiten wollen häufig a) eine möglichst weitgehende Autonomie mit dem Ziel, ihre Herkunftskultur zu bewahren (defensive Variante), b) oder sie wollen eine möglichst weitgehende Autonomie mit dem Ziel, ihre Herkunftskultur langfristig zur dominierenden Kultur (offensiven Variante) zu machen. Die kulturelle Mehrheit hingegen hat eine strukturell andere Interessenlage. Sie möchte ihre Kultur nicht bloß als eine unter vielen Kulturen sehen. Sie erhebt den Anspruch, ihre Kultur als *dominierende* Kultur zu erhalten. Das bedeutet aber wiederum, auf das Modell der kulturell relativ homogenen Gesellschaft zu bauen. Dieses Modell kann sie aber nur durchsetzen, wenn sie von den Immigranten verlangt, sich kulturell der Aufnahmegesellschaft anzupassen. Nur so können unterschiedliche Geschwindigkeiten in der demographischen Entwicklung bei der Mehrheit und der Minderheit oder die kulturellen Folgen verstärkter Einwanderung entschärft werden. Gegen das Modell der kulturell relativ homogenen Gesellschaft erhebt der Multikulturalismus Einwände. Die Mehrheitsgesellschaft könne grundsätzlich nicht mehr kulturelle Rechte für sich beanspruchen als sie ihren kulturellen Minderheiten zugesteht, wenn sie sich nicht dem Vorwurf der Diskriminierung anderer Kulturen aussetzen möchte. Unbestritten ist, dass der liberale Rechtsstaat die Individuen im privaten Bereich von Verfassung wegen nicht auf eine bestimmte kulturelle Lebensform, bestimmte Werte oder einen bestimmten kulturellen Geschmack verpflichten kann. Andererseits gibt es aber kein überzeugendes Argument, warum die Aufnahmegesellschaft im öffentlichen Raum nicht das Recht haben sollte, ihre nationale Kultur als verbindliche und ausschließliche gesellschaftliche Kultur durchzusetzen, und zwar allein schon deshalb, weil sie als aufnehmende Gesellschaft auf ihrem eigenen Territorium die älteren Rechte hält. Außerdem verstößt eine Integrationspolitik, die die kulturelle Lebensform der Aufnahmegesellschaft privilegiert und die Kulturen der Minderheiten ignoriert, auch nicht gegen das Gleichheitsprinzip. Erstens gilt das Gleichheitsgrundrecht nur für Individuen und nicht für Kollektive. Zweitens würde die Privilegierung der Kultur der Mehrheitsgesellschaft nur dann gegen das Gleichheitsprinzip verstoßen, wenn sie sich auf sogenannte unverfügbare Individualmerkmale beziehen würde, so dass Individuen *strukturell* ausgeschlossen wären. Das sind Merkmale wie Rasse, Hautfarbe, Geschlecht, körperliche Einschränkungen, Religion. Die Zugehörigkeit zu einer bestimmten Kultur ist aber kein unverfügbares Merkmal, weil Kultur und kulturelle Zugehörigkeit wandelbare Eigenschaften der menschlichen Existenz sind.

4.3 Spielarten der multikulturalistischen Theorie in Deutschland – ein Überblick

Obwohl der deutsche Multikulturalismusdiskurs seit vielen Jahren Hochkonjunktur in Wissenschaft, Publizistik und politischer Öffentlichkeit hat, hat er wenig Substanzielles zur Entwicklung einer multikulturalistischen Theorie beigetragen. Seine philosophische Grundlegung steht ganz und gar auf den Schultern von Charles Taylor. Auch Jürgen Habermas kommt über eine nur modifizierende Adaption des Taylorschen Ansatzes nicht hinaus. Sechs Varianten lassen sich im deutschen Multikulturalismus-Diskurs unterscheiden:

1. der liberale Multikulturalismus,
2. der naive Multikulturalismus,
3. der radikale Multikulturalismus,
4. der Multikulturalismus als Chance zur Demokratisierung der Gesellschaft,
5. der radikal universalistische Multikulturalismus,
6. der kritische Multikulturalismus.

4.3.1 Der liberale oder tolerant-pluralistische Multikulturalismus

Der liberale Multikulturalismus bildet die Hauptströmung des multikulturalistischen Paradigmas. Sein Leitsatz lautet: „Kulturelle Vielfalt statt nationaler Einfalt". Multikulturalität wird als Chance und Bereicherung der eigenen Kultur begriffen. Das multikulturalistische Paradigma geht aus vom Prinzip der Anerkennung kultureller Differenz. Das heißt, in der multikulturellen Einwanderungsgesellschaft Deutschlands brauchen die Einwanderer ihre kulturelle Identität und ihre Traditionen nicht aufzugeben, ja sie sollen es nicht einmal. Das Resultat ist ein Nebeneinander von deutschen und nichtdeutschen kulturellen Traditionen und Identitäten. Unter diesen Bedingungen wird Toleranz zur ersten Bürgerpflicht und schafft die Voraussetzungen für ein friedliches Zusammenleben zwischen Menschen unterschiedlicher Herkunft. Die Form der liberalen Multikulturalität wird aus dem Alltag heraus gedacht. Das bedeutet, die Individuen entfalten die Lebensstile ihrer Wahl und versorgen sich aus den verschiedenen kulturellen Angeboten. In gewisser Weise wird multikulturelles Leben als Fortsetzung der Marktgesellschaft im Bereich der individuellen Lebensgestaltung gedacht: Individualismus und freie Wahl im Spiel zwischen kulturellem Angebot und kultureller Nachfrage. Die einwanderungsbedingte kulturelle Vielfalt erweitert die Pluralität der Gesellschaft um neue Lebensstilvarianten sowie Normen und Werte, die die Einwandererminderheiten aus ihren Herkunftsländern mitbringen. Die kulturelle Verschiedenheit ist nur eine unter vielen anderen Verschiedenheiten in der pluralistischen Gesellschaft. An diesem Punkt stellt sich die Frage nach dem Verhältnis von Multikulturalität und gesellschaftlicher Integration. Die ehemalige Vorsitzende der Einwanderungskommission, Rita Süßmuth, bietet ein Beispiel für die Gleichsetzung dieser beiden gesellschaftlichen Perspektiven. Für sie ist Integration „die Alternative zum beziehungslosen Nebeneinander vermeintlich unvereinbarer Kulturen. Multikulturalität ist eine Tatsache, aber noch kein Konzept für den Zusammenhalt unserer Gesellschaft. Die nicht endenden Attacken auf die multikulturelle Gesellschaft bringen uns nicht weiter, wenn damit die Fiktion einer kulturell homogenen Gesellschaft durchgesetzt werden soll. Es geht vielmehr darum, die Pluralität, die Verschiedenartigkeit anzuerkennen, aber sie nicht mit Beliebigkeit zu verwechseln."[482]

Umstritten ist, ob die ethnische Vielfalt ein Übergangsphänomen ist oder Dauerzustand wird oder werden soll. Wenn ethnische Vielfalt als Dauerzustand betrachtet wird, ist eine Diskussion über die Notwendigkeit gemeinsamer Grundwerte nicht zu vermeiden. Der liberale deutsche Multikulturalismus sieht diese gemeinsamen Grundwerte im deutschen Grundgesetz verankert. Unterschiedliche Auffassungen gibt es in der Frage, ob die Grundwerte durch die Aufnahmegesellschaft vorgegeben werden, weil sie unverhandelbar sind oder ob sie mit den Einwanderern ausgehandelt werden müssen, wenn die Idee der Gleichwertigkeit aller kulturellen Vorstellungen ernst genommen werden soll. Insbesondere dann, wenn Einwandererminderheiten, die Normen, Werte und Lebensformen mitbringen, die von denen der Aufnahmegesellschaft grundlegend abweichen, weiter an demographischem Gewicht zunehmen, erhöht sich auch der Druck, die Grundlagen des Zusammenlebens neu auszuhandeln.

4.3.2   Naiver Multikulturalismus

Eng verwandt mit dem liberalen Multikulturalismus und in einem fließenden Übergang zu ihm steht der *naive Multikulturalismus*.[483] Diese Variante glaubt, aus der Beschreibung kultureller Verschiedenheit bereits das Modell eines besseren Zusammenlebens ableiten zu können, ohne die komplizierten und konflikthaften Aushandlungsprozesse kultureller Geltungsansprüche zu berücksichtigen. Sein Leitsatz ist: „Je bunter desto besser". Kennzeichnend für den naiven Multikulturalismus ist sein Voluntarismus, sein unkritischer Kult der Vielfalt, die Überwertigkeit der Vorstellung von permanentem Austausch und wechselseitiger Annäherung und Bereicherung zwischen Einwanderern und Einheimischen, die Überwertigkeit der Vorstellung einer Kompatibilität der Kulturen und einer unpolitisch-harmoniebetonten Integrationspädagogik.

Typisch für den naiven Multikulturalismus ist, sich die Welt als Wunschvorstellung zu denken und die problematischen Aspekte weitgehend zu ignorieren oder argumentativ zurechtzubiegen. So sei die Tatsache, dass zukünftig bis zu 30 oder 40 Prozent der Einwohner in deutschen Großstädten Einwanderer sind, „nicht gleichzusetzen mit Überfremdung, Bedrohung oder gar Verlust der eigenen Kultur."[484] „Die Überlegung, keine Zuwanderung von Muslimen mehr zuzulassen oder sie in unseren Gesellschaften weitgehend zu marginalisieren, ist keine Lösung des Problems. […] Wir müssen die Mehrheit der Friedfertigen überzeugen durch gelingendes Miteinander, durch Taten, die die Feindbilder vom Westen widerlegen."[485]

Der naive Multikulturalismus verbindet mit dem Konzept der multikulturellen Gesellschaft ein neues goldenes Zeitalter. Erwartet wird, dass die multikulturelle Gesellschaft „die Individuen aus den Bornierungen ihrer konventionellen Identität herausreißt, ihnen dabei erste Einsichten in die Relativität ihrer Standpunkte ermöglicht und sie somit auf den Weg universalistischer Wertgesichtspunkte bringt".[486] Diese Einsicht wiederum bringt die Lösung aller interethnischen Konflikte mit sich.[487] Bei Integration könne es sich nicht um einen einseitigen Anpassungsprozess handeln, sondern um gegenseitige Annäherung, um ein Kennenlernen und ein Aufeinanderzugehen von beiden Seiten. Es komme darauf an, friedfertig, in gegenseitiger Achtung und kreativ mit Menschen aus verschiedenen Kulturen und Religionen zusammenzuleben mit dem Ziel eines „wechselseitig bereichernden Zusammenlebens".[488] Diese Vorstellung wird auch als *pluralistische Integration* bezeichnet.[489] Selbst die multiethnisch und multikulturell zusammengesetzten Belegschaften der Wirtschaftsunternehmen werden nicht als Herausforderung an die Führungsfähigkeiten der Unternehmensleitungen gesehen, sondern ausschließlich als Quelle von Kreativität und Innovation. Anflüge eines kritischen Problembewusstseins werden mit pastoralpsychologisch anmutenden Rezepten ruhiggestellt. „Um einander annehmen zu können, müssen wir einander kennen und besser verstehen lernen."[490] Dabei kommt es darauf an, „Unsicherheit und Angst, Gefühle des Bedrohtseins und der Abwehr auf allen Seiten zu überwinden […] Es gilt, das oft von Unkenntnis und Indifferenz gekennzeichnete Nebeneinander, die Toleranz der Gleichgültigkeit und Interesselosigkeit gegenüber Fremden aufzubrechen und Vertrauen aufzubauen."[491]

Um die Frage der gemeinsamen Grundlage des harmonischen Zusammenlebens unterschiedlicher Kulturen kommt auch der naive Multikulturalismus nicht herum. Die Antwort auf diese Frage gibt der naive Multikulturalismus allerdings auf zweierlei und oftmals sich widersprechende Weise. a) Einmal beantwortet er die Frage nach einer gemeinsamen Grundlage des Zusammenlebens mit der Forderung nach einer gemeinsamen Grundlage des Zusammenlebens: „Entscheidend ist, auf welcher Grundlage bei aller Vielfalt und Unterschiedlichkeit wir unser Zusammenleben regeln, welche Werte und Normen für alle verbindlich sind und welche Spielräume für Pluralität z.B. in Glaubenfragen und Lebensstilen bestehen."[492] Es gehe um eine „Leitkultur des Zusammenlebens"[493], sozusagen um kulturelle Vielfalt in verfassungspatriotischer Einheit. Um diese „Leitkultur des Zusammenlebens" einzurichten, bedarf es einer Einigung und „Verständigung über gemeinsame Werte und Regeln, denn ohne sie fällt eine demokratische Gesellschaft auseinander".[494] Die Vorstellung, eine gemeinsame Grundlage für ein friedliches Zusammenleben könne mit der Methode des herrschaftsfreien Diskurses gefunden werden, bestimmt die Position des naiven Multikulturalismus. „Es geht nicht um Herrschafts- und damit um Dominanzansprüche der einen Kultur über die anderen, nicht um Selbstbehauptung und Machtansprüche, sondern um kooperatives Miteinander."[495] Der Grundkonsens sei das Ergebnis von Diskussion und Willensbildung und müsse im Alltag – ohne Überheblichkeit, Selbstüberschätzung, Absolutheitsanspruch und Feindbilder – in einem permanenten Prozess immer wieder neu erreicht werden, indem unterschiedliche Positionen zum Kompromiss geführt werden.[496] Kennzeichnend für diese Position ist, dass sie sich mit dem Machtcharakter interethnischer Beziehungen nicht auseinandersetzt. b) Ein andermal besteht die Antwort im lapidaren Verweis auf die Notwendigkeit eines Konsenses auf der Grundlage der Grundwerte und Grundrechte des Grundgesetzes. Die fehlende Problematisierung dieser Vorstellung, das unbefangene Ausblenden der Frage, ob überhaupt und wenn unter welchen Bedingungen Verfassungen in der Lage sind, die ihnen zugedachte Rolle der Konsensstiftung zu erfüllen, ist ein weiterer Hinweis auf den naiven Charakter dieser Multikulturalismus-Variante.

Die Antwort auf die Frage nach der gemeinsamen Grundlage des harmonischen Zusammenlebens unterschiedlicher Kulturen leidet offenkundig an Ungereimtheiten. Eine Verständigung über gemeinsame Werte und Regeln ist nämlich etwas gänzlich anderes als die Verpflichtung auf einen bestehenden Katalog von Grundwerten. Entweder gilt das Grundgesetz ohne Einschränkung, dann kann es keine diskursive Verständigung über den verfassungsbezogenen Grundkonsens geben, denn dazu müsste er verhandelbar sein. Sind die Grundwerte eines Gemeinwesens unantastbar, dann bleibt nur Anpassung, mehr noch, Internalisierung dieser Werte. Internalisierung kann aber nur Internalisierung der kulturellen Grundlagen dieser Grundwerte bedeuten und ist damit nichts anderes als ein anderer Ausdruck für Assimilation. Wird die Grundlage des Zusammenlebens über Verständigung und Einigung geschaffen, muss das Grundgesetz verhandelbar sein, weil seine Grundwerte immer auch die Werte, Normen und Lebensform anderer Kulturen zu berücksichtigen haben. In diesem Fall haben Verfassungsgrundwerte wie die Würde der Person, Gleichheit von Mann und Frau, Ehe und Familie, Religionsfreiheit, Meinungsfreiheit, Demokratie- und Rechtsstaatsprinzip offen zu sein für Beschränkung oder Erweiterung, für Modifizierung oder Veränderung, für gänzlich neue Interpretationen, für die Aufhebung alter Grundrechte und die Einführung neuer Grundbestimmungen.

Der philosophische Ausgangspunkt des naiven Multikulturalismus ist eine Simplifizierung des Hegel'schen Gedankens der Anerkennung des anderen. Dieser auf ein schlichtes Axiom reduzierte Gedanke hat in vielen Variationen Verbreitung gefunden. Er gehört zu den beliebten und gebräuchlichen Grundannahmen des naiven Multikulturalismus und wird von Rita Süssmuth so formuliert: „Auch Migranten und Migrantinnen, die dauerhaft in Deutschland leben wollen, haben eine individuelle Geschichte und sind Teil einer kollektiven Geschichte. Beides bringen sie mit ins Aufnahmeland. Sollten sie diese verdrängen oder verleugnen müssen, besteht die Gefahr einer gebrochenen Identität."[497] Diese psychologisierende Deutung ignoriert freilich die Tatsache, dass es in jeder Gesellschaft einen äußeren und inneren Zwang zu permanenter Anpassung gibt, der geradezu als ein anthropologisches und soziologisches Grundphänomen bezeichnet werden kann.

Das politische Grundmuster des naiven Multikulturalismus ist das moralische Argument, der Appell. Der Appell ersetzt die realpolitische Analyse, er bedeutet den Verzicht auf eine soziologisch fundierte Auseinandersetzung mit der Idee des Multikulturalismus. Dieser Verzicht wird kompensiert durch eine eschatologische Haltung, die auf die Wiedergewinnung des verlorenen Gartens Eden gerichtet ist. Wie sehr das eschatologische Element naiv-multikulturalistisches Denken bestimmt, wird deutlich an der immer wieder aufblitzenden Imagination, dass das Zusammenleben in der multikulturellen Gesellschaft gleichsam ein nicht endenwollender Karneval der Kulturen, ein immerwährendes Fest der Buntheit und Exotik, der kulinarischen Genüsse, der Offenheit und Neugier gegenüber Andersartigkeit und Differenz, der wechselseitigen Annäherung und Bereicherung, der interkulturellen Lernprozesse, ein permanentes volkspädagogisches Unternehmen zur Schaffung einer besseren Welt ist. Nichts drückt die Beschaffenheit des naiv-multikulturalistischen Weltbildes klarer aus als das Werbeplakat zur Interkulturellen Woche 2008/Woche der ausländischen Mitbürger. Auf einer grünen Wiese mit Gänseblümchen stehen im Kreis fünf Gartenzwerge, die sich an den Händen halten. Zwei Figuren entsprechen dem bekannten Muster des einheimisch-deutschen Gartenzwerges. Drei Gartenzwerge, ein Türke mit Fes, ein Chinese und ein Afrikaner in ihrer jeweiligen Nationaltracht, repräsentieren zusammen mit den deutschen Zwergen die harmonische Eintracht der Welt der Gartenzwerge in der Vielfalt von Mützen und Bärten. Nicht von ungefähr stößt der naive Multikulturalismus daher auch bei Vertretern des Multikulturalismus auf beißende Kritik, etwa wenn Daniel Cohn-Bendit die Diagnose stellt: „Der Multikulturalist, der das Fremde wie das Manna preist, gibt zweierlei zu erkennen: Erstens, daß er das Eigene missachtet (und daher mit dem Fremden nicht real, sondern kompensatorisch umgeht); und zweitens, daß er offensichtlich bereit ist, all die Querelen, die das Fremde fast seit jeher ausgelöst hat, allein der Verblendung der Menschen anzulasten."[498]

4.3.3   Radikaler Multikulturalismus

Bei der deutschen Spielart des radikalen Multikulturalismus handelt es sich gewissermaßen um die aggressive Variante des naiven Multikulturalismus, dessen programmatische Kurzfassung die bei Alternativen und Autonomen beliebte Parole „Liebe Ausländer, lasst uns mit diesen Deutschen nicht allein" ist. Gemeinsames Merkmal aller Schattierungen des radikalen Multikulturalismus ist es, kulturelle Gruppenrechte über die Grundrechte des Individuums zu stellen, aber auch über die Interessen der gesamten Gesellschaft.[499] Radikaler Multikulturalismus hat aber nicht nur die ethnokulturellen, sondern alle unterprivilegierten und marginalisierten gesellschaftlichen Gruppen im Blick. Wirkliche gesellschaftliche und politische Inklusion und Partizipation aller sind nur mit dem Instrument der Gruppenrepräsentation zu erreichen. Gruppendifferenzierte Staatsbürgerrechte sorgen für eine reale Gleichberechtigung der unterdrückten oder benachteiligten Minderheiten in der Gesellschaft. Ein weiteres Kennzeichen des radikalen Multikulturalismus ist sein radikaler *Kulturrelativismus* und seine *totale* Toleranz gegenüber kulturellen Unterschieden. Diese Position erkennt bedingungslos alle Kulturen als gleichwertig an. Mit der Anerkennung des Prinzips der Gleichwertigkeit entfällt das Recht, Kulturen zu bewerten. Übrig bleibt nur noch die radikale Akzeptanz aller Kulturen, Lebensstile und Verhaltensweisen. Die Konsequenz aus dieser Position ist, dass alle Forderungen an die Einwanderer zurückgewiesen werden, die „anderen Menschen kulturelle Wertvorstellungen und Normen" aufdrängen. Dazu zählen die Erwartung, die deutsche Sprache zu lernen, das Grundgesetz, seine Werte und die deutsche Rechtsordnung anzuerkennen oder sich Kenntnisse der deutschen Kultur, der Gesellschaftsordnung oder des demokratischen Rechtsstaates anzueignen.[500]

Auch die deutsche Spielart des radikalen Multikulturalismus ist voller Geringschätzung für die nationale und die europäische Kultur. Kritiker des radikalen Multikulturalismus deuten diese Geringschätzung als ein Symptom kollektiver Selbstverachtung und Selbstverleugnung. Die Anhänger eines radikalen Multikulturalismus neigten dazu, sich mit allem Fremden blind zu identifizieren und alle nichteuropäischen oder exotischen Kulturen zu idealisieren. In Deutschland hat sich eine spezifische Spielart des radikalen Multikulturalismus entwickelt. Sie bezieht ihre Motivation aus der moralischen Katastrophe des Nationalsozialismus. Sie bekämpft nicht nur eurozentrische Einstellungen allgemein, sondern richtet sich vor allem gegen die deutsche Identität. Die Kritiker dieses Phänomens bedienen sich aus einem reichen Vorrat an sozialpsychologischen Deutungen. Die multikulturelle Gesellschaft wird gesehen als Flucht aus einer schuldbesetzten nationalen Identität, die das kollektive Auschwitz-Trauma nicht adäquat verarbeiten könne. Stattdessen sei ein Weg gemeinschaftlicher Neurose beschritten worden, der die Heilung von deutscher Kollektivschuld in der Umwandlung der deutschen in eine multikulturelle Gesellschaft suche, in der „die eigene verhasste Kultur im bunten Mix der vielen Kulturen wegzuschmelzen" sei. Die deutsche Identität solle aufgelöst und damit als latente Quelle faschistischer Versuchung zum Verschwinden gebracht werden. Unter dem Motto „Nie wieder Deutschland" werde die Abschaffung Deutschlands angestrebt, womit die Liquidierung all der Phänomene gemeint ist, die mit deutscher Kultur in einem Zusammenhang stehen.[501]

4.3.4   Multikulturalismus als Chance zur Demokratisierung

Diese Position wird in der Bundesrepublik insbesondere von Axel Schulte oder auch Daniel Cohn-Bendit und Thomas Schmid vertreten. Ist die umfassende Demokratisierung der (deutschen) Gesellschaft das Ziel, dann ist das Mittel dazu die gesamtgesellschaftliche Emanzipation. Wird aber das Zusammenleben von Einheimischen und Einwanderern in einen Zusammenhang mit dem Ziel der Demokratisierung der Gesellschaft gestellt, dann braucht es dafür das Konzept einer multikulturellen Gesellschaft, die die Multikulturalität aus der Perspektive der Emanzipation der Einwanderungsminderheiten entwickelt. Dieses Konzept begreift die Multikulturalität als Chance, versucht aber, nicht den Tücken eines naiven Multikulturalismus aufzusitzen. Schulte stellt an dieses Konzept folgende Bedingungen:

1. Deutschland muss sich als Einwanderungsgesellschaft verstehen, damit die Einheimischen die Einwanderer als Teil der deutschen Gesellschaft betrachten. Darüber hinaus muss sich Deutschland als multikulturelle Gesellschaft anerkennen und muss interkulturelle Orientierung als durchgängiges gesellschaftliches Prinzip auf allen Ebenen und in allen gesellschaftlichen Teilsystemen durchsetzen, also etwa im Bildungsbereich, der Verwaltung oder der Wirtschaft.

2. Die rechtliche Emanzipation der Einwanderer soll dadurch erreicht werden, dass alle besonderen Regelungen, die sich nur auf Ausländer beziehen, aufgehoben werden, so dass es zu einer vollständigen rechtlichen und politischen Gleichstellung mit den deutschen Staatsbürgern kommen kann.

3. Der Staat sorgt für einen wirkungsvollen Abbau der Ungleichheit, die in der sogenannten ethnischen Schichtung in den verschiedenen gesellschaftlichen Bereichen wie dem Arbeitsmarkt, dem Wohnungsmarkt, im Bildungs- und Gesundheitssystem zum Ausdruck kommt. Die staatlichen Maßnahmen bewirken, dass sich die Einwanderer in ihren sozialstrukturellen Merkmalen nicht mehr von den Einheimischen unterscheiden. Sind solche Maßnahmen erfolgreich, gibt es dann keinen Unterscheid mehr zwischen der Arbeitslosenquote von Einwanderern und Einheimischen usw.

4. Der Staat der Aufnahmegesellschaft hat die Möglichkeiten für eine wirksame gesellschaftspolitische Partizipation, Selbstorganisation und Interessenvertretung der Einwanderer zu schaffen. Insbesondere geht es dabei um Herstellung und Förderung der kulturel-

len Autonomie der Einwanderer, die als *kulturautonome Integration* bezeichnet werden kann.
5. Der Staat schiebt allen Tendenzen von (Kultur-)Rassismus, Diskriminierung und Ausländerfeindlichkeit einen Riegel vor.[502] Die umfassende Demokratisierung soll mit Hilfe einer Transformation der Gesellschaft in eine Gesellschaft erfolgen, deren Grundlage zwar die Multikulturalität ist, die aber mit der Emanzipation der Einwanderer die demokratische Emanzipation der gesamten Gesellschaft zum Ziel hat. Damit kann das Konzept, das in der Tradition radikaldemokratischer Ansätze der unorthodoxen Linken steht, als Versuch betrachtet werden, das programmatische Schlagwort der multikulturellen Demokratie, wie es von Cohn-Bendit und Schmid propagiert wird, zu konkretisieren.

4.3.5   Der radikaluniversalistische Multikulturalismus

Die radikaluniversalistische Richtung, deren bekanntester Vertreter der Frankfurter Erziehungswissenschaftler Frank-Olaf Radtke ist, versteht sich als Kritik des liberalen und radikalen Multikulturalismus. Sie ist aber selbst eine Spielart des Multikulturalismus, weil sie den kulturellen Pluralismus befürwortet und nur die kulturalistischen Tendenzen im Multikulturalismus ablehnt. Auch andere, wie der Politikwissenschaftler Michael Vester schreiben der Ethnizität keine exklusive Stellung in der Sozialstruktur einer Gesellschaft zu (und damit auch nicht bei der Erzeugung gesellschaftlicher Konflikte). Vielmehr wird ethnische Differenzierung als eine Form sozialkultureller Differenzierung unter vielen anderen gesehen. Multikulturelle Segmentation tritt in einer nach Milieus gegliederten Gesellschaft nicht erst mit der Zuwanderung fremder ethnisch-kultureller Gruppen ein. Selbst in ethnisch weitgehend homogenen Gesellschaften gibt es erhebliche kulturelle Unterschiede.[503] Diese Sichtweise ist indiskutabel, weil Kultur und Subkultur analytisch nicht unterschieden, sondern offensichtlich als deckungsgleich betrachtet werden. Nach dem radikaluniversalistischen Multikulturalismus besteht die Gesellschaft nicht aus Gruppen, sondern aus Individuen, die sich durch ihre Lebensstile und kulturelle Vorlieben unterscheiden. Auch der radikaluniversalistische Multikulturalismusansatz hat internationale Wurzeln. Er nimmt Anleihen bei dem politischen Philosophen Brian Barry. Der Ausgangspunkt für die radikaluniversalistische Multikulturalismusvariante ist die Beobachtung, dass in Deutschland mit der Fremdheit von Einwanderern entweder a) in ausgrenzender oder b) in vereinnahmender Absicht umgegangen werde. Sollen die Fremden ausgegrenzt werden, dann würden die kulturelle Differenz, d.h. die ethnische Verschiedenheit und die kulturelle Distanz thematisiert. Die Vereinnahmung der Fremden im Sinne eines naiven Multikulturalismus hingegen geschehe durch Bewunderung. Die Ausgrenzung auf Seiten der Mehrheitsgesellschaft laufe auf die Renaissance nationalen Denkens und die Erzeugung von Wir-Gefühlen hinaus. Die ausgrenzende Absicht sei in der Wende hin zur Kulturalisierung der sozialen Konflikte in der Bundesrepublik in den 1970er Jahren sichtbar geworden. Damals hätten Parteipolitiker angesichts der anhaltenden Einwanderung das „Problem der kulturellen Überforderung der einheimischen Bevölkerung konstruiert".[504] Unterstützung hätten sie dabei von Lehrern und Sozialarbeitern bekommen, die mit den nachgeholten ausländischen Kindern und Jugendlichen nicht fertig geworden seien. Diese Schwierigkeiten zeigten sich vor allem im schulischen Misserfolg der Einwandererkinder und in der überproportional hohen Arbeitslosigkeit unter den Einwanderern der zweiten Generation. Als Erklärung dieser Schwierigkeiten habe der Faktor der kulturellen Differenz herhalten müssen. Das Scheitern ihrer eigenen pädagogischen Bemühungen sei an einem Kulturkonflikt festgemacht worden, der mit zunehmendem Grad an Fremdheit und kultureller Distanz zur Aufnahmegesellschaft für immer unlösbarer gehalten wurde. An diesem Punkt schlügen soziale Probleme um in die Ethnisierung von Spannungen und Konflikten zwischen Einheimischen und Einwanderern. Sie transfomierten sich in einen versteckten Rassismus gegenüber den Zuwanderern, „deren Verhalten zwar nicht mehr biologistisch, dafür aber kulturdeterministisch erklärt wird.“[505] Die Dramatisierung der Fremdheit wirke im Sinne einer latenten Abwertung der Einwanderer und stelle die gesellschaftliche Situation als kulturell unerträglich dar. Eigentlich aber gehe es um soziale Probleme, die mit der Schaffung von Arbeitsplätzen und Wohnungen beseitigt werden könnten. „Die stereotype Vorstellung von der sozialen Bedeutsamkeit kultureller Distanz macht mögliche Differenzen endgültig unüberbrückbar. Wenn man es nicht mehr mit Arbeitern, Kindern, Schwangeren, Taxifahrern, Gemüsehändlern oder Fußballspielern, also mit sozialen Gruppen zu tun hat, die unter gleichen Lebensbedingungen, aber unterschiedlichen Sozialisationserfahrungen in einer westdeutschen Großstadt leben und aufwachsen, sondern wenn in ethnologischer Perspektive das Problem aus ganzen (Turk-)Völkern besteht, die schon einmal vor Wien standen, und ihren unwandelbaren, von keiner Modernisierung zu irritierenden Eigenschaften, bleibt nur die Vertreibung.“[506]

Wenn Ausgrenzungsabsichten den roten Faden im *ausländerfeindlichen Diskurs* bildeten, dann sei die vereinnahmende Absicht Bestandteil des *ausländerfreundlichen Diskurses*. Die bewundernde Rede von fremden Kulturen (Bereicherung durch kulturelle Vielfalt usw.) betone das Moment der anderen kulturellen, nationalen oder ethnischen Herkunft der Einwanderer. Das daraus resultierende Risiko des kulturbedingten Konfliktes mit der Aufnahmegesellschaft stecke also *auch* im ausländerfreundlichen Diskurs in der Betonung der ethnischkulturellen Differenz. Nach Ansicht der Vertreter des ausländerfreundlichen Diskurses könne das Risiko ethnisch-kultureller Differenz nur dadurch beseitigt werden, dass die herrschende Fiktion einer rassisch-ethnischen Homogenität, die konfliktverschärfend wirke, überwunden werde. An die Stelle der Einheitsidee des Nationalstaates trete das Modell einer Gesellschaft, die sich aus dem Grundsatz der „Einheit in Vielfalt“ legitimiere. Diesen Rollentausch lehnt die radikaluniversalistische Perspektive ab, denn er bedeute nichts anderes, als dass die Fiktion der *nationalen Homogenität* durch die Konstruktion *ethnischer Heterogenität* ersetzt werde. Der Rollentausch helfe zu verschleiern, dass es nicht kulturelle Differenz sei, die die Gesellschaft konstituiere, sondern die soziale Lage, die ökonomischen Interessen oder die politischen Überzeugungen. *Der entscheidende Punkt aber ist: Der Nationalismus stützt sich auf die Idee des Vorrangs der ethnischen Bindungen der Gruppe oder der Gesellschaft. Und im Multikulturalismus lebe diese Idee „in multiplizierter Form“ fort.* Ethnisch und kulturell homogene Gruppen würden damit essentialisiert und konserviert. Die Programmatik des Multikulturalismus lebe also vom gleichen Kern wie der Nationalismus, nämlich der Kultur. Der Kultur werde in beiden Konzepten eine Prägekraft zugeschrieben, die „dem biologistischen Rassismus kaum nachsteht.“[507] Diese Form des Multikulturalismus erweckt den Eindruck, dass die Idee der nationalen Homogenität, die sich auf die Exklusion entlang ethnischkultureller Trennlinien stützt, aufgelöst werden könnte zugunsten einer Idee der allgemeinen Inklusion. „Aus Xenophobie soll, wenn schon nicht Xenophilie, dann jedenfalls ein gelassener Umgang mit dem Fremden werden. Multikulturalismus wäre so gesehen ein zivilisierter bzw. zivilisierender Versuch, einen Weg des Umgangs mit den anderen zu suchen, der Integration und Differenz zugleich ermöglicht."[508] Die radikaluniversalistische Position spricht den Vertretern dieses kulturfixierten Multikulturalismus lautere Absichten nicht ab, sieht aber eine enorme Gefahr darin. Denn wer die deutsche Gesellschaft als multikulturell beschreibe, und nicht länger als Klassengesellschaft, als Konsumgesellschaft oder als Industriegesellschaft, müsse in Kauf nehmen, dass durch Stilisierung ethnischer Minderheiten auch eine ethnische Formierung der Mehrheitsgesellschaft ausgelöst werde. Wenn nämlich an den Einwanderern das Fremde hervorgehoben wird, liegt es nahe, auch das Eigene geltend zu machen. Das Eigene seien bei zunehmender Wichtigkeit ethnischer Differenzierung dann nicht mehr der Beruf, die politische Überzeugung oder Familie und Freunde, sondern das Deutsche. Unter den Bedingungen des modernen Wohlfahrtsstaates heiße Deutschsein dann, den eigenen Wohlstand zu verteidigen und Ansprüche von Einwanderern abzuwehren. Die Berufung auf das Deutschsein diene der Rechtfertigung eines inhumanen Wohlstandschauvinismus.

Die Frage, ob die ethnische Vergemeinschaftung ein tief in der menschlichen Seele verankertes Bedürfnis sei, wie Mehrheiten und Minderheiten regelmäßig behaupten, kann aus radikaluniversalistischen Sicht heraus außer Acht bleiben. Das Bedürfnis nach ethnischer Vergemeinschaftung entstehe nämlich nur dort, wo die soziale Situation den Boden dafür bereite, das Bedürfnis nach ethnischer Vergemeinschaftung auszuleben und erlittenes Unrecht oder Diskriminierung zu kompensieren. Die Einwanderer würden dadurch, dass sie in ethnisch-kulturelle Kategorien eingeteilt würden, künstlich fremdgemacht. Die Unterscheidung von Inländern und Ausländern mit ihren administrativen und rechtlichen Konsequenzen diene der Konstruktion immer neuer Ausgrenzungskriterien, um eine wohlstandschauvinistische Politik in Deutschland zu sichern. „Vor allem Sozialarbeiter und Lehrer haben die ‚Kulturen' erfunden, mit denen sie es jetzt zu tun haben. Dieser Formierung von oben steht nach den Brandanschlägen auf Wohnungen vor allem von türkischen Immigranten eine spontane Mobilisierung der Angegriffenen von unten gegenüber, die ethnisierend zusammenzwingt, was sozial nicht zusammengehört."[509] Im feindlichen sozialen Klima Deutschlands bedingten Fremdethnisierung und Selbstethnisierung einander und verstärkten sich gegenseitig. Die Tatsache, dass „Zuwanderer in der Bundesrepublik nicht einmal das Recht haben, politische Rechte zu haben",[510] hindere sie daran, sich wie alle anderen Gesellschaftsmitglieder nach sozialen, politischen und ökonomischen Interessen zu differenzieren. Stattdessen würden sie kollektiv als fiktive Gemeinschaften in eine ethnische Auseinandersetzung mit der Mehrheit gezwungen. Wer ethnische und kulturelle Differenz positiv bewerte, unterstütze „die Hervorkehrung der Fremdheit, die die Zugewanderten in allen Bereichen, in der Schule, in der Nachbarschaft, im Betrieb und in der Politik zu nicht integrierbaren ‚Fremdkörpern' macht, die allenfalls mit einem Extra-Aufwand an Toleranz und Gelassenheit ertragen werden können."[511]

Die radikaluniversalistische Multikulturalismusposition verteidigt die universalistisch gedachten Werte der Aufklärung und lehnt Kultur als eine Kategorie zur Beschreibung der Gesellschaft ab. Dagegen gestellt wird ein universalistisches Konzept von Multikulturalismus, das gegenüber Fremden kulturneutral offen ist. In dieser Gesellschaft spielen ethnische und kulturelle Faktoren keine Rolle, weil das Gleichheitsprinzip die Gesellschaft politisch und sozialökonomisch radikal durchstrukturiert, so dass der Gesichtspunkt der ethnischen und kulturellen Differenz seine Bedeutung verliert. Die Vertreter des radikaluniversalistischen Multikulturalismus befürchten, dass der Multikulturalismus ohne universalistische Verankerung Gefahr läuft, der Ethnisierung gesellschaftlicher Konflikte Vorschub zu leisten. Das heißt, ursprünglich und eigentlich soziale Konflikte oder Konflikte um Macht oder knappe Güter werden in der Form ethnischer Konflikte ausgetragen.

Die Kritik wirft dem radikaluniversalistischen Multikulturalismus vor, er unterschätze die kulturelle Dimension der gesellschaftlichen Beziehungen und Verhältnisse maßlos. Soziologisch betrachtet bestehe die Gesellschaft nicht nur aus Individuen, die sich durch jeweils eigene Lebensstile und kulturelle Vorlieben unterschieden, sondern aus Individuen, die Gruppen angehörten und ihre kulturellen Vorlieben oder Lebensstile kollektiv auslebten. Ohne die kollektive Organisation von eigenen Lebensstilen oder kulturellen Gepflogenheiten könnten gesonderte Kulturen oder Subkulturen gar nicht dauerhaft bestehen. Ethnisch-kulturelle Gruppen seien, wie alle gesellschaftlichen Gruppen, nicht konstruiert, sondern zunächst einmal faktisch existent. Inwieweit ethnisch-kulturelle Merkmale sich verfestigten oder im Lauf der Zeit aufgeweicht würden, hänge in der Tat *auch* von der Art und Weise ab, in der die Aufnahmegesellschaft mit ihren Einwanderern umgehe. Aber entgegen der Annahmen von Radtke und anderen handelten soziale Gruppen, die unter gleichen Lebensbedingungen, aber unterschiedlichen Sozialisationserfahrungen und kulturellen Orientierungen lebten, nicht gleich oder ähnlich, sondern anders. Die Untauglichkeit der radikaluniversalistischen Analyse komme daher, dass sich diese Position auf einen ursprünglich marxistischen Ansatz berufe. Danach seien kulturelle Konflikte in Wirklichkeit nur missverstandene, fehlinterpretierte oder missbrauchte soziale Konflikte. Die vermeintlich kulturell verursachten Konflikte und nationalen Antagonismen verschwänden aber mit der Lösung der sozialen Frage, d.h. mit der Aufhebung des Klassencharakters der kapitalistischen Gesellschaft. Der marxistische Erklärungsansatz sehe in der kulturalistischen Erklärung von gesellschaftlichen Auseinandersetzungen ein Manöver, das von den eigentlich sozialen Ursachen und Inhalten vermeintlich kultureller Konflikte ablenke.

Zweifel an der radikaluniversalistischen Position weckt auch ihre Beschreibung der deutschen sozialökonomischen und gesellschaftlichen Verhältnisse. Es sei ziemlich weit hergeholt, zu behaupten, das kapitalistische System in Deutschland benutze die systematische ethnische Diskriminierung als Instrument der Herrschaftssicherung. Denn die Einwanderer in Deutschland hätten, selbst wenn sie die deutsche Staatsbürgerschaft nicht besäßen, keineswegs keine Rechte und Möglichkeiten, ihre sozialen, politischen und ökonomischen Interessen zur Geltung zu bringen. Aussagefähige Hinweise darauf lieferten beispielsweise der hohe Grad der gewerkschaftlichen Partizipation von Einwanderern[512] oder die robuste politische Vertretung von Einwandererinteressen durch islamische oder türkische Migrantenorganisationen. Ihre Interessen und Ansprüche würden von der deutschen Politik weitaus stärker wahrgenommen als ihnen im Verhältnis zur Zahl der Einwanderer, die von ihnen vertreten würden, eigentlich zukomme. Davon, dass die Bundesrepublik gegenüber den Immigranten mit dem Mittel der Fremdethnisierung eine Diskriminierungspolitik betreibe, könne keine Rede sein.[513]

4.3.6 Der kritische Multikulturalismus

In Deutschland wirbt die Berliner Psychologieprofessorin Birgit Rommelspacher für den Ansatz eines sogenannten kritischen Multikulturalismus, der eine Variante des radikalen Multikulturalismus ist und deutliche Anleihen bei den amerikanischen Radikalmultikulturalisten wie Iris M. Young macht. Für den kritischen Multikulturalismus spielt zwar die ethnische Zugehörigkeit eine große Rolle, gleichzeitig wird sie aber in ihrer Bedeutung relativiert, weil die ethnische Zugehörigkeit nur *ein* Unterscheidungsmerkmal von vielen sei und sich mit anderen sozialen Zugehörigkeiten überschneide. Jedes Individuum gehöre immer unterschiedlichen Gruppen gleichzeitig an und unterscheide sich von anderen nach Geschlecht, sozialer Klasse, Beruf, Alter, Konfession, politischer Überzeugung, Interessen, sexueller Orientierung usw. Der kritische Multikulturalismus anerkennt die ethnische Zugehörigkeit nicht als *eindeutige* Kategorie. Menschen gehörten häufig unterschiedlichen Kulturen gleichzeitig an, da sie sich selbst je nach Kontext oder biographischer Lebensphase unterschiedlich zuordneten. So könne die kulturelle Zugehörigkeit für die einen eine identitätsstiftende Bedeutung haben, für andere aber nur ein peripheres Moment im eigenen Selbstverständnis sein. Es gebe auch so etwas wie eine situative ethnische Zugehörigkeit, wenn man sich etwa nur an Feiertagen seiner kulturellen Bezüge bewusst werde oder etwa nur dann, wenn man unter Fremden sei. Daraus zieht der kritische Multikulturalismus eine sehr subjektivistische Schlussfolgerung. Das heißt, es müsse jedem einzelnen selbst überlassen bleiben, ob und inwiefern er sich einer Kultur zugehörig fühle oder nicht. Es dürfe jemandem weder eine bestimmte Zugehörigkeit zugeschrieben noch die selbst gewählte Zuordnung von anderen infrage gestellt werden. Weil die ethnische Zugehörigkeit also kein eindeutiges Individualmerkmal sei, müsse das *Prinzip der Selbstinterpretation* beachtet werden. Dem kritischen Multikulturalismus geht es aber nicht nur um die gleichberechtigte Teilhabe aller, sondern auch um die kritische Überprüfung aller kulturellen Besitzstände und Regelungen, insbesondere die der Mehrheitsgesellschaft. So begnügt sich der kritische Multikulturalismus nicht einfach damit, den Minderheiten kulturelle Rechte zuzugestehen, die die Mehrheit bereits hat. Der kritische Multikulturalismus will eine Kulturrevolution. Ein Beispiel dafür ist die Feiertagsregelung. Ein liberaler Multikulturalismus würde fordern, dass alle das Recht haben müssen, die hohen Feiertage ihrer religiösen und kulturellen Gemeinschaft begehen zu können. Das kann dadurch geschehen, dass neue, z.B. islamische Feiertage als gesetzliche Feiertage eingeführt werden oder dadurch, dass jedem Minderheitenangehörigen das Recht auf zusätzliche Schul- oder Arbeitsbefreiung an diesen Tagen zusteht. Das heißt, die Feiertage der Mehrheitskultur blieben unangetastet. Nach den Vorstellungen des kritischen Multikulturalismus müssten jedoch auch die Feiertage der Mehrheitskultur in die Überlegungen mit einbezogen werden. Das würde bedeuten, dass alle, die wollen, an christlichen Feiertagen arbeiten können. Alle, auch die säkularen Christen, müssten sich überlegen, welche Bedeutung für sie z.B. Weihnachten hat. An christlichen Feiertagen würden dann Muslime, Juden und Buddhisten mit Atheisten aller Kulturen zur Arbeit gehen. Solche Regelungen könnten Reflexionsprozesse über den Zusammenhang von christlicher Religion, herrschender Kultur und deutscher Tradition viel eher stimulieren als die großzügige Gewährung zusätzlicher Feiertage für nicht-christliche Gläubige. Denn mit der Gewährung zusätzlicher Feiertage wird die herrschende Norm nur bestätigt und die Normen der anderen werden zur Ausnahme gemacht.[514]

4.3.7 Neuere Tendenzen

Einen speziellen Gesichtspunkt des Multikulturalismus bringt das Konzept des Transnationalismus zur Geltung. Der Transnationalismus, der auch unter dem Begriff der „postnationalen Staatsbürgerschaft" diskutiert wird, thematisiert die zunehmende kulturelle Vielfalt aus dem Blickwinkel der Globalisierung. Im transnationalen Konzept von Gesellschaft wird von multiplen Zugehörigkeiten der Individuen ausgegangen. Die Zugehörigkeit zu einem Nationalstaat wird abgelöst von einer grenzübergreifenden Zugehörigkeit zu mehreren Staaten, sozialen Netzwerken und Lebenswelten.[515] Migranten identifizieren sich mit mehreren Nationen gleichzeitig, pendeln dauerhaft zwischen ihnen hin und her und mischen kulturelle Elemente aus den verschiedenen Kulturen.

Mit dem Konzept der transkulturellen Gesellschaft hat der Multikulturalismus aber eine formidable Konkurrenz bekommen. Das Konzept des Philosophen Wolfgang Welsch geht aus einer Kritik des Multikulturalismus und des Konzeptes der Interkulturalität hervor. Transkulturalität als kulturübergreifende Identität bedeutet, dass die Begegnung unterschiedlicher oder gar gegensätzlicher Kulturen die kulturellen Grenzen verwischt oder sogar aufhebt. Die Verwischung oder Aufhebung der Grenzen führt aber nicht zu einer uniformen Weltkultur.

Der konventionelle Kulturbegriff, der auf Johann Gottfried Herder zurückgeht, ist nach Welsch durch drei Kriterien gekennzeichnet: a) kulturelle Homogenität, b) das Prinzip der Einheit von Kultur und Volk und c) die kulturelle Abgrenzung nach außen. Welsch geht aber davon aus, dass die modernen Gesellschaften kulturell offen sind und dass sich der Gegensatz von fremder und eigener Kultur auflöst. Nicht kulturelle Unterschiede kennzeichnen die Lebenswelten, sondern soziale. Auch die Trias von Territorium, Sprache, Kultur ist virtuell und fiktiv. Die Nation ist eine frei erfundene Konstruktion, zu deren Stützung die historische Evidenz kultureller Mischung geleugnet wird. Welsch prangert den Inklusions- und Exklusionsmechanismus des konventionellen Kulturbegriffs an, weil seine negativen Ausblühungen in einen kulturellen Rassismus münden.

Multikulturalismus und Interkulturalität bieten sich nach Welsch als Ausweg aus dem auf kulturelle Homogenität fixierten Verständnis von Kultur an. Aber auch Multikulturalismus und Interkulturalität können keine wirkliche Heilung bringen, weil sie den Grundfehler des homogenen Kulturbegriffes übernehmen: Wenn der Multikulturalismus eine Gesellschaft will, in der verschiedene Kulturen friedlich miteinander zusammenleben, dann setzt das die Vorstellung voraus, dass Kulturen bestimmbar und abgrenzbar sind. Zwar können in multikulturellen Gesellschaften die einzelnen Kulturen friedlich nebeneinander leben, allerdings bleibt das Grundproblem: Alle Einzelkulturen behalten ihren exklusiven Charakter, deshalb kommt es auch in der multikulturellen Gesellschaft zu Abgrenzung und Ausschluss.

Das Konzept der Interkulturalität macht denselben Fehler wie der Multikulturalismus. Zwar sucht dieses Konzept den Dialog der Kulturen, aber das löst das Grundproblem ebenfalls nicht, denn Kulturen, die auf ihre Eigenheit beharren, schließen andere automatisch aus. Deshalb arbeitet das dialogisch orientierte Konzept der Interkulturalität nur kosmetisch und bleibt an der Oberfläche hängen. Es löst das Kernproblem der Exklusion nicht, weil es nicht auf Vermischung und Hybridisierung der Kulturen setzt.

Das konventionelle Verständnis von Kultur ist unter den veränderten globalen Bedingungen hinfällig. Der freie Verkehr von Personen, Waren und Informationen hat die Umstände, unter denen die Individuen leben, radikal verändert. Die Einwohner des einen Landes sind gleichzeitig Staatsangehörige eines anderen, auf dem Luftweg sind alle Ziele auf der Welt innerhalb von Stunden erreichbar. Waren, die früher als exotisch galten, sind unbeschränkt verfügbar. Der Informationsaustausch über Internet ist nicht mehr an Raum und Zeit gebunden. Individuen und Gruppen greifen auf verschiedenste kulturelle Quellen zurück und kombinieren sie. Sie verbinden unterschiedliche Lebensformen und Weltanschauungen miteinander. Die Grenzen zwischen dem Eigenen und dem Fremden weichen auf. Diese neuen Bedingungen haben auf die Bildung der kulturellen Identität und des Bewusstseins der Individuen eine große Auswirkung. Die Menschen sind unbewusst oder bewusst unterschiedlichen kulturellen Einflüssen aus unterschiedlichen Kulturen ausgesetzt, wie ein Blick auf Esskultur, Popkultur, Film usw. zeigt. Die kulturelle Hybridisierung ist also ein allgegenwärtiges Phänomen. Das Konzept der Transkulturalität trägt dieser Entwicklung am besten Rechnung.

Transkulturalität geniesst auch im deutschen Integrationsdiskurs eine gewisse Aufmerksamkeit. Die Menschenrechtlerin Seyran Ates z.B. skizziert in ihrem 2007 erschienenen Buch „Der Multikulti-Irrtum" die Vision einer transkulturellen Gesellschaft. Darunter versteht sie eine Gesellschaft, in der Zuwanderer in mindestens zwei Kulturen zu Hause sind: In ihrer Herkunftskultur, aber auch in der Kultur ihrer Aufnahmegesellschaft: „Wenn ich sage, ich empfinde die deutsche und die türkische Seite in mir als Bereicherung, dann meine ich damit, dass ich mich in beiden Kulturen und Sprachen zu Hause fühle. Das ist deshalb der Fall, weil mir wesentliche Dimensionen beider Kulturen bekannt sind und von mir gelebt werden. Ich denke, streite, fühle und träume in beiden Sprachen, ich empfinde mich als Teil der türkischen und der deutschen Geschichte, ich kenne und teile die Mentalitäten und Gefühlswelten beider Kulturen, ich höre türkische und deutsche Musik. Transkulturell heißt, dass tatsächlich aus den verschiedenen Kulturen eine neue, eigene Kultur und kulturelle Identität [...] entstehen kann."[516]

4.4   Deutschland eine multikulturelle Gesellschaft?

Bei vielen europäischen Ländern wie Belgien, Schweiz, Spanien, Deutschland, Österreich, Frankreich, Großbritannien oder Schweden spricht man von multikulturellen Gesellschaften. Im Detail jedoch bleiben offene Fragen. Ist auch Italien multikulturell oder Ungarn? Wie steht es mit Polen oder Norwegen? Sind sie schon multikulturell oder noch ethnisch homogen? Hinter dieser Frage stecken zwei weitere. a) Was *genau* unterscheidet eine ethnisch homogene von einer ethnisch heterogenen (multikulturellen) Gesellschaft? b) Wann genau ist eine Gesellschaft multikulturell?

Zunächst einmal können Gesellschaften multikulturell oder multinational sein oder beides zusammen. In Deutschland machen die neuen Minderheiten bei einer Gesamtbevölkerung von etwa 82 Mio. etwa 10 Prozent aus, die historischen Minderheiten der Sorben und Dänen zählen jeweils nur einige 10 000 Angehörige. Aus einem strengen definitorischen Blickwinkel betrachtet scheint Deutschland sowohl multikulturell als auch multiethnisch zu sein. Ist

Deutschland tatsächlich multikulturell oder multinational oder beides? Das begriffliche Gegenteil von multikultureller oder multinationaler Gesellschaft ist die ethnisch homogene
Gesellschaft. Wird ein aussagekräftiges Beispiel gesucht, wird gerne auf Italien oder Polen
verwiesen. Aber Italien hat einen ausländischen Bevölkerungsanteil von etwa 6 Prozent
(neue Minderheiten) sowie eine Viertelmillion Südtiroler, einige 10 000 Ladiner, Walser,
französisch- und slowenischsprachige Italiener und andere (historische) Minderheiten. Ist
Italien ein multikulturelles und multinationales Land? Bevölkerungsstrukturell noch eindeutiger sind die Verhältnisse in Polen. Polen hat keine nennenswerte Einwandererbevölkerung
und nur 3 Prozent der Bevölkerung gehören historischen Minderheiten an, darunter polnische
Staatsbürger deutscher, weißrussischer und ukrainischer Nationalität sowie weitere kleinere
ethnische Gruppen. Ist Polen ein multinationales und mit seinen vietnamesischen Einwanderern zusätzlich noch ein multikulturelles Land? Es wird klar, dass ein strenger Maßstab zur
Feststellung führen müsste, dass es weltweit überhaupt keine Gesellschaft gibt, die nicht
multikulturell oder multinational oder beides ist. Ein solcher Begriff wäre sinnlos, weil er
nichts mehr beschreiben würde. Multikulturalität und Multinationalität haben offensichtlich
etwas mit a) der Zahl, b) dem öffentlichem Gewicht der Minderheiten, c) der Verteilung auf
dem Territorium sowie d) dem nationalen Selbstverständnis der Mehrheits- oder Aufnahmegesellschaft zu tun.

In Deutschland wird die Multikulturalität der Gesellschaft intensiv diskutiert. Ist Deutschland
heute schon eine multikulturelle Gesellschaft, dann ist die zu gestaltende gesellschaftliche
Zukunft nicht mehr offen und damit eine politische Auseinandersetzung über das „ob" einer
multikulturellen Gesellschaft nicht mehr zulässig. Ist das Gegenteil der Fall, verlangt der
demokratische Charakter des politischen Systems geradezu einen gesellschaftlichen Diskurs
um die zukünftige Form der Gesellschaft. Die Legitimation für eine multikulturalistische
Gesellschaftspolitik wird üblicherweise aus drei Thesen geschöpft:

1. Deutschland kann aufgrund seiner Bevölkerungsstruktur heute schon als multikulturelle
   Gesellschaft betrachtet werden.
2. Alle Gesellschaften weltweit sind multikulturelle Gesellschaften, also auch Deutschland.
3. Deutschland ist, auch historisch gesehen, immer eine multikulturelle Gesellschaft gewesen.[517]

Zu 1.: Ist Deutschland heute schon eine multikulturelle Gesellschaft? Das ist umstritten. Der
Grund dafür liegt im Fehlen eines verbindlichen Maßstabes. Betrachtet man die multikulturelle Gesellschaft als normative Zielbestimmung, dann fehlen immer noch eine Reihe von
Voraussetzungen, etwa die verfassungsrechtliche Verankerung dieses Gesellschaftsmodells
wie etwa in Kanada oder eine breite gesellschaftliche Zustimmung. Betrachtet man die multikulturelle Gesellschaft als beschreibend-analytische Kategorie, dann stellt sich die Frage,
unter welchen Bedingungen und ab welchem prozentualen Anteil von Einwanderern anderer
kultureller Herkunft eine Gesellschaft multikulturell ist. Die Frage, ob eine Gesellschaft als
multikulturelle Gesellschaft bezeichnet werden kann, hat also offensichtlich mit Quantität
und kollektivem Selbstverständnis zu tun. Bei einer quantitativen Betrachtung richtet sich
der Blick auf das zahlenmäßige Verhältnis von Mehrheit zu Minderheit(en). Eine eindeutig
multikulturelle Situation liegt vor, wenn, wie z.B. in Kalifornien, keine ethnische Gruppe
mehr die absolute Mehrheit stellt. Aber auch dort, wo die Mehrheit noch jenseits der 50-

Prozent-Marke steht, kann eine Situation dann als multikulturell bewertet werden, wenn eine oder mehrere Minderheitenkulturen die kulturelle Dominanz der Mehrheitsgesellschaft permanent infrage stellen.

Der Migrationssoziologe Friedrich Heckmann hat 1992 behauptet, dass Deutschland nicht als multikulturelle Gesellschaft bezeichnet werden kann. Um diese Feststellung zu treffen, bedient er sich zunächst des quantitativen Arguments. Er knüpft an die schlichte Tatsache an, dass die ethnischen Deutschen Anfang der 1990er Jahre immer noch die überwältigende Mehrheit stellten (und es auch heute noch tun). Heckmann kommt zu dem Schluss, dass wegen der eindeutigen Dominanz deutscher Kultur diejenigen die Verhältnisse überinterpretierten, die die Bezeichnung multikulturelle Gesellschaft auf Deutschland angewendet sehen möchten. Trotzdem erhält die These, dass Deutschland längst eine multikulturelle Gesellschaft ist, allein durch den Hinweis auf die Existenz von Millionen von Einwanderern aus europäischen und nichteuropäischen Kulturen, die an ihrer spezifischen Lebensweise festhalten, eine gewisse Plausibilität. Da aber keine allgemeingültigen Beurteilungskriterien zur Verfügung stehen, muss die Frage offen bleiben. Andererseits spiegelt der Terminus der multikulturellen Gesellschaft die ständige und beständige Veränderung der ethnokulturellen Zusammensetzung der Bevölkerung in Deutschland wider und gibt einen Hinweis darauf, „daß eine bisher relativ homogene Nationalgesellschaft sich in ihrer ethnischen Struktur verändert hat."[518] Heckmanns Zwischenbilanz von 1992 relativiert sich also. Zwar ist einstweilen weder die nationale Identität der Deutschen bedroht, noch hat sich eine bisher ethnisch relativ homogene Bevölkerung in ethnisch heterogene Segmente aufgelöst, „noch kann legitimerweise erwartet werden, daß sich überkommene nationale Wertvorstellungen über Nacht in kulturellen Pluralismus"[519] verwandeln. Aber die bloße Tatsache, dass der Multikulturalismusbegriff, in einem zustimmenden wie ablehnenden Sinn, in den allgemeinen Wortschatz eingegangen ist, ist ein Hinweis darauf, dass sich die Gesellschaft verändert und sich dieser Veränderung bewusst wird.[520] Auch das Bewusstsein, dass die relative kulturelle Homogenität der nationalen Gesellschaft zumindest infrage steht, hat sich ausgeweitet. Insofern hat Heckmanns Feststellung nur noch beschränkte Gültigkeit. Und sie relativiert sich weiter, weil es unter den deutschen Parteien, unter Migrationswissenschaftlern oder in der öffentlichen Meinung als ausgemacht gilt, dass Deutschland auch in Zukunft Einwanderung haben wird und zur Sicherung seiner sozialökonomischen Entwicklung braucht.

Aufgrund der weiteren Zuwanderung hat sich die ethnische Zusammensetzung der Bevölkerung seit 1990 noch einmal in Richtung auf multikulturelle Verhältnisse hin verändert. Seit dem 1. Januar 1990 hat sich die nichtdeutsche Bevölkerung von 5,0 Mio. auf 7,1 Mio. am 31. Dezember 2009 erhöht. Vom 1. Januar 1997 bis zum 31. Dezember 2008 wurden etwa 1,5 Mio. ausländische Staatsangehörige eingebürgert. Dazu kommen knapp 0,4 Mio. sogenannte Optionskinder, also Kinder, die bei ihrer Geburt in Deutschland eine deutsche Staatsangehörigkeit bekommen, obwohl deren Eltern keine deutsche Staatsangehörigkeit besitzen.[521] Aber auch wenn von einer „flächendeckenden multikulturellen Gesamtgesellschaft" noch keine Rede sein kann, weil die *ethnisch homogene* Gesellschaft der Einheimischen immer noch die übergroße Mehrheit der Bevölkerung stellt, ist die ethnische Struktur doch im Umbruch begriffen. Schon heute gibt es in fast allen deutschen Großstädten *multikulturelle Zonen*. Dort sind die Deutschen entweder zur Minderheit geworden oder trotz zahlenmäßiger Mehrheit kann nicht mehr von einer eindeutigen kulturellen Dominanz der Deutschen gesprochen werden.[522] Die ethnische Struktur Deutschlands wird sich in den kommenden Jahrzehnten einschneidend verändern, falls sich die demographischen Parameter wie die Zahl der Einwanderer pro Jahr und die Geburtenentwicklung in der heute vorhersehbaren Weise entwickeln und falls die Politik weiter eine kulturpluralistische Einwanderungs- und Integrationspolitik verfolgt.

Der Bevölkerungswissenschaftler Herwig Birg geht davon aus, dass die Einwandererbevölkerung bis 2030 auf 15,2 Mio. und bis 2050 auf 19,0 Mio. anwächst. Dabei sind die Einbürgerungen natürlich nicht berücksichtigt, weil ihre Entwicklung nicht vorhersehbar ist. Gleichzeitig nimmt die Gesamtbevölkerung in Deutschland auf 77,5 Mio. im Jahre 2030 und auf 68,0 Mio. im Jahre 2050 ab. Damit wächst die Einwandererbevölkerung von 8,7 Prozent im Jahre 2009 auf 19,5 Prozent im Jahre 2030 und auf 28,0 Prozent im Jahre 2050 an. Noch gravierender ist, dass sich eine demographische Zweiteilung des Landes anzubahnen scheint. Während im ländlichen Raum die ethnischen Deutschen noch auf unabsehbare Zeit die Mehrheit bilden, überschreitet in vielen Großstädten die Gruppe der Einwanderer bei den unter Vierzigjährigen ab 2010 die 50-Prozent-Marke. Das bedeutet, dass die einheimische deutsche Bevölkerung in vielen Großstädten beginnt, eine Minderheit unter anderen Minderheiten zu werden. Deutschland, so Birg, entwickelt sich zu einer „Multiminoritätengesellschaft". Was diese Entwicklung für das Land bedeutet, ist noch gar nicht richtig abzuschätzen. Da sich der gesellschaftliche Wandel über eine relativ lange Zeit erstreckt und gewissermaßen evolutionär verläuft, wird sich die einheimische deutsche Gesellschaft an ihn gewöhnen und ihn hinnehmen, auch wenn sie ihn eigentlich ablehnt. Aber der Wandel wird das Gesicht der Gesellschaft völlig verändern. Wenn die deutsche Politik an ihrer de facto multikulturalistischen Politik festhält, wird das Ergebnis eine Kulturrevolution sein.[523]

Zu 2.: Wird die Definition des Begriffes „multikulturell" quantitativ eng gefasst, dann sind alle Gesellschaften der Welt multikulturell. Selbst wenn diese Minderheiten noch so klein sind, es leben überall, selbst in den homogenen Gesellschaften, Menschen anderer ethnischer Herkunft. In diesem Fall ist jede Gesellschaft multikulturell und wäre es, historisch gesehen, immer schon gewesen. Unter diesem Blickwinkel wäre also auch Deutschland in jeder Phase seiner Geschichte eine multikulturelle Gesellschaft gewesen, weil es auch auf deutschem Boden immer kleine historische Minderheiten (etwa Sorben, Friesen, Dänen) gab. Dieses Ergebnis wäre insofern eigenwillig, da Deutschland bis 1945 geradezu als Beispiel für eine ethnisch homogene Gesellschaft dient. Ob eine Gesellschaft als multikulturelle Gesellschaft bezeichnet werden kann, hat offensichtlich mit *Quantität* zu tun.

Wird der Begriff „multikulturell" *qualitativ weit* gefasst, dann sind ebenfalls alle Gesellschaften multikulturell. In diesem Fall versteht man unter einer Kultur auch Subkulturen, die ein spezielles Ethos, besondere Bräuche, Sitten, Gewohnheiten und Verhaltensweisen haben können. Eine subkulturelle Vielfalt findet sich jedoch in allen menschlichen Gesellschaften. Kulturelle Homogenität im Sinne einer völlig deckungsgleichen und konfliktfreien Übereinstimmung kultureller Werte „hat es nie und nirgendwo gegeben."[524] Versteht man Kultur auch nichtethnisch, dann wären z.B. ethnisch sehr homogene Länder wie Island multikulturell, weil auch die isländische Gesellschaft verschiedene Gemeinschaften, Gruppen und Vereinigungen auf der Grundlage von Klasse, Geschlecht, sexueller Orientierung, religiösen Glaubens, moralischer Überzeugungen und politischer Ideologie umfasst.

Qualitativ weit gefasst wäre auch Deutschland immer schon multikulturell gewesen, weil es 1) seit dem 16. Jahrhundert konfessionell heterogen ist, 2) eine geschichtete Bevölkerungsstruktur hat und hatte sowie 3) immer schon regionale und dialektsprachliche Unterschiede kennt. So verstanden würden Einwanderer diese multikulturelle Vielfalt lediglich erweitern. Ein weit gefasster Begriff des Multikulturellen übersieht aber, dass die subkulturellen gesellschaftlichen Gruppen 1) bis 3) ein gemeinsames historisch-kulturelles Bezugssystem haben: Sprache, gemeinsame Geschichte und Identität, Werte, Normen, Lebensformen und Lebensstile usw. Multikulturalität jedoch entsteht, wenn Einheimische und Einwanderer *kein gemeinsames* historisch-kulturelles Bezugssystem besitzen.

Der weite Multikulturalitätsbegriff ist nutzlos. Wenn jede Gesellschaft multikulturell ist, dann hebt sich der Begriff der multikulturellen Gesellschaft selbst auf und verliert seine Funktion als Unterscheidungskriterium. Die Tatsache, dass auch in Gesellschaften, die als kulturell homogen gelten, unterschiedliche Gruppen und Subkulturen existieren, bedeutet 1) dass es immer nur relative kulturelle Homogenität geben kann und 2) dass sich relative kulturelle Homogenität definieren lässt als ein Zustand, in dem trotz aller subkultureller Unterschiede in einer Gesellschaft (konfessionell, landsmannschaftlich, dialektsprachlich, mentalitätsbezogen usw.) mehr Gemeinsamkeiten als Unterschiede bestehen, und zwar im Sinne einer von allen gesellschaftlichen Gruppen anerkannten und internalisierten nationalen Kultur und einem Gefühl der nationalen Zusammengehörigkeit.

Zu 3.: Ist Deutschland eine historische multikulturelle Einwanderungsgesellschaft? Von dem Historiker Hans-Ulrich Wehler stammt die These, dass Deutschland schon seit den 90er Jahren des 19. Jahrhunderts Einwanderungsland sei und deshalb schon seit langem auf dem Weg in eine multikulturelle Gesellschaft. Wehler begründet seine These mit der Tatsache, dass bereits 1914 ständig 3 Mio. ausländischer Arbeitskräfte im Reich gelebt haben.[525] Die These Wehlers steht allerdings auf schwachen Beinen. Ob eine Gesellschaft multikulturell ist, hängt davon ab, dass die Einwanderergemeinde eine gewisse Größe hat und davon, ob sich eine Gesellschaft a) als Einwanderungsgesellschaft versteht, b) ob diese Gesellschaft in dem Sinne multikulturell ist, dass sich die Kultur der Mehrheitsgesellschaft im öffentlichen Raum in Konkurrenz mit der/den Minderheit(en)kulturen befindet und c) wie die betreffende Gesellschaft mit ihren Einwanderern ausländerrechtlich, staatsangehörigkeitsrechtlich und integrationspolitisch umgeht. Weder die deutschen Staaten bis 1870 noch das Kaiserreich oder die Weimarer Republik haben sich als Einwanderungsgesellschaft verstanden, selbst zu dem Zeitpunkt, als eine große Zahl von Ausländern vor allem aus den russischen und österreichischen Teilungsgebieten Polens sowie eine größere Zahl italienischer Arbeiter in Deutschland beschäftigt waren. Die Ausländerbeschäftigung vor 1914 war auf vorübergehende Arbeitsaufenthalte und Saisonbeschäftigung ausgelegt. Insofern sollte ein Daueraufenthalt oder gar die Naturalisierung von Ausländern nicht die Regel, sondern nur die Ausnahme sein. Ethnische Homogenität war ein selbstverständliches Staatsziel. Die aus dem Grundsatz der ethnischen Homogenität abgeleitete „Integrationspolitik" der deutschen Staaten bzw. des Reiches setzte auf Assimilation. Auch der beliebte Hinweis auf Preußen im 17. und 18. Jahrhundert taugt nicht für einen Nachweis historischer Multikulturalität. Der preußische Staat verhielt sich zwar religionstolerant, wofür der berühmte Ausspruch Friedrichs des Großen steht, dass in Preußen jeder nach seiner Façon selig werden solle, aber er setzte auf eine identifikatorische Integration. Er erwartete von seinen Einwanderern (Salzburger Protestanten, französische Hugenotten, Flamen, Böhmen usw.) unbedingte Loyalität und Identifikation mit dem preußischen Staat.

Deutschland hat in den letzten Jahrhunderten immer wieder Einwanderer aufgenommen, so wie fast jedes andere europäische Land. Allerdings war ihre Zahl, verglichen mit der jeweiligen Gesamtbevölkerung, immer relativ gering. Von den Einwanderern wurde Anpassung – nach heutigen Begriffen Assimilation oder wenigstens Akkulturation – erwartet. Dass die Einwanderer diese Erwartung erfüllten, war eine Selbstverständlichkeit. Auch wenn diese Anpassungsprozesse nicht reibungslos verlaufen sind, erheblich erleichtert wurden sie durch den Umstand, dass es zwischen den Einheimischen und den Einwanderern nur eine *relativ* geringe kulturelle Distanz gegeben hat.

4.5   Integration aus der Sicht von Aufnahmegesellschaft und Einwanderern

Die verschiedenen Formen der kulturellen Integration bezeichnen unterschiedliche Stufen der Anpassung von Einwanderer an die Institutionen, die Kultur und die Lebensweise der Aufnahmegesellschaft. Während die Multikulturalismen sich auf die strukturell-funktionale Integration beschränkt, zielen Assimilation und Akkulturation auch auf eine kulturell-identifikatorische Integration. Unter den deutschen Parteien und gesellschaftlichen Organisationen herrscht eine weitgehende Übereinstimmung über die Notwendigkeit der strukturell-funktionalen Integration. Diese Übereinstimmung beantwortet allerdings noch nicht, ob die strukturell-funktionale Integration für die erfolgreiche Integration von Einwanderern ausreicht. Das zukünftige Gesicht der deutschen Gesellschaft wird von der konkreten Form kultureller Integration, die sich zwischen den Polen Assimilation und Multikulturalismus bewegt, bestimmt werden. Aus diesem Blickwinkel betrachtet ergeben sich durchaus Zweifel, ob die Parteien und gesellschaftlichen Organisationen die Bedeutung der kulturellen Integration überhaupt hinreichend erfasst haben.

Auf der Seite der Aufnahmegesellschaft nehmen am Integrationsdiskurs die Parteien, die Kirchen, die Gewerkschaften, die Wohlfahrtsverbände und die Unternehmerverbände teil. Auf der Seite der Einwanderer sind es die Interessenvertretungen der Immigranten. Der deutsche Integrationsdiskurs hat die Eigentümlichkeit, dass seine Teilnehmer ausdeutungsbedürftige Definitionen von Integration verwenden. Diese Vieldeutigkeit ist nicht nur auf einen Mangel an theoretischer Durchdringung des Problems zurückzuführen. Gerade die politischen Parteien handeln auch aus einem politisch-taktischen Kalkül heraus. Bei ihnen scheint diese Unschärfe das Resultat eines bewussten Offenhaltens programmatischer Optionen. Selektiv definiert wird der Integrationsbegriff von den Immigrantenverbänden. Dabei handelt es sich vielfach um Negativdefinitionen, die nach der Art „Integration ist keine …" operieren. Ein offener und ausdeutungsfähiger Integrationsbegriff erlaubt den politischen und gesellschaftlichen Organisationen an einer Art von stillschweigenden Übereinkommen festzuhalten, dessen Sinn darin besteht, den Anschein eines gesellschaftlichen Konsenses in der Integrationsfrage zu vermitteln.

4.5.1 Integration aus der Sicht von Gewerkschaften

Der Deutsche Gewerkschaftsbund bekennt sich, ohne den Begriff selbst zu benutzen, zum Modell der multikulturellen Gesellschaft. Der DGB geht zunächst von der Feststellung aus, dass Einwanderung Bereicherung ist, aber Integration erfordert. Integration sei aber eine zweiseitige Angelegenheit. Sie verlange von den Immigranten die Bereitschaft, zur Entwicklung des Landes und der Gesellschaft beizutragen und sich die deutsche Sprache als „Eintrittskarte in das gesellschaftliche, wirtschaftliche und politische Leben in Deutschland"[526] anzueignen. Im Gegenzug müsse die Aufnahmegesellschaft den Einwanderern gleichberechtigte Teilhabe am gesellschaftlichen, wirtschaftlichen, kulturellen und politischen Leben bieten, aber gleichzeitig die kulturelle Vielfalt, die durch Immigration entsteht, respektieren. Im Besonderen müsse über den Kreis der Anspruchsberechtigten aus der EU hinaus auch Staatsangehörigen aus Drittländern, die lange in Deutschland leben, das aktive und passive Wahlrecht bei Kommunalwahlen zugestanden werden.[527]

Bereits in seinem Grundsatzprogramm von 1996 (DGB 1996) hatte sich der DGB zu einer „tolerante[n] Gesellschaft, in der Zuwanderer das Recht und die Möglichkeit haben, ihre Kultur und ihre Erfahrungen in die Gesellschaft einzubringen"[528] bekannt. Diese Position wurde in den Jahren darauf ausgebaut und näher erläutert. So spricht der Deutsche Gewerkschaftsbund 2004 davon, dass die Aufnahmegesellschaft für die Herstellung einer „Kultur der Akzeptanz" verantwortlich sei; die Kultur der Akzeptanz mache es den Einwanderern möglich, „in unserer Gesellschaft ihren Lebensmittelpunkt zu finden und gleichzeitig ihre ethnische, religiöse und kulturelle Identität weiterzuentwickeln."[529] Diese Haltung kommt auch in einer gemeinsamen Erklärung von DGB und Bundesvereinigung der deutschen Arbeitgeberverbände (BDA) aus demselben Jahr zu Ausdruck. Dieses Papier fordert, dass die Politik einerseits die Rahmenbedingungen für den gesellschaftlichen Zusammenhalt zu schaffen habe, andererseits aber den „unterschiedlichen kulturellen Identitäten Freiräume und Entwicklungsmöglichkeiten" zu bieten habe.[530] Als Grundlage einer notwendigen Integration machen DGB und BDA das Grundgesetz aus, das „ein klares Wertefundament mit Grundregeln für alle" darstelle. Als Grundwerte, die von den Einwanderern ohne Wenn und Aber anerkannt werden müssten, nennt die Erklärung Demokratie, Freiheit, soziale Gerechtigkeit und Gleichberechtigung von Mann und Frau. Wer dagegen verstoße, könne nicht mit Toleranz rechnen, selbst wenn er sich dabei auf die Religion berufe. Mit Nachdruck spricht sich der DGB auch für die staatsbürgerliche Gleichstellung der Eingewanderten aus.[531] Die Verleihung der deutschen Staatsbürgerschaft solle nicht am Ende eines Integrationsprozesses stehen, sondern im Gegenteil am Anfang, um „Vehikel zur Integration" sein zu können. Daraus leitet sich zwangsläufig die Forderung nach einer „schnellen und unkomplizierten"[532] Einbürgerung ab, die von der Möglichkeit einer doppelten Staatsbürgerschaft flankiert sein soll.[533]

Der Deutsche Gewerkschaftsbund bekennt sich zu einer multikulturellen Zukunft des Landes ohne die Kehrseiten der Immigration zu diskutieren. Ansätze einer Problematisierung der Folgen von Einwanderung aus fremden Kulturen bleiben in allgemeinen Aussagen stecken. DGB und BDA drohen in ihrer gemeinsamen Erklärung aus dem Jahre 2004 allen Einwanderern, sie könnten nicht auf die Toleranz der Aufnahmegesellschaft rechnen. Eine konkrete Politik wird daraus aber nicht abgeleitet.

4.5.2   Katholische und evangelische Kirche

Die Stellungnahmen der beiden großen Kirchen gehen erwartungsgemäß von der politisch korrekten Redewendung einer Bereicherung der Aufnahmegesellschaft durch Einwanderung aus. Gleichzeitig sprechen die Kirchen auch Kehrseite und Schwierigkeiten von Einwanderungsgesellschaften an: „Die Fragen der Migration dürfen weder angstbesetzt noch blauäugig angegangen werden. Migrationsgesellschaften mit ihrer ethnischen, kulturellen und auch religiösen Vielfarbigkeit bergen Chancen, aber auch beträchtliche Risiken. Das Zusammenleben zwischen Menschen unterschiedlicher Herkunft kann fruchtbar sein, gestaltet sich jedoch oft auch sehr schwierig."[534] Chancen sehen die katholischen Bischöfe unter anderem in einer wirtschaftlichen, sozialen und kulturellen Weiterentwicklung des Landes. Nachdruck legen die beiden Kirchen auf die Feststellung, dass Integration ein kontinuierlicher, wechselseitiger Prozess sei, eine Herausforderung sowohl für die Zuwanderer als auch für die Einheimischen. Wichtig sei, dass die Aufnahmegesellschaft den Zuwanderern nicht gleichgültig gegenüberstehe, sondern dass es zwischen beiden Gruppen zum Kontakt, zu Dialog und Austausch komme. Der Integrationsprozess führe dazu, dass sich Minderheiten und Mehrheiten änderten, weil persönliche und kollektive Identität niemals statisch, sondern in steter Entwicklung und Änderung begriffen seien. Integration sei angewiesen auf gegenseitiges Interesse, wechselseitige Wahrnehmung, Achtung, Respekt und kulturelle Offenheit. Die Mehrheitsgesellschaft müsse also die „mitgebrachten Werte und Prägungen der Zuwanderer", soweit diese mit den Grundwerten der Verfassung vereinbar seien, respektieren. Die Zuwanderer ihrerseits müssten „den Traditionen der Mehrheitsgesellschaft mit Verständnis und Wertschätzung" begegnen und in wohlverstandenem Eigeninteresse zum Erwerb ausreichender Kenntnisse der deutschen Sprache bereit sein. Keinesfalls dürfe der Integrationsprozess so verstanden werden, dass die Einwanderer die Eigenschaften und Eigenheiten ablegen sollten, die die Einheimischen als zu fremdartig ablehnten, geschweige denn, dass sie sich zu assimilieren hätten. Eine solche Vorstellung sei deshalb nicht akzeptabel, weil sie auf eine einseitige Herrschaft der Einheimischen, eine Unterdrückung der Zugewanderten und auf eine Abwehr alles Neuen hinausliefe.[535]

Die beiden Kirchen befürworten einen Multikulturalismus, obwohl sie den Begriff selbst meiden. Dieser Multikulturalismus hat aus Sicht der Kirchen seine Grenzen in den Grundwerten des Grundgesetzes und kann deshalb als *verfassungsintegrierter Multikulturalismus* bezeichnet werden. Die deutschen Bischöfe beschreiben die multikulturelle Gesellschaft der Bundesrepublik als einen dritten Weg zwischen der Existenz von Parallelgesellschaften und einer mit Assimilationsdruck formierten homogenen Gesellschaft. Für die evangelische Kirche bedeutet die Einwanderungsgesellschaft ein Zusammenleben von Menschen unterschiedlicher Herkunft, Sprache und Kultur, die sich auf die gegenseitige Anerkennung ihrer Geschichte und Kultur verständigt haben. Die gegenseitige Anerkennung sei die Voraussetzung für die Fähigkeit und die Bereitschaft zu interkulturellem Lernen. Interkulturelles Lernen wiederum werde zur permanenten gesellschaftlichen Praxis in allen Phasen des Lebens, in Kindergarten und Schule, in Hochschule und am Arbeitsplatz. Interkulturelles Lernen bekomme damit den Rang einer sozialen und kulturellen Grundkompetenz.[536]

Einem leisen unterschwelligen Unbehagen vor der offenen, unsicheren Zukunft einer vermutlich immer multikultureller werdenden Gesellschaft in Deutschland scheinen sich aber auch die beiden großen Kirchen nicht entziehen zu können. Nur so ist es zu erklären, dass sie sich in einer für religiöse Gemeinschaften ungewöhnlich demonstrativen, fast beschwörend klingenden Form auf das Grundgesetz als Grundlage der multikulturellen Entwicklung des Landes berufen. Beide Kirchen betonen, dass das Grundgesetz mit seiner Rechts- und Werteordnung die Basis für kulturelle Vielfalt und die Entfaltung der jeweils eigenen Identität von Einheimischen und Einwanderern biete. Andererseits habe es aber den Rahmen für das Zusammenleben zwischen Einheimischen und Eingewanderten abzugeben und von allen ohne Einschränkung als verbindlich zu betrachten.[537] Die Erklärung der EKD betont darüber hinaus den unveräußerlichen Charakter der Grundwerte des Grundgesetzes und nennt namentlich den Schutz der Menschenwürde (Art. 1 GG), die Freiheit der persönlichen Entfaltung, den Schutz des Lebens und der körperlichen Unversehrtheit (Art. 2 GG), die Freiheit des Glaubens, die Freiheit der weltanschaulichen Überzeugung und die Gewissensfreiheit (Art. 4 GG), die Meinungsfreiheit (Art. 5 GG), die Gleichheit aller Menschen, insbesondere die Gleichberechtigung von Mann und Frau (Art. 3 GG) sowie den Schutz von Ehe und Familie (Art. 6 GG).[538]

Sowohl die katholische wie die evangelische Kirche thematisieren, bei allem Wohlwollen gegenüber einer multikulturellen Einwanderungsgesellschaft, auch ihre Gefahren und Schattenseiten. Die deutschen Bischöfe beklagen einerseits Tendenzen der gesellschaftlichen Desintegration, sie erwähnen die Bildung von Parallelgesellschaften und Ghettos, in denen Traditionen, die die Einwanderer aus ihren Herkunftsländern mitgebracht hätten, die Integration hemmten und die Programme und Anstrengungen zur Integration konterkarierten. Immigranten und Einheimische äußerten immer wieder die Befürchtung, die jeweils eigene Identität sei durch die Anwesenheit und die Ansprüche der jeweils anderen Seite bedroht. Auch die EKD weist darauf hin, dass es Immigranten gebe, die sich in Distanz übten zu der liberalen und individualisierten Gesellschaft in Deutschland. Die deutsche Gesellschaft sei ihnen fremd und sie hielten Abstand zu ihr, weil sie ihr mitgebrachtes Selbstverständnis in Gefahr sähen. Andererseits stelle die Zuwanderung von Menschen anderer Religionen auch die deutsche Gesellschaft auf die Probe. Denn trotz der verfassungsmäßig garantierten Freiheit der Religionsausübung gebe die öffentliche Präsenz von fremden Religionen in Deutschland immer wieder Anlass zu Kontroversen. Das Christentum, so die EKD, habe, rechtlich gesehen, keinen Vorrang vor anderen Religionen oder Weltanschauungen. Es gehe vielmehr darum, Deutschland als weltoffenes Land mit einem Klima von Akzeptanz und Toleranz zu gestalten und das Zusammenleben aller Menschen unabhängig von ihrer nationalen, kulturellen und religiösen Prägung zu fördern. Dann aber deutet die Erklärung der EKD an, dass den beiden großen Kirchen eine kulturelle Sonderstellung zukomme. Die beiden Kirchen seien so etwas wie die primae religiones inter pares, weil sie bis in das 20. Jahrhundert hinein den Lebensrhythmus und die Traditionen in Deutschland nachhaltig geprägt hätten, was noch heute an der Sonn- und Feiertagskultur abzulesen sei. Der Staat sei zwar weltanschaulich neutral, aber die jahrtausendlange Verflechtung der christlichen Kirche(n) mit der kulturellen und historischen Entwicklung Deutschlands und seiner Gesellschaft habe ein besonderes Verhältnis zwischen Staat und Kirche hervorgebracht, so dass es vor diesem Hintergrund den Kirchen zukomme, die Inhalte der Werteordnung der Gesellschaft wesentlich mitzugestalten. Auch unter den Bedingungen einer multikulturellen Gesellschaft mit ihrer Vielfalt weltanschaulicher und religiöser Bekenntnisse hätten Andersdenkende die einheimische Kultur, die vom Christentum geformt worden sei und die Gesamtkultur bis heute präge, zu tolerieren.[539]

Die beiden großen Kirchen versuchen sich an einer, wenn auch bruchstückhaften, Analyse der Probleme der Einwanderungsgesellschaft. Aber ihre Schlussfolgerungen münden in moralische Appelle. Sie ziehen aus dieser Analyse keine soziologisch fundierten Konsequenzen für die Gestaltung der Einwanderungsgesellschaft. Wenn das Gelingen der Integration wirklich von einem gegenseitigem Interesse und einer wechselseitigen Wahrnehmung, von Dialog, Austausch, Achtung und kultureller Offenheit abhängt, dann bleibt unbeantwortet, mit welchen Mitteln die Mehrheitsgesellschaft und die Einwanderer dazu gebracht werden können, aufeinander zuzugehen.

Die kirchliche Vorstellung einer verfassungsintegrierten multikulturellen Gesellschaft steht auch dort auf soziologisch unsicherem Grund, wo die deutschen katholischen Bischöfe auf die interkulturelle Aushandlung von Spielregeln im Alltag der multikulturellen Gesellschaft vertrauen. Da Integration nicht von oben verordnet werden könne, müssten die „Alltagsspielregeln zwischen Menschen unterschiedlicher Herkunft" immer wieder neu ausgehandelt und „den Migranten Möglichkeiten konkreter Teilhabe an der Alltagskultur unserer Gesellschaft eröffnet werden." Diese interkulturelle Absprache werde am ehesten gelingen, wenn die Anstrengungen der beteiligten Individuen und gesellschaftlichen Kräfte von gemeinsamen Grundüberzeugungen bestimmt seien.[540] Diese Argumentation wirft Fragen auf. Warum ist die permanente Aushandlung von Alltagsspielregeln überhaupt notwendig, wenn sich alle Beteiligten auf gemeinsame Grundüberzeugungen stützen? Dagegen kann eingewendet werden, Grundüberzeugungen seien schließlich nicht deckungsgleich mit Regelungen und Übereinkünften im Detail. Nur, wenn es sich so verhält, was sind dann gemeinsame Grundüberzeugungen wert, die für die Lösung von Alltagsproblemen nutzlos sind, die keine Verständigungsprobleme vermeiden helfen, die nicht beitragen können zur Lösung von Konflikten, die aufgrund konkurrierender Handlungsalternativen entstehen. Und warum sollte sich die Aufnahmegesellschaft, die immer noch die übergroße Mehrheit der Bürger stellt, überhaupt auf die Methode einer Aushandlung von Alltagsspielregeln einlassen und nicht *ihre eigenen* Regeln von vornherein als verbindlich und unverhandelbar vorgeben?

Die Kirchen in Deutschland sind Sinnstiftungsinstanz, das heißt Ansprechpartner für Individuen, die nach Wahrheit, Lebenssinn und religiöse Antworten auf die existenziellen Fragen des Lebens suchen; aber nicht nur, Kirchen verstehen sich auch als soziale Institutionen, die über den Interessengegensätzen der pluralistischen Gesellschaft stehen. Mit diesem Selbstverständnis erheben sie den moralischen Anspruch, das Wohlergehen der Menschen, und insbesondere der gesellschaftlich Benachteiligten zu vertreten, über das Gemeinwohl zu wachen und von den gesellschaftlichen Interessengruppen diese Gemeinwohlorientierung zu verlangen. Dieses Selbstverständnis einer institutionalisierten Interessenneutralität im Dienst des Wohlergehens aller Menschen führt die Kirchen aber manchmal in die Versuchung, das Unvereinbare zu fordern. So schließt die Erklärung der deutschen Bischöfe mit dem Satz ab, dass ein „Leitbild von Integration" erforderlich sei, das „den kulturellen Prägungen der Zuwanderer Respekt entgegenbringt und zugleich unverrückbar an der Werteordnung festhält, die unsere Verfassung zum Ausdruck bringt."[541] Vor dem Hintergrund der Tatsache, dass manche kulturellen Prägungen von Einwanderern nur schwer mit der verfassungsmäßigen

Werteordnung harmonieren, klingt diese Position der katholischen Kirche ein wenig der Welt entrückt.

Auch die Evangelische Kirche Deutschlands widersteht nicht immer der Versuchung, die Eindeutigkeit ihrer Position der christlichen Versöhnungsmentalität zu opfern. In einem gemeinsamen Schreiben von EKD, Deutscher Bischofskonferenz und Deutschem Olympischen Sportbund erklärte der Ratsvorsitzende der EKD, Bischof Wolfgang Huber, es müsse den Bürgern bewusst sein, dass nur im Gespräch über die tragenden Werte des Landes Einheimische und Zuwanderer gemeinsam ihre Zukunft gestalten könnten.[542] Bedeutet das, dass die tragenden Werte der deutschen Gesellschaft doch verhandelbar sind, obwohl die Kirchen in ihren Erklärungen gerade besonders nachdrücklich auf die Unverhandelbarkeit und Unverrückbarkeit der Werteordnung des Grundgesetzes abheben? Allerdings bewegt sich die Position der EKD in den letzten Jahren auf mehr Eindeutigkeit, Abgrenzung und realistischen Interkulturalismus zu. Noch im Jahre 2002 hatte die EKD Verständnis gezeigt für die Position mancher muslimischer Kreise in Deutschland, die von einer „wohlverstandenen Integration" sprachen und damit andeuten wollten, dass Integration nicht unversehens zu einem Synonym für sanfte Assimilierung werden dürfe. Damals noch hatte die EKD bejaht, dass „Integration von allen Beteiligten Änderungen und Abwägen" verlange, mit der Folge, dass die Grundlagen der verschiedenen religiösen Lehren gegenseitig respektiert und akzeptiert werden müssten. Die EKD scheint damals offensichtlich noch von einer weitreichenden Kompatibilität der Wertvorstellungen zwischen christlichen Kirchen und dem Islam ausgegangen zu sein. Das hat sich geändert. In ihrer Handreichung aus dem Jahre 2006 hat die EKD ihre Position stärker präzisiert und die fundamentalen Unterschiede zwischen Christentum und Islam hervorgehoben. Sie hat die Spannungsfelder gesellschaftlicher Integration und die Probleme des praktischen Zusammenlebens aufgegriffen, um zu einem realistischeren Verständnis von Integration zu kommen. Die politische Öffentlichkeit sah im Positionspapier der EKD den Versuch, dem Vorwurf zu begegnen, im kirchlichen Bereich würden multikultureller und religiöser Beliebigkeit Tür und Tor geöffnet. Die kritisch-realistische Wende hatte sich aber bereits in der EKD-Erklärung aus dem Jahre 2002[543] angedeutet. Die EKD hebt in diesem Papier auf die besondere Rolle der Kirchen in Deutschland und das besondere Verhältnis von Staat und Kirche ab. Das konnte als feinsinniger Hinweis darauf verstanden werden, dass die Evangelische Kirche den Grundsatz bekräftigt, die Mehrheit habe respektvoll mit ihren Minderheiten umzugehen. Nicht weniger aber, dass auch die Mehrheit Anspruch darauf habe, dass ihr die Minderheit den schuldigen Respekt entgegenbringe und die gebotene Zurückhaltung im Zugriff auf den öffentlichen Raum übe.

4.5.3 Integration aus der Sicht der deutschen Parteien

Bewegung in den einwanderungs- und integrationspolitischen Diskurs hat nach dem rotgrünen Regierungswechsel von 1998 die vom damaligen Bundesinnenminister Otto Schily beauftragte Unabhängige Kommission Zuwanderung unter der Leitung der CDU-Politikerin Rita Süssmuth (sogenannte Süßmuth-Kommission) gebracht. In ihrem Abschlußbericht hatte die Kommission einen „Paradigmenwechsel" in der Ausländerpolitik angemahnt, die langfristige Öffnung Deutschlands für Einwanderer gefordert und damit gewissermaßen das halboffizielle Startzeichen dazu gegeben hatte, dass sich Deutschland von nun an als Einwanderungsland zu verstehen habe. Teilweise noch bevor dieser Bericht am 4. Juli 2001 veröffentlicht wurde, sahen sich die im Bundestag vertretenen Parteien gezwungen, sich mit eigenen einwanderungs- und integrationspolitischen Vorstellungen in der Öffentlichkeit zu Wort zu melden, um sich das Gesetz des politischen Handelns nicht aus der Hand nehmen zu lassen. Seit sich der „Paradigmenwechsel" angebahnt hat, war es schnell in das öffentliche Bewusstsein gedrungen, dass die Frage nach Art und Umfang der Immigration nur die eine Seite des Einwanderungsproblems ausmacht. Die andere Seite hat das Verhältnis von Einwanderern und Einheimischen im Blick. Die Forderung nach der Einwanderungsgesellschaft zog automatisch die Frage nach der Integration der Einwanderer nach sich. Da in der Einwanderungsgesellschaft das Integrationsproblem zur politischen Schlüsselfrage wird, begannen die Parteien, ihre integrationspolitischen Vorstellungen ausführlicher zu thematisieren.

Der Integrationsbegriff der CDU

Die CDU hat ihre integrationspolitischen Vorstellungen am 7. Juni 2001 formuliert: „Integration bedeutet die Einbindung in das gesellschaftliche, wirtschaftliche, geistig-kulturelle und rechtliche Gefüge des Aufnahmelandes ohne Aufgabe der eigenen kulturellen Identität. Ein erfolgreicher Integrationsprozess beinhaltet die Chance zur Bereicherung der Aufnahmegesellschaft, zu kultureller Vielfalt und zu einer Verbesserung der globalen Wettbewerbsfähigkeit. Misslingt die Integration, besteht dem gegenüber die Gefahr der Segmentierung und der Bildung von Parallelgesellschaften."[544] In dieser Passage erscheinen zum ersten Mal alle wichtigen Motive, derer sich die integrationspolitische Argumentation der CDU in den darauffolgenden Jahren bedienen sollte. So stützt sich die Bejahung der Einwanderungsgesellschaft auch bei der CDU auf das Argument der Bereicherung durch kulturelle Vielfalt. Dieses Argument findet sich wieder im Grundsatzprogramm der CDU vom 4. Dezember 2007 und im Bundestagswahlprogramm 2009, in denen Einwanderung als „Chance und Bereicherung"[545] bezeichnet wird. Allerdings knüpft die CDU den Gedanken, dass Einwanderung Bereicherung sein könne, an die Denkfigur der erfolgreichen Integration.[546] Integration bedeutet für die CDU die „gleichberechtigte Teilhabe am sozialen, politischen, wirtschaftlichen und kulturellen Leben"[547], verbunden allerdings mit „Respekt der Zugewanderten vor unserem Land"[548], der Bereitschaft, „unser Land als Heimat" anzunehmen[549], „Verantwortung für unser Land"[550] zu übernehmen[551] und „auf der Grundlage unserer Kultur"[552] mit den Einheimischen zusammenleben zu wollen.

In ihrem Grundsatzprogramm hat die CDU Deutschland zum „Integrationsland"[553] ausgerufen. Das Leben im Integrationsland ist an Bedingungen geknüpft: Wer in Deutschland leben wolle, müsse „die zentralen Werte und Normen unserer freiheitlich-demokratischen Grundordnung annehmen"[554] und auf dem Boden des Grundgesetzes stehen.[555] Einwanderer, die Menschenrechte und Demokratie infrage stellten, hätten kein „Recht auf kulturelle Differenz"[556]. Diese Annäherung an Deutschland und seine Verfassungs- und Rechtsordnung verlange jedoch von den Einwanderern nicht, ihre Herkunft zu verleugnen oder ihre Wurzeln aufzugeben.[557] Trotzdem scheint der CDU soviel multikulturelle Aufgeschlossenheit nicht ganz geheuer zu sein. Das lässt sich daran ablesen, dass die Positionspapiere der CDU seit 2001 zunehmend die Kehrseiten und Probleme der Einwanderung thematisieren. Im Brennpunkt dieser Thematisierung steht die Immigration aus fremden Kulturkreisen; insbesondere geht es um die Probleme der islamischen Einwanderung nach Deutschland. So wirft die

CDU den muslimischen Spitzenverbänden vor, „sich nach wie vor in erster Linie als Vertreter ihrer besonderen Anliegen gegenüber der Mehrheitsgesellschaft [zu] verstehen und eher
die kulturelle und religiöse Differenz als den Willen zur Integration [zu] betonen."[558] Mit
Blick vor allem auf die türkischen Verbände fordert die CDU, die Immigrantenlobbys sollten
sich von den politischen Strukturen ihrer Herkunftsländer lösen und ihre Binnenstrukturen
demokratisch und öffentlich-transparent gestalten.[559] Ausgehend von den Integrationsproblemen vor allem junger islamischer Einwanderer, die häufig bereits in dritter oder vierter
Generation in Deutschland leben, fordert die CDU, „klare und nachvollziehbare Anforderungen"[560] an die Einwanderer zu stellen, um die fehlende Integrationsbereitschaft eines Teils
der Immigranten zu überwinden. Damit Integrationsdefizite erfolgreich beseitigt werden
können, fordert die CDU von den Einwanderern die Beherrschung der deutschen Sprache
und von den islamischen Gemeinden die Bereitschaft, ihre Neigung zur Selbstabschottung
aufzugeben und einen glaubwürdigen und entschiedenen Trennstrich zum politischen Islamismus zu ziehen. Diese Bereitschaft schließe „ein aktives und kompromissloses Bekenntnis
zur grundgesetzlichen Ordnung und zum freiheitlichen Rechtsstaat" ein, was auch in der
Unterstützung der deutschen Sicherheitskräfte bei der Bekämpfung des islamischen Extremismus zum Ausdruck kommen müsse.[561]

Ein Konzept, das von Einwanderern Anstrengungen im individuellen Prozess der gesellschaftlichen Integration erwartet und die Einbürgerung als sichtbares Zeichen individueller
Loyalität gegenüber dem Staat der Aufnahmegesellschaft versteht, sieht in der Einbürgerung
eher eine Belohnung für erbrachte als einen Anreiz für erst noch zu erbringende Integrationsleistungen. Deshalb steht die Einbürgerung für die CDU am Ende der Bemühungen von
Einwanderern, sich in die deutsche Gesellschaft zu integrieren; sie ist „Ausdruck eines erfolgreichen Integrationsprozesses".[562]

In ihrem ursprünglichen Papier aus dem Jahre 2001 befürwortet die CDU das Ziel einer
strukturell-funktionalen Integration, geht aber noch einen Schritt weiter: Einwanderer sollen
in die „geistig-kulturelle" Landschaft des Aufnahmelandes eingebunden werden. Aber dieses
Ziel „ohne Aufgabe der eigenen kulturellen Identität"[563] erreichen zu wollen, ist ohne die
Hinnahme logischer Widersprüche nicht zu haben. Der Widerspruch spitzt sich zu in der
Feststellung: „Integration bedeutet nicht Assimilation. [...] Integration beinhaltet die Bejahung multikultureller Vielfalt. [...] Grundlage des Zusammenlebens in Deutschland ist nicht
multikulturelle Beliebigkeit, sondern die Werteordnung der christlich-abendländischen Kultur, die von Christentum, Judentum, antiker Philosophie, Humanismus, römischem Recht
und Aufklärung geprägt wurde."[564] Diese Position wird flankiert von Aussagen, dass
Deutschland zur Wertegemeinschaft des christlichen Abendlandes gehöre oder dass kulturelle
Homogenität die Chancen einer erfolgreichen Integration erhöhe oder dass Einwanderer die
geltenden Werte des Zusammenlebens in Deutschland zu respektieren hätten.[565]

Die Position der CDU pendelt also zwischen einem pragmatischen Multikulturalismus und
Akkulturation und verrät dadurch, dass ihr kein schlüssiges Integrationskonzept zugrunde
liegt. Allerdings distanzierte sich die CDU später vom Begriff Multikulturalismus.[566] Statt
wie 2001 noch von „multikultureller Vielfalt" zu schwärmen, nennt die CDU in ihrem
Grundsatzprogramm von 2007 Deutschland, in Abgrenzung zum Terminus des multikulturellen Einwanderungslandes, ein „Integrationsland". Aber die Zielbeschreibung ihrer Integrati-

onspolitik aus dem Jahre 2001 bleibt aktuell und läuft auf einen verfassungsintegrierten faktischen Multikulturalismus hinaus, der an einzelnen Stellen allerdings relativiert wird, etwa wenn die CDU eine Integration „auf der Grundlage unserer Kultur"[567] fordert. Die CDU unternimmt augenscheinlich den Versuch, das Konzept des Multikulturalismus mit dem Konzept der Akkulturation zu versöhnen. Denn die christlich-abendländische Kultur für verbindlich zu erklären, aber gleichzeitig multikulturelle Vielfalt zu bejahen, gelingt logisch widerspruchslos nur, wenn das Multikulturelle auf folkloristische Aspekte beschränkt wird. Andernfalls müsste es die deutsche Gesellschaft akzeptieren, dass eine ernsthaft bejahte multikultureller Vielfalt nur heißen kann, dass andere Wertesysteme in eine gleichberechtigte Konkurrenz mit den Werten der vorherrschenden christlich-abendländischen Leitkultur treten können.

Auch in den späteren Stellungnahmen gelingt der CDU die Überwindung ihres integrationspolitischen Grundwiderspruches nicht. Beispielhaft dafür ist die Formulierung aus ihrem Düsseldorfer Parteitagsbeschluss vom 7. Dezember 2004: „Integration bedeutet für uns die Akzeptanz allgemein geteilter Grundwerte und -normen. Integration bedeutet zugleich die Akzeptanz kultureller Verschiedenheit auf der Basis dieser allgemein geteilten Grundwerte. Diese aus der abendländisch-christlichen Tradition entwickelten Werte – allen voran Menschenwürde, Gerechtigkeit, Solidarität, Freiheit und die Gleichheit von Mann und Frau – sind universelle Werte. Sie stehen nicht zur Disposition und dürfen nicht multikultureller Beliebigkeit geopfert werden. Sie sind die Grundlage unseres Grundgesetzes. Die Regeln unseres Zusammenlebens stehen im Grundgesetz und sind damit für alle Bürgerinnen und Bürger verbindlich."[568] Aber der springende Punkt ist, dass sich gerade die kulturelle Verschiedenheit entweder in unterschiedlichen Grundwerten ausdrückt oder in der unterschiedlichen Auslegung derselben Grundwerte manifestiert. Keine der großen Kulturen der Welt lehnt die Grundwerte der Menschenwürde, Gerechtigkeit, Solidarität, Freiheit und der Gleichheit von Mann und Frau ab – solange man auf der begrifflich abstrakten Ebene bleibt. Die Tatsache, dass mit den gleichlautenden Wertbegriffen ganz unterschiedliche, miteinander unvereinbare Konzepte verbunden sein können, zeigt sich erst, aber dann umso schockierender auf der Ebene ihrer Konkretisierung.

Der Integrationsbegriff der CSU
Die CSU hat sich in ihrem Grundsatzprogramm vom 28. September 2007 ausführlich mit den Themen Einwanderung und Integration beschäftigt. Ihren integrationspolitischen Vorstellungen stellt die CSU eine kulturelle und normative Standortbestimmung voran. Darin bekennt sie sich zu einer „Orientierung an den Werten des Christentums" als dem „geistige[n] und kulturelle[n] Fundament für den Zusammenhalt unserer Gesellschaft" und besteht darauf, dass als äußeres Zeichen dieser Orientierung „das Kreuz in den Klassenzimmern und in allen öffentlichen Gebäuden […] unverzichtbar" ist.[569] Die maßgeblichen Werte und Maßstäbe, die nach dem Selbstverständnis der CSU die Grundlagen ihrer integrationspolitischen Vorstellungen ausmachen, sieht die Partei in der europäischen Geschichte und im christlichen Humanismus verankert. Das Programm nennt die Grundwerte Freiheit, Würde des Menschen, Menschenrechte, Schutz des Lebens, Bewahrung der Schöpfung, Gleichberechtigung von Mann und Frau, Nächstenliebe, Toleranz, Trennung von Kirche und Staat. Die CSU fordert „Respekt vor der eigenen Kultur" als Grundlage der Begegnung mit anderen Kulturen

und betont: „Unsere kulturelle Identität in Bayern und Deutschland ist mehr als ein Verfassungskonsens. Heimat heißt gemeinsame Sprache, gemeinsame Alltagskultur, gemeinsame Geschichte […]. Unsere kulturelle Identität gibt uns einen sicheren Standpunkt für die unverkrampfte und selbstbewusste Begegnung mit anderen Kulturen."[570]

Die CSU appelliert an den Willen zur kollektiven kulturellen Selbstbehauptung als Voraussetzung für das Überleben deutscher und bayerischer Identität und lässt den Appell einmünden in ein Bekenntnis zur deutschen Kulturnation und zur deutschen Leitkultur, die sich aus Sprache, Geschichte, Traditionen und christlich-abendländischen Werten zusammensetze.[571] Auf der Grundlage dieses Selbstverständnisses lehnt die CSU ein „multikulturelles Neben- und Gegeneinander ab, weil es kalt und unsozial ist, die Solidarität unseres Volkes untergräbt und zu Intoleranz und Gewalt führt."[572] Aus dem Blickwinkel der CSU ist deshalb unter Integration kein Aufeinanderzugehen von Einheimischen und Einwanderer in dem Sinne zu verstehen, „dass wir uns auf halbem Weg in der Mitte treffen. Wer in Deutschland leben will, muss sich auch nach unserer Alltagskultur richten wollen."[573]

Die CSU problematisiert bestimmte Aspekte der Einwanderung und macht sie an den Integrationsproblemen muslimischer Einwanderer und an den Schwierigkeiten mit der eingewanderten islamischen Religion fest.[574] So möchte die CSU auch die Einwandererkinder „mit den Werten, die unsere Gesellschaft zusammenhalten, vertraut […] machen. Jeder Schüler muss wissen, auf welchen Wurzeln diese Werte beruhen."[575] Ihre einwanderungs- und integrationspolitisch skeptische Sicht verbindet die CSU mit der Warnung: „[…] die Integrationsfähigkeit unseres Volkes hat Grenzen. Keine Gemeinschaft kann Menschen anderer kultureller Prägung in beliebiger Zahl integrieren."[576]

Die Definition Deutschlands als Schicksals-, Verantwortungs-, Kultur- und Solidargemeinschaft hat Auswirkungen auf das Staatsbürgerschaftsverständnis der CSU. Den Einbürgerungswilligen ist es daher zuzumuten, sich einem Sprach- und staatsbürgerlichen Wissenstest zu unterziehen, sich vom Verfassungsschutz überprüfen zu lassen oder einen Eid auf die Verfassung abzulegen.[577] Und so kommt die CSU zu der Schlussfolgerung: „Die Staatsbürgerschaft ist Abschluss, nicht Anfang des Integrationsprozesses. Der deutsche Personalausweis macht aus Zuwanderern noch keine verantwortlichen Staatsbürger. Ohne gemeinsame Sprache keine Nation. Ohne gemeinsamen Werte keine Solidarität. Ohne kulturelle Zusammengehörigkeit kein sozialer Zusammenhalt […]."[578] Der damalige bayerische Ministerpräsident und CSU-Vorsitzende Edmund Stoiber hat die staatsbürgerschaftspolitischen Grundsätze der CSU in seiner Aschermittwochsrede vom 21. Februar 2007 in eine allgemein verständliche Sprache übersetzt: „Nur wir in der CSU sagen klar und deutlich: Wer als Ausländer auf Dauer hier leben will, muss Integrationsangebote annehmen! Als erstes muss er unsere Sprache lernen. Unter Rot-Grün wurde das als „Zwangsgermanisierung" diffamiert. Ich sage: Alle Deutschen müssen sich verstehen – und das meine ich ganz wörtlich. Ohne gemeinsame Sprache keine Nation. Sprache allein reicht aber nicht. Es genügt nicht, den Wunsch nach mehr Weihnachtsgeld beim Sozialamt in gutem Deutsch vorbringen zu können. Echte Integration bedeutet mehr! Integration aus ganzem Herzen bedeutet mehr als Sprachkenntnisse und mehr als der bloße Besitz von einem Dokument, auf dem steht: ‚Personalausweis der Bundesrepublik Deutschland'. Ein Stück Papier macht aus einem Migranten noch keinen mitverantwortlichen Deutschen. […] Wer in Deutschland leben will, muss sich nach unserer Alltagskultur richten – und nicht umgekehrt! Wer hier leben will wie daheim, soll gleich daheim bleiben!"[579]

Die CSU lehnt multikulturelle Gesellschaftsvorstellungen ab und bekennt sich ausdrücklich zu einer deutschen Leitkultur. Im Gegensatz zu einer Leitkulturvorstellung, die sich an den abstrakten, universalistischen Werten der kulturellen Moderne (Bassam Tibi) orientiert, beinhaltet das nationalkulturbezogene Leitkulturverständnis der CSU auch die konkreten Traditionen, die Geschichte und die Alltagskultur der Aufnahmegesellschaft und möchte der deutschen und christlich-abendländischen Kultur eine Monopolstellung im öffentlichen Raum sichern. Im Hinblick auf die kulturelle Integration von Einwanderern vermeidet die CSU zwar die Verwendung der Begriffe Assimilation oder Akkulturation, aber die Forderung, die Einwanderer hätten sich nicht nur die deutschen Grundwerte, die Verfassungs- und die Rechtsordnung zu eigen zu machen, sondern sich auch nach der deutschen Alltagskultur zu richten, kann als Hinweis auf eher assimilatorische oder akkulturatorische Integrationsvorstellungen verstanden werden. Gerade diese Integrationsvorstellungen rufen nach einer operativen Präzisierung. Forderungen nach Akkulturation oder gar Assimilation provozieren nicht nur die politischen Parteien, gesellschaftlichen Organisationen und Verbände, die sich im multikulturalistischen Mainstream bewegen. Sie treffen auch auf den Widerstand großer Teile der Einwanderergemeinde selbst, weil nach vielen Jahren eines integrationspolitischen Vakuums und eines wildwüchsigen Multikulturalismus die Einwanderergemeinden Ansprüche auf kulturelle Autonomie entwickelt haben, die sich mit Vorstellungen einer weitgehenden Anpassung der Einwanderer an die Kultur der Aufnahmegesellschaft nicht vereinbaren lassen.

Der Integrationsbegriff der SPD

In ihrem Grundsatzprogramm vom 28. Oktober 2007 macht die SPD ihre Position deutlich durch die Feststellung: „Deutschland ist Einwanderungsland. Einwanderung hat unser Land wirtschaftlich und kulturell bereichert."[580] Das Argument der Bereicherung findet sich auch in anderen offiziellen Stellungnahmen der SPD wieder: „Wir betrachten andere Kulturen und Lebensformen als Gewinn."[581]

Integration wird als „wechselseitiger Prozess der Annäherung" gesehen.[582] Bereits in ihrem Beschluss vom 6. Juli 2001, der als Reaktion auf den Bericht der Unabhängigen Kommission Zuwanderung gefasst wurde, stellt die Bundestagsfraktion der SPD fest, dass Integration das Ziel habe, den Einwanderern einen gleichberechtigte Zugang zum ökonomischen, sozialen, politischen und kulturellen Leben zu verschaffen und fordert eine möglichst frühzeitige sprachliche, soziale, berufliche und kulturelle Integration. Das Bekenntnis zu einer strukturell-funktionalen Integration wird flankiert durch die Formulierung einer „kulturellen Integration". Unter kultureller Integration versteht die SPD-Bundestagsfraktion allerdings, dass die gegenseitige Akzeptanz der verschiedenen Kulturen die Basis einer kulturell heterogenen Gesellschaft ist.[583] In einem weiteren Papier aus demselben Jahr präzisiert die SPD-Bundestagsfraktion ihre Vorstellungen zur kulturellen Integration: „Die kulturelle Integration beinhaltet eine stärkere Berücksichtigung der Vielfalt der Kulturen (auch Alltagskulturen) und kultureller Identitäten. Ethnische Minderheiten müssen sich und ihre Kultur im gesellschaftlichen Leben wiederfinden. Notwendig ist ein gesellschaftlicher Konsens, der nicht nur unser Wertesystem beinhaltet, sondern auch die Anerkennung der kulturellen Unterschiede in unserer Gesellschaft einbezieht."[584] Dieses Bekenntnis zum Multikulturalismus ohne Rückgriff auf den Begriff des Multikulturalismus geht auch in das Hamburger Grundsatzprogramm von 2007 ein: „Unser Grundgesetz bietet Raum für kulturelle Vielfalt. Daher braucht niemand seine Herkunft zu verleugnen."[585]

Aus der Position eines Multikulturalismus, der allerdings nicht Multikulturalismus genannt wird, leitet die SPD eine Ablehnung von Integrationskonzepten ab, die auf Assimilation oder Akkulturation setzen: „Integration verwechseln wir aber nicht mit Assimilation. Eine erfolgreiche Integration bedeutet nicht, die Herkunft und Identität zu verleugnen. Eine erfolgreiche Integration erfordert auch unseren Respekt vor der Kultur der Migranten."[586] Der faktische Multikulturalismus der SPD findet seinen Niederschlag auch in der Staatsbürgerschaftspolitik. Die SPD möchte eine Politik der aktiven Einbürgerung betreiben, und zwar als Mittel der Integration, und nicht als deren Abschluss.[587]

Auch die SPD thematisiert Probleme und Kehrseiten der Einwanderung. Ohne den Islam ausdrücklich zu nennen, gehen die Anspielungen doch in diese Richtung: „Für religiös begründeten Extremismus ist in unserem Land kein Platz. Menschenrechte lassen sich auch durch Berufung auf religiöse Regeln oder Traditionen nicht außer Kraft setzen, hier liegt die Grenze unserer Toleranz gegenüber anderen Kulturen."[588] Im Grundsatzprogramm der SPD finden sich noch weitere Beispiele für das Bewusstsein, dass Einwanderung problematische Seiten hat: Probleme mit der Durchsetzung der Gleichberechtigung vorzugsweise islamischer Frauen, ihre mangelhafte gesellschaftliche und berufliche Integration sowie der Kampf gegen Parallelgesellschaften oder Zwangsheirat.[589]

Zur Lösung der Konflikte, die in einer multikulturellen Gesellschaft unvermeidlich sind, hält die SPD die Achtung des Wertesystems, wie es sich in Verfassung und Gesetzen manifestiere, für unverzichtbar. Der Staat müsse sich aber in Konfliktsituationen auf diese Werte beschränken und dürfe nicht kulturelle Orientierungen mit einbeziehen.[590]

Der Multikulturalismus der SPD ist wie der Multikulturalismus der CDU verfassungsintegriert, das heißt, auch die SPD verlässt sich darauf, dass die zentrifugalen Kräfte der multikulturellen Gesellschaft durch eine von allen ethnokulturellen Minderheiten vorbehaltlos anerkannte Verfassung gebremst werden. Unter der von ihr propagierten kulturellen Integration versteht die SPD nicht die Zusammenführung von kulturellen Unterschieden auf einer gemeinsamen Grundlage, sondern vielmehr die Aufrechterhaltung und Förderung dieser Unterschiede. Die SPD betont die Anerkennung kultureller Differenz, setzt aber gleichzeitig darauf, dass das Werte- und Normensystem des Grundgesetzes unwidersprochen zu gelten habe.

Der Integrationsbegriff der Grünen

Die Gestaltung der multikulturellen Einwanderungsgesellschaft ist grüne Herzensangelegenheit. Homogene Gemeinschaften neigten zur Stagnation, während Einwanderungsgesellschaften durch die ständigen Auseinandersetzungen in allen Lebensbereichen vitalisiert würden. Die Gewohnheiten der Mehrheitsgesellschaft, die zu allgemeinen Regeln geworden seien, würden durch Einwanderung zur Disposition gestellt.[591] Für die Grünen ist die „multikulturelle Gesellschaft […] Realität",[592] sie muss also weder erst geschaffen werden noch gibt es auch nur eine Entscheidung darüber zu treffen, ob Deutschland eine multikulturelle

Gesellschaft sein will oder nicht. Die multikulturelle Einwanderungsgesellschaft ist „Berei-cherung und Herausforderung. Sie ist nicht bequem, beinhaltet aber immense Potenziale."[593] Multikulturelle Gesellschaft bedeutet für die Grünen „das gleichberechtigte Zusammenleben von Menschen unterschiedlicher Herkunft"[594] und „die Entwicklung einer gemeinsamen Kultur der Anerkennung".[595] Für ein „Zusammenleben in gesellschaftlicher Vielfalt"[596] ist die „Anerkennung gemeinsamer und verbindlicher Regeln Voraussetzung."[597] Maßstab seien die Grund- und Menschenrechte, die Achtung der Menschenwürde, Toleranz, Respekt, Ge-waltfreiheit, Gleichberechtigung sowie die Anerkennung von demokratischen und rechts-staatlichen Verfahren.[598]

Das Zusammenleben in gesellschaftlicher Vielfalt bedeutet nicht, dass sich die Zugewan-derten bloß an die Mehrheitsgesellschaft anzupassen hätten, sondern dass darin ein wechsel-seitiger Prozess zu sehen sei.[599] Die multikulturelle Gesellschaft bekräftige Selbstbestim-mung und kulturelle Freiheit der Individuen. Daraus erwächst die Haltung der Grünen, sich von der Idee einer deutschen Leitkultur, „die zu Assimilation und Unterordnung verpflich-ten" will, scharf abzugrenzen.[600] Vor allem aber müsse die Aufnahmegesellschaft den Ein-wanderern Chancengleichheit, sozialen Aufstieg, kulturelle Selbstbestimmung und politische Teilhabe ermöglichen.[601] Im Rahmen der Förderung und Stärkung gesellschaftlicher Vielfalt begrüßen es die Grünen auch, wenn sich die Menschen aus anderen Kulturen für ihre Interes-sen einsetzen und sich in Verbänden zusammenschließen.[602]

Die Politik der Anerkennung und der engagiert vertretene Multikulturalismus der Grünen bestimmt auch die Haltung der Partei zur Staatsbürgerschaft. Logische Konsequenz des grü-nen Multikulturalismus ist die Forderung nach einer schnelleren und leichteren Einbürgerung von Einwanderern als Instrument der Integration und die großzügige Hinnahme der doppel-ten Staatsbürgerschaft.[603]

Ausführlich befassen sich die grünen Stellungnahmen mit den problematischen Seiten der Einwanderung. Ohne den Islam ausdrücklich zu nennen, werden gesellschaftliche Probleme angesprochen, die typisch sind für islamische Einwanderer: Die Vernachlässigung der Aus-bildung der eigenen Kinder; die Ausgrenzung muslimischer Schülerinnen, deren Eltern sie nicht an Klassenfahrten, am Sport-, Schwimm- oder Sexualkundeunterricht teilnehmen las-sen; die mangelnde Gleichberechtigung der Frauen; Probleme junger muslimischer Mäd-chen, selbst über ihr Leben bestimmen und ihre Persönlichkeit frei entfalten zu können; Ge-walt in der Familie; vorgelebte patriarchale Rollenmuster, die junge männliche Einwanderer übernehmen, um dann selbst gegenüber ihren Schwestern oder Freundinnen gewalttätig zu werden.[604] Ausführlich befassen sich die Grünen auch mit dem Islam als eingewanderter Religion: „Die Zuwanderung hat nicht nur fremde Kulturen, sondern auch Religionen nach Deutschland gebracht."[605] Unter dem Schlagwort „Islam einbürgern" fordern die Grünen die rechtliche Gleichstellung des Islam als Voraussetzung für seine erfolgreiche Integration in die Aufnahmegesellschaft. Die rechtliche Gleichstellung des Islam begründen die Grünen integrationspolitisch und verfassungsrechtlich: integrationspolitisch, weil nur durch Stärkung und Beteiligung der liberalen Muslime in Deutschland die fundamentalistischen Einflüsse zurückgedrängt werden könnten; verfassungsrechtlich, weil das Grundgesetz auch die Ver-wirklichung der kollektiven Religionsfreiheit der Muslime verlange. Durch ihre rechtliche Gleichstellung könnten die religiösen Bedürfnisse der muslimischen Einwanderer genauso berücksichtigt werden wie die von Christen und Juden. So gehe es darum, eine islamische Seelsorge in Krankenhäusern, Gefängnissen, Seniorenheimen oder bei der Bundeswehr zu einzurichten, flächendeckend einen deutschsprachigen islamischen Religionsunterricht anzubieten, die Ausbildung von Imamen und islamischen Religionslehrern und Religionslehrerinnen durch die Einrichtung von Lehrstühlen für islamische Theologie zu ermöglichen.[606]

Das latent vorhandene Unbehagen der Grünen an den fundamentalistischen islamischen Strömungen führt einerseits zu der Forderung, dass religiös begründeter Rassismus, Antisemitismus oder die Diskriminierung von Frauen und Homosexuellen keinen Platz in Deutschland haben dürfen[607], andererseits zu der Aufforderung an die Deutsche Islamkonferenz des damaligen Bundesinnenministers Schäuble, „die moderaten und nicht die fundamentalistischen Muslime zu stärken."[608] Das sei auch deshalb wichtig, weil zwar nur eine Minderheit der Muslime religiösen Vereinen angehöre, andererseits aber der Organisationsgrad bei den fundamentalistischen Vereinen besonders hoch sei[609], so dass sich daraus ein Übergewicht zu ihren Gunsten ergebe.

Im Gegensatz zu CDU, CSU und SPD bekennen sich die Grünen auch terminologisch zum Multikulturalismus und zur multikulturellen Demokratie, die allerdings mehr als suggestive Vorstellung existiert denn als konkretes politisches Programm präsentiert wird. Für die Grünen ist Multikulturalismus einerseits Beschreibung der Gegenwartsgesellschaft und ihrer Entwicklung als auch gesellschaftspolitisches Ziel. Es versteht sich von selbst, dass unter den Bedingungen einer Politik der Anerkennung die Aufnahmegesellschaft das Anderssein der Einwanderer akzeptieren muss. Das schließt assimilatorische oder akkulturatorische Integrationsvorstellungen kategorisch aus. Auch wenn sich die Grünen in ihren Äußerungen durchaus einen problembewussten Blick auf die gesellschaftliche Wirklichkeit erlauben, bleiben sie doch auf ein „harmonisches Zusammenleben von Menschen unterschiedlicher Herkunft"[610] fixiert. Damit erhält der Multikulturalismus bei den Grünen den Rang einer gesellschaftspolitischen Vision; Multikulturalismus ist die grüne Sozialutopie einer besseren Gesellschaft. Vor ihrer Regierungsbeteiligung 1998 haben die Grünen die Vision einer multikulturellen Gesellschaft mit typisch multikulturalistischen Argumenten begründet: multikulturelle Gesellschaft als Bereicherung und Chance, buntes und harmonisches Zusammenleben verschiedener Kulturen als Menschheitsraum, kulturelle Vielfalt als Wert an sich. Diese Argumentationsweise haben die Grünen mit Blick auf die Empfindlichkeiten und den Zukunftspessimismus der deutschen Gesellschaft taktisch geschickt weiterentwickelt und mit Sachzwangargumenten angereichert: Schon aus demografischen Gründen sei Deutschland auf Einwanderung angewiesen. Oder mit Blick auf Befürchtungen, die mit der Gefahr eines Nachlassens der innovativen Fähigkeiten in Deutschland verbunden sind, wird als Gegengift „Einwanderung als produktive Kraft" propagiert.[611]

Doch auch die grünen Integrationsvorstellungen leiden an Ratlosigkeit und Widersprüchen. Wenn die Grünen feststellen, dass der fundamentalistische Islam keinen Platz in Deutschland habe, dann schließt das die Frage ein, mit welchen Mitteln die Ausbreitung fundamentalistischer Einflüsse verhindert werden kann. Der konkreten Antwort auf diese Frage weichen die Grünen mit der Denkfigur aus, dass das Werte- und Normensystem des Grundgesetzes bei gleichzeitiger Akzeptanz einer „gemeinsamen Kultur der Anerkennung" die Basis einer erfolgreichen Integration sein könne. Damit ist auch der offensiv vertretende Multikulturalismus der Grünen verfassungsintegriert.

Der Integrationsbegriff der FDP

Seit November 2004 verfügt auch die FDP über ein Papier zu den Themen Einwanderung und Integration.[612] Es beginnt mit der programmatischen Feststellung: „Eine Gesellschaft wird durch Vielfalt bereichert. Liberale begrüßen die ethnische und kulturelle Differenzierung in der Bundesrepublik Deutschland. Menschen unterschiedlicher Herkunft mit ihrer spezifischen Identität sind fester Bestandteil einer zukunftsweisenden liberalen Bürgergesellschaft."[613] Das ist ein klares Bekenntnis zur Idee der multikulturellen Gesellschaft, auch wenn der Begriff selbst nicht genannt wird. Auch die FDP stützt ihre integrationspolitischen Vorstellungen auf das Bereicherungsargument und stellt fest, dass Deutschland ein Einwanderungsland ist und bleiben wird.[614] Aus dem Bereicherungsargument folgt die multikulturalistische Forderung nach „Förderung der kulturellen Vielfalt"[615]; die Forderung, dass die Unterschiedlichkeit der Menschen anzuerkennen und diesen „Unterschieden mit Toleranz, Respekt und Neugier" zu begegnen sei. Daraus wiederum leitet die FDP konkrete, am multikulturellen Paradigma ausgerichtete politische Ziele ab, so etwa die Förderung interkultureller Kompetenzen in Kindergarten und Schule, weil die „Vielfalt und Differenz, die sie [d.h. die Einwandererkinder] in die Bildungsprozesse und ihr weiteres Umfeld einbringen, […] bereichernd für alle sein" können.[616] In diese Politik zugunsten von Vielfalt und Differenz eingeschlossen sehen möchte die FDP auch, dass die Einwanderer in ihren jeweiligen Muttersprachen ausdrücklich gefördert werden, weil „die Wertschätzung der Herkunftssprachen der Kinder und Jugendlichen ihr Selbstwertgefühl stärkt"[617] und Mehrsprachigkeit ein wertvolles Potenzial sei. Integration sei nicht Assimilation, sondern ein wechselseitiger Prozess, dessen Grundlage gegenseitiges Aufeinanderzugehen und gegenseitiges Verständnis sei. Wert legt die FDP darauf, dass ein „friedliches und partnerschaftliches Zusammenleben" zwischen Einheimischen und Einwanderern auf „gemeinsame Grundwerte" angewiesen sei. Diese Grundwerte fänden sich in der deutschen Verfassung und der Rechtsordnung insgesamt, sie seien vorbehaltlos zu respektieren[618]: „Demokratie, Rechtsstaat, die Grund- und Menschenrechte, die Trennung von Staat und Religion sowie die gute Kenntnis der deutschen Sprache sind die Fundamente unserer Gesellschaft, die niemand außer Kraft setzen darf, auch nicht mit dem Hinweis auf seine kulturellen oder traditionellen Überzeugungen."[619] Bei aller Festigkeit des Bekenntnisses zur Unverbrüchlichkeit der Werteordnung des Grundgesetzes, thematisiert auch die FDP ein gewisses Unbehagen an Problemen, die überwiegend mit dem nach Deutschland eingewanderten Islam zusammenhängen. Die FDP zählt die Schattenseiten der Einwanderung auf, ohne allerdings den Islam als Ursache oder wenigstens kulturellen Hintergrund dieser negativen Erscheinungen beim Namen zu nennen: Parallelgesellschaften und die Abschottung von Religionsgemeinschaften, Vereinen und ethnischen Gemeinden ebenso wie Zwangsheirat und Ehrenmorde, Hasspredigten oder Unterdrückung der Frau, Zweifel an der Anerkennung des Grundrechtes auf Religionsfreiheit oder die Befürwortung von Gewalt als Mittel der politischen oder weltanschaulichen Auseinandersetzung, Aus der Analyse, dass die Entwicklung in Deutschland von einer „Internationalisierung der Gesellschaft" gekennzeichnet ist, leitet die FDP die Notwendigkeit ab, den Zugang der Einwanderer zur deutschen Staatsbürgerschaft zu erleichtern.[620]

Die FDP bekennt sich zum Multikulturalismus, ohne den Multikulturalismus beim Namen zu nennen. Ihr Konzept ist das einer verfassungsintegrierten multikulturellen Gesellschaft. Sie feiert kulturelle Differenz als das Salz der liberalen Bürgergesellschaft und als Motor der gesellschaftlichen und wirtschaftlichen Entwicklung. Gegen das unterschwellige Unbehagen an den Kehrseiten der Einwanderung aus fremden Kulturkreisen und an den nicht abzusehenden Konsequenzen für die zukünftige gesellschaftliche Entwicklung in Deutschland setzt die FDP auf die Beschwörung eines gesellschaftlichen Grundkonsenses, der sich auf die unbedingte Anerkennung der Grundwerte des Grundgesetzes und der Rechtsordnung stützt. Offen jedoch bleibt die Frage, wie sich eine von den Einwanderern geforderte „vorbehaltlose Akzeptanz der freiheitlich demokratischen Grundordnung und der Grundwerte, auf der diese beruht" widerspruchsfrei mit dem „Prinzip der kulturellen Gleichwertigkeit" und einem „Recht auf kulturelle Verschiedenheit" vertragen soll.[621]

Der Integrationsbegriff der Linken

Auch die damalige PDS-Bundestagsfraktion hat ihre einwanderungs- und integrationspolitischen Positionsmarken, beschlossen am 26. Juni 2001, sehr früh gesetzt. Die späteren Äußerungen der Partei sind nur Wiederholungen dieses Grundsatzpapiers. Auch Die Linke beginnt mit der Feststellung, dass Deutschland ein Einwanderungsland sei und dass die in Deutschland lebenden Menschen aus den unterschiedlichen Kulturkreisen eine „Bereicherung" darstellten. Daraus leitet die Partei weitreichende einwanderungs- und integrationspolitische Forderungen ab.[622] Ihr Leitbild ist der individuelle Rechtsanspruch eines jeden Menschen auf Einwanderung und Niederlassung in Deutschland. Daraus ergibt sich die Konsequenz, dass die nichtdeutschen Staatsangehörigen, die dauerhaft in Deutschland leben, dieselben Rechte erhalten wie die deutschen Staatsbürger.[623] Das schließt umfassende politische Partizipationsmöglichkeiten einschließlich des aktiven und passiven Wahlrechts für alle Nichtdeutschen mit ein.[624] Integration bedeutet auch für die Linke einen gegenseitigen Prozess, der Einheimische und Einwanderer umfasst. Dieser gegenseitige Prozess stütze sich darauf, dass die Aufnahmegesellschaft die verschiedenen Lebensstile und Kulturen als gleichwertig akzeptiere und toleriere[625] und Abstand nehme von der Assimilation, die den kulturellen Identitätsverlust der Einwanderer beabsichtige.[626] Die Integration könne nur dann erfolgreich verlaufen, wenn sich die deutsche Mehrheitsgesellschaft endgültig von der Fiktion eines homogenen Staatsvolks und eines völkischen Staatsverständnisses verabschiede. In diesem Staatsverständnis stecke nämlich die Anmaßung, dass nur die Abstammungsdeutschen definierten, was deutsche Kultur und akzeptierter Lebensstil sei und in dem abweichende Verhaltensweisen und Kulturen als Bedrohung empfunden würden. Der radikale Abschied aus diesem Staatsverständnis könne nur in die Forderung münden: „Wir brauchen die Interkulturalität der Kulturen oder andersherum: die Anerkennung der Kulturen als gleichwertig und gleichberechtigt."[627] Dieser radikale Multikulturalismus der Linken wird illustriert durch einen Maßnahmenkatalog, der der konsequenten Durchsetzung einer Politik der Anerkennung von kultureller Differenz dienen soll. So sollen für Frauen aus traditionellen Familien z.B. Sprachkurse eingerichtet werden, die von Frauen geleitet werden, an denen nur Frauen teilnehmen und in denen nur Frauen die Prüfung abnehmen dürfen.[628]

Im Unterschied zu den anderen Parteien sieht die Linke offenbar keine Notwendigkeit für ein gemeinsames Wertefundament, nicht einmal in Gestalt des Grundgesetzes. Die einzige Gemeinsamkeit zwischen Einwanderern und Einheimischen besteht in „gelebter Vielfalt", die auf der gegenseitigen Anerkennung der kulturellen Unterschiede gründet. Die Linke hält die Tatsache, dass von „den Migranten ein faktisches Bekenntnis zur ‚freiheitlich-demo-kratischen Leitkultur' verlangt" wird, für den „Versuch, die Verfassung ganz offen zu kulturalisieren". Das aber stehe im Gegensatz zum kulturellen Individualismus und Pluralis-mus des aufgeklärten Verfassungsstaates.[629]

Die Linke problematisiert Einwanderung nicht. Sie macht im Gegenteil ein Klima „von Misstrauen und Verdächtigungen, insbesondere gegenüber Muslimen"[630] aus. Sie übernimmt die Rolle einer Anwältin der muslimischen Einwanderer, um sich den Kräften entgegen-zustellen, die eine „einseitige Problemlastigkeit" des Islam suggerieren. Migranten würden wegen ihres islamischen Glaubens für integrationsunwillig und integrationsunfähig erklärt. Schlimmer noch, sie würden als Terrorunterstützer verdächtigt und zu einer Gefahr für die freiheitlich-demokratische Grundordnung stilisiert. Aus dieser Perspektive sind nicht die kulturfremden Einwanderer das Problem, sondern die vermeintlich reaktionär gesinnten Teile der Gesellschaft. Eine politische und gesellschaftliche Anerkennung des Islam als gleichbe-rechtigter Religion steht deshalb genauso auf der Tagesordnung der Linken wie Forderungen nach einer Neugestaltung des Staatsangehörigkeitsrechts. Dazu gehört u.a. die Einführung einer generellen doppelten Staatsbürgerschaft sowie die wesentliche „Erleichterung der Ein-bürgerung".[631]

Die Linke verkündet, was die Grünen als Regierungspartei im Wartestand auf Bundesebene nur noch verhalten zu bekennen wagen: Die Vision einer Weltgesellschaft, in der sich jeder seinen Lebensmittelpunkt frei wählen kann. Eine Weltgesellschaft, in der der Nationalstaat mit seinen Souveränitätsrechten, zu denen auch die alleinige Entscheidung über Ob und Wie von Einwanderung gehören, aufgehoben ist. Damit vertritt die Linke einen radikalen Multikulturalismus, ohne den Begriff zu verwenden. Dass die Linke auf den Multikul-turalismusbegriff verzichtet, entspringt vermutlich keiner taktisch bedingten Scheu wie bei den großen Volksparteien, sie scheint vielmehr der Distanzierung vom Multikulturalismus als bürgerlicher Ideologie geschuldet. Radikal multikulturalistisch zeigt sich die Partei, wo sie konsequent selbst auf einen bloß deklaratorischen Bezug zum Grundgesetz als gemeinsamer Grundlage zwischen Einwanderern und Einheimischen verzichtet.

	Die Linke	SPD	Die Grünen	FDP	CDU	CSU
Haltung bezüglich strukturell-funktionaler Integration	gleichberechtigte Teilhabe der Einwanderer am gesellschaftlichen, wirtschaftlichen, sozialen, rechtlichen, politischen und kulturellen Leben					
Einwanderung ist...	Bereicherung und Chance					
Deutschland ist...	...ein Einwanderungsland				...ein Integrationsland	
Der Multikulturalismus-begriff wird...	...als „Erscheinungs-form bürgerlicher Ideologie" abgelehnt	...als „desavouierter Begriff" abgelehnt	...unbefangen verwendet	...als „desavouierter Begriff" abgelehnt		...abgelehnt
Einstellung zum Multikulturalismus	entspricht dem radikalen Multi-kulturalismus	entspricht dem verfassungsintegrierten Multikulturalismus (liberaler Multikulturalismus oder faktischer Multikulturalismus)				Multikulturalis-mus-Gedanke wird abgelehnt
geforderte gemeinsame Grundlage	keine	Wertekonsens in Gestalt der Grundwerte des Grundgesetzes				
Form kultureller Integration	radikaler Multi-kulturalismus	liberaler Multikulturalismus			unklar, Position pendelt zwischen faktischem Multikultura-lismus und Akkulturation	Akkulturation/ Assimilation
Einbürgerung	wird als Mittel zur Integration betrachtet, soll folglich erleichtert werden				wird als „Abschluss einer gelungenen Integration" betrachtet	

© Simone Fink

Abb. 4.1   *Übersicht über die Haltungen der einzelnen Parteien zum Thema Einwanderung*

4.5.4   Integration aus Sicht der deutschen Bundesregierung

Mit der Aufwertung der Funktion der Beauftragten der Bundesregierung für Migration, Flüchtlinge und Integration in den Rang einer Staatsministerin versuchte Bundeskanzlerin Angela Merkel zu Beginn ihrer Kanzlerschaft im Jahre 2005 der deutschen Öffentlichkeit zu signalisieren, dass sie die Aufgabe der Integration der Einwanderer ins Zentrum der Arbeit der Großen Koalition zu rücken gedenkt. Einen weiteren integrationspolitischen Akzent setzte die Kanzlerin mit der Einrichtung eines sogenannten Integrationsgipfels, der das Ziel hatte, Probleme der Integration zwischen Vertretern der Aufnahmegesellschaft und der Einwanderer zu diskutieren. Der Erste Integrationsgipfel fand am 14. Juli 2006 statt. Die 86 Teilnehmer stammten aus Politik, Medien, Immigrantenverbänden, Arbeitgeberorganisationen, Gewerkschaften und dem organisierten Sport. Die Teilnehmer der Konferenz verständigten sich darauf, innerhalb eines Jahres einen „Nationalen Integrationsplan" aufzustellen. Der Nationale Integrationsplan sollte die integrationspolitische Entschlossenheit der Bundesregierung mit einem 400 Maßnahmen und Selbstverpflichtungen umfassenden Paket untermauern. Ein Jahr später, am 12. Juli 2007, stellte Bundeskanzlerin Merkel beim Zweiten Integrationsgipfel den Nationalen Integrationsplan vor. Bei den Handlungsempfehlungen ging es vor allem um: bessere Bildungs- und Ausbildungschancen für junge Einwanderer; den Ausbau von Kindertageseinrichtungen, die sich der Integration und der Sprachförderung verpflichtet sehen; die Stärkung der gesellschaftlichen Teilhabe von Einwanderinnen, denen als Mütter eine Schlüsselstellung bei der Integration zukommt; den Kampf gegen Zwangsheirat; die Verbesserung der Mitwirkung von Immigrantenorganisationen; eine weitere interkulturelle Öffnung staatlicher und gesellschaftlicher Institutionen. Ein Dritter Integrationsgipfel am 6. November 2008 widmete sich einer ersten Bewertung der Umsetzung des Nationalen Integrationsplanes.

Während der Großen Koalition (2006–2009) deckte sich die integrationspolitische Position der Bundesregierung im Wesentlichen mit der Haltung der CDU. Ihr integrationspolitischer Leitsatz aus dem Jahre 2001 findet sich fast wörtlich im Papier der Integrationsbeauftragten zum Nationalen Integrationsplan wieder: „Integration bedeutet die Einbindung in das gesellschaftliche, wirtschaftliche, geistig-kulturelle und rechtliche Gefüge des Aufnahmelandes ohne Aufgabe der eigenen kulturellen Identität."[632] Ihre de facto multikulturalistische Haltung und ihre Orientierung an einem verfassungsintegrierten Multikulturalismus machte die Position der CDU auch für den SPD-Koalitionspartner annehmbar, mindestens solange es nicht um die Einzelheiten der politischen Ausgestaltung der Integrations- und Einwanderungspolitik ging. Merkel paraphrasierte im Grunde nur die Schröder-Formel, wenn sie forderte, „ein gemeinsames Verständnis von Integration zu entwickeln. Selbstverständlich gehört dazu die Anerkennung der Rechtsordnung Deutschlands und der grundgesetzlich geschützten Werte. Wer dauerhaft bei uns leben […] will, […] kommt nicht umhin, die deutsche Sprache hinreichend zu beherrschen."[633]

Auch die damalige schwarzrote Bundesregierung gründete ihre Integrationsvorstellungen auf das Bereicherungsargument und stellt fest, dass es eine „besondere Chance" sei, „im eigenen Land verschiedene Kulturen erleben zu können."[634] Integration in diesem Sinne beinhaltet die „Bejahung kultureller Vielfalt." Sie baut auf eine „Kultur der Toleranz und des Miteinanders".[635] Ausdrücklich wendet sich die Bundesregierung gegen assimilatorische Integrationsvorstellungen und betont, dass Integration „kein einseitiger Prozess der Anpassung"[636] sei, sondern ein wechselseitiges Geschehen mit dem Ziel, einen gesellschaftlichen Zustand zu erreichen, der „weit mehr [ist] als ein freundliches Nebeneinander von Menschen."[637] „Kulturelle Offenheit" und der „Respekt vor kultureller Vielfalt" setze aber die Identifikation mit der Werteordnung des Grundgesetzes und dem freiheitlich-demokratischen Rechtsstaat voraus. Maßgebend sei die Bereitschaft der Einwanderer, das Grundgesetz und die Rechtsordnung vorbehaltlos zu akzeptieren. Freilich war die Begründung des Nationalen Integrationsplans nicht frei von Widersprüchen. Das mag zurückgehen auf ungenügende redaktionelle Abstimmung oder Ergebnis eines bewusst eingebauten Interpretationsspielraums sein. Auch die Haltung der Bundesregierung bleibt im Dilemma des liberalen Multikulturalismus stecken. Wenn unter kultureller Vielfalt mehr verstanden wird als folkloristische Buntheit, unterschiedliche Eßgewohnheiten sowie abweichende Vorstellungen in den Fragen des guten Geschmacks, dann schließt die Anerkennung kultureller Vielfalt, kultureller Unterschiede und der Gleichwertigkeit der kulturellen Werte der Einwanderer die Anerkennung unterschiedlicher Wertvorstellungen und Lebensweisen mit ein. Dieser Zusammenhang wiederum verträgt sich nicht mit der Forderung, die Einwanderer hätten „unsere Wertvorstellungen" und „unser kulturelles Selbstverständnis" zu akzeptieren.[638] In dieser kulturgestützten Variante erhält der verfassungsintegrierte Multikulturalismus eine akkulturatorische Komponente.

Wenn die Bundesregierung darauf hofft, dass die Einwanderer durch „das Erlernen der deutschen Sprache ein sichtbares Zeichen der Zugehörigkeit zu Deutschland […] setzen"[639] mögen, gerät die akkulturatorische Komponente vollends zu einer Geste integrationspolitischer Hilflosigkeit. Denn die Beherrschung der elementaren Kulturtechnik Sprache ist lediglich Voraussetzung für die Fähigkeit, sich in einer bestimmten Gesellschaft zurechtzufinden. Die Zugehörigkeit zu einem bestimmten Land und die Identifikation mit seiner Gesellschaft aber wird, wenn sie über den bloßen Besitz eines Reisepasses hinausgehen, also nicht nur formaler Natur sein soll, durch Sprachkenntnisse allein nicht vermittelt. Auch die Position der Bundesregierung spiegelt damit einen widersprüchlichen verfassungsintegrierten Multikulturalismus wider.

4.5.5   Integration aus der Sicht türkischer und islamischer Immigrantenverbände

Immigranten aus den verschiedenen Herkunftsländern sind in Deutschland in einer nahezu unüberschaubaren Zahl von Verbänden, Vereinen und Initiativen mit unterschiedlichsten Zielsetzungen organisiert. Der Charakter dieser Organisationen reicht vom landsmannschaftlich-folkloristischen Profil bis zu harter ethnischer Interessenvertretung. Die landsmannschaftlich-folkloristischen Organisationen fallen politisch kaum ins Gewicht. Im Kampf um die Deutungshoheit über den Integrationsbegriff spielen sie keine Rolle. Deshalb liegt es nahe, sich auf Verbände zu konzentrieren, die ausdrücklich ethnisch-kulturelle Minderheiteninteressen vertreten. Welche Bedingungen stellen sie an eine erfolgreiche Integration der Einwanderer? Wo liegen ihre Schwerpunkte, welche Ziele verfolgen sie, welche Gemeinsamkeiten verbinden sie, welche Unterschiede trennen sie? Wer welche Vorstellungen über Integration hegt, ist nicht ganz einfach zu ermitteln, weil die meisten Verbände dazu keine expliziten Aussagen machen. Diese Unübersichtlichkeit legt es nahe, sich auf Verbände zu beschränken, aus deren Aussagen auf das jeweilige Integrationsverständnis geschlossen werden kann. Um scharfe Konturen zeichnen zu können, kommen Verbände zum Zug, an deren Beispiel Strukturen des Integrationskonfliktes festgemacht werden können. Diese Kriterien erfüllen vor allem islamische und/oder türkische Organisationen. Sie stehen für die zahlenmäßig größte Einwanderergemeinde in Deutschland und für eine vergleichsweise große kulturelle Distanz zur Aufnahmegesellschaft. Da aber auch bei diesen Organisationen ein Überblick schwierig ist, kommen nur diejenigen Verbände ins Spiel, die den größten Widerhall in der politischen Öffentlichkeit haben und von der Politik als Gesprächspartner bevorzugt werden. Die Teilnahme an der Deutschen Islamkonferenz und am Integrationsgipfel der Bundesregierung ist ein Anhaltspunkt dafür, welche politische Bedeutung die deutsche Regierung welchen der türkischen und islamischen Verbände zumisst. Beim Integrationsgipfel sind allein die Hälfte aller Delegierten türkische Vertreter, obwohl Türken und Türkischstämmige nur ein gutes Viertel aller Einwanderer in Deutschland ausmachen. Nach diesem Filter bleiben sechs Verbände übrig. Als ethnisch-kulturelle Interessenvertretung nimmt die Türkische Gemeinde in Deutschland (TGD) am Integrationsgipfel der Bundesregierung teil. Darüber hinaus ist die TGD auch Mitglied der Deutschen Islamkonferenz, zusammen mit fünf religiös-islamischen Verbänden, die für sich in Anspruch nehmen, die etwa 3 bis 4 Mio. Muslime in Deutschland zu repräsentieren. Inwieweit diese Organisationen die Muslime, die Türken oder türkischstämmige deutsche Staatsangehörige tatsächlich repräsentieren, ist umstritten, zumal keine verlässlichen Mitgliederzahlen vorliegen. Die fünf großen, bundesweit aktiven, religiös-kulturellen Dachverbände, die die islamische Szene in Deutschland beherrschen, sind: die Türkisch-Islamische Union der Anstalt für Religion (DITIB), der Zentralrat der Muslime in Deutschland (ZMD), der Islamrat, der Verband islamischer Kulturzentren (VIKZ) und die Alevitische Gemeinde in Deutschland (AABF). Der alevitische Verband, der die Vertretung von etwa 0,5 Mio. Aleviten beansprucht, spielt insofern eine Sonderrolle, als er weder orthodox islamisch noch türkisch-nationalistisch ausgerichtet ist. Die Aleviten stehen der deutschen Mehrheitsgesellschaft und ihrer Kultur offener gegenüber als die vier orthodoxen religiös-islamischen Verbände. Das Integrationsverständnis der Aleviten fußt auf einem liberalen grundgesetzorientierten Multikulturalismus. Die Aleviten bieten im Wertekonflikt zwischen Einwanderern und Aufnahmegesellschaft weniger harte Konturen und eignen sich deshalb weniger für eine grundsätzliche Skizze des Integrationskonfliktes.

Die Türkische Gemeinde in Deutschland (TGD)

Die Türkische Gemeinde in Deutschland wurde 1995 nach dem Vorbild des Zentralrats der Juden in Deutschland gegründet. Bis zu diesem Zeitpunkt gab es keine Organisation, die sich mit den Problemen und Interessen der 2,4 Mio. sogenannten Deutschlandtürken beschäftigte. Die TGD sieht sich damit nicht nur als Repräsentantin der Interessen von etwa 1,7 Mio. türkischen Staatsbürgern, sondern auch als ethnokulturelle Vertretung für etwa 700.000 deutsche Staatsbürger türkischer Abstammung. Die TGD nimmt für sich zwar in Anspruch, die türkische Minderheit in Deutschland zu vertreten, sie hat dafür allerdings kein formaljuristisches Mandat, sondern nur einen symbolischen Vertretungsanspruch.[640] Dieser Vertretungsanspruch wird von der deutschen politischen Öffentlichkeit, ähnlich wie im Fall des Zentralrats der Juden, anerkannt, zumal es zur TGD bislang auch keine Alternative gibt.

Beachtung verdient, dass die TGD die Bezeichnung Türkische Gemeinde in Deutschland verwendet oder von „Deutschlandtürken" spricht. Die sorgfältige Terminologie ist Programm. Denn die Begriffe Deutschlandtürken oder Türkische Gemeinde in Deutschland erinnern daran, dass es um die Vertretung *der Türken in Deutschland* geht. Die Bezeichnung Türkische Gemeinde in Deutschland und der Begriff Deutschlandtürken unterstreicht die Absicht der TGD, der Aufnahmegesellschaft nicht einfach nur als eine Vereinigung von Einwanderern aus der Türkei zu begegnen, sondern als *nationale Minderheit*, deren Existenz von Dauer ist. Der feine terminologische Unterschied gibt der Tätigkeit der TGD ihren speziellen politischen Sinn. Das gilt auch für Formulierungen, in denen die TGD demonstrativ von Deutschland als „unserer multikulturellen Heimat" spricht. Das damit verbundene Signal ist ein diskreter Hinweis: Deutschland ist nicht (mehr) ausschließlich das Land der Deutschen, in dem die deutsche Kultur das kulturelle Monopol hat. Deutschland ist ein Land vieler Nationalitäten mit vielen unterschiedlichen, aber gleichberechtigten Kulturen, aber insbesondere der Kultur der türkischen Minderheit.[641]

Die TGD repräsentiert nach eigenen Angaben etwa 270 Einzelvereine, die sich wiederum aus Fach- und Landesverbänden zusammensetzen. Sie tritt „für die rechtliche soziale und politische Gleichbehandlung und Gleichstellung" der eingewanderten Türken und anderer Einwanderer ein. Sie setzt sich ein „für eine Politik der Integration der kulturellen Minderheiten in die deutsche Gesellschaft bei gleichzeitiger Fortentwicklung ihrer kulturellen Identität". Sie sieht sich als überparteiliche Vereinigung, die unabhängig von religiösen Überzeugungen oder weltanschaulichen Orientierungen alle sozialen Schichten vertritt. Kritiker kreiden der TGD eine zu große Nähe zum türkischen Staat an. Die larmoyante Art vieler öffentlicher Äußerungen der TGD ist immer wieder Gegenstand ironischer Kommentierungen. So lästert der Journalist Wolfgang Wieland in einem mit „Ein Fest des Jammertürkentums" betitelten Beitrag in der Frankfurter Allgemeinen Zeitung: „Das Jammern ist der Vereinszweck der Türkischen Gemeinde […].“[642] Im Zusammenhang mit der Ermordung des niederländischen Filmemachers Theo van Gogh verweilte der TGD-Bundesvorsitzende Kenan Kolat nur ganz kurz bei der Schilderung seiner Betroffenheit über den Mord, um sich dann um so ausführlicher über Gefühle des Hasses zu ereifern, mit denen sich die Muslime angeblich konfrontiert sähen. Statt sich selbstkritisch mit den Ursachen islamisch motivierter Gewalttaten auseinanderzusetzen, warnte er lieber vor einem „Kreuzzug gegen Muslime". Charakteristisch für das öffentliche Wirken der türkischen Gemeinde ist also das Oszillieren zwischen selbstmitleidigem Lamentieren und aggressivem Auftreten, aggressiver Vertretung partikularistischer Interessen.[643]

Zum ersten Bundesvorsitzenden der TGD wurde 1995 der Politikprofessor Hakki Keskin gewählt. Keskin, ursprünglich SPD-Mitglied, saß von 2005 bis 2009 für die Partei „Die Linke" im Deutschen Bundestag. Er wurde 2005 von Kenan Kolat als neuem Bundesvorsitzenden abgelöst. Der Diplomingenieur Kolat ist deutscher und türkischer Staatsbürger und Mitglied der SPD.

Integration statt Assimilation

Die Türkische Gemeinde präsentiert sich mit beträchtlichem Selbstbewusstsein: „Deutschland ist unumkehrbar multikulturell geworden und das heißt, auch unsere Kultur, Sprache und Religion müssen in Deutschland Anerkennung und Förderung erfahren.“[644] Hakki Keskin ergänzt die Forderung nach einer öffentlichen Gleichstellung von deutscher und türkischer Kultur: „Die Deutschland-Türken haben sich als die größte kulturelle Minderheit in Deutschland etabliert. Sie haben den Islam als Religion und eine Kultur, die sich von der deutschen und europäischen deutlich unterscheidet. Diese mit steigender Tendenz zahlenmäßig größte kulturelle Minderheit wäre mit ihren Besonderheiten kaum assimilierbar, für manche auch schwer integrierbar. Deshalb entstehen erhebliche Probleme für Staat und Gesellschaft, wenn deren Gleichberechtigung und Integration nicht gelingt.“[645] Diese Aussage ist eine subtile Drohung: Integration kann nur sein, was die kulturelle Minderheit unter Integration versteht. Selbstbewusstsein und Drohung sind die typische Form, in die die TGD ihre integrationspolitischen Interessen gegenüber der Aufnahmegesellschaft verpackt. Zur moralischen Unterstützung dieser Position wird die Suggestion ins Feld geführt, die Türken seien die neuen Juden.[646] Diese Denkfigur verrät ein enormes Geschick in der Handhabung von Argumenten, von denen man weiß, dass sie auf die deutsche Mehrheitsgesellschaft nicht ohne Eindruck bleiben. Sie verrät gleichzeitig aber auch ein Maß an verbandspolitischer Skrupellosigkeit, die in die Nähe der politischen Erpressung reicht. Der ehemalige Bundesvorsitzende Keskin greift dabei unbefangen auf die Geschichte des Antisemitismus in Deutschland zurück: „Die Auffassung des Staates über die Gewährung von Bürgerrechten an Juden gegen Ende des 18. Jahrhunderts zeigt bemerkenswerte Parallelen zu der heutigen Diskussion über die Verleihung der Staatsbürgerschaft. Damals verlangte man die Aufgabe der jüdischen Religion und Annahme des Christentums, um als loyaler Staatsbürger gelten zu können. Heute verlangt man mit der gleichen Begründung die Aufgabe der bisherigen Staatsbürgerschaft, um seine Loyalität gegenüber dem Staat zu belegen. In den folgenden Sätzen des Philosophen Johann Gottlieb Fichte kommt die damalige Staatsphilosophie gegenüber den Juden deutlich zum Ausdruck. ‚Wenn man den Juden tatsächliche Bürgerrechte geben wolle, dann gebe es kein anderes Mittel als das, in einer Nacht ihnen allen die Köpfe abzuschneiden und andere aufzusetzen, in denen auch nicht eine jüdische Idee ist. Um uns vor ihnen zu schützen, dazu sehe ich wieder kein anderes Mittel, als ihnen ihr gelobtes Land zu erobern und sie alle dorthin zu schicken', so Fichte wörtlich."[647]

Am Anfang seiner Tätigkeit, also Mitte der 1990er Jahre, setzte sich der Verband für Integration ein, ohne den Begriff inhaltlich auszufüllen. Im Laufe der Zeit wurden die Forderungen konkreter. Die Rede war zunehmend von „Gleichstellung und Gleichbehandlung der Migrantenbevölkerung", davon, dass z.B. für den Rückzug junger Türkinnen nicht in erster Linie eine Hinwendung zur Tradition, sondern vielmehr soziale Ausgrenzung durch die Mehrheitsgesellschaft verantwortlich sei. Zunehmende Bedeutung bekam die Frage, wie Integration zu verstehen oder nicht zu verstehen sei. Keskin hebt darauf ab, dass zwischen Integration und Assimilation streng unterschieden werden muss. Assimilation wird als „völkisch-nationalistische Orientierung" bzw. als „Germanisierung" gebrandmarkt. Assimilation gilt der TGD als kollektivierender Zwang zur Anpassung. Aus dieser Sicht ist es unannehmbar, wenn das Ziel der Integration eine „deutsche Kultur" ist, deren Definition über eine Anerkennung des Grundgesetzes hinausgeht. Denn das wäre nicht mehr „Integration" im Sinne von Chancen und Rechtsgleichheit für staatsbürgerliche Individuen, sondern ein kulturell kollektives Disziplinierungsprogramm. Die Vorstellung einer Homogenität der deutschen Kultur, die über die Assimilation der Einwanderer hergestellt wird, basiert auf der Idee der Ungleichheit und führt notwendig zu einer Trennung von ethnischen Deutschen und gewissermaßen nichtdeutschen Passdeutschen. Diese Trennung kann nur überwunden werden durch eine Staatsbürgernation, die ihren ethnischen und kulturellen Charakter als deutsche Nation verloren hat. Die Staatsbürgernation gibt sich mit einer rein formal gedachten Staatsangehörigkeit ohne kulturelle oder symbolische Gemeinsamkeiten zufrieden. Vor dem Hintergrund dieser Grundeinstellung wird verständlich, warum selbst unbeholfene politische Versuche, die zentrifugale Entwicklung der Einwanderungsgesellschaft aufzuhalten, bei der türkischen Gemeinde allergische Reaktionen auslösen. Als der Gemeinderat des südhessischen Dietzenbach im Oktober 2006 beschloss, in seinen Kindertagesstätten die schwarz-rotgoldene Fahne und Bilder des Bundespräsidenten aufzuhängen sowie Deutsch als Pflichtsprache einzuführen, ließ die TGD ihrer Empörung freien Lauf. Mit dem Argument, die Maßnahmen stigmatisierten Kinder mit Migrationshintergrund, machte die TGD deutlich, dass die Symbole deutscher Staatlichkeit nichts zu suchen haben, wo sich türkische Kinder aufhalten.[648] Aufschlussreich war dieser Protest vor allem auch deshalb, weil die Einwandererkinder, um die es ging, selbst deutsche Staatsbürger waren.[i]

Nach Auffassung des Verbandes bedeutet Integration, dass die Einwanderer die vollen Bürgerrechte und Gleichberechtigung erlangen und gleichzeitig ihre eigene kulturelle Identität

---

[i]   Seit der Reform des Staatsangehörigkeitsrechtes vom 1. Januar 2000 werden Kinder ausländischer Eltern mit ihrer Geburt automatisch deutsche Staatsbürger.

bewahren. Integration hat nichts mit kultureller Anpassung zu tun und leugnet die eigene Identität nicht. Im Gegenteil: Die Identität, also Sprache, Kultur, Religion und eigene Lebensformen der Minderheiten werden als Reichtum verstanden und sollen vom Staat und von der Aufnahmegesellschaft respektiert und gefördert werden. Dazu gehört auch, die Kulturen der Nichtdeutschen entsprechend ihrem Bevölkerungsanteil aus Staatsmitteln zu finanzieren. Aber nach Auffassung der TGD hat sich die deutsche Kulturpolitik der veränderten Kulturlandschaft noch nicht angepasst. Statt ihre Heterogenität zu fördern, wird immer noch Homogenität vorausgesetzt. Deutschland benötigt ein neues Kulturverständnis, das sich der Vielfalt bewusst ist und „die kulturelle Diversität der deutschen Gesellschaft" und die multikulturellen Möglichkeiten erkennt, akzeptiert, pflegt und fördert.[649] Die türkische Gemeinde fordert außerdem ein „Migration Mainstreaming", das orientiert ist „an einer toleranten, sozial gerechten und innovativen Gesellschaft, die Zuwanderung als Herausforderung und Bereicherung, als Potenzial für gesellschaftliche Entwicklung versteht." Sinn und Zweck des „Migration Mainstreaming" ist es, die Sichtweise der Einwanderer in alle gesellschaftlichen und politischen Entscheidungsprozesse mit einzubeziehen.

Die konsequent multikulturalistischen Vorstellungen der türkischen Gemeinde führen zum Anspruch, dass nicht nur den historischen kulturellen Minderheiten wie den Sorben oder Dänen ein Minderheitenstatus in Deutschland zusteht, sondern auch den neuen Einwandererminderheiten. Integration heißt aus Sicht der türkischen Gemeinde, dass die Einwanderer auch nach ihrer Einbürgerung Anspruch auf den Gruppenschutz als Minderheit hätten.[650] „Die in Deutschland niedergelassenen Einwanderer und ihre Familien sind weder Gäste noch Ausländer, auch nicht ausländische Mitbürger. Es ist an der Zeit, sie so zu benennen, wie es der Lebensrealität dieser Menschen entspricht: Sie sind Deutschland-Türken, Deutschland-Italiener, Deutschland-Griechen, Deutschland-Spanier usw. Sie sind die neuen kulturellen Minderheiten Deutschlands. Kulturelle Minderheit sollte nunmehr als gängiger allgemeiner Oberbegriff für alle in Deutschland lebenden Menschen ohne deutsche Herkunft Anwendung finden."[651] Nach Keskins Auffassung dürfen ethnische Grenzen und Identitäten nicht assimilatorisch überwunden, sondern müssen bewusst aufrechterhalten werden durch doppelte Staatsbürgerschaft, Bilingualität und nur partielle Inklusion. Aus Sicht der türkischen Gemeinde liegt *die Lösung des Ethnisierungsproblems in der dauerhaften Ethnisierung der Einwandererminderheiten.*

Der Verfassungspatriotismus, also das Bekenntnis zum Grundgesetz, ist die Grundlage des multikulturellen Zusammenlebens, das verbindende Glied zwischen deutscher und nichtdeutscher Bevölkerung in einem multikulturellen Deutschland. Ziel ist, dass Mehrheitsbevölkerung und kulturelle Minderheiten trotz aller Differenzen und Reibungen zwischen den Kulturen zu gemeinsamen Werten gelangen, welche von der ganzen Gesellschaft akzeptiert werden können.[652] Das Grundgesetz wird also keineswegs als Fixpunkt gesehen. Gerade die Multikulturalität der Gesellschaft dynamisiert das Grundgesetz, das heißt, öffnet es für Änderung und Weiterentwicklung. Änderung und Weiterentwicklung sind die logische Konsequenz der Einwanderung neuer kultureller Werte, die mit den herkömmlichen Werten der Aufnahmegesellschaft konkurrieren. Für Keskin ist es „völlig inakzeptabel", wenn die Werteordnung des Grundgesetzes gleichgesetzt wird mit der Werteordnung einer zwar säkularen, aber historisch christlich geprägten Kultur. Denn wie soll „ein Nicht-Christ, ein Muslim, Jude, Hindu etc. die christlich-abendländische Kultur akzeptieren, um integriert zu werden?

Und noch dazu die eigene Kultur bewahren können."[653] Der wirkliche Grundkonsens liegt folglich nicht in der vorbehaltlosen Anerkennung des Grundgesetzes, sondern in der Übereinkunft, dass der Minimalkonsens in der Einwanderungsgesellschaft Gegenstand interkultureller Aushandlung ist. Die Position der türkischen Gemeinde schließt damit nahtlos an das Programm der multikulturellen Demokratie an wie es auch vom einheimischen Multikulturalismus propagiert wird. „Die kulturelle Vielfalt […] bietet uns eine echte Chance, […] zu einem soliden, dauerhaften, sich gegenseitig bereichernden Miteinander zwischen der deutschen und der nichtdeutschen Bevölkerung zu gelangen. Sie ist die Grundlage für ein tolerantes, friedliches, vielleicht sogar solidarisches Zusammenleben in Deutschland. Die kulturelle Vielfalt Deutschlands kann auch die Demokratie in Deutschland weiter festigen und gedeihen lassen."[654]

Unter Integration versteht die TGD aber nicht nur die Ablehnung assimilatorischer Vorstellungen. Der Integrationsbegriff hat auch eine taktische Bedeutung. Die türkische Gemeinde geht davon aus, dass ein offen vertretener Multikulturalismus zurzeit keine mehrheitsfähige Strategie sein kann. Deshalb benutzt die TGD im einwanderungs- und integrationspolitischen Diskurs nicht den Begriff des Multikulturalismus, sondern den der Integration. Da der weitgehend inhaltsleere Integrationsbegriff den neuen Konsens in der Einwanderungspolitik der Aufnahmegesellschaft repräsentiert, brauchen die ethnischen Verbände ihn nur noch mit jeweils eigenen Inhalten zu füllen. Wann immer eine kulturelle Anpassungsforderung gestellt wird, verweisen die Verbände auf Integration. Dabei ist ihnen grundsätzlich die Zustimmung der Medien sicher. Durch den Verweis auf „Integration" werden die kulturellen Anpassungsforderungen in der Defensive gehalten.[655]

Das Integrationsverständnis der TGD durchlief einen Bedeutungswandel. In den 1990er Jahren noch wurde der Begriff undifferenziert verwendet. Er war inhaltlich noch nicht gefüllt und stand für die Forderung nach einer wie auch immer gearteten Verbesserung der Lage der türkischen Einwanderer. Im Lauf der Zeit wurde der Begriff konkretisiert. In dieser Phase wurde vor allem Wert gelegt auf die Unterscheidung von Integration und Assimilation. Assimilation verkörperte das auf den Begriff gebrachte integrationspolitische Feindbild der TGD, während Integration für alle Vorstellungen stand, die gesellschaftliche Teilhabe ohne kulturelle Anpassung meinten und letztlich auf den Status einer staatsrechtlich anerkannten kulturellen Minderheit gerichtet waren. Mit der Formel Integration statt Assimilation befand sich die TGD auch in Übereinstimmung mit der offiziellen türkischen Auffassung, die ihren Höhepunkt in dem berüchtigten Ausspruch von Erdogan erreichte, wonach *Assimilation ein Verbrechen gegen die Menschlichkeit* sei. Dieser Ausruf war aber kein verbaler Ausrutscher, sondern entsprach langjähriger türkischer Regierungspolitik gegenüber den Auslandstürken. Die Kehrseite der türkischen Schutzherrschaft über die Auslandstürken ist die dauerhafte Bindung an den türkischen Staat und seine Interessen. Diese Bindung schlug sich auch in einem ausgesprochenen Lobbyismus der TGD zugunsten des Beitritts der Türkei zur EU nieder. Betont wird, ein EU-Beitritt entfalte eine „integrative Wirkung" auf die türkische Gemeinde in Deutschland. Dagegen würde ein Nein zum EU-Beitritt die Integration erschweren, weil die Türken in Deutschland das Gefühl haben müssten, in Deutschland nichts zu suchen zu haben.[656] Dieses Argumentationsmuster macht sichtbar, dass die TGD auch nicht davor zurückgeschreckt ist, den Integrationsbegriff unverblümt als Druckmittel im Dienste der türkischen Außenpolitik zu funktionalisieren.

In jüngster Zeit hat die TGD den Integrationsbegriff ganz fallengelassen. Kolat kündigte im Mai 2009 an, „das Wort ‚Integration' aus seinem Wortschatz zu streichen." Integration werde als Anpassung an die Mehrheitsgesellschaft, in Teilen sogar als Assimilation missverstanden. Dagegen bevorzuge er den Begriff Partizipation. Partizipation bedeute Teilhabe der Einwanderer an allen Lebensbereichen. Bereits im Oktober 2008 hatte Kolat gegenüber der sozialdemokratischen Kandidatin zum Amt des Bundespräsidenten, Gesine Schwan, bekundet, er wolle den Begriff Integration durch den Begriff Partizipation ersetzen. Die Teilhabe der Einwanderer an der Gesellschaft sei nämlich mehr als reine Integration. Damit formiert sich die türkische Gemeinde unter dem neuen Motto „Partizipation statt Integration". Unter diesem neuen Motto tischt die TGD einen Forderungskatalog auf, in dessen Mittelpunkt die Einrichtung eines Ministeriums für Partizipation und Migration und der Erlass eines Gesetzes zur Förderung der Eingliederung und Teilhabe von Menschen mit Migrationsgeschichte (Teilhabegesetz) stehen. Das Teilhabegesetz soll der gesamten Bundesverwaltung ein neues, einwandererfreundliches Profil geben. Um dieses Ziel zu erreichen, sollen in den Verwaltungen „Förderpläne für Migrant/innen" aufgestellt und betriebliche Beauftragte bestellt werden. Bei Stellenausschreibungen und Einstellungen sollen Einwanderer gezielt angesprochen werden. Zur Erhöhung des Anteils an Einwanderern ist außerdem eine Quote vorgesehen. Bei der öffentlichen Auftragsvergabe sind Betriebe zu bevorzugen, die ihrerseits über Pläne zur Förderung von Einwanderern verfügen usw.[657]

Die TGD steht für ein ausschließlich strukturell-funktionales Integrationsmodell. Dieses Modell ist Grundlage einer multikulturellen Gesellschaft. Daraus leitet der Verband die operativen Forderungen ab, die dem Ziel einer multikulturalistischen Umgestaltung der Aufnahmegesellschaft dienen. Unter diesen Forderungen sind es wiederum drei Politikfelder, die in den Augen der türkischen Gemeinde strategische integrationspolitische Bedeutung haben. Auf diesen drei Politikfeldern muss die Integrationspolitik der Aufnahmegesellschaft ihre Glaubwürdigkeit beweisen. Nur bei Erfüllung dieser Forderungen will der Verband überhaupt von Integration sprechen. Diese Bereiche sind a) die Frage der doppelten Staatsbürgerschaft, b) muttersprachlicher Unterricht und Bildungschancen sowie c) interkulturelle Erziehung und Bildung.

Staatsbürgerschaft

Gegen die Regelung, dass die deutsche Staatsbürgerschaft grundsätzlich nur unter Aufgabe der türkischen erlangt werden kann, kämpft die TGD seit ihrer Gründung verbissen. Der Gründungsvorsitzende der TGD, Hakki Keskin, nannte diese Regelung eine „europäische Form der Apartheid". Im Kampf um die Einführung einer doppelten Staatsbürgerschaft scheuten die Spitzenfunktionäre auch dramatische Zuspitzungen nicht. Für Keskin bleibt Deutschland in der Integrations- und Einbürgerungspolitik „eines der rückständigsten Länder der EU". Die TGD beklagt, Nichtdeutsche, insbesondere türkische Einwanderer, litten unter „ethnischer Diskriminierung" am Arbeitsplatz, bei der Suche nach einem Arbeitsplatz oder einer Wohnung. Der „diskriminierenden Rechtstatus als Ausländer" zwinge sie in ein Leben der Perspektivlosigkeit und des Nichtakzeptiertwerdens. Das Ausländerrecht und seine einbürgerungsrechtlichen Bestimmungen wurden in Anspielung an nationalsozialistische Rechtsvorschriften, die dem Terror in Deutschland und den besetzten Gebieten einen rechtlichen Anschein vermitteln sollten, als „Sonderrecht" verunglimpft. Dieses Sonderrecht zwinge die nichtdeutschen Staatsangehörigen dazu, „abgesondert, abgeschottet, rechtlich, sozial und politisch von der Gesellschaft diskriminiert leben" zu müssen. Unter dem Motto „*Beseitigung der institutionalisierten Diskriminierung durch erleichterte Einbürgerung*" sollte die „dauerhafte Ausgrenzung" von rund einem Zehntel der Gesamtbevölkerung beendet werden.[658]

Integration heißt in den Augen der TGD volle rechtliche, politische und soziale Gleichstellung und Gleichberechtigung der kulturellen Minderheiten. Dazu ist aber die deutsche Staatsangehörigkeit Voraussetzung. Deshalb ist ihr Erwerb so zu erleichtern, dass alle, die den deutschen Pass wollen, ihn auch bekommen. Im Erwerb der Staatsangehörigkeit wird ein wichtiger Schritt für Integration und „für das Zugehörigkeitsgefühl zu dieser Gesellschaft und deren Staatswesen" gesehen.[659] Von Anfang an hat die türkische Gemeinde die Parole ausgegeben: „Schluss mit der Ungleichheit: Wir wollen deutsche Staatsbürger werden!"[660] Bedingung ist allerdings das Zugeständnis einer doppelten Staatsbürgerschaft. Das Haupthindernis für die Annahme der deutschen Staatsangehörigkeit sei nämlich die Forderung, die Staatsbürgerschaft des Herkunftslandes aufgeben zu müssen. Die Einwanderer wollten aber auf ihre angestammte Staatsangehörigkeit nicht verzichten, weil sie damit „eine Art von Verrat" und die Vorstellung verbinden, der alten Heimat und der Familie, die im Herkunftsland zurückgeblieben ist, den Rücken zu kehren. Eine solche Abkehr erzeuge Schuldgefühle. Der türkische Pass sei für viele Deutschlandtürken nicht nur ein Stück Papier, sondern ein Teil ihrer Identität. Die Einwanderer und ihre Kinder hätten Wurzeln im Herkunftsland. Die Sozialisation der ersten und teilweise auch der zweiten Generation habe dort stattgefunden. Weiterhin beständen Kontakte zu Verwandten.[661]

Nachdem sich die deutsche Politik aber nicht in Richtung einer generellen Doppelstaatsangehörigkeit bewegen ließ, versuchte die TGD noch vor dem Inkrafttreten des neuen Staatsangehörigkeitsrechts am 1. Januar 2000, die Regierung in Ankara dazu zu bewegen, das türkische Staatsangehörigkeitsrecht so zu ändern, dass eine Entlassung aus der türkischen Staatsangehörigkeit nicht mehr möglich würde und damit ein Rechtsanspruch auf die Hinnahme einer doppelten Staatsangehörigkeit entstünde. Dieser Vorstoß war natürlich eine eklatante Verletzung der Loyalitätspflichten der türkischen Gemeinde gegenüber dem Staat der deutschen Aufnahmegesellschaft. Er legte einen bemerkenswerten Mangel an Respekt gegenüber demokratisch zustande gekommenen Entscheidungen deutscher Verfassungsorgane offen, und das obwohl gerade die türkische Gemeinde den Verfassungspatriotismus als gemeinsame Grundlage des Zusammenlebens in einem multikulturellen Deutschland inbrünstig propagiert. Allerdings muss in Rechnung gestellt werden, dass in einem multikulturellen Staatsbürgerschaftsverständnis immer nur begrenzte Loyalität zum neuen Heimatland gefordert werden kann. Von daher ist es konsequent, wenn Keskin betont, dass der Erwerb der deutschen Staatsbürgerschaft nicht so verstanden werden darf, dass die Eingebürgerten ihre Herkunftssprache, Religion oder ihre kulturellen Werte aufgeben.[662] Die „kulturellen Minderheiten werden ihre eigene Muttersprache auch in den Schulen weiter lernen, die eigene Lebensart, ihre Sitten und eigenen religiösen Überzeugungen *uneingeschränkt* (Hervorhebung B.L.) weiter leben können."[663] Die Vorstellung der TGD ist in diesem Punkt wenig missverständlich: Die eingewanderten Türken bleiben Türken in Deutschland und damit gehört ihre Loyalität im Zweifelsfall ihrem Herkunftsland, der Türkei.

Vor dem Hintergrund eines Verständnisses, dass das neue Heimatland immer nur eine begrenzte Loyalität von seinen Einwanderern beanspruchen kann, wird der spezifische Lobbyismus des türkischen Verbandes verständlich. Insofern mussten die jüngsten Reformen des Staatsangehörigkeitsrechtes und weitere Maßnahmen, die als Erschwerung der Einwanderung gedeutet worden sind, auf wütenden Protest der türkischen Gemeinde stoßen. Beim Staatsangehörigkeitsrecht fordert die türkische Gemeinde den Wegfall der schriftlichen Sprachprüfung der Einbürgerungsbewerber; den Wegfall der Regelanfrage beim Verfassungsschutz, den Wegfall der Bindung an die Erwerbstätigkeit als Einbürgerungsvoraussetzung, die Abschaffung des Wissenstestes bei der Einbürgerung oder die Abschaffung der Optionspflicht, wonach sich Jugendliche, die durch Geburt in Deutschland auch deutsche Staatsbürger geworden sind, mit dem 18. Lebensjahr zwischen der deutschen und der ursprünglichen Staatsangehörigkeit entscheiden müssen. Auf erbitterten Widerstand sind aber auch Gesetzesänderungen gestoßen, etwa die Novelle von 2007, die den Ehegattennachzug erschwert, indem sie von einreisenden Ehepartnern aus der Türkei einfache Deutschkenntnisse verlangt. In diesem Fall hat sich der TGD-Vorsitzende Kenan Kolat, der die Gesetzesreform als diskriminierend bezeichnet hatte, zu der Feststellung verstiegen, die Bundestagsentscheidung verhindere zwar keine Zwangsheiraten, dafür aber die Einwanderung aus unteren sozialen Schichten.[664]

Muttersprachlicher Unterricht und Bildungschancen

Mit der Forderung nach einer Verbesserung der Bildungschancen für türkische Einwandererkinder verknüpft die türkische Gemeinde das Verlangen, die türkische Sprache im öffentlichen Raum zu fördern und zum ordentlichen Schulfach zu machen. Türkisch sollte an deutschen Schulen den Stellenwert von Englisch und Französisch bekommen. Die Bildungschancen der türkischen Einwandererkinder könnten gerade durch spezielle Förderklassen, durch türkisch-deutschen Unterricht oder die Gründung von türkisch-deutschen Schulen verbessert werden. Ihre Forderung nach Türkisch als regulärem Unterrichtsfach an deutschen Schulen begründet eine Pressemitteilung der TGD am 20. Februar 2002: „Türkisch ist nach Deutsch die in Deutschland am meisten verbreitete Muttersprache. Weltweit wird Türkisch von mehr als 300 Millionen Menschen gesprochen. […] Dieser Realität wird im deutschen Bildungssystem nicht die erforderliche Bedeutung beigemessen. Sie wird in Deutschland in keinem Bundesland als eine der wählbaren Fremdsprachen durchgängig angeboten. Dies stellt auch angesichts der Tatsache, dass mehr als eine halbe Million Kinder aus dem türkischen Sprachraum an deutschen Schulen unterrichtet werden, eine Diskriminierung türkischer Sprache und Kultur dar." Unter dem Leitsatz „Schulsprache Deutsch, Muttersprache Türkisch" müssten „Mutter- und Landessprache gleichrangig gefördert" werden, ein Unterrichtsfach „Türkische Sprache und Kultur" an deutschen Schulen müsse künftig als Regelfach eingerichtet werden. Und Hakki Keskin gibt zu verstehen, dass die „Kinder und Kindeskinder der ethnisch-kulturellen Minderheiten" zur Bewahrung der eigenen kulturellen Identität die Möglichkeit haben müssen, im Rahmen des regulären Unterrichts „ihre Muttersprache als erste oder zweite Fremdsprache, also auch als Prüfungsfach, zu wählen". Um den muttersprachlichen Unterricht aufzuwerten, sollten Leistungen in der Muttersprache im Zeugnis ausgewiesen und als versetzungsrelevant eingestuft werden. Im Übrigen befindet sich die türkische Gemeinde auch auf sprachpolitischem Terrain in enger Übereinstimmung mit der türkischen Regierung. Die Verlautbarungen der TGD decken sich weitgehend mit

denen der offiziellen Türkei, wie sich etwa bei den bildungspolitischen Vorstößen des türkischen Ministerpräsidenten Erdogan gezeigt hat, der bei seinem Besuch im Februar 2008 und
vor dem Besuch der Bundeskanzlerin Merkel im März 2010 darauf drängte, in Deutschland
türkische Bildungseinrichtungen zu schaffen. Er verlangte Gymnasien, „die in türkischer
Sprache unterrichten" und türkischsprachige Universitäten in Deutschland. Erdogan erklärte
sich außerdem bereit, türkische Lehrer nach Deutschland zu entsenden.[665] Die Erklärungen
der TGD belegen, dass die türkische Gemeinde einen Lobbyismus betreibt, der im Zeichen
eines multikulturellen Deutschland die ethnokulturellen Unterschiede zwischen türkischen
Einwanderern und deutscher Mehrheitsbevölkerung zementieren will.

Interkulturelle Erziehung und Bildung
Da Kindergärten und Schulen nach der Familie die wichtigsten Sozialisationsagenturen sind,
müssen nach Auffassung der türkischen Gemeinde die Erziehungs- und Bildungseinrichtungen der kulturellen Vielfalt Rechnung tragen. Sie müssen Muttersprache, Religion und
Kultur der Einwandererkinder berücksichtigen. Interkulturelle Erziehung trägt so zur Bewahrung der kulturellen Identität der Minderheiten bei. Aber die Lehrinhalte und Lehrmethoden
in deutschen Schulen seien ausschließlich auf deutsche Kinder zugeschnitten.[666] Diesem
Defizit stellt Keskin die Vision multikulturalistischer Bildung und Erziehung entgegen: „Wäre es nicht für alle bereichernd, nicht nur Weihnachten und Ostern im Kindergarten und in
der Schule mit allen Kindern zu feiern, sondern auch ein Ramadanfest, Opferfest, ein Fest
der Juden, der Buddhisten etc. mit dem entsprechenden kulturellen Hintergrundwissen auch
mit allen Kindern gemeinsam zu feiern und die Kinder, Schüler/innen und Studierenden
anlässlich solcher besonderen Festtage darüber in den Fächern Gesellschaftskunde, Religion, Landeskunde, Geschichte oder in den Fremdsprachen zu informieren und den Unterricht
diesem Zwecke entsprechend umzuwidmen? Die Kinder und Schüler hätten die Möglichkeit,
in der eigenen unmittelbaren Nähe mit den eigenen Schulfreunden die andere Kultur durch
Essen, Musik und Gespräche sinnlich zu erfahren."[667] Aber auch die wichtigen Ereignisse in
den Herkunftsländern der Kinder könnten zum Anlass genommen werden, über das jeweilige
Land mit den Schülern aus diesem Land zu diskutieren. Eine solche interkulturelle Erziehung
wäre für nichtdeutsche Kinder und ihre Eltern besonders integrativ, weil sie erleben würden,
dass ihre eigene Kultur mit Musik, Essen, Spielen und Religion nicht ignoriert wird, sondern
Beachtung findet.[668]

Um zu solchen Verhältnissen zu kommen, müssen alle Lehrer und Erzieher so ausgebildet
werden, dass sie dieser kulturellen Vielfalt gerecht werden können. Die im Erziehungs- und
Bildungssektor Beschäftigten müssen in die Lage versetzt werden, die unterschiedlichen
kulturellen Perspektiven in die Erziehungs- und Bildungsarbeit integrieren zu können. Bislang nämlich geraten die Wertmaßstäbe der deutschen Lehrer und Erzieher mit den „nicht
verstandenen Wertvorstellungen und Verhaltensweisen der nichtdeutschen Schüler in Konflikt". Von daher muss Gegenstand des Unterrichts auch die Entwicklung der Akzeptanz
kultureller Unterschiede sein, so dass Lehrer und Erzieher besser mit dem besonderem Verhalten nichtdeutscher Schüler umgehen können, also z.B. wenn muslimische Schülerinnen
nicht am Schwimmunterricht teilnehmen wollen, wenn muslimische Schüler im Ramadan
fasten, wenn das Kopftuchtragen zu Diskussionen führt oder wenn ein hoher religiöser Feiertag von Muslimen, Juden, Buddhisten begangen wird.[669]

Die multikulturalistische Wende in der Bildungspolitik betrifft aber auch die Lehrinhalte. Schulbücher und Unterrichtsmaterial aus den Fächern Geschichte, Länderkunde und Religion sollen den kulturellen Hintergrund der Herkunftsländer der Kinder, ihrer Eltern und Großeltern einschließen. Keskin verlangt, Inhalte, die Vorurteile gegen Schüler mit anderem kulturellen Hintergrund schüren könnten, sollten aus den Schulbüchern verbannt werden. Die spezifische politische Brisanz dieser Forderung ist auf den ersten Blick nur schwer zu erkennen. Der eigentliche Sinn dieser Forderung erschließt sich erst, wenn sie in einen Zusammenhang mit der offiziellen türkischen Geschichtspolitik gestellt wird. Die türkischen Regierungen haben sich bisher hartnäckig geweigert, den Völkermord an den Armeniern während des Ersten Weltkrieges als historische Tatsache anzuerkennen. Dass der Lehrplan für die brandenburgische Schulen dieses Massaker an den Armeniern als Genozid bezeichnet, rief den TGD-Bundesvorsitzenden, Kenan Kolat, auf den Plan. Ganz auf einer Linie mit der türkischen Regierung sprach er davon, die Ereignisse von damals müssten von Historikern erst noch objektiv untersucht und bewertet werden. Die Ereignisse der Jahre 1915 bis 1918 als Völkermord zu bezeichnen, setze die türkischen Schüler „unter einen psychologischen Druck", der sie in ihren schulischen Leistungen negativ beeinflusse und „gefährde der inneren Frieden".[670] Vor diesem Hintergrund bedeutet die Forderung nach einer interkulturellen Bildungspolitik nichts anderes als zu verlangen, dass die deutsche Bildungspolitik die jeweilige nationalistische Perspektive der Herkunftsländer in ihre Bildungspläne zu übernehmen hat. Damit wird Geschichtsklitterung zu einer Methode der interkulturellen Erziehung aufgewertet.

Eine weitere unterschwellige Absicht kommt in den Vorschlägen der TGD zu einer interkulturellen Bildungspolitik zum Vorschein. Selbstverständlich können nicht einmal die Kulturen der fünf oder zehn wichtigsten Einwanderergruppen in Bildung und Erziehung tatsächlich berücksichtigt werden. Das weiß die TGD natürlich. Weil die Türken aber die mit Abstand größte einzelne Einwandererminderheit sind, läuft interkulturelle Erziehung und Bildung, wie sie von der türkischen Gemeinde verstanden wird, nach Lage der Dinge darauf hinaus, neben der deutschen Kultur eine türkische Parallelkultur in Deutschland zu etablieren.

Religion im Dienst türkisch-islamischer Identität

Die TGD versteht sich als laizistischer Verband. Das heißt aber nicht, dass aus seiner Arbeit religiöse Aspekte ausgeklammert wären. Die TGD vertritt durchaus auch islamische Forderungen, soweit sie „überkonfessionell" sind. Darunter sind Forderungen nach einem islamischen Feiertag, nach Islamkundeunterricht, nach einem Wort zum Freitag analog zum christlichen Wort zum Sonntag. Die TGD ist aber darum bemüht, religiöse Themen eher zu entpolitisieren. Diese Haltung wird beispielsweise in der Kopftuchfrage deutlich. In diesem Punkt vertritt die TGD eine wesentlich flexiblere, im Vergleich zu den religiösen Interessenverbänden, eher undogmatische Position. Aber die türkische Gemeinde sympathisiert mit Kopftuch tragenden muslimischen Lehrerinnen, mindestens solange auch das Tragen von Kreuzen nicht verboten ist. Andererseits kann sich der Verband ganz nach dem Vorbild der Türkei ein Kopftuchverbot vorstellen, wenn damit ein Verbot aller religiösen Symbole im öffentlichen Dienst verbunden ist. Denn das Kopftuch habe „mit dem seinem Wesen nach sehr toleranten Islam" nichts zu tun. Die Kopftuchbefürworter könnten nicht für sich in Anspruch nehmen, den Islam zu repräsentieren.[671] Die türkische Gemeinde betreibt zwar keinen Islamlobbyismus im engeren Sinn, greift aber religiöse Themen und Forderungen immer dann auf, wenn es um den Islam als vermeintlich untrennbaren Bestrandteil türkischer Identität geht.

Die religiösen Verbände

Das Bundesministerium des Inneren geht davon aus, dass etwa 10 bis 15 Prozent der Muslime in Deutschland Mitglied in einem Verband sind. Das Problem der Ermittlung realistischer Mitgliederzahlen besteht allerdings darin, dass die Familienangehörigen eines im Verband registrierten Mitgliedes nicht erfasst werden, andererseits, dass die Verbände ihrer Mitgliederzahlen teilweise maßlos überhöhen und die Organisationsverhältnisse so gut es geht verschleiern. Auch die Zahl der in Deutschland existierenden Moscheen ist nicht genau bekannt. Sie wird auf etwa 2.400 Moscheen geschätzt.[672]

DITIB

Der deutsche Arm des türkischen Amtes für religiöse Angelegenheiten (DIB) ist die 1984 in Köln gegründete Türkisch-Islamische Union der Anstalt für Religion e.V. (DITIB).

Die Organisation ist mit etwa 120.000 Mitgliedern der zweitgrößte islamische Dachverband und betreut angeblich etwa 500 Moscheen in Deutschland. Im Prinzip erhebt die DITIB einen Alleinvertretungsanspruch für den gesamten Islam in Deutschland. Nicht nur die Namensähnlichkeit weist auf die enge Verbindung der deutschen DITIB mit dem türkischen Amt für religiöse Angelegenheiten hin, auch die Satzung der DITIB ist auf die DIB zugeschnitten. So ist der jeweilige Präsident des DIB gleichzeitig Ehrenvorsitzender der DITIB und die DITIB-Vorsitzenden rekrutieren sich bislang aus türkischen Botschaftsräten. Die DITIB versteht sich als Synthese zwischen türkischem Nationalismus und Islam und hat offensichtlich die Aufgabe, alle türkisch-islamischen Gemeinden in Deutschland unter einem Dach zu vereinen, die einzelnen Vereine zu unterstützen, die dauerhafte Bindung der Türken in Deutschland an ihre ursprüngliche Heimat zu stärken und sie auf den vom DIB vorgegebenen Kurs des staatlich geförderten Islam und auf die nationale Einheit der Türkei einzuschwören. Dazu gehört die Forderung nach türkischem Sprachunterricht für die Kinder der Türken in Deutschland oder die Vermittlung des offiziellen türkischen Geschichtsbildes. Der lange Arm des türkischen Staates reicht in jede DITIB-Moschee in Deutschland, die Imame an den DITIB-Moscheen sind türkische Beamte und unterliegen der Dienstaufsicht der türkischen Konsulate in Deutschland. Über die DITIB hat die Türkei eine faktische Mitsprache beim Islamunterricht an deutschen Schulen, bestimmt folglich damit die Bildungspolitik der Bundesländer mit. Kurzum, die DITIB wird instrumentalisiert für die Interessen der Türkei. Besonders deutlich wurde die Abhängigkeit der DITIB vom türkischen Staat im Jahre 2004 nach der Ermordung des niederländischen Filmemachers Theo van Gogh durch einen islamischen Fanatiker. Der mit auffälliger zeitlicher Verzögerung ergangene Aufruf an die türkischen Muslime in Deutschland, unter dem Motto „Gemeinsam für Frieden und gegen Terror" zu demonstrieren, scheint auf eine Anregung aus Ankara zurückzugehen.[673] Zu der Demonstration, die am 21. November 2004 stattfand, hatten sich etwa 20.000 Teilnehmer eingefunden.

VIKZ

Der Verband Islamischer Kulturzentren (VIKZ) ist der älteste der vier großen Islamverbände. Er wurde bereits 1973 in Köln gegründet. Wie sein großer Konkurrent DITIB vertritt der VIKZ hauptsächlich türkische Muslime. Der als sehr konservativ geltende Verband bekennt sich zum sunnitischen Islam, zählt etwa 25.000 Mitglieder, ihm gehören deutschlandweit angeblich mehr als 300 Moscheen an. Der VIKZ versteht sich, wie alle anderen Verbände auch nicht nur als religiöse, sondern auch als kulturelle und soziale Organisation. Der VIKZ steht zwar im Ruf, dialogoffen zu sein, in seine Karten lässt sich der Verband aber trotzdem nicht schauen.[674] Der Verband legt großen Wert auf die religiöse Bildung der nachwachsenden Generation junger Muslime. In die Schlagzeilen geriet er wegen der Eröffnung islamischer Schülerwohnheime. Die Islamwissenschaftlerin Ursula Spuler-Stegemann stellt diesem Zweig der Tätigkeit des VIKZ kein gutes Zeugnis aus und kritisiert, die Heime dienten entgegen anderslautenden Beteuerungen „fast ausschließlich islamischer Lehre und der Einübung in die Glaubenspraxis" und seien „absolut integrationshemmend". Die Schüler würden in einen „strengstens Scharia-orientierten" Islam „hineinindoktriniert und gegen das Christentum wie auch gegen den Westen ebenso immunisiert wie gegen unser Grundgesetz".[675]

Islamrat

Der Islamrat, der 1986 in Berlin gegründet wurde, ist mit knapp 150.000 Personen der mitgliederstärkste der vier islamischen Verbände. Der Vorsitzende des Islamrates, Ali Kizilkaya hat die Mitgliederzahl im Jahre 2003 auf rund 500.000 bis 600.000 Personen geschätzt, während unabhängige Fachleute für das Jahr 2005 von nur 40.000 bis 60.000 Mitgliedern ausgehen. Angeblich können dem Islamrat etwa 900 Moscheen, nach anderen Angaben 600 zugeordnet werden. Eines der wesentlichen Motive der Gründung des Islamrates bestand in dem Ziel, einen Dachverband für die in Deutschland aktiven islamischen Vereine zu etablieren, der die Chance hätte, als Körperschaft des öffentlichen Rechts anerkannt zu werden. Auf diese Weise sollte der von der deutschen Politik geforderte Ansprechpartner für Einführung und Durchführung eines islamischen Religionsunterrichtes an den öffentlichen Schulen geschaffen werden. Neben dieser Aufgabe sieht sich der Islamrat vor allem dafür zuständig, die Muslime in Deutschland dabei zu unterstützen, einer in jeder Hinsicht islamkonformen Lebensweise gerecht werden zu können. In den Brennpunkt des kritischen Interesses der deutschen Öffentlichkeit gerät der Islamrat immer wieder deshalb, weil seine größte Mitgliedsorganisation die Islamische Gemeinschaft Milli Görüs (IGMG) ist. Die IGMG hat nach eigenen Angaben fast 60.000 Mitglieder, während der Verfassungsschutz Milli Görüs nur knapp 30.000 Mitglieder zugesteht. Die IGMG betreut vermutlich um die 300 Moscheen. Milli Görüs ist außerordentlich umstritten, deshalb wird sie nach wie vor vom Verfassungsschutz beobachtet. Auch wenn es Stimmen gibt, die die Vorbehalte gegen Milli Görüs als islamophob abtun, gilt die IGMG als straffe Organisation, die für Muslime Sonderrechte durchsetzen will und ihre Anhänger in Parallelgesellschaften abdrängt.[i] Neben Kritik an

---

[i]   Der Kulturanthropologe Werner Schiffauer beobachtet, dass es in den Führungspositionen der IGMG mehr und mehr zu einem Generationswechsel zugunsten „postislamistisch" orientierter junger Intellektueller komme. Diese neue Generation habe mit den Rückkehrillusionen ihrer Eltern und der Fixierung auf die Türkei gebrochen. Der Postislamismus der neuen Generation stehe für den Versuch, Religion mit den Rechten des Individuums und mit gesellschaftlicher Pluralität zu verbinden, ohne den „rechten Glauben" aufs Spiel zu setzen. Weit-

undurchschaubaren Vereinsverflechtungen werden der IGMG antidemokratische Tendenzen, Islamismus, Antisemitismus, türkischer Chauvinismus und Verbindungen zu terroristischen Gruppen wie der Hamas vorgeworfen.[676]

ZMD

Die Ziele des Zentralrats der Muslime in Deutschland e.V. (ZMD) und des Islamrats sind weitgehend identisch. Der 1994 gegründete ZMD, dessen Namensgebung sich bewusst an den Zentralrat der Juden in Deutschland anlehnt und schon deshalb ein Meisterstück politischer Öffentlichkeitsarbeit ist, ist der kleinste der vier islamischen Verbände. Die Mitgliederzahlen schwanken zwischen 10.000 und 43.000 Personen, das Zentralinstitut Islam Archiv Deutschland nennt 35.000 Mitglieder. Die Zahl der vom ZMD vertretenen Moscheegemeinden beträgt nach eigenen Angaben 500, nach anderen 200. Der ZMD ist zwar der kleinste Dachverband auf Bundesebene, aber er hat die größte öffentliche Wirkung und hebt sich von den anderen Verbänden durch seinen gekonnten Umgang mit der deutschen Öffentlichkeit ab. Da seine Außenwirkung größer ist als seine eigentliche Bedeutung, wird er häufig als legitimer Sprecher der Muslime in Deutschland wahrgenommen. Medienwirksam ist der ZMD vor allem auch dank seines demagogisch begabten Generalsekretärs Aiman Mazyek und seines Vorsitzenden Ayyub Axel Köhler, die einer breiten Öffentlichkeit aus Talkshows und Podiumsdiskussionen bekannt sind. 2002 hat der ZMD eine „Islamische Charta" veröffentlicht, in der die Beziehungen zwischen Muslimen und nichtmuslimischer Gesellschaft und Staat definiert wurden. Obwohl die Charta auf ein überwiegend positives Echo in der nichtislamischen Öffentlichkeit stieß, bleiben doch Glaubwürdigkeitszweifel. Es wurde der Verdacht geäußert, die Charta ziele ausschließlich auf die nichtmuslimische Öffentlichkeit und sei eben nicht als Ausdruck konstitutioneller Selbstbindung der Muslime in Deutschland zu verstehen. Eine solche Einschätzung wird immer wieder aus dem ZMD selbst genährt. So ist der Vorgänger von Köhler, Nadeem Elyas, ins Zwielicht geraten, weil er gesagt hatte, dass das Grundgesetz so lange beachtet werden müsse, solange die Muslime in der Minderheit seien und keine Antwort auf die Frage gab, ob die deutsche Verfassung aus Überzeugung oder aus taktisch-pragmatischen Gründen bejaht würde.[677]

Integrationsverständnis

Aus der Sicht der islamischen Verbände hat Integration zwei Seiten. Die erste Seite betrifft die Aufnahmegesellschaft. Sie soll die muslimischen Einwanderer und den Islam als Bereicherung wahrnehmen. Die islamischen Verbände stimmen mit den ethnokulturellen Interessenvertretungen wie der TGD darin überein, dass *Integration nicht Assimilation* bedeuten kann. Eine assimilatorische Integrationsvorstellung wird scharf abgelehnt, manchmal mit dem plakativen Hinweis, die Mehrheitsgesellschaft könne nicht erwarten, dass Muslime begönnen, Alkohol zu trinken oder Schweinefleisch zu essen. Die islamischen Verbände erheben den Vorwurf, im Zeichen des Integrationsbegriffes werde in Wirklichkeit eine Assi-

aus plausibler jedoch als diese Deutung ist, dass diese in Deutschland aufgewachsenen deutsch-türkischen Bildungsbürger zu einer realistischeren Einschätzung der Existenz- und Entwicklungsbedingungen des Islam in Deutschland fähig sind als ihre Väter es waren. Dass aber andererseits das Ziel der Islamisierung Europas keineswegs aufgegeben wurde, sondern dass sie lediglich zu einer besseren Anpassung ihrer Strategie und Taktik an die örtlichen Verhältnisse in der Lage sind (Schiffauer 2010).

milationspolitik betrieben. Viele deutsche Politiker predigten die Integration, meinten aber Eindeutschung und Germanisierung. Nach Ansicht der Verbände geht es aber vielmehr darum, dass die Aufnahmegesellschaft den muslimischen Einwanderern gleiche Rechte und Gleichbehandlung zugesteht, dass sie die Verschiedenheit von Kultur, Sprache, Traditionen, Bräuchen und Religion anerkennt und den Islam in seiner ganzen Verschiedenheit in Deutschland akzeptiert.

Die zweite Seite betrifft die muslimischen Einwanderer selbst. Die einzelnen Verbände geben sich verfassungstreu und betonen Notwendigkeit und Wichtigkeit von Integration. Integration bedeutet in diesem Zusammenhang, dass die muslimischen Einwanderer die deutsche Sprache lernen, Bildungschancen wahrnehmen und sich in den Arbeitsmarkt eingliedern. Sie sollen sich darum bemühen, am gesellschaftlichen und politischen Leben teilzuhaben, weil nur damit eine wirkungsvolle Vertretung ihrer Interessen gegenüber der Gesamtgesellschaft möglich wird. Als Muslime seien sie verpflichtet, die Verfassung zu achten und die Gesetze zu befolgen, soweit diese Gesetze sie nicht in der Ausübung ihrer religiösen Pflichten behindern oder solange sie dadurch nicht zu einer Übertretung islamischer Gebote gezwungen werden. Punkt 10 der Islamischen Charta des Zentralrats der Muslime in Deutschland spricht davon, dass sich die Muslime in der Diaspora *grundsätzlich* an die lokale Rechtsordnung zu halten haben. „Grundsätzlich" bedeutet in der juristischen Sprache aber, dass es rechtfertigende Ausnahmen gibt. Wo genau die Scheidelinie zwischen Pflicht zum Gehorsam und dem Recht auf Gehorsamsverweigerung verläuft, welche Umstände Muslime also von ihrer Gehorsamspflicht gegenüber den Gesetzen der Aufnahmegesellschaft entbinden, bleibt offen. An diesem Defizit ändert auch die Erklärung, auf die sich die Mitglieder der Deutschen Islamkonferenz in ihrer 3. Plenarsitzung am 13. März 2008 verständigt haben und die etwas hoch gegriffen als „Wertekonsens" bezeichnet wird, wenig, denn der „Wertekonsens", der im Bekenntnis zur „deutschen Rechtsordnung und Werteordnung des Grundgesetzes" und der „Bereitschaft zu Erwerb und Gebrauch der deutschen Sprache" gipfelt, verdankt seine Konsensfähigkeit der größten anzunehmenden Allgemeinheit der Formulierungen. Deshalb kann auch dieser „Wertekonsens" nicht verdecken, dass das Verhältnis zwischen dem Grundgesetz und islamischem Recht weiterhin in einem ungeklärten Spannungsverhältnis steht.[678]

Welchem Recht die Muslime folgen sollen, wenn islamische Vorschriften mit deutschen Verfassungs- und anderen Rechtsnormen unvereinbar sind, dieser Frage weichen die Verbände, mit Ausnahme der Aleviten, die den Vorrang des Grundgesetzes auch im Falle eines Wertekonfliktes anerkennen, dadurch aus, dass sie eine Vereinbarkeit zwischen Grundgesetz und Scharia einfach behaupten. Diese Vermeidungsstrategie verstärkt die ohnehin vorhandenen Glaubwürdigkeitsdefizite insofern, als sich die Verbände nie von den Bestimmungen der Kairoer Erklärung der Menschenrechte distanziert haben. Die 1990 von der Organisation islamischer Konferenz beschlossene Kairoer Erklärung bestimmt im Namen der 57 islamischen Mitgliedstaaten, dass die Normen der Allgemeinen Erklärung der Menschenrechte der Vereinten Nationen von 1948 nur insoweit Gültigkeit haben als sie den Bestimmungen des islamischen Rechts nicht widersprechen. Im Zweifel, das heißt im Falle einer Normenkollision, haben die Normen der Scharia Vorrang.

Die institutionelle Verankerung des Islam auf der Ebene des politischen Systems ist das Ziel der Verbände. Die Deutsche Islamkonferenz ist dafür das einstweilen wichtigste Forum. Aber die muslimischen Verbände verfolgen auch noch andere Strategien, die gesellschaftliche Akzeptanz des Islam in Deutschland zu erhöhen. Danach sollen die Muslime auf die Mehrheitsgesellschaft zugehen, um der einheimischen Bevölkerung den Islam näherzubringen. In dieser Erwartung gegenüber den islamischen Gemeinden ist eine gewisse Abkehr von der ursprünglichen Praxis der strikten Selbstabschottung von der Mehrheitsgesellschaft zu erkennen. Mit einer nicht ungeschickten Wende haben die islamischen Verbände und viele Gemeinden in der deutschen Öffentlichkeit in den letzten Jahren die Aura geheimgesellschaftlicher Aktivität abgeschüttelt. Die Gemeinden betreiben Sympathiewerbung und positive Selbstdarstellung. Sie öffnen sich gegenüber der nichtislamischen Mehrheitsgesellschaft, die auf diese Weise die Möglichkeit erhalten soll, Inhalt und Ziele des Islam, islamische Werte, Kultur und Glaubenspraxis kennenzulernen. Angefangen von Einladungen zum Fastenbrechen, über Moscheeführungen für Besuchergruppen und interreligiöse Dialoge bis hin zu dem vom ZMD initiierten Tag der offenen Moschee am 3. Oktober[i] haben die Angebote an die nichtislamische Umgebung zum Kennenlernen der islamischen Lebenswelten in Deutschland durchaus zu einer Imageverbesserung beigetragen, auch wenn das Innenleben der islamischen Gemeinden und Verbände nicht transparent geworden ist. Moscheegemeinden wie die der Duisburger Merkez-Moschee gelten als gastfreundlich und als Beispiel gelungener Integration islamisch-religiösen Lebens in Deutschland.[679] In diesem Kurswechsel kommt die Einsicht der Verbände und Gemeinden zum Ausdruck, dass sich das Ansehen und die Stellung des Islam in dem Maße verbessert wie die deutsche Mehrheitsgesellschaft ihre Vorbehalte gegenüber dem Islam ablegt. Und dazu notwendig ist eine Politik der gut kalkulierten Öffnung. Den Verdacht, dass hinter dem Kurswechsel eine doppelbödige Strategie steckt, nähren die Verbände zuweilen allerdings selbst. Die Islamische Gemeinschaft Milli Görüs (IGMG), die den Islamrat dominiert und zahlreiche Aktivitäten entfaltet, um den Nichtmuslimen die Angst vor dem Islam zu nehmen, bietet sich als „kompetenter Ansprechpartner für die Verantwortlichen in Gesellschaft und Politik an, um gemeinsam Konzepte und Maßnahmen für die erfolgreiche Integration des Islam in die europäischen Gesellschaften zu erarbeiten und umzusetzen."[680] Das Problem ist nur, dass es ein erheblicher Unterschied ist, ob der Islam oder die Muslime integriert werden sollen.[681] Der Islamwissenschaftler Christian Troll beklagt: „Auf deutsch propagiert Milli Görüs die Integration, auf türkisch treibt man seine Anhänger ins Ghetto."[682]

Das Bemühen auf muslimischer Seite, der Mehrheitsgesellschaft Islam, islamisches Denken, islamische Werte und Lebenswelt näherzubringen, wird allerdings nicht begleitet von einem Interesse an einem Kennenlernen von Kultur, Werten, Lebenswelt und Religion der Mehrheitsgesellschaft. Fester Bestandteil der Rhetorik der Verbände ist die Beteuerung, dass Integration darin bestehe, aufeinander zuzugehen. In der Realität jedoch zeigt die Mehrheitsgesellschaft Interesse am Leben der eingewanderten Muslime, die eingewanderten Muslime aber haben kein Interesse am Leben der Mehrheitsgesellschaft.

---

[i]   Dass der Tag der offenen Moschee auf den Nationalfeiertag gelegt wird, ist zumindest ein ambivalentes Zeichen. Während die Terminierung überwiegend als Zeichen der Loyalität zur Aufnahmegesellschaft interpretiert wird, kann darin aber auch eine Relativierung der deutschen Staatlichkeit gesehen werden, weil der Islam grundsätzlich den Anspruch erhebt, die Grundlage jeder staatlichen Ordnung zu sein.

Die islamischen Verbände knüpfen ihre Vorstellung von Integration an die Erfüllung eines umfangreichen Forderungskatalogs. Dieser Forderungskatalog drückt ein gemeinsames Anliegen aller islamischen Verbände in Deutschland aus:

- Die Gleichbehandlung aller Religionen. Sie kann nur verwirklicht werden durch die vollständige Einbeziehung des Islam in das politisch-gesellschaftliche System Deutschlands. Das bedeutet *die Anerkennung des Islam als Religionsgemeinschaft* mit dem Status einer Körperschaft des öffentlichen Rechts. Diese Anerkennung hat die Einführung eines flächendeckenden islamischen Religionsunterrichts zur Folge. Zur Frage, in welcher Sprache der Religionsunterricht abgehalten soll, gibt es in den Verbänden und ihren Untergliederungen unterschiedliche Auffassungen. Besonders die DITIB hat lange auf einem türkischsprachigen Unterricht bestanden, ist aber in letzter Zeit von diesem Ansinnen abgerückt.[683] Mit der Forderung nach Einführung eines flächendeckenden islamischen Religionsunterrichts steht auch die Forderung nach einer Einrichtung von Lehrstühlen für islamische Theologie in Zusammenhang. Sie würde dem organisierten Islam in Deutschland, in Anlehnung an die Regelungen für die christlichen Konfessionen, die Möglichkeit verschaffen, Imame und Religionslehrer an den deutschen Universitäten auszubilden. Als Alternative zu einer vollständigen öffentlich-rechtlichen Einbeziehung des Islam in das politisch-gesellschaftliche System Deutschlands sehen die Verbände eine völlige religionspolitische Neutralität des Staates. Das heißt, der deutsche Staat hält gleiche Distanz zu allen Religionen.
- Zu der geforderten Gleichbehandlung des religiös islamischen Lebens gehört auch die Zulassung islamischer Beerdigungen, Friedhöfe und Grabfelder. Dazu notwendig sind zahlreiche Änderungen bei Friedhofsordnungen und Bestattungsvorschriften. So müssen Muslime noch am Todestag beerdigt werden. Der Friedhof benötigt einen Raum für die rituelle Waschung, die Gräber müssen exakt nach Mekka ausgerichtet werden können, der Tote soll in einem Leinentuch begraben werden und die Beerdigung soll in „jungfräulicher" Erde erfolgen, eine Wiederbenützung aufgelassener Gräber ist zu vermeiden.
- Die Verbände erwarten von der Mehrheitsgesellschaft, dass sie repräsentative Moscheen mit Kuppeldächern und Minaretten in den Innenstädten akzeptiert und von den Behörden fordern sie die großzügige Genehmigung ihrer Vorhaben. Da bislang keine islamische Gemeinschaft als Körperschaft des öffentlichen Rechts anerkannt ist, haben islamische Gemeinden keinen Rechtsanspruch auf den Bau islamischer Gebetsstätten.
- Die Genehmigung des lautsprecherverstärkten öffentlichen Gebetsrufs des Muezzin, der fünfmal am Tage wiederholt wird. Gerade der öffentliche Ruf des Muezzin sei ein wichtiges Zeichen für die allseits gewünschte Integration der Muslime in Deutschland. Im Übrigen entspreche sie auch dem Grundsatz auf Gleichbehandlung mit dem christlichen Glockengeläut.
- Die vollständige Anerkennung des islamischen Schächtens. Die Verbände betonen, dass sich das Schächtgebot unmittelbar und zwingend aus dem Koran ergebe. Sie fordern eine strikte Gleichbehandlung mit der jüdischen Religion und unterstreichen, dass eine islamfreundliche Praxis zu einer besseren Integration der Muslime in Deutschland wesentlich beitragen könne.[684]
- Die Respektierung islamischer Bekleidungsvorschriften in Schulen und Behörden wird vor allem vom Islamrat und dem Zentralrat der Muslime gefordert. Dabei geht es um die

Anerkennung des Kopftuches als Ausdruck einer islamisch-religiösen Grundhaltung. Die Verbände generell beklagen, dass es zahlreiche Benachteiligungen und Aggressionen gegenüber Kopftuch tragenden Frauen am Arbeitsplatz gebe. Muslimische Arbeitssuchende, die an Kopftuch oder Bart zu erkennen sind, würden durch die Arbeitgeber diskriminiert. Das Kopftuchverbot für Lehrerinnen und andere Bediensteten im öffentlichen Dienst sei ein schwerer Eingriff in die Glaubenspraxis muslimischer Frauen.

- Die Befreiung muslimischer Kinder, vor allem muslimischer Mädchen, von Sport- und Schwimmunterricht sowie der Teilnahme an Klassenfahrten und Schullandheimaufenthalten. Die Befreiung von solchen Veranstaltungen wird als positives Element der Integration von Muslimen gewertet.
- Beseitigung der Einschränkungen des religiösen Lebens und der Glaubenspraxis. Die Verbände klagen, dass die islamischen Feiertage normale Arbeitstage sind. Gläubige Muslime bekommen von ihren Arbeitgebern keine Möglichkeit zum Freitagsgebet. Auf Fastende im Fastenmonat Ramadan wird keine Rücksicht genommen. Zur Verbesserung der Lage der Muslime ist die generelle Freistellung muslimischer Schüler an islamischen Feiertagen erforderlich. Vor allem ist staatlicher Schutz der beiden höchsten islamischen Feiertage geboten. Über kurz oder lang müssen deshalb auch islamische Feiertage in den öffentlichen Kalender Deutschlands aufgenommen werden.
- Gebetsräume für Muslime in allen öffentlichen Einrichtungen, wie Schulen und Hochschulen, Bahnhöfen, Krankenhäusern usw.
- Beteiligung der islamischen Verbände an den Aufsichtsgremien der Medien wie etwa des Rundfunkrates der öffentlich-rechtlichen Rundfunkanstalten in Deutschland.
- Die Berufung islamischer Militär- und Polizeiseelsorger; außerdem flächendeckende islamische Seelsorge und Betreuung in Krankenhäusern, Justizvollzugsanstalten und anderen sozialen Einrichtungen wie Altenheimen usw.

Dieser Forderungskatalog provoziert die durchaus nicht ironische Frage, ob die islamischen Verbände Integration ausschließlich daran messen, bis zu welchem Grad es ihnen gelingt, autonomes islamisches Leben in Deutschland zu etablieren. Sind Muslime in Deutschland umso integrierter, je mehr Moscheen und Minarette gebaut werden, je mehr Frauen Kopftücher tragen, je islamisch geprägter der Alltag in Deutschland für Muslime, aber auch Nichtmuslime ist? Insofern wären ethnische Ghettos ja gerade der Inbegriff der Integration. Was aber zunächst aussieht wie eine „Verkehrung des Integrationsbegriffes", entspricht bei genauem Hinsehen einer konsequent multikulturalistischen Position. Von einer Verkehrung des Integrationsbegriffes kann nämlich nur dann die Rede sein, wenn Integration als eine Form kultureller Annäherung der kulturell-religiösen Minderheit an die Aufnahmegesellschaft verstanden wird.

Zusammenfassung

Die laizistische TGD versteht sich als ethnokulturelle Interessenvertretung, in die auch die religiösen Bedürfnisse der muslimisch-türkischen Einwanderer eingeschlossen sind. Sie versteht sich als Sprachrohr türkischer Interessen, als Brücke zur Türkei. Die türkische Gemeinde vertritt, etwa beim Problem des Genozids an den Armeniern, türkischnationalistische Positionen. Sie betreibt eine ausgesprochene partikularistische Interessen- und Klientelpolitik. Sie sieht sich als Lobby für einwanderungswillige Landsleute, sie kämpft für eine möglichst unkomplizierte barrierefreie Einwanderungspolitik und fordert die direkte Beteiligung der Einwanderer an der Einwanderungspolitik der Aufnahmegesellschaft: „Es widerspricht [...] den Grundprinzipien einer Demokratie, vor allem einer Basisdemokratie, die zukünftige Zuwanderungs- und Integrationspolitik weiterhin ohne Mitwirkung der Betroffenen [...] zu gestalten."[685] Ihr ausgesprochen lobbyistischer Charakter zeigt sich immer wieder bei Themen, in denen sich ein Gegensatz zwischen deutschem Gemeinwohlinteresse und klientelistischer Interessenvertretung auftut. Dabei agiert die TGD, so etwa bei der Verschärfung der Bestimmungen zum Ehegattennachzug, häufig in einem Ton, der dem demokratischen Nachkriegsdeutschland fremd geworden ist. Aber auch die religiösen Verbände sehen sich als kulturell-islamische Interessenvertretungen. Die DITIB definiert sich sogar ausdrücklich als Repräsentantin eines Islam türkischer Prägung. In dieser Überschneidung der Interessen spiegelt sich die weitgehende Deckungsgleichheit von Religion und Kultur im Islam. Die Verbände unterscheiden sich jedoch durch unterschiedliche Schwerpunkte. Die religiösen Verbände sind stärker auf religiöse, der laizistische TGD auf stärker ethnokulturelle Anliegen ausgerichtet.

Das Integrationsverständnis der türkischen und islamischen Immigrantenverbände deckt sich, unabhängig von ihren religiösen, ideologischen, kulturellen oder nationalen Unterschieden, mit radikalmultikulturalistischen Vorstellungen. Trotzdem unterscheiden sich die Motive der Immigrantenverbände von den Motiven des einheimischen deutschen Multikulturalismus. Die Immigrantenorganisationen sind nicht deshalb auf einer multikulturalistischen Linie, weil sie die kulturelle Differenz als Wert an sich betrachten. Im Gegenteil, aus der Differenz leiten sie häufig Haltungen kulturell-religiöser Überlegenheit ab. Sie verfolgen eine multikulturalistische Politik, weil die vorbehaltlose Anerkennung kultureller Unterschiede eine möglichst weitgehende Entfaltung des Eigenlebens als Minderheit erlaubt. Damit wird der Begriff Integration zur Chiffre für die Forderung nach möglichst weitgehenden Autonomierechten.

Die religiösen Verbände wie auch die laizistische TGD verstehen unter Integration rechtliche Gleichstellung, weitgehende Beteiligungsbefugnisse an den Entscheidungen der Mehrheitsgesellschaft bei gleichzeitiger ethnokultureller Abgrenzung und Autonomie sowie die uneingeschränkte Berücksichtigung ihrer religiösen und kulturellen Interessen. Damit entsteht ein Zustand, den Will Kymlicka „mentalen Separatismus" nennt: strukturell-formale Integration ohne identifikatorische Bindung an das Einwanderungsland und seine Gesellschaft. Integration ist für die religiösen Verbände ein Zustand, in dem die Mehrheitsgesellschaft die Bedürfnisse und Regeln der Muslime anerkennt und ihnen zugesteht, nach ihren eigenen religiösen Normen zu leben, auch wenn sie sich damit im Widerspruch zu den Normen der nichtmuslimischen Mehrheitsgesellschaft befinden. Den Integrationserfolg messen die Verbände vor allem daran, inwieweit die Mehrheitsgesellschaft bereit ist, den Vorstellungen der Muslime über die Gestaltung des islamischen Eigenlebens entgegenzukommen oder es sogar zu fördern. Es geht den Verbänden nicht um gesellschaftliche Öffnung, sondern um die Gestaltung paralleler Lebenswelten. Wenn die Parallelgesellschaft das gesellschaftliche Modell des radikalen Multikulturalismus genannt werden kann, dann ist die Parallelgesellschaft die islamische Version von Integration, weil nur die *Parallelgesellschaft* die Bewahrung von islamischer Religion, islamischer Identität und islamischer Kultur *garantieren* kann. Der Integrationsbegriff bringt den bundesdeutschen Gesellschaftskonsens auf einen vermeintlich

gemeinsamen Nenner und ist als vorrangiges gesellschaftspolitisches Ziel in der Öffentlichkeit konkurrenzlos anerkannt. Daraus ziehen die Verbände einen doppelten Nutzen: a) Als
flexibel handhabbare und ausfüllungsbedürftige Leerformel transportiert er ihre partikularis-
tischen Interessen. b) Gleichzeitig ist er Kampfbegriff, mit dem nichtmultikulturalistische
Gegner ausmanövriert und die eigenen Interessen gegen Infragestellung von außen immunisiert werden können.

Integration wird von den türkischen und islamischen Verbänden strukturell-funktional verstanden, genauer instrumentell-utilitaristisch. Das Ziel ist nicht Anpassung oder auch nur
Annäherung an die Kultur der Aufnahmegesellschaft, sondern die utilitaristische Aneignung
der Kulturtechniken der Aufnahmegesellschaft. Die Aneignung der Kulturtechniken der Aufnahmegesellschaft ist Voraussetzung für die Partizipation am gesellschaftlichen und politischen Leben der Aufnahmegesellschaft und ihren Institutionen. Dadurch soll die Minderheit
soviel Macht und Einfluss gewinnen, dass sie ihre eigenen ethnokulturellen oder religiösen
Sonderinteressen wirkungsvoll durchsetzen kann. Unter Integration wird alles verstanden,
was die hergebrachten religiösen Strukturen verfestigt und die ethnischen Grenzen zementiert. Die einzige wirkliche Gemeinsamkeit mit der Aufnahmegesellschaft besteht in der
Anerkennung der kulturellen Unterschiede zwischen Einheimischen und Einwanderern.

4.5.6   Integrationsdiskurs in Deutschland – Unterschiede und Gemeinsamkeiten

Am Integrationsdiskurs in Deutschland sind zwei politisch-gesellschaftliche Lager beteiligt:
Institutionen, Organisationen und die öffentliche Meinung der Aufnahmegesellschaft auf der
einen, auf der anderen Seite die Interessenvertretungen der Einwanderer. Gemessen am Kriterium ihrer politischen Durchsetzungsfähigkeit und der Größe des Bevölkerungsanteils, als
dessen Repräsentanten sie sich sehen, gehören die wichtigsten ethnischen und
ethnischreligiösen Interessenverbände in Deutschland zum türkischen und islamischen
Spektrum. Die integrationspolitische Position dieser Immigrantenverbände ist klar. Sie vertreten einen radikalen Multikulturalismus, weil die ethnokulturelle Herkunftsidentität von
Minderheiten am besten mit einer multikulturalistischen Integrationspolitik aufrechterhalten
werden kann.

Auf Seiten der Aufnahmegesellschaft sind Regierung und politische Parteien die wichtigsten
Träger der politischen Meinungsbildung und Entscheidungsfindung. Sie spielen im Integrationsdiskurs die Hauptrollen. Ihre Haltung lässt Unterschiede, Widersprüche, Zwei-
deutigkeiten, aber auch Übereinstimmung erkennen. Die Übereinstimmung macht sich fest
an der Einsicht in die Notwendigkeit gesellschaftlicher, sozialer, rechtlicher, wirtschaftlicher
und politischer Eingliederung der Einwanderer, kurzum Einsicht in die Notwendigkeit einer
strukturell-funktionalen Integration. Übereinstimmung herrscht auch weitgehend bei der
Forderung nach Anerkennung des Grundgesetzes als gemeinsamer Grundlage des Zusammenlebens zwischen Einheimischen und Einwanderern. Diese Forderung ist in Verbindung
mit den beiden anderen Bestandteilen der Schröderformel (Verfassung achten, Gesetze befolgen, Landessprache beherrschen) zum Hauptkennzeichen des bundesrepublikanischen
Multikulturalismus geworden. Als Grundregeln des Zusammenlebens werden die Anerken-

nung der Demokratie, der Gleichheit vor dem Recht, des Rechtes auf Selbstbestimmung sowie die Anerkennung von Rechtsstaat und Menschenwürde gesehen. Eine herausgehobene Rolle im Forderungskatalog an die Einwanderer spielen die Gleichberechtigung von Mann und Frau, die Gewaltfreiheit, Toleranz gegenüber Andersdenkenden und Andersglaubenden sowie die Trennung von Religion und Staat. An diesen Kriterien ist unschwer die politische Stoßrichtung zu erkennen; der nach Deutschland eingewanderte Islam.

Unterschiede zwischen den Parteien zeigen sich bei der Frage, ob sich Deutschland als Einwanderungsland definiert. Für SPD, GRÜNE, FDP und die Linke ist Deutschland Einwanderungsland; für CDU/CSU hingegen „Integrationsland". Damit signalisiert die Union, dass sie Einwanderung nicht als Wert an sich betrachtet. In der CDU/CSU besteht die Tendenz, Immigration, stärker als bisher, an den Interessen der Wirtschaft auszurichten und der von Unionspolitikern häufig beklagten „Einwanderung in die Sozialsysteme" Einhalt zu gebieten. Dagegen halten die Grünen an ihrer Drei-Säulen-Theorie fest. Die besagt, dass es drei Formen von Einwanderung geben müsse: erstens Einwanderung aus wirtschaftlichen Gründen zur Deckung des Arbeitskräftebedarfs; zweitens Einwanderung aus politischen und humanitären Gründen, also etwa Bürgerkriegsflüchtlinge, Opfer von Umweltkatastrophen oder illegal in Deutschland lebende Ausländer; drittens Einwanderung, die aufgrund von unabweisbaren Rechtsansprüchen (Asyl, Aussiedler, Familiennachzug und EU-Freizügigkeit) erfolgt. Über diese Position hinaus geht die Linke, die Einwanderung für ein Menschenrecht hält. Dazwischen bewegen sich SPD und FDP, die mit unterschiedlichen Schwerpunkten eine pragmatische Einwanderungspolitik verfolgen wollen. Die einen mehr orientiert an den Bedürfnissen und Wünschen der Unternehmen, die anderen mehr an der Lage auf dem Arbeitsmarkt und an der Befindlichkeit von Gewerkschaften und Arbeitnehmerschaft.

Die Unterschiede zwischen den Parteien setzen sich fort in ihrem Verhältnis zum Multikulturalismus als Begriff und als Gesellschaftskonzeption. Die Grünen gehen mit dem Begriff unbefangen um und bekennen sich ausdrücklich zu einem liberalen, verfassungsintegrierten Multikulturalismus. Für die Grünen ist Idee und Programm der multikulturellen Gesellschaft ideologisch hoch aufgeladen, Multikulturalismus ist für sie der Weg zu einer besseren Gesellschaft. CDU, SPD und FDP sehen den Multikulturalismusbegriff als desavouiert an oder vermeiden ihn aus Gründen taktischer Rücksichtnahme auf die zunehmend multikulturalismuskritische Stimmung in der deutschen Bevölkerung. Ihre distanzierte Haltung bedeutet aber nicht, dass sie den Multikulturalismus auch inhaltlich ablehnen. SPD und FDP positionieren sich inhaltlich nämlich uneingeschränkt multikulturalistisch. Die CDU versucht sich programmatisch an der widersprüchlichen Synthese von Multikulturalismus und Akkulturation und folgt in ihrer praktischen Politik der Vorstellung eines verfassungsintegrierten Multikulturalismus. Die Linke, die inhaltlich eine radikalmultikulturalistische Haltung vertritt, verzichtet gleichwohl auf den Multikulturalismusbegriff, der für sie dem Wortschatz bürgerlicher Ideologie entstammt. Konsequenterweise verzichtet die Linke auf die Forderung nach einem Wertekonsens und einen auch nur deklaratorischen Bezug zum Grundgesetz. Die CSU distanziert sich *begrifflich* und inhaltlich vom Multikulturalismus und fordert Integration auf der Grundlage einer deutschen Leitkultur. Die CSU meidet zwar die Begriffe Assimilation oder Akkulturation, aber die Forderung, die Einwanderer hätten sich nicht nur die deutschen Grundwerte, die Verfassungs- und die Rechtsordnung zu eigen zu machen, sondern sich auch nach der deutschen Alltagskultur zu richten, kann als Hinweis auf assimilatorische oder zumindest akkulturatorische Integrationsvorstellungen verstanden werden.

Die Parteien mit Ausnahme der Linken sehen im Grundgesetz die verbindliche Geschäftsgrundlage für die Integration von Einwanderern. Die Schröder-Formel steht geradezu für eine pragmatisch gestaltete Ausländerintegration und einen verfassungsintegrierten Multikulturalismus, der sich auf einen *kulturneutralen* Rechts- und Verfassungsbegriff stützt. Allerdings steht die theoretische Begründung eines verfassungsintegrierten Multikulturalismus auf schwachen Füßen. Der Grundwiderspruch liegt in der Annahme, Recht könne kulturell neutral sein. Die Denkfigur eines kulturneutralen, verfassungsintegrierten Multikulturalismus ignoriert die soziokulturelle Bedingtheit des Rechts, sie verkennt, dass Wertesysteme, und damit auch das Wertesystem des Grundgesetzes, selbst kulturell bedingt sind.[686] *Hinter Werten stehen kulturelle Orientierungen.* Mit anderen Worten: Wenn die Einwanderer die Unverhandelbarkeit und Unantastbarkeit des Wertesystems des Grundgesetzes auf Dauer anerkennen sollen, dann ist das logisch nur möglich, wenn sie gleichzeitig die kulturellen Grundlagen der Aufnahmegesellschaft, auf denen ihre Verfassung ruht, als gesamtgesellschaftlich gültig anerkennen.

Aber nicht nur Verfassung und Gesetze sind kulturspezifische Hervorbringungen, sondern vor allem auch ihre Auslegung und Anwendung im Rechtsalltag einer Gesellschaft. Die Grundlagen für Auslegung und Anwendung liefert der kulturelle Wertekonsens einer Gesellschaft. Dass ein Verlust des kulturellen Wertekonsenses zwangsläufig zur Auflösung der bisher existierenden Werteordnung der Verfassung führt, liegt in der Natur rechtlicher Normen. Das im Grundgesetz verankerte Wertesystem ist nämlich zunächst nur eine Ansammlung einiger weniger abstrakter und unbestimmter Rechtsbegriffe, wie es etwa Menschenwürde, Gleichheit, Freiheit sind. Menschenwürde, Gleichheit, Freiheit haben in den unterschiedlichen Kulturen der Welt durchaus unterschiedliche Bedeutungen. So gibt es mehr individuelle oder mehr kollektiv ausgerichtete Freiheitsbegriffe. Weil diese Rechtsbegriffe keinen feststehenden Inhalt haben, sind sie auslegungsbedürftig. Das heißt, sie werden erst durch Auslegung verständlich. Erst dann können sie eine verhaltenssteuernde Wirkung entfalten. Die Auslegung erfolgt aber immer in einem konkreten gesellschaftlichen, historischen und kulturellen Zusammenhang. Das heißt, das Wertesystem des Grundgesetzes ist bislang in der deutschen Kultur verankert. Wer also davon ausgeht, dass die Werteordnung des Grundgesetzes unverhandelbar ist, gleichzeitig aber fordert, dass auch Kulturen, deren Wertvorstellungen von denen der Aufnahmegesellschaft abweichen, im öffentlichen Raum gleichberechtigt sind, verfängt sich in einem Widerspruch. Denn die Gleichberechtigung der Kulturen ist nur um den Preis eines Verzichts auf das kulturelle Wertemonopol und die kulturelle Hegemonie denkbar. Deshalb resultiert aus der Gleichberechtigung der Kulturen zwangsläufig, dass auch die Gestaltung der Rechtsordnung Ergebnis einer interkulturellen Auseinandersetzung sein können muss mit der Folge, dass die Mehrheitsgesellschaft Werte zu respektieren hat, die ihr fremd sind oder die sie ablehnt. Bei einer Gleichberechtigung der Kulturen kann keine bestimmte Kultur mehr eine für alle verbindliche Auslegung von Rechtsbegriffen beanspruchen.

Die Vorstellung eines *kulturneutralen* verfassungsintegrierten Multikulturalismus ist allerdings nicht in allen Parteien gleich verbreitet. Die Grünen, SPD, FDP und Teile der CDU gehen von der Existenz eines universalistischen, kulturneutralen Rechts- und Verfassungs-begriffs aus. Sie unterstellen, dass sich die Anerkennung kultureller Differenz und die vorbe-haltlose Bejahung des Grundgesetzes und der Rechtsordnung zur Deckung bringen lassen. Die CSU gibt sich nicht damit zufrieden, dass die Einwanderer das Grundgesetz als kultur-neutrale Verfassung anerkennen. Sie will die Einwanderer darauf festlegen, das Grundgesetz als spezifischen Ausdruck deutscher und europäischer Kultur anzuerkennen. Bei der Linken, deren Wertrelativismus am weitesten geht, hat die Frage eines gesellschaftlichen Basiskon-senses zwischen Einheimischen und Einwanderern keine Bedeutung.

Die Parteien, die sich an einem kulturneutralen verfassungsintegrierten Multikulturalismus orientieren, überschätzen die Leistungsfähigkeit der Verfassung, wenn sie von ihr erwarten, dass sie als verbindliche Geschäftsgrundlage für die Integration von Einwanderern ausreicht. Insofern verfehlt die Forderung, Einwanderer hätten lediglich das Grundgesetz und die Ge-setze des Landes zu kennen und zu befolgen, ihr Ziel. Die Kenntnis des Rechts allein garan-tiert noch lange nicht, dass es auch befolgt wird. Die Bürger eines Landes verhalten sich in dem von Verfassung und Gesetzen intendierten Sinne nicht, weil sie die Rechtsnormen ken-nen, sondern weil sie im Zuge ihrer individuellen und gesellschaftlichen Sozialisation die wesentlichen *kulturellen* Vorstellungen *internalisiert* haben, die in der Rechtsordnung zum Ausdruck kommen.

Vermutlich noch bedeutsamer ist die Tatsache, dass der Alltag der Menschen gar nicht in erster Linie von Verfassung und Gesetzen, von Grundwerten und Grundnormen bestimmt wird, sondern von alltäglichen Verhaltensregeln und von *nichtrechtlichen* Normen des gesell-schaftlichen Zusammenlebens. Dieser Bestand an Regeln besteht aus Verhaltenserwartungen, Konventionen, Normen, Üblichkeiten, Sitten, Gewohnheiten und Bräuchen, die höchst rele-vant sind für ein auskömmliches ziviles Zusammenleben im Alltag. Diese außergesetzlichen sozialen Normen sind aber ganz und gar kulturell bedingt. Sie erfüllen ihre verhaltenssteu-ernde Funktion nur auf der Grundlage einer *gemeinsamen* Kultur. Grundlegendes Kennzei-chen einer gemeinsamen Kultur ist die intersubjektive Verständlichkeit ihres Inhalts, der Besitz gemeinsamer Werte, gemeinsamer nichtrechtlicher Normen und die gemeinsame Ver-fügung über sie. Hinzu kommt, dass der alltägliche Umgang der Menschen miteinander rechtlich gar nicht geregelt werden kann. Eine funktionierende Gesellschaft ist auf gegensei-tiges Wohlwollen, auf Vertrauen, Loyalität, Respekt, Achtung und Rücksichtnahme angewie-sen. Diese Haltung entsteht durch das Bewusstsein der Zusammengehörigkeit. Das Recht kann die auf gegenseitiges Wohlwollen und Vertrauen gestützten Formen des gesellschaftli-chen Umgangs nur stützen, nicht ersetzen.

Der parteiübergreifende Integrationskonsens beschränkt sich auf die Notwendigkeit einer strukturell-funktionalen Integration und versteht das Grundgesetz als gemeinsame Grundlage des Zusammenlebens zwischen Einheimischen und Einwanderern. Was die kulturell-identi-fikatorische Integration angeht, sind die Verhältnisse ambivalent. Auf der einen Seite haben die Parteien einen politisch-ideologisch motivierten Abgrenzungsbedarf, der sich in einer polemischen Auseinandersetzung um Zustimmung oder Ablehnung des Multikulturalismus entlädt. Hinter den Kulissen des politischen Schaukampfes jedoch wird die praktische Ein-wanderungs- und Integrationspolitik beherrscht von einer stillschweigenden Übereinkunft zwischen den Parteien. Im politischen Alltag betreiben die Parteien eine Politik des *fakti-schen Multikulturalismus*.

4.6   Integration gleich faktischer Multikulturalismus

Die Integrationsvorstellungen in Politik und Gesellschaft sind diffus. Auf der einen Seite wird von Integration gesprochen, wo eigentlich Assimilation gemeint ist. Auf der anderen Seite wird aber auch Integration gesagt, wo in Wirklichkeit Multikulturalismus gemeint ist. Noch ist Multikulturalismus in Deutschland nicht mehrheitsfähig, wenn er ausdrücklich als gesellschaftspolitisches Programm verstanden wird. Eine Integrationspolitik, die de facto eine multikulturalistische Politik ist, muss aber nicht, wie der Migrationssoziologe Petrus Han meint, bedeuten, dass die kulturelle Pluralisierung der Gesellschaft politisch gewollt ist und absichtsvoll verfolgt wird.[687] Multikulturalistische Politik *kann* auch das Ergebnis eines politischen Handelns sein, das die Frage nach dem Ziel der gesellschaftlichen Entwicklung offen lässt. So gesehen spiegelt in Deutschland das Offenlassen das machtpolitische Patt zwischen den multikulturalistischen Aspirationen eines großen Teils des politischen und gesellschaftlichen Establishments und den (latent) assimilatorischen Vorstellungen eines großen Teils der einheimischen Bevölkerung wider. Das Ergebnis ist eine Politik, die auf bewusste politische Steuerung verzichtet und sich stattdessen damit begnügt zuzusehen, wie eine naturwüchsige Entwicklung bei Einwanderung und Integration vollendete Tatsachen schafft. Diese Zurückhaltung erlaubt, einer gesellschaftlichen Zieldiskussion auszuweichen. Die Zieldiskussion wäre insofern heikel, als sie das Fehlen eines gesellschaftlichen Konsenses offen zutage treten ließe. So ist in Deutschland eine Lage entstanden, in der der Begriff Integration das Synonym für einen *faktischen Multikulturalismus* geworden ist. Der faktische Multikulturalismus ist gewissermaßen die deutsche Erscheinungsform des Multikultura-lismus. Er versteht sich selbst nicht als Multikulturalismus; er verfügt über keine Theorie und keine konzeptionellen Grundlagen; er beschränkt sich auf pragmatisches Handeln, das er als Integration verstanden wissen möchte.

Niemand verkörpert den faktischen Multikulturalismus so beispielhaft wie Bundespräsident Christian Wulff (CDU) oder die Integrationsbeauftragte der Bundesregierung, Staatsministe-rin Maria Böhmer (CDU). Während einer Einbürgerungsfeier im Bundeskanzleramt im Mai 2009 wandte sich neben Merkel auch Böhmer an die Neubürger. Zunächst noch der alten assimilatorischen Rhetorik verhaftet, sprach sie von „unserer Gemeinschaft", deren Mitglie-der die Eingebürgerten nun geworden seien. Dann aber brach sich unversehens die Rhethorik des faktischen Multikulturalismus Bahn mit einem Appell, den die ehemalige Integrationsbe-auftragte der rot-grünen Bundesregierung, Marieluise Beck, auch nicht viel anders ausge-drückt hätte: „Niemand von Ihnen hat seine alte Heimat oder die Heimat seiner Eltern ver-gessen, niemand hat die Traditionen, die Lieder, die Bräuche, die Kultur komplett zurückge-lassen. Ich bitte Sie: Pflegen Sie auch diese Kultur, geben Sie sie weiter. Wir möchten an Ihren Erfahrungen teilhaben, wir möchten auch von Ihnen lernen." [688] Wulff hat schon in der ersten Rede nach seiner Vereidigung am 2. Juli 2010 von „unserer bunten Republik Deutsch-land" gesprochen. Es ist nur schwer vorstellbar, dass diese Wortwahl Zufall gewesen ist. Es spricht dagegen viel für die Annahme, dass sich Wulff bewusst im Vokabular des deutschen Multikulturalismus bedient und demonstrativ einen ihrer emotional aufgeladenen Kernbegriffe verwendet hat, ohne auf den Begriff des Mulikulturalismus selbst zurückzugreifen zu müssen.[689]

Aus der Perspektive des Zwei-Ebenen-Modells ist der faktische Multikulturalismus auf der ersten Ebene (strukturell-identifikatorische Integration) angesiedelt. Wird die kulturell-identikatorische Integration aus dem politischen Entscheidungsprozess ausgeklammert, wird Integration automatisch auf die Kriterien der strukturell-funktionalen Ebene verkürzt. Auch die CDU-geführte Bundesregierung, die 2005 die rot-grüne Koalition abgelöst hat, setzt Integration mit der strukturell-funktionalen Integration gleich. Ihre Entscheidung für ein bundesweites Monitoring, mit dem der Integrationsfortschritt der Einwanderer in Deutschland gemessen werden soll, zeigt das. Unter den 100 Indikatoren misst nicht ein einziger die kulturell-identifikatorische Integration.[690] Aber Nichtentscheidung auf der zweiten Ebene bedeutet automatisch Entscheidung für einen faktischen Multikulturalismus, wenn der naturwüchsige kulturelle Pluralismus, der durch Einwanderung entsteht, als gegeben hingenommen wird. Wer Integration mit strukturell-funktionaler Integration gleichsetzt, kann also nur scheinbar eine Entscheidung über die Form der kulturell-identifikatorischen Integration umgehen; er entscheidet sich in Wirklichkeit für die multikulturelle Gesellschaft.

Der faktische Multikulturalismus ist also die theorielose Version eines Multikulturalismus. Diese Version wird vom 2007 verkündeten Nationalen Integrationsplan der Bundesregierung so beschrieben: „Integration bedeutet die Einbindung in das gesellschaftliche, wirtschaftliche, geistig-kulturelle und rechtliche Gefüge des Aufnahmelandes ohne Aufgabe der eigenen kulturellen Identität."[691] Das ist die Definition einer multikulturellen Gesellschaft, ein Synonym der Schröder-Formel, die ein pragmatisch verstandener Multikulturalismus sein will. Die Konsequenz dieses Pragmatismus ist, dass der Nationale Integrationsplan kein planvolles gesellschaftliches Zukunftsprojekt ist, sondern ein Sammelsurium staatlicher Maßnahmen, die die Kollateralschäden einer konzeptionslosen Integrationspolitik ausbessern sollen.

In der politischen Praxis des faktischen Multikulturalismus treffen sich das linksliberale und das liberalkonservative politische Spektrum. Für die einen ist es das Maximum des integrationspolitisch derzeit Möglichen, eine Zwischenstation zu einem Multikulturalismus, für den der offizielle Rang einer Staatszielbestimmung und eine Verankerung in der Verfassung angestrebt werden. Bei den anderen ersetzt er fehlende Vorstellungen von der zukünftigen Entwicklung der Gesellschaft jenseits multikulturalistischer Ansätze oder er ist Ausdruck ihres mangelnden politischen Willens, eine gesellschaftspolitische Alternative zum Multikulturalismus durchzusetzen. Unter dem Banner des Integrationsbegriffs, der den scheinbaren gesellschaftlichen Minimalkonsens repräsentiert, wird der Multikulturalismus rhetorisch abgewehrt, aber praktisch hingenommen. Ein illustratives Beispiel für dieses Phänomen bot die CDU-Vorsitzende und damalige Kanzlerkandidatin, Angela Merkel, die noch 2005 der Idee von der multikulturellen Gesellschaft ein „grandioses Scheitern" bescheinigte.[692] In der bundes-, landes- und kommunalpolitischen Praxis betreibt die CDU aber eine Politik, die nichts anderes ist als faktischer Multikulturalismus.

Auf dem Boden des faktischen Multikulturalismus sind Begriffe geboren worden, deren Gebrauch seine Benutzer als legitime Teilnehmer am integrationspolitischen Diskurs ausweist. Dazu gehören z.B. der Topos der Bereicherung oder der vom Statistischen Bundesamt in die Welt gesetzte Begriff der „Personen mit Migrationshintergrund". Eine wichtige Funktion dieser Termini besteht darin, eine de facto multikulturalistische Politik zu legitimieren. Die Begriffe erlauben dem multikulturalistisch gesinnten Mainstream in Politik und politischer Öffentlichkeit, die Gesellschaft der Einheimischen darauf einzustimmen, dass es gar nicht mehr um die Wahl zwischen einer oder keiner multikulturellen Gesellschaft gehe, weil die Gesellschaft bereits mitten in der multikulturellen Umgestaltung stecke. Mit ihrem Übergang aus dem offiziellen Sprachgebrauch in den Alltagswortschatz der Bevölkerung sollen diese Termini das Bewusstsein der Bevölkerung auf eine neue multikulturelle Wirklichkeit hin ausrichten helfen. Das Statistische Bundesamt hat die Kriterien, wer zu dem Personenkreis mit „Migrationshintergrund" gehören soll, überaus großzügig festgelegt. Dadurch kommen im Jahre 2006 15,1 Mio. Menschen, also 19 Prozent der Wohnbevölkerung, in den Genuß eines „Migrationshintergrundes". Ein solches Verfahren erzeugt allerdings Ergebnisse, die die Grenze zur Realsatire überschreiten. So wird z.B. das zufällig im Ausland geborene Kind deutscher Eltern *ohne* Migrationshintergrund definitionsgemäß zu einem Kind *mit* Migrationshintergrund. Und die in Rosenheim geborenen Kinder eines oberbayerischen Vaters und einer aus Kufstein stammenden Tiroler Mutter fallen genauso unter die Kategorie der „Menschen mit Migrationshintergrund" wie die Kinder eines aus Ghana eingewanderten Ehepaares.[i]

Der faktische Multikulturalismus ist tief in den deutschen Alltag eingedrungen. Der deutsche Privatsender RTL2 blendet während des Fastenmonats Ramadan die Zeiten des Sonnenauf- und Sonnenuntergangs ein. Das Geschäft mit religionskonformen Nahrungsmitteln, wie etwa Halal-Produkte, gewinnt an Bedeutung. Im Umweltkalender der oberschwäbischen Städte Ravensburg und Weingarten wird nicht nur über Müllabfuhrtermine, Energiesparlampen und Krötenwanderungen informiert, sondern auch über Vorschriften und Gepflogenheiten im Fastenmonat Ramadan und seine Bedeutung für die Muslime. Das Beispiel Sprache zeigt, dass Deutschland de facto vielsprachig ist. Deutsch ist zwar Amtssprache, aber dieses Prinzip wird durchbrochen durch den parallelen Gebrauch der Sprachen der wichtigsten Einwandererminderheiten: Vom Müllsack bis zu Behördenformularen, von den Bedienungsanleitungen der Telekom bis zur offensichtlichen Notwendigkeit, Deutsch als Pausenhofsprache mit den Schülern zu vereinbaren. Die Integrationsbeauftragte der Bundesregierung bringt einen mehrsprachigen Ratgeber für Einwandererfamilien heraus. Die Bundeszentrale für politische Bildung bietet das Grundgesetz und die deutsche Nationalhymne auf Türkisch und Russisch an. Sie lässt zudem eine deutsch-türkische Wahlfibel drucken, die eingebürgerte

---

[i]   Für das Statistische Bundesamt sind „Personen mit Migrationshintergrund" Ausländer – unabhängig davon, ob sie im Inland oder im Ausland geboren wurden – sowie alle Einwanderer unabhängig von ihrer Nationalität. Daneben zählen zu den Personen mit Migrationshintergrund auch die in Deutschland geborenen eingebürgerten Ausländer sowie in Deutschland geborene Bürger mit deutscher Staatsangehörigkeit, bei denen sich der Migrationshintergrund daraus ableitet, dass die Eltern eingewandert sind. Dazu gehören die Kinder von Spätaussiedlern und Eingebürgerten und zwar auch dann, wenn nur ein Elternteil diese Bedingungen erfüllt, während der andere keinen Migrationshintergrund aufweist. Außerdem gehören zu dieser Gruppe seit 2000 auch die deutschen Kinder ausländischer Eltern, die die Bedingungen für das Optionsmodell erfüllen, d.h. mit einer deutschen und einer ausländischen Staatsangehörigkeit in Deutschland geboren worden sind. (Statistisches Bundesamt: Bevölkerung und Erwerbstätigkeit. Bevölkerung mit Migrationshintergrund – Ergebnisse des Mikrozensus 2005. Wiesbaden 2007)

Ausländer zur Stimmabgabe bei der Bundestagswahl 2009 animieren soll.[i] Unter den 62 Mio. Wahlberechtigten befinden sich rund 690.000 eingebürgerte Türken. Das Bundesumweltamt gibt in Zusammenarbeit mit türkischen Einwandererorganisationen eine Broschüre zum Energiesparen in türkischer Sprache heraus[693], die „Verbraucherzentrale Bundesverband e.V." bietet einen „Einkaufsführer für Muslime" an. Die Führerscheinprüfung kann außer auf Deutsch in elf weiteren Sprachen abgelegt werden.

Ein weiteres Kennzeichen des faktischen Multikulturalismus ist die breit propagierte interkulturelle Öffnung von Verwaltung, sozialen Diensten, Alten- und Krankenpflege (kultursensible Pflege) und anderen öffentlichen Einrichtungen. Das interkulturelle Paradigma hat Kindergarten, Schule und Jugendarbeit erreicht. In vielen Kindergärten werden nicht nur die Feste des deutschen Jahreskreises gefeiert, sondern auch die der wichtigsten Einwandererminderheiten. Oder es wird auf Geburtstagsfeiern verzichtet, weil das bei gläubigen Muslimen nicht üblich ist. Konfessionelle und kommunale Kindergärten nehmen auf islamische Speisevorschriften Rücksicht, sie verzichten nicht nur auf Schweinefleisch, sondern auch auf Gummibärchen oder Götterspeise, weil darin Gelatine aus Bestandteilen vom Schwein enthalten sein kann. Zum sommerlichen Baden im Planschbecken dürfen die Kindergartenkinder vielerorts nicht mehr unbekleidet, Kinderbücher, in denen es um den menschlichen Körper geht, werden aus dem Verkehr gezogen.[694] In die interkulturelle Erziehung eingeschlossen ist auch die interkulturelle Verunsicherung. Darf der Nikolaus zu muslimischen Kindern kommen? Wie geht man interkulturell mit den Bräuchen und Symbolen der Aufnahmegesellschaft in der Advents- und Weihnachts- oder Osterzeit um? Schulbücher thematisieren die multikulturelle Gesellschaft in Deutschland. Schulen und Schulverwaltungen dulden stillschweigend, wenn muslimische Eltern ihre Töchter nicht am Sport, Schwimmen, Schullandheimaufenthalten oder am Sexualkundeunterricht teilnehmen lassen oder verlegen Nebenfächer wie Sport, Musik und Kunst auf den Freitag, weil ein Teil der muslimischen Jugendlichen an diesem Tag in die Moschee geht. Auch in der Aus- und Fortbildung von Lehrern ist der interkulturelle Gedanke angekommen. Hochschullehrer an Pädagogischen Hochschulen empfehlen ihren Lehramtsstudierenden, im Heimat- und Sachkundeunterricht mit Rücksicht auf die Empfindlichkeit muslimischer Kinder das Thema Hund lieber zu übergehen, da das Tier im Islam als unrein gilt. Sommerliche Grillfeste in interkulturellen Vereinen sind nur mit zwei getrennten Grillstellen durchführbar: Muslime lehnen nicht nur Schweinefleisch ab, sondern sie essen auch kein erlaubtes Fleisch, wenn es zusammen mit Schweinefleisch gegrillt wird.

Auch die Wirtschaft bewegt sich im breiten Strom des Heterogenitätsparadigmas. Unter dem Begriff *Diversity* etabliert sich interkulturelles Denken. Diversity Management ist die unternehmensbezogene Variante des Multikulturalismus. Es ist eine Strategie, mit der immer mehr Unternehmen auf die Anforderungen einer internationalisierten Wirtschaft antworten wollen. Unternehmen, die sich dem Diversity Management verpflichten, wollen individuelle Verschiedenheit gegenüber Wertschätzung und Anerkennung zeigen, soziale Diskriminierung von Minderheiten verhindern und Chancengleichheit verbessern. Sie verzichten auf die bis-

---

[i]   Die Bundeszentrale für politische Bildung präsentierte die Fibel am 11. September 2009 in Berlin. Verteilt wurde das Heft u. a. als Beilage zu türkischen Zeitungen.

her üblichen Homogenisierungsstrategien und fördern jetzt Heterogenität. Ethnokulturelle Herkunft, Geschlecht, Alter, Religion oder Behinderung wird in allen Aspekten der Unternehmenstätigkeit berücksichtigt. In Unternehmen, die sich dem Diversity Management verschrieben haben, wird z.B. eine muslimische Mitarbeiterin zusammen mit ihrem Ehepartner zu einer Fortbildung geschickt, da sie als Frau allein nicht teilnehmen kann. Vielfalt wird als wirtschaftliche Chance und Ressource gesehen, ethnokulturelle Vielfalt gilt als Motor von Innovation, als Instrument zur Mehrung des Unternehmensnutzens. In Deutschland wurde im Jahre 2006 die sogenannte „Charta der Vielfalt" unter der Schirmherrschaft von Bundeskanzlerin Merkel ins Leben gerufen. Seither haben 800 Unternehmen die Charta unterzeichnet. Dass sich die Förderung von Heterogenität tatsächlich positiv auf die Unternehmen auswirkt, ist einstweilen allerdings nur eine unbewiesene Behauptung.[695]

Ein widersprüchliches Bild bietet die deutsche Justiz. Auf der einen Seite hat der Bundesgerichtshof klargestellt, dass in Deutschland mitteleuropäische Maßstäbe gelten, wenn es um die Bewertung von Straftaten mit kulturellem Hintergrund geht. Allerdings hat der Bundesgerichtshof diesen Grundsatz gleich wieder eingeschränkt: Dem Täter müsse auch subjektiv klar sein, dass die Tat nach einheimischer Anschauung als verachtenswert angesehen wird. Auf der anderen Seite erregen immer wieder Urteile wegen ihrer multikulturalistischen Tönung öffentliche Aufmerksamkeit. Zu bundesweiter Bekanntheit brachte es 2007 eine Frankfurter Richterin, die sich bei einem Scheidungsantrag auf den Koran berief und davon ausging, dass einem marokkanischen Mann das Recht auf die körperliche Züchtigung seiner ebenfalls aus Marokko stammenden Ehefrau zustehe. Zu Irritationen in der Öffentlichkeit kommt es auch, wenn Urteile gefällt werden, die auf die faktische Anerkennung der Polygamie hinauslaufen. Deutsche Sozialgerichte haben wiederholt aus der Gültigkeit einer in islamischen Ländern geschlossenen Vielehe versorgungs- oder krankenversicherungsrechtliche Ansprüche für mehrere Ehefrauen abgeleitet, obwohl nach deutschem Recht Polygamie einen Straftatbestand des § 172 StGB erfüllt. Richter, die Verhandlungstermine mit Rücksicht auf islamische Feiertage festlegen oder verlegen, handeln ebenso im Rahmen eines faktischen Multikulturalismus, wie ein Amtsgericht und eine Gemeinde, die sich vor einen kuriosen Rechtsstreit mit kulturellem Hintergrund gestellt sahen. Das Amtsgericht in Lörrach hatte über den Fall einer türkischen Familie aus Rheinfelden zu befinden, die einem Heizungsableser den Zutritt in ihre Wohnung verwehrte, weil der sich weigerte, seine Schuhe auszuziehen. Die Familie hatte sich darauf berufen, ein Betreten der Wohnung mit Schuhen sei mit dem Islam nicht vereinbar. Den Vergleichsvorschlag des Richters, die türkischen Mieter sollten für solche Fälle Plastiküberschuhe bereitstellen, lehnte die Familie als unzumutbar und diskriminierend ab. Der Bürgermeister der Gemeinde, der fremdenfeindliche Affekte bei der einheimischen Bevölkerung befürchtete, brachte noch vor dem festgesetzten Urteilstermin das Heizungsableseunternehmen dazu, seine Mitarbeiter mit Überschuhen auszurüsten.[696]

5 Die Diskussion um Leitkultur als Symptom integrationspolitischer Orientierungslosigkeit

Eine zentrale Rolle in der deutschen Integrationsdiskussion spielt die Debatte um die sogenannte deutsche Leitkultur. Diese Diskussion verdient Aufmerksamkeit. Sie behandelt in komprimierter Form die spezifisch deutschen Voraussetzungen und Bedingungen der Frage, wie, auf welcher Grundlage und mit welchem Ziel Einwanderer in die deutsche Gesellschaft integriert werden sollen. Kultur gilt als eine wesentliche Dimension des Lebens von Individuen und Gesellschaften. Aus dieser Annahme lassen sich integrationstheoretisch zwei Schlussfolgerungen ziehen: a) Die kollektive nationale Identität, die aus einer gemeinsamen Kultur resultiert, ist eine Größe, die zur Stabilisierung der Individuen und der Gesellschaft entscheidend beiträgt. In diesem Fall setzt eine politisch rational handelnde Mehrheitsgesellschaft ihre Kultur als gesellschaftliche Kultur mit den Mitteln einer assimilatorischen Integrationspolitik durch. b) Unter den Bedingungen der multikulturellen Einwanderungsgesellschaft ist eine *gemeinsame* nationale Kultur unmöglich geworden, gerade weil die unterschiedlichen ethnokulturellen Einwanderergemeinschaften Anspruch auf die öffentliche Anerkennung ihrer kulturellen Verschiedenheit haben. Zudem wird heftig darüber diskutiert, ob moderne kulturpluralistische Gesellschaften überhaupt eine gemeinsame Grundlage brauchen. Eine mittlere Position geht davon aus, dass der gesellschaftliche Zusammenhalt in multikulturellen Gesellschaften auf einen kleinsten gemeinsamen Nenner angewiesen ist, und sieht in einem kulturell neutralen Verfassungspatriotismus die politische Grundlage dafür.

Angestoßen hatte die Leitkulturdebatte im Oktober 2000 der damalige Vorsitzende der CDU-Bundestagsfraktion, Friedrich Merz. Merz forderte, Einwanderer hätten sich an einer deutschen Leitkultur zu orientieren. Ein Teil der politischen Öffentlichkeit reagierte sogleich dermaßen entrüstet, dass die Führungsspitze der CDU den Begriff vorübergehend aus dem Verkehr zog. Der abrupte Rückzieher ist allerdings auch dem Umstand zuzuschreiben, dass hinter dem Reizwort einer „deutschen Leitkultur" nicht ein durchdachtes und sorgfältig formuliertes Konzept stand, sondern ein Schlagwort, das auf die politische Auseinandersetzung zielte. Dennoch hatte der Vorstoß von Merz eine nachhaltige Wirkung. Die Leitkulturdebatte sorgt seither immer wieder für öffentliche Aufmerksamkeit.

Im Gegensatz zur politischen Öffentlichkeit und zur öffentlichen Meinung scheint die überwältigende Mehrheit der Deutschen die heftig umstrittene Forderung nach einer deutschen
Leitkultur gutzuheißen und als legitimes Anliegen der Gestaltung der gesellschaftlichen
Verhältnisse zu betrachten. Diese Zustimmung hat im Lauf der Zeit sogar noch zugenommen, wenn die Erhebungen des Institutes für Demoskopie in Allensbach zutreffen. Bei drei
aufeinanderfolgenden Befragungen in den Jahren 2000, 2006 und 2008 haben die Demoskopen den Bürgern zwei Argumente zur Auswahl gestellt. Das erste lautete: „Ausländer, die in
Deutschland leben, sollten sich an der deutschen Kultur orientieren. Natürlich können sie
ihre eigenen Bräuche, ihre Sprache oder Religion pflegen, aber im Konfliktfall sollte die
deutsche Kultur Vorrang haben." Das Gegenargument lautete: „Ich bin gegen eine deutsche
Leitkultur. In einem Staat, in dem neben Deutschen mittlerweile viele Ausländer leben, kann
es keine Leitkultur geben, sondern nur verschiedene Kulturen, die gleichberechtigt nebeneinander bestehen." Die Allensbacher Demoskopen haben ermittelt, dass im Jahre 2008 dem
ersten Argument 78 Prozent, dem zweiten Argument nur 15 Prozent der befragten Bürger
zustimmten. Im Jahre 2000 hatte das Verhältnis noch 61 zu 27 Prozent betragen.[697] Das Be-
fragungsergebnis legt die Schlussfolgerung nahe, dass die Bürger mit der Forderung nach
einer deutschen Leitkultur wesentlich unbefangener umgehen als es die politische Öffentlichkeit tut. Ob die Zustimmung zum Leitkulturgedanken deckungsgleich ist mit dem
Wunsch nach einer assimilatorischen Integrationspolitik, lässt sich aufgrund der Fragestel-
lung allerdings nicht beantworten. Denn die Frage, die die Zustimmung zur Leitkultur messen wollte, ist recht unscharf und durchaus auch mit einer gemäßigten Multikulturalismusvariante vereinbar.

Von Anfang an lag die Schwäche des Leitkulturbegriffes an seiner Unbestimmtheit und möglicherweise auch an seiner Unbestimmbarkeit. Wird der Begriff heuristisch verwendet, dann
kann deutsche Leitkultur als Zusammenfassung und Konzentrat all dessen verstanden werden, was als typisch deutsch gilt. Leitkultur umfasst dann die einschlägigen Wertvorstellungen, Lebensstile, Lebensweisen und Mentalitäten. Die Schwäche des Leitkulturbegriffes machte ihn zu einer beliebten Zielscheibe von Kabarettisten und politischen Gegnern. Dennoch konnten auch Hohn und Spott den Begriff nicht völlig diskreditieren, weil er
sich auf Fragen bezieht, die die deutsche Gesellschaft schon seit Jahren unter Spannung
halten.

Gelegentlich wird bestritten, dass der Leitkulturbegriff im Sinne eines soziologischen Befun-
des überhaupt sinnvoll ist, weil eine nationale Kultur, nicht mehr identifizierbar sei. An die
Stelle einer einheitlichen Kultur sei eine unüberschaubare Vielfalt verschiedener Werte, unterschiedlicher Vorstellungen von Stil und Geschmack, vielgestaltiger Lebensstile und Lebensformen, unterschiedlicher Lebensentwürfe und sozialökonomischer Möglichkeiten getreten. Kollektive Identität werde nicht durch eine einheitliche Nationalkultur begründet,
sondern entstehe aus unterschiedlichen Lebenslagen und unterschiedlichen Milieus. Nicht
einmal die Deutschen könnten sinnvoll von einer Leitkultur sprechen, weil es keine gemeinsame Kultur der Deutschen gebe.[698] Diese Position ist unhaltbar, weil sie den Kulturbegriff
nicht differenziert und die Begriffe Kultur, Subkultur und Lebensstil miteinander verwechselt
und vermischt. Kultur realisiert sich auf drei Ebenen: 1) Auf der obersten Ebene beschreibt
der Kulturbegriff die Lebensweise sowie die grundlegenden Werte und Gemeinsamkeiten
einer bestimmten ethnokulturellen Gruppe. 2) Unterhalb dieser Ebene sind die Subkulturen,

die zwar eine große Bandbreite haben können, sich aber trotzdem unter dem Dach einer gemeinsamen Kultur wiederfinden. 3) Auf der dritten Ebene geht es um individuelle Lebensstile. Gerade die Gegenüberstellung der 3. mit der 1. Ebene zeigt, wie ein undifferenzierter Kulturbegriff in die Irre geht. Denn individuelle Lebensstile sind Teil bestimmter Kulturen, aber sie machen selbst noch keine eigene Kultur aus. Im Übrigen kehrt sich die These, dass nicht einmal die Deutschen über eine gemeinsame Kultur verfügten, gegen die multikulturalistische Position selbst. Legitimationsgrundlage des Multikulturalismus ist nämlich das Theorem der Anerkennung kultureller Differenz. Das Theorem meint damit nicht nur die Anerkennung unterschiedlicher individueller Lebensstile und Lebensformen, sondern die Anerkennung unterschiedlicher ethnokultureller Kollektive. Wenn aber die deutsche Mehrheitsgesellschaft über keine *gemeinsame* Nationalkultur verfügt, weshalb sollten dann *gemeinsame* Kulturen eingewanderter Minderheiten existieren? Das Theorem der Anerkennung kultureller Differenz lebt aber von der Annahme, dass Kulturen *kollektive* Phänomene sind. Es meint nicht die Anerkennung der Unterschiedlichkeit der Individuen, sondern die Anerkennung der kulturellen Eigenheiten von ethnokulturellen Gruppen. Gibt es keine kollektiven Kulturen, dann würde jeder Anspruch auf gruppenbezogene Rücksichtnahme und Sonderregelungen unsinnig werden, der Multikulturalismus würde sich selbst aufheben. Die Behauptung, es gäbe keine Kollektivkulturen, ist folglich empirisch nicht haltbar. Es ist evident, dass von einer Kultur der deutschen Mehrheitsgesellschaft genauso gesprochen werden kann wie von den Kulturen der eingewanderten Minderheiten, auch wenn alle nationalen Kulturen nicht absolut, sondern nur relativ homogen sind. Damit bleibt nur die Frage, ob die Mehrheitsgesellschaft auch unter den Bedingungen einer weitgehenden kulturellen Pluralisierung darauf bestehen kann, dass ihre Kultur die Rolle einer gesamtgesellschaftlichen Kultur, einer Staatskultur[699], spielt.

Drei Gesichtspunkte spielen in die deutsche Leitkulturdebatte hinein: Der erste hat mit der rasant fortschreitenden Globalisierung zu tun, die mit der Ausweitung von internationalen Migrationsbewegungen verbunden ist. Diese weltgesellschaftliche Entwicklung scheint die bislang festgefügte ethnisch-kulturelle Identität der deutschen Mehrheitsgesellschaft nun zu unterlaufen. Die weltgesellschaftliche Entwicklung ist gekennzeichnet von einem „scheinbaren Paradox"[700], die durch zwei gegenläufige Tendenzen markiert wird: auf der einen Seite Tendenzen zur kulturellen Entgrenzung im Zuge der Globalisierung und des entfesselten Weltmarktes, auf der anderen Seite das vermehrt auftretende Bedürfnis nach kultureller Identität. So wird immer wieder die Vermutung geäußert, dass in der globalisierten Welt das mutmaßlich anthropologisch verankerte Bedürfnis nach Sicherheit und Zugehörigkeit zu einer Gemeinschaft unbeachtet bleibt, zumindest aber nicht in einem ausreichenden Maß berücksichtigt wird. Dieser Erklärungsansatz will die verstärkte Rückbesinnung auf traditionelle Werte und Verhaltensweisen in Teilen der Welt nachvollziehbar machen. Das Paradox, dass sich die globale Gesellschaft auf der einen Seite und Gemeinschaften, die sich in Abwehr dagegen national oder regional definieren, auf der anderen Seite gegenüberstehen, ist aber in Wirklichkeit keines. Die unbegrenzte Möglichkeit eines Zusammenlebens verschiedenster Kulturen scheint die Natur der Menschen zu überfordern. Die gegenläufigen Tendenzen der Globalisierung und des Bedürfnisses nach Überschaubarkeit spiegeln sich deshalb auch im gesellschaftspolitischen Diskurs über Identität und Leitkultur in Deutschland wider. Beim zweiten Gesichtspunkt geht es um die Suche nach der angemessenen Art und Weise der

Integration von Einwanderern in Deutschland. Der dritte Gesichtspunkt bezieht sich auf die seit vielen Jahren geführte Selbstverständnis- und Normalisierungsdebatte angesichts der nationalsozialistischen Vergangenheit. Sie ist deshalb relevant, weil die verschiedenen Positionen innerhalb dieser Debatte zu unterschiedlichen Integrationsvorstellungen führen.

Die Leitkulturdebatte dreht sich vor allem darum, auf welcher Grundlage Einwanderer mit den Einheimischen zusammenleben und die Gesellschaft gestalten können. Was Grundlage dieses Zusammenlebens sein kann, ist umstritten. Die Idee, die vielleicht am nächsten liegt, nämlich dass Grundlage des Zusammenlebens die Zugehörigkeit zur deutschen Nation ist, wird von permanenten Schwächeanfällen heimgesucht. Der deutschen Mehrheitsgesellschaft wird regelmäßig eine kollektive Identitätskrise diagnostiziert. Sie leide unter einer Verunsicherung ihrer nationalen Identität. In immer neuen Varianten wird darüber gerätselt, „wer wir sind". Bücher tragen Titel mit Fragen der Art „Was ist deutsch?"[701] An die Stelle von Individuen, die sich ihrer kollektiven Identität in gesellschaftlich akzeptierten Formen und Ritualen vergewissern, sind die atomisierten Einzelnen getreten, die keinen Halt mehr finden können in einer Gemeinschaftsidee.[702] Über die intellektuelle Öffentlichkeit hinaus herrscht eine „Negatividentität" vor[703], die sich in einem „Mangel an Selbstgefühl", einer „nationalen Ich-Schwäche"[704] und in „kultureller Selbstverleugnung"[705] niederschlägt: „Was uns besonders stört in und an der Gesellschaft, in der wir uns bewegen, das stempeln wir gern mit dem Wort deutsch, typisch deutsch, ab. Und so wäre denn [...] der manische Hang zur Selbstkritik bis zur Selbstherabsetzung, ja zum Selbsthass das spezifisch Deutsche? Die Schwierigkeit, sich wohl in der eigenen Haut zu fühlen, das depressive Verhältnis zum eigenen kollektiven Selbst, das so gut wie nie auf den Gedanken kommt, etwas besonders Schönes und Gelungenes als eigentümlich deutsch zu empfinden und zu benennen und, wenn das doch einmal vorkommt, alsbald auf den erhobenen Zeigefinger stößt, der es ihm verwehren will?"[706] Diesem Urteil schließen sich auch ausländische Beobachter der deutschen Wirklichkeit an. John le Carré etwa reibt sich an der deutschen „Fähigkeit, sich selbst zu beschuldigen" und beklagt einen „mitunter geradezu dramatischen Sinn für Selbsthass",[707] der ehemalige Botschafter der USA in Deutschland, John Kornblum, führt „einen frustierenden Hang" der Deutschen ins Feld, „sich schuldig zu fühlen und sich als Opfer zu sehen [...]."[708]

Die Diagnostiker der Identitätskrise der deutschen Nation konstatieren ein gebrochenes kollektives Selbstbewusstsein, unter dem die Verbundenheit mit dem eigenen Land, ja selbst die Sprachloyalität zu leiden hat. Die Sprachloyalität, verstanden als Bereitschaft, die eigene Sprache nicht zugunsten einer anderen Sprache aufzugeben, wird gerade bei den Deutschen besonders klein geschrieben. Deutsch gilt als unzeitgemäß, langweilig und spießbürgerlich, während Englisch mit modern, fortschrittlich und innovativ assoziiert wird. Die weite Verbreitung von Anglizismen ist Ausdruck dieser Entwicklung. Gelegentlich werden, wie beim „Handy" sogar künstliche Anglizismen geschaffen oder deutsche Namen in englischer Phonetik ausgesprochen, um besonders „trendy" zu sein. Wer Anglizismen phonetisch deutsch ausspricht, macht sich lächerlich. Wer sich für den Erhalt der deutschen Sprache gegen eine Dominanz des Englischen einsetzt, gilt als Ewiggestriger und wird der Deutschtümelei bezichtigt.[709] Schon 1997 hatte der damalige Bundesbildungsminister Rüttgers (CDU) vorgeschlagen, die deutschen akademischen Grade durch Bachelor, Master und Ph.D. zu ersetzen. „Der damals signalisierte Bruch mit der akademischen Tradition Deutschlands entsprach der Stimmungslage vieler in Wirtschaft, Politik und Wissenschaft, die Deutschland ‚für die Globalisierung fit' machen wollten. Das konnte man sich oft nur als Amerikanisierung vorstellen."[710] Tatsächlich begann mit der Einführung englischsprachiger Bezeichnungen die systematische Verdrängung der deutschen Sprache aus dem wissenschaftlichen Leben. Fakultäten, Studiengänge und wissenschaftliche Einrichtungen werden mehr und mehr durch englische Ausdrücke bezeichnet. So nennt sich ein neuer Studiengang für Kindergartenerzieherinnen „Early Education". Deutsche Forschungsinstitute reichen deutschen Wissenschaftsorganisationen ihre Berichte in englischer Sprache ein. Wissenschaftliche Konferenzen werden auf Englisch abgehalten, obwohl nur Deutsche anwesend sind. Wissenschaftlichkeit bedeutet für viele, englische Fachbegriffe zu verwenden.[711] Im Jahre 2006 sah der damalige baden-württembergische Ministerpräsident Günther Oettinger sogar die Zeit anbrechen, in der das Englische die Funktion einer Arbeitssprache in Deutschland übernimmt und sich der Gebrauch des Deutschen auf die Freizeit beschränkt.[712] Da Sprache eng mit der nationalen Identität und dem Gefühl der Zusammengehörigkeit verknüpft ist, wird mangelnde Sprachloyalität als Ausdruck eines geringen nationalen Selbstbewusstseins der Deutschen gewertet. Die kollektive Identitätskrise der Deutschen zeigt sich auch in internationalen Vergleichsstudien, in denen die Verbundenheit mit dem eigenen Land sowie der Stolz auf die eigene Nation ermittelt werden. Die Daten des International Social Survey Programme (ISSP) zum Thema „Nationale Identität" aus dem Jahre 2003 etwa zeigen, dass die befragten Deutschen eine deutlich distanziertere Haltung zu ihrem Land haben als die Angehörigen anderer Nationen.[713]

Die Diagnose der Identitätskrise hat gleichzeitig aber auch die Forderung nach einer Normalisierung der deutschen Identität hervorgebracht. An der jeweiligen Haltung in der Normalisierungsfrage lassen sich die Trennlinien in der Leitkulturdebatte festmachen. Zwei Thesen beschreiben diese Trennlinien: Die erste, die *Normalisierungsthese*, lautet: Die Deutschen müssen in ihrem eigenen Interesse, und auch dem ihrer Nachbarn, zu einer positiven nationalen Selbstsicht, zu einem unbefangeneren Nationalbewusstsein zurückfinden. Die zweite These, die *Unmöglichkeitsthese*, lautet: Deutsche Identität ist, wenn es überhaupt noch eine kollektive kulturelle Identität geben kann, nach Auschwitz nur noch als gebrochene Identität denkbar. Auschwitz ist der negative Gründungsmythos des demokratischen Deutschland der Nachkriegszeit.

Die Forderung nach einer Normalisierung geht auf den sogenannten Historikerstreit zurück. Dieser hatte 1986 begonnen, als sich der Historiker Ernst Nolte mit der postnationalen Fraktion um den Sozialphilosophen Jürgen Habermas über die (Neu-)Bewertung des Nationalsozialismus anlegte. Den zwei Lagern, die sich um die beiden Hauptakteure geschart hatten, ging es letztlich darum, die Deutungshoheit über die deutsche Identität nach dem Nationalsozialismus zu erlangen. Auf der einen Seite befanden sich die Anhänger der Unmöglichkeitsthese. Sie sehen nach Auschwitz mit seinem „Zivilisationsbruch in Gestalt des Judengenozids"[714] keine Möglichkeit mehr für ein ethnisch-kulturell bestimmtes deutsches Nationalbewusstsein. Übrig bleibt nur noch die Möglichkeit eines staatsbürgerlich begründeten nationalen Selbstverständnisses, wie es Jürgen Habermas in seinem, von ihm neu definierten Begriff des Verfassungspatriotismus vertritt. Auf der anderen Seite dagegen streben die Anhänger der Normalisierungsthese nach einer Rehabilitierung des Nationalbewusstseins. Sie wollen eine ungebrochene nationale Identität, die sich an den Werten und Inhalten der deutschen Kulturnation orientiert. Die deutsche Wiedervereinigung 1990 gab der Normalisierungsdebatte zusätzlichen Schub. Wie zuvor Martin Walser lehnte auch Karl Heinz Bohrer den Habermas'schen Begriff des Verfassungspatriotismus ab, weil es sich dabei um „die sublimste Variante einer Tabuisierung der Nation" handle. Bohrer sieht mit der endgültigen Anerkennung der Oder-Neisse-Grenze die deutsche Kriegsschuld beglichen[715], so dass einer Normalisierung der deutschen Identität nichts mehr im Wege steht. Gelegentlich waren auch ausländische Stimmen, wie die des britischen Historikers Alan Sked, zu vernehmen, der die kritische Haltung der Deutschen zu ihrem Nationalstaat als arrogant empfindet. Er argwöhnt, die Deutschen wollten, nachdem sie sich mit ihrem eigenen Nationalstaat nicht zu identifizieren wüssten, nun auch alle anderen Europäer im Sinne einer Überwindung des Nationalstaates missionieren.[716] Die Normalisierungsgegner dagegen sehen Anlass zu Nationalstolz allenfalls in der Tatsache, dass es den Deutschen gelungen sei, „aus dem Gedenken an die Verbrechen des Nationalsozialismus ein echtes Engagement für Demokratie, Rechtsstaatlichkeit und Menschenwürde zu machen."[717] Dieter E. Zimmer formulierte dazu eine Position von programmatischem Zuschnitt: „Ein unbesorgtes, ungebrochenes nationales Identitätsgefühl wird Deutschen nie wieder beschieden sein. Die deutsche Geschichte, die jüngere zumal, steht dem für alle Zeit entgegen. Der Vorschlag, auch ihre allerschlimmsten Kapitel irgendwie vielleicht doch in die Zustimmung mit einzubeziehen, wie ihn einige Positionen im ‚Historikerstreit' zu suggerieren schienen, ist nur eine neuerliche Einladung zur Unehrlichkeit, zur bequemen Augenwischerei."[718]

Es liegt auf der Hand, dass es zwischen der Haltung in der Normalisierungsfrage und der Frage, welche Integration angemessen ist und wie viel Anpassung den Einwanderern abverlangt werden kann, einen Zusammenhang gibt. Wenn eine ungebrochene deutsche Identität, die sich auf ein ethnisch-kulturell begründetes Zusammengehörigkeitsgefühl stützt, nach Auschwitz nicht mehr möglich ist, dann kann den Einwanderern schon aus diesem Grund nicht zugemutet werden, eine deutsche Identität anzunehmen. Die Anhänger der Normalisierungsthese dagegen sperren sich gegen eine „Kultur des kollektiven Exorzismus und Selbsthasses" und bestehen auf der „Selbstachtung der Kulturnation" (Sonja Margolina) mit der Folge, dass die Einwanderer die Hegemonie der deutschen Kultur anzuerkennen und ihren Inhalt in Form der grundlegenden Werte, der Lebensformen und der Lebensweise zu übernehmen hätten. Die in Berlin lebende russische Schriftstellerin Sonja Margolina hat diese Forderung so beschrieben: „Ob Deutschland ein Einwanderungsland ist oder nicht, ist lediglich eine Definitionsfrage. Was der Bundesrepublik jedoch fehlt, ist ein elementares Selbstverständnis als Nation, das alle Einwanderungsländer haben, die deshalb integrationsfähig sind. Die ‚Überwindung' des Nationalen ist daher keine Bedingung für eine erfolgreiche Integration, wie die Politik suggeriert, sondern im Gegenteil ein ernsthaftes Hindernis."[719]

Die gesellschaftliche Entwicklung der vergangenen Jahrzehnte zeigt also, dass die Einwanderung in eine kulturell weitgehend homogene Gesellschaft Deutschland vor Integrationsherausforderungen stellt, die auch ein Scheitern implizieren können. Daher wird der Leitkulturdiskurs nicht einfach nur um ein künstlich geschaffenes Problem geführt, wie es zum Teil von den Gegnern einer Leitkultur dargestellt wird.[720] Der Leitkulturdiskurs kann vielmehr als Versuch gewertet werden, die ungeklärten Probleme der Integration der Einwandererminderheiten abzuarbeiten.

Ob im Leitkulturbegriff das Unwort des Jahres gesehen wird[i] oder der programmatische Schlüsselbegriff für die integrationspolitische Gestaltung der Einwanderungsgesellschaft – der Leitkulturbegriff hat die öffentliche Meinung Deutschlands mit der Folge polarisiert, dass die Auseinandersetzungen über Inhalt, Ziel und Mittel der Integration von Einwanderern in der Bundesrepublik an Intensität zugenommen haben. Auf der einen Seite artikuliert sich die Vorstellung, eine (deutsche) Leitkultur habe die Grundlage der gesellschaftlichen Integration von Einwanderern abzugeben. Auf der anderen Seite wird erklärt, der Leitkulturbegriff sei unnötig und unsinnig und schade dem Anliegen eines verträglichen Zusammenlebens von Einheimischen und Einwanderern. Der Begriff diene dazu, nach Deutschland eingewanderte nichtdeutsche Kulturen zu hierarchisieren und damit zu diffamieren. Die Forderung nach einer verbindlichen deutschen Leitkultur enthalte ein Moment der Exklusion, das zur Stabilisierung der nationalen Gemeinschaft durch Abgrenzung der „Wir-Gruppe" von den „Fremden" oder zum Zweck gesamtgesellschaftlicher Integration funktionalisiert werde.[721]

Die Unterschiede in den Positionen für und gegen Leitkultur sind allerdings nicht immer so klar erkennbar, wie es auf den ersten Blick scheint. Positionen, die sich unter dem Banner der Leitkultur einerseits und hinter dem Etikett der multikulturalistisch gefärbten Staatsbürgergesellschaft andererseits scheinbar unvereinbar gegenüberstehen, gehen in bestimmten Varianten fließend ineinander über. So ist z.B. nicht mehr zu erkennen, worin sich die Leitkulturversion, wie sie etwa von Bundestagspräsident Norbert Lammert[722] vertreten wird, inhaltlich vom Konzept einer verfassungspatriotisch gedachten Staatsbürgeridentität und einem gemäßigt multikulturalistischen Integrationsverständnis unterscheidet.

5.1 Bassam Tibi erfindet den Begriff „Leitkultur"

Der Göttinger Politologe Bassam Tibi sieht sich als leidenschaftlicher Verfechter eines Dialoges der Kulturen, insbesondere eines Dialoges zwischen islamischer und westlicher Welt. Tibi beschrieb schon in den 1990er Jahren die Risiken und Auswirkungen fehlender oder mangelhafter Integrationskonzepte vor dem Hintergrund islamischer Masseneinwanderung nach Europa.[723] Er skizzierte angesichts weltweit zunehmender Migration und einer dauerhaften Konfrontation zwischen westlichem und islamischem Kulturkreis ein Integrationsmodell, das er als „Leitkultur" bezeichnete. Die massenhafte Einwanderung von Menschen mit außereuropäischen Wertvorstellungen überfordere die bisherigen Integrationskonzepte; die „Multi-Kulti-Illusionen" seien zerplatzt. Mit „Multikulti-Ideologie", also dem multikulturellen Nebeneinander von Werten, Normen und Weltanschauungen, sei dem potenziellen Konflikt nicht beizukommen. An den Berührungspunkten der verschiedenen Kulturen, beim Aufeinandertreffen von verschiedenen Wertvorstellungen, sieht Tibi Spannungen und Konflikte entstehen, die die integrierte Zivilgesellschaft gefährden. Wertebeliebigkeit und Orientierungslosigkeit, die sich auf dem Kontinent breit gemacht hätten, hätten Deutschland, ja Europa insgesamt, in die „heftigste Sinnkrise" seiner bisherigen Geschichte gestürzt. Tibis kulturpessimistische Diagnose erkennt hinter den Krisenphänomenen „eine Mischung aus

---

[i]   So etwa der Vorschlag des Tübinger Literaturwissenschaftlers Walter Jens aus dem Jahre 2000.

Luxus und Verfall", die als Symptome eines Niedergangs der westlichen Zivilisation gedeutet werden können. Er sieht die Entwicklung auf eine Entscheidung zwischen einem identitätsstiftenden europäischen Wertekonsens in Form einer Leitkultur und einem „identitätslosen Multikulturalismus" zulaufen.[724] Während Tibi Multikulturalismus ablehnt, befürwortet er kulturellen Pluralismus. Kulturelle Vielfalt sei wichtig für die Weiterentwicklung einer Gesellschaft, doch bestehe gleichzeitig die Notwendigkeit, einen Wertekonsens zu schaffen, der die Bedingungen eines friedlichen Zusammenlebens vorgebe.

5.1.1   Modell einer Leitkultur

Vor diesem Hintergrund mahnt Tibi zu einer grundlegenden Reform der deutschen Integrationspolitik. Die bisherigen Konzepte sind nicht in der Lage, eine nachhaltige Integration der nach Deutschland eingewanderten Immigranten zu leisten.[725] Deshalb kommt es darauf an, eine Leitkultur zu etablieren, die die Grundlage für das friedliche Zusammenleben von Einwanderern und Einheimischen abgibt und für alle Mitglieder der deutschen Gesellschaft verbindlich ist. Tibis Leitkultur meint gerade nicht Kultur in einem ethnologischen oder kulturanthropologischen Sinn. Sie interessiert sich also nicht dafür, wie sich Menschen grüßen, welche Musik sie hören, welche Idole sie verehren, ob sie Hürriyet oder Bildzeitung lesen. Seine Begriffsschöpfung einer europäischen, und gerade nicht einer deutschen(!) Leitkultur, wie Tibi betont, ist der Versuch, eine gemeinsame Grundlage für ein friedliches Miteinander von Einwanderern und Deutschen zu konstruieren – und zwar gerade weil große kulturelle Unterschiede bestehen und diese Unterschiede weder überwunden werden können noch sollen, da der kulturelle Pluralismus eine „Chance für die Deutschen" ist. Da kollektive Identitäten sowohl anthropologische Tatsache wie auch menschliches Bedürfnis sind, eine gemeinsame ethnokulturelle Identität von Einwanderern und Deutschen aber nicht (mehr) möglich ist, bleibt als gemeinsame Basis des Zusammenlebens nur eine Leitkultur. Leitkultur ist zu verstehen als ein gemeinsamer verbindlicher „Normen- und Wertekatalog", ein an der „demokratische[n], laizistische[n] sowie zivilisatorischen Identität Europas orientierter Wertekonsens"[726], der das friedliche Zusammenleben von Menschen mit unterschiedlichen „zivilisatorische[n] Weltanschauungen" sichert und gewissermaßen eine wertintegrative Identität aller Gesellschaftsmitglieder schafft. Diese Leitkultur meint die Werte der kulturellen Moderne Europas und bedeutet den „Primat der Vernunft vor religiöser Offenbarung, d.h. vor der Geltung absoluter religiöser Wahrheiten, individuelle Menschenrechte (also nicht Gruppenrechte), säkulare, auf der Trennung von Religion und Politik basierende Demokratie, allseitig anerkannter Pluralismus sowie ebenso gegenseitig zu geltende säkulare Toleranz. Die Geltung dieser Werte macht allein die Substanz einer Zivilgesellschaft aus."[727] Um aber Leitkultur umzusetzen, um einen identitätsstiftenden Wertekonsens zu etablieren, braucht es den modernen säkularen Nationalstaat europäischen Zuschnitts, also einen Nationalstaat, der sich die französische oder britische Auffassung von Nation zu eigen macht. Die Rede ist von einem Nationalstaat, der sich auf eine politische, entethnisierte Staatsbürgernation stützt. In Abgrenzung zur deutschen Sichtweise, welche die Nation als ethnisch exklusive Kulturgemeinschaft versteht, biete die politisch verstandene Staatsbürgernation allen ihren Mitgliedern einen Wertekonsens an, der ihnen unabhängig von ihrer ethnischen und/oder kulturellen Zugehörigkeit eine gemeinsame Identität vermitteln kann[728]: „Integration erfordert, in der Lage zu sein, eine Identität zu geben. Zu jeder Identität gehört eine Leitkultur!"[729]

Das friedliche, von Dialog und Toleranz geprägte Zusammenleben einer Gesellschaft macht die individuelle Identifikation aller Mitglieder mit den Grundwerten der Gemeinschaft notwendig. Einwanderer bringen in der Regel eigene Wertvorstellungen mit, die von den Werten der Aufnahmegesellschaft abweichen. Diese Wertvorstellungen sind umso unterschiedlicher, je größer die kulturelle Distanz zwischen der Kultur des Aufnahme- und der des Herkunftslandes ist. Das gilt insbesondere für Einwanderer aus nichteuropäischen Kulturkreisen. Die Frage, die Integrationskonzepte unter solchen Umständen beantworten müssen, ist die nach den gesellschaftspolitischen Bedingungen für ein Miteinander verschiedener Kulturen. Der Toleranz kommt dabei die Rolle zu, die Gesellschaft und ihre einzelnen Mitglieder zu öffnen für abweichende Normen und Werte. Die Grenzen der Toleranz liegen aber dort, wo sie sich als Wert selbst infrage stellt. Die Bewältigung dieser Aufgabe ist existenziell wichtig für Europa, da es sonst unter dem Druck fundamentalistischer und aggressiver Ideologien „neo-absolutistischer" Prägung seine demokratisch-freiheitliche Identität riskiert. Das heißt, die Grenzen der Toleranz liegen dort, wo die für die westlichen Gesellschaften charakteristischen Wertvorstellungen der „kulturelle(n) Moderne" und der darauf gegründeten Demokratie auf dem Spiel stehen. Eine Identität, die sich nicht an ethnische und/oder kulturelle Merkmale, sondern an den Wertekonsens der europäischen Moderne hält, entschärft nach Tibi das potenziell konfliktträchtige Nebeneinander von Parallelgesellschaften. Zugleich bildet diese Identität eine wirksame Prävention gegenüber der Gefahr, dass sich Einwanderer aus der islamischen Welt und anderen vormodernen Kulturen auf fundamentalistische Ideologien einlassen. Gleichzeitig müssen die europäischen Gesellschaften die Werte der europäischen Moderne selbstbewusst vertreten, müssen deren Anerkennung von den Einwanderern verlangen und dürfen sich nicht aufgrund einer falsch verstandenen Toleranz selbst verleugnen. Einwanderer, die als gleichberechtigte Mitglieder einer europäischen Gesellschaft leben wollen, müssen sich zu diesem Wertekonsens bekennen.[730]

5.1.2   Kritik

Nachdem Friedrich Merz im Oktober 2000 den bis dahin nur einem kleinen Publikum geläufigen Leitkulturbegriff populär gemacht hatte, hatte Tibi alle Mühe, seine Wortschöpfung gegen die polemischen Einwendungen, die aus allen möglichen Richtungen auf ihn niedergingen, zu verteidigen. Tibi durfte sich zu Recht missverstanden fühlen, wenn ihm seine Kritiker vorwarfen, er propagiere eine *deutsche* Leitkultur, die die deutsche Kulturgemeinschaft zur Zielgröße der Integration von Einwanderern mache. Doch abseits dieses Missverständnisses leidet Tibis Konzept an zahlreichen Widersprüchen und Ungereimtheiten. Braucht das friedliche Zusammenleben einer Gesellschaft überhaupt verbindliche Leitbilder, die Orientierung vermitteln. Eine soziologische Antwort auf diese Frage verweist darauf, dass es genuine Anlage des Menschen ist, Kultur hervorzubringen. Menschliche Kollektive jeder historischen und anthropologischen Entwicklungsstufe schaffen sich die gesellschaftlichen Grundvoraussetzungen und Leitbilder als Grundlage für ein funktionierendes Zusammenleben. Diese gesellschaftlichen Voraussetzungen und Leitbilder umfassen eine gemeinsame Lebensweise, gemeinsame Werte und Normen, aber auch Strukturen und Institutionen. Insofern ist das kollektive Hervorbringen von kulturellen Grundvoraussetzungen eine anthropologische Tatsache, zu der es keine Alternative zu geben scheint. Auseinandersetzungen gibt es lediglich über die Gestaltung der Grundvoraussetzungen. An diese soziologische

Tatsache knüpft Tibi an: „Die Frage [ist] also nicht, ob eine oder keine (Leit-)Kultur, sondern welche?"[731]

Dagegen wecken einige von Tibis konzeptionellen Vorstellungen Zweifel an der Schlüssigkeit seines Leitkulturbegriffes. Das ist der Fall, wo er, zumindest für Deutschland, die Schaffung einer neuen „synthetischen Identität"[732] vorschlägt. Die Schaffung einer „synthetischen Identität" sei notwendig, weil Deutschland als Kulturnation den Einwanderern keine Identität bieten könne. Präzise formuliert hätte es heißen müssen, dass Deutschland, nach Ansicht Tibis, den Einwanderern keine kulturell deutsche Identität vermitteln kann. Einwanderer seien nämlich auf ihre jeweilige Herkunftskultur festgelegt und könnten (oder wollten?) deshalb keine Deutschen werden. Weil ethnische Identität nicht erworben werden könne, entstehe eine Identitätslücke zwischen Einwanderern und Deutschen. Diese Identitätslücke könne aber überbrückt werden dadurch, dass „die Definition des Begriffes ‚deutsch' entethnisiert" und durch eine „europäische Identität"[733] in Gestalt des von Tibi skizzierten Wertekonsenses ersetzt werde. Mit diesem Wertekonsens der „europäischen Moderne" sollen sich alle Gesellschaftsmitglieder identifizieren.

Der erste Einwand richtet sich gegen die von Tibi geforderte synthetische, entethnisierte Identität der Deutschen. Diese Forderung verlangt von den Deutschen anzuerkennen, dass die kulturelle Identität Deutschlands nicht mehr deutsch ist, sondern ein Äquivalent des kulturellen Pluralismus der nach Deutschland eingewanderten ethnischen Gemeinden. Damit ignoriert Tibi die Tatsache der historisch gewachsenen Identität des Landes und verlangt von den Deutschen, ihre kulturelle und nationale Identität aufzugeben.

Zweitens begründet Tibi die Forderung, die kollektive Identität der Deutschen zu entethnisieren und in Richtung einer europäischen Kultur zu verändern, damit, dass eine „Identität [...] nie essenzialistisch, d. h., [...] nicht unwandelbar" sei.[734] Womit ist dann aber zu begründen, dass die Deutschen ihre Identität entethnisieren sollen, während die Einwanderer an ihrer jeweiligen Herkunftsidentität festhalten? Diese Forderung verlangt von den Mitgliedern der Aufnahmegesellschaft etwas, was Tibi im Zusammenhang mit Einwanderern für unmöglich hält oder den Einwanderern nicht zumuten möchte: nämlich dass die Einwanderer ihre alte kulturelle Identität aufgeben und die der Aufnahmegesellschaft annehmen. Damit verrät Tibi, vielleicht entgegen seiner eigentlichen Absicht, doch ein essenzialistisches Identitätsverständnis. Widersprüchlich ist auch, wenn er einerseits darauf verweist, dass sich die Ende des 19. Jahrhunderts ins Ruhrgebiet eingewanderten Polen schnell assimiliert hätten, andererseits aber „ein Türke nicht Kurde oder ein Deutscher kein Araber werden"[735] könne. Wenn Tibi die schnelle Assimilation der sogenannten Ruhrpolen dem Umstand zuschreibt, dass sie schließlich Europäer und Christen gewesen seien, bedeutet das dann, dass einer kulturellen Anpassung von Einwanderern aus dem islamischen Kulturkreis unüberwindliche kulturelle Barrieren entgegenstehen? Wenn das so ist und wenn eine spezifische Kultur auch in spezifischen Werten ihren Ausdruck findet, wieso sollten dann die Einwanderer aus nichteuropäischen Kulturen das Wertesystem der „europäischen Moderne" übernehmen, das ihnen genauso fremd ist wie alle anderen nationalen Varianten der europäischen Kultur? Wenn Tibi aber glaubt, dass Einwanderer aus anderen Kulturkreisen grundsätzlich fähig und willens sind, das Wertesystem einer ihnen fremden europäischen Kultur zu übernehmen, warum sollten sie dann grundsätzlich für eine Assimilation an die jeweiligen nationalen Kulturen nicht bereit oder fähig sein?

Drittens, weshalb sollten sich die Einheimischen dazu bereit finden, sich eine neue Identität zuzulegen, um mit Einwanderern zusammenleben zu können? Ist es nicht vielmehr so, dass die Aufnahmegesellschaft legitimerweise eine allmähliche Übernahme der kollektiven Identität der Einheimischen und eine schrittweise Anpassung der Einwanderer an die Lebensweise der Aufnahmegesellschaft erwarten kann, nachdem die Einwanderung auf einem in der Regel freiwilligen Entschluss der Einwanderer beruht, und die souverän handelnde Aufnahmegesellschaft das Recht hat, die Bedingungen der Einwanderung durchaus einseitig festzulegen?

Viertens, problematisch sind auch die von Tibi formulierten Werte seiner Leitkultur, denn der Wertekatalog besteht aus hochgradig allgemeinen, abstrakten und auslegungsfähigen beziehungsweise auslegungsbedürftigen Begriffen. Was z.B. unter der Gleichheit von Mann und Frau *konkret* verstanden werden kann, steht nicht von vornherein fest. Während etwa die islamische Sichtweise auf die *Gleichwertigkeit* von Männern und Frauen vor Gott abhebt, aber weniger die gesellschaftliche *Gleichbehandlung* im Auge hat, zielt das Gleichheitsgebot in Europa auf die Gleichstellung und Gleichbehandlung der Geschlechter im Sinne gleicher individueller Chancen und Entwicklungsmöglichkeiten. Abstrakte und allgemeine Begriffe oder regulative Ideen wie z.B. „Gleichheit" sind von Haus aus unbestimmt. Aus diesen abstrakten und allgemeinen Begriffen können Lösungen gesellschaftspolitischer Alltagsfragen oder zur Gestaltung der gesellschaftlichen Entwicklung unter den Bedingungen einer Einwanderungsgesellschaft nur schwer abgeleitet werden. Die Begriffe gewinnen eine Orientierungsfunktion erst dadurch, dass sie in einen konkreten kulturellen Kontext gestellt und mit Sinn gefüllt werden; dieser kulturelle Kontext ist es, der gleichzeitig Material, Argumente und Struktur für die Interpretation der inhaltlich unbestimmten Begriffe liefert. So ist z.B. aus dem Begriff der säkularen Demokratie ohne Interpretation keine konkrete Handlungsanweisung zum Umgang mit Forderungen religiöser Minderheiten zu gewinnen. Ob es mit der säkularen Demokratie vereinbar ist, dass religiöse Minderheiten eigene staatliche Feiertage erhalten, dass Muezzine öffentlich zum Gebet rufen dürfen oder dass es Ausnahmen von tierschutzrechtlichen Bestimmungen zugunsten religiöser Minderheiten geben soll, all das ist nicht aus dem Begriff der säkularen Demokratie abzuleiten. Entscheidungen dieser Art können nur durch Interpretation des Demokratiebegriffes vor dem Hintergrund der jeweiligen nationalen Kultur, ihrer Besonderheiten und ihrer Geschichte ermittelt werden. Tibi möchte aber gerade den konkreten Inhalt einer nationalen Kultur durch seine begriffsabstrakte Leitkultur, die über den konkreten Kulturen steht, ersetzen. Sein Modell riskiert deshalb, dass nur über inhaltsleere und sterile Begriffe gestritten wird, die beliebig gefüllt und interpretiert werden können.

Fünftens, fragwürdig sind auch Tibis Begriffe. Kritisiert wird, dass Tibi sich im Grunde eines bloß formalen Kulturbegriffs bediene. Tibis Leitkultur sei ein terminologischer Missgriff, denn das, was Tibi zur Leitkultur aufbläst, sei in Wirklichkeit nicht Kultur, sondern die Aufzählung einiger in Europa anerkannter Grundsätze zur Gestaltung des öffentlichen Lebens. Mehr noch: Tibi wolle gerade keinen Zusammenhang zwischen seinem Leitkulturbegriff und von Kultur im herkömmlichen Sinne sehen. So betone er nämlich, dass sich die aus der europäischen Aufklärung herrührenden Grundsätze zur Leitkultur deshalb eigneten, weil sie ‚kulturübergreifende Gültigkeit' hätten, also über den empirisch vorfindlichen Kulturen Europas stünden. Tibi übersehe dabei nur, dass die von ihm beschworenen Werte der ‚kulturellen Moderne' selbst Hervorbringungen einer bestimmten Kultur sind. Und zwar einer Kultur, die etwas summarisch vereinfachend die abendländisch-christliche genannt wird. Was Tibi mit seinem Leitkulturbegriff beschreiben will, wäre zutreffender als kulturübergreifender Wertekonsens zu bezeichnen.[736]

Sechstens, die Kritik von Tibis Leitkulturbegriff fällt mit der Kritik seines Identitätsbegriffes zusammen. Wenn Tibi im Zusammenhang mit seinem Wertekonsens von kultureller Identität spricht, dann meint er in Wirklichkeit lediglich einige verfassungsrechtliche Prinzipien, die er für wichtig hält. Verfassungsrechtliche Prinzipien machen aber noch keine kulturelle Identität. Das zeigt sich daran, dass Tibi seinen Leitkulturbegriff und damit seinen Begriff der kulturellen Identität als „innere Hausordnung" bezeichnet. Das ist zwar eine hübsche Metapher, desavouiert aber seinen Ansatz, denn ob eine „innere Hausordnung" ausreicht, „die unerlässliche Klammer zwischen den in diesen Gemeinwesen lebenden Menschen, unabhängig von ihrer Religion, Ethnie oder Ursprungskultur"[737] zu bilden, ist zumindest ungewiss, denn die Menschen haben gerade in Abhängigkeit von Religion, Ethnie und Ursprungskultur jeweils spezifische Werte und Normen. Fraglich ist, ob es einen über bloße Lippenbekenntnisse und Leerformeln hinausreichenden Wertekonsens zwischen Menschen aus verschiedenen oder gar grundverschiedenen Kulturen überhaupt geben kann, wenn diese Menschen ihren jeweiligen Kulturen verhaftet bleiben.[738] Tibis Fehlkonstruktion beruht also darauf, dass er einen Wertekonsens (Leitkultur) fordert und gleichzeitig den Kulturpluralismus als gesellschaftliches Strukturprinzip will. Das ist deshalb eine Fehlkonstruktion, weil Kulturpluralismus notwendigerweise Wertepluralismus ist. Unter den Verhältnissen des gesellschaftlichen Wertepluralismus in der multikulturellen Gesellschaft treffen Menschen mit unterschiedlichen „zivilisatorische[n] Weltanschauungen"[739] aufeinander, und das heißt, Menschen mit unterschiedlichen, gegensätzlichen oder sich sogar gegenseitig ausschließenden Werten und Normen. Unterstellt, die kultur- und wertepluralistische Gesellschaft findet sich tatsächlich in dem von Tibi skizzierten Grundwertekonsens zusammen, dann bleiben jenseits dieses Wertekonsenses derart viele Gegensätze, Unvereinbarkeiten, Wertekollisionen, die für die Gestaltung des gesellschaftlichen Zusammenlebens relevant sind, übrig, dass die Funktionsfähigkeit der Gesellschaft und das friedliche Miteinander der verschiedenen ethnokulturellen Gemeinden permanent in Frage stehen. Denn das Zusammenleben der Gesellschaftsmitglieder im Alltag wird nicht bestimmt von einigen wenigen abstrakten Werten der „kulturellen Moderne", sondern von Gesetzen, vor allem aber den ungeschriebenen Werten, Normen, Üblichkeiten, Konventionen, Bräuchen und Sitten, die eine spezifische Kultur ausmachen und sie von anderen Kulturen unterscheiden. Deshalb kann die Gefahr einer existenziell bedrohlichen gesellschaftlichen Desintegration nur dann vermieden werden, wenn die verschiedenen Wertesysteme der verschiedenen gesellschaftlichen Gruppen relativ homogen sind. *Unter der Bedingung, dass Einwanderer für relevante Bereiche des gesellschaftlichen Alltags abweichende Werte mitbringen, stellt sich dann nicht die Frage, ob eine Anpassung stattfinden muss, sondern lediglich, wer sich wem in welchem Umfang anzupassen hat.* Die Betonung liegt auf relevante Bereiche des gesellschaftlichen Alltags. Deshalb ist das immer wieder bemühte Argument, kulturhomogenisierende Vorstellungen wollten sich z.B.

in kulinarische Alltagsentscheidungen des Typs „Sauerkraut oder Knoblauch" einmischen, einigermaßen einfältig.[i]

Eine gänzlich andere Perspektive, die auf selbstkritisch-moralische und menschenrechtlich-universalistische Argumente setzt, steuert der Politikwissenschaftler Dieter Oberndörfer gegen die Vorstellungen Bassam Tibis bei. Oberndörfer wendet ein, dass sich diejenigen, die einer europäischen Leitkultur das Wort geredet hätten, offensichtlich nicht im Klaren über die „unschöne[n] Manifestationen europäischer Kultur" gewesen seien. Schließlich habe die europäische Geschichte nicht nur Positives hervorgebracht, sondern sei vor allem auch „durch eine Abfolge fürchterlicher Verbrechen charakterisiert": von den Kreuzzügen angefangen über die Inquisition, die Ausrottung und Unterdrückung der amerikanischen Urbevölkerung, die Untaten des europäischen Kolonialismus, den Sklavenhandel und die Sklavenhaltung, die blutigen Bürgerkriege im Namen der christlichen Religion und ihrer konfessionellen Wahrheiten, bis hin zu den Entgleisungen des europäischen Nationalismus mit seinen fürchterlichen Weltkriegen und dem Menschheitsverbrechen der Judenvernichtung. Aus all diesen Gründen verbiete sich eine Berufung auf die universale Geltung der Menschenrechte, wenn gleichzeitig der Eindruck erweckt werde, die Menschenrechte seien spezifisch europäische oder gar nationale Werte und charakteristisch für den westlich-europäischen Kulturkreis.[740]

Bassam Tibi zielt mit seiner Leitkultur auf die Herausbildung einer gemeinsamen Identität zwischen Einheimischen und Einwanderern. Gleichzeitig will er den Einwanderern aber nicht nur die Identifikation mit der Kultur der Aufnahmegesellschaft ersparen, sondern mehr noch die gemeinsame Verantwortung für die Geschichte des Landes, dessen gleichberechtigte Bürger sie andererseits sein sollen. Tibi fragt, „ob wir Migranten deutsche Komplexe und Denkweisen anzunehmen bereit sind."[741] Mit anderen Worten, ob die Einwanderer die Lasten der deutschen Geschichte mit übernehmen, ob sie mit einstehen für die Konsequenzen des Zweiten Weltkrieges, einschließlich der moralischen Verantwortung für die NS-Verbrechen. „Meine Antwort darauf ist Sprachlosigkeit, dann Entsetzen und schließlich die bewegten Worte: Als ein Muslim, der aus einer Zivilisation kommt, für die das Wort Antisemitismus ein Fremdwort ist und die in ihrem historischen Höhepunkt [...] eine islamisch-jüdische Symbiose eingeschlossen hat, kann ich mir den Mantel des NS-Verbrechers und die damit verbundenen Schuldgefühle nicht umlegen. [...] Wie kann ich als Wahldeutscher die Schuld des NS-Mordes an meinen semitischen Schwestern und Brüdern mitübernehmen? [...] Meine Antwort ist klar: Eher gebe ich meinen deutschen Pass zurück und wandere aus, denn als Nachkomme von Hitler zu erscheinen! Den Lesern [...] wird die Erkenntnis einleuchten, dass wir Fremde von den Deutschen eine demokratische Identität einfordern, die wir mit ihnen teilen können. Ich nenne diese Identität Verfassungspatriotismus, untermauert von einem kulturübergreifenden Konsens über die Gültigkeit von Werten wie Demokratie, individuelle Menschenrechte, Zivilgesellschaft und Säkularität, kurz über Werte der kulturellen Moderne. Wenn die Deutschen uns aber [...] ihre Schuldkomplexe als Identität aufzwingen wollen, dann gibt es dafür nur ein ‚Nein' [...]."[742]

---

[i]   So etwa der Spiegelautor Reinhard Mohr in: Mohr 2000.

Tibis Haltung wirft interessante Fragen auf. Haben Einwanderer in der deutschen Erinnerungsgemeinschaft überhaupt Platz? Kann diese Erinnerungsgemeinschaft Menschen mit einem anderen kollektiven Gedächtnis und familienbiographischen Erinnerungen integrieren? Kann man von Einwanderern erwarten, dass sie das historische Erbe eines Landes, insbesondere das negative, mit antreten? Die Erziehungswissenschaftlerin Viola Georgi weist darauf hin, dass die Art und Weise des Umgangs mit der historischen Erinnerung, insbesondere mit der an den Nationalsozialismus, Einfluss auf die Herausbildung von „Zugehörigkeitskonstruktionen" der Einwanderer hat, und umgekehrt. Das heißt, dass in der Art der Auseinandersetzung mit der Geschichte des Einwanderungslandes auch das Bedürfnis nach Zugehörigkeit oder das Bedürfnis nach Abgrenzung befriedigt wird. Tibi scheint sich eine Perspektive angeeignet zu haben, die in der deutschen Einwanderungsgesellschaft vermehrt zu beobachten ist. Einwanderer instrumentalisieren die Geschichte des Nationalsozialismus für gruppenegoistische Zwecke, etwa um angebliche oder tatsächliche Diskriminierung zu dramatisieren. Das geschieht in der Regel durch eine Gleichsetzung der eigenen ethnischen Gruppe heute mit den jüdischen Opfern von damals.[743] Diese Gleichsetzung überschreitet allerdings, wie im Fall von Tibis angeblicher islamisch-jüdischer Symbiose, die Grenze zur Lächerlichkeit, oder in anderen Fällen, wenn es etwa um die Gleichsetzung von Juden und Türken in Deutschland geht, die Grenze des zulässigen historischen Vergleichs.

Die Konsequenz von Tibis geschichtspolitischer Überlegung ist, dass die Bürger der künftigen deutschen Staatsbürgernation dauerhaft in ethnische Deutsche und Eingewanderte sortiert werden, obwohl ursprünglich die Entethnisierung der Deutschen auf seiner Tagesordnung stand. Im Zweifel bleiben die ethnischen Deutschen auf ihrer abstammungsbedingten historischen Schuld sitzen, während sich die verfassungspatriotisch gesinnten Einwanderer mit ihrer ungebrochenen identifikatorischen Bindung an ihre Herkunftsländer an der bequemeren Variante des Staatsbürgerdaseins erfreuen dürfen. Die bequemere Variante erfordert eine Auseinandersetzung mit deutscher Geschichte, wenn überhaupt, dann nur aus der Perspektive der Außenstehenden. Eine Identifikation mit deutscher Kultur ist weder vorgesehen noch wird sie für notwendig erachtet. Ein solches Deutschsein beschränkt sich auf den Besitz eines Passes (Passdeutscher), der das Symbol für die Mitgliedschaft in einer Interessengemeinschaft von Steuerzahlern oder Empfängern von Sozialleistungen ist.

In Tibis konsequent liberal-individualistischem Staatsbürgerschaftsverständnis sind die neu dazugekommenen Bürger nicht bereit, sich die Geschichte ihrer neuen Heimat anzueignen. Ist aber nicht selbst eine liberal-individualistische Staatsbürgernation auf ein Mindestmaß an Identifikation der Einwanderer mit ihr angewiesen? Tibis Beispiel zeigt die Relevanz unterschiedlicher Nationskonstruktionen bei der Entwicklung unterschiedlicher Integrationskonzeptionen. Wird die Nation als Kulturnation verstanden, so ist nationale Geschichte die gemeinsame Geschichte aller Bürger und die Übernahme des historischen Erbes und der historischen Verantwortung durch die Einwanderer ist selbstverständlich. In dieser Sichtweise gründet gesellschaftliche Solidarität auf dem Gedanken, dass Nation Schicksalsgemeinschaft ist (Otto Bauer). Ihre Form des Staatsbürgerschaftsverständnisses ist die demokratisch-republikanische Staatsbürgerschaft. Wird die Nation aber als kulturunabhängige, ahistorische Staatsbürgernation begriffen, so wie das beim Konstrukt des Habermas'schen Verfassungspatriotismus der Fall ist, dann sind die Staatsbürger Mitglieder einer bloßen Rechts- und Interessengemeinschaft. Die Gemeinsamkeit, die eine liberal-individualistische

Staatsbürgerschaft vorsieht, beschränkt sich auf die Anerkennung von Verfahren der individuellen und kollektiven Interessenauseinandersetzung. In dieser Perspektive gibt es keine
gemeinsame nationale Geschichte und keine historische Verantwortung der Bürger. Es gibt
nur unterschiedliche „Geschichten", die unterschiedliche ethnokulturelle Identitäten stützen.
Tibis Leitkulturmodell endet in einer Sackgasse. Es steht letztlich ratlos vor der Tatsache,
dass die ethnokulturell heterogene Staatsbürgernation zu ihrer Selbsterhaltung zwar auf ein
Zusammengehörigkeitsgefühl angewiesen ist, ihre kulturpluralistische Konstruktion aber die
Entstehung eines Zusammengehörigkeitsgefühls aller Bürger verhindert.

5.2   Friedrich Merz führt den Begriff „Leitkultur" ein und entfacht eine heftige Debatte

Obwohl Tibi sein Konzept einer Leitkultur bereits 1996 formuliert hatte, sollte es noch vier
Jahre dauern, bis der Begriff Eingang fand in die öffentliche Debatte über die Integration von
Einwanderern in Deutschland und über die Bestimmung deutscher Identität. Der damalige
CDU/CSU-Fraktionsvorsitzende Friedrich Merz erläuterte am 25. Oktober 2000 in einem
Interview mit der Tageszeitung „Die Welt" seine Vorstellungen zu dem von ihm diagnosti-
zierten Reformbedarf in der deutschen Einwanderungs- und Integrationspolitik. Zunächst
erklärte er, dass Deutschland „weltoffen und ausländerfreundlich" sei. Gleichzeitig sah Merz
die Notwendigkeit, eine allgemein verbindliche Grundlage des Zusammenlebens in Deutschland zu definieren. Diese Notwendigkeit ergebe sich aus dem teilweise „problematischen"
Zusammenleben von Deutschen und Ausländern, der deutschen Sorge um die eigene Identität
sowie aus der Notwendigkeit, die ungeregelte Zuwanderung künftig durch eine Politik der
gesteuerten Einwanderung zu ersetzen. Die verbindliche Grundlage für dieses Zusammenleben bezeichnete Merz als „freiheitliche deutsche Leitkultur". Dem Grundgesetz bescheinigte
er, wichtigster Ausdruck der deutschen Werteordnung zu sein und somit Teil der deutschen
kulturellen Identität, welche den Maßstab für ein Leben in der Bundesrepublik abgebe. Davon abweichende Wertvorstellungen von Immigranten, die nur unzureichend integriert seien,
dürften nicht geduldet werden.[744]

Die Entrüstung der politischen Öffentlichkeit über den Begriff einer „freiheitlichen deutschen Leitkultur" stand in einem merkwürdigen Kontrast zu der Tatsache, dass die Äußerungen von Merz im Grunde genommen eher vage ausgefallen waren. Merz verhehlte zwar
seine ablehnende Haltung gegenüber Begriff und Konzept einer multikulturellen Gesellschaft
nicht, aber er tat es in einer Diktion, die ihn schon fast in die Nähe eines liberalen
Multikulturalismus rückte und ihn in guter Nachbarschaft zu Tibi erscheinen ließ: „Gleich,
ob dies nun die Identität unseres Landes, der Verfassungspatriotismus oder eben die freiheitliche Leitkultur ist, die uns geprägt hat: Einwanderung und Integration von Ausländern, die
wir wollen und die wir fördern müssen, braucht Orientierung an allgemeingültigen Wertmaßstäben."[745] Der Politikwissenschaftler Hartwig Pautz kommentierte den Auftritt von Friedrich
Merz mit der Bemerkung, seine „Aussagen sind jedoch, wörtlich genommen, so nahe an
einem Verfassungspatriotismus wie sonst wenige Verfechter des Leitkulturbegriffs." Deshalb
frage er sich, warum der Vorsitzende der CDU/CSU-Bundestagsfraktion statt „Leitkultur"

nicht gleich den Begriff „Verfassungspatriotismus" benutzt habe. Pautz unterstellt, Merz
habe, im Gegensatz zu seinem wissenschaftlichen Stichwortgeber Tibi, den Leitkulturbegriff
bewusst in einer inhaltlichen Unbestimmtheit belassen, um das Suggestionspotenzial des
Leitkulturbegriffes für die politische Mobilisierung und die wahlkampfbezogene Thematisierung von Identität, Integration und Einwanderung funktionalisieren zu können.[746]

Wahrscheinlicher jedoch als die Annahme eines bewusst taktischen Kalküls ist die Vermutung, dass Merz den Begriff eher politisch-intuitiv verwendet hat. Die Geschwindigkeit, mit
der er und die Parteispitze den Begriff der „freiheitlichen deutschen Leitkultur" zuerst relati-
vierten und anschließend zurückzogen, legt nämlich den Verdacht nahe, dass Merz und die
CDU schlicht überrascht worden sind von der Heftigkeit der öffentlichen Reaktion. Möglicherweise hat Merz einerseits den Provokationswert des Leitkulturbegriffes einfach unterschätzt, andererseits aber nicht in Rechnung gestellt, dass sich provokative politische Gedanken erfolgreich und offensiv nur dann in der öffentlichen Diskussion halten lassen, wenn sie
zuvor sorgfältig durchdacht und konzeptionell aufbereitet worden sind.

5.2.1   Die Leitkulturdiskussion in CDU und CSU

Auch wenn sich die Parteispitze der CDU aufgrund der Reaktion der organisierten Öffentlichkeit zunächst einmal gezwungen sah, den Leitkulturbegriff auf Eis zu legen, kam die
Diskussion innerhalb der Partei nicht zum Erliegen. Schon die heiße Phase der öffentlichen
Diskussion hatte gezeigt, dass die Frontstellung pro und contra Leitkultur nicht durchweg
entlang der Trennlinien des deutschen Parteiensystems verlief. Deshalb konnte es nicht über-
raschen, dass es selbst in der CDU Befürworter und Gegner des Leitkulturbegriffes und der
verschiedenen Vorstellungen einer inhaltlich bestimmten Leitkultur gab. Die CSU wiederum
schaltete sich in die Debatte mit „Zehn Leitlinien für eine gesetzliche Regelung zur Zuwanderung" ein. Darin wurde ausgeführt, dass Leitkultur nicht einfach nur einen Grundwertekonsens, sondern vielmehr auch deutsche Kultur meint, die Zuwanderer zu respektieren und
zu akzeptieren hätten.[747] Diese Position ging über die Vorstellung einer Leitkultur als gemeinsamer Wertebasis hinaus und äußerte eine vorsichtig formulierte Assimilationserwar-
tung. Die Einwanderer hätten folglich nicht nur die gesellschaftliche Ordnung im Sinne von
Verfassung und Rechtsordnung zu akzeptieren, sondern sich in einem weiteren Sinne auch an
die Lebensweise der Aufnahmegesellschaft anzupassen. Dagegen bekam die gemeinsame
Position von CDU/ CSU vom November 2000 wiederum einen anderen Akzent: „Dieses
Programm soll insbesondere Deutsch, die Grundzüge der Rechtsordnung der Bundesrepublik
Deutschland, der Geschichte und Kultur unseres Landes sowie gesellschaftliche und berufliche Orientierung umfassen. Entsprechende frühzeitige Bemühungen können Separierungs-
tendenzen und damit die Bildung von Parallelgesellschaften vermeiden helfen."[748] Die Formulierungen zeigen, dass der Leitkulturbegriff jetzt abgeschwächt wurde. Der Kommissi-
onsvorsitzende Peter Müller begründete das damit, dass die Leitkulturvorstellung unpräzise
formuliert sei, wodurch das Risiko eines vorsätzlichen „Missverstandenwerdens" entstehe.
So hätte Zuwanderung zwar auf dem Boden der deutschen Verfassung stattzufinden, das
könne aber durchaus im Bewusstsein der eigenen Identität der Zuwanderer geschehen. In
diesem Sinne sei es dann zu verstehen, wenn die Beachtung dieser Werte als Leitkultur bezeichnet werde.[749] Am 10. Mai 2001 legten die Parteivorsitzenden von CDU/ CSU, Angela

Merkel und Edmund Stoiber, ein weiteres gemeinsames Papier vor. Darin wurde der Terminus „Leitkultur" ersetzt durch die weniger anstößig klingende Formulierung einer „Werteordnung unserer christlich-abendländischen Kultur". Das Papier enthielt ferner die Differenzierung von Immigranten aus EU-Staaten sowie Einwanderern außereuropäischer Kulturen und die Forderung, die Zuwanderung nichteuropäischer Personen mit Blick auf die Gefährdung der Identität Deutschlands zu begrenzen.[750] Am 7. Juni 2001 schließlich wurde das Beschlusspapier der Zuwanderungskommission der CDU „Zuwanderung steuern und begrenzen. Integration fördern." (CDU 2001) der Öffentlichkeit präsentiert. In seiner endgültigen Fassung weichte es die Position der Partei weiter auf: Integration wurde danach verstanden als „Einbindung in das gesellschaftliche, wirtschaftliche, geistig-kulturelle und rechtliche Gefüge des Aufnahmelandes ohne Aufgabe der eigenen kulturellen Identität bei vorausgehender Akzeptanz der gültigen Werteordnung."[751] Damit war die CDU auch offiziell auf dem Boden eines faktischen Multikulturalismus angekommen.

Obwohl sich die CDU streckenweise schwer tat mit der „Leitkultur", schaffte es der Begriff schließlich doch noch in das neue Grundsatzprogramm der Partei vom 4. Dezember 2007. Der Mangel an begrifflicher Bestimmtheit war von Anfang eine Schwäche des Leitkulturbegriffes. Das neue Parteiprogramm gibt dieser Unbestimmtheit aber eine kunstvolle sprachliche Fassung. Statt den Leitkulturbegriff zu definieren, führt der Abschnitt „Zusammenhalt unserer Gesellschaft"[752] zunächst durch Passagen wie diese: „Jeder Bürger muss zudem die für uns alle verbindlichen kulturellen Grundlagen unserer gesellschaftlichen und politischen Ordnung anerkennen. Das sind Werte, die unserer Geschichte als einer europäischen Nation entstammen und in unser Grundgesetz eingegangen sind: die Unantastbarkeit der Würde jedes Menschen, sein Recht auf die freie Entfaltung seiner Persönlichkeit, die Gleichwertigkeit der Menschen und die sich aus ihr ableitende Gleichheit der Rechte der Bürger, die Anerkennung der Lebensentwürfe und geistigen Orientierungen anderer und damit auch der Respekt vor der Freiheit des religiösen Bekenntnisses."[753] Am Ende läuft der Abschnitt auf das programmatische Bekenntnis zu: „Diese kulturellen Werte und historischen Erfahrungen sind die Grundlage für den Zusammenhalt in unserer Gesellschaft und bilden unsere Leitkultur in Deutschland."[754] Die heikle Leitkulturfrage entschärfte das neue Grundsatzprogramm der CDU also mit beträchtlichem Formulierungsgeschick.

Bringt man den Abschnitt über die Leitkultur in einen Zusammenhang mit den integrationspolitischen Passagen des Grundsatzprogramms, verfestigt sich der Eindruck eines Vexierbildes. Denn auch die Vorstellung eines „Integrationslandes Deutschland" pendelt zwischen einem verfassungspatriotischen Multikulturalismus und einem mehr auf Akkulturation zielenden Integrationsverständnis. Dem entspricht als Pendant ein Leitkulturbegriff, der zwischen den verfassungspatriotischen Werten und Normen des Grundgesetzes und einem unbestimmten Bezug auf die nationale Kultur angesiedelt ist. Auf diese Weise wird die Leitkulturfrage ausdeutungsfähig und für eine eventuelle politisch-taktische Operationalisierung offen gehalten. Letztlich bleibt aber zu fragen, was unter „Leitkultur" genau zu verstehen ist. Diese Unbestimmtheit bietet Immigrantenorganisationen immer wieder die Vorlage für höhnische Einlassungen, in denen die Glaubwürdigkeit des Konzeptes mit dem Argument angezweifelt wird, die Anhänger einer Leitkultur wüssten selbst nicht einmal, worum es bei dem Begriff gehe. Wie könne man unter diesen Umständen von den Einwanderern verlangen, sich ernsthaft mit dem Begriff auseinanderzusetzen?[755]

5.3   Positionen und Gegenpositionen

Die Diskussion um die Leitkultur erfasste nicht nur die politischen Parteien, die die Auseinandersetzung zur eigenen Profilierung nutzten. Sie hat über die parteipolitische Auseinandersetzung hinaus Züge einer gesellschaftlichen Diskussion angenommen, in der sich auch die Kirchen, Gewerkschaften, Immigrantenorganisationen, unabhängige Publizisten, Journalisten, Künstler und Wissenschaftler zu Wort gemeldet haben. Die verschiedenen Positionen der Befürworter und der Gegner lassen sich aber nicht immer ganz einfach voneinander abgrenzen. Das gilt zuerst für das inhaltliche Verständnis von Leitkultur. Dem Leitkulturbegriff fehlt eine präzise Definition, er hat eher eine heuristische Funktion. Als heuristischer Begriff hat er eine „starke" und eine „schwache" Variante: a) Die starke Variante versteht unter Leitkultur eine gesellschaftliche Kultur, die sich nicht mit der Anerkennung der Verfassungswerte zufrieden gibt, sondern der nationalen Kultur insgesamt eine verbindliche Orientierungsfunktion zuschreibt. b) Die schwache Variante versteht unter Leitkultur eine gesellschaftliche Kultur, die in den Werten der Verfassung die gemeinsame Grundlage der gesellschaftlichen Integration sieht. Allerdings weist die schwache Variante eine gewisse Bandbreite auf. Sie reicht von einer rein verfassungspatriotischen Position im Habermas'schen Sinne bis zu der Vorstellung, dass der Verfassungspatriotismus in Bezug zur nationalen Kultur und Geschichte gesetzt werden müsse. Unter den Befürwortern wie unter den Gegnern gibt es solche, die den Leitkulturbegriff verwenden und andere, die ihn ablehnen. Am Ende lassen sich drei Typen unterscheiden, die repräsentativ sind für die Positionen, die in der Leitkulturdebatte vertreten werden:

1. Die Befürworter eines Nationalkulturkonzeptes, die nicht unbedingt den Begriff Leitkultur, aber die Idee einer Leitkultur befürworten, und zwar in der Form, dass der (deutschen) Nationalkultur das kulturelle Monopol zusteht.
2. Die Befürworter eines verfassungspatriotisch-grundwerteorientierten Konsenses argumentieren, dass die Bürger der Verfassung des Landes nicht nur formal zustimmen, sondern auch gemeinsame Grundwerte haben müssen. Sie teilen sich auf in Anhänger und Gegner des Leitkulturbegriffes.
3. Die radikalen Gegner einer Leitkultur, die den Begriff Leitkultur ebenso scharf ablehnen wie die Vorstellung, dass die gemeinsame Grundlage der Gesellschaft auf kulturellen Gemeinsamkeiten beruht. Diese Position akzeptiert das Konzept des Verfassungspatriotismus nur in einer vollständig entethnisierten Form.

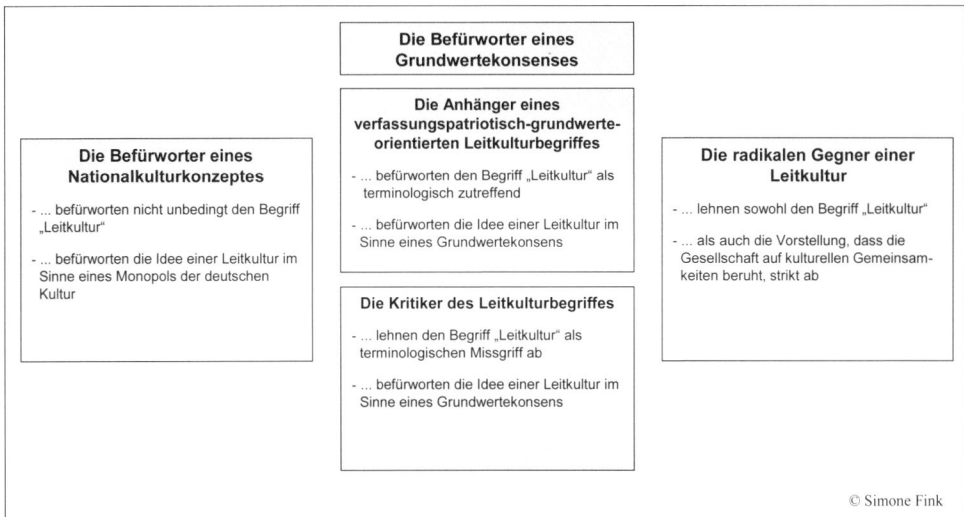

Die Befürworter eines
Grundwertekonsenses

Die Anhänger eines
verfassungspatriotisch-grundwerteorientierten Leitkulturbegriffes

- ... befürworten den Begriff „Leitkultur" als
terminologisch zutreffend

- ... befürworten die Idee einer Leitkultur im
Sinne eines Grundwertekonsens

Die Befürworter eines
Nationalkulturkonzeptes

- ... befürworten nicht unbedingt den Begriff
„Leitkultur"

- ... befürworten die Idee einer Leitkultur im
Sinne eines Monopols der deutschen
Kultur

Die radikalen Gegner einer
Leitkultur

- ... lehnen sowohl den Begriff „Leitkultur"

- ... als auch die Vorstellung, dass die
Gesellschaft auf kulturellen Gemeinsamkeiten beruht, strikt ab

Die Kritiker des Leitkulturbegriffes

- ... lehnen den Begriff „Leitkultur" als
terminologischen Missgriff ab

- ... befürworten die Idee einer Leitkultur im
Sinne eines Grundwertekonsens

© Simone Fink

Abb. 5.1   *Positionen und Gegenpositionen*

5.3.1   Die Befürworter eines Nationalkulturkonzeptes

Die Befürworter eines Nationalkulturkonzeptes fordern, dass der deutschen Kultur, zumindest im öffentlichen Raum, das kulturelle Monopol zukommt. Kultur wird dabei in einem weiten Sinn verstanden. Die Befürworter vertreten also einen kulturell verankerten Leitkulturbegriff, der mit der deutschen Nationalkultur identisch ist. Verfassungspatriotismus ist in diesem Konzept lediglich ein Bestandteil der nationalen Kultur. Nicht alle Befürworter eines Nationalkulturkonzeptes begrüßen den Begriff der Leitkultur. Ein Teil von ihnen lehnt den Begriff sogar ausdrücklich ab. Für Karl Heinz Bohrer, Herausgeber der Zeitschrift „Merkur" und emeritierter Professor für Neuere deutsche Literaturgeschichte, ist der Begriff Leitkultur eine „hässliche Metapher", die, erweitert durch das Attribut „deutsch", das „größte Reizwort für den hiesigen Politmoralismus" abgibt. Dadurch wird „die wütende, die herablassende oder die moralisch erpresserische Reaktion" der deutschen Politmoralisten erklärt. Deshalb verwendet Bohrer lieber den Begriff der „kulturellen Norm".[756] Manche ziehen, in Anlehnung an Will Kymlicka, den Begriff der gesellschaftlichen Kultur dem der Leitkultur vor.[757] Dagegen macht Rolf Stolz, Publizist und ehemaliges Mitglied des Bundesvorstandes der GRÜNEN, einen unbefangenen Gebrauch vom Begriff Leitkultur.[758]

Inhaltlich sind jedoch alle Befürworter eines Nationalkulturkonzeptes Verfechter einer kulturell, und nicht bloß verfassungspatriotisch definierten Leitkultur. Voraussetzung dafür sei eine selbstbewusste (Neu-)Bestimmung kultureller Identität in Deutschland. Leitkultur könne ihre integrierende Wirkung nur entfalten, wenn sie auf einer geklärten und selbstbewusst vertretenen deutschen Identität beruhe. Deshalb besteht Stolz auf einen Patriotismus, der sich abgrenzt von dem „zum Nationalismus übersteigerten Nationalbewusstsein [und sich] nicht aus der Geringschätzung anderer Kulturen, sondern aus der Liebe und Wertschätzung der

eigenen Kultur und Geschichte speist und zur internationalen Solidarität sowie zum weltweiten Denken fähig ist."[759]

Bohrer äußert sich besorgt über das Fehlen einer „kulturellen Norm" in Deutschland. Dieser
Mangel sei verantwortlich für die fragile Konsistenz der deutschen Gesellschaft. Die aktuelle
kulturelle Norm Deutschlands sei nur mehr eine „Schwundstufe" und geprägt durch die
Leugnung des kulturellen Paradigmas. Insofern sind die Überlegungen Bohrers nichts anderes als die Forderung nach „eine[r] historische[n und mentale[n] Dominante", wie sie im
Verständnis einer sowohl normativ wie empirisch verstandenen nationalen Kultur enthalten
ist. Karl Heinz Bohrer plädiert für eine Rückbesinnung auf die historisch-kulturelle Norm,
die durch die beiden Weltkriege und insbesondere durch die Verbrechen des nationalsozialistischen Deutschland aus dem Bewusstsein der Menschen verdrängt worden sei.[760] „Es liegt
auf der Hand, dass die kulturelle Norm in Deutschland angesichts der zwei verlorenen Weltkriege nicht nur in ihrer Außenwirkung, sondern mehr noch in ihrer Innenwirkung auf der
Strecke blieb, zunächst moralisch, dann sozial. Das ist vielleicht die verheerendste und wichtigste Konsequenz, die aber in Folge der Moralisierung jener Kriege unbenannt blieb."[761]

Die Notwendigkeit einer Leitkultur begründen die Befürworter eines Nationalkulturkonzeptes damit, dass der Kultur- und Werterelativismus des Multikulturalismus, zumindest
langfristig, die Desintegration der Gesellschaft nach sich ziehe: „Die Vorstellung von multi-
kulturellem Miteinander war immer schon intellektuell naiv, in gewisser Weise sogar politisch fahrlässig, weil sie über den privaten Erfahrungsraum individueller Beziehungen nicht
hinausdachte und deshalb nicht die strukturell gegebene Grenze des multikulturellen Ideals
erfasst. Die zur Zeit wieder zu hörende Berufung auf die Tradition der Aufklärung ist völlig
irrig, denn die politische Aufklärung hatte keine zentrifugale multikulturelle Gesellschaft im
Sinne, sondern ganz im Gegenteil eine homogene."[762]

Wenn Einwanderer die Kultur des Aufnahmelandes negieren könnten, fördere das nicht die
Integration, sondern allenfalls die Entstehung von Ghetto-Existenzen in Parallelgesell-
schaften. Wenn die Gesellschaft nicht einen „geistig-moralischen Grundkonsens" bestimme,
der wesentlich mehr sein müsse als die „Laisser-faire-Toleranz" einer Kultur der bloßen
Rechtsbefolgung oder eines sterilen Verfassungspatriotismus, dann komme es zu unlösbaren
Konflikten.[763] Alle Gemeinwesen brauchten gesellschaftliche Integration. Die modernen
Gemeinwesen seien aber nicht nur auf die effektiven Leistungen des politisch-ökonomischen
Systems, sondern auch auf die affektiven Bindungen ihrer Bürger angewiesen, wird in An-
lehnung an den Historiker Heinrich August Winkler argumentiert.[764] Deshalb sei die Forde-
rung nach einer Leitkultur nicht nur legitim, sondern auch funktional.

Die Befürworter eines Nationalkulturkonzeptes betonen das Recht der Aufnahmegesellschaft, die Regeln des Zusammenlebens zu bestimmen sowie Mittel und Wege festzulegen,
die kulturelle Identität des Landes zu schützen. Deshalb fordern sie, dass die gesellschaftliche Kultur der Aufnahmegesellschaft von allen dort lebenden Menschen als gültige
Leitkultur anzuerkennen sei. Die dafür geeignete Form der Integration von Einwanderern ist
das Modell der Assimilation beziehungsweise Akkulturation. Für Karl Heinz Bohrer stellt die
Orientierung an einer kulturellen Norm den „einzigen Horizont der Integration" dar. Integration gelinge nur, wenn Einwanderer über das Integrationsmindestmaß, also das Erlernen der
Sprache und das Befolgen der Gesetze hinaus, auch das kulturelle, mentale und rituelle Ver-

halten der Aufnahmegesellschaft übernehmen. Soziale Gleichheit, wirkliche Chancengleichheit und die Möglichkeit zum gesellschaftlichen Aufstieg gibt es für Einwanderer nur, wenn sie in Sprache und kulturellem Verhalten den Zivilisationscode der Aufnahmegesellschaft übernehmen. Wer als ursprünglich Fremder in einer Gesellschaft vorankommen und aufsteigen will, muss kultureller Deutscher, Franzose, Brite, Italiener werden.[765] Rolf Stolz zielt auf die Integrationsform Akkulturation, wenn er meint, die Integration von Einwanderern in die „primäre, gastgebende Mehrheitskultur" erfordere, dass Zuwanderer, „wenn sie nicht in das gefährliche Abseits der Ghetto-Existenz geraten wollen, bereit sein [müssen], diese [d.h. ihre eigene Kultur] nur als sekundäre, nachgeordnete Minderheitenkultur anzusehen, und sie müssen sich der deutschen Sprache als geistiger Währung und als Existenzgrundlage unserer Kultur bedienen."[766]

Die funktional notwendige Integration moderner Gesellschaften kommt nicht damit aus, dass die Immigranten die Rechtsordnung und die Verfassung formell anerkennen und befolgen. Für den inneren Zusammenhalt der Gesellschaft ist ein Zusammengehörigkeitsgefühl zwischen Einheimischen und Fremden notwendig, das nur auf der Grundlage einer gemeinschaftlich geteilten Kultur entstehen könne. Andere Potenziale zur Herstellung eines Gemeinsamkeitsglaubens (Max Weber) und der Entwicklung einer gesamtgesellschaftlichen, nationalen Solidarität in religiös und weltanschaulich pluralistischen Gesellschaften stehen nicht zur Verfügung. Das ist für Befürworter eines Nationalkulturkonzeptes der Hauptgrund, weshalb sie auf Assimilation beziehungsweise Akkulturation bauen. „Unter den Bedingungen einer Leitkultur besteht [...] das Integrationsziel für Einwanderer darin, ,einer von uns' zu werden."[767]

5.3.2   Kritik der Befürworter eines Nationalkulturkonzeptes

Die Befürworter eines Nationalkulturkonzeptes gehen davon aus, dass ein gemeinsamer Wertekonsens als wirksames Instrument gesellschaftlicher Integration nur auf der Grundlage einer gemeinsamen Kultur, einer Nationalkultur, möglich ist. Aber Kultur hat ihre Tücken. Schwierigkeiten und Sperrigkeit des Begriffes setzen den Befürwortern eines Nationalkulturkonzeptes zu. Jeder Kulturbegriff lässt zahlreiche definitorische und inhaltliche Probleme offen. Die Leitkulturgegner fragen nicht ohne ironischen Unterton, an welche Kultur sich denn die Fremden anzupassen hätten. Müsse jeder Einwanderer in seiner Freizeit Goethe lesen und Bach hören? Oder sei daran gedacht, Olivenöl und Döner zu verbieten. Was überhaupt sei deutsch an der deutschen Kultur? Wenn Kultur nichts Statisches, sondern etwas sich ständig Veränderndes und sich Entwickelndes sei, gehörten dann zur deutschen Kultur nicht auch der Popsänger Muhabbet oder der Schriftsteller Rafik Schami, der Regisseur Fatih Akin oder die Schauspielerin Sibel Kekilli? Gelegentlich wird bestritten, dass es so etwas wie deutsche Kultur überhaupt gibt. Schließlich habe die Pluralisierung und Individualisierung der Gesellschaft dazu geführt, dass unüberschaubar viele Lebensstile, Subkulturen und multiple kulturelle Zugehörigkeiten und Identitäten entstanden seien. Von einer irgendwie einheitlichen, zu anderen nationalen Kulturen abgrenzbaren deutschen Kultur könne keine Rede sein. Aber selbst wenn deutsche Kultur inhaltlich bestimmt und in eine Leitkultur übersetzt werden könne, wie werde sie dann durchgesetzt? Im Übrigen neigten die Befürworter einer Nationalkultur dazu, Kultur als anthropologisches Grundbedürfnis und als Konstante menschlicher Existenz über- und die sozialen Bedingungen der menschlichen Existenz unterzubewerten.

Die Befürworter eines Nationalkulturkonzeptes gehen in der Regel von einem weiten Kulturbegriff aus. Einem Kulturbegriff, der die empirische und die normative Dimension von Kultur einschließt. Befürworter einer nationalen Kultur weisen auf die jedermann zugängliche Alltagserfahrung hin, dass bei menschlichen Kollektiven Unterschiede in Lebensweise, Normen, Werten, Gepflogenheiten, in ästhetischen Vorlieben und Abneigungen beobachtet werden können. Diese Unterschiede werden kulturell genannt. Die definitorischen Probleme könnten folglich nicht dazu führen, dass Kultur als soziale Tatsache bestritten werden könne. Zwar stehe eine verbindliche und umfassende Definition von Kultur nicht zur Verfügung, gleichwohl tauge der Kulturbegriff mindestens als heuristischer Zugang, denn wer nach Bali fliege, werde beim Aussteigen aus dem Flugzeug eine andere Kultur entdecken. Aber selbst wer nur die Schweizer Grenze bei Konstanz überschreite, nehme, wenn er feinfühlig genug sei, eine von der deutschen unterschiedliche schweizerische Kultur wahr. Insofern erübrige sich eine ernsthafte Diskussion darüber, ob es so etwas wie deutsche Kultur überhaupt gebe. Natürlich war (und ist) die deutsche Kultur schon wegen der historisch bedingten Regionalisierung Deutschlands kein einheitliches, homogenes Phänomen. Sie bestand immer aus verschiedenen kulturellen Varianten und Subkulturen. Gleichzeitig entwickelte sich aber spätestens seit der Renaissance in Deutschland allmählich ein gemeinsamer kultureller Nenner, der als Nationalkultur bezeichnet werden könne. Deutsche Kultur sei als soziale Tatsache evident. Sehr viel ergiebiger sei dagegen die Frage, wer und was alles zur deutschen Kultur gehöre, d.h. ob also auch eingewanderte Kulturen zur deutschen Kultur zählen. Kann etwa die Literatur von Immigranten deutsche Literatur sein? Die Antwort darauf laute „Ja", wenn diese Literatur sich der deutschen Sprache bediene, ihre Gegenstände und Motive aus der deutschen Wirklichkeit erhalte und sich auf die deutsche Wirklichkeit beziehe. Nicht aber, wenn sie Exil- oder Heimwehliteratur sei. Dasselbe gelte für zahlreiche Elemente der Alltagskultur, was besonders an der Esskultur ablesbar sei. Ursprünglich eingewandert werden bestimmte Speisen oder Nahrungsmittel adaptiert und damit Teil der eigenen Esskultur.

Die Auseinandersetzung um Reichweite und Grenzen kultureller Integration berührt auch den demokratischen Charakter der Gesellschaft. Darf der demokratische Rechtsstaat versuchen, soziales oder kulturelles Verhalten zu homogenisieren? Oder ist es nicht vielmehr sein Wesensmerkmal, lediglich die Verletzung der Rechtsordnung zu sanktionieren und den Gesellschaftsmitgliedern im Übrigen ein Höchstmaß an individuellen Freiheitsrechten zu bieten? Sogenannte Parallelgesellschaften oder sonstige Subkulturen wären dann als bewusst gewählte Lebensformen ihrer Mitglieder zu betrachten und hätten ihre Existenzberechtigung, soweit sie nicht gegen Verfassung und Gesetze verstießen. Ein Leitkultur-Konzept, das die vollständige Angleichung der Einwanderer an die Kultur der Aufnahmegesellschaft will und damit die Aufgabe abweichender kultureller Identität von den Einwanderern verlangt, lehnen die Leitkulturgegner entschieden ab. Ein solches Konzept ist nach Ansicht der Gegner nicht zu legitimieren; auch nicht damit, dass es dem Schutz und der Selbstbehauptung der kulturellen Identität der Aufnahmegesellschaft dient (Dieter Oberndörfer). Zudem seien assimilatorische Konzepte widersprüchlich. Einerseits sei die kulturelle Identität der Aufnahmegesellschaft zu bewahren. Gleichzeitig verlange es jedoch von den Einwanderern, ihre Herkunftskultur aufzugeben, zumindest langfristig. Damit würde die Kultur der Einwanderer im Verhältnis zur Kultur der Aufnahmegesellschaft diskriminiert. Es sollte jedoch davon ausgegangen werden, dass Kultur eine für alle Menschen gleichermaßen fundamentale Bedeutung habe. Eine solche Ungleichbehandlung könne nicht gerechtfertigt werden. Der Kern der Kritik ist also das Argument, die freiheitlich-pluralistische Verfassung mit ihrem Gewicht auf der individuellen Freiheit sei mit der Forderung nach kultureller Anpassung unvereinbar.

Die Befürworter eines Nationalkulturkonzeptes stimmen mit den Gegnern in der Annahme überein, dass Kultur für die menschliche Existenz eine fundamentale Bedeutung hat. Sie bestreiten allerdings, dass sich ihre fundamentale Bedeutung auf eine bestimmte Kultur, also etwa nur die Herkunftskultur der Einwanderer bezieht. Das heißt, Anspruch haben Menschen lediglich auf die Möglichkeit, sich in irgendeiner Kultur zu beheimaten. Wandern sie dauerhaft in eine andere Kultur ein, entfällt der Anspruch, ihre Herkunftskultur beizubehalten, wenn die Aufnahmegesellschaft die kulturelle Anpassung der Einwanderer verlangt, also die eigene kulturelle Lebensform zur Grundlage für die Integration von Einwanderern erklärt. Begründet wird diese Asymmetrie der Ansprüche damit, dass es einerseits kein Menschenrecht auf Einwanderung in andere Länder gibt (Amitai Etzioni/Micha Brumlik) und andererseits die Einwanderungentscheidung freiwillig ist. Aus dem Prinzip der Souveränität der Staaten folgt, dass die Nationalstaaten das Recht haben, selbstbestimmt zu entscheiden, ob überhaupt, und wenn ja, in welchem Umfang und zu welchen Bedingungen sie Einwanderung zulassen. In einem demokratischen politischen System wie der Bundesrepublik Deutschland ist die staatliche Souveränität mit Volkssouveränität und Demokratieprinzip verschränkt. Daraus resultiert, dass die Aufnahmegesellschaft das Recht hat, die nationale kulturelle Identität des Landes mit angemessenen Mitteln wirksam zu schützen. In diesem Sinne bedeute Leitkultur weitaus mehr als der dürftige Wertekonsens Bassam Tibis, der in Wirklichkeit gar nicht Kultur meine, sondern lediglich einige abstrakte Minimalstandards zivilen Zusammenlebens. Leitkultur jedoch beziehe sich auf die historische gewordene Lebensweise einer bestimmten Gesellschaft. Leitkultur stehe damit für einen gesellschaftlichen Zustand, der durch gemeinsame Sprache, Symbole, Verhaltensweisen, Konventionen, Sitten, Werte und Normen, Weltbilder, Menschenbilder, Selbstbilder charakterisiert sei.[768]

Gegen diese Argumentation, die sich auf Staatsraison und demokratische Kollektivrechte des Volkes stützt, führen die Leitkulturgegner die individuellen Grundrechte und die individuelle Freiheit als Grundlage des Zusammenlebens in Deutschland ins Feld. Dabei verwenden sie einen Freiheitbegriff, der seine Grenzen ausschließlich in der Achtung der Freiheitsrechte der Mitmenschen sowie in der Beachtung der Gesetzesordnung findet. Eine Anpassungsforderung, die darüber hinausgeht, habe keine rechtsstaatliche Legitimation. Assimilation werde häufig damit begründet, dass eine homogene Gesellschaft konfliktfreier sei als ihre integrationspolitischen Alternativen. Bei diesem Modell stelle sich aber nicht nur Frage nach seiner Legitimation, sondern auch die nach den Chancen seiner Umsetzung. Die Annahme, Immigranten seien assimilationsbereit, verfehle die gesellschaftspolitische Wirklichkeit der Gegenwart und höchstwahrscheinlich ebenso die Realität der globalen Zivilgesellschaft der Zukunft. Kulturelle Homogenisierung sei zudem weder erstrebenswert noch zum Aufbau einer friedlichen Zivilgesellschaft geeignet. Erstens sei die kulturelle Pluralisierung der Gesellschaften eine Bereicherung, weil sie das Humankapital der Gesellschaften vergrößere. Zweitens stoße die kulturelle Homogenisierung auf den Widerstand der Eingewanderten und lasse damit gesellschaftliche Konflikte erwarten, die sie angeblich doch verhindern wolle. Deshalb seien Integrationsmodelle, die sich darauf beschränkten, von den Einwanderern ein Bekenntnis zur Rechtsordnung sowie die Beherrschung der Sprache und die Fähigkeit zur aktiven Teilhabe an gesellschaftlich-sozialen Prozessen zu verlangen, als Modell für eine integrierte Zivilgesellschaft realistischer und legitimer.

Auch die große Mehrheit der Leitkulturgegner streitet die Notwendigkeit eines gemeinsamen Fundamentes für das friedliche Zusammenleben einer Gesellschaft nicht ab. Dafür am besten geeignet und gleichzeitig völlig ausreichend sei die Rechtsordnung einer Gesellschaft. Sie habe Gültigkeit für jedes Gesellschaftsmitglied, egal welcher Herkunft. Verfassungsrespekt, Verfassungsloyalität und die Beachtung des gesetzlichen Rechtes stellen damit das notwendige und gleichzeitig das Höchstmaß einer kulturellen Angleichung dar.[769] Dieser Argumentation widersprechen die Befürworter einer Nationalkultur. Da Integration eine Leerformel sei, unter der alles und jedes verstanden werden könne, herrsche in Deutschland bei Immigranten und Einheimischen heute vor allem Unsicherheit vor. Dagegen sei bei einer präzise formulierten und konsequenten Politik der Assimilation/Akkulturation den Einwanderern klar, welche Anpassungserwartungen die Aufnahmegesellschaft an die Immigranten habe, dass also im konkreten Fall Einwanderung nur dann zu einem Daueraufenthalt führen könne, wenn Einwanderer die Bereitschaft zu Assimilation oder Akkulturation mitbrächten. Zweitens sei das Argument, eine assimilatorische Integrationspolitik sei nicht erstrebenswert, da ihre Durchsetzung möglicherweise gesellschaftliche Konflikte provoziere, schon deshalb wenig stichhaltig, weil im Falle der Alternative zur Assimilation, nämlich der multikulturellen Gesellschaft, die Zunahme sozialer und ethnokultureller Auseinandersetzungen planmäßig in Kauf genommen werden müsse. Drittens biete eine bloß auf Verfassungsrespekt und formale Rechtsbefolgung setzende Integrationspolitik keine ausreichende Grundlage für das friedliche Zusammenleben von Einheimischen und Einwanderern. Recht ist Kulturerscheinung (Gustav Radbruch), das heißt, die Rechtsordnung einer Gesellschaft bildet immer deren kulturelle Entwicklung ab. Deshalb könnten echte Verfassungsloyalität, die über eine nur formale Zustimmung hinausreicht, und eine wirkliche Identifikation mit der Rechtsordnung überhaupt nur dann entstehen, wenn Einwanderer die kulturellen Grundlagen des nationalen Rechts internalisierten. Und dafür sei die Anpassung an die Lebensweise, an die Werte und Normen der Aufnahmegesellschaft unverzichtbar. Viertens sei das Argument, die im modernen Verfassungsstaat verankerten Grundrechte schützten die individuelle Freiheit der Kultur, eine bloße Selbstverständlichkeit. Aber die demokratische Gesellschaft habe sehr wohl das Recht, durch Mehrheitsentscheidung die eigene Kultur, aber auch theoretisch jede andere, als verbindliche kollektive Orientierungsgröße vorzugeben. Andernfalls gäbe es keine Lehrpläne für Schulen, keine Kulturförderung des Staates und keine öffentlich-rechtlichen Rundfunkanstalten. Die Suggestion, in der deutschen Verfassung sei schließlich nichts von einer Leitkultur zu lesen, sei Unsinn, weil zur Zeit der Entstehung des Grundgesetzes 1948/1949 sich die Frage nach einer Leitkultur gar nicht gestellt habe. Deutsche Kultur war Leitkultur, eine andere gab es nicht. Deshalb hätte ihre verfassungsrechtliche Kodifizierung gar keinen Sinn gehabt.[770]

5.3.3   Die Befürworter eines Grundwertekonsenses

Zwischen Befürwortern und radikalen Gegnern einer Nationalkultur befindet sich die große Gruppe von Verfechtern eines Integrationsansatzes, der auf einen verfassungspatriotisch-grundwerteorientierten Konsens vertraut. Die Vertreter dieses Konsenses teilen sich wiederum auf in Anhänger und Gegner des Leitkulturbegriffes. Die Anhänger des Leitkulturbegriffs begrüßen den Begriff „Leitkultur" als terminologisch zutreffend gewählt. Sie signalisieren ein Unbehagen an einem Leitkulturbegriffulturbegriff, wie ihn Bassam Tibi verwendet. Sie weisen darauf hin, dass sie eine Leitkultur meinen, die mehr sei als ein nur „rechtsstaatlich verkürzter Verfassungspatriotismus"[771]. Sie lehnen zwar einen Verfassungspatriotismus ab, der sich nicht zu seinen konkreten historischen und kulturellen Wurzeln bekennt, verzichten aber darauf, Inhalt und Reichweite dieses Bezugs zu präzisieren.

Zu Beginn der Leitkulturdebatte versuchten Spitzenpolitiker von CDU und CSU Friedrich Merz Flankenschutz zu geben. Im Vordergrund dieser Wortmeldungen stand die Neubestimmung deutscher Identität und der Rolle eines „weltoffenen Patriotismus". Kulturelle Bindung und Identität sei ein anthropologisches Grundbedürfnis, so ihre Argumentation. Deshalb setze die Leitkulturdebatte an der richtigen Stelle an. Es müsse möglich sein, über die Klammer, die Deutschland zusammenhalte, öffentlich zu diskutieren. Die Gründe, die zur Verteidigung der Leitkulturforderung angeführt wurden, liefen in zwei Richtungen. Die eine Richtung wurde repräsentiert durch die CDU-Parteivorsitzende Angela Merkel, die auf einen pragmatischen Umgang mit der Leitkulturfrage bedacht war. Im Wissen, dass wirtschaftliche Argumente in Deutschland immer mit besonderer Aufmerksamkeit aufgenommen werden, versuchte sie die Leitkulturdiskussion in die Nähe eines ökonomisch gebotenen Sachzwanges zu rücken. Sie war bestrebt, die Debatte dadurch zu rationalisieren, dass sie behauptete, die selbstbewusste Bestimmung deutscher Identität sei Voraussetzung, um in der globalisierten Welt des 21. Jahrhunderts bestehen und im internationalen Wettbewerb die deutschen Interessen angemessen wahrnehmen zu können. Eine normalisierte Selbstwahrnehmung sei der Weg in eine gleichwertige Partnerschaft mit den übrigen Nationen der Weltgemeinschaft.[772] Die andere Richtung wurde repräsentiert vom CSU-Politiker Alois Glück. Er versuchte sich auf der inhaltlich-wertbezogenen Schiene und beklagte die „aufgeregte" Leitkulturdebatte und die Anfeindungen gegenüber konservativen Positionen. Er warf den Leitkulturgegnern ein gebrochenes, mindestens aber ungeklärtes Verhältnis zu ihrem eigenen Land vor. Glück wies Vorwürfe, die den Fürsprechern einer deutschen Leitkultur Nationalismus unterstellten, zurück. Er verwies auf die Bedeutung eines selbstbewussten Patriotismus und einer Identifikation mit dem Nationalstaat.[773]

Fünf Jahre später gab der CDU-Politiker und damals neugewählte Bundestagspräsident, Norbert Lammert, der Diskussion in der Wochenzeitung „Die Zeit" vom 20. Oktober 2005 einen neuen Anstoß, als er in einem Interview von der Notwendigkeit einer Leitkultur für das Land sprach. Die Folge war eine ganze Serie von Beiträgen in verschiedenen Zeitschriften, aber auch ein von Lammert selbst herausgegebener Sammelband.[774] Die Diskussion der Jahre 2005/2006 war, vielleicht mit Ausnahme der Wortmeldungen der GRÜNEN-Politikerin Claudia Roth[775], weitgehend frei von hysterischen Tönen. Die Zwiespältigkeit der Positionen, die in der Leitkulturfrage vertreten wurden, ließ sie dafür umso ungeschminkter zutage treten. Diese Ambivalenz markierte aber nicht nur die Diskussion innerhalb der CDU, sondern war ein Kennzeichen der gesamtgesellschaftlichen Auseinandersetzung. Die Haltung der Debattenteilnehmer zur Leitkultur schwankte zwischen Distanzierung und vorsichtiger Affirmation. Bemerkenswert an der Debatte war, dass die verschiedenen Positionen nicht zuverlässig an politisch-ideologischen Grenzen festgemacht werden konnten. So begrüßte der damalige Chefredakteur der Wochenzeitung „Die Zeit" den Leitkulturbegriff geradezu begeistert[776], während ein anderer Teil der Befürworter eines Grundwertekonsenses ihn nur mit einer gewissen Zurückhaltung verwendete. Lammert beklagte: „Der Begriff ist missverständlich, erklärungsbedürftig, für viele provozierend und erschwert insofern die Diskussion, die er doch befördern möchte. Dabei geht es nicht nur um darum, was unsere Gesellschaft im Inneren zusammenhält, sondern vor allem auch darum, ob und wie dieser Zusammenhalt gewahrt, gepflegt und gefördert wird.[777] Aber die Frage, ob der Begriff Leitkultur glücklich oder unglücklich gewählt ist, ist nur wenig relevant. Das Missverständnis liegt in Wirklichkeit viel tiefer. Lammert selbst ist ein gutes Beispiel dafür. Auch er vermochte das Zwiespältige seiner eigenen Haltung letztlich nicht zu überwinden: „[…] die öffentliche Debatte in Deutschland über die normativen Grundlagen unseres demokratischen Staates und seiner Verfassungsordnung [ist] auffällig mutlos. Die sorgfältige Vermeidung von Festlegungen korrespondiert mit dem ausdrücklichen Bekenntnis zu Multikulturalität, Dialogbereitschaft und Toleranz, was immer das auch im Einzelnen bedeuten mag. Dabei ist die Multikulturalität unserer Gesellschaft empirisch ebenso offensichtlich wie die Notwendigkeit verbindlicher Regeln. […] Die begründeten Zweifel an dem Begriff dürfen aber nicht verdrängen, dass jede Gesellschaft einen Mindestbestand an gemeinsamen Überzeugungen und Orientierungen braucht, ohne die auch ihre Regeln und ihre gesetzlichen Rahmenbedingungen auf Dauer keinen Bestand haben. Kein politisches System kann ohne kulturelles Fundament gemeinsam getragener Überzeugungen seine innere Legitimation aufrechterhalten."[778] Was aber ist das „kulturelle Fundament gemeinsam getragener Überzeugungen"? Meint dieses „kulturelle Fundament" die nationale Kultur oder Tibis Wertekonsens oder ist es ein Bestand auslegungsbedürftiger Rechtsbegriffe, die aus ihrem kulturellen Hintergrund herausgelöst worden sind, um sie für die eingewanderten Kulturen mit abweichenden Wertevorstellungen akzeptabel zu machen? So wird die Formulierung vom „kulturellen Fundament gemeinsam getragener Überzeugungen" zum Kennzeichen einer tiefen Ratlosigkeit in der Frage nach deutscher Identität und integrationspolitischer Orientierung. So lassen die Anhänger eines Grundwertekonsenses einer oft scharfsinnigen Analyse eine umso inkonsequentere Haltung in ihren gesellschaftspolitischen Schlussfolgerungen folgen.

Die Niederlage der CDU-Politiker, die im Jahre 2000 in der öffentlichen Diskussion für eine „Leitkultur" gekämpft hatten, hatte ihre vielleicht wichtigste Ursache darin, dass der Leitkulturbegriff gedanklich offensichtlich nur mangelhaft durchdacht war. Die intellektuellen Anhänger des Leitkulturbegriffes, die bereits kurz darauf in die Diskussion einzugreifen begannen, waren wesentlich besser gerüstet. Leitkultur wurde zur bloßen Selbstverständlichkeit erklärt. Der rheinland-pfälzischer CDU-Politiker Christoph Böhr befand, den Deutschen fehle keine Leitkultur, es fehle ihnen lediglich der Mut anzuerkennen, dass sie eine Leitkultur haben. Eine Leitkultur, die die Deutschen anders sein lasse als Franzosen, Briten oder Schweizer.[779] Und der Publizist Josef Joffe schrieb: „ohne Leitkultur kommt ein Land nicht aus"[780]. Der Rechtswissenschaftler Josef Isensee bestand darauf, dass die Aufregung um den Leitkulturbegriff künstlich sei, weil es keine Gesellschaft und kein Land ohne Leitkultur gebe. Jedes Land habe seine Leitkultur, Frankreich eine französische, Polen eine polnische und die Türkei eine türkische. Leitkultur, so Isensee, meine etwas ganz Normales, das in Deutschland deshalb zum Problem werde, weil die Deutschen kein normales Volk seien. Die Deutschen hätten ihr seelisches Gleichgewicht verloren als Folge der historischen Katastrophe des Nationalsozialismus und neigten jetzt dazu, ihre ganze Identität, ihr Selbstbild und ihre über tausendjährige Geschichte ausschließlich auf 12 Jahre Hitler-Diktatur zu verkürzen.[781] Leitkultur sei schlicht eine Tatsache. Es komme darauf an, zwischen einer faktisch bestehenden und einer normativ geforderten Leitkultur zu unterscheiden. Und die normative Leitkultur, wie sie auch in der deutschen Verfassung verankert sei, habe ihre Wurzeln in der christlich-abendländischen Idee vom würdebegabten, mit Personalität ausgestatteten und zur Freiheit fähigen Menschen.[782]

Die Anhänger eines Grundwertekonsenses betonen, in einer Gesellschaft, die zunehmend multikulturell geprägt sei, gehe es nicht ohne „die Verständigung über gemeinsame und verbindliche Werte und Überzeugungen". Eine Gesellschaft, die sich für die Vielfalt entscheide, entscheide sich gleichzeitig dazu, unvermeidliche Konflikte zu ertragen. Die Voraussetzung für die Konfliktfähigkeit einer Gesellschaft sei jedoch der Konsens, die Vereinbarung und Geltung gemeinsamer Orientierungen und Regeln. Ohne ein Mindestmaß an Gemeinsamkeit ertrage eine Gesellschaft auch keine Vielfalt. Die Vorstellung, dass alles gleichzeitig gelten könne, bedeute im Ergebnis, dass nichts wirklich gelte.[783] Einbürgerungstests reichten nicht aus, wenn Einwanderer und Einheimische sonst in unverbundenen parallelen Welten lebten. Nachgereichte Loyalitätserklärungen und Verfassungsbekenntnisse genügten nicht, wenn sich nicht zuvor ein Minimum an staatsbürgerlichen Gemeinsamkeiten zwischen Alt- und Neubürgern entwickelt habe.[784]

In dieser Abstraktheit formuliert sind die Forderungen nach gemeinsamen Orientierungen und Regeln kaum umstritten. Anhänger wie Gegner des Leitkulturbegriffes reklamieren den Verfassungspatriotismus als Grundlage des gesellschaftlichen Zusammenlebens. Allerdings haben die Anhänger des Leitkulturbegriffes Zweifel, ob sich der gesellschaftliche Konsens allein auf einen Verfassungspatriotismus stützen könne: Leitkultur ist also mehr und muss mehr sein als (bloßer) Verfassungspatriotismus.[785] Lammert macht, nicht ohne den Versuch, sich bei Habermas abzusichern, geltend, dass der „gut gemeinte Appell zum Verfassungspatriotismus nicht aus[reiche] – schon gar nicht als Ersatz für grundlegende Wertentscheidungen und kulturelle Orientierungen."[786] Kultur sei die Voraussetzung einer Verfassung. Die Verfassung setze nur in Rechte und Pflichten um, was historisch und kulturell gewachsen sei. Bestand und Wirkung könne das Recht also nur haben, wenn sich seine kulturellen Grundlagen nicht verflüchtigten. Habermas wiederum wird mit der Passage zitiert, es sei ein weitverbreitetes Missverständnis, wenn Verfassungspatriotismus so interpretiert werde, dass sich die Bürger lediglich die abstrakten Verfassungsprinzipien anzueignen hätten. Vielmehr gehe es darum, sich die Verfassung aus dem Kontext der nationalen Geschichte zu erschließen. Denn wenn der moralische Gehalt von Grundrechten zu einer Gesinnung werden soll, dann genüge die nur kognitive Erfassung ihres Inhaltes nicht.[787] An diesem Punkt versteht Lammert Habermas falsch. Habermas will zwar die Verfassung aus dem Kontext der nationalen Geschichte erschließen, aber der Zusammenhang zwischen der nationalen Geschichte und der nationalen Kultur ist für ihn ausschließlich negativ bestimmt. Die nationale Geschichte dient ihm lediglich dazu, die entscheidenden Argumente für die Überwindung der nationalen

Kultur zu gewinnen, um zu einem entnationalisierten, kosmopolitisch fixierten Begriff des Verfassungspatriotismus zu kommen.

Der Theologe und Soziologe Lothar Roos glaubt, dass moderne Gesellschaften ohne Solidarität nicht weit kommen. Er vertritt die Auffassung, dass die wachsende Globalisierung eine zunehmende soziale Unsicherheit erzeugt, die sich nur auf dem Boden nationaler Solidargemeinschaften auffangen lässt. Ohne eine nationale Leitkultur jedoch gebe es keine Solidarität, weder eine nationale noch eine weltweite.[788] Gesellschaften seien vom Zerfall bedroht, falls sie keine Homogenität im Sinne einer sozial-ethischen Kultur aufwiesen. Diese sozial-ethische Kultur ist für Roos Leitkultur; sie sei ein Instrument menschlicher Gesellschaft, die sie im Kern zusammenhalte. Von jedem in Deutschland lebenden Menschen müsse erwartet werden, dass er sich die deutsche Ausprägung der sozial-ethischen Leitkultur zu eigen mache. Diese sozialethische Kultur oder Leitkultur wird von ihm definiert als: „spezifisches Beziehungsgefüge von Grundwerten und den zu ihrer Realisierung wichtigen gesellschaftlichen Strukturen (Institutionen) sowie jenen Verhaltensweisen (Tugenden), die von den Menschen in der jeweiligen Kultur allmählich herausgebildet wurden, um die Werte lebendig und die sozialen Strukturen funktionsfähig zu halten."[789]

Die verfassungspatriotisch-grundwerteorientierten Kritiker des Leitkulturbegriffes halten das Wort für einen terminologischen Missgriff. Inhaltlich deckt sich ihre Position aber weitgehend mit der der Befürworter. Gerade wo es um die Rolle der Verfassung geht, herrscht zwischen beiden Gruppen inhaltliche Übereinstimmung. Das Bindemittel des Zusammenlebens aller Bürger fände sich im Grundgesetz. Allerdings sehen die meisten Anhänger des Begriffes über die Verfassung hinaus die Notwendigkeit einer Orientierung an der Kultur der Aufnahmegesellschaft, auch wenn diese Notwendigkeit nur vage angedeutet wird. Die Kritiker des Begriffes sind nicht weniger unbestimmt. Die meisten von ihnen wollen die kulturellen Bezüge nur gelten lassen, soweit sie in der Verfassung angelegt sind.

Hauptangriffspunkt der prominenten Kritiker des Leitkulturbegriffes ist seine terminologische Unschärfe beziehungsweise seine vermeintliche Unbrauchbarkeit. Die Unbrauchbarkeit rühre daher, dass in dem Leitkulturbegriff negative Konnotationen mitschwingten. Der Begriff sei „diffus", er sei emotionsgeladen und behindere deshalb eine Problemlösung eher als dazu beizutragen. Der Leitkulturbegriff sei ein Ausdruck geistiger Enge und erzeuge bei vielen Menschen Aggressionen. Er sei widersprüchlich, verschwommen und lade zu Missbrauch ein, er sei irreführend, signalisiere Überlegenheit oder gar „vermeintliche Höherwertigkeit einer bestimmten Kultur". Der Begriff suggeriere „eine Rangfolge von Kulturen, in der eine die Leitkultur, andere aber notwendigerweise nachrangige Kulturen darstellen". Vom „Leiten" sei es nicht weit zum „Führen", außerdem signalisiere „Leitkultur" Ausgrenzung.[790] Leitkultur steht bei den Gegnern des Begriffes in Verruf. Die typischen Gegner des Leitkulturbegriffes machen den notwendigen Gesellschaftskonsens ausschließlich im deutschen Grundgesetz fest und wehren sich gegen die Vorstellung, das Fundament des gesellschaftlichen Zusammenlebens müsse aus der deutschen Nationalkultur kommen. Allerdings finden sich unter den Gegnern des Leitkulturbegriffes auch solche Stimmen, die in der deutschen Kultur durchaus eine gemeinsame Basis sehen und es deshalb für einen Fehler halten, die Frage nach der kollektiven Identität allein auf eine politische Identität in Form eines Verfassungspatriotismus zu verkürzen. Sie warnen davor, kulturelle Identität zu tabuisieren.

Angesichts der historischen Erfahrung des Nationalsozialismus sei nämlich zu klären, ob und wenn ja, welchen Beitrag Nationalkultur zur gesellschaftlichen Entwicklung im 21. Jahrhundert liefern könne.[791] Der Theologe Richard Schröder, ehemaliger SPD-Fraktionsvorsitzender in der DDR-Volkskammer, wendet sich gegen die Vorstellung, die Menschenrechte reichten als normative Grundlage des gesellschaftlichen Zusammenlebens aus, während alles andere jedem frei zur Disposition stehe, denn es gebe in Deutschland weitaus mehr an uneingeschränkt verbindlichen Normen als nur die Menschenrechte, die Verfassung und die Gesetze. Es gebe auch Verbindlichkeiten im gesellschaftlichen Zusammenleben, die zwar nicht erzwingbar, aber für ein gedeihliches Zusammenleben in einem Gemeinwesen trotzdem unverzichtbar seien und sich auf die deutsche Kultur zurückführen ließen.[792]

Eine Denkfigur eigener Art bietet die ehemalige Präsidentin des Bundesverfassungsgerichtes, Jutta Limbach, auf. Sie bringt die Ratlosigkeit der verfassungspatriotisch-grundwerteorientiert argumentierenden Anhänger, aber auch der Gegner des Leitkulturbegriffs auf den Punkt.[793] Das Grundgesetz und die gesamte Rechtsordnung seien auch für die Einwanderer verbindlich. Allerdings bleibe offen, wie erreicht werden könne, dass die staatlichen Normen auch im Alltag akzeptiert oder wenigstens respektiert würden, denn die im Grundgesetz verankerten Menschen- und Bürgerrechte schüfen allein noch keine humanistische Tradition. Limbach fragt, worauf sich in Zeiten der Krise ein Staat, der die Gewissens- und Glaubensfragen in die Privatsphäre seiner Bürger ausquartiert und in der Form eines Grundrechtes privilegiert hat, stützen könne. Sie kommt einerseits zu der Antwort, dass die Sozialmoral, die die ethische Basis für die Verfassungsordnung ist, aus den vielfältigen Quellen der Bürgergesellschaft schöpfe. Andererseits stellt sie fest, dass die Vielfalt von sozialmoralischen Anschauungen und sozialen Normen, wie sie die pluralistische und sich multikulturell entwickelnde Gesellschaft in Deutschland kennzeichnet, nicht auf einen Nenner mit einem europäisch geprägten Wertekonsens gebracht werden könne. Die wachsende Vielfalt der Kulturen innerhalb der nationalen Grenzen führe unvermeidlich zu Spannungen und Konflikten, andererseits stehe kein Wertekonsens für eine Konfliktlösung zur Verfügung. Deshalb gehe es darum, einen pragmatischen interkulturellen Suchprozess anzuregen, der sich nicht an der Verständigungsgrundlage einer gemeinschaftlich geteilten Kultur orientiere. Der interkulturelle Dialog, so Limbach mit Berufung auf Jürgen Habermas, verlange mehr als einen bloßen Austausch, sondern schließe die Bereitschaft ein, „unserem Denken zuwiderlaufende Verhaltensweisen und Lebensentwürfe aus der Perspektive des anderen zu verstehen"[794]. Gefordert sei ein hohes Maß an Empathiefähigkeit, Offenheit und Vorurteilsfreiheit, an Selbstkritikvermögen und Verstehenwollen der jeweils anderen Kultur, ohne dass daraus eine moralische oder politische Anerkennung der Denk- und Handlungsmuster der anderen Kulturen folge. Bis zu diesem Punkt scheint Limbach auf den wohl bekannten Pfaden des interkulturellen Paradigmas zu wandeln. In Wirklichkeit aber sitzt sie fest zwischen der Anerkennung unüberbrückbarer kultureller Unterschiede und einem Beharren auf europäischen Wertmaßstäben. Ihre widersprüchliche Haltung zeigt sich ganz und gar, wenn sie mit Verweis auf den schwierigen Dialog mit Religionen wie dem Islam, der auf seinen Absolutheitsanspruch offensichtlich nicht verzichten kann, darauf besteht, dass es möglich sein müsse, den anderen bekehren zu wollen: „Die Religionsfreiheit der mit uns zusammenlebenden Minderheit zu respektieren, schließt auch nicht aus, der Ausbreitung ihrer Religion mit geistigen Mitteln entgegenzuwirken."[795]

5.3.4   Kritik der Befürworter eines Grundwertekonsenses

Anhänger und Kritiker des Leitkulturbegriffs sind sich einig, dass die Integration der Gesellschaft einen Wertekonsens erfordert, den sie im Grundgesetz verankert sehen. Allerdings empfindet ein Teil der Befürworter eines Grundwertekonsenses Unbehagen an einem Wertekonsens ohne kulturellen Bezug, weil das Grundgesetz selbst einen konkreten historisch-kulturellen Hintergrund habe. Diesen historisch-kulturellen Hintergrund zu ignorieren verrate eine kulturrelativistische Position, die zwangsläufig in einen Werterelativismus münde. Kulturrelativismus bedrohe also den gesellschaftlichen Zusammenhalt, führe in das werterelativistische Abseits von Parallelgesellschaften und riskiere den Zerfall der Gesellschaft.[796] Diese Erkenntnis ist der Anknüpfungspunkt der Kritik. Die Befürworter eines Grundwertekonsenses, so der Vorwurf, bleiben auf halber Strecke stehen. Die Befürworter bemängelten zu Recht, dass die Identifikation mit dem Verfassungsstaat, seiner Rechtsordnung und seinen demokratischen Institutionen die historisch-kulturelle Selbstvergewisserung und die Identifikation mit der eigenen Nation und ihrer Geschichte nicht ersetzen kann.[797] Bezogen auf die Integration von Einwanderern werde dieser Ansatz aber nicht konsequent zu Ende gedacht. Es sei ein Widerspruch, wenn einerseits die Anerkennung kultureller Unterschiede Grundlage der Integrationspolitik sein soll, gleichzeitig aber ein gemeinsames kulturelles Fundament für das Zusammenleben von Einwanderern und Einheimischen gefordert werde.

Dieser Widerspruch kennzeichnet nicht nur die Position vieler CDU-Politiker, sondern geht darüber hinaus. So etwa, wenn Jutta Limbach einerseits die Einwanderung fremder Kulturen und Religionen als Chance für einen gegenseitigen Lernprozess betrachtet, andererseits aber der Ausbreitung des Islam in Deutschland mit geistigen Mitteln entgegenwirken möchte. Oder wenn der damalige nordrhein-westfälische Integrationsminister, Armin Laschet, sich gewissermaßen eine Leitkultur ohne Leitkultur wünscht: Einerseits ist für ihn das Grundgesetz nicht verhandelbar. Andererseits hegt er die Vorstellung, die Mehrheitsgesellschaft könne den Einwanderern keine „deutsche Leitkultur" abverlangen, da eine Leitkultur auch bei den Immigranten auf Akzeptanz stoßen müsse. Deshalb müsse die Aufnahmegesellschaft zusammen mit den Einwanderern eine gemeinsame Leitkultur erarbeiten.[798]

Wenn das Grundgesetz, so die Kritik, aber nicht verhandelbar sein soll, dann dürfen auch seine kulturellen Grundlagen nicht verhandelbar sein. Sie müssen im Gegenteil gerade die gesellschaftliche Kultur (Leitkultur) ausmachen und gegebenenfalls die „conditio sine qua non" einer Einwanderungserlaubnis darstellen. Es ist eine Illusion zu glauben, es gebe eine Integration in die verfassungsrechtlichen Strukturen ohne die gleichzeitige Übernahme ihrer kulturellen Grundlagen. Die kulturellen Grundlagen aber seien Voraussetzung einer sozial-ethischen Leitkultur, ohne deren Internalisierung die Einwanderer die Verfassungswerte nicht wirklich leben könnten (Roos). An diesem Punkt, so die Kritik, versage die Argumentation der Befürworter eines Grundwertekonsenses, denn selbst wenn sie über einen rein verfassungspatriotisch-grundwerteorientierten Ansatz hinaus die Notwendigkeit für einen Verfassungspatriotismus mit kulturellem Bezug sähen, scheuten sie letztlich davor zurück, die logische Schlussfolgerung aus dieser Notwendigkeit zu ziehen und die kulturelle Assimilation oder Akkulturation der Einwanderer zu fordern.

5.3.5   Die radikalen Gegner einer Leitkultur

Die radikalen Gegner einer Leitkultur lehnen nicht nur den Begriff scharf ab, sondern auch die Vorstellung, dass die gemeinsame Grundlage der Gesellschaft auf kulturellen Gemeinsamkeiten beruht: „Sollten unsere kulturellen Werte, die der deutlich christlich geprägten westlichen Zivilgesellschaft, tatsächlich die alles zusammenspannende Norm sein?"[799] Die radikalen Gegner einer Leitkultur finden sich überwiegend bei den Grünen oder der Linken. Aber sie rekrutieren sich nicht nur aus dem grün-alternativen, anarchistisch-antifaschistischen, liberalen oder linken Spektrum, sondern häufig auch aus eingewanderten Intellektuellen, vornehmlich solchen, deren Wurzeln in außereuropäischen Kulturen liegen. Inhaltlich sehen sie die Grundlage für das Zusammenleben von Einwanderern und Einheimischen ausschließlich in einem verfassungspatriotisch-menschenrechtlichen Konsens. Über diesen Konsens hinaus verneinen sie die Notwendigkeit jeder weiteren, insbesondere kulturellen Gemeinsamkeit der Gesellschaftsmitglieder. Ihre Idealvorstellung ist ein kulturell entkernter Begriff der deutschen Nation. Ihre ideologische Grundlage ist der von ihnen adaptierte Begriff des Verfassungspatriotismus. Der Begriff „deutsch" wird, wie bei Tibi, entethnisiert und entkulturalisiert gesehen. Er dient nur noch dazu, eine formell verstandene Staatsangehörigkeit zu bezeichnen und damit von anderen Staatsangehörigkeiten zu unterscheiden. An die Stelle der deutschen tritt eine kosmopolitische Identität als gemeinsame Identität aller in Deutschland lebenden Staatsbürger. Neben der gemeinsamen kosmopolitischen Identität behalten die Bürger ihre jeweiligen Herkunftsidentitäten bei. Deutschland repräsentiert keine bestimmte Kultur mehr, sondern ist nur noch geographische Bezeichnung. Die Bewohner Deutschlands, die über eine deutsche Identität verfügen, bilden unter den Verhältnissen eines entwickelten Kulturpluralismus nur noch eine ethnokulturelle Gruppe unter vielen anderen. Eine deutsche Identität, die ein kulturelles Selbstverständnis meint, das alle Bürger umfasst, gibt es nicht mehr.

Das gemeinsame Bekenntnis der radikalen Gegner einer Leitkultur lässt sich in dem Satz zusammenfassen: „Vor dem Grundgesetz sind alle gleich, in einer Leitkultur nicht."[800] In ihrer scharfen Ablehnung des Leitkulturbegriffes scheuen die radikalen Gegner einer Leitkultur auch Entgleisungen nicht. Der türkischstämmige Schriftsteller Feridun Zaimoglu unterstellt den Fürsprechern einer deutschen Leitkultur „rassistische Hetze"; die Bundesvorsitzende von „Bündnis 90/Die Grünen", Claudia Roth, nennt „Leitkultur" ein „Begriffsunglück" oder ein „Phantasma". Sie wittert im Leitkulturbegriff die Vorstellung einer „nationalkulturelle[n] Über- und Unterordnung"[801]; Hartwig Pautz fasst die Leitkulturdebatte mit der Behauptung zusammen, dass „die neorassistische Sorge um den Erhalt von kultureller Identität und die damit verbundene Konstruktion von absolut verschiedenen Kulturkreisen Eingang in die ‚Ausländerpolitik' gefunden haben, die damit ihren Umgang mit ImmigrantInnen optimiert hat."[802]

Dieter Oberndörfer hält die Forderung nach einer für alle verbindlichen Leitkultur für unvereinbar mit einer demokratischen Verfassung. Die im modernen Verfassungsstaat verankerten Grundrechte schützten nämlich die individuelle Freiheit der Kultur, des religiösen Glaubens und der religiösen Praxis sowie der Weltanschauung. Aus dem Grundrecht der individuellen Freiheit im liberalen Verfassungsstaat folge, dass Kultur keine verbindlich vorgegebene kollektive Orientierungsgröße sein könne. Im liberalen Rechtsstaat gebe es keine nationalen

Religionen oder Leitkulturen, die für ihre Bürger verbindlich gemacht werden dürften. Die Kultur der Bürger der Bundesrepublik Deutschland könne immer nur der gesamte und in sich überaus vielfältige Vorrat an kulturellen Werten aller deutschen Staatsbürger sein.[803] Jeder Versuch, einem Deutschen eine bestimmte Religion, Konfession oder Leitkultur als nationale Pflichteigenschaft vorzuschreiben, sei ein Anschlag auf den Geist und die Bestimmungen des Grundgesetzes. Dies gelte „insbesondere auch für die religiöse Praxis wie z.B. die Behinderung des Baus von Moscheen."[804] Wer den Islam ignoriere, nehme den Muslimen die Möglichkeit, von ihren Werten her einen Beitrag für das demokratische Gemeinwesen zu leisten. Er unterbinde auch die zaghaften Versuche, den Islam neu zu interpretieren und leiste damit den Hasspredigern Vorschub.[805]

Selbst die Version von Leitkultur, die Bassam Tibi vorgeschlagen hat, hält Oberndörfer für unzulässig. Das Grundgesetz berufe sich nämlich auf die Würde des Menschen („Die Würde des Menschen ist unantastbar", Artikel 1 Abs. 1 GG) und nicht nur auf die Würde der eigenen Nation und seiner Bürger. Die Grundrechte beanspruchten also universale Geltung. Damit müsse sich das genuin Deutsche der Leitkultur zwangsläufig verflüchtigen. Aus denselben Gründen könne es aber auch keinen Rückgriff auf eine europäische Leitkultur als Leitkultur Deutschlands geben. Auch wenn die Nation mit einer bestimmten kulturellen Überlieferung verbunden sei, so hätten die Bürger individuell darüber zu entscheiden, ob sie sich dieser Überlieferung anschließen wollten oder nicht.[806] Seine universalistisch-kosmopolitische Auffassung vom Wesen des liberalen Rechtsstaates unterstreicht Oberndörfer mit der Feststellung, dass Deutschland erst dann den Namen einer Republik verdiene, wenn das Fremde und die Fremden konstituierende Elemente einer solchen Republik werden. Das geschieht dann, wenn ihre Integration in das politische System ihre Fremdheit unangetastet lässt. Von diesem Ziel wähnt Oberndörfer Deutschland noch weit entfernt und fordert deshalb zunächst einmal eine „kritische Bestandsaufnahme der deutschen republikanischen Traditionen". Auch der Rückgriff auf die Revolution von 1848 führe auf den Holzweg alter nationaler Denkmuster. 1848 hätten ethnischer Nationalismus und weltbürgerliche Bekenntnisse unverbunden und unreflektiert nebeneinander gestanden. „Die ‚Deutschen' wollten zwar eine Republik, aber dennoch unter sich bleiben; sie wollten eine Republik nur für Deutsche."[807]

Die radikalen Gegner einer Leitkultur betonen, dass in Deutschland der kulturelle Pluralismus längst eine unumstößliche empirische Tatsache und zugleich ein hoher Wert sei. Deutschland sei heute bereits ein multikulturelles Land mit einer kaum überschaubaren Vielfalt und Buntheit verschiedener Kulturen. Aber der gesellschaftliche Pluralismus stoße immer noch auf geringe Akzeptanz. Das zeige sich beispielhaft in Angriffen auf die sogenannten Parallelgesellschaften, die als Folge der Einwanderung entstünden. Die bunte und zunehmende Vielfalt von oft wenig miteinander verbundenen Parallelgesellschaften oder Lebenswelten sei aber gerade für moderne Gesellschaften charakteristisch. Es sei zutreffend, dass sich die Lebensweise der Einwanderer häufig sehr von der der Einheimischen unterscheide. Blicke man allerdings auf die verschiedenen Lebenswelten, entdecke man, dass auch Studenten, junge Familien, Arbeiter, Wissenschaftler, Katholiken, Protestanten oder rüstige Rentner in eigenen Lebenswelten lebten. Daher komme man unweigerlich zu der Schlussfolgerung: „Sie, genauer, wir alle leben in Parallelgesellschaften."[808] Empirisch betrachtet könne von einer einheitlichen Lebensweise in Deutschland keine Rede sein. Die

Heterogenität der unterschiedlichen Lebensweisen und Lebensstile sei vielmehr als kollektive Verwirklichung persönlicher Autonomie zu verstehen, wie sie vom Grundgesetz ausdrücklich geschützt werde. Der vom Grundgesetz garantierte Pluralismus erlaube Parallelgesellschaften nicht nur, sondern fördere sie geradezu.[809] Kultureller Pluralismus und Individualismus seien nicht zu vereinbaren mit dem statischen Konzept einer nationalen Kultur, die von ihren Bürgern wie in einem Museum konserviert werden müsse. Das Konstrukt einer Nationalkultur sei immer fiktiv gewesen, weil es nur denkbar sei um den Preis kultureller Abschottung und nur unter der Voraussetzung, dass die konfliktbehaftete Vielfalt der Kulturen und der ständige kulturelle Wandel ignoriert werde. Der verfassungsrechtlich garantierte Anspruch auf kulturelle Freiheit schaffe die Voraussetzung dafür, dass individuelle und kollektive kulturelle Vorlieben sich ständig wandeln. Deshalb sei es auch legitim, wenn sich einzelne Bürger oder Gruppen für die Erhaltung oder Verbreitung ihrer eigenen kulturellen Werte und Überlieferungen engagierten. In diesem Sinne sei es sogar möglich, von einer Leitkultur zu reden, allerdings unter der Bedingung, dass diese Leitkultur nicht als Kultur des *gesamten* Gemeinwesens ausgegeben werde. Die Kultur des gesamten Gemeinwesens umfasse immer die Gesamtheit der verschiedenen kulturellen Werte und Vorlieben aller Staatsbürger. Mit der zahlenmäßigen Zunahme der muslimischen Bürger würden daher auch religiöse Überzeugungen des Islam zu einem Bestandteil der Kultur der Bundesrepublik Deutschland.[810]

Der Pluralismus als grundlegendes gesellschaftliches Strukturprinzip beansprucht im liberalen Rechtsstaat umfassende Geltung. Im liberalen Verfassungsstaat haben die Bürger das Recht, ihre kulturellen Werte individuell zu leben. Ansprüche kollidieren, Konflikte ergeben sich zwischen den Individuen und Gruppen. Die gesamtgesellschaftliche Kultur besteht aus verschiedenen Subkulturen mit unterschiedlichen oder gar gegensätzlichen und häufig miteinander unvereinbaren Werten, Vorstellungen und Verhaltensweisen. Die Grenzen für diesen mitunter brisanten Pluralismus machen die radikalen Gegner einer Nationalkultur ausschließlich an der (entkulturalisierten) Verfassung fest. Die Grenzen des Pluralismus werden also nicht durch gemeinsame „Werteordnungsmodelle wie die Leitkultur"[811] gezogen, sondern durch bloße Verfahren zur Konfliktlösung oder durch die Befolgung von Verfassung und Rechtsordnung: „Rechtsbefolgung ist der Mindeststandard an Verhaltenserwartung einer liberalen Gesellschaft gegenüber ihren Bürgern – und damit zugleich auch ihre Grenze."[812]

Für Kötter steht statt Leitkultur Rechtskultur auf der Tagesordnung, das heißt, Einwanderer müssten befähigt werden, das Recht der deutschen Aufnahmegesellschaft kennenzulernen, zu verstehen und sich damit zu identifizieren. Diesen Prozess einer „normativen (Ersatz-) Sozialisation" müsse man sich vorstellen wie die Resozialisierung von Straftätern mit dem Ziel, die rechtlichen Normen der Gesellschaft zu erkennen, zu befolgen und zu verinnerlichen.[813]

Am originellsten ist der Ansatz der radikalen Gegner einer Leitkultur dort, wo sie auf die Entethnisierung der kulturellen Identität Deutschlands, die Abschaffung der deutschen Kultur als hegemonialer gesellschaftlicher Kultur, die kulturelle Entkernung Deutschlands zu sprechen kommen. An die Stelle der hegemonialen gesellschaftlichen Kultur rückt eine multikulturelle und kosmopolitische Patchwork-Kultur als Nationalkultur. Sie ist verbunden mit der Schaffung einer synthetischen Identität der in Deutschland lebenden Bürger auf der Grundlage eines am Grundgesetz orientierten Verfassungspatriotismus.

Während sich die gemäßigten Gegner einer Leitkultur wie etwa Limbach noch nicht ganz von ihrer widersprüchlichen Haltung befreien können, die zwischen der Anerkennung der kulturellen Unterschiede und dem Beharren auf einem europäisch-deutsch geprägten Wertekonsens hin und her pendelt, denken die radikalen Gegner einer Leitkultur das künftige Deutschland konsequent als multikulturelles Land. In diesem Denkansatz ist deutsche Kultur nur eine unter vielen anderen Kulturen in Deutschland. Die Bundestagsabgeordnete der Grünen, Ekin Deligöz, beschreibt ihre persönliche Doppelidentität nicht als türkisch-deutsch oder als deutsch-türkisch, sondern als schwäbisch-türkisch oder türkisch-schwäbisch. Damit ist „deutsch" als Identitätsmerkmal nicht mehr relevant. Wenn Deligöz bekennt, dass sie sich immer auch als eine ethnische Türkin fühlen wird, wird klar, dass sich „das Deutsche" ihrer Existenz nur auf eine formal verstandene Staatsangehörigkeit, den Besitz eines Passes, bezieht.[814] Die bislang selbstverständliche Kongruenz von Nationalität und Staatsangehörigkeit ist damit aufgehoben: Staatsangehörigkeit deutsch, Nationalität türkisch.

Noch pointierter distanziert sich der in Deutschland geborene iranisch-deutsche Doppelstaatsangehörige Navid Kermani von der deutschen Kultur, soweit sie als bestimmendes Kollektivmerkmal der in Deutschland lebenden Menschen gedacht wird: „Eine Kultur, deren Idealen und Werten ich eine gewisse Verbindlichkeit für unser Gemeinwesen zuspräche, kann ich mir nur europäisch denken. Das Deutsche ist für mich definitiv nichts Leitendes […]. Leitend an Deutschland ist keine schwer definierbare Kultur, sondern das Grundgesetz […]. Die Grundlage und tragende Orientierung unserer Gesellschaft ist das Grundgesetz. Es ist die deutsche Ausprägung von Werten, die in ihrem Kern für mich nichts Deutsches haben, sondern universal sind."[815]

Vielleicht ist es kein Zufall, dass die radikalen Gegner einer Leitkultur mit Vorliebe vom „Gemeinwesen" statt von „Land" oder „Deutschland" sprechen, passt diese Redeweise doch am genauesten zur Vorstellung einer entethnisierten Staatsbürgernation. Der ehemalige Vorsitzende der Türkischen Gemeinde in Deutschland und Bundestagsabgeordnete der Partei der Linken, Hakki Keskin, der in seinem Aufsatz unter dem Titel „Verfassungspatriotismus anstelle einer Leitkultur!"[816] Furcht und Abneigung gegen die Möglichkeit einer Assimilation thematisiert, landet am Ende folgerichtig bei der Forderung, Einwanderer seien einzubürgern bei gleichzeitigem Anspruch auf Beibehaltung ihrer bisherigen Staatsbürgerschaft. Diese Position entspricht auch dem Integrationsmodell des türkischen Ministerpräsidenten Erdogan, der seine in Deutschland lebenden Landsleute selbst dann noch als loyale Träger und entschlossene Interessenvertreter des Türkentums betrachtet, wenn sie die deutsche Staatsangehörigkeit längst besitzen. Auffällig bei den radikalen Gegnern mit Einwanderungshintergrund sind die pointiert demonstrative Bejahung des Grundgesetzes, die enthusiastische Befürwortung eines Verfassungspatriotismus und die Betonung der Universalität der Werte der deutschen Verfassung. Diese Haltung dient der Legitimation eines entethnisierten Staatsbürgerschaftsverständnisses. Ein entethnisiertes Staatsbürgerschaftsverständnis beharrt auf Beibehaltung und öffentliche Förderung der mitgebrachten nationalen und kulturellen Identität der Immigranten und verweigert gleichzeitig die Annäherung an die nationale und kulturelle Identität der Aufnahmegesellschaft.

Der Grünen-Vorsitzende Cem Özdemir hat die Sichtweise des entethnisierten Deutschland-Verständnisses am klarsten formuliert: „Deutschsein sollte zuallererst […] die Identifikation mit unserer Verfassung und der Gültigkeit universeller(!) Menschenrechte […] sowie der politischen Kultur bedeuten. Das ist das Dach, unter dem dann private kulturelle Selbstverwirklichung stattfindet. Und das wiederum bedeutet dann Multikulturalismus […]."[817] Eine schöne Metapher für diese Vorstellung ist das Bild der bunten „Wohngemeinschaft Deutschland" (Bundeszentrale für politische Bildung). Deutsche Kultur als nationale gesellschaftliche Kultur und deutsche Identität als kollektive Selbstbeschreibung der deutschen Staatsbürger habe keine Bedeutung mehr. Staatsbürgerschaft und kulturelle Praxis sind völlig entkoppelt. *Das bedeutet Deutschsein ohne deutsch zu sein.* Damit ist die ethnisch und kulturell homogene Nation um ihre Daseinsberechtigung gebracht. Kultur ist zunächst Privatsache. Die politische Konsequenz dieser Vorstellung ist: Alle im Land befindlichen Kulturen haben gleichermaßen oder keinen Anspruch auf Entfaltung im öffentlichen Raum. Das eigentliche Ziel der radikalen Leitkulturgegner ist es, unter dem Deckmantel des Verfassungspatriotismus Deutschland abzuschaffen.

5.3.6   Kritik der radikalen Gegner der Leitkultur

Die Gegner von Leitkultur und Nationalkulturkonzept begründen ihre Ablehnung, indem sie sozialtheoretische mit verfassungsrechtlichen Argumenten verknüpfen. Sie berufen sich u.a. auf den Soziologen Niklas Luhmann, der behauptet, dass eine systemübergreifende Einheit in der modernen, funktional differenzierten Gesellschaft nur eine Fiktion sein kann. Der argumentative Ausgangspunkt besteht in der Behauptung, die moderne Gesellschaft sei durch ein Nebeneinander verschiedener Kulturen und gesellschaftlicher Gruppen so unheilbar pluralistisch, dass grundlegende kulturelle Gemeinsamkeiten der Bürger, die über die Verfassungsgrundsätze hinausreichen, undenkbar geworden seien. Man müsse die Vorstellung einer kulturell weitgehend homogenen Gesellschaftsstruktur aufgeben.[818] Das Schicksal der modernen Gesellschaft sei es, gewissermaßen eine Gesellschaft der Parallelgesellschaften zu sein.

Der argumentative Ausgangspunkt der radikalen Leitkulturgegner, dass, empirisch betrachtet, von einer einheitlichen Lebensweise in Deutschland keine Rede sein kann, trifft in der tat zu. Allerdings hat es eine einheitliche Lebensweise spätestens seit den frühen Hochkulturen nicht mehr gegeben. Wirkliche lebensweltliche Homogenität ist allenfalls bei den überschaubaren Einheiten der frühmenschlichen Urgesellschaft zu finden. Alle Gesellschaften aber, in deren Verhältnisse wir dank schriftlicher Überlieferung Einblick haben, lassen ein Bild sozialer und funktionaler Differenzierung erkennen. Das gilt für die frühen Gesellschaften Mesopotamiens oder Ägyptens genauso, wie für die antiken Gesellschaften der Phönizier, Griechen und Römer, aber auch für die soziale Welt des Mittelalters. Lebenswelten sind und waren folglich nie absolut, sondern bestenfalls relativ homogen. Natürlich hat die soziale und funktionale Differenzierung im Zuge des technologischen Fortschritts der Menschheit zugenommen. Aber sie ist kein ausschließliches Kennzeichen der industriellen und postindustriellen Gesellschaften.[819] Allenfalls die ausgeprägte individuelle Differenzierung im Sinne einer Individualisierung der Lebenswelten und Lebensstile unterscheidet die postindustrielle Entwicklungsphase von ihren historischen Vorgängerformationen. Die individuelle Differenzierung ist das Resultat einer vorangeschrittenen und möglicherweise weiter zunehmenden Auflösung festgefügter Bindungen an Klasse, Schicht, sozialmoralisches Milieu, Familie/Großfamilie. Es gibt aber weder empirische Belege noch überzeugende analytische Gründe für die These, dass die individuelle Differenzierung im Widerspruch steht zur Möglichkeit einer gemeinschaftlichen Identität oder eines gemeinsamen Wertesystems. Im Gegenteil: Die Auflösung festgefügter Bindungen an feudalständische Lebensformen seit der Französischen Revolution scheint die Voraussetzung dafür gewesen zu sein, dass sich nationale Identität und demokratische Lebensweise überhaupt bilden und gesellschaftlich durchsetzen konnten. Soziale, funktionale und individuelle Differenzierungsprozesse sowie multiple Zugehörigkeiten der Gesellschaftsmitglieder zu unterschiedlichen sozialen Rollen, Lebensstilen und Lebenswelten zwingen Gesellschaften geradezu, sich auf gemeinsame Grundwerte zu verständigen und eine gemeinsame Identität zu entwickeln.

Eine wichtige Rolle im Leitkulturdiskurs spielt auch die Behauptung, das Grundgesetz wisse nichts von einer Leitkultur. Im Gegenteil, das Grundgesetz beabsichtige sogar die Entstehung von Parallelgesellschaften, gleichsam als Verfassungsziel. Diese Auffassung ist abenteuerlich, denn die Pluralität der Gesellschaft, die sich an verschiedenen Lebenswelten und regionalen Unterschieden festmacht, hat auch aus Sicht der Verfassung ihre Grenzen dort, wo die innere Einheit der Nation auf dem Spiel steht. Diese innere Einheit ist Grundvoraussetzung für die demokratische Herrschaftsausübung. Ein politisches Programm, das parallelgesellschaftliche Strukturen zur gesellschaftlichen Leitidee erhebt, setzt die Funktionsfähigkeit demokratischer Systeme, die ein Minimum an innerem Zusammenhalt brauchen, auf Spiel.

Das Argument, das Grundgesetz kenne keine Leitkultur, soll die Behauptung stützen, zur gesellschaftlichen Integration aller Menschen, die in Deutschland leben, reiche das Grundgesetz als „Hausordnung der multikulturellen Gesellschaft Deutschlands" (Dieter Oberndörfer) aus.[820] Es gehe lediglich darum, die Einwanderer zu befähigen, die Rechtsordnung der Aufnahmegesellschaft kennenzulernen und sie zu befolgen. Diese Vorstellung führt jedoch in die Irre. Kenntnis des Rechts und seine Befolgung, Befolgung des Rechts und seine Bejahung werden fahrlässig gleichgesetzt. Rechtsbefolgung erfordert nicht nur Kenntnis der Normen, sondern gleichzeitig auch den Willen, sie zu befolgen. Wer Rechtsvorschriften befolgt, muss sie aber noch lange nicht bejahen. Nur wer die rechtlichen Vorstellungen internalisiert, kann sich mit ihnen identifizieren. Nur wer sich mit ihnen identifiziert, wird sie zuverlässig befolgen, das heißt selbst dann, wenn keine Sanktionen drohen. Die Wirkung der Rechtsordnung beruht darauf, dass die Gesellschaftsmitglieder ihren ethischen Inhalt internalisiert haben und als legitim anerkennen. Rechtssoziologisch formuliert heißt das: Die Wirksamkeit des Rechts ist dort am höchsten, wo es Ausdruck einer ohnehin schon bestehenden sozialen Praxis ist. Die soziale Praxis aber wird von ihrem jeweiligen kulturellen Hintergrund bestimmt.[821] Soziale Praxis ist kulturelle Praxis, folglich ist normative Sozialisation in Wirklichkeit kulturelle Sozialisation. Die allermeisten Menschen sind keine Juristen und verfügen deshalb über nur sehr rudimentäre Rechtskenntnisse. Trotzdem verhalten sie sich überwiegend rechtskonform, und zwar deshalb, weil sie die kulturellen Normen internalisiert haben, deren Ausdruck die Rechtsordnung ist. Ohne die Internalisierung des kulturellen Inhaltes der Rechtsnormen ist von ihnen nicht mehr zu erwarten als die bloß formale Befolgung des Rechts. Kommt es zu einer Kollision von Rechtsnormen, die einen unterschiedlichen kulturellen Hintergrund haben, entscheiden sich die Menschen, insbesondere dann, wenn sie keine Sanktionen befürchten müssen, immer für die Rechtsnormen, die Ausdruck der Kultur sind, der sie angehören.

Sie entscheiden sich gegen die Rechtsnormen, deren kulturelle Grundlagen sie vielleicht kennen, aber nicht internalisiert haben.

Die Position der radikalen Leitkulturgegner leidet an einem weiteren grundlegenden Widerspruch. Einerseits wünschen sie sich zwar das Grundgesetz als „Hausordnung", andererseits bestehen sie aber darauf, dass gemeinsame Werte als unabdingbare Voraussetzung des Zusammenhalts von Gesellschaften unter den Bedingungen des kulturellen Pluralismus nicht mehr möglich sind.[822] Wie kann aber die Verfassung zum „verbindenden Wert des Zusammenhalts in Vielfalt"[823] werden, wenn gemeinsame Werte einerseits nicht mehr möglich sind, Verfassungen andererseits aber gerade ohne ein Mindestmaß an Wertegemeinsamkeiten der Bürger keine Integrationsfunktion haben können?

5.4   Kulturelle Hegemonie und Leitkulturfrage

Das Hauptargument der Leitkulturgegner lautet: Die individuelle Freiheit der Kultur fällt im freiheitlich-pluralistischen Rechtsstaat unter die verfassungsrechtlich garantierten Freiheitsrechte. Kultur kann deshalb auch keine verbindlich vorgegebene kollektive Orientierungsgröße sein. Das ist richtig, was den ersten Teil des Argumentes angeht, und falsch, was den zweiten Teil betrifft. Zwischen beidem besteht kein ursächlicher Zusammenhang. Das Problem liegt darin, dass die Gegner der Leitkultur ein ausschließlich individualistisches Verständnis des gesellschaftlichen Charakters und der gesellschaftlichen Funktion von Kultur haben. Ein individualistisches Kulturverständnis verfehlt aber die gesellschaftliche Wirklichkeit insofern, als Kultur in erster Linie kein individuelles, sondern ein kollektives Phänomen ist. Kultur ist nicht einfach die Summe individuell gewählter Lebensstile und Weltanschauungen. Kultur entsteht dadurch, dass Individuen eine Lebensweise *gemeinsam* haben. Diese Lebensweise zeichnet sich dadurch aus, dass sich die Individuen, die zusammen ein Kollektiv bilden, durch ein gemeinsames Wertesystem und eine *relativ* geschlossene, in sich zusammenhängende lebenswelt- und identitätsbestimmende Orientierung von anderen Kollektiven unterscheiden. Kultur hat also einen *Kollektivcharakter*. Das gemeinschaftlich geteilte Wertesystem verschafft der Kultur gleichzeitig einen *Interessencharakter*, weil nicht nur materielle, sondern auch immaterielle Belange der Individuen gesellschaftlich als Interessen in Erscheinung treten (Max Weber). Unter der Voraussetzung, dass in einer Gesellschaft verschiedene, voneinander unterscheidbare Kulturen mit jeweils eigenen Wertinteressen existieren, stehen kulturelle Interessen in Konkurrenz oder geraten sogar in Konflikt miteinander. Ein anschauliches Beispiel für kulturell bedingte Wertekollisionen bietet die Auseinandersetzung um die Teilnahme muslimischer Mädchen an Klassenfahrten, am Schulsport oder Schwimmunterricht, die sich schon seit vielen Jahren ergebnislos hinzieht. Dieses Beispiel legt noch eine andere soziologische Eigenschaft kulturell unterlegter Interessenkollision frei: Auch *kulturelle Interessen* sind *Machtinteressen*. Die Auseinandersetzung verschiedener kultureller Interessen ist Kampf um gesellschaftliche und politische Macht.

In den Gesellschaften des kulturellen Pluralismus treten neben die sozialen und politischen auch kulturelle Interessen, so dass die sozialen Interessenkonflikte um kulturelle erweitert werden. Interessen, ob soziale oder kulturelle, haben entweder einen a) antagonistischen (unteilbaren) Charakter, d.h. die aufeinanderstoßenden Interessen sind unvereinbar miteinander, sie sind charakterisiert durch unüberwindbare Gegensätze, oder b) einen nichtantagonistischen (teilbaren) Charakter im Sinne konkurrierender, aber kompromissfähiger Interessen. Nichtantagonistische kulturelle Interessen gibt es vor allem in homogenen Kulturen. Denkbar sind aber auch unterschiedliche kulturelle Interessen, die nicht in einen unversöhnlichen Gegensatz verfallen, etwa weil es trotz aller Verschiedenheit grundlegende Übereinstimmungen gibt. Ob kulturelle Interessen einen nichtantagonistischen oder antagonistischen Charakter haben, bemisst sich nicht ausschließlich am objektiven Ausmaß dieser Gegensätze. Es kommt wesentlich darauf an, ob die Konfliktbeteiligten diese Interessengegensätze für unüberwindbar oder grundsätzlich überbrückbar halten.

Theoretisch und empirisch gesehen verkompliziert das Hinzutreten kultureller Interessen den gesellschaftlichen Interessenausgleich enorm, weil der Konfliktraum aus sozialen und politischen Interessen eine weitere Dimension bekommt. Es entstehen nicht nur neue und mehr Konfliktmöglichkeiten, sondern auch neue Konfliktkombinationen durch die Verbindung von sozialen und politischen mit kulturellen Konflikten. Außerdem erhöht sich die Intensität der Konflikte. Die Folge davon ist, dass die systemdestabilisierenden Effekte sozialer und politischer Interessenkonflikte erheblich verstärkt werden. Es kommt zu vier idealtypischen Formen von Interessenkonflikten, deren desintegrierende Wirkung auf die Gesellschaft von unterschiedlicher Intensität ist:

	TYP 1	TYP 2	TYP 3	TYP 4
kulturelle Interessen	nichtantagonistisch (teilbar)	nichtantagonistisch (teilbar)	antagonistisch (unteilbar)	antagonistisch (unteilbar)
soziale/politische Interessen	nichtantagonistisch (teilbar)	antagonistisch (unteilbar)	nichtantagonistisch (teilbar)	antagonistisch (unteilbar)
	Konflikte, die sich um soziale/politische Interessen drehen, die sich nicht grundsätzlich ausschließen, finden in einer kulturell relativ homogenen Gesellschaft statt	*Konflikte, die sich um soziale/politische Interessen drehen, die sich ausschließen, finden in einer kulturell relativ homogenen Gesellschaft statt*	*Konflikte, die sich um soziale/politische Interessen drehen, die sich nicht grundsätzlich ausschließen, werden vor dem Hintergrund unvereinbarer kultureller Interessen ausgetragen*	*Konflikte, die sich um soziale/politische Interessen drehen, die sich ausschließen, werden vor dem Hintergrund unvereinbarer kultureller Interessen ausgetragen*

gesellschaftliche Desintegration

Systemstabilität

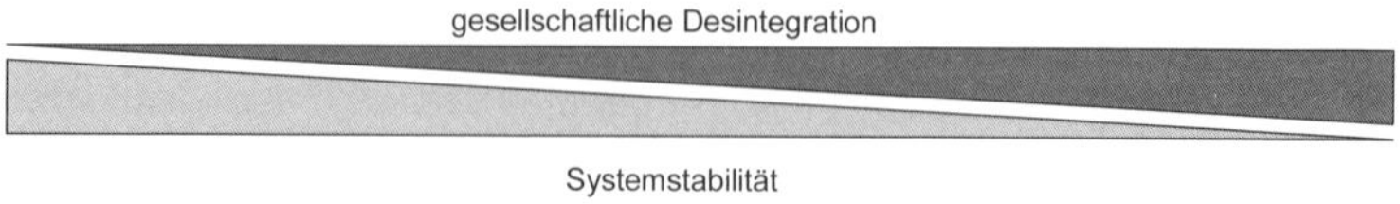

© Simone Fink

Abb. 5.2   *Vier idealtypische Formen von Interessenskonflikten und deren Wirkung auf die Gesellschaft*

Typ 1 repräsentiert die Variante mit dem höchsten Maß an gesellschaftlicher Integration und dem schwächsten Destabilisierungspotential. Das heißt, nichtantagonistische soziale Interessen werden vor dem Hintergrund nichtantagonistischer kultureller Interessen zur Geltung gebracht. Konkret, nichtantagonistische soziale/politische Interessenkonflikte finden in einer kulturell relativ homogenen Gesellschaft statt. Beispiel dafür sind die Verhältnisse „harmonischer" Gesellschaften wie die der skandinavischen Länder bis in die 1970er/1980er Jahre hinein, in denen relative soziale Gleichheit mit ethnokultureller Homogenität gekoppelt war. Aber auch die Verhältnisse in der Bundesrepublik der 1950er, 1960er und 1970er Jahre waren durch relative soziale Gleichheit, politische Reformfähigkeit und die breite Akzeptanz der Eigentums- und Gesellschaftsordnung gekennzeichnet. Regionale, landsmannschaftliche und subkulturelle Unterschiede bargen kein tieferes Konfliktpotential. Diese Faktoren haben zu einer erheblichen gesellschaftlichen Stabilität und Integration beigetragen, die auch durch die Achtundsechziger Revolte und den RAF-Terrorismus nicht erschüttert werden konnten.

Typ 2 repräsentiert eine Konstellation, in der antagonistische soziale und politische Interessenkonflikte vor dem Hintergrund nichtantagonistischer kultureller Interessen ausgetragen werden. Schärfe und Unversöhnlichkeit des sozialen Konfliktes wird gemildert durch die Tatsache, dass sie in einen Kontext relativer kultureller Homogenität eingebettet sind. Das ermöglicht häufig die Vermeidung gewaltsamer innerer Konflikte. Falls es aber doch zum Ausbruch von Gewalt kommt, hilft relative kulturelle Homogenität diese Gewalt einzudämmen und zu einer Politik zurückzukommen, die auf Ausgleich und Versöhnung setzt. Damit können Verhältnisse vermieden werden, die die Existenz der Nation oder Gesellschaft zerstören, auch wenn das jeweilige soziale und politische System zusammenbricht oder beseitigt wird. Beispiele dafür sind die polnische „Volksrevolution" (Jerzy Holzer) in den Jahren 1980/1981 bis zur Wende 1989, der österreichische Bürgerkrieg zwischen austrofaschistischem Dollfuß-Regime und den österreichischen Sozialisten im Februar 1934 oder der italienische Bürgerkrieg zwischen der Resistenza und den faschistischen Kräften der Repubblica Sociale Italiana (Benito Mussolini) in den Jahren 1943 bis 1945.

Typ 3 repräsentiert eine Konstellation, in der grundsätzlich nichtantagonistische soziale/ politische Interessenkonflikte vor dem Hintergrund antagonistischer kultureller Interessen in eine völlige Destabilisierung der Gesellschaft und ihres politischen Systems umschlagen können. Anschauliches Beispiel dafür ist das Schicksal Jugoslawiens. Die zunehmenden ökonomischen Probleme Ende der 1970er/Anfang der 1980er Jahre verbanden sich mit den nationalen Gegensätzen zwischen den verschiedenen Völkern Jugoslawiens und führten eine Lage herbei, in der der Sezessionskrieg nicht mehr aufzuhalten waren. Die ursprünglich nichtantagonistischen sozialen und politischen Interessen wandelten sich durch ihre kulturelle Aufladung in antagonistische Interessen. Die antagonistischen kulturellen Interessen, die von den Konfliktbeteiligten forciert wurden, radikalisierten die gewaltsamen Auseinandersetzungen so weit, dass eine Rückkehr zum Status quo ante eines jugoslawischen Gesamtstaates nicht mehr denkbar erschien.

Typ 4 repräsentiert eine Konstellation, in der antagonistische soziale und politische Interessenkämpfe vor dem Hintergrund antagonistischer kultureller Interessen ausgetragen werden. Dieser Typ besteht in der klassischen Verbindung der sozialen mit der nationalen Frage. Ein aussagefähiges Beispiel für diese Konstellation bietet am Ende des 1. Weltkriegs das geteilte

Polen. Dort kämpften die Sozialisten (Polska Partia Socjalistyczna) mit ihren Verbündeten aus der Bauernbewegung (Polskie Stronnictwo Ludowe) darum, zusammen mit der russischen und der deutschen Fremdherrschaft auch das kapitalistisches System und den fremddominierten Großgrundbesitz abzuschütteln. Der soziale Konflikt zwischen Arbeitern und Unternehmern/Großgrundbesitzern trat zeitweilig hinter die nationale/kulturelle Auseinandersetzung zurück. Der soziale Konflikt hatte die Form eines Konfliktes unvereinbarer kultureller Interessen angenommen. Da Arbeiter und Landarbeiter überwiegend Polen, die Unternehmer und Großgrundbesitzer häufig Deutsche, Russen oder deutschorientierte Juden waren, konnte der Kampf der Arbeiter- und Bauernbewegung gegen das kapitalistische System nur erfolgreich sein, wenn die fremden Ausbeuter verjagt wurden. Die soziale Befreiung war also nur durch die nationale Befreiung zu erreichen.

Die Systemstabilität nimmt von Typ 1 bis 4 ab, der Grad der gesellschaftlichen Desintegration entsprechend zu. Natürlich deckt sich die gesellschaftliche und historische Realität nicht völlig mit diesen vier Idealtypen. Die Realität besteht zumeist aus Mischformen. Entscheidend bei den Typen 2 bis 4 ist die Frage, wie stark der Gegensatz und die Unvereinbarkeit der kulturellen Interessen, die sich in einer bestimmten Gesellschaft auftun, tatsächlich sind. So ist denkbar, dass es im Typ 3 nicht zu einem dramatischen Zerfall einer Gesellschaft kommt, wenn die kulturellen Interessen einer nur kleinen Minderheit nicht genug Gewicht entwickeln können oder wenn die kulturellen Differenzen nicht groß und intensiv genug sind, um unversöhnliche Gegensätze hervorzubringen.

Kulturelle Interessen sind grundsätzlich besonders konflikträchtig, weil sie immer einen Bezug zur individuellen und kollektiven Identität haben. Die Identitätsfrage scheint die psychische Achillesferse des Menschen zu sein. Kulturelle Interessen haben häufig eine verheerende Wirkung, weil sie mit sozialen und politischen Interessen verhängnisvolle Bündnisse eingehen können. Zunächst voneinander isolierte nichtantagonistische soziale, politische und kulturelle Interessen können im Moment ihrer Verbindung in antagonistische Konfliktkombinationen umschlagen (Beispiel Jugoslawien). Sind in einer Gesellschaft kulturelle Interessen im Spiel, dann drängen diese Interessen auf gesellschaftliche Durchsetzung. Das ist in zunehmendem Maße auch in der Bundesrepublik Deutschland zu beobachten. Eine gängige These lautet, dass hinter vermeintlich kulturellen Konflikten bei genauem Hinsehen soziale Benachteiligung und ein ungleicher Zugang zu den materiellen Ressourcen der Gesellschaft zum Vorschein kämen. Die sich verstärkenden kulturellen Konflikte im Einwanderungsland Deutschland müssten sich folglich auf soziale und politische Benachteiligung oder gar Diskriminierung zurückführen lassen. Im Umkehrschluss müssten kulturelle Interessenkonflikte in dem Maße verschwinden, wie soziale Benachteiligung und Diskriminierung von Einwanderern aufhören[824]. Dass die Benachteiligung von Einwanderern ein Kennzeichen der deutschen Gesellschaft sein soll, ist allerdings keineswegs einhellige Meinung in den Sozialwissenschaften. Danach gehören Einwanderer überwiegend den Unterschichten an, aber nicht aufgrund sozialer Benachteiligung, sondern aufgrund ihrer geringen Qualifikation und ihrer bildungsfeindlichen Einstellung. Soweit sich Einwanderer nicht an Erwerbsarbeit beteiligen, werden sie aufgefangen durch ein soziales Sicherungssystem, das das soziokulturelle Existenzminimum garantiert. Von rechtlicher Benachteiligung zu reden ist ebenfalls problematisch, zumal Einwanderer mit verfestigtem Aufenthaltsstatus nahezu die gleichen Rechte, insbesondere die gleichen sozialen Rechte haben wie deutsche Staatsbürger. Trotzdem schei-

nen gerade Einwanderer aus nichteuropäischen Kulturen ein Gefühl der Nichtanerkennung
zu haben, das auch damit zusammenhängen mag, dass die Aufnahmegesellschaft sich ihnen
gegenüber widersprüchlich verhält. Sie heißt Einwanderer als kulturelle Bereicherung willkommen, aber mit den kulturellen Werten, die die Immigranten mitbringen, möchte sie sich
nicht anfreunden. Nicht zuletzt das zwiespältige Verhalten der Aufnahmegesellschaft scheint
also den Hintergrund dafür abzugeben, dass die Immigrantenorganisationen gerade ihre kulturellen Interessen immer nachdrücklicher artikulieren. Diese Interessen berühren inzwischen
unmittelbar die kulturellen Interessen der Aufnahmegesellschaft und stellen die kulturelle
Dominanz der Aufnahmegesellschaft infrage. Diese konflikthafte Entwicklung entspricht
dem Paradigma der multikulturellen Gesellschaft. Ausdruck dieser Entwicklung ist die Zunahme antagonistischer Wertkonflikte: Auseinandersetzungen um die Reichweite der Anerkennung der deutschen Verfassung; Auseinandersetzungen um den öffentlich-rechtlichen
Status des Islam, um einen Islamunterricht an deutschen Schulen oder getrennte Unterrichts-
räume für Mädchen und Jungen; Auseinandersetzungen um arrangierte und Zwangsehen;
Forderungen nach personenstands-, versorgungs- und sozialrechtlicher Anerkennung poly-
gamer islamischer Ehen; Auseinandersetzungen um Ausnahmen von tierschutzrechtlichen
Bestimmungen wie beim Schächten oder um ein Verbot der öffentlichen Verwendung christlicher Symbole, auch wenn sie keinen unmittelbar religiösen, sondern nur kulturellen Bezug
haben; Auseinandersetzungen in Kindergärten und Schulen um den christlichen Jahreskreis
mit seinen Symbolen und seinen Festen wie Ostern, Pfingsten, Erntedank, St. Martin, Ad-
vent, Nikolaus und Weihnachten; Kopftuchstreit; Auseinandersetzungen um die Teilnahme von muslimischen Mädchen an Klassenfahrten, am Sport- und Schwimmunterricht; Konflikte um die öffentliche Anerkennung islamischer Feiertage in Deutschland und um den Bau
von Moscheen, die Einheimische zum Teil als überdimensioniert und provozierend empfinden; Verlangen nach Anerkennung einer rechtlichen Autonomie der Muslime im Rahmen des
islamischen Familien- und Zivilrechts oder um die öffentliche Berücksichtigung islamischer
Speise-, Gebets-, Bekleidungs- und Fastenvorschriften oder Forderungen muslimisch- oder
jüdisch-religiöser Eltern, die Praxis der Beschneidung von kleinen Jungen als Krankenkas-
senleistung anzuerkennen.[825]

Die Durchsetzung kultureller Interessen ist, nicht weniger als die Durchsetzung sozialer und
politischer Interessen, eine Frage des gesellschaftlichen Gewichts der Träger dieser Interessen sowie ihrer Durchsetzungsfähigkeit. Die Durchsetzung der kulturellen Interessen erfolgt
auf zwei Realisierungsstufen: a) Sind die Träger antagonistischer kultureller Interessen eine
kleine gesellschaftliche Minderheit, werden sie versuchen, für ihre kulturellen Interessen
eine Autonomielösung durchzusetzen. b) Sind die Träger antagonistischer kultureller Interessen eine große gesellschaftliche Gruppe, werden sie versuchen, ihre kulturellen Interessen als
gesamtgesellschaftlich verbindlich durchzusetzen.

Auch kulturelle Werte artikulieren sich in Form von Interessen, Interessen wiederum sind die
hauptsächlichen Triebkräfte der gesellschaftlichen Entwicklung. Der Interessencharakter
kultureller Werte kann zu einem entscheidenden Faktor der Auseinandersetzung um die gesellschaftlichen Ressourcen und die politische Macht werden, weil *Kultur die Ebene ist, auf*
der die Auseinandersetzung darüber ausgefochten wird, wer Deutungshoheit und Definiti-
onsmacht in der Gesellschaft besitzt. Kultur ist also das Feld, auf dem darüber entschieden
wird, wer in einer Gesellschaft den Ton angibt und welche Antworten auf die gesellschaftlich

relevanten Fragen gegeben werden. Den Zusammenhang von kultureller Vormachtstellung und politisch-gesellschaftlicher Macht hat der marxistische Theoretiker Antonio Gramsci auf den Begriff der *kulturellen Hegemonie* gebracht. Kulturelle Hegemonie meint die Fähigkeit von gesellschaftlichen Gruppen, die Mehrheit der Gesellschaft für ihre Vorstellungen, Werte und Normen einzunehmen und die führende Stellung in der öffentlichen Meinung zu erringen. Kurzum, kulturelle Hegemonie besitzt also, wer das geistige Leben der Gesellschaft mit kulturellen Mitteln beherrscht. Gramsci, der die Gründe für die zähe Haltbarkeit der kapitalistischen Herrschaft und die führende Rolle der bürgerlichen Klasse untersucht hat, geht davon aus, dass keine politische und soziale Herrschaft langfristig nur mit Gewalt und Zwang aufrechterhalten werden kann. Zwingend dazu notwendig ist auch ein Konsens zwischen Herrschenden und Herrschaftsunterworfenen. Dieser Konsens ist Bestandteil der kulturellen Hegemonie. Wer den notwendigen Konsens herstellen will, muss in der Lage sein, seinen Ideen, Werten und Normen die führende Rolle in der Gesellschaft zu verschaffen; er muss eine politische, moralische und kulturelle Orientierung bieten, die das Denken und die Lebensweise der Mehrheit der Gesellschaft durchdringt. Gramscis Hegemoniebegriff enthält stets zwei Perspektiven: die Perspektive derjenigen, die mit dem Mittel ihrer kulturellen Hegemonie ihre Herrschaft sichern; und die Perspektive derjenigen, die danach streben, selbst die kulturelle Hegemonie zu erlangen, um bestehende Herrschaftsverhältnisse zu transformieren und ihre eigene Herrschaft zu etablieren. Bei kultureller Hegemonie geht es also nicht um einen bloßen politischen Machtwechsel oder um Richtungsänderungen innerhalb des herrschenden Systems, sondern um den Systemwechsel. Für Gramsci ist die Erringung der kulturellen Hegemonie unabdingbare Voraussetzung für die Eroberung der politischen Macht einer neuen gesellschaftlichen Klasse. Für ihn ist die geistige Herrschaft eine Vorbedingung der politischen Herrschaft. Wer die Herrschaftsverhältnisse umwälzen will, muss zuerst die geistige Führung über die Gesellschaft übernehmen und sie mit seiner Weltanschauung und seinem Wertesystem infiltrieren: „Eine gesellschaftliche Gruppe kann und muss sogar bereits führend sein, bevor sie die Regierungsmacht erobert (dass ist eine der Hauptbedingungen für die Eroberung der Macht); danach, wenn sie die Macht ausübt und auch fest in den Händen hält, wird sie herrschend, muss aber weiterhin auch ‚führend‘ sein."[826]

Gramscis Konzept kann auch auf die Diagnose der Entwicklung in Einwanderungsgesellschaften angewandt werden, wenn es modifiziert wird. Auch dort ist der Kampf um die kulturelle Hegemonie ein Wertekonflikt. Aber im Gegensatz zu Gramscis klassischem Ansatz sind die nichthegemonialen Gruppen in Einwanderungsgesellschaften nicht von vornherein Teil der Gesellschaft. Sie kommen von außen und stellen, wenn sie antagonistische kulturelle Interessen (etwa islamische Normen und Werte) verfolgen, die kulturelle Hegemonie der Aufnahmegesellschaft als Ganzes infrage, und nicht nur die der herrschenden Klasse. Gleichzeitig sind aber die antihegemonialen Bestrebungen der Einwanderer von geringerer Reichweite als im klassischen Ansatz. Die Einwanderer stellen zwar die umfassende kulturelle Hegemonie der Aufnahmegesellschaft infrage. Eine gesamtgesellschaftliche Übernahme der kulturellen Hegemonie durch die Einwanderer steht aber einstweilen außer Reichweite. Das liegt unter anderem daran, dass die Einwanderer häufig selbst keine homogene kulturelle Gruppe sind und dass sie im Verhältnis zu den Einheimischen zahlenmäßig und machtpolitisch deutlich unterlegen sind. Aber die Umwälzung der kulturellen Hegemonieverhältnisse vollzieht sich schrittweise. Zunächst befreit sich die nichthegemoniale Gruppe von der Hegemonie der führenden Gruppe(n) oder, wie im Falle der Einwanderungsgesellschaften, der Mehrheitsgesellschaft oder die kulturelle Hegemonie der Mehrheitsgesellschaft wird von vornherein nicht anerkannt. So erringen nichthegemoniale ethnokulturelle Gruppen in den Einwanderungsgesellschaften die kulturelle Hegemonie zunächst über sich selbst und versuchen sie im Sinne einer faktischen oder gar institutionell verankerten Autonomie zu befestigen. Dadurch verliert die Mehrheitsgesellschaft zwar nicht ihre kulturelle Hegemonie insgesamt. Es entstehen aber Zonen in der Gesellschaft, etwa in bestimmten Stadtteilen, in denen nichteinheimische Medien sowie andere Werte und Normen das gesellschaftliche Leben bestimmen (sogenannte Parallelgesellschaften, ethnische Kolonien). Über diese Zonen übt die Mehrheitsgesellschaft ihre kulturelle Hegemonie nicht mehr oder nur noch in einem reduzierten Umfang aus, etwa bei staatlichen Funktionen (z.B. Gerichte, Schulen).

Selbst das reduzierte Hegemoniestreben, das nur auf die Durchsetzung einer kulturellen Hegemonie im eigenen Milieu zielt, enthält notwendigerweise einen expansiven Kern, denn die Durchsetzung partieller kultureller Hegemonie setzt einen erfolgreichen Kampf um politische Macht voraus. Dieser Kampf ist umso erfolgreicher, je mehr es gelingt, die kulturelle Hegemonie der Mehrheitsgesellschaft grundsätzlich infrage zustellen oder sie gar zu brechen. Wird der Hegemoniebegriff auf die Verhältnisse der Einwanderungsgesellschaften in Europa und in Deutschland übertragen, können zwei Entwicklungsrichtungen beobachtet werden, die häufig gleichzeitig stattfinden: a) Die Infragestellung der kulturellen Hegemonie der Einheimischen durch Einwanderer; b) Tendenzen der kollektiven Verunsicherung und des freiwilligen Verzichts auf die kulturelle Hegemonie durch die Einheimischen.

5.4.1   Deutungshoheit über Symbole

Am 21. Januar 2007 stellt die renommierte Belgrader Tageszeitung „Politika" unter der Überschrift „Streit um ein Symbol in der Europäischen Union" genüsslich die Frage, wem das Hakenkreuz gehöre. Hintergrund für diesen Beitrag war der Vorschlag der deutschen Ratspräsidentschaft, den Gebrauch des Hakenkreuzes als des wichtigsten Symbols für die Verbrechen des Nationalsozialismus in der Europäischen Union zu verbieten. Dagegen erhob sich unerwartet Widerstand. Es protestierten aber nicht rechtsextremistische Kreise, sondern nach Großbritannien und in die Niederlande eingewanderte Hindus. Ihr Hauptargument: Das Hakenkreuz sei ein heiliges Symbol ihres Glaubens und ihrer Zivilisation; es sei ein Glückszeichen und das Zeichen des Schöpfers Brama, Zeichen für den Kosmos und des Sonnengottes Surya. Ein Verbot des Hakenkreuzes, nur weil es von Hitler missbraucht worden sei, wäre dasselbe, wie wenn das christliche Kreuz verboten würde, nur weil es als brennendes Kreuz bei Feiern des Ku Klux Klan verwendet wird. Die Politika fährt fort, zwar habe der Nationalsozialismus ein Tausende von Jahren altes Symbol einer anderen Zivilisation usurpiert, aber das sei nicht ganz zufällig geschehen, weil das Hakenkreuz als Symbol der Überlegenheit der arischen Rasse gilt und die Germanen wiederum als Nachkommen der Arier gelten, die seit dem 2. Jahrtausend vor Christus den indischen Kontinent erobert haben.

Das Beispiel veranschaulicht die Dilemmata kultureller Interessenkollisionen: auf der einen Seite EU-Bürger indischer Herkunft und hinduistischen Glaubens, auf der anderen Seite die Empfindlichkeit der einheimischen Europäer gegen *das* Symbol des nationalsozialistischen

Terrors. Zur Lösung dieser kulturellen Interessenkollision stehen grundsätzlich vier Möglichkeiten zur Auswahl: 1. ein Erlauben des Hakenkreuzes; 2. sein Verbot; 3. eine differenzierende Regelung; 4. die Nichtentscheidung.

1. Eine libertäre Position wird das Hakenkreuz erlauben. Die libertäre Position deckt sich mit einem kulturrelativistischen Ansatz, der die Gleichwertigkeit kultureller Interessen unabhängig von ihrem Inhalt behauptet. Zudem hegt diese Position eine grundsätzliche Abneigung gegenüber Verboten und verfolgt allgemein die Strategie, Minderheiten soviel Rechte als irgend möglich einzuräumen, auch gegen die Haltung der Mehrheit und um den Preis einer Interessenkollision oder eines Konfliktes mit der Mehrheit.
2. Ein Verbot riskiert die offene Austragung des kulturellen Interessenkonfliktes. Es ist Signal dafür, dass Minderheiten im Zweifel den Vorrang der strategischen kulturellen Interessen der Mehrheit anzuerkennen haben.
3. Eine differenzierende Lösung könnte darin bestehen, Hindus den Gebrauch des Hakenkreuzes zu erlauben, ihn allen anderen aber zu verbieten. Das wäre der harmonistische und in seiner Wirkung ebenfalls kulturrelativistische Versuch, eine Lösung zu finden, die scheinbar allen Interessen gerecht wird und dadurch unüberbrückbare gesellschaftliche Konflikte vermeidet. Was aber, wenn Rechtextremisten vom Grundrecht auf freie Religionsausübung Gebrauch machen?
4. Für die Linie der Nichtentscheidung hat sich die deutsche Ratspräsidentschaft entschieden[827], nachdem der deutsche Vorstoß auf unerwartet heftigen Protest gestoßen war. Aber auch Nichtentscheidung ist Entscheidung. Und zwar eine Entscheidung in der Absicht, weitere Konflikte zu vermeiden, zumal zu erwarten war, dass die europäischen Länder mit Hinduminderheiten zur Vermeidung innenpolitischer Konflikte das deutsche Vorgehen nicht mittragen würden.

Das Hakenkreuzbeispiel zeigt, dass es bei kulturellen Interessenkonflikten häufig um die Deutungshoheit über Symbole geht. Die Deutungshoheit über Symbole ist die Befugnis, im Zweifelsfall die letztlich verbindliche Auslegung eines Symbols vorzunehmen. Die verbindliche Auslegung liegt bei denen, die die kulturelle Hegemonie in der Gesellschaft besitzen. *Zur kulturellen Hegemonie gehört also die Deutungshoheit über Symbole.* Das Beispiel zeigt außerdem, dass es *keine individuelle und gruppenspezifische Deutungshoheit über Symbole* gibt, soweit es um Symbole mit einer gesamtgesellschaftlichen Reichweite geht. Die Bedeutung von Symbolen ist immer gesellschaftlich bestimmt und damit hat auch die Deutungshoheit über sie notwendigerweise einen gesellschaftlichen Charakter. Zunächst setzen Symbole eine kommunikative Situation voraus, die überhaupt nur in einer sozialen Beziehung, das heißt im Verhältnis von mindestens zwei Personen, entstehen kann. In dieser kommunikativen Situation setzt der eine ein Symbol, der andere erkennt das Symbol und seinen Gehalt an oder verweigert die Anerkennung. Falls es unterschiedliche Auffassungen zum Symbolgehalt gibt, entscheidet, wer die Deutungshoheit hat. Die verbindliche Deutung von Symbolen kann durch gemeinsame Übereinkunft, aber auch durch eine Art von Machtlösung erfolgen. Dabei ist nicht in erster Linie an die Möglichkeit physischer Gewalt oder einer wie auch immer gearteten sozialen Überlegenheit gedacht. Macht ist bereits dann ins Spiel, wenn es in einer Gesellschaft von sonst freien und gleichen Individuen eine Mehrheit-Minderheit-Konstellation gibt. Die jeweilige Mehrheit gibt den Symbolen ihre gesamtgesellschaftlich verbindliche Bedeutung. Umgekehrt hat die Minderheit keine Möglichkeit, ihre Deutung des Symbolgehalts gegen die allgemeine Auffassung, das heißt gegen die Anschauungen, die von der überwiegenden Mehrheit geteilt werden, durchzusetzen. Mehr noch, die Minderheit kann noch nicht einmal einen Anspruch auf die allgemeine Geltung ihrer eigenen Symboldeutung ableiten. Wenn z.B. jemand ein Hakenkreuz als Körperschmuck verwendet, weil er in ihm lediglich ein dekoratives Element sieht, kann er nicht davon ausgehen, dass die Gesellschaft diese Deutung übernimmt. Er muss hinnehmen, dass ihm die Gesellschaft eine nazistische Gesinnung zuschreibt. Es geht also nicht darum, dass das Hakenkreuz für Hindus eine andere Bedeutung hat als für Europäer. Es geht darum, dass europäische Hindus keinen Anspruch auf eine gesamtgesellschaftliche Anerkennung ihrer Symboldeutung haben und damit keinen Anspruch, solche Symbole im öffentlichen Raum zu verwenden. Eine ähnliche Situation ergibt sich beim islamischen Kopftuch. Die nichtislamische Mehrheit deutet das Kopftuch als Symbol eines politischen Islam, der Unterdrückung der Frauen, der gesellschaftlichen Abgrenzung. Mag dagegen die Minderheit im Kopftuch ein ausschließlich religiöses Symbol sehen, steht die Deutung der Minderheit doch gegen die der Mehrheit. Die Deutung der Mehrheit ist ausschlaggebend, weil sie über die gesamtgesellschaftliche Deutungshoheit verfügt, die nichts anderes ist als ein anderer Ausdruck ihrer kulturellen Hegemonie. Dem ehemaligen baden-württembergischen Ministerpräsidenten Erwin Teufel wird in der Kopftuchdiskussion das Bonmot zugeschrieben „Es kommt nicht darauf an, was jemand auf dem Kopf hat, sondern was drin ist". Diese Sicht greift zu kurz, weil es die Form von ihrem Inhalt trennt. Form und Inhalt stehen in einer engen Beziehung. Wer Symbole verwendet, muss folglich zwischen ihrer individuellen, gruppenspezifischen und gesamtgesellschaftlichen Bedeutung unterscheiden. Damit weiß er auch, welche Konnotationen und Zuschreibungen er sich einhandelt, wenn er diesen Unterschied nicht beachtet, und er weiß, dass er sich damit bewusst von der übrigen Gesellschaft abgrenzt.

Welche hegemonie- und integrationstheoretische Bedeutung haben die an diesem Beispiel aufgezeigten Lösungsvarianten?

1. Die Lösungsvariante „Erlauben" bedeutet den Verzicht auf die Deutungshoheit über Symbole durch die Mehrheitskultur und überlässt sie der autonomen Entscheidung der einzelnen (ethno)kulturellen Gruppen der Gesellschaft. Bei dieser Variante verfügt keine Gruppe der Gesellschaft über die kulturelle Hegemonie. Diese Konstellation entspricht integrationstheoretisch dem *radikalen Multikulturalismus*.
2. Die Lösungsvariante „Verbot" setzt die kulturellen Interessen und Vorstellungen der Aufnahmegesellschaft durch und behauptet damit ihre kulturelle Hegemonie. Auf die deutschen Verhältnisse übertragen ist mit Leitkultur die kulturelle Hegemonie der Mehrheitsgesellschaft gemeint. Diese Konstellation entspricht integrationstheoretisch der *Assimilation* und *Akkulturation*.
3. Die Variante „differenzierende Lösung" bedeutet ebenfalls den Verzicht auf die Deutungshoheit durch die Mehrheitskultur und geht davon aus, dass sich gesellschaftliche Konflikte mit einem Maximum an gutem Willen lösen lassen, ohne dass die einzelnen Interessengruppen versuchen, ihren Vorteil auf Kosten anderer kultureller Interessen durchzusetzen. Auch in dieser Variante besteht keine kulturelle Hegemonie der Aufnahmegesellschaft. Diese Konstellation entspricht integrationstheoretisch dem *naiven Multikulturalismus*.

4. Die Variante „Nichtentscheidung" bedeutet ebenfalls die stillschweigende Aufgabe der
   Deutungshoheit über Symbole durch die Mehrheitskultur. Die Variante „Nichtentscheidung" hat eine kulturrelativistische Wirkung, die im Namen der Konfliktvermeidung oder
   aus politisch-taktischen Gründen in Kauf genommen wird. Damit entspricht diese Variante integrationstheoretisch dem *faktischen Multikulturalismus*.

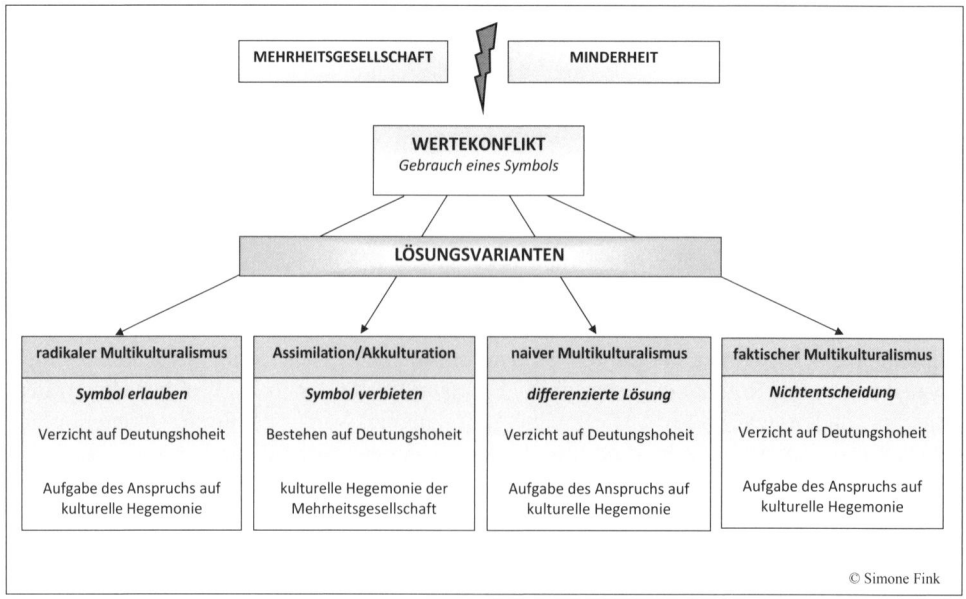

Abb. 5.3 *Lösungsvarianten für Wertekonflikte*

Das Beispiel zeigt, dass Einwanderungsgesellschaften voll von kulturellen Konflikten sind,
die über Symbole ausgetragen werden. Weiter belegt das Beispiel, dass eine Kollision der
Interessen mit keiner der vier Lösungen zu vermeiden ist. Selbst wenn die gesellschaftliche
Gruppe, die über die kulturelle Hegemonie verfügt, auf ihre Deutungshoheit über Symbole
verzichtet, bleibt der grundsätzliche Konflikt bestehen. Der bloße Verzicht hebt nämlich die
Gegensätzlichkeit oder gar Unüberbrückbarkeit der verschiedenen kulturellen Interessen
nicht auf. Dieses Dilemma liefert assimilatorischen und akkulturatorischen Integrationsvorstellungen die Begründung dafür, warum die Aufnahmegesellschaft ihre kulturelle Hegemonie gerade auch im Interesse des gesellschaftlichen Friedens sichern muss.

5.4.2   Die kulturelle Hegemonie der Einheimischen?

Die Einwanderung nichteuropäischer Kulturen hinterlässt zunehmend sichtbare Spuren in
deutschen Großstädten. Straßen, manchmal ganze Stadtviertel verändern ihr Gesicht so sehr,
dass sie von vielen Einheimischen nur noch als entfremdete Heimat wahrgenommen werden.
An vielen Schulen sind deutsche Kinder nur noch eine Minderheit. Es macht sich die Befürchtung breit, dass durch den Zustrom so vieler Muslime die Konflikte des Nahen Ostens

auf unsere Städte übergreifen.[828] All diese Veränderungen erzeugen Unsicherheit. Gerade die Bevölkerungsgruppen, die zu den einheimischen Unterschichten zählen, reagieren auf Fremdheitserfahrungen und den Verlust der kulturellen Dominanz in ihren Wohnquartieren verstärkt mit Abgrenzung und Abwehr. Anhut und Heitmeyer sehen in der räumlichen Konzentration von sozialen und ethnischen Problemen den Grund dafür, dass sich die Einheimischen überfordert fühlen und nicht mehr in der Lage seien, „das für ein gedeihliches Zusammenleben mit anderen ethnischen Gruppen erforderliche Maß an Integrationsleistung und Konfliktbewältigung zu erbringen."[829] Diese Sichtweise verrät allerdings ein beachtliches Maß an Unfähigkeit zu sozialer Empathie. Aus einer bildungsbürgerlichen Mittelschichtperspektive heraus lässt sich leicht ignorieren, dass einheimische Unterschichten in der Regel am intensivsten von den einwanderungsbedingten Veränderungen betroffen sind. Im Gegensatz zu den Mittel- oder Oberschichten sind die einheimischen Unterschichten in ihren eigenen Lebensräumen mit den sozialen und kulturellen Folgen der Einwanderung und den daraus resultierenden Fremdheitsgefühlen direkt konfrontiert und werden mit den Lasten der Integration von Einwanderern vom Staat und den Kommunen häufig allein gelassen. Auf wie viel Veränderung ihrer Lebensweise und ihrer Wahrnehmungsgewohnheiten haben sich die Einheimischen also einzustellen? Wie viel Entfremdung hält die Gesellschaft aus, ohne ihr integratives Gleichgewicht zu verlieren? Eine gängige These lautet, dass die Auflösung kultureller Homogenität, verursacht durch die Einwanderung fremder Kulturen, zu gesellschaftlicher Entfremdung führe. Gesellschaftliche Entfremdung verursacht ihrerseits Anomie oder begünstigt sie. Anomie ist nach Emile Durkheim aber Symptom gesellschaftlicher Desintegration.

Paradigmatisch für den in dieser Entwicklung zum Ausdruck kommenden Kulturkonflikt sind die Auseinandersetzungen um den Bau von Moscheen. Der forcierte Bau von Moscheen, das verbissene Ringen um die Höhe von Minaretten und die Erlaubnis zum öffentlichen Ruf des Muezzin wirft die Frage auf, welche Folgen die Einwanderung nichteuropäischer Kulturen für die Aufnahmegesellschaften hat. Der Streit um Moscheebauten bedeutet nicht, dass Probleme, die sich aus der Einwanderung fremder Kulturen ergeben, nur auf den Islam beschränkt sind, während die Einwanderung anderer Kulturen ohne Reibungen verläuft. Zwar lassen sich Ausmaß und Intensität der Probleme aus der Distanz zwischen der Kultur der Aufnahmegesellschaft und der der Immigranten ableiten. Möglicherweise ist die Distanz zwischen europäisch-christlicher und islamischer Kultur besonders ausgeprägt, möglicherweise tritt der Islam auch offensiver auf als andere Einwandererkulturen. Aber auch afrikanische oder asiatische Kulturen sind nicht, oder zumindest nicht ohne Weiteres, kompatibel mit der europäischen Kultur. Die öffentliche Aufmerksamkeit, die sich vornehmlich auf den Islam richtet, hat so vor allem mit der zahlenmäßigen Stärke der islamischen Gemeinde in Deutschland zu tun. Sobald Einwandererminderheiten eine bestimmte Größe und einen bestimmten Organisationsgrad erreicht haben und gleichzeitig über ein gewisses intellektuelles Potential verfügen, geben sich ethnische oder religiöse Gemeinschaften mit ihrer gesellschaftlichen Nischenexistenz nicht mehr zufrieden und beginnen, öffentlich kulturelles Selbstbewusstsein zu demonstrieren und ihre Interessen zu artikulieren und durchzusetzen.

Die Schweizer Volksabstimmung vom 30. November 2009 verleiht dem europaweit schwelenden Streit um Moscheebauten zusätzliche Dynamik. Mit ihrem Votum für ein verfassungsrechtlich verankertes Verbot von Minaretten haben die Schweizerbürger weltweite Aufmerksamkeit erregt. Der türkische Ministerpräsident Erdogan erklärte, Religionsfreiheit sei ein Grundrecht, das nicht zur Abstimmung gestellt werden dürfe. Er nannte das Verbot „rassistisch und faschistisch" und eine „Schande für die Schweizer".[830] Besorgte Kommentatoren fragten, wie es sein könne, dass ausgerechnet ein Staat in einem Kontinent, der sich sonst so gerne in der Rolle eines Anwaltes der universellen Grundrechte gefällt, hinter Standards zurückgeht, von denen man glaubte, dass sie ein für alle Mal zum gesicherten Bestand der allen Menschen zustehenden Grundrechte gehören. Dagegen nahmen die eidgenössischen Verbotsbefürworter für sich in Anspruch, nicht generell gegen den Islam als Religion und gegen die Religionsfreiheit für Muslime gestimmt zu haben, sehr wohl aber gegen das Minarett als Zeichen eines radikalen politischen Islam, der nicht von seinem weltlichen Herrschaftsanspruch lassen will.[831] Der Schweizer Historiker Urs Altermatt lehnte das Ergebnis der Abstimmung ab, erkannte im Verhalten seiner Landsleute aber eine besondere Sensibilität für den Beginn eines neuen Kulturkampfes, der zwar ganz Europa betreffe, aber in der Schweiz nur früher und deutlicher erkannt werde.[832]

In Deutschland ragt aus einer ganzen Reihe von Auseinandersetzungen der heftig umstrittene und bundesweit diskutierte Bau der Zentralmoschee in Köln-Ehrenfeld heraus. Er ist exemplarisch, weil an ihm die typischen Konfliktlinien zu studieren sind, die sich *am Übergang einer kulturell relativ homogenen Gesellschaft zu einer Gesellschaft des kulturellen Pluralismus* abzeichnen. Die Vorbehalte in der Mehrheitsgesellschaft gegenüber Minderheitenkulturen, die nach Präsenz im öffentlichen Raum streben, verbinden sich mit der Unsicherheit über die symbolische Dimension fremder kultureller Zeichen. Geht es nur um das Grundrecht auf freie Religionsausübung oder sind diese kulturellen Zeichen erste Schritte auf dem Weg, die kulturelle Dominanz der Mehrheitsgesellschaft zu brechen? Exemplarisch ist der Kölner Moscheekonflikt auch deshalb, weil hier zum ersten Mal aus der politischen Mitte heraus öffentlich thematisiert wurde, was bisher als politisches Gespenst tabuisiert war: die „Furcht vor einer schleichenden Islamisierung unseres Landes",[833] eine Formulierung, die der Publizist Ralph Giordano in die Debatte geworfen hatte. Hinter den vordergründigen verfassungs-, bau- und immissionsschutzrechtlichen, architektonischen, städtebaulichen und verkehrstechnischen Argumenten und Einwänden, die für oder gegen den Bau repräsentativer Moscheen geäußert werden, steht also in Wirklichkeit die Frage nach der *kulturellen Hegemonie*.

Wie kann der Bau eines repräsentativen Gebäudes einer nach Deutschland eingewanderten Religionsgemeinschaft, die sich auf das verfassungsrechtliche Grundrecht der freien Religionsausübung nach Art. 4 GG berufen kann, überhaupt zu einem Problem der kulturellen Hegemonie werden? Sind repräsentative Moscheen nicht im Gegenteil Zeichen gelungener Integration?[834] Ein weiterer Schritt auf dem Weg zur Einbürgerung einer fremden Religion, die Anerkennung dessen, dass der Islam in Deutschland dazugehört?[835] Die offizielle Sichtweise der muslimischen Bauherrn formulierte der Generalsekretär der Ditib (Türkisch-Islamische Union der Anstalt für Religion), Mehmet Yildirim: „Wir Muslime sind ein Teil der Kölner Gesellschaft geworden. Der Neubau soll ein Zeichen setzen, dass wir hier zu Hause sind."[836] Befürworter des Projektes wiesen darauf hin, dass der Islam in Deutschland aus seiner Nischenexistenz herauswolle, nach politischer und kultureller Anerkennung strebe und deshalb auf architektonische Sichtbarkeit dränge. Die Planung repräsentativer Moscheen zeige den Ehrgeiz, das Stadtbild mitzuprägen. In die euphorische Zustimmung mischten sich allerdings auch ambivalente Gefühle. So empfand der Schriftsteller Dieter Wellershoff die geplante Moschee „spektakulär und herausfordernd"; er nannte es eine „machtbetonte Demonstration des legitimen Anspruchs auf religiöse Gleichberechtigung" und räumte ein, dass die Großmoschee „manchen Bewohnern des alten Stadtteils so fremdartig und imaginär wie ein dort plötzlich gelandetes Objekt aus einer anderen Welt erscheinen mag." Einen Hegemoniekonflikt deutet Wellershoff an, wenn er mutmaßt, ob nicht im Bedeutungsschwund der christlichen Kirchen „der tiefere Grund der Besorgnis und des Misstrauens gegenüber einer so vitalen, Leidenschaft und kompromisslose Gläubigkeit mobilisierenden Religion wie dem Islam"[837] liegt. Ebenfalls eine nur mühsam verhüllte Ambivalenz in der Frage des Moscheebaus kommt in der Stellungnahme der EKD aus dem Jahre 2006 zum Ausdruck: „Der Bau einer Moschee signalisiert einerseits die öffentliche Präsenz einer anderen Religion und kann daher ein Zeichen gelungener Integration sein. Andererseits aber können Moscheen auch zu kulturellen Rückzugsräumen und damit zu einem Ort der Distanz der Minderheit von der Mehrheitsgesellschaft werden."[838]

Während die Kritik an dem Projekt zunächst noch politisch korrekt in die unangreifbare Form rechtlicher Bedenken gegossen wurde, emanzipierte sie sich zunehmend von dieser Form des vordergründigen Protestes und richtete sich immer stärker gegen die *symbolische Dimension* der Moschee. Bemängelt wurden nicht nur ihre als überdimensioniert empfundenen Abmessungen, die auf viele „imperial" und „anmaßend"[839] wirkten. Vor allem die Optik der Zentralmoschee, die in einer traditionellen türkisch-osmanischen Form mit Kuppel und Minaretten geplant war, wurde als weiteres problematisches Indiz eines neuen islamisch-türkischen Selbstbewusstseins empfunden.[840]

Aus dem Blickwinkel der Architektur wird kritisiert, Entscheidungen für den traditionellen Typus der Moschee seien Entscheidungen zugunsten der fragwürdigen Inhalte, für die die klassische Moschee stehe. Wenn sich die muslimischen Einwanderer als Teil der deutschen Gesellschaft betrachteten, dann sei der Typus der osmanischen Moschee keine angemessene architektonische Lösung.[841] Klassische Moscheen nährten bei vielen den Verdacht, dem nach Europa eingewanderten Islam gehe die Bereitschaft und/oder Fähigkeit zur Inkulturation in die westliche Zivilisation ab. Die Architektur der Moscheen und Minarette habe nichts mit den deutschen Städten zu tun, in denen sie gebaut werden: „Zu viel Istanbul, zu wenig Duisburg", wie der Journalist Dieter Bartetzko seine Einwände betitelte. Mit gutem Willen und einem Quäntchen Einfühlungsvermögen in die Befürchtungen der Mehrheitsgesellschaft könnten die Muslime den Streit um die Moscheen selbst entschärfen. Ein einfacher Weg sei es, ihre Bauten der europäischen Architektur und der städtebaulichen Umwelt anzupassen, wie das die Synagogen seit Jahrhunderten tun.[842] Von solchen Einwänden aus ist es nicht mehr weit zum Vorwurf, die islamischen Bauherren betrieben ein doppelbödiges Spiel. So fragte die Architektin Doris Gatermann, „warum es in Deutschland richtig sein soll, Minarette zu bauen, die von der Funktion her hier vermeintlich sinnentleert sind? Ist das wirklich nur eine Zeichensprache, die den klassischen Typ widerspiegelt? Auch wenn dort, wie es immer heißt, gar kein Muezzin rufen soll? Oder soll er es vielleicht doch irgendwann tun? [...] Ich glaube, manche Menschen haben eben die Sorge, dass Symbole, die vielleicht jetzt sinnentleert sind, diesen Sinn ja vielleicht zurückbekommen könnten."[843]

Das Argument der vermeintlichen Funktionslosigkeit des Minaretts wird begleitet von der Befürchtung, es handle sich um ein Symbol islamischen Dominanzstrebens. Die muslimische Seite dagegen verteidigte das Minarett stets mit dem Argument, die Einwanderer wollten sich mit dem Bau einer traditionellen Moschee lediglich ein Stück Heimat in der Fremde schaffen, das Minarett sei dekoratives Beiwerk ohne tiefere Bedeutung. Trotzdem war die Bedeutungsambivalenz nicht aus der Welt zu schaffen: „Manche Leute finden Minarette schön, andere fürchten sie; ähnlich wie bei Kirchtürmen ist das eine Frage des geopolitischen Blickwinkels und Naivitätsgrades. Kunstgeschichtlich interessierte Touristen können die Ästhetik eines Moscheeturms in Unschuld würdigen. Gebrannte Kinder der Geschichte empören sich über denselben Turm: Der christlichen Bevölkerung auf dem Balkan etwa sind Minarette ein Ärgernis, ja Hassobjekt, weil sie die jahrhundertelange brutale Unterdrückung durch die türkischen Osmanen symbolisieren. Diese richteten ihre Minarette überall auf, wo sie an die Macht kamen. Nachdem Mehmet II. 1453 Konstantinopel genommen hatte, befahl er sofort, der uralten Kirche Hagia Sophia ein Minarett beizufügen. ‚Eine Art Siegesturm‘ nannte die deutsche Orientalistin Annemarie Schimmel, eigentlich eine Islamschwärmerin, das Minarett sehr unsentimental. ‚Das sichtbare Zeichen der Gegenwart des Islam in einem neu eroberten Gebiet.‘"[844]

In neuester Zeit ins Zwielicht geraten war das Minarett durch den damaligen Bürgermeister von Istanbul Recep Tayyip Erdogan. Unter Verwendung eines Zitates aus einem Gedicht des türkischen Schriftstellers und Soziologen Ziya Gökalp aus dem Jahr 1912 hatte Erdogan 1997 öffentlich gesagt[i]: „Die Demokratie ist nur der Zug, auf den wir aufsteigen, bis wir am Ziel sind. Die Moscheen sind unsere Kasernen, die Minarette unsere Bajonette, die Kuppeln unsere Helme und die Gläubigen unsere Soldaten."[845] Das Minarett steht seither auch in der breiten Öffentlichkeit im Verdacht, ein islamisches Herrschaftssymbol, ein Triumphzeichen islamischer Macht zu sein. Ironischerweise hat Erdogan der Schweizer Volkspartei, die die Abstimmungsinitiative gestartet hatte, das Motiv ihres Plakates selbst geliefert: Minarette, die aufgestellt auf der Schweizer Fahne wie bedrohliche Raketen wirken.

Für die Soziologin Necla Kelek sind Moscheen wie die in Köln-Ehrenfeld geplante „ein politisches Statement des Islam in Beton": „Die Ur-Moschee war Mohammeds Wohnhaus in Medina: ein Hof mit offener Säulenhalle. Erst als der Islam christliche Kirchen eroberte, änderte sich auch die Architektur der Moscheen. […] Durch Umwidmung des Kuppelbaus der byzantinischen Hagia Sophia zur Moschee wurde eine christliche Kirche zum Vorbild für die türkische Moschee. Minarett und Kuppel wurden Zeichen osmanischer Herrschaft – auch in Mekka. Der Entwurf für die Kölner Moschee nimmt diese Tradition des Gestus der Eroberung auf. Eine offene Kuppel mit stilisierter Weltkugel zeigt noch keine Weltoffenheit. Es ist entscheidend, was darunter passiert. Man könnte diese Kuppel und das Minarett auch als Hegemonieanspruch deuten, ganz so wie der Islam sich als ‚Siegel‘, als Vollendung der Religionen begreift und den Anspruch auf Weltherrschaft reklamiert. Jedenfalls steht auch dieser Entwurf in osmanischer Tradition und zielt weder von der äußeren Form, noch von der inne-

---

[i] Erdogan war dafür von der kemalistisch-laizistisch gesinnten türkischen Justiz zu zehn Monaten Haft wegen „religiöser Hetze" verurteilt worden; ein Hinweis darauf, wie ernst die türkische Staatsmacht den Inhalt solcher Reden nahm (Sen 2007).

ren Funktion her auf Erneuerung oder Integration. […] Damit steht der Streit um den Bau der Kölner Moschee in einer Linie mit dem Streit um das Kopftuch. Freitagsmoscheen im Stadtbild sind wie die Kopftücher auf der Straße ein sichtbares politisches Statement. Es soll sagen: Wir sind hier, wird sind anders, und wir haben das Recht dazu."[846]

Nach Ansicht des französischen Orientwissenschaftlers Gilles Kepel betrachten die Muslime Europa heute als Bestandteil des dar al-islam (übersetzt: Haus des Islam).[i]

Das heißt, die Muslime sind in Europa zu Hause und müssen nach den Regeln der Scharia leben können. Nach dem Vorbild der „Nation of Islam" in den Vereinigten Staaten sollen in den Vorstädten der europäischen Großstädte islamisierte Räume geschaffen werden, in denen eine vom Islam bestimmte soziale und moralische Ordnung gilt. Nur so kann der soziale Frieden gewahrt werden. Mit dieser Logik wird ein Prozess kultureller Abspaltung betrieben und eine Gesellschaftsstruktur begünstigt, in der sich geschlossene Gemeinschaften gegenüberstehen.[847]

Ralph Giordano, dem im Kölner Moscheestreit immer mehr die Rolle zufiel, die Bedenken der Mehrheitsgesellschaft gegenüber vermeintlicher oder tatsächlicher islamischer Herrschaftsarchitektur zu artikulieren, übertrug diese Analyse auf die deutschen Verhältnisse: „Wahrer Bauherr der Großmoschee sind ohnehin nicht Kölns Bürgermeister und zustimmende Stadtratsfraktionen, nicht der deutsche Architekt und auch nicht die Ditib, sondern deren verlängerter Arm – das Amt für religiöse Angelegenheiten Diyanet in Ankara. Dort, in dieser autoritär geführten Staatsbehörde, ist das Projekt ausgeheckt worden, wie all die anderen Großmoscheen, die in Deutschland mit Namen von osmanischen Eroberern wie Pilze aus dem Boden schießen – sakrale Großbauten, Symbole einer Landnahme auf fremdem Territorium, Strategie einer türkischen Außenpolitik, die längst dabei ist, in Deutschland mitzuregieren. Zwischen vielbeklagter Hinterhofmoschee und zentraler Großmoschee hätte es zahlreiche Abstufungen ohne Abschreckungseffekt gegeben. Nun aber, im Falle von Köln-Ehrenfeld, hat sich die Diyanet einen verräterischen Schritt zu weit nach vorn gewagt."[848] Giordanos Haltung ist exemplarisch für den islamkritischen Teil der öffentlichen Meinung, der im Verhalten der türkisch-islamischen Immigrantenorganisationen Hinweise auf eine weitergehende Strategie ausmacht.[ii] Die türkisch-islamische Seite selbst deute diese Strategie in der historischen Anspielung an, die Türken seien 1683 zwar vor Wien gestoppt und daran gehindert worden, sich ganz Europa zu unterwerfen, aber was damals militärisch nicht gelungen sei, würde jetzt langfristig mit Hilfe der demographischen Waffe vollendet.[849] Die Auseinandersetzungen in Köln und anderswo sind ein handfester Hinweis darauf, dass der

---

[i] Eigentlich bezeichnet dieser islamische Rechtsbegriff die Gebiete unter muslimischer Herrschaft. Früher war Europa nicht als Gebiet des Islam betrachtet worden. Europa gehörte zu einem Gebiet des vertraglichen Friedens [dar al-kufr], in dem sich die Muslime auf keinen offenen Konflikt mit den Gottlosen einlassen sollten. In diesem Bereich war auch kein Dschihad erlaubt, im Gegensatz zu den Gebieten des Krieges [dar al-harb] (vgl. Kepel 1996).

[ii] Giordano war durchaus nicht der erste, der argumentative Anleihen in der Geschichte nahm. Der Historiker Hans-Ulrich Wehler z.B. hatte bereits im Jahre 2002 in einem Artikel der Wochenzeitung „Die Zeit" daran erinnert, dass das „muslimische Osmanenreich […] rund 450 Jahre lang gegen das christliche Europa nahezu unablässig Krieg geführt" habe. Diese Ereignisse seien im Kollektivgedächtnis der europäischen Völker tief verankert (Wehler 2002).

Bau von Moscheen und Minaretten von großen Teilen der einheimischen Mehrheitsgesell-
schaft als das äußere Zeichen islamischen Dominanzstrebens wahrgenommen wird. Diese
Sichtweise macht sich andeutungsweise selbst die EKD zu eigen, wenn sie beim Thema
Verkauf von Kirchen an muslimische Gemeinden und die damit verbundene Umwidmung
von Kirchen in Moscheen wie beiläufig ein kleines Lehrstück zum Begriff der kulturellen
Hegemonie gibt: „Obwohl Kirchengebäude aus reformatorischer Sicht nicht als heilige
Räume gelten, muss man doch sehr wohl zwischen ihrem Gebrauchwert und ihrem Symbolwert unterscheiden. Bei der Überlassung von Kirchen an muslimische Gemeinschaften geht
es vor allen Dingen um deren Symbolwert. […] Die Umwidmung einer Kirche in eine Moschee […] kann darüber hinaus auch zu Irritationen in der öffentlichen Wahrnehmung führen: Der äußere Symbolwert der Kirche bleibt erhalten, im Inneren wird jedoch eine andere
Religion praktiziert. So entsteht in der Öffentlichkeit der Eindruck, die Christen würden vor
dem Islam zurückweichen […].“[850]

Die Kölner Debatte läuft auf die Frage zu, ob ein Streben des Islam nach kultureller Hegemonie oder gar ein politischer Machtanspruch allein dadurch angenommen werden kann,
dass die Mehrheitsgesellschaft bestimmte äußere Merkmale des Projektes als überzogen oder
anmaßend empfindet, etwa die Größe der Moschee, Höhe und Anzahl der Minarette oder der
offensichtlich ursprünglich vorgesehene Namen Fatihmoschee (Eroberermoschee), der an die
Eroberung der Hauptstadt des christlichen Oströmischen Reiches, Konstantinopel/Byzanz,
im Jahre 1453 erinnert.[i][851] Architektonisch und städtebaulich prägende Bauwerke sind in der
Regel auch Symbole eines Dominanzanspruches. Grundsätzlich alle Religionen, politischen
Ideen oder Ideologien streben nach kultureller Hegemonie, zumindest dann, wenn sie eine
kritische Größe erreicht haben oder damit rechnen, diese kritische Größe zu erreichen. Religion und Kultur sind Ausdruck der Geistes- und Ideenwelt sowie der Lebensweise einer
Gesellschaft. Insbesondere die herausragenden Zeugnisse religiöser Architektur sind Weg-
marken einer kulturellen Landnahme und werden als solche wahrgenommen. Das lässt sich
an den christlichen Bauwerken Europas ebenso zeigen, wie an der buddhistischen oder hinduistischen Architektur in Asien. Selbst die großen säkularen Ideologien bedienen sich häufig einer Architektursprache, die in der öffentlichen Wahrnehmung entweder umstandslos
verstanden oder eindeutig interpretiert wird. So ist es kein Zufall, dass sich die Attentäter des
11. September 2001 gerade das World Trade Center in New York ausgesucht haben. Die
Twin Towers waren das prominente architektonische Symbol des verhassten amerikanischen
Imperialismus.

Ein Vergleich zeigt die Parallelität der Symbolik von Kirchtürmen und Minaretten. Kirch-
türme prägen die europäischen Stadt- und Landschaftsbilder bis heute. Die Kirchtürme im
Mittelalter haben zunächst eine liturgische Funktion. Aber das Glockenläuten ist nicht nur
Ruf zu Gottesdienst oder Gebet. Die Kirchtürme haben auch eine Informationsfunktion; als
Glockentürme und Uhrtürme zeigen sie die Zeit an. Sie verkünden den Tod von Mitbürgern
oder warnen bei Feuer, Epidemien und anderen Gefahren. Die Bedeutung der mittel-

---

[i]   Das Ringen um die Höhe der Minarette als mutmaßliches architektonisches Zeichen der Überlegenheit des
      Islam scheint ein universelles Kennzeichen des Ringens der Muslime um Zugang zum öffentlichen Raum zu
      sein. Oriana Fallaci berichtet von einem ähnlichen Konflikt beim geplanten Bau der Großen Moschee in Rom
      (Fallaci 2004: 157f.).

alterlichen Kirchtürme reicht aber über die optische und akustische Informationsfunktion hinaus. Kirch- und Glockentürme dienten der Orientierung im Tagesablauf und lenkten gleichzeitig den christlichen Alltags- und Lebensrhythmus der Menschen. Kirchtürme sind also Symbole der geistlichen und kulturellen Hegemonie des Christentums. In den weltlichen und geistlichen Territorien des Mittelalters symbolisieren Kirchen und Kirchtürme die feudale Herrschaft auf christlicher Grundlage. In den mittelalterlichen Freien Reichsstädten sind sie das Zeichen für die souveräne Selbstregierung einer sich christlich verstehenden Bürgerschaft. Die grandiosen Kathedralen der mittelalterlichen Gotik und die Höhe ihrer Türme bilden gleichermaßen den Maßstab für Frömmigkeit und das Ausmaß des kollektiven Selbstbewusstseins. Kirchen und Kirchtürme signalisieren also jenseits ihrer religiösen Funktion auch kulturelle Dominanz. Selbst noch die Sprache greift auf dieses Bild der kulturellen Dominanz zurück, z.B. in der Redewendung, man solle doch „die Kirche im Dorf lassen". Kirchtürme sind nicht notwendig, um die christliche Religion zu praktizieren, aus Theologie und Symbolik des Christentums heraus lassen sich die Kirchtürme nicht erklären. Deshalb demonstrierten Mönchsorden wie die Zisterzienser ihre Ablehnung des Strebens nach weltlicher Macht gerade dadurch, dass sie statt des Glockenturms nur einen Dachreiter verwendeten, um damit ein Zeichen christlicher Demut und des Verzichts auf weltliche Herrschaft zu setzen. Aber gerade weil die religiöse Praxis des Christentums eigentlich nicht auf Kirchtürme angewiesen ist, sind sie bis heute Zeichen für die Dominanz einer christlich geprägten Kultur, selbst dort, wo diese Kultur nur noch in ihrer säkularisierten Version existiert.[852]

Eine kritische Perspektive kommt nicht umhin, die symbolische Bedeutung von Moscheen und Minaretten mit der mittelalterlichen Zeichenhaftigkeit von Kirchen und Kirchtürmen zu vergleichen. Der religiöse Totalitarismus des orthodoxen Islam zeigt sich darin, dass er nicht nur Anspruch auf die umfassende Bestimmung des geistlichen Lebens der Menschen erhebt, sondern auch auf die unmittelbare Gestaltung der weltlichen Gesellschaftsordnung. Der fünfmalige Gebetsruf des Muezzin ist in den islamischen Ländern nicht nur liturgische Handlung, sondern Taktgeber eines islamisch durchgestylten Alltags. Moscheen und Minarette sind das äußere Zeichen dafür, dass sich die islamische Gesellschaft dem koranischen Lebensrhythmus unterwirft. Das ist der Punkt, an dem Religion zu gesellschaftlicher Kultur wird. Umstritten ist allerdings, ob auch die Moscheebauten in Deutschland mit diesem symboltheoretischen Kontext erfasst werden können. Sind Minarette also Symbole einer friedlichen und toleranten Religion, repräsentieren sie den Willen des Islam, sich in Deutschland einzubürgern oder sind sie vielmehr Zeichen eines islamischen Expansionsstrebens, Symbol einer islamischen Landnahme?

Nicht nur die Minderheiten haben gegenüber der Mehrheit den Anspruch auf einen sensiblen Umgang mit ihr; auch die Mehrheit hat gegenüber Minderheiten den Anspruch, dass auf ihre kulturellen Empfindlichkeiten Rücksicht genommen wird. Selbst die Kritiker, die den Verdacht einer schleichenden Islamisierung nicht teilten, vermuteten hinter dem architektonischen Triumphalismus der Kölner Muslime die provokativ zur Schau gestellte Unbescheidenheit einer eingewanderten Religion, die einen eklatanten Mangel an Einfühlungsvermögen für die kulturellen Empfindlichkeiten der Aufnahmegesellschaft erkennen lasse. Dieser Vermutung hatte die eigenwillig unkluge, von vielen als anmaßend und großspurig empfundene Verlautbarung des Ditib-Vorsitzenden, Sadi Arslan, in der Europa-Ausgabe der türkischen Zeitung Sabah zusätzlichen Auftrieb gegeben: „Wir entscheiden, wie groß und breit die Moschee gebaut wird. Wir sind nicht bereit, Zugeständnisse zu machen. Wir haben uns nicht zu rechtfertigen."[853] Solche Auftritte provozierten die Forderung, dass die islamische Minderheit ihren Respekt vor der Kultur der Mehrheitsgesellschaft durch ein zurückhaltenderes Auftreten zum Ausdruck bringe. So seien die Gotteshäuser der Freikirchen, jüdische Synagogen oder die Gebetsstätten der Buddhisten architektonisch durchweg maßvoll gestaltet. Schon deshalb würden sie kaum mit kulturellem Dominanzstreben assoziiert. Dagegen lege die islamische Unbescheidenheit die Vermutung nahe, es mangle den islamischen Organisationen an Integrationswillen. Mehr noch, es liege der Verdacht in der Luft, der nach Deutschland eingewanderte Islam nehme durch seine baulichen Aktivitäten bereits eine künftige kulturelle Hegemonie vorweg. Minarette und Kirchtürme sind, historisch gesehen, Symbole eines Anspruches auf kulturelle Hegemonie. In der nichtsäkularisierten Lebenswelt des Islam sind es die Minarette bis heute, deshalb sei es eigentümlich naiv, wenn der organisierte Islam in Deutschland seine osmanischen Moscheen und Minarette der Mehrheitsgesellschaft als bloße nostalgische Zitate aus der alten Heimat schmackhaft zu machen versuche, während sie von einem großen Teil der Mehrheitsgesellschaft intuitiv als Symbole eines islamischen Hegemoniestrebens verstanden würden.

Wie die Symbole islamischen Lebens letztendlich wirklich interpretiert werden, ist weniger das Ergebnis objektiver Erkenntnis als vielmehr eine Frage der Deutungshoheit. Solange die Deutungshoheit bei der Aufnahmegesellschaft liegt, und solange die Mehrheit repräsentative Moscheen und Minarette skeptisch betrachtet, solange die religiöse Architektur des Islam eine im besten Fall *missverständliche Symbolsprache* spricht, liegt es an der muslimischen Minderheit selbst, durch selbstkritische Reflexion und ein Verhalten kultureller Anpassung und Loyalität langfristig das Vertrauen der Aufnahmegesellschaft zu gewinnen. Dazu müsste die muslimische Seite die Wahrnehmungsperspektive der nichtislamischen Mehrheitsgesellschaft einnehmen, um sich vorstellen zu können, dass Moscheen, Minarette und Namensgebungen für Moscheen auch als bedrohlich empfunden werden können.[854] Die Missverständlichkeit der islamischen Symbolsprache ist der Grund, weshalb die Mehrheitsgesellschaft Zurückhaltung beim Bau von Moscheen verlangen kann. Ein aussagefähiger Ausdruck guten Willens wäre es, wenn der Islam als Zeichen seines Integrationswillens freiwillig auf den Bau von Minaretten verzichtete.[855] Sollte sich der Islam dem kulturellen Wertekonsens der Mehrheitsgesellschaft öffnen und sich fähig erweisen, sich zu entorientalisieren und die Formen religiöser Architektur und Glaubenspraxis der kulturellen Ausdrucksweise der Aufnahmegesellschaft anzugleichen, würde das Minarett möglicherweise ohnehin überflüssig werden.

Neben der kulturellen Distanz scheint sich das Unbehagen der Mehrheitsgesellschaft auch an der Tatsache festzumachen, dass der Islam nach den christlichen Konfessionen zwar die stärkste Religion ist, dass aber das Auftreten seiner Repräsentanten, die Selbstdarstellung und Selbstinszenierung der islamischen Verbände einstweilen noch in keinem Verhältnis zu ihrer quantitativen Bedeutung steht. Von 82,3 Mio. Einwohnern in Deutschland werden 3 bis 4 Mio. dem Islam zugerechnet, die Zahl ist allerdings nur eine Schätzung.[i]

---

[i]   In dieser Zahl enthalten sind vermutlich etwa 0,5 Mio. Aleviten, die sich selbst als Teil des Islam verstehen, von der sunnitischen Glaubensrichtung jedoch nicht als Muslime anerkannt werden.

Ihnen stehen allein 25,1 Mio. evangelische und 25,7 Mio. katholische Christen sowie 23,8 Mio. Konfessionslose gegenüber. Aber selbst die verschiedenen protestantischen Freikirchen und die orthodoxen Gemeinden sind mit zusammen etwa 2,9 Mio. Mitgliedern fast ebenso zahlreich wie die Muslime.[856] Im Gegensatz zu den Muslimen spielen die kleineren christlichen Kirchen und Gemeinschaften weder eine nennenswerte Rolle in der Öffentlichkeit noch können sie mit einer solchen öffentlichen Aufmerksamkeit rechnen, wie das beim Islam der Fall ist. Die unverhältnismäßige Präsenz der Muslime in der politischen Öffentlichkeit ist also (noch) nicht in ihrem tatsächlichen zahlenmäßigen Gewicht begründet, sondern spiegelt eher die Fähigkeit der islamischen Organisationen wider, ihre Interessen wirksam zu artikulieren. Aufgrund dieser Asymmetrie wird das öffentliche Auftreten des Islam auch häufig mit Anmaßung und Selbstüberschätzung in Verbindung gebracht. Das nährt die argwöhnische Vermutung, ein solches Verhalten könne nur im Vorgriff auf eine mögliche spätere Position, die sich einer gedachten demographischen Entwicklung zugunsten der muslimischen Bevölkerung verdanke, rational erklärt werden.[i]

In den Moscheebaukonflikten zeigt sich auch die grundsätzliche Frontstellung zwischen multikulturalistischen und assimilatorischen Integrationsvorstellungen. Für den Multikulturalismus ist der Bau von Moscheen legitimer Ausdruck der verfassungsmäßig garantierten Religionsfreiheit. Er ist die logische Konsequenz der Einwanderung neuer Kulturen und Religionen und damit Ausdruck einer Entwicklung, in der die multikulturelle Einwanderungsgesellschaft zur modellhaften Normalität wird. Für die assimilatorische Position ist der Bau demonstrativer Großmoscheen keine Frage des Grundrechtes auf freie Religionsausübung, sondern eine Provokation. Denn hinter dem Anspruch auf unübersehbare Präsenz im öffentlichen Raum vermutet sie das Streben nach Dominanz des öffentlichen Raums. Auch wenn dieses Dominanzstreben einstweilen nur darauf ziele, autonome Teilbereiche im öffentlichen Raum zu schaffen, in dem islamische Lebensweise und islamisches Recht mit Hilfe von Ausnahmeregelungen durchgesetzt würden, werde die Einheit der gesellschaftlichen Gemeinschaft durchlöchert und die gesamtgesellschaftliche Autorität und Zuständigkeit des Staates infrage gestellt. Aus hegemonietheoretischer Sicht sind die Auseinandersetzungen um Kopftücher, Moscheen und Minarette oder um gesetzliche Ausnahmeregelungen zur Sicherung einer importierten Lebensweise nur die äußere Erscheinung eines tieferliegenden Konfliktes um die Vorstellungen, Werte und Normen, die einer Gesellschaft zugrunde liegen und ohne deren verbindliche Geltung die gesellschaftliche Integration in Gefahr gerät. In dem Augenblick, in dem konkurrierende oder gar gegensätzliche kulturelle Interessen aufeinanderstoßen, beginnt notwendigerweise die Auseinandersetzung um die kulturelle Hegemonie in einer Gesellschaft. Die im politischen Alltag gebräuchliche Rhetorik des bereichernden Miteinanders der Kulturen verschleiert daher die Konfliktstruktur des multikulturellen Alltags.

---

[i] Das Nachrichtenmagazin „Der Spiegel" prognostiziert ein mögliches Anwachsen der Zahl der Muslime in Deutschland von etwa 3,3 auf 7 Mio. im Jahre 2030 (Der Spiegel Nr. 13 vom 26. März 2007).

5.4.3 Kulturelle Selbstaufgabe oder Anerkennung des kulturellen Pluralismus?

In der Notaufnahme des Krankenhauses im oberschwäbischen Ravensburg hing 2008 ein Werbeplakat des Ortsvereins des Deutschen Roten Kreuzes (DRK). Im Vordergrund eine Rotkreuzflagge, versetzt hinter ihr der rote Halbmond. Wahrscheinlich war den Auftraggebern des Plakates die Doppeldeutigkeit der Symbolik gar nicht bewusst. Sie verstanden ihr Plakat sicherlich als ein Signal des partnerschaftlichen Miteinanders zwischen Einheimischen und islamischen Einwanderern. Aber das Arrangement der Symbole kann auch anders gedeutet werden, nämlich als Anzeichen einer beginnenden kulturellen Selbstaufgabe der autochthonen Gesellschaft. Überträgt man die Doppeldeutigkeit der Aussage des Plakates auf die begriffliche Ebene des Leitkulturkonfliktes, dann ist das Plakat aus der Sicht von Leitkulturgegnern ein Zeichen multikulturellen Miteinanders, in dem es keine symbolischen Ausschließlichkeitsansprüche gibt. Aus der Sicht von Leitkulturbefürwortern ist das Plakat ein Zeichen dafür, dass die Erosion der kulturellen Hegemonie der deutschen Mehrheitsgesellschaft den gesellschaftlichen Alltag erreicht hat und dass die Mehrheitsgesellschaft damit begonnen hat, ihre kulturelle Hegemonie, die sich an der *ausschließlichen* Geltung von Symbolen festmacht, freiwillig aufzugeben. Da das Kreuzsymbol in der islamischen Welt nicht akzeptiert wird, ist der rote Halbmond zum komplementär verwendeten Emblem der Rotkreuzidee geworden. Historisch gesehen repräsentieren Kreuz und Halbmond unterschiedliche Kulturkreise mit einer außerordentlich konfliktreichen Geschichte. Aus europäischer Sicht symbolisierte der Halbmond die Zerstörung der griechisch-römisch-christlichen Zivilisation in Kleinasien, eine sieben Jahrhunderte lange arabisch-islamische Fremdherrschaft in Spanien und eine fünfhundertjährige osmanisch-islamische Besetzung des Balkan sowie den Versuch der Türken, das christliche Europa auszulöschen. Aus islamischer Sicht steht das Kreuz für die mittelalterlichen Kreuzzüge. Gläubige Muslime empfinden das Kreuz bis heute als Provokation, selbst wenn sie in Europa leben. Sogar als Bestandteil von Vereinswappen auf Fußballtrikots ist das Kreuz geeignet, die Muslime und den Islam zu „beleidigen". Beispielsweise haben türkische Fußballanhänger gefordert, ein Champions League Spiel, das der italienische Klub Inter Mailand 2007 siegreich gegen die türkische Mannschaft von Fenerbahce gewonnen hat, zu annullieren, weil die Italiener mit einem Trikot bekleidet waren, auf dem ein rotes Kreuz prangte.[857] In der europäischen Bevölkerung dagegen ist der Halbmond heute nicht mehr als eine dekorative Form, wie auch das Kreuz auf dem Niveau eines Modeaccessoires angekommen ist.

Die Argumente der Befürworter einer deutschen Leitkultur ähneln häufig denen, die auch von Anhängern der Islamisierungsthese vertreten werden. Die Islamisierungsthese besagt, dass Europa im Verlauf des 21. Jahrhunderts mehr und mehr islamisch umgeprägt werde. Die Islamisierung ist einerseits die Folge demographischer Veränderungen, andererseits das Ergebnis gesellschaftlichen Wandels. Die demographischen Veränderungen beruhen zum einen auf fortgesetzter Einwanderung und hohen Geburtenraten der islamischen Einwanderer, zum anderen auf der Abnahme der europäischen Bevölkerung aufgrund geringer Geburtenraten. Die gesellschaftlichen Veränderungen dagegen sind das Ergebnis kultureller Unterwanderung. Der französische Philosoph Robert Redeker warnt vor einer schleichenden „Islamisierung des Denkens", die in der Nachgiebigkeit staatlicher Verantwortungsträger gegenüber den Forderungen islamischer Organisationen zum Ausdruck komme. Redeker schrieb: „Der Islam versucht, Europa seine Regeln aufzuzwingen: In den öffentlichen Badeanstalten Schwimmzeiten nur für Frauen, das Verbot, diese Religion zu karikieren, der Anspruch auf einen Sonderspeiseplan für muslimische Kinder in den Schulkantinen, der Kampf für das islamische Kopftuch an den Schulen und der Vorwurf der Islamophobie gegen alle freien Denker."[858] Prominente Vertreter der Islamisierungsthese sind neben Redeker, u.a. der amerikanische Historiker Walter Laqueur und in Deutschland die Publizisten Ralph Giordano, Robert Stolz, Udo Ulfkotte oder der Sozialwissenschaftler Ralph Ghadban. Auch die Anhänger der Islamisierungsthese sehen Anzeichen eines freiwilligen kulturellen Rückzuges der Mehrheitsgesellschaft. Ein besonderer Dorn im Auge ist ihnen, dass der kulturelle Rückzug gerade in den neben der Familie wichtigsten Sozialisationsinstanzen von Schule und Kindergarten stattfinde. Als Beleg für diese These berufen sie sich auf zahllose Beispiele aus dem multikulturellen Alltag in Deutschland und Europa. So kommt etwa in manchen Kindertagesstätten kein Schweinefleisch mehr auf den Tisch.[859] Die Bundestagsabgeordnete Lale Akgün (SPD) sieht diesen Verzicht als logische Folge der Einwanderung von Muslimen: „Besser man verzichtet aus religiösen Gründen darauf, als einen Keil zwischen die Kinder zu treiben."[860] Immer mehr christliche Kindergärten verzichten auf Advents-, Weihnachts- oder Nikolausfeiern, weil den Kindern und Eltern nichtchristlicher Religionen der Inhalt solcher Feiern nicht zugemutet oder nicht vermittelt werden könne. Das Sankt Martinsfest wird seines religiösen Bezugs beraubt und religionsneutral in „Laternenfest" umbenannt, weil Kindergärten befürchten, bei muslimischen Eltern mit christlichen Texten Anstoß zu erregen.[861] Die Befürworter einer Islamisierungsthese vermuten darin erst den Beginn einer Entwicklung, die zu einer immer stärkeren kulturellen Entleerung führe. So gelten in Großbritannien traditionelle Weihnachtsfeiern nicht mehr als politisch korrekt, weil im multikulturellen London Menschen verschiedener Religion zusammenarbeiten und vor allem Muslime die oft ausschweifenden vorweihnachtlichen Bürofeiern als beleidigend empfinden könnten. Britische Stadtverwaltungen untersagen Weihnachtsbäume, Weihnachtsschmuck und Lichterketten in Einkaufszentren und Fußgängerzonen, britische Arbeitgeber verbieten ihren Mitarbeitern Weihnachtsdekoration in den Büros, damit sich andersgläubige Mitarbeiter nicht beleidigt fühlen müssen. Die Stadt Oxford entschied 2008, das Wort „Christmas" aus dem dortigen Weihnachtsfestival herauszunehmen und stattdessen durch die Bezeichnung „Winterlicht-Festival" zu ersetzen.[862] Die Royal Mail verzichtete im Jahre 2006 auf ihre traditionelle „Weihnachtsbriefmarke"; die Handelskette Walmart untersagte ihrem Verkaufspersonal, den Kunden „Frohe Weihnachten" zu wünschen; im britischen Privatsender „Channel4" hielt neben der Queen auch eine völlig verschleierte Muslimin die Weihnachtsansprache für das Jahr 2006.[863] Auf Ungnade stieß im Jahr darauf der mit Weihnachtskugeln und Lametta geschmückte Weihnachtsbaum im Brüsseler Justizpalast. Er stehe, so die damalige Justizministerin Laurette Onckelinx, im Widerspruch zum neutralen Geist des Hauses und störe die religiösen Gefühle der Nichtchristen.[864] Auch in Italien gehen immer mehr Schulleiter und Lehrer dazu über, Krippen, Weihnachtsmänner und Weihnachtsbäume aus den Schulen zu verbannen, weil sich muslimische Schüler durch diese Accessoires des christlichen Weihnachtsfestes beleidigt fühlen könnten.[865]

Für Vertreter der Islamisierungsthese und Leitkulturbefürworter sind diese Erscheinungen multikultureller Rücksichtnahme der Ausdruck einer radikal verstandenen Politik der Aner-

kennung kultureller Unterschiede. Einer solchen Politik gehe es nicht nur um die Gleichberechtigung religiös-kultureller Praktiken, sondern um die Aufgabe des kulturellen Monopols
der Mehrheitsgesellschaft; mehr noch, um den Verzicht auf Teile der kulturellen Praxis der
Mehrheitsgesellschaft überhaupt. Leitkulturbefürworter halten es für unakzeptabel, dass die
Mehrheitsgesellschaft präventiv auf angestammte kulturelle Praktiken verzichtet, häufig
bevor Angehörige eingewanderter Religionen und Kulturen selbst solche Forderungen stellen. Sie warnen davor, dass die Erosion der kulturellen Hegemonie der Aufnahmegesellschaft
nicht erst dort beginnt, wo es den konkurrierenden Kulturen der Einwanderer gelingt, die
kulturelle Hegemonie der Einheimischen zu brechen und Zonen kultureller Autonomie zu
erkämpfen. Die unvermeidbare Auseinandersetzung um die kulturelle Hegemonie in einer
Gesellschaft müsse nicht zwangsläufig in einen ultimativen Kampf der Kulturen münden.
Die Auseinandersetzung könne auch so verlaufen, dass sich die hegemoniale Kultur aus ihrer
führenden Rolle freiwillig zurückziehe, auf ihre Deutungshoheit über die wesentlichen gesellschaftlichen Symbole verzichte, konkurrierenden Kulturen ganz oder teilweise das Feld
überlasse oder in den Zustand eines kulturellen Kondominiums mit den konkurrierenden
Kulturen übergehe. Aus Sicht der Leitkulturbefürworter kommt diese Entwicklung einer
kollektiven kulturellen Selbstaufgabe gleich. Dagegen hält die multikulturalistische Position
die weitreichende kulturelle Pluralisierung von Gesellschaften, die bisher relativ homogen
waren, für die einzig mögliche Antwort auf eine Entwicklung, die mit Globalisierung, internationaler Migration und massenhafter Einwanderung einhergeht. Dass die Aufnahmegesellschaften ihre kulturelle Hegemonie verlieren, sei lediglich die zwingend notwendige Folge
dieser Entwicklung.

5.4.4   Leitkultur – Programm im Dienst der kulturellen Hegemonie

Deutschland ist Ziel von Einwanderern aus fremden Kulturkreisen. Die Leitkulturidee ist der
Versuch einer Antwort auf die Frage, wie die Grundlage des Zusammenlebens zwischen
Einheimischen und Einwanderern in Deutschland aussehen kann. Es gibt sogar so etwas wie
einen politischen Konsens über die Notwendigkeit einer Grundlage des Zusammenlebens,
aber damit ist der Konsens auch schon zu Ende.

Im Diskurs um die deutsche Leitkultur kommen zwei Gesichtspunkte zum Vorschein. Der
erste Gesichtspunkt bezieht sich auf die kollektive Identität der deutschen Gesellschaft, der
zweite handelt von der angemessenen Form der kulturellen Integration von Einwanderern.
Die verschiedenen Positionen in der Frage der kollektiven Identität, die sich im Spannungsfeld zwischen historischer Schuld und neuem Selbstbewusstsein bewegt, stehen in engem
Zusammenhang mit den Modellen kultureller Integration, die zwischen den Polen Assimilation und Multikulturalismus liegen.

Radikale Leitkulturgegner betonen, von einer kollektiven kulturellen Identität könne keine
Rede mehr sein, weil sich die moderne Gesellschaft permanent weiter individualisiere und
pluralisiere und unterschiedlichste Lebensstile und Identitäten hervorbringe. Diese kulturelle
Pluralität werde verstärkt durch die Einwanderung nichtdeutscher Kulturen, die einen menschenrechtlichen Anspruch auf die Anerkennung ihrer kulturellen Differenz hätten. Eine

Leitkultur wäre aber auch dann ausgeschlossen, wenn die kulturelle Identität der Deutschen inhaltlich hinreichend bestimmbar wäre. Im liberalen Rechtsstaat seien die kulturellen Vorlieben Sache der Individuen, (nationale) Kultur könne folglich keine verbindlich vorgegebene kollektive Orientierungsgröße sein. Die Privilegierung einer nationalen Kultur sei zudem ausgeschlossen, weil sie andere Kulturen hierarchisiere und ausgrenze. Zwischen Einwanderern und Einheimischen reiche ein Minimalkonsens aus, der auf einer menschenrechtlich-verfassungspatriotischen Grundlage stehe. Aus dieser Perspektive ist nur eine Politik der Anerkennung kultureller Unterschiede akzeptabel, die Integration von Einwanderern nur auf multikulturalistischer Grundlage vorstellbar. Außerdem sei die Forderung nach einer nationalkulturellen Identität schon wegen der nationalsozialistischen Menschheitsverbrechen moralisch unhaltbar geworden. Die historische Schuld Deutschlands am Völker- und Judenmord ist für radikale Leitkulturgegner der Ausgangspunkt identitärer Standortbestimmung, die Erinnerung an Auschwitz Kern der neuen nationalen Identität. „Nationale Identität kann nur eine gebrochene sein."[866] Der „Schock über den Zivilisationsbruch der nationalsozialistischen Massenvernichtung" (Habermas) hat die Legitimität einer Politik zerstört, die die ethnisch-kulturelle Identität der Nation schützen will und dafür auf kulturelle Homogenisierung setzt. Unter diesen Bedingungen scheint es nur eine angemessene Antwort auf die kollektiven Selbstzweifel zu geben: eine neue, synthetische Identität der Deutschen.

Leitkulturbefürworter teilen die Annahme, dass sich die moderne Gesellschaft durch Individualisierung und Pluralisierung auszeichne. Sie bestreiten aber, dass diese Entwicklung zwangsläufig auf Kosten der kulturell relativ homogenen Gesellschaft gehen. Sozial und lebensstilbezogen differenzierte Gesellschaften seien kein neues historisches Phänomen, sondern allgemein Kennzeichen von Hochkulturen. Die moderne Gesellschaft, die im Zuge des aufziehenden Industriezeitalters und der demokratischen Revolution entstanden ist, habe sich durch zunehmende und beschleunigte Arbeitsteilung immer weiter ausdifferenziert. Im Gegenzug habe sich die Gesellschaft aber kulturell homogenisiert. Das sei die Voraussetzung dafür gewesen, dass die Bürger ein Zusammengehörigkeitsgefühl, eine nationale Identität entwickeln konnten. Dieses Zusammengehörigkeitsgefühl verhindert, dass unter demokratischen Verhältnissen eine gesellschaftliche Vielfalt entstehen kann, die den Zusammenhalt der Gesellschaft bedroht. Daraus wird die Schlussfolgerung gezogen, dass die wichtigste Voraussetzung für sozialen Zusammenhalt und gesellschaftliche Solidarität in einer kulturell verankerten kollektiven Identität liegt.

Leitkulturbefürworter lehnen eine ausschließlich vergangenheitsorientierte Verantwortungs- und Schuldmentalität ab, weil sie darin einen Hemmschuh für eine vorurteilsfreie Diskussion um die Entwicklungsperspektiven der Gesellschaft vermuten. Sie fordern eine kritische, aber selbstbewusste Identifikation mit deutscher Geschichte und Kultur, ein normalisiertes nationales Selbstverständnis, das historische Verantwortung annimmt, ohne in ein „Selbsthass-Paradigma"[867] zu verfallen. Fehlendes deutsches Selbstbewusstsein und historisch begründete Schuldgefühle akzeptieren sie nicht als unveränderliche Größen. Diese Weigerung wurde deutlich an der Kritik, die eine Rede des damaligen Präsidenten des Zentralrates der Juden in Deutschland, Paul Spiegel, am 9. November 2000 hervorrief. Spiegel hatte Äußerungen deutscher Politiker, die die Idee einer Leitkultur und einer Neubestimmung deutscher Identität befürworteten, unter Rückgriff auf die allgegenwärtige historische Schuld Deutschlands zurückgewiesen.[868] Die Kritiker erhoben den Vorwurf, bestimmte gesellschaftliche Gruppen hätten nach wie vor ein Interesse daran, das problematische Verhältnis der Deutschen zu ihrer Geschichte und Kultur zu funktionalisieren. Allerdings vermindere sich zunehmend die Bereitschaft, diese Funktionalisierung widerspruchslos hinzunehmen. Das Land sei nicht mehr bereit, seine Zukunft ausschließlich durch die Brille historischer Schuld zu betrachten. Eine Geschichtspolitik, die den „verantwortungsvollen Blick zurück" zum alles beherrschenden Maßstab des gesellschaftlichen Diskurses mache und alle zukunftsgerichteten Überlegungen behindere oder politisch korrekt verfälsche, verliere ihre politische Legitimation. Im Blick auf diesen Zusammenhang hat der Publizist Henryk M. Broder mit der permanenten Funktionalisierung der nationalsozialistischen Vergangenheit bei gleichzeitiger Blindheit gegenüber aktuell überall auf der Welt ablaufendem Unrecht sarkastisch abgerechnet: „In Kürze wird wieder eine neue Runde im immerwährenden Kampf gegen das Böse von vorgestern eröffnet. Der 9. November, der deutsche Schicksaltag per se, steht vor der Tür, dann geht es am 27. Januar mit der Befreiung von Auschwitz weiter, danach kommt der Tag der Bücherverbrennung. Zusätzlich zu den alljährlichen Gedenktagen wird 2009 noch der siebzigste Jahrestag des Kriegsausbruchs begangen. Alles schön und gut gemeint, wenn auch recht wohlfeil."[869] Aus Sicht der Leitkulturbefürworter hat die Aufnahmegesellschaft ein legitimes Interesse, ihre kollektive kulturelle Identität zu schützen. Deutsche Kultur sei nicht nur, empirisch gesehen, die Hegemonialkultur in Deutschland, sondern sie sei es auch in einem normativen Sinn. Es sei eine bloße Selbstverständlichkeit, dass ein Land, das Immigranten aufnimmt, darauf bestehen kann, dass Einwanderer die Kultur der Aufnahmegesellschaft als verbindlich anerkennen. Wer in ein anderes Land einwandere, tue das freiwillig. Einwanderer müssten deshalb bereit sein, die Regeln der Aufnahmegesellschaft zu akzeptieren, sich kulturell anzupassen und sich die Lebensweise, die Werte und Normen der Aufnahmegesellschaft anzueignen, wenn die Aufnahmegesellschaft das erwarte. Umgekehrt gebe es nichts, woraus sich ableiten ließe, dass Einwanderer einen Anspruch darauf hätten, ihre Herkunftskultur aufrechtzuerhalten. Die Aufnahmegesellschaft müsse nämlich gar nicht begründen, weshalb sie an ihrer Kultur als gesellschaftlich verbindlicher Kultur festhalten wolle. Damit wird auch der Einwand sinnlos, die deutsche Leitkultur setze die Kulturen von Einwanderern auf der einen Seite sowie die Kultur der ethnischen oder kulturell assimilierten Deutschen auf der anderen Seite in ein Über- und Unterordnungsverhältnis. Andere Kulturen würden weder hierarchisiert noch ausgegrenzt. Die Kultur der Aufnahmegesellschaft ist per definitionem Primärkultur. Andere Kulturen als die deutsche Nationalkultur fänden im öffentlichen Raum nicht statt. Die Kulturen der Einwanderer seien ausschließlich Privatsache. Im Übrigen lasse sich zeigen, dass Menschen nur dann wirklich gesellschaftlich integriert seien, wenn sie an einer *gemeinsamen* Kultur teilhätten. Nur, wenn Menschen gesellschaftlich integriert seien, seien sie nicht nur formell, sondern auch wirklich gleichberechtigt und hätten gleiche Chancen. Die Bildungsmisere junger Einwanderer in Deutschland belege diese Behauptung. Es spreche einiges für die These, dass dafür weniger die angebliche Inkompetenz und die mangelnden Anstrengungen der deutschen Schulen verantwortlich seien als vielmehr die Nichtteilhabe vieler Immigranten an der gesellschaftlichen Kultur der Aufnahmegesellschaft.[870]

Der zweite Gesichtspunkt hängt mit dem ersten zusammen. Er handelt von der Suche nach einer angemessenen Form der kulturellen Integration von Einwanderern. An der Haltung zur Frage der kollektiven kulturellen Identität aber entscheidet sich, wer welches Integra-

tionsmodell für angemessen und geeignet hält. Thema ist das Ob und das Wie, die Art und
der Umfang kultureller Integration von Einwanderern sowie Reichweite und Grenzen der
Aufnahmefähigkeit von Immigranten durch die deutsche Gesellschaft.

Die radikalen Leitkulturgegner gehen von der Voraussetzung aus, dass sich die kulturell
verschiedenen Staatsbürger mit ihren unterschiedlichen Wertvorstellungen auf keinen inhaltlichen Konsens verständigen können. Deshalb müssen sie sich mit gemeinsamen, menschenrechtlich angereicherten demokratischen Spielregeln begnügen. Diese Spielregeln sollen
ihnen helfen, die gesellschaftlich, sozial und kulturell bedingten Interessenkonflikte im Zaum
zu halten. Gemeinsame Spielregeln sind das einzige gesellschaftliche Bindemittel der multikulturellen Einwanderungsgesellschaft. Der Einsicht in ihre Notwendigkeit entspricht die
Vorstellung eines kulturell neutralen Verfassungspatriotismus (Jürgen Habermas).

Gelegentlich werden Zweifel an der Annahme geäußert, dass Gesellschaften auf einen
Grundkonsens überhaupt angewiesen seien. Manchmal wird auch die angebliche Unmöglichkeit eines solchen Konsenses thematisiert (Ulrich Beck, Niklas Luhmann). Die meisten
politischen und sozialwissenschaftlichen Positionen gehen allerdings davon aus, dass moderne Gesellschaften eine gemeinsame Wertegrundlage brauchen. Wenn aber die meisten am
Leitkulturdiskurs beteiligten Stimmen sich darin einig sind, dass eine gemeinsame Grundlage
wesentliche Bedingung gesellschaftlicher Integration ist, ist das Problem noch nicht gelöst.
Denn Inhalt und Ausmaß dieses Konsenses ist heftig umstritten.

Die Bandbreite reicht von einer nationalkulturell ausgeformten Gemeinsamkeit bis zur Vorstellung, dass ein Werteminimum auf längere Sicht jedenfalls auch das Resultat einer ergeb-
nisoffen geführten interkulturellen Auseinandersetzung sein kann. Die Positionen unterscheiden sich in der Reichweite der Forderung nach sozialer und kultureller Anpassung der Einwanderer. So variieren die Erwartungen von minimalen Anforderungen, wie etwa dem Erlernen der deutschen Sprache oder dem Erwerb von Grundkenntnissen deutscher Kultur und
Geschichte, bis zur Übernahme der Lebensweise der Mehrheitsgesellschaft und der Übernahme von Verantwortung für die Gesellschaft.[871]

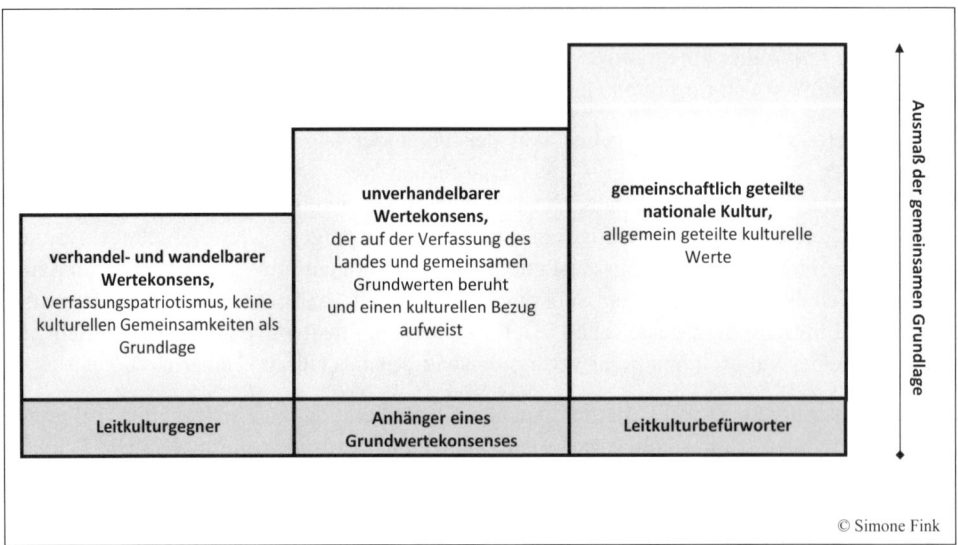

Abb. 5.4 *Die verschiedenen Vorstellungen zur gemeinsamen Grundlage*

Die intensivste Grundlage ist eine nationale Kultur, die auf gemeinsamen kulturellen Werten beruht und weit mehr ist als ein verfassungsmäßiger Grundwertekonsens. Das für jedes Land und jede Gesellschaft unerlässliche Maß an Loyalität und Zusammengehörigkeitsgefühl könne folglich nicht auf der Grundlage eines sogenannten Verfassungspatriotismus entstehen. Loyalität gegenüber einem Land und das Zusammengehörigkeitsgefühl in der gesellschaftlichen Gemeinschaft könnten nur auf der Grundlage einer gemeinsam geteilten Kultur entstehen. Das könne naheliegenderweise nur die Kultur der Aufnahmegesellschaft sein. In diesem Sinne kann die gemeinsame gesellschaftliche Kultur auch Leitkultur genannt werden. Ein soziologisch tragfähiges Integrationskonzept, das der Gefahr einer gesellschaftlichen Desintegration wirkungsvoll begegnet, muss aus dieser Perspektive an gemeinsamen kulturellen Werten, einem kulturellen Wertekonsens (Talcott Parsons), ansetzen. Auf einer mittleren Stufe wird ein verfassungsbezogener Wertekonsens vorgeschlagen, der in seinen Grundzügen von der Verfassung der Aufnahmegesellschaft vorgegeben und unverhandelbar ist. Die schwächste Form besteht in einer Verständigung über gemeinsame Grundwerte, die zunächst zwar aus der Verfassung abgeleitet werden, grundsätzlich aber wandelbar sind und bei anhaltender Einwanderung fremder Kulturen permanent neu ausgehandelt werden müssen. Diese Grundwerte müssen sich auf wenige abstrakte Prinzipien beschränken, damit unterschiedliche oder gegensätzliche Wertvorstellungen nicht von vornherein in einen unlösbaren Konflikt geraten können. Kulturelle Gemeinsamkeiten haben keinen Platz in dieser Vorstellung, weil sie der Entfaltung der multikulturellen Gesellschaft im Wege stehen. Nationale Identität ist lediglich eine Art synthetischer Identität, ihr Inhalt ist abstrakt menschenrechtlich-verfassungspatriotisch.

In der deutschen Identitätsdebatte ist immer wieder die Forderung zu hören, nationale Identität (Nationalstaat) durch die Förderung eines regionalen Zugehörigkeitsgefühls (Region) oder eines Zugehörigkeitsgefühls zu supranationalen Verbänden (Europäische Union) zu ersetzen.[872] Sein Gedanke ist, dass regionale statt nationale Identität historisch weniger diskreditiert sei. Aus historischen Gründen, aber auch wegen des Prinzips der Anerkennung kultureller Differenz könne Einwanderern nicht zugemutet werden, eine deutsche Identität anzunehmen. Dagegen sei z.B. eine türkisch-nationale mit einer schwäbisch-regionalen oder einer europäischen Identität durchaus vereinbar und werde von vielen auch gelebt. Diese Argumente gehen aber an der Tatsache vorbei, dass die Bürger nach wie vor im Nationalstaat ihren kollektiven Bezugspunkt sehen, und nicht in der Region oder dem supranationalen Verband. Die Finanzkrise des Jahres 2008 belegt die These. Auch wenn die Lösung der Krise für alle sichtbar im internationalen Zusammenwirken der nationalen Regierungen gesucht wurde, haben die Bürger ihre Hoffnungen nicht in erster Linie auf das Handeln supranationaler Organisationen gesetzt, sondern auf die Entschlossenheit ihrer jeweiligen nationalen Regierung. Während diese Regierungen ihren Unwillen oder ihr Unvermögen, politische Entscheidungen zu treffen, häufig mit dem Argument verschleiern, sie hätten angesichts der supranationalen Zwänge keinen ausreichenden eigenen Handlungsspielraum mehr, haben sie mit feinem Gespür für die sozialpsychologischen Begleiterscheinungen der Finanzkrise dem Umstand Rechnung getragen, dass die Bürger die Bewältigung der Krise und den Schutz vor Gefahren von niemand anderem als ihren Nationalstaaten erwartet haben. In dieser Erwartung ist die Idee wiederzuerkennen, nach der die Nation eine Schicksalsgemeinschaft (Otto Bauer) ist. Und das Exekutivorgan der Schicksalsgemeinschaft ist der Nationalstaat.

In der Leitkulturdiskussion stehen sich die unvereinbaren Positionen der Leitkulturbefürworter und der Leitkulturgegner gegenüber, dazwischen stehen die Befürworter eines Grundwertekonsenses. Sie trifft der Vorwurf, auf halbem Weg stehenzubleiben. Sie betonen zwar die Unverhandelbarkeit der Verfassungsgrundwerte, wollen aber gleichzeitig den kulturellen Pluralismus einer multikulturellen Gesellschaft. Dabei übersehen sie, dass die Verfassungsbegriffe, die die Verfassungsgrundwerte beschreiben, keine feststehenden Bedeutungen haben, sondern inhaltlich erst ausgefüllt werden müssen. Inhaltlich ausgefüllt werden die Verfassungsbegriffe jedoch in einem konkreten kulturellen Kontext. Die Werte einer Gesellschaft, auch ihre Verfassungswerte, sind nämlich kulturell bedingt. Es gibt keine über den Kulturen stehenden Werte, selbst die menschenrechtlichen Grundwerte sind kulturabhängig und werden in ihrem jeweiligen kulturellen Zusammenhang interpretiert. Wenn sich aber mit der zunehmenden Einwanderung fremder Kulturen die Bevölkerungsstruktur verändert, wird sich auch die kulturelle Struktur der gesamten Gesellschaft ändern. Mit der kulturellen Struktur wird sich notwendigerweise die inhaltliche Auslegung der Verfassungswerte ändern, falls es überhaupt gelingen sollte, die Verfassungsbegriffe wenigstens formal zu retten. Die Verfassung wird unter den Bedingungen des kulturellen Pluralismus zwangsläufig zum Gegenstand gesellschaftlicher Aushandlung, zumindest langfristig. Damit wird die Verfassung zum Spiegelbild der jeweiligen ethnokulturellen Machtverhältnisse in der multikulturellen Gesellschaft und zum bevorzugten Platz des Kampfes um die kulturelle Hegemonie. Multikulturalistische Konzepte nehmen diese Entwicklung nicht nur in Kauf, sondern sehen gerade in dieser kulturellen Dynamik die gewünschte gesellschaftliche Bereicherung und die erhoffte soziale Innovation.

6   Schluss

Die Eingangsfrage, ob es in der deutschen Integrationspolitik einen parteienübergreifenden Konsens gibt, kann auch am Ende nicht anders als mit Ja und Nein beantwortet werden. Einen politisch-ideologischen Konsens gibt es nicht. Aber es gibt so etwas wie eine stillschweigende Übereinkunft, dessen pragmatisches Resultat der faktische Multikulturalismus ist. Das ist der Grund, weshalb in der praktischen Integrationspolitik kaum Unterschiede zwischen den Parteien auf Bundes-, Landes- oder kommunaler Ebene auszumachen sind.

Integrationstheoretisch betrachtet stehen verschiedene Formen der kulturellen Integration zur Verfügung. Mit ihrer Fixierung auf die strukturell-funktionale Integration vermeidet es die deutsche Politik, sich auf eine bestimmte Form der kulturellen Integration festzulegen. Stattdessen wird der Integrationsbegriff dazu benützt, das Thema ideologisch zu entschärfen, während in der gesellschaftlichen Wirklichkeit ein faktischer Multikulturalismus vorherrscht. Der faktische Multikulturalismus ist ein soziales Experiment. Aber eines, das auf keiner klaren Idee beruht und um dessen Folgen sich niemand Gedanken macht. Die deutsche Politik hat sich vielmehr darauf verlegt, die integrationspolitischen Dinge treibenzulassen, solange die Bevölkerung die Entwicklung gleichmütig hinnimmt.

Ein Blick auf den Stand der Integration in Deutschland aus der Perspektive des Zwei-Ebenen-Modells ergibt, dass selbst dann, wenn Integration nur als strukturell-funktionale Integration gesehen wird, die Defizite im Vordergrund stehen. Einwanderer (mit oder ohne deutsche Staatsangehörigkeit) sind mit 12,4 Prozent im Jahre 2008 wesentlich häufiger arbeitslos als Einheimische mit 6,5 Prozent. Bei den Einwanderern aus der Türkei war im Jahre 2006 jeder Dritte ohne Arbeit. Die Bildungsmisere der jungen Einwanderer ist schon an der Zahl der Schulabgänger ohne Abschluss ablesbar. Während im Jahre 2008 6,2 Prozent der jungen Deutschen keinen Schulabschluss hatten, waren es bei den ausländischen Jugendlichen 15 Prozent. Die Zahl der jungen Einwanderer ohne abgeschlossene Berufsausbildung ist mehr als doppelt so hoch wie die der einheimischen Jugendlichen,[873] bei den türkischen oder anderen muslimischen Jugendlichen sind es noch wesentlich mehr. Einstweilen werden die Mängel der strukturell-funktionalen Integration kompensiert durch einen leistungsfähigen Sozialstaat, der das soziale Konfliktpotential unterhalb der Schwelle zum organisierten Protest oder gar zu sozialen Unruhen gehalten hat. Aber die sozialstaatliche Sicherung des Existenzminimums ändert nichts daran, dass Einwandererjugendliche, denen jede berufliche und soziale Perspektive fehlt, der Aufnahmegesellschaft mit Distanz, Abneigung oder gar Hass gegenüberstehen.

Aus der Perspektive des Zwei-Ebenen-Modells wird überdies deutlich, dass sich nur eine kleine Minderheit der Einwanderer kulturell-identifikatorisch an die Aufnahmegesellschaft (vollständige Integration) angepasst hat. Dass sich zwei Drittel der Einwanderer in Deutschland wohl fühlen und sich 58 Prozent als Teil der deutschen Gesellschaft empfinden, wie eine von der Bertelsmann Stiftung in Auftrag gegebene Befragung 2009 herausgefunden hat, heißt nicht, dass sie sich auch als Deutsche fühlen.[874] In einer qualitativen Befragung von 68 muslimischen Jugendlichen durch die Sozialpädagoginnen Renate Hennes und Viola Veit im Jahre 2007 („Junge Muslime im ländlichen Raum") gaben alle Jugendlichen an, sich in Deutschland wohlzufühlen. Die Jugendlichen im Alter von 11 bis 16 Jahren hatten ganz überwiegend einen türkischen Hintergrund und waren fast ausschließlich in Deutschland geboren.[875] In der Bertelsmannuntersuchung fühlten sich zwei Drittel der Immigranten integriert, selbst bei den Türken waren es knapp 60 Prozent. Trotzdem bezeichnen in der Bertelsmannstudie 62 Prozent aller Einwanderer das Herkunftsland als Heimatland. Für immerhin noch 32 Prozent der bereits in Deutschland geborenen 2. Generation ist das Heimatland das Herkunftsland der Eltern, bei der dritten Generation sind es sogar 43 Prozent. Für jeden zweiten Einwanderer mit türkischem Hintergrund ist das Heimatland die Türkei, auch in der zweiten und dritten Generation.[876] Auch in der Studie über junge Muslime im ländlichen Raum bezeichnet fast die Hälfte der 11 bis 16-Jährigen Jugendlichen das Herkunftsland der Eltern als Heimatland. Dass sich die erste Generation lebenslang dem Herkunftsland verbunden fühlt, wird niemanden erstaunen. Dass die zweite und dritte Generation das Herkunftsland der Eltern als Heimatland bezeichnet, obwohl die meisten das Herkunftsland der Eltern höchstens aus dem Urlaub kennen, ist bemerkenswert. Mit Deutschland scheinen sich die meisten Einwanderer emotional nicht zu identifizieren.[877] Mit diesem Befund korrelieren auch die Daten über die kulturell-identifikatorische Integration der Einwanderer. Obwohl die allermeisten Jugendlichen mit Migrationshintergrund in Deutschland geboren und aufgewachsen sind, fühlt sich nur knapp die Hälfte als Deutsche, bei Jugendlichen mit türkischen Hintergrund sind es nur 26,2 Prozent, bei solchen mit jugoslawischen Wurzeln 34 Prozent.[878] In der Befragung von Hennes und Veit wurde die Identifikation der Jugendlichen mit Deutschland anhand ihrer Vorlieben für Fußballnationalmannschaften gemessen. Auf die Frage, welcher Mannschaft sie bei einem Länderspiel die Daumen halten würden, wenn Deutschland gegen das Herkunftsland der Eltern spielen würde, fieberte nur einer der Jugendlichen mit der deutschen Mannschaft mit. Selbst wenn die deutsche Mannschaft nicht gegen die Mannschaft des Herkunftslandes der Eltern spielt, sympathisierte nur die Hälfte der Jugendlichen mit der deutschen Mannschaft. Andererseits haben fast zwei Drittel der Jugendlichen einen deutschen Pass oder möchten einen bekommen. Von diesen zwei Dritteln betonen fast alle, dass sie trotz eines deutschen Passes keine Deutschen sind und sein wollen. Nur jeder sechste Jugendliche möchte nicht nur einen deutschen Pass haben, sondern auch Deutscher werden. Als Grund für einen deutschen Pass geben die Jugendlichen wirtschaftliche Gründe an oder sie erwarten sich bessere Reisemöglichkeiten und wirkungsvolle konsularische Hilfe im Notfall. Die Daten zeigen, wie allgegenwärtig instrumentell-utilitaristische Motive im Verhältnis der Einwanderer zu ihrem Aufnahmeland sind.[879]

Wilhelm Heitmeyer hatte noch Mitte der 1990er Jahre herausgefunden, dass drei Viertel der befragten türkischen Jugendlichen der Aussage zustimmten, sie könnten sich nie als Deutsche fühlen, weil sie nicht dazugehörten.[880] Wenn der überwiegende Teil der türkischen Jugendlichen 10 Jahre später offensichtlich gar nicht mehr dazugehören *will*, stellt sich die Frage nach den Ursachen dieser Selbstethnisierung. Selbstethnisierung ist in der Regel die Folge von Exklusion. Paradoxerweise ist diese Exklusion das Resultat einer multikulturell motivierten Ethnisierung der jungen Einwanderer durch die deutsche Mehrheitsgesellschaft und die Selbstethnisierung ihre Reaktion darauf. Die Repräsentanten der Mehrheitsgesellschaft – angefangen beim Bundespräsidenten bis hin zu Lehrern, Lokalredakteuren, Gemeinderäten oder Vereinsvorsitzenden – selbst sind es, die diesen Exklusionsmechanismus bedienen. In wohlmeinender Absicht wird betont, dass die Jugendlichen nicht deutsch sind, weil man dadurch signalisieren möchte, wie sehr man ihre Herkunftsidentität achtet. Aber das ständige Betonen der ethnischen Herkunft, etwa in der interkulturellen Arbeit, hat eine paradoxe Wirkung. Es beabsichtigt zwar Inklusion, bewirkt aber Exklusion. Den Jugendlichen wird eine Sonderstellung zugewiesen, die ihnen den kulturellen Unterschied häufig erst richtig bewusst macht. Aus dem Unterschied wird dann allmählich das Trennende. Dass viele junge Einwanderer, die vielleicht eigentlich zur Aufnahmegesellschaft gehören möchten, gerade dadurch ausgrenzt werden, ist das groteske Ergebnis eines negativen kollektiven Selbstwertgefühls, das gar nicht anders kann, als in der Übernahme deutscher Identität eine Zumutung für Nichtdeutsche zu sehen.

Die schwache Identifikation mit Deutschland könnte natürlich auch die Folge von Diskriminierungserfahrungen sein. Nichtidentifikation mit der Aufnahmegesellschaft und Diskriminierungserfahrungen korrelieren positiv. Aber nur knapp 15 Prozent aller Jugendlichen (bei den Jugendlichen mit türkischem Hintergrund jeder fünfte) geben in der Studie des Kriminologischen Forschungsinstitutes Niedersachsen an, durch Lehrer, im Berufsleben oder bei der Wohnungssuche diskriminiert worden zu sein. In der Studie von Hennes und Veit beklagt die Hälfte der Jugendlichen die Diskriminierung von Ausländern, aber nur ein Jugendlicher gab an, selbst diskriminiert worden zu sein.[881] Diskriminierungserfahrungen können von daher nicht erklären, warum sich über die Hälfte der Jugendlichen mit Migrationshintergrund nicht als Deutsche fühlt.[882]

Ein positives Lebensgefühl der Einwanderer im Aufnahmeland bietet keine Garantie für eine kulturell-identifikatorische Anpassung. Im Gegenteil. Bei einer von TNS Emnid durchgeführten Befragung von Menschen mit türkischem Migrationshintergrund waren 93 Prozent der Befragten der Meinung, dass es wichtig sei, dass die Türken in Deutschland ihre eigene Kultur bewahren und 89 Prozent wollten, dass die deutsche Gesellschaft stärker auf die Gewohnheiten und Besonderheiten der türkischen Einwanderer Rücksicht nimmt.[883] Die meisten Einwanderer zeigen ein beträchtliches ethnokulturelles Beharrungsvermögen und sind darauf bedacht, möglichst viel von ihrer eigenen Kultur zu bewahren. Drei Viertel der Immigranten meinen, man sollte versuchen, die eigenen Werte und Traditionen mit denen in Deutschland zu verbinden. Das ist ein weiterer Hinweis auf das weitverbreitete instrumentell-utilitaristische Verhalten der Immigranten.[884]

Wie weit die Mehrheit der Einwanderer von einer kulturell-identifikatorischen Anpassung entfernt ist, zeigt auch eine innovative Studie der Berliner Soziologen Jürgen Gerhards und Silke Hans. Um Assimilation zu messen, verwenden sie, ähnlich wie Wolffsohn und Brechenmacher in ihrer historischen Studie über die Assimilation der Juden in Deutschland[885], den Indikator Vornamensgebung. Sie untersuchten, welche Vornamen Einwanderer ihren in Deutschland geborenen Kindern geben. Gerhards und Hans interpretieren Vornamen als „soziale Identitätsmarker", die u.a. die Zugehörigkeit zu einer bestimmten Kultur oder ethnischen Gruppe signalisieren. Wählen Immigranten Vornamen, die auch in der Einwanderungsgesellschaft vergeben werden, dann deuten sie dieses Verhalten als ein Zeichen für

Assimilation. Vergeben sie jedoch Vornamen, die allein in ihrem Herkunftsland gebräuchlich sind, so gehen sie davon aus, dass keine kulturell-identifikatorischen Anpassung an die Aufnahmegesellschaft stattgefunden hat.[886] Die ausgewerteten Daten zeigen, dass sich Einwanderer aus der Türkei noch weniger mit der Kultur der Aufnahmegesellschaft identifizieren als Immigranten aus dem ehemaligen Jugoslawien oder den romanischen Ländern Italien, Spanien, Portugal. Über 90 Prozent der Einwanderer aus der Türkei geben ihren Kindern Vornamen, die nur im Herkunftsland gebräuchlich sind. Bei Immigranten aus dem ehemaligen Jugoslawien ist es noch fast die Hälfte, bei denen aus den romanischen Ländern noch ein gutes Drittel. Andererseits tragen Kinder, deren Eltern aus Jugoslawien stammen, zu einem Drittel Vornamen, die in beiden Ländern gebräuchlich sind, während das bei den Kindern mit romanischem Familienhintergrund zu fast 60 Prozent zutrifft. Zu Recht weisen Gerhards und Hans darauf hin, dass sich die Ausgangssituation der drei Immigrantengruppen insofern unterscheidet als die europäischen Einwanderer auf einen gemeinsamen Vorrat von Vornamen mit christlichem Hintergrund zurückgreifen können, während das bei den Türken nicht der Fall ist. Vornamen, die nur in Deutschland gebräuchlich sind, werden von nicht einmal 5 Prozent der türkischen und von gut 5 Prozent der südwesteuropäischen Eltern vergeben, während knapp 20 Prozent der Kinder, deren Eltern aus Jugoslawien stammen, Vornamen erhalten haben, die nur in Deutschland gebräuchlich sind. Wie gering die Identifikation mit der Aufnahmegesellschaft ist, wird auch daran erkennbar, dass nur knapp 20 Prozent der eingebürgerten Türken ihren Kindern Vornamen vergeben, die in Deutschland üblich sind, bei den eingebürgerten Jugoslawen sind es 60 Prozent. Auch dieser Befund stützt die Beobachtung, dass insbesondere Einwanderer aus der Türkei die deutsche Staatsbürgerschaft lediglich unter Nützlichkeitsgesichtspunkten betrachten.

Der liberale Multikulturalismus, der in Deutschland in der Form eines verfassungsintegrierten faktischen Multikulturalismus auftritt, vertraut darauf, dass sich Einwanderer und Einheimische durch Kenntnis und Anerkennung der Verfassung und ihrer Grundwerte miteinander verbunden fühlen. In der Befragung von Hennes und Veit wusste allerdings nur ein einziger muslimischer Jugendlicher, dass das Grundgesetz die Verfassung der Bundesrepublik Deutschland ist, obwohl Verfassung und Grundrechte bereits Unterrichtsgegenstand waren. Dagegen konnten alle befragten, ethnisch deutschen Jugendlichen das Grundgesetz einordnen. Die deutsche Verfassung als Grundlage des Zusammenlebens zwischen Einheimischen und Einwanderern scheint also für die muslimischen Jugendlichen kein Thema zu sein. Dieser Befund lässt, soweit er verallgemeinerbar ist, nichts Gutes erahnen für das Modell eines verfassungsintegrierten Multikulturalismus. Verfassung und Rechtsordnung eines Landes taugen nicht zum Identifikationsobjekt und Habermas' Verfassungspatriotismus scheint tatsächlich nur eine blutleere Fiktion zu sein.

Wilhelm Heitmeyer befürchtet, dass die modernen Gesellschaften vor „schwerwiegenden Zerreißproben" stehen.[887] Moderne Gesellschaften sind Einwanderungsgesellschaften. In Deutschland resultiert ein wesentlicher Teil dieser Schwierigkeiten aus einem ungelösten Integrationsproblem. Der politische Integrationsdiskurs erweckt gleichwohl den Eindruck, es gehe nur darum, die richtige sozialtechnologische Lösung für das Problem zu finden. Nach dieser Auffassung besteht die politische Herausforderung in der strukturell-funktionalen Integration der Einwanderer. Diese Sichtweise, die z.B. dem Nationalen Integrationsplan zugrunde liegt, sieht ihr Ziel darin, die sprachlichen Defizite der Einwandererkinder zu beseitigen, die Integrationskurse für Einwanderer zu verbessern, Chancengleichheit bei Bildung, Ausbildung und auf dem Arbeitsmarkt herzustellen und die umfassende Teilhabe der Einwanderer am Leben der Aufnahmegesellschaft zu sichern. Aber diese Sichtweise simplifiziert die Integrationsaufgabe über Gebühr. Sie suggeriert nämlich, die Politik habe das Problem erkannt und verfüge auch über die richtigen Mittel und Möglichkeiten zu seiner Lösung. Aber das ungelöste strukturell-funktionale Integrationsproblem ist nur die Oberfläche. Angesichts der zyklisch wiederkehrenden Forderungen aus der Wirtschaft nach weiterer Einwanderung, die unter dem Stichwort Fachkräftemangel thematisiert wird, stellt sich die Frage nach der Grenze der kulturellen Belastbarkeit. Wenn die allmähliche kulturelle Transformation Deutschlands in Kauf genommen werden soll, dann sind weitere Einwanderung und faktischer Multikulturalismus ein rationaler Weg zu diesem Ziel. Unter dieser Voraussetzung kann es dann nur noch darum gehen, den Einheimischen die Angst zu nehmen vor dem ohnehin nicht mehr zu vermeidenden Verlust der kulturellen Hegemonie der Einheimischen und der Identität des Landes. Bemerkenswert ist, dass diese Befürchtungen immer wieder auch von Persönlichkeiten artikuliert werden, in deren politischem und intellektuellem Umfeld die Kehrseiten der multikulturellen Gesellschaft eher ungern thematisiert werden. So warnte der SPD-Politiker Peter Glotz schon Ende der 1980er Jahre „vor allzu lockerer Weltbürgerlichkeit" angesichts der Angst der deutschen Bevölkerung vor Überfremdung und Identitätsverlust.[888] Der Publizist Ralph Giordano urteilte: „Die unbequemste aller unbequemen Wahrheiten lautet denn auch: Das Multi-Kulti-Ideal hat sich als Blindgänger erwiesen – die Integration ist gescheitert."[889] Der Politikwissenschaftler und Zeithistoriker Arnulf Baring: „Multi-Kulti ist gescheitert – weil die Ausländer die deutsche Kultur neben ihrer eigenen nicht akzeptieren oder auch nur dulden wollen."[890] Oder der ehemalige Berliner Finanzsenator und Bundesbankvorstand Thilo Sarrazin (SPD), der im Oktober 2009 die Integrationsdefizite auf die Aussage zuspitzte, ein Großteil der arabischen und türkischen Einwanderer sei weder integrationswillig noch integrationsfähig. Die Türken eroberten Deutschland durch eine höhere Geburtenrate, genauso wie die Albaner das serbische Kosovo im Lauf der vergangenen Jahrzehnte erobert hätten. Die politische Öffentlichkeit reagierte zwar erwartungsgemäß mit Entrüstung, bei den Bürgern jedoch scheinen Sarrazins Thesen auf erhebliche Zustimmung zu stoßen.[i] Ein großer Teil der Bürger des Landes scheint nämlich die Befürchtung Sarrazins zu teilen, dass sich Deutschland „kulturell bis zur Unkenntlichkeit verändern" könnte, falls sich die Politik nicht zu einem scharfen Kurswechsel aufraffen sollte.[891] Eine Entwicklung, die von dem italienischen Demokratietheoretiker, Giovanni Sartori, Balkanisierung (balcanizzazione) genannt wird[892], deutet sich statistisch gesehen schon heute an: Eine Zweiteilung des Landes in die Großstädte, in denen die autochthonen bzw. assimilierten Deutschen gegenüber den Einwanderern allmählich in die Minderheit geraten und in den ländlichen Raum, wo es noch eine ethnokulturell deutsche Mehrheit gibt. Ob das Land diese demographische Spaltung aushält, ist eine offene Frage. Manchmal drücken sich Besorgnis und Unsicherheit auch subtiler aus. Der ehemalige Verfassungsrichter und Rechtswissenschaftler, Ernst-Wolfgang Böckenförde (SPD), forderte unlängst, der Staat

---

[i]   In einer als repräsentativ ausgewiesenen Emnid-Umfrage für die „Bild am Sonntag" stimmten 51 Prozent der 501 Befragten Sarrazin zu, 39 Prozent lehnten sie ab (Focusonline vom 11. Oktober 2009). Die Zustimmung zu seinen integrationspolitischen Thesen scheint nach der Veröffentlichung seines Buches „Deutschland schafft sich ab. Wie wir unser Land aufs Spiel setzen" Ende August 2010 weiter zugenommen zu haben.

habe dafür Sorge zu tragen, „dass […] solange die […] Vorbehalte [gegenüber Säkularisie-
rung und Religionsfreiheit] fortbestehen, die Angehörigen des Islams durch geeignete Maßnahmen im Bereich von Freizügigkeit und Migration […] in ihrer Minderheitenposition
verbleiben, ihnen mithin der Weg verlegt ist, über die Ausnutzung demokratischer politischer
Möglichkeiten seine auf Offenheit angelegte Ordnung von innen her aufzurollen. Darin liegt
nicht mehr als seine Selbstverteidigung, die der freiheitliche Verfassungsstaat sich schuldig
ist."[893]

Aber warum soll ein faktischer Multikulturalismus eigentlich nicht die pragmatische Grundlage des Zusammenlebens für Einwanderer und Einheimische abgeben, wenn er durch die
strukturell-funktionale Integration der Einwanderer sozial abgesichert wird? Warum soll es
nicht ausreichen, dass sich die Einwanderer an Verfassung und Gesetze halten, ohne eine
besondere emotionale Bindung an das Aufnahmeland zu entwickeln? Die Antwort ist einfach. Der Verfassungspatriotismus selbst ist eine Haltung, die auf einem Gefühl beruht, deshalb kann es ihn ohne gleichzeitige emotionale Bindung an das Aufnahmeland gar nicht
geben. Habermas verwechselt also die utilitaristische Zustimmung zu Rechtsnormen eines
Landes mit verfassungspatriotischen Gefühlen im Sinne von Dolf Sternberger.

Der Historiker Heinrich August Winkler hat darauf aufmerksam gemacht, dass auch moderne
Gemeinwesen zu ihrer Integration nicht nur auf die effektiven Leistungen des jeweiligen
Systems, sondern auch auf die affektiven Bindungen ihrer Bürger angewiesen seien.[894] Auch
moderne Gemeinwesen sind auf ein Zusammengehörigkeitsgefühl ihrer Bürger angewiesen,
aber Verfassungen und Gesetze allein schaffen keine emotionalen Bindungen. Sie reichen als
Grundlage für ein Zusammenleben zwischen Einheimischen und Einwanderern nicht aus.
Das Bewusstsein der Zusammengehörigkeit entsteht in einer gemeinschaftlich geteilten Kultur. Dieses Bewusstsein begünstigt stabile demokratische Verhältnisse und ist ein guter Nähr-
boden für gesellschaftliche Solidarität, ohne die das permanente politische Ringen um soziale Gerechtigkeit keine Grundlage hat. Empfindet ein Teil der Bürger eines Landes (z.B. Einwanderer) eine ethnokulturell bedingte Loyalität zu einem anderen Land (z.B. Herkunftsland), dann bedeutet das, dass dieses Land einem latenten Destabilisierungspotential ausgesetzt ist.

In die Bilanz einer wenig schlüssigen Integrationpolitik, die sich mehr auf ein passives
Treibenlassen als auf aktive Gestaltung verlässt, mischen sich beunruhigende Anzeichen.
Manches deutet darauf hin, dass die Distanz insbesondere zwischen den islamischen
Einwandererminderheiten und der Mehrheitsgesellschaft wächst. Gelegentlich wird aus
Gleichgültigkeit Feindseligkeit, aus Feindseligkeit ethnischer Hass. Dabei sind nicht nur
ausländerfeindliche Straftaten gemeint, sondern offenbar in noch wesentlich höherem Maße
Übergriffe von Immigranten auf Deutsche. Die Wissenschaftler des Kriminologischen Forschungsinstitutes Niedersachen sprechen in ihrer Studie über Gewalterfahrungen, Integration
und Medienkonsum von Kindern und Jugendlichen aus dem Jahre 2010 in Analogie an den
Begriff der „Ausländerfeindlichkeit" von „Deutschfeindlichkeit". 4,7 Prozent der Immigran-
tenjugendlichen gaben an, schon einmal einen Deutschen geschlagen und verletzt zu haben,
nur weil er Deutscher ist, fast jeder vierte jugendliche Immigrant hat einen Deutschen be-
schimpft, weil er Deutscher war. An „deutschfeindlichen" Übergriffen sind überdurchschnitt-
lich viele türkische oder jugoslawische Jugendliche beteiligt.[895] Angesichts der Tatsache,

dass in den westdeutschen Bundesländern bereits jeder vierte Jugendliche nichtdeutscher Herkunft ist, sind diese Übergriffe keine einfach zu vernachlässigende Randerscheinung mehr.[i]

Vor diesem Hintergrund muss sich aber auch die Aufnahmegesellschaft fragen lassen, ob sie für diese Entwicklung nicht mitverantwortlich ist. Fraglich ist, ob sich Einwanderer mit stark abweichendem kulturellen Hintergrund in Deutschland wirklich neu orientieren können, wenn sie auf einen Alltagsmultikulturalismus der Aufnahmegesellschaft stoßen, der bis an die kulturelle Selbstaufgabe heranreicht und sich ernsthaft auf Diskussionen einlässt, ob Nikolausbesuche oder Adventsfeiern in Kindergärten die religiösen Gefühle von muslimischen Kindern und Eltern verletzen könnten. Die wachsende Distanz vieler Einwanderer zur Aufnahmegesellschaft braucht nicht nur das Resultat erlebter Diskriminierung zu sein. Sie könnte auch eine Reaktion auf die Zwiespältigkeit, die Unbestimmtheit und die Uneindeutigkeit der Politik eines Landes sein, das sich zwar als Einwanderungsland versteht, aber keine Vorstellung entwickelt hat, wie mit den kulturellen Unterschieden umgegangen werden soll. Auf der einen Seite wird den Einwanderern versichert, die Kultur, die sie mitbrächten, sei eine Bereicherung. Im Alltag erleben die Einwanderer aber, dass in Deutschland zumindest unterschwellig doch andere Werte gelten als die, die sie aus ihrer Herkunftskultur mitgebracht haben, auch wenn es der Mehrheitsgesellschaft schwerfällt, ihre eigenen Werte und Regeln offensiv zu vertreten und durchzusetzen. Statt mit klaren Bedingungen konfrontiert zu werden, erleben viele Einwanderer, dass sich die Aufnahmegesellschaft und ihre Institutionen zwiespältig und im Konfliktfall nachgiebig verhalten.[896] Das zwiespältige Verhalten der Aufnahmegesellschaft provoziert ein zwiespältiges Verhalten der Einwanderer. Einwanderer fühlen sich durch die Kluft zwischen Bereicherungsrhetorik und Alltag abgewertet, reagieren gleichzeitig aber mit Gefühlen der Verachtung für die Aufnahmegesellschaft, die sie für dekadent und schwach halten. Das wiederum führt zu der Einschätzung, die Normen der Aufnahmegesellschaft könnten mit Berufung auf eine vermeintlich höhere Werteordnung, wie sie z.B. der Islam oder einzelne Nationalismen zur Verfügung stellen, ignoriert werden. Zweifel an der Allgemeingültigkeit von Werten und Normen der Aufnahmegesellschaft und die Unbestimmtheit der Integrationsbedingungen sind denkbar schlechte Voraussetzungen für die Entwicklung einer gesellschaftlichen Atmosphäre, in der soziale Integration wirklich gedeihen kann. Kommt soziale Perspektivlosigkeit hinzu, füllt sich allmählich ein Pulverfass, dessen Explosionszeitpunkt dann nur noch von Zufall und günstigen Umständen abhängt.

Der Ausweg aus der integrationspolitischen Konzeptionslosigkeit führt über die Entscheidung für eine Politik, die die Integrationsfrage rational und im Interesse der Aufnahmegesellschaft angeht. Voraussetzung dafür ist ein breiter, offener, von allen Beschränkungen freier gesellschaftlicher Diskurs, der den Inhalt dieser Interessen zu erkunden hätte. Diese Voraussetzungen sind im Deutschland des Jahres 2010 nicht gegeben. Es ist eine unbestreitbare Leistung des politischen Establishments und der es stützenden politischen Öffentlichkeit, die

---

[i] Jugendliche nichtdeutscher Herkunft haben entweder keine deutsche Staatsangehörigkeit oder sind nicht in Deutschland geboren oder ihre Eltern sind keine deutsche Staatsangehörigen bzw. nicht in Deutschland geboren (Baier 2010: 12).

möglichen Positionen in der Einwanderungs- und Integrationspolitik fest auf dem Rechts-
Links-Spektrum verankert zu haben. Diese Verankerung ermöglicht es, alle Einwände, die
über eine nur kosmetische Kritik an der herrschenden Integrationspolitik hinausgehen und
alle alternativen Vorstellungen, die sich nicht am herrschenden Konsens eines faktischen
Multikulturalismus orientieren, als rechtspopulistisch oder gar rechtsextremistisch zu brand-
marken und damit politisch zu diskreditieren. Die von der deutschen Politik bevorzugte Methode der repressiven Toleranz (Herbert Marcuse) gegenüber alternativen integrationspolitischen Vorstellungen hilft dabei mit, die integrationspolitische Konzeptionslosigkeit, die im
faktischen Multikulturalismus zum Ausdruck kommt, zu verschleiern. Schlimmer noch, der
vermeintliche Konsens verstellt überhaupt den Blick dafür, dass das Land am Scheideweg
steht. Der niederländische Soziologe Paul Scheffer beschreibt ihn so: „Wer die liberale Demokratie weiterentwickeln will, wird sehr viel genauer über die kulturellen Grundlagen dieser Demokratie nachdenken müssen. Das ist kein Plädoyer für Überheblichkeit, sondern
dafür, dass wir uns die Verletzlichkeit bewusst machen, die jede offene Gesellschaft kennzeichnet. Wir müssen das soziale und kulturelle Kapital der früheren Generationen weiterge-
ben, und das bedeutet, dass wir immer wieder neu formulieren müssen, was uns verbindet
und was uns trennt. Die Förderung des Bürgersinns ist eine Einladung an alle, sich für diese
Gesellschaft verantwortlich zu fühlen. Das heißt nicht, dass man kritiklos alles akzeptiert. Im
Gegenteil, eine offene Gesellschaft lebt von der Fähigkeit ihrer Bürger, selbstständig zu
denken und zu urteilen. Doch um auf produktive Weise unterschiedlicher Meinung sein zu
können, bedarf es der Zusammengehörigkeit."[897] Von dieser Erkenntnis ist der deutsche Integrationsdiskurs noch weit entfernt. Deutschland befindet sich inmitten des vielleicht größten sozialen Experimentes seiner Geschichte. Sein Ausgang ist offen.

7 Literaturverzeichnis

7. Bericht der Beauftragten der Bundesregierung Migration, Flüchtlinge und Integration über die Lage der Ausländerinnen und Ausländer in Deutschland. Berlin 2007

8. Bericht der Beauftragten der Bundesregierung Migration, Flüchtlinge und Integration über die Lage der Ausländerinnen und Ausländer in Deutschland. Berlin 2010

Akgün, Lale: Ein Leitbild für die postmoderne Gesellschaft, in: Lammert Norbert (Hrsg.): Verfassung, Patriotismus, Leitkultur. Was unsere Gesellschaft zusammenhält. Hamburg 2006, S. 19–23

Allam, Magdi Cristiano: Grazie Gesù. La mia conversione dall'islam al cattolicesimo. Milano 2008

ALLBUS 1996 – Allgemeine Bevölkerungsumfrage der Sozialwissenschaften. Codebuch ZA 2800)

ALLBUS 2006 – Allgemeine Bevölkerungsumfrage der Sozialwissenschaften. Codebuch ZA 4500)

Altwegg, Jürg: Mehr Zurückhaltung, in: Frankfurter Allgemeine Zeitung vom 1. Dezember 2009

Anderson, Benedict: Die Erfindung der Nation. Zur Karriere eines folgenreichen Konzeptes. Frankfurt am Main 2005

Ates, Seyran: Der Multikulti-Irrtum. Wie wir in Deutschland besser zusammenleben können. Berlin 2007

Ates, Seyran: Ohne Titel, in: Lammert Norbert (Hrsg.): Verfassung, Patriotismus, Leitkultur. Was unsere Gesellschaft zusammenhält. Hamburg 2006, S. 24–31

Bade, Klaus (Hrsg.): Das Manifest der 60. Deutschland und die Einwanderung: Mit Beiträgen von Klaus J. Bade u.a. München 1994

Baier, Dirk/ Pfeiffer, Christian/ Rabold, Susann/ Simonson, Julia/ Kappes, Cathleen: Kinder und Jugendliche in Deutschland: Gewalterfahrungen, Integration, Medienkonsum. Zweiter Bericht zum gemeinsamen Forschungsprojekt des Bundesministeriums des Innern und des KFN. Forschungsbericht Nr. 109, Kriminologisches Forschungsinstitut Niedersachen, Hannover 2010

Baring, Arnulf: Deutschland gehört nicht nur den Deutschen. Rückblick und Ausblick. Stuttgart 2007

Barry, Brian: Kultura i jednakost. Egalitarna kritika multikulturalizma. Zagreb 2006

Barry, Brian: Culture and Equality: An Egalitarian Critique of Multiculturalism. Cambridge 2001

Bartetzko, Dieter: Zu viel Istanbul, zu wenig Duisburg, in: Frankfurter Allgemeine Zeitung vom 9. Dezember 2009, S. 31

Bauer, Otto: Die Nationalitätenfrage und die Sozialdemokratie. Wien 1924

Bauman, Zygmunt: Moderne und Ambivalenz. Hamburg 2005

Bauman, Zygmunt: Vom Nutzen der Soziologie. Frankfurt am Main 2000

Beck, Ulrich: Was ist Globalisierung? Frankfurt am Main 1998

Beckstein, Günther (2006): Ausbau des Zuwanderungsgesetzes gefordert. 3. Februar 2006

Berger, Peter L./ Luckmann, Thomas: Die gesellschaftliche Konstruktion der Wirklichkeit. Eine Theorie der Wissenssoziologie. Frankfurt am Main 2000

Bingül, Birand: Kein Vaterland, nirgends. München 2008

Birg, Herwig: Die demographische Zeitenwende. Der Bevölkerungsrückgang in Deutschland und Europa. München 2005

Birg, Herwig: Integration und Migration im Spiegel harter Daten, in: Frankfurter Allgemeine Zeitung vom 9. April 2009

Blankenburg, Erhard: Über die Unwirksamkeit von Gesetzen, in: Archiv für Rechts- und Sozialphilosophie, 63/1977, S. 31

Blau, Peter M (Hrsg.): Theorien sozialer Strukturen. Ansätze und Probleme. Opladen 1978

Blecking, Diethelm: „Mono-ethnische Vereine" – Identitätsbeschaffung auf Kosten der Integration?, in: Der Auslandsbeauftragte der Landesregierung. Dokumentation der Fachtagung „Integration durch Sport". Schriftenreihe Dokumentation. Band 3. Justizministerium Baden-Württemberg 2004

Bock, Wolfgang: Islamischer Religionsunterricht. Tübingen 2006

Böckenförde, Ernst-Wolfgang: Religionsfreiheit ist kein Gottesgeschenk, in: Frankfurter Allgemeine Zeitung vom 23. April 2009

Böckenförde, Ernst-Wolfgang: Staat, Gesellschaft, Freiheit. Frankfurt am Main 1976

Bodziany, Marek: Oblicza tożsamości żołnierzy wielonarodowych jednostek wojskowych. Wrocław (Breslau) 2010. Unveröffentlichtes Manuskript

Bodziany, Marek: Wielokulturowość – retrospekcja i wyzwania współczesności, in: Maciejewski, Jan/ Bodziany, Marek/ Dojwa, Katarzyna: Grupy dypozycyjne w obliczu Wielkiej Zmiany. Kulturowe i społeczne aspekty funkcjonowania w świetle procesów integracyjnych. Wrocław (Breslau) 2010

Böhr, Christoph: Leitkultur: Schnittstelle zwischen Tradition und Innovation, in: Lammert Norbert (Hrsg.): Verfassung, Patriotismus, Leitkultur. Was unsere Gesellschaft zusammenhält. Hamburg, 2006. S. 134–145

Bohrer, Karl Heinz: Die Angst vor der Leitkultur, in: Merkur – Deutsche Zeitschrift für europäisches Denken. Heft 1, Januar 2001. 55. Jahrgang, S. 75–79

Bohrer, Karl Heinz: Warum wir keine Nation sind. Warum wir eine werden sollten, in: Frankfurter Allgemeine Zeitung vom 13. Januar 1990

Bozay, Kemal: „… ich bin stolz, Türke zu sein!" Ethnisierung gesellschaftlicher Konflikte im Zeichen der Globalisierung. Schwalbach 2005

Breidenbach, Joana/ Nyiri, Pal: Maxikulti. Der Kampf der Kulturen ist das Problem – zeigt die Wirtschaft uns die Lösung? Frankfurt am Main 2008

Broder, Henryk M.: Hildegard von Bingen, Gott und ich, in: Frankfurter Allgemeine Zeitung vom 15. September 2008, S. 34

Brumlik, Micha: Bunte Republik Deutschland? Aspekte einer multikulturellen Gesellschaft, in: Blätter für deutsche und internationale Politik. 1/1990, S. 100–107

Brumlik, Micha: Selbstachtung und nationale Kultur, in: Kymlicka Will: Multikulturalismus und Demokratie. Über Minderheiten in Staaten und Nationen. Frankfurt am Main 2000, S. 9–28

Bühl, Walter: Kulturwandel. Für eine dynamische Kultursoziologie. Darmstadt 1987

Burmeister, Joachim: Das Dilemma des freiheitlich verfassten Staates, in: Jürgen Friedrichs, Jürgen/ Jagodzinski, Wolfgang (Hrsg.): Soziale Integration. Sonderheft 39/1999 der Kölner Zeitschrift für Soziologie und Sozialpsychologie. Opladen 1999, S. 353–379

le Carré, John: Ist Deutschland in Gefahr, Mister le Carré?, in: Frankfurter Allgemeine Zeitung vom 15. November 2008, Z6

Carstens, Peter: „Euer Taschengeld für palästinensische Geschwister!", in: Frankfurter Allgemeine Zeitung vom 3. August 2010

CDU (2007a): Freiheit und Sicherheit. Grundsätze für Deutschland. Das Grundsatzprogramm. Beschlossen auf dem 21. Parteitag, Hannover 3.–4. Dezember 2007

CDU: Arbeitsgrundlage für die Zuwanderungs-Kommission der CDU Deutschlands vom 06.11.2000. Blätter für deutsche und internationale Politik. 12/ 2000. S. 1513–1517

CDU: Deutschlands Chancen nutzen. Wachstum. Arbeit. Sicherheit. Regierungsprogramm 2005–2009. Verabschiedet in einer gemeinsamen Sitzung des Bundesvorstandes der CDU und des Parteivorstandes der CSU. Berlin, 11. Juli 2005

CDU: Für einen Nationalen Aktionsplan Integration. Positionspapier der CDU/CSU-Fraktion im Deutschen Bundestag. Beschluß der CDU/CSU-Bundestagsfraktion vom 4. April 2006

CDU: Im deutschen Interesse: Integration fördern und fordern, Islamismus bekämpfen! Beschluß C 34 des 18. Parteitages der CDU Deutschlands vom 7. Dezember 2004

CDU: Zuwanderung steuern und begrenzen. Integration fördern. Beschluß des Bundesausschusses der CDU Deutschlands vom 7. Juni 2001

Cohn-Bendit, Daniel/ Schmid, Thomas: Heimat Babylon. Das Wagnis der multikulturellen Demokratie. Hamburg 1992

Corbin, Alain: Die Sprache der Glocken. Ländliche Gefühlskultur und symbolische Ordnung im Frankreich des 19. Jahrhunderts. Frankfurt am Main 1995

CSU: Chancen für alle! In Freiheit und Verantwortung gemeinsam Zukunft gestalten. Grundsatzprogramm vom 28. September 2007

Deligöz, Ekin: Plädoyer für eine neue Kultur der Anerkennung, in: Lammert Norbert (Hrsg.): Verfassung, Patriotismus, Leitkultur. Was unsere Gesellschaft zusammenhält. Hamburg, S. 46–53

Demir, Selda/ Günter, Mirijam: Weil dieses Land hier unsere Heimat ist, in: Frankfurter Allgemeine Zeitung vom 23. Dezember 2004

DGB: Grundsatzprogramm des Deutschen Gewerkschaftsbundes. Beschlossen auf dem 5. Außerordentlichen Bundeskongreß am 13.–16. November 1996 in Dresden

Die deutschen Bischöfe: Integration fördern – Zusammenleben gestalten. Wort der deutschen Bischöfe zur Integration von Migranten. 22. September 2004

Dieckmann, Friedrich: Was ist deutsch? Eine Nationalerkundung. Frankfurt am Main 2003

Dubiel, Helmut: Integration durch Konflikt, in: Friedrichs, Jürgen/ Jagodzinski, Wolfgang (Hrsg.): Soziale Integration. Sonderheft 39/1999 der Kölner Zeitschrift für Soziologie und Sozialpsychologie. Opladen 1999, S. 132–143

Durkheim, Emile: Über soziale Arbeitsteilung. Studie über die Organisation höherer Gesellschaften. Frankfurt am Main 1992

Eagleton, Terry: Was ist Kultur? Eine Einführung. München 2001

Eggert, Marcus: Was ist (deutsche) Leitkultur? Positionen und Gegenpositionen. Eine begriffsgeschichtliche Aufarbeitung. Diplomarbeit. Weingarten 2007

Ehrhardt, Christoph: Das Leben zwischen den Welten, in: Frankfurter Allgemeine Zeitung vom 5. März 2008

EKD: Klarheit und gute Nachbarschaft. Christen und Muslime in Deutschland. Eine Handreichung des Rates der EKD. Texte 86, 2006

Elwert, Georg: Probleme der Ausländerintegration. Gesellschaftliche Integration durch Binnenintegration?, in: Kölner Zeitschrift für Soziologie und Sozialpsychologie. Jahrgang 34, 1982, S. 717–731

Entwurf für ein Gesetz zur Neuregelung des Ausländerrechts (Stand: 1.2.1988), Begründung zu Artikel 2 (Ausländeraufenthaltsgesetz), S. 23

Esser, Hartmut: Migration, Sprache und Integration. AKI-Forschungsbilanz 4. Arbeitsstelle Interkulturelle Konflikte und gesellschaftliche Integration (AKI). Wissenschaftszentrum Berlin für Sozialforschung (WZB). Januar 2006

Esser, Hartmut: Integration und ethnische Schichtung. Arbeitspapiere – Mannheimer Zentrum für Europäische Sozialforschung. Nr. 40, 2001. Mannheim 2001

Esser, Hartmut: Soziologie. Spezielle Grundlagen. Die Konstruktion der Gesellschaft. Band 2. Frankfurt am Main 2000, S. 261–306

Esser, Hartmut: Ethnische Konflikte und Integration; in: Robertson-Wensauer, Caroline Y. (Hrsg.): Multikulturalität – Interkulturalität? Probleme und Perspektiven der multikulturellen Gesellschaft. Baden-Baden 1993, S. 31–61

Esser, Hartmut/ Friedrichs, Jürgen (Hrsg.): Generation und Identität. Opladen 1990

Esser, Hartmut: Multikulturelle Gesellschaft als Alternative zu Isolation und Assimilation, in: Esser, Hartmut (Hrsg.): Die fremden Mitbürger. Möglichkeiten und Grenzen der Integration von Ausländern. Düsseldorf 1983, S. 25–38

Esser, Hartmut: Aspekte der Wanderungssoziologie. Assimilation und Integration von Wanderern, ethnischen Gruppen und Minderheiten. Eine handlungstheoretische Analyse. Darmstadt. Neuwied 1980

Etzioni, Amitai: Das Prinzip des Mosaiks: Für eine gerechte und praktikable Einwanderungspolitik. Ein amerikanischer Beitrag zur deutschen Immigrationsdebatte, in: Süddeutsche Zeitung vom 8./9. April 2006

Fallaci, Oriana: Die Kraft der Vernunft. Berlin 2004

Fallaci, Oriana: Die Wut und der Stolz. Berlin 2004

FDP: Arbeit hat Vorfahrt. Deutschlandprogramm 2005

FDP: FDP-Bundestagsfraktion: Migration und Integration. Ein liberales Konzept. 30. November 2004

Flimm, Jürgen: Ohne Titel, in: Lammert Norbert (Hrsg.): Verfassung, Patriotismus, Leitkultur. Was unsere Gesellschaft zusammenhält. Hamburg 2006, S. 54–56

Frank, Joachim: Klimawandel zwischen den christlichen Kirchen und den islamischen Verbänden, in: Sommerfeld, Franz (Hrsg.): Der Moscheestreit. Eine exemplarische Debatte über Einwanderung und Integration. Köln 2008, S. 193–214

Friedrichs, Jürgen/ Jagodzinski, Wolfgang: Theorien sozialer Integration, in: Friedrichs, Jürgen/ Jagodzinski, Wolfgang (Hrsg.): Soziale Integration. Sonderheft 39/1999 der Kölner Zeitschrift für Soziologie und Sozialpsychologie. Opladen 1999, S. 9–43

Fuhr, Eckhard: Was ist des Deutschen Vaterland?, in: Aus Politik und Zeitgeschichte, 1–2/2007 vom 2. Januar 2007, S. 3–7

Gajewski, Łukasz: Religia jako czynnik integracji i dezintegracji kulturowej w kontekście wybranych grup dyspozycyjnych, in: Maciejewski, Jan/ Bodziany, Marek/Dojwa, Katarzyna: Grupy dypozycyjne w obliczu Wielkiej Zmiany. Kulturowe i społeczne aspekty funkcjonowania w świetle procesów integracyjnych. Wroclaw (Breslau) 2010, S. 61–74

Gatermann, Dörte: Die Dialektik von Inhalt und Form, in: Sommerfeld, Franz (Hrsg.): Der Moscheestreit. Eine exemplarische Debatte über Einwanderung und Integration. Köln 2008, S. 161–170

Geißler, Rainer: Multikulturalismus in Kanada – Modell für Deutschland?, in: Aus Politik und Zeitgeschichte, B 26/2003 vom 23. Juni 2003, S. 19–25

Gellner Ernest: Nationalismus: Kultur und Macht. Berlin 1999

Georgi, Viola B.: Entliehene Erinnerung. Hamburg 2003

Gerhards, Jürgen/ Hans, Silke: From Hasan to Herbert: Name-Giving Patterns of Immigrant Parents between Acculturation and Ethnic Maintenance, in: American Journal of Sociology, Band 114, Nr. 4, Januar 2009, S. 1102–1128

Giddens, Anthony: Sociology. Cambridge 2006

Giordano, Ralph: Nicht die Moschee, der Islam ist das Problem, in: Sommerfeld, Franz (Hrsg.): Der Moscheestreit. Eine exemplarische Debatte über Einwanderung und Integration. Köln 2008, S. 37–51

Glück, Alois: Ohne Titel, in: Lammert Norbert (Hrsg.): Verfassung, Patriotismus, Leitkultur. Was unsere Gesellschaft zusammenhält. Hamburg 2006, S. 58–60

Glück, Alois: Wir brauchen Patriotismus nicht Nationalismus. „Leitkultur" verdient eine differenzierte Debatte, in: Die Welt vom 15. November 2000

Gök, Muhammet Ali: Integration aus türkischer Sicht. Diplomarbeit. Weingarten 2007

Gordon, Milton M.: Assimilation in American Life. The Role of Race, Religion and National Origin. New York 1964

Gramsci, Antonio: Gefängnishefte (GH) – Kritische Gesamtausgabe. 10 Bände. Hrsg.: Klaus Bochmann und Wolfgang Fritz Haug. Hamburg 1991–2002

Die Grünen: Einwanderung gestalten, Asylrecht sichern, Integration fördern. Bündnis 90/Die Grünen. November 2000

Die Grünen: Eines für alle: Das grüne Wahlprogramm 2005. Hrsg. Bündnis 90/Die Grünen, Berlin 2005

Gutmann, Amy: Kommentar, in: Taylor, Charles: Multikulturalismus und die Politik der Anerkennung. Frankfurt am Main 1993, S. 117–145

Gysi, Gregor: Der Begriff „Deutsche Leitkultur" ist gefährlich und überflüssig, in: Die Welt vom 30. Oktober 2000

Habermas, Jürgen: Die postnationale Konstellation und die Zukunft der Demokratie, in: Blätter für deutsche und internationale Politik. 43. Jg., Heft 7/1998, S. 804–817

Habermas, Jürgen: Der philosophische Diskurs der Moderne. Frankfurt am Main 1995

Habermas Jürgen: Anerkennungskämpfe im demokratischen Rechtsstaat, in: Taylor: Charles: Multikulturalismus und die Politik der Anerkennung. Frankfurt am Main 1993, S. 147–196

Habermas, Jürgen: Eine Art Schadensabwicklung. Frankfurt am Main 1987

Habermas, Jürgen: Eine Art Schadensabwicklung. Die apologetischen Tendenzen in der deutschen Zeitgeschichtsschreibung, in: Die Zeit vom 11. Juli 1986

Han, Petrus: Soziologie der Migration. Stuttgart 2005

Harrison, Lawrence E./ Huntington, Samuel P. (Hrsg.): Streit um Werte. Wie Kulturen den Fortschritt prägen. Hamburg 2002

Haug, Sonja/ Diehl, Claudia (Hrsg.): Aspekte der Integration. Eingliederungsmuster und Lebenssituation italienisch- und türkischstämmiger junger Erwachsener in Deutschland. Wiesbaden 2005, S. 23–49.

Heckmann, Friedrich: Ethnische Minderheiten, Volk und Nation. Soziologie interethnischer Beziehungen. Stuttgart 1992

Heitmeyer, Wilhelm (Hrsg.): Was hält die Gesellschaft zusammen? Bundesrepublik Deutschland: Auf dem Weg von der Konsens- zur Konfliktgesellschaft. Band 2. Frankfurt am Main 1997

Heitmeyer, Wilhelm (Hrsg.): Verlockender Fundamentalismus. Türkische Jugendliche in Deutschland. Frankfurt am Main 1997

Heitmeyer, Wilhelm (Hrsg.): Was treibt die Gesellschaft auseinander? Bundesrepublik Deutschland: Auf dem Weg von der Konsens- zur Konfliktgesellschaft. Band 1. Frankfurt am Main 1997

Heitmeyer, Wilhelm/ Anhut, Reimund (Hrsg.): Bedrohte Stadtgesellschaft. Weinheim 2000

Heitmeyer, Wilhelm/ Sander, Uwe: Was leisten Integrationsmodi? Eine vergleichende Analyse unter konflikttheoretischen Gesichtspunkten, in: Wilhelm Heitmeyer (Hrsg.): Was hält die Gesellschaft zusammen? Bundesrepublik Deutschland: Auf dem Weg von der Konsens- zur Konfliktgesellschaft. Band 2. Frankfurt am Main 1997 S. 447–482

Heitmeyer, Wilhelm: Einleitung: Sind individualisierte und ethnisch-kulturell vielfältige Gesellschaften noch integrierbar?, in: Wilhelm Heitmeyer (Hrsg.): Was hält die Gesellschaft zusammen? Bundesrepublik Deutschland: Auf dem Weg von der Konsens- zur Konfliktgesellschaft. Band 2. Frankfurt am Main 1997, S. 9–19

Hennes, Renate/ Veit, Viola: Junge Muslime im ländlichen Raum am Beispiel von Bad Wurzach und Leutkirch. Diplomarbeit, Weingarten 2007

Herbert, Ulrich: Geschichte der Ausländerpolitik in Deutschland. Saisonarbeiter, Zwangsarbeiter, Gastarbeiter, Flüchtlinge. Bonn 2003 (Lizenzausgabe für die Bundeszentrale für politische Bildung)

Hirschman Albert O.: Wie viel Gemeinsinn braucht die liberale Gesellschaft?, in: Leviathan 1994, S. 293–304

Hoffmann-Nowotny, Hans-Joachim: Chancen und Risiken multikultureller Einwanderungsgesellschaften. Nr. 119. Schweizerischer Wissenschaftsrat. Bern 1992

Hoffmann-Nowotny, Hans-Joachim: Integration, Assimilation und „plurale Gesellschaft". Konzeptuelle, theoretische und praktische Überlegungen, in: Höhn, Charlotte/ Rein, Detlev B. (Hrsg): Ausländer in der Bundesrepublik Deutschland. Wiesbaden 1990, S. 15–31

Hofstede, Geert: Lokales Denken, globales Handeln. Interkulturelle Zusammenarbeit und globales Management. München 2001

Höhn, Hans-Joachim: Die goldene Regel, in: Sommerfeld, Franz (Hrsg.): Der Moscheestreit. Eine exemplarische Debatte über Einwanderung und Integration. Köln 2008, S. 125–129

Huber, Wolfgang: Ohne Titel, in: Lammert Norbert (Hrsg.): Verfassung, Patriotismus, Leitkultur. Was unsere Gesellschaft zusammenhält. Hamburg 2006, S. 68–71

Huntington, Samuel P.: Kulturen zählen, in: Harrison, Lawrence E./ Huntington, Samuel P. (Hrsg.): Streit um Werte. Wie Kulturen den Fortschritt prägen. Hamburg 2002, S.7–11

Huntington, Samuel P.: Who are We. Die Krise der amerikanischen Identität. Hamburg 2004

Imbusch, Peter/ Heitmeyer, Wilhelm (Hrsg.): Integration, Desintegration. Ein Reader zur Ordnungsproblematik moderner Gesellschaften. Wiesbaden 2008

INBAS Sozialforschung GmbH: INVOLVE – Beteiligung von Drittstaatenangehörigen an freiwilligem Engagement als Mittel der Integrationsförderung. Brüssel 2006

Info/ Liljeberg: Presseinformation. Erste Studie zur Wertewelt der deutschen, Deutsch-Türken und Türken. Auszüge. Berlin 2009

Isensee, Josef: Plädoyer für eine Kultur der Gemeinschaft. Verdrängung und Wiederentdeckung der Realität. In: Die Politische Meinung. Nr. 440. Juli 2006. S. 6–14

Joas, Hans (Hrsg.): Lehrbuch der Soziologie. Frankfurt am Main 2001

Joffe, Josef: Lust auf Leit. Verlangt oder verfemt – ohne Leitkultur kommt ein Land nicht aus, in: Die Zeit vom 16. November 2000

Katunarić, Vjeran: Sporna zajednica. Novije teorie o naciji i nacionalizmu. Zagreb 2003

Kauder, Volker: „Selbst"-Bewusstsein als Voraussetzung für Integration, in: Lammert Norbert (Hrsg.): Verfassung, Patriotismus, Leitkultur. Was unsere Gesellschaft zusammenhält. Hamburg 2006, S. 80–85

Kelek, Necla (a): Erfolgreich gescheitert, in: Frankfurter Allgemeine Zeitung vom 25. Juni 2009

Kelek, Necla (b): Wir müssen den Schleier lüften, in: Frankfurter Allgemeine Zeitung vom 13. Juni 2009

Kelek, Necla (a): Das Minarett ist ein Herrschaftssymbol, in: Frankfurter Allgemeine Zeitung vom 5. Juni 2007

Kelek, Necla (b): Und bist Du nicht von uns, dann bist du des Teufels, in: Frankfurter Allgemeine Zeitung vom 25. April 2007

Kelek, Necla: Die verlorenen Söhne. Plädoyer für die Befreiung des türkisch-muslimischen Mannes. Köln 2006

Kelek, Necla: Die fremde Braut. Ein Bericht aus dem Inneren des türkischen Lebens in Deutschland. Köln 2005

Kermani, Navid: Ohne Titel, in: Lammert Norbert (Hrsg.): Verfassung, Patriotismus, Leitkultur. Was unsere Gesellschaft zusammenhält. Hamburg, S. 86–90

Keskin, Hakki: Verfassungspatriotismus anstelle einer Leitkultur!, in: Lammert Norbert (Hrsg.): Verfassung, Patriotismus, Leitkultur. Was unsere Gesellschaft zusammenhält. Hamburg 2006, S. 92–101

Keskin, Hakki: Deutschland als neue Heimat. Eine Bilanz der Integrationspolitik. Wiesbaden 2005

Kiefer, Michael: „Die Türkei stehet mit einem Bein in jeder Ditib-Moschee", in: Die Tageszeitung vom 20. November 2004

Knight, Ute/ Kowalsky, Wolfgang: Deutschland nur den Deutschen? Die Ausländerfrage in Deutschland, Frankreich und den USA. Erlangen 1991

Koerfer, Daniel: Dem Pelikan vom Sperling. Wohin soll der Kampf gegen die soziale Ungleichheit führen? Hans-Ulrich Wehlers Gesellschaftsgeschichte der Bundesrepublik gelesen im Licht der Finanzkrise, in: Frankfurter Allgemeine Zeitung vom 20. November 2009, S. 34

Kolakowski, Leszek: Die Hauptströmungen des Marxismus. Entstehung, Entwicklung, Zerfall. Band 1–3, München 1981

Köppel, Roger: Mutige Schweizer, in: Frankfurter Allgemeine Zeitung vom 1. Dezember 2009

Korn, Salomon: Das Dilemma der jüdischen Kultur in Deutschland, in: Frankfurter Allgemeine Zeitung vom 1. Oktober 2009

Korn, Solomon: Ohne Titel, in: Lammert Norbert (Hrsg.): Verfassung, Patriotismus, Leitkultur. Was unsere Gesellschaft zusammenhält. Hamburg 2006, S. 11–119

Kornblum, John: Zentrum einer integrierten Welt. Deutschland und die Gespenster der Vergangenheit, in: Frankfurter Allgemeine Zeitung vom 6. November 2009

Kötter, Matthias: Rechtskultur statt Leitkultur. Zur Versachlichung der Integrationsdebatte. Blätter für deutsche und internationale Politik. 1/ 2005, S. 83–89

Kraft, Sabine: Moscheearchitektur zwischen Nostalgie und Moderne, in: Sommerfeld, Franz (Hrsg.): Der Moscheestreit. Eine exemplarische Debatte über Einwanderung und Integration. Köln 2008, S. 171–176

Krohn, Philipp/ Plickert, Philip: Die Abstiegssorgen der Mittelschicht, in: Frankfurter Allgemeine Zeitung vom 28. Juli 2010

Kronenberg, Volker: Patriotismus in Deutschland. Perspektiven für eine weltoffene Nation. Wiesbaden 2005

Krüger, Karen: Die armen Schüler. Völkermord im Lehrplan, in: Frankfurter Allgemeine Zeitung vom 7. August 2009

Künast, Renate: Grundwerte und Teilhabe. Wir brauchen eine Debatte – aber nicht über „Leitkultur", in: Lammert Norbert (Hrsg.): Verfassung, Patriotismus, Leitkultur. Was unsere Gesellschaft zusammenhält. Hamburg 2006, S. 129–133

Kymlicka Will: Multikulturalismus und Demokratie. Über Minderheiten in Staaten und Nationen. Frankfurt am Main 2000

Lammert, Norbert: Verfassung, Patriotismus, Leitkultur. Was unsere Gesellschaft zusammenhält. Hamburg 2006

Lammert, Norbert: Gewissheiten und Zweifel. Zur deutschen Debatte über einen umstrittenen Begriff und einen wachsenden Konsens, in: Lammert Norbert (Hrsg.): Verfassung, Patriotismus, Leitkultur. Was unsere Gesellschaft zusammenhält. Hamburg 2006, S. 134–145

Laschet, Armin: Wir brauchen eine gemeinsame Leitkultur, in: Lammert Norbert (Hrsg.): Verfassung, Patriotismus, Leitkultur. Was unsere Gesellschaft zusammenhält. Hamburg 2006, S. 146–151

Lau, Jörg: Laut ruft der Muezzin, in: Sommerfeld, Franz (Hrsg.): Der Moscheestreit. Eine exemplarische Debatte über Einwanderung und Integration. Köln 2008, S. 33–36

Leggewie, Claus: Multi Kulti. Spielregeln für die Vielvölkerrepublik. Berlin 1990

Lemmen, Thomas/ Miehl, Melanie: Islamisches Alltagsleben in Deutschland. Friedrich-Ebert-Stiftung. Bonn 2001

Lemmen, Thomas: Islamische Organisationen in Deutschland. Bonn 2000

Lemmen, Thomas: Muslime in Deutschland. Eine Herausforderung für Kirche und Gesellschaft. Baden-Baden 2001

Limbach, Jutta: Leitkultur oder interkultureller Dialog, in: Lammert Norbert (Hrsg.): Verfassung, Patriotismus, Leitkultur. Was unsere Gesellschaft zusammenhält. Hamburg 2006, S. 164–168

Lockwood, David: Soziale Integration und Systemintegration, in: Wolfgang Zapf (Hrsg.): Theorien des sozialen Wandels, Köln 1970, S. 124–137

Löffler, Berthold: „Leitkultur" im Fokus. Was der umstrittene Begriff meint, und wozu er gut sein soll. In: Die Politische Meinung. Nr. 435. Februar 2006. S. 14–18

Löffler, Berthold: Die kulturellen Fallen des Rechts. Zur Problematik von arrangierten Ehen und Zwangsheirat. In: Die Politische Meinung. Nr. 452. Juli 2007. S. 31–35

Löffler, Berthold: Integration – die politische Karriere einer Leerformel, oder: Die integrationspolitischen Vorstellungen der Parteien zur Gestaltung der Einwanderungsgesellschaft. Unveröffentlichter Vortrag. Hochschule Ravensburg-Weingarten, Fakultät Soziale Arbeit, Gesundheit und Pflege. Weingarten 2004

Löffler, Berthold: Jaka integracja? Problem imigrantów w Niemczech w dobie wielokulturowości, in: Maciejewski, Jan/ Bodziany, Marek/Dojwa, Katarzyna: Grupy dypozycyjne w obliczu Wielkiej Zmiany. Kulturowe i społeczne aspekty funkcjonowania w świetle procesów integracyjnych. Wroclaw (Breslau) 2010, S. 47–60

Löffler, Berthold: Welche Integration? In: Die Politische Meinung. Nr. 375. Februar 2001. S. 25–33

Luft Stefan: Mechanismen, Manipulation, Missbrauch. Ausländerpolitik und Ausländerintegration in Deutschland. Köln 2002

Luft, Stefan: Abschied von Multikulti. Wege aus der Integrationskrise. Gräfelfing 2006

Luft, Stefan: Einmal Türke, immer Türke? Anmerkungen aus Anlass der Kölner Rede Recep Tayyip Erdogans, in: Politische Studien. Zweimonatszeitschrift für Politik und Zeitgeschehen. Heft 419, 59. Jahrgang, Mai/Juni 2008, S. 64–74

Luft, Stefan: Staat und Migration. Zur Steuerbarkeit von Zuwanderung und Integration. Frankfurt am Main 2009

Luhmann, Niklas: Die Gesellschaft der Gesellschaft. Frankfurt am Main 1997, Band 1

Maier, Hans: Streit um Worte. Über die unentbehrlichen Bedingungen der Integration und des Zusammenlebens: In: Die Politische Meinung. Nr. 440. Juli 2006. S. 15–20

Mammey, Ulrich: Der Integrationsbegriff in der deutschsprachigen Sozial- und Politikwissenschaft, in: Haug, Sonja/ Diehl, Claudia (Hrsg.), Aspekte der Integration. Eingliederungsmuster und Lebenssituation italienisch- und türkischstämmiger junger Erwachsener in Deutschland. Wiesbaden 2005. S. 23–49

Mappes-Niediek, Norbert: Die Ethnofalle. Der Balkan-Konflikt und was Europa daraus lernen kann. Berlin 2005

Merkel, Angela: „Wir Deutschen können stolz sein auf unser Land", in: Die Welt vom 14. November 2000

Merkens, Andreas: Hegemonie und Gegen-Hegemonie als pädagogisches Verhältnis. Antonio Gramscis politische Pädagogik. Hamburger Skripte 15. Hamburg 2006

Merz, Friedrich: Einwanderung und Identität, in: Die Welt, 25. Oktober 2000

Mesić, Milan: Multikulturalizam. Društveni i teorijski izazovi. Zagreb 2006

Meyer, Hans Joachim: Nur Mut zu einer Reform der Reform, in: Frankfurter Allgemeine Zeitung vom 6. Juli 2009

Meyer, Hans Joachim: Ohne Titel, in: Lammert Norbert (Hrsg.): Verfassung, Patriotismus, Leitkultur. Was unsere Gesellschaft zusammenhält. Hamburg 2006, S. 178–185

Micksch, Jürgen: Deutschland – Einheit in kultureller Vielfalt. Frankfurt am Main 1991

Micksch, Jürgen: Interkulturelle Politik statt Abgrenzung gegen Fremde, in: Thomas Alexander (Hrsg.): Psychologie und multikulturelle Gesellschaft. Problemanalyse und Problemlösungen. Ergebnisse des 14. Workshop – Kongresses der Sektion Politische Psychologie im Berufsverband Deutscher Psychologen (BDP) in Regensburg. Göttingen/Stuttgart 1994

Micksch, Jürgen: Kulturelle Vielfalt statt nationaler Einfalt. Eine Strategie gegen Nationalismus und Rassismus. Frankfurt am Main 1989

Migrationsreport 2004. Fakten, Analysen, Perspektiven. Für den Rat für Migration herausgegeben von Klaus J. Bade, Michael Bommes und Rainer Münz. Frankfurt am Main/New York 2004

Mintzel, Alf: Multikulturelle Gesellschaften in Europa und Nordamerika. Konzepte, Streitfragen, Analysen, Befunde. Passau 1997

Mohr, Reinhard: Operation Sauerbraten, in: Der Spiegel, Nr. 45/2000 vom 6. November 2000

Müller, Burkhard: Soziale Arbeit und die sieben Schwestern, in: Otto, Hans-Uwe (Hrsg.): Zeit-Zeichen sozialer Arbeit: Entwürfe einer neuen Praxis. Neuwied 1992, S. 101–110

Münch, Richard: Soziologische Theorie. Band 3: Gesellschaftstheorie. Frankfurt am Main 2004

Münch, Richard: Zwischen Normenerosion und Normenwandel. Rechtsentwicklung als dynamischer Prozeß, in: Frommel, Monika/ Gessner, Volkmar (Hrsg.): Normenerosion. Baden-Baden 1996

Nassehi, Arnim: Minarette in Oberbayern. Beide, Erfinder wie Kritiker der Leitkultur, irren sich, in: Die Zeit vom 30. November 2000

Nationaler Integrationsplan. Neue Wege – neue Chancen. Berlin 2007

Neubert, Stefan/ Roth, Hans-Joachim/ Erol, Yildiz (Hrsg.): Multikulturalität in der Diskussion. Neuere Beiträge zu einem umstrittenen Konzept. Wiesbaden 2008

Newsletter der Kampagne „Vielfalt als Chance". Ausgabe Juni 2008. Hrsg. Presse- und Informationsamt der Bundesregierung. Berlin 2008

Nickel, Rainer: Verfassungspatriotismus, in: Brunkhorst, Hauke/ Kreide, Regina/ Lafont, Cristina (Hrsg.): Habermas-Handbuch. Stuttgart 2009

Nida-Rümelin, Julian: Ohne Titel, in: Lammert Norbert (Hrsg.): Verfassung, Patriotismus, Leitkultur. Was unsere Gesellschaft zusammenhält. Hamburg 2006, S. 200–205

Nikodem, Claudia/ Schulze Erika/ Yildiz, Erol: Städtischer Multikulturalismus. Eine neue Lesart, in: Bukow, Wolf-Dietrich/ Ottersbach, Markus (Hrsg.): Fundamentalismusverdacht. Opladen 1999, S. 288–327

Nohlen, Dieter u.a. (Hrsg.): Lexikon der Politik. Politische Begriffe. München 1998

Novak, Michael: The Rise of Unmeltable Ethnics. Politics and Culture in the Seventies. New York 1971

Nunner-Winkler, Gertrud: Moralische Integration, in: Friedrichs, Jürgen/ Jagodzinski, Wolfgang (Hrsg.): Soziale Integration. Sonderheft 39/1999 der Kölner Zeitschrift für Soziologie und Sozialpsychologie. Opladen 1999, S. 293–319

Oberndörfer, Dieter: Die politische Gemeinschaft und ihre Kultur. Zum Gegensatz zwischen kulturellem Pluralismus und Multikulturalismus, in: Aus Politik und Zeitgeschichte. B 52–53/1996, S. 37–46

Oberndörfer, Dieter: Leitkultur und Berliner Republik. Die Hausordnung der multikulturellen Gesellschaft Deutschlands ist das Grundgesetz, in: Aus Politik und Zeitgeschichte. B 1–2/ 2001, S. 27–30

Oberndörfer, Dieter: Vom Unsinn der „Integration", in: Der Stern Nr. 45 vom 2. November 2000, S.54

Özdemir, Cem: Leitkultur, Verfassung, Republikanismus, in: Lammert Norbert (Hrsg.): Verfassung, Patriotismus, Leitkultur. Was unsere Gesellschaft zusammenhält. Hamburg 2006, S. 206–211

Parekh, Bhikhu: Rethinking Multiculturalism, Cultural Diversity and Political Theory. New York 2000

Parsons, Talcott: Das System moderner Gesellschaften. Weinheim 2003

Parsons, Talcott: Zur Theorie sozialer Systeme. Opladen 1976

Pautz, Hartwig: Die deutsche Leitkultur. Eine Identitätsdebatte: Neue Rechte, Neorassismus und Normalisierungsbemühungen. Stuttgart 2005

PDS: PDS im Bundestag: Eckpunkte für eine menschenrechtliche Zuwanderungspolitik: Offene Grenzen für Menschen in Not – Individuelles Recht auf Einwanderung, beschlossen am 26. Juni 2001

Petersen, Thomas: Das zarte Pflänzchen Integration, in: Frankfurter Allgemeine Zeitung vom 19. März 2008, S. 5

Putnam, Robert D.: E Plurisbus Unum: Diversity and Community in the Twenty-first Century. The 2006 Johan Skytte Prize Lecture, in: Scandinavian Political Studies, Band 30, Nr. 2, 2007

Radbruch, Gustav: Rechtsphilosophie. Heidelberg 1999

Radtke, Frank-Olaf: Lob der Gleich-Gültigkeit. Die Konstruktion des Fremden im Diskurs des Multikulturalismus, in: Bielefeld, Uli (Hrsg.): Das Eigene und das Fremde. Neuer Rassismus in der Alten Welt? Hamburg 1991, S. 79–96

Radtke, Frank-Olaf: Multikulturalismus: Ein postmoderner Nachfahre des Nationalismus, in: Ostendorf, Berndt (Hrsg.): Multikulturelle Gesellschaft. Modell Amerika. München 1994, S. 229–235

Rae, Douglas W./ Taylor, Michael: The Analysis of Political Cleavages. New Haven 1970

Rasche, Uta: Der Nikolaus spricht Deutsch, in: Frankfurter Allgemeine Zeitung vom 24. Dezember 2007

Rasche, Uta: Islamkonferenz im Zwielicht, in: Frankfurter Allgemeine Zeitung vom 31. März 2009

Rauer, Valentin: Die öffentliche Dimension der Integration. Migrationspolitische Diskurse türkischer Dachverbände in Deutschland. Bielefeld 2008

Renan, Ernest: Was ist eine Nation? Vortrag in der Sorbonne am 11. März 1882, in: Jeismann, Michael/ Ritter Henning (Hrsg:): Grenzfälle. Über neuen und alten Nationalismus. Leipzig 1993, S. 290–311.

Rex, John: The Concept of a Multi-Cultural Society. A Lecture to mark the Establishment of the Centre for Research in Ethnic Relations at the University of Warwick. Centre for Research in Ethnic Relations. Occasional Papers in Ethnic relations No. 3. Coventry 1985

Rockefeller, Steven C.: Kommentar, in: Taylor, Charles: Multikulturalismus und die Politik der Anerkennung. Frankfurt am Main 1993, S. 95–108

Rödder, Andreas: Zahl und Sinn, in: Frankfurter Allgemeine Zeitung vom 5. Juli 2010

Römhild, Ludwig: Politisch nicht korrekt. Bielefeld 1998

Rommelspacher, Birgit: Anerkennung und Ausgrenzung. Deutschland als multikulturelle Gesellschaft. Frankfurt am Main/New York 2002

Roos, Lothar: Leitkultur in Deutschland. Ein Reizbegriff zeigt Wirkung. In: Die Politische Meinung. Nr. 374. Januar 2001, S. 41–47

Roth, Claudia: Für eine Kultur der Anerkennung, in: Lammert Norbert (Hrsg.): Verfassung, Patriotismus, Leitkultur. Was unsere Gesellschaft zusammenhält. Hamburg 2006, S. 213–220

Roth, Claudia: Begriffsunglück „Leitkultur", in: Frankfurter Allgemeine Zeitung vom 25. Oktober 2005.

Rottleuthner, Hubert: Recht und soziale Integration, in: Friedrichs, Jürgen/ Jagodzinski, Wolfgang (Hrsg.): Soziale Integration. Sonderheft 39/1999 der Kölner Zeitschrift für Soziologie und Sozialpsychologie. Opladen 1999, S. 398–415

Sachs, Jeffrey: Bemerkungen zu einer neuen Soziologie der wirtschaftlichen Entwicklung, in: Harrison, Lawrence E./ Huntington, Samuel P. (Hrsg.): Streit um Werte. Wie Kulturen den Fortschritt prägen. Hamburg 2002, S. 57–74

Salentin, Kurt: Ziehen sich Migranten in „ethnische Kolonien" zurück?, in: Migrationsreport 2004. Fakten, Analysen, Perspektiven. Für den Rat für Migration herausgegeben von Klaus J. Bade, Michael Bommes und Rainer Münz. Frankfurt am Main/New York 2004

Sarrazin, Thilo: Deutschland schafft sich ab. Wie wir unser Land aufs Spiel setzen. München 2010

Sartori, Giovanni: Pluralismo, multikulturalismo e estranei. Saggio sulla società multietnica. Milano 2007

Sattelberger, Bianca: Multikulturalismuskonzepte und die Integrationsvorstellungen muslimischer Spitzen- und Dachverbände in Deutschland. Diplomarbeit. Weingarten 2003

Schäuble, Wolfgang: Deutschland – leidet es unter seiner Kultur?, in: Lammert Norbert (Hrsg.): Verfassung, Patriotismus, Leitkultur. Was unsere Gesellschaft zusammenhält. Hamburg 2006, S. 222–227

Scharpf, Fritz: Regieren in Europa. Frankfurt am Main 1999

Scheffer, Paul: Das Scheitern eines Traums. Die multikulturelle Gesellschaft ist eine Illusion. Der Aufstieg von Populisten wie Haider, Fortuyn und Berlusconi zwingt, über die Grenzen des offenen Europas nachzudenken, in: Die Zeit, Nr. 29, 18. Juli 2002

Scheffer, Paul: Die Eingewanderten. Toleranz in einer grenzenlosen Welt. München 2008

Schelling, Thomas C.: Dynamic Models of Segregation, in: Journal of Mathematical Sociology, Nr. 1, 1971, S. 143–186

Schermerhorn, Richard Alonzo: Ethnicity in the Perspective of the Sociology of Knowledge, in: Ethnicity 1974, Band 1, S. 1–14

Scheuch, Erwin/ Scheuch, Ute: „Multikulturelle Gesellschaft" und deutsche Streitkultur, in: Das Parlament, Nr. 31–32, vom 28. Juli/4. August 1995

Schiffauer, Werner: Nach dem Islamismus. Eine Ethnographie der Islamischen Gemeinschaft Milli Görüs. Berlin 2010

Schimank, Uwe: Funktionale Differenzierung und Systemintegration der modernen Gesellschaft in: Friedrichs, Jürgen/ Jagodzinski, Wolfgang (Hrsg.): Soziale Integration. Sonderheft 39/1999 der Kölner Zeitschrift für Soziologie und Sozialpsychologie. Opladen 1999, S. 47–65

Schindhelm, Michael: Ohne Titel, in: Lammert Norbert (Hrsg.): Verfassung, Patriotismus, Leitkultur. Was unsere Gesellschaft zusammenhält. Hamburg 2006, S. 241–245

Schlesinger, Arthur M.: The Disuniting of America. Reflections on a Multicultural Society. New York 1992

Schmidt, Manfred G.: Demokratietheorie. Fernuniversität Hagen 2001

Schmidt, Volker H.: Integration durch Moral?, in: Friedrichs, Jürgen/ Jagodzinski, Wolfgang (Hrsg.): Soziale Integration. Sonderheft 39/1999 der Kölner Zeitschrift für Soziologie und Sozialpsychologie. Opladen 1999, S. 66–84

Schröder, Richard: Leitkultur?, in: Lammert Norbert (Hrsg.): Verfassung, Patriotismus, Leitkultur. Was unsere Gesellschaft zusammenhält. Hamburg 2006, S. 252–259

Schulte, Axel: Demokratie als Leitbild einer multikulturellen Gesellschaft, in: Butterwegge, Christoph/ Hentges Gudrun/ Sarigöz, Fatma (Hrsg.): Medien und multikulturelle Gesellschaft. Opladen 1999, S. 187–206

Schulte, Axel: Multikulturelle Gesellschaft: Chance, Ideologie oder Bedrohung?, in: Aus Politik und Zeitgeschichte, B 23–24/90, 1. Juni 1990, S. 3–15

Seeger, Tabea: Nationale Identität in Deutschland. Ein Überblick zu Besonderheiten, Einflüssen und Bewertungen deutscher Selbstsicht. Diplomarbeit. Weingarten 2007

Sommer, Michael: Die Würde des Menschen als Orientierungsmarke für Politik und Gemeinwesen, in: Lammert Norbert (Hrsg.): Verfassung, Patriotismus, Leitkultur. Was unsere Gesellschaft zusammenhält. Hamburg 2006, S. 268–275

Sommerfeld, Franz (Hrsg.): Der Moscheestreit. Eine exemplarische Debatte über Einwanderung und Integration. Köln 2008

Sommerfeld, Franz: Vorwort. Der Kölner Moscheestreit – ein Lehrstück über Demokratie, in: Sommerfeld, Franz (Hrsg.): Der Moscheestreit. Eine exemplarische Debatte über Einwanderung und Integration. Köln 2008, S. 11–32

SPD: Hamburger Programm. Grundsatzprogramm der Sozialdemokratischen Partei Deutschlands. Beschlossen auf dem Hamburger Bundesparteitag der SPD am 28. Oktober 2007.

SPD: Vertrauen in Deutschland. Das Wahlmanifest der SPD. Herausgeber: SPD-Parteivorstand 2005

SPD: Steuerung, Integration, innerer Friede: Die neue Politik der Zuwanderung. Beschlußfassung der SPD-Bundestagsfraktion vom 6. Juli 2001

SPD (a): SPD-Bundestagsfraktion: Querschnittsarbeitsgruppe Integration und Zuwanderung. Die neue Politik der Zuwanderung: Steuerung, Integration, innerer Friede. 2001

Der Spiegel, Nr. 46, vom 13. November 2006: Islam. Und nachts der Koran, S. 56–60

Spiegel, Paul: „Hören Sie auf, verbal zu zündeln!" Rede anlässlich der Berliner Demonstration am 09.11.2000. Wortlaut, in: Blätter für deutsche und internationale Politik. Monatszeitschrift. Heft 12/2000, S. 1511–1513

Spuler-Stegemann, Ursula: Die 101 wichtigsten Fragen: Islam. München 2009

Spuler-Stegemann, Ursula: Muslime in Deutschland. Informationen und Klärungen. Freiburg 2002

Steinbach, Udo: Die Türkei im 20. Jahrhundert. Schwieriger Partner Europas. Bergisch-Gladbach 1996

Stelkens, Paul: Moscheeplanung zwischen Baurecht und Verfassungsrecht, in: Sommerfeld, Franz (Hrsg.): Der Moscheestreit. Eine exemplarische Debatte über Einwanderung und Integration. Köln 2008, S. 147–152

Sternberger, Dolf: Verfassungspatriotismus. Band 10. Frankfurt am Main 1990

Stolz, Rolf: Probleme der Zuwanderung, Zuwanderung als Problem. Weder Katastrophen-Alarmismus noch Utopie-Idyllen helfen weiter. Aus Politik und Zeitgeschichte. B 49/98. 27. November 1998. S. 15–34

Süssmuth, Rita: Migration und Integration: Testfall für unsere Gesellschaft. München 2006

Sztompka, Piotr: Socjologia. Analiza społeczeństwa. Kraków 2005

Taylor, Charles: Die Politik der Anerkennung, in: Taylor, Charles: Multikulturalismus und die Politik der Anerkennung. Frankfurt am Main 1993, S. 13–78

Taylor, Charles: Multikulturalismus und die Politik der Anerkennung. Frankfurt am Main 1993

Taylor, Charles: Wie viel Gemeinschaft braucht die Demokratie? Aufsätze zur politischen Philosophie. Frankfurt am Main 2002

Tellia, Bruno: Come si perde la sfida islamica. Udine 2009

Tibi, Bassam: Ohne Leitkultur keine Integration. Gekürzte Fassung seines Beitrages in: Evangelische Verantwortung, Nr. 09/04, 2004

Tibi, Bassam: Europa ohne Identität? Leitkultur oder Wertebeliebigkeit. München 2002

Tibi, Bassam: Leitkultur als Wertekonsens. Bilanz einer missglückten deutschen Debatte, in: Aus Politik und Zeitgeschichte, B 1–1/2001, S. 23–26

Tibi Bassam: Europa ohne Identität? Die Krise der multikulturellen Gesellschaft. München 1998

Tibi, Bassam: Multikultureller Werte-Relativismus und Werte-Verlust. Demokratie zwischen Werte-Beliebigkeit und pluralistischem Werte-Konsens, in: Aus Politik und Zeitgeschichte, B 52–53/96. 20. Dezember 1996, S. 27–36

Todorov, Tzvetan: La paura dei barbari. Milano 2009

Turner, Jonathan H.: Socjologia. Koncepcje i ich zastosowania, Poznań 2007

Verwaltet, entrechtet, abgestempelt – wo bleiben die Menschen? Einblicke in das Leben von Flüchtlingen in Berlin. Projekttutorien „Lebenswirklichkeiten von Flüchtlingen in Berlin"/„Behörden und Migration". Berlin 2003

Vester, Michael: Kapitalistische Modernisierung und gesellschaftliche (Des-)Integration. Kulturelle und soziale Ungleichheit als Problem von „Milieus" und „Eliten", in: Heitmeyer, Wilhelm (Hrsg.): Was hält die Gesellschaft zusammen? Bundesrepublik Deutschland: Auf dem Weg von der Konsens- zur Konfliktgesellschaft. Band 2. Frankfurt am Main 1997, S. 149–203

Vigna, Carmelo/ Zamagni, Stefano (Hrsg.): Multiculturalismo e identità. Milano 2002

Vogel, Bernhard: Ohne Titel, in: Lammert Norbert (Hrsg.): Verfassung, Patriotismus, Leitkultur. Was unsere Gesellschaft zusammenhält. Hamburg 2006, S. 296–299

Völckers, Hortensia: Ohne Titel, in: Lammert Norbert (Hrsg.): Verfassung, Patriotismus, Leitkultur. Was unsere Gesellschaft zusammenhält. Hamburg 2006, S. 280–294

Walzer, Michael: Zivile Gesellschaft und amerikanische Demokratie. Frankfurt am Main 1996

Walzer, Michael: Kommentar, in: Taylor, Charles: Multikulturalismus und die Politik der Anerkennung. Frankfurt am Main 1993, S. 109–115

Weber, Kathrin: Integration „in deutschem Interesse", in: Verwaltet, entrechtet, abgestempelt – wo bleiben die Menschen? Einblicke in das Leben von Flüchtlingen in Berlin. Projekttutorien „Lebenswirklichkeiten von Flüchtlingen in Berlin"/„Behörden und Migration". Berlin 2003, S. 165–173

Weber, Max: Gesammelte Aufsätze zur Wissenschaftslehre herausgegeben von Johannes Winkelmann. Tübingen 1988

Weber, Max: Wirtschaft und Gesellschaft. Tübingen 1985

Wehler, Hans-Ulrich: Die fundamentale Untat. Eine Replik auf Ernst Nolte, in: Frankfurter Allgemeine Zeitung vom 1. Oktober 2008

Wehler, Hans-Ulrich: Nationalismus als fremdenfeindliche Integrationsideologie, in: Heitmeyer, Wilhelm (Hrsg.): Das Gewalt-Dilemma. Gesellschaftliche Reaktionen auf fremdenfeindliche Gewalt und Rechtsextremismus. Frankfurt am Main 1994, S. 73–90

Wellershoff, Dieter: Wofür steht die Kölner Moschee?, in: Sommerfeld, Franz (Hrsg.): Der Moscheestreit. Eine exemplarische Debatte über Einwanderung und Integration. Köln 2008, S. 59–65

Welsch, Wolfgang: Netzdesign der Kulturen, in: Zeitschrift für KulturAustausch 1/2002

Welsch, Wolfgang: Transculturality – the Puzzling Form of Cultures Today. In Spaces of Culture: City, Nation, World, hrsg. von Mike Featherstone und Scott Lash, London 1999, S. 194–213

Wenders, Wim: Ohne Titel, in: Lammert Norbert (Hrsg.): Verfassung, Patriotismus, Leitkultur. Was unsere Gesellschaft zusammenhält. Hamburg 2006, S. 300–302

Westerwelle, Guido: Ohne Titel, in: Lammert Norbert (Hrsg.): Verfassung, Patriotismus, Leitkultur. Was unsere Gesellschaft zusammenhält. Hamburg 2006, S. 304–307

Wiegel, Michaela: Ein Philosophielehrer auf der Flucht, in: Frankfurter Allgemeine Zeitung vom 6. Oktober 2006

Wieland, Wolfgang: Ein Fest des Jammertürkentums, in: Frankfurter Allgemeine Zeitung vom 27. März 2009

Wiley, Norbert F.: The Ethnic Trap and Stratification Theory, in: Peter I. Rose (Hrsg.): The Study of Society. An Integrated Anthology. New York und Toronto 1970, S. 397–408

Williams, Raymond: The Long Revolution. London 1961, Nachdruck Harmondsworth 1965

Williams, Raymond: The Idea of Culture, in: John McIlroy und Sally Westwood (Hrsg.): Border Country: Raymond Williams in Adult Education. Leicester 1993

Wolf, Christof: Religiöse Pluralisierung in der Bundesrepublik Deutschland, in: Friedrichs, Jürgen/ Jagodzinski, Wolfgang (Hrsg.): Soziale Integration. Sonderheft 39/1999 der Kölner Zeitschrift für Soziologie und Sozialpsychologie. Opladen 1999, S. 321–349

Wolf, Susan: Kommentar, in: Taylor, Charles: Multikulturalismus und die Politik der Anerkennung. Frankfurt am Main 1993, S. 79–93

Wolffsohn, Michael/ Brechenmacher, Thomas: Deutschland, jüdisch Heimatland. Die Geschichte der deutschen Juden vom Kaiserreich bis heute. München 2008

Würtenberger, Thomas: Die Akzeptanz von Gesetzen, in: Friedrichs, Jürgen/ Jagodzinski, Wolfgang (Hrsg.): Soziale Integration. Sonderheft 39/1999 der Kölner Zeitschrift für Soziologie und Sozialpsychologie. Opladen 1999, S. 380–397

Wunn, Ina: Muslimische Gruppierungen in Deutschland. Ein Handbuch. Stuttgart 2007

Yildirim, Mehmet: Die Kölner Ditib-Moschee – eine offene Moschee als Integrationsbeitrag, in: Sommerfeld, Franz (Hrsg.): Der Moscheestreit. Eine exemplarische Debatte über Einwanderung und Integration. Köln 2008, S. 66–71

Young, Iris M.: Polity and Group Difference: A Critique of the ideal of Universal Citizenship, in: Ethics, Nr. 99, Januar 1989, S. 250–274

ZIIAD: Dokumentation. Nr.1/2006. Frühjahrsumfrage. Neue Daten und Fakten über den Islam in Deutschland

Zimmer, Dieter E.: Den Völkern Gespött oder Furcht. Die Deutschen und das Nationalgefühl, in: Die Zeit vom 6. April 1990

Znaniecki, Florian: Współczesne narody. Warszawa 1990

Zuwanderer in Deutschland. Ergebnisse einer repräsentativen Befragung von Menschen mit Migrationshintergrund. Durchgeführt durch das Institut für Demoskopie Allensbach im Auftrag der Bertelsmann Stiftung. Gütersloh 2009

Zuwanderung gestalten – Integration fördern. Bericht der Unabhängigen Kommission Zuwanderung, vom 4. Juli 2001

8   Internetverzeichnis

AFP vom 15. Dezember 2007: Barcelona shirts appearing cross-less in Saudi Arabia. http://afp.google.com/article/ALeqM5gI-lq8tPy9njwNgbzXSP8Bjn6DnQ; Zugriff am 25. September 2008

Beckstein, Günther: Ausbau des Zuwanderungsgesetzes gefordert. 3. Februar 2006. http://www.csu.de/home/Display/Politik/Themen/Innenpolitik/startseite_auslaend?Thema=In nenpolitik&Unterthema=Zuwanderungspolitik/Ausländerpolitik; Zugriff am 3. Februar 2006

Beckstein, Günther: Eid auf deutsche Verfassung. 31. Dezember 2005. http://www.csu.de/home/Display/Politik/Themen/Innenpolitik/startseite_auslaend?Thema=In nenpolitik&Unterthema=Zuwanderungspolitik/Ausländerpolitik; Zugriff am 31. Dezember 2005

Berliner Zeitung: Interview mit Kenan Kolat: Man redet nicht gerne über die eigenen Defizite.URL:http://www.berlinonline.de/berliner-zeitung/archiv/.bin/dump.fcgi/ 2009/1013/berlin/0003/index.html; Zugriff am 21. Februar 2010

Brodkorb, Mathias: Multikulturalismus führt in den Bürgerkrieg. Gespräch mit Prof. Flaig III am 30. April 2008. URL: http://www.endstation-rechts.de/index.php? option=com_k2& view=item&id=1141:; Zugriff am 16. August 2010

Bundesregierung: Der Nationale Integrationsplan. Neue Wege – Neue Chancen. Die Beauftragte der Bundesregierung für Migration, Flüchtlinge und Integration 11012 Berlin, Stand Juli 2007. URL: http://www.bundesregierung.de/Content/DE/Publikation/IB/ Anlagen/nationaler-integrationsplan,property=publicationFile.pdf; Zugriff am 31. Juli 2010

Bundesregierung: Integration heißt, gemeinsame Werte zu teilen. 12. Februar 2008. URL: http://www.bundesregierung.de/nn_56546/Content/DE/Artikel/2008/02/2008-02-12-integration-boemer.html; Zugriff am 30. März 2008

CDU: Bundestagswahl 2009. Grundsatzprogramm. URL: http://www. grundsatzprogramm.cdu.de/doc/071203-beschluss-grundsatzprogramm-6-navigierbar.pdf; Zugriff am 19. Oktober 2009

CDU: Integration fördern und fordern – Zuwanderung steuern und begrenzen. Stand: 28. Juni 2007. URL: http://www.cdu.de/doc/pdf/070628-politik-az-zuwanderung-integration.pdf; Zugriff am 3. Juli 2007

Charta der Vielfalt der Unternehmen in Deutschland. URL: http://www.vielfalt-als-chance.de/index.php?id=3; Zugriff am 11. August 2008

CSU: Bundestagswahl 2009. Grundsatzprogramm. URL: http://www.csu.de/dateien/partei/ gsp/grundsatzprogramm.pdf; Zugriff am 19. Oktober 2009

Deutsche Islamkonferenz: Gemeinsame Werte als Basis. URL: http://www.deutsche-islam-konferenz.de/cln_110/nn_1318576/SubSites/DIK/DE/DieDIK/BisherigeErgebnisse/Werte/ werte-node.html?__nnn=true; Zugriff am 14. Februar 2010

DGB: Integration. Gleichberechtigte Teilhabe in der Gesellschaft. Positionsbestimmung. Arbeitskreis Integration. AK Integration. Koordination: DGB Bildungswerk e.V. Bereich Migration und Qualifizierung (März 2004). URL: http://www.migration-online.de/data/broschreak_integration_endfassung.pdf; Zugriff am 31. Juli 2010

DGB und BDA: Miteinander statt Nebeneinander – Integration durch Fördern und Fordern. Gemeinsame Erklärung von Michael Sommer, Vorsitzender des Deutschen Gewerkschafts-bundes (DGB) und Dr. Dieter Hundt, Präsident der Bundesvereinigung der Deutschen Ar-beitgeberverbände (BDA) vom 28.11.04. Berlin. URL: http://www.dgb.de/themen/migration/ integration/zuw_integration.htm; Zugriff am 30. November 2004

EKD (a): Zusammenleben gestalten. Kirchliche Grundsätze zur Integration. Ein Beitrag des Rates der EKD zu Fragen der Integration und des Zusammenlebens mit Menschen anderer Herkunft, Sprache oder Religion, EKD-Texte 76, 2002. URL: http://www.ekd.de/EKD-Texte/ekd_texte_76_1.html; Zugriff am 31. Juli 2010

EKD (b): Zusammenleben gestalten. Handreichung. Ein Beitrag des Rates der EKD zu Fra-gen der Integration und des Zusammenlebens mit Menschen anderer Herkunft, Sprache oder Religion, EKD-Texte 76, 2002. URL: http://www.ekd.de/EKD-Texte/ekd_texte_76_2.html; Zugriff am 31. Juli 2010

Erfolgreiche Integration ist kein Zufall. URL: http://www.vielfalt-als-chance.de/ index.php?id=6; Zugriff am 11. August 2008

FDP: Bundestagswahl 2009. Wiesbadener Grundsätze. URL: http://www.fdp-bundespartei.de/files/363/wiesbadg.pdf; Zugriff am 19. Oktober 2009

FDP (a): Waitz: Religiöse Toleranz darf kein Lippenbekenntnis bleiben. Presseinformation Nr. 349, 5. April 2007. URL: http://www.fdp-fraktion.de/files/541/349-Waitz-Wort_zum_Freitag.pdf; Zugriff am 29. April 2007

FDP (b): Liberale Leitlinien zum Verhältnis von Staat, Kirchen und Religionsgemeinschaf-ten. Beschluss des Bundesvorstandes der FDP, Berlin, 10. Dezember 2007. URL: http://www.fdp.de/files/653/BuVo-Staat_und_Kirche.pdf; Zugriff am 17. Dezember 2007

Focusonline vom 29. Januar 2007: Rassismus: Kein Hakenkreuzverbot in EU. URL: http://www.focus.de/politik/ausland/rassismus_aid_123631.html; Zugriff am 23. September 2008

Focusonline vom 22. Oktober 2008: Gesine Schwan: Die Mär der homogenen Mehrheitsge-sellschaft. URL: http://www.focus.de/politik/deutschland/gesine-schwan-die-maer-der-homogenen-mehrheitsgesellschaft_aid_342646.html; Zugriff am 20. Februar 2010

Hoffmann-Nowotny, Hans-Joachim: Analytisch alter Wein in ideologisch neuen Schläuchen, in: Magazin der Universität Zürich. Nr. 2, 1996. http://www.kommunikation.uzh.ch/static/unimagazin/archiv/2-96/multikulturalitaet.html; Zugriff am 23. Juni 2009

Interkultureller Rat: 25 Jahre Thesen des Ökumenischen Vorbereitungsausschusses: „Wir leben in der Bundesrepublik in einer multikulturellen Gesellschaft", 2005. URL: http://www.interkultureller-rat.de/Presse/Presse_2005/PM-25Jahre-Multikulturelle-Gesellschaft-230905.pdf; Zugriff am 9. Juni 2008

Gemeinsam Gesellschaft gestalten: Integration durch Kirche und Sport, 2007. URL: http://www.dosb.de/fileadmin/fm-dosb/arbeitsfelder/ids/files/downloads_pdf/EKD-Integration_final_red.pdf; Zugriff am 31. Juli 2010

Die Grünen: Grüne Integration: Drin ist drin. Broschüre 16–68, 2006. URL: http://www.gruene-bundestag.de/cms/publikationen/dokbin/185/185928.pdf; Zugriff am 31. Juli 2010

Die Grünen (a): Islam einbürgern. Zum Auftakt der Islamkonferenz. 27. September 2006. URL: http://www.gruene-bundestag.de/cms/integration/dok/149/149404.pdf; Zugriff am 9. Juni 2008

Die Grünen (b): Grüner Integrationsvertrag vom 7. September 2006. URL: http://www.gruene-bundestag.de/cms/archiv/dok/126/126606.gruener_integrationsvertrag-print~1@pt.html; Zugriff am 31. Juli 2010

Die Grünen: Bundestagswahl 2009. Grundsatzprogramm. URL: http://www.gruene-partei.de/cms/files/dokbin/68/68425.grundsatzprogramm_die_ zukunft_ ist_gruen. pdf; Zugriff am 20. Oktober 2009

Habermas, Jürgen: Die postnationale Konstellation und die Zukunft der Demokratie. Friedrich-Ebert-Stiftung 1998. URL: http://www.fes-online-akademie.de/download.php?d= juergen_habermas.pdf; Zugriff am 31. Juli 2010

Hacker, Hans-Joachim: Zuwanderung mit Zukunft: Unser Entwurf ist und bleibt richtig. 13. März 2003. URL: http://www.spdfraktion.de/cnt/rs/rs_dok/0,,20972,00.html; Zugriff am 31. Juli 2010

Heinz, Kurt J.: Kasernen, Bajonette, Helme und Soldaten. Ein Plädoyer für solidarische Wachsamkeit von Demokraten und Christen. Kreuz.net – katholische Nachrichten vom 1. Juni 2008. URL: http://www.kreuz.net/print-article.7268.html; Zugriff am 4. Oktober 2008

Hoffmann-Nowotny, Hans-Joachim: Analytisch alter Wein in ideologisch neuen Schläuchen, in: Magazin der Universität Zürich. Nr. 2, 1996. URL: http://www.kommunikation.uzh.ch/static/unimagazin/archiv/2-96/multikulturalitaet.html; Zugriff am 23. Juni 2009

IGMG/Module 2003. URL: http://igmg.de/index.php?module=ContentExpress&func =display&ceid=119&meid=24; Zugriff am 31. Dezember 2003

Kepel, Gilles: Über die Freiheit, ein Kopftuch zu tragen. Rechte für die Gläubigen im gottlosen Europa, in: NZZ Folio 01/96 (Januar 1996). URL: http://www.nzzfolio.ch/ www/d80bd71b-b264-4db4-afd0-277884b93470/showarticle/ 9bb8a0bd-1fd0-4402-b9d7-0271b8304a3f.aspx; Zugriff am 31. Juli 2010

Kinkel, Lutz: Yes, we Cem, in: Der Stern, 27. November 2008. URL: http://www.stern.de/politik/deutschland/:%D6zdemir-Gr%FCnen-Vorsitzender-Yes,-Cem/645814.html?pr=1; Zugriff am 3. Februar 2010

KNA vom 1. Dezember 2009: Türkei zu Minarett-Verbot: „Rassistisch und faschistisch". URL: http://www.kath.net/detail.php?id=24764; Zugriff am 6. Februar 2010

Krüger, Karen: Die armen Schüler. Völkermord im Lehrplan, in: Frankfurter Allgemeine Zeitung vom 7. August 2009. URL: http://www.faz.net/s/Rub 117C535CDF414415BB243B181B8B60AE/Doc~E8E3026DCDC8849ADB2837E59853E2 B3D~ATpl~Ecommon~Scontent.html; Zugriff am 19. Februar 2010

Die Linke/PDS: Bundesregierung instrumentalisiert die Islamkomferenz für ihre eigenen Zwecke. Rede von Sevim Dagdelen (28. September 2006). URL: http://www.linksfraktion.de/rede.php?artikel=1308788559; Zugriff am 14. August 2010

Die Linke/PDS: Assimilation oder Integration – PDS-Fraktionsvize Bodo Ramelow wirbt für einen anderen Umgang mit Muslimen. Mittwoch, 14. März 2007. URL: http://www.islam.de/8099.php

Die Linke/PDS (a): Programmatische Eckpunkte. Beschluß der Parteitage von WASG und Linkspartei/PDS am 24. und 25. März 2007 in Dortmund. 4. Abschnitt: Mehr Demokratie wagen statt autoritäre „Sachzwangpolitik". URL: http://die-linke.de/ partei/dokumente/programm_der_partei_die_linke_programmatische_eckpunkte/iii_unsere_ alternative_soziale_demokratische_und_friedensstiftende_reformen_zur_ueberwindung_ des_kapitalismus/4_politik_mehr_demokratie_wagen_statt_autoritaere_sachzwangspolitik/; Zugriff am 31. Juli 2010

Die Linke/ PDS: Integration. 2008. http://www.linksfraktion.de/thema_der_fraktion.php? artikel=1768733748; Zugriff am 31. Juli 2010

Die Linke: Bundestagswahl 2009. Programmatische Eckpunkte. URL: http://die-linke.de/fileadmin/download/dokumente/programmatisch_eckpunkte_broschuere.pdf; Zugriff am 20. Oktober 2009

Migration und kulturelle Vielfalt als Mehrwert für alle Bürger. URL: http://www.vielfalt-als-chance.de/index.php?id=7; Zugriff am 11. August 2008

NZZonline: Das ist der Anfang eines Kulturkampfs. URL: http://www.nzz.ch/ nachrichten/schweiz/das_ist_der_anfang_eines_kulturkampfs_1.4114212.html; Zugriff am 8. Februar 2010

Ökumenische Synode 2008. URL: http://www.refluzern.ch/kan/doks/FBsMigration.pdf; Zugriff am 31. Juli 2010

Portal informacyjny Ministerwa Spraw Zagranicznych Rzeczypospolitej Polskiej. URL: http://www.poland.gov.pl; Zugriff am 19. Februar 2009

Radtke, Frank-Olaf: Fremde und Allzufremde – Prozesse der Ethnisierung gesellschaftlicher Konflikte. URL: http://www.fes.de/fulltext/asfo/00683001.htm; Zugriff am 2. Juli 2008

REMID (Religionswissenschaftlicher Medien- und Informationsdienst e.V.): Religionsgemeinschaften in Deutschland 2006. URL: http://www.remid.de/info_ zahlen_grafik.html; Zugriff am 20. Oktober 2008

Schiappapietra, Andrea: Inter, offende i musulmani la maglia del centenario, in: La Gazetta dello Sport vom 10. Dezember 2007. URL: http://www.gazzetta.it/Calcio/ Serie-A/Squadre/Inter/Primo_Piano/2007/12_Dicembre/10/turchi.html; Zugriff am 25. September 2008

Seeger, Sabine: Der Tannenbaum des Anstoßes, in: Südwestpresse vom 19. Dezember 2007. URL: http://www.suedwest-aktiv.de/landundwelt/politik/3295859/artikel.php?SWAID= f9ff6ebccaabf3c9f2e20d733277cce5; Zugriff am 31. Juli 2010

Sen, Faruk: Recep Tayyip Erdogan: Der Islamist als Modernisierer, in: Weltonline-Debatte vom 5. Mai 2007. URL: http://debatte.welt.de/kommentare/20830/recep+tayyip+erdogan+ der+islamist+als+modernisierer; Zugriff am 04. Oktober 2008

SPD: Parteitagsbeschluß vom 1. April 2006: Berlin gestalten: Für eine demokratische und soziale Stadtpolitik. 7. Soziale Stadt und Integration: Vielfalt in der Einheit. URL: http://www.berlin.spd.de/servlet/PB/menu/1016598/index.html; Zugriff am 7. Mai 2006

Spiegelonline vom 8. Februar 2008: Erdogan fordert türkische Gymnasien und Universitäten in Deutschland. URL: http://www.spiegel.de/politik/deutschland/0,1518,534052,00.html; Zugriff am 19. Februar 2010

Spuler-Stegemann, Ursula: Muslime in Deutschland. Organisationen und Gruppierungen. 2001. URL: http://lpb.bwue.de/aktuell/bis/4_01/muslime/orga3.htm; Zugriff am 12. Oktober 2003

Stoiber, Edmund: Rede zum Aschermittwoch am 21. Februar 2007. URL: http://forum.politik.de/forum/showthread.php?t=166864; Zugriff am 31. Juli 2010

Stoiber, Edmund: Bayern will eigenen Einbürgerungstest. 16. März 2006. URL: http://www.csu.de/home/Display/Politik/Themen/Innenpolitik/startseite_auslaend?Thema=In nenpolitik&Unterthema=Zuwanderungspolitik/Ausländerpolitik; Zugriff am 2. April 2006

SWR: Viele Kindergärten verzichten auf Weihnachtsfeiern, in: SWR vom 6. Dezember 2006. URL: http://www.swr.de/nachrichten/bw/-/id=1622/nid=1622/did=1794976/10m35cx/ index.html; Zugriff am 05. April 2008

SWR: Kebab, Kopftuch, Koran – wie muslimisch wird Deutschland? in: SWR vom 21. November 2008. URL: http://www.swr.de/nachtcafe/-/id=200198/nid=200198/ did=4061028/2jjvwk/index.html; Zugriff am 24. November 2008

TGD: Gleichstellungs- und Partizipationspolitik statt Ausländerpolitik. Vorlage beim Integrationsgipfel der Bundesregierung am 14. Juli 2006. URL: http://www.tgd.de/download/Gleichstellungspolitik_TGD_2006.pdf; Zugriff am 13. Februar 2010

TNS Emnid. Repräsentative Befragung für die Wochenzeitung Die Zeit. Bielefeld 2008. URL: http://zelos.zeit.de/2008/12/Bevoelkerung-Migration-2008.pdf; Zugriff am 10. August 2010

Troll, Christian: Muslime in Deutschland. Ziele, Strömungen, Organisationen/Strukturen. 2001. URL: http://www.jesuiten.org/aktuell/jubilaeum/files/jahresthema_2001_troll_1.pdf; Zugriff am 12. Oktober 2003

Vielfalt im Unternehmen. URL: http://www.vielfalt-als-chance.de/index.php?id=101; Zugriff am 11. August 2008

Verein Deutsche Sprache: Sind wir mit unserem Deutsch am Ende? URL: http://www.vds-ev.de/literatur/texte/B_Schoenberger.php; Zugriff am 09. September 2008

Weiler Hans N./ Stanford University: „Kulturelle Kompetenz" oder: Die Analphabeten der Globalisierung. Impulsreferat anlässlich des Symposions „Universität und Persönlichkeitsbildung: Kompetenzen, Konzepte, Konsequenzen" der Universität St. Gallen, 6. und 7. November 2003. URL: http://www.stanford.edu/~weiler/Manuskript.pdf; Zugriff am 31. Juli 2010

Wehler, Hans-Ulrich: Das Türkenproblem. Der Westen braucht die Türkei – etwa als Frontstaat gegen den Irak. Aber in die EU darf das muslimische Land niemals. http://www.zeit.de/2002/38/200238_tuerkei.contra.xml; Zugriff am 2. Oktober 2010

Widmer, Thomas: Das Minarett. Eine Art Siegessäule. Weltwoche.CH. Ausgabe 19/07. URL: http://www.weltwoche.ch/artikel/?AssetID=16471; Zugriff am 4. Oktober 2008

Endnoten

[1] Die Tageszeitung vom 24. November 2004

[2] Schwäbische Zeitung vom 16. März 2010

[3] Süssmuth 2006: 208

[4] vgl. Oberndörfer 2000: 54

[5] vgl. Die Tageszeitung vom 24. Juni 2009

[6] Kelek 2005: 260

[7] Frankfurter Allgemeine Zeitung vom 26. Januar 2009

[8] Der Tagesspiegel vom 18. Mai 2009

[9] Weber 2003: 172

[10] Frankfurter Allgemeine Zeitung vom 26. Juli 2007

[11] Zeitonline vom 14. Oktober 2009

[12] Frankfurter Allgemeine Zeitung vom 5. Oktober 2010

[13] Keskin 2005: 71

[14] Focusonline vom 22. Oktober 2008

[15] Sarrazin 2010

[16] Frankfurter Allgemeine Zeitung vom 9., 21. und 25. September 2010

[17] 8. Bericht 2010: 25

[18] 7. Bericht 2007: 39

[19] Nationaler Integrationsplan 2007: 127

[20] Frankfurter Allgemeine Zeitung vom 6. November 2000

[21] Hoffmann-Nowotny 1990: 15, 22

[22] vgl. INBAS 2006: 19

[23] Luft 2009

[24] vgl. auch Hoffmann-Nowotny 1990: 15

[25] vgl. auch Han 2005: 343

[26] vgl. Breidenbach/ Nyiri 2008: 153

[27] Todorov 2009: 79

[28] Baier 2010: 9f.

[29] vgl. Heitmeyer 1997, Bd. 2: 9, 23

[30] Peters 1993: 14

[31] Heitmeyer 1997, Bd. 2: 33, 36

[32] van der Loo/ van Reijen, zitiert nach: Heitmeyer 1997, Bd. 2: 33

[33] Heitmeyer 1997, Bd. 2: 36

[34] vgl. Peters 1993: 14–16

[35] Friedrichs/ Jagodzinski 1999: 27f.

[36] Peters 1993: 14–16, 26f.

[37] vgl. Heitmeyer 1997, Bd. 2: 9; vgl. Friedrichs/ Jagodzinski 1999: 9f., 19

[38] Rottleuthner 1999: 398

[39] vgl. Heitmeyer 1997, Bd. 2: 25f.

[40] vgl. Friedrichs/ Jagodzinski 1999: 17

[41] Friedrichs/ Jagodzinski 1999: 9

[42] Friedrichs/ Jagodzinski 1999: 11

[43] Rottleuthner 1999: 402

[44] Münch 1996: 154

[45] Rottleuthner 1999: 407

[46] zit. nach Turner 2007: 10

[47] Esser 2000: 261; Friedrichs/ Jagodzinski 1999: 10; Heitmeyer 1997, Bd. 2: 25; Peters 1993: 20

[48] Peters 1993: 92f.

[49] vgl. Friedrichs/ Jagodzinski 1999: 11; vgl. Peters 1993: 28, 41

[50] Esser 2001: 1

[51] Esser 2001: 1

[52] vgl. Joas 2001: 20–22

[53] vgl. Esser 2001: 1

[54] Joas 2001: 20–22

[55] vgl. Esser 2001: 1

[56] vgl. auch Esser 2000: 262

[57] vgl. Esser 2001: 1

[58] Joas 2001: 20–22

[59] Peters 1993: 57

[60] Peters 1993: 66f.

[61] Peters 1993: 57–60

[62] Peters 1993: 62

[63] vgl. Friedrichs/ Jagodzinski 1999: 13

[64] Peters 1993: 96

[65] vgl. Peters 1993: 96–99

[66] vgl. Peters 1993: 97–105

[67] vgl. Peters 1993: 100–113

[68] Peters 1993: 104f.

[69] vgl. Peters 1993: 114

[70] Heitmeyer 1997, Bd.2: 632

[71] vgl. auch Joas 2001: 20–22

[72] Friedrichs/ Jagodzinski 1999: 13

[73] Friedrichs/ Jagodzinski 1999: 11f.

[74] vgl. Friedrichs/ Jagodzinski 1999: 12–14

[75] vgl. Friedrichs/ Jagodzinski 1999: 18f.

[76] Peter M. Blau 1978: 221

[77] Rae/ Taylor 1970

[78] Friedrichs/ Jagodzinski 1999: 16f.

[79] Heitmeyer 1997, Bd. 2: 25–27

[80] vgl. Esser 2000: 283

[81] Esser 2000: 305

[82] vgl. auch Esser 2000: 283–285

[83] vgl. Luhmann 1997: 601ff.

[84] vgl. Esser 2000: 283–285

[85] vgl. auch Esser 2000: 263f.; Esser 2000 Band 6: 51–64

[86] vgl. Esser 2001: 3–19

[87] Lockwood 1970: 125

[88] vgl. Esser 2001: 3–12; Esser 2000: 273f.

[89] Esser 2001: 12

[90] vgl. Esser 2001:12f.; Esser 2000: 278

[91] Esser 2001: 14

[92] Esser 2001: 14f.; Esser 2000: 275–277

[93] Lockwood 1970: 125

[94] vgl. Friedrichs/ Jagodzinski 1999: 15

[95] vgl. Esser 2001: 2, 7; Esser 2000: 265ff.

[96] vgl. Müller 1992: 103; Krohn/ Plickert 2010

[97] vgl. Esser 2001: 2, 6f.; auch Müller 1992: 103; Esser 2000: 265f.

[98] Heitmeyer 1997, Bd.2: 463

[99] Koerfer 2009

[100] vgl. Friedrichs/ Jagodzinski 1999: 32f.

[101] Gajewski 2010: 61, 72

[102] Wolf 1999: 322, 341

[103] Wolf 1999: 336–343

[104] Wolf 1999: 321; REMID 2008

[105] Wolf 1999: 345

[106] vgl. Kelek 2009 (a); Kelek 2009 (b); Kelek 2007

[107] vgl. Nunner-Winkler 1999: 298

[108] vgl. auch Heitmeyer 1997, Bd. 2: 59

[109] Schmidt 1999: 66

[110] Nunner-Winkler: 1999: 294–315

[111] vgl. Heitmeyer 1997, Bd.2: 466–469; Friedrichs/ Jagodzinski 1999: 39

[112] Friedrichs/ Jagodzinski 1999: 39f.

[113] vgl. Friedrichs/ Jagodzinski 1999: 33–37

[114] vgl. Würtenberger 1999: 381–392

[115] Friedrichs/ Jagodzinski 1999: 37

[116] Burmeister 1999: 353–365

[117] Würtenberger 1999: 394

[118] vgl. Dubiel KZfSS 1999: 131–138; Heitmeyer 1997, Bd.2: 453–472

[119] Heitmeyer 1997, Bd.2: 475, 480

[120] Heitmeyer 1997, Bd.2: 447–451, 459

[121] Dubiel KZfSS 1999: 139; Hirschman 1994: 295

[122] vgl. Hirschman 1994: 297–304; Dubiel KZfSS 1999: 139f.; Heitmeyer 1997, Bd.2: 474

[123] Dubiel KZfSS: 142

[124] Vgl. Dubiel KZfSS: 142; Heitmeyer 1997, Bd.2: 469f., 474, 480

[125] Heitmeyer 1997, Bd.2: 470

[126] Esser 2001: 2; Esser 2000: 265f.

[127] Gellner 1999: 16

[128] vgl. Hoffmann-Nowotny 1990: 16; Mintzel 1997: 247; vgl. auch Gellner 1999: 155

[129] vgl. Mintzel 1997: 81f.

[130] vgl. Friedrichs/ Jagodzinski 1999: 22

[131] vgl. auch Friedrichs/ Jagodzinski 1999: 24f.

[132] Durkheim 1992: 352, 471

[133] vgl. Hoffmann-Nowotny 1990:16f.; Mintzel 1997: 300–302

[134] Eagleton 2001: 7, 12

[135] Eagleton 2001: 8

[136] Weber 1988: 204

[137] Mesić 2006: 95

[138] Eagleton 2001: 165

[139] Williams 1961: 42

[140] Gellner 1999: 13f.; 153

[141] Eagleton 2001: 51

[142] Eagleton 2001: 17

[143] vgl. Hofstede 2001: 8ff.; Peters 1993: 68, 71

[144] vgl. auch Berger/ Luckmann 2000; Peters 1993: 75f.

[145] vgl. Peters 1993: 73; Eagleton 2001: 165

[146] Sztompka 2005: 256

[147] Bodziany 2010: 2f.

[148] vgl. Sztompka 2005: 181; Bodziany 2010: 2f.

[149] vgl. Reinhold 1991: 346

[150] Bühl 1987: 66f., 156

[151] Hofstede 2001: 2–6; Williams 1993: 61; Eagleton 2001:26; Roos 2001: 41f.;

[152] Eagleton 2001:48

[153] Eagleton 2001:50

[154] Eagleton 2001: 54f.

[155] Eagleton 2001: 48, 53

[156] Mintzel 1997: 73

[157] vgl. Hoffmann-Nowotny 1996: vgl. Hoffmann-Nowotny 1992: 10f.; vgl. Mintzel 1997: 73, 295

[158] Mintzel 1997: 77, 80, 253f., 257; Heitmeyer 1997, Bd.2: 462

[159] vgl. Eagleton 2001: 139

[160] Eagleton 2001: 182

[161] Eagleton 2001: 59f.

[162] Znaniecki 1990

[163] vgl. auch Eagleton 2001: 40; Isensee 2006: 7

[164] Parsons 2003: 23

[165] Parsons 2003: 12–29; vgl. auch Schimank 1999: 56–60

[166] vgl. auch Bauman 2000: 52

[167] vgl. Heitmeyer 1997, Bd. 2: 30–43, 637

[168] Heitmeyer 1997: Band 2: 10

[169] Heitmeyer 1997: Band 2: 10, 38, 43, 49f.,

[170] Giddens 2006: 497

[171] Heitmeyer 1997, Bd. 2: 11f., 14, 32, 52

[172] Heitmeyer 1997, Bd. 2: 14, 55

[173] Heitmeyer 1997, Bd. 2: 43

[174] Heckmann 1992: 203f.

[175] vgl. auch Heckmann 1992: 167f.; Hoffmann-Nowotny 1990:17; Esser 2001: 18f.

[176] Heckmann 1992: 183

[177] vgl. Hoffmann-Nowotny 1992: 12

[178] Hoffmann-Nowotny 1990: 22; Esser 2001: 25

[179] Mintzel 1997: 300–302

[180] Hoffmann-Nowotny 1990: 24; Esser 2001: 28

[181] Hoffmann-Nowotny 1990: 24

[182] vgl. Esser 2000: 286

[183] vgl. Esser 2001: 30–32; Esser 2000: 290–292; Esser 1993: 37–43

[184] Esser 2001: 19–22

[185] Esser 2001: 45

[186] vgl. Esser 2001: 23f., 36

[187] Esser 2001: 22

[188] Esser 2001: 11f., 43; Esser 2000: 273f.

[189] vgl. Esser 2001: 26; Baier 2010: 14

[190] Esser 2001: 22, 27, 44; Heckmann 1992: 190f.

[191] Heitmeyer 1997, Bd. 2: 30

[192] vgl. Esser 2000: 281f., 293–303; Esser 2001: 29–42

[193] Heitmeyer 1997, Bd.1: 632f.; Imbusch/ Heitmeyer 2008: 575–577

[194] Heitmeyer 1997, Bd.1: 641

[195] vgl. Heitmeyer 1997, Bd.1: 635, 641

[196] Heitmeyer 1997, Bd.1: 639, 641; Heitmeyer/ Sander 1997, Bd.2: 473

[197] vgl. Blecking 2004: 49–53

[198] vgl. Elwert 1982: 717–731

[199] Blecking 2004: 51

[200] Elwert 1982: 719; Esser 2001: 40f.; Heitmeyer 1997, Bd.1: 646, 651; vgl. Hennes/ Veit 2007; Hoffmann-Nowotny 1990: 21; vgl. auch Scheffer 2008: 83–85

[201] Esser 2001: 25f., 41; Esser 2000: 301f.; Wiley 1970: 397–408

[202] Maier 2006: 15f.

[203] vgl. Bade1994: 39–41

[204] Bade 1994: 40

[205] vgl. Mesić 2006: 249–251

[206] Mesić 2006: 254

[207] Scheffer 2008: 49

[208] Korn 2009

[209] vgl. auch Rottleuthner 1999: 405

[210] Mesić 2006: 107

[211] Heckmann 1992: 165, 182, 204f.,

[212] Gordon 1964: 68f.; Giddens 2006: 497; Hoffmann-Nowotny 1990:17

[213] vgl. auch Heckmann 1992: 172

[214] vgl. Heckmann 1992: 184–191; Hoffmann-Nowotny 1992: Abstract

[215] vgl. auch Hoffmann-Nowotny 1990: 17

[216] Esser 2001: 44

[217] vgl. auch Mintzel 1997: 178f.

[218] vgl. Heckmann 1992: 168; vgl. auch Mintzel 1997: 178f.; Imbusch 2008: 130

[219] Wolffsohn/ Brechenmacher 2008

[220] Heckmann 1992: 165f.; vgl. auch Mintzel 1997: 612f.

[221] Mintzel 1997: 612, 622, 646–648; Gordon 1964: 85

[222] Giddens 2006: 497f.; vgl. Mintzel 1997: 619f.; vgl. Huntington 2004

[223] vgl. Giddens 2006: 497; Schlesinger 1992; Schermerhorn 1974: 11; Mintzel 1997: 613f.

[224] Flaig 2008

[225] vgl. auch Heckmann1992: 203–207; Giddens 2006: 498

[226] Kymlicka 2000: 125f.

[227] Schulte 1990

[228] Rommelspacher 2002: 188

[229] Neubert 2008: 19; vgl. Rommelspacher 2002: 175

[230] vgl. Kymlicka 2000: 125; Rommelspacher 2002: 175, 188f.; Cohn-Bendit/ Schmid 1992: 11; Geißler 2003: 20f.

[231] Cohn-Bendit/ Schmid 1992: 315; vgl. z.B. Beck 1998: 80f.

[232] Spuler-Stegemann 2009: 139

[233] Die Presse vom 5. Juni 2008

[234] vgl. Allam 2008: 104

[235] Mesić 2006: 56, 68

[236] Mesić 2006: 87; Esser 2001: 32f.; Esser 2000: 292f.

[237] vgl. auch Heckmann 1992: 59–68; Bade 1994: 41; Mesić 2006: 70; Sztompka 2005: 255

[238] vgl. Hoffmann-Nowotny 1992: 10; Hoffmann-Nowotny 1996; Kymlicka 2000: 41; Mesić 2006: 87f.

[239] Esser 1993: 37–47

[240] Mintzel 1997: 290

[241] Esser 2001: 31

[242] Hoffmann-Nowotny 1992: 12, 15, 83; Hoffmann-Nowotny 1996

[243] Hoffmann-Nowotny 1992: 8, 13; Mintzel 1997: 305f.

[244] vgl. Mesić 2006: 55, 63–69

[245] Kymlicka 2000: 128f.; Mesić 2006: 63

[246] Barry 2006: 368; Mesić 2006: 59, 88; Eagleton 2001: 25f.

[247] Taylor 1993: 31f., 35; Mesić 2006: 99; Parekh 2000: 126–133

[248] vgl. Gutmann 1993: 118f.

[249] Walzer 1993: 109f.

[250] Gutmann 1993: 118f.; Walzer 1993: 109f.; Rockefeller 1993: 98; Taylor 1993: 49–52

[251] Barry 2006: 326–335

[252] Taylor 1993: 55

[253] Taylor 1993: 15, 23, 41, 60, 62

[254] Taylor 1993: 20–25

[255] Taylor 1993: 13–17, 26; vgl. auch Wolf 1993: 80, 84

[256] Neubert 2008: 19; Taylor 1993: 42, 44, 63f., 70f.

[257] Taylor 1993: 33f.; Gutmann 1993: 128

[258] Taylor 1993: 53, 59

[259] Walzer 1993: 110–114

[260] Mappes-Niedeck 2005; Breidenbach/ Nyiri 2008

[261] vgl. auch Rockefeller 1993: 96f.; Taylor 1993: 28–31, 74, Anm. 16; Mesić 2006: 110, 177; Parekh 2000: 239–242, 262

[262] Taylor 1993: 29

[263] vgl. auch Rockefeller 1993: 97f.

[264] Barry 2001: 6–11

[265] Mesić 2006: 176

[266] Mesić 2006: 177f.

[267] vgl. Mesić 2006: 179–181

[268] Barry 2006: 38–59

[269] Mesić 2006: 70

[270] Mesić 2006: 60, 108

[271] Mesić 2006: 116–119; Young 1989: 250, 258

[272] vgl. Mesić 2006: 119–224

[273] Mesić 2006: 189f., 226f.

[274] Mesić 2006: 187f., 227–229

[275] Mesić 2006: 187f., 227

[276] Barry 2001: 293–307; Mesić 2006: 120

[277] vgl. auch Mesić 2006: 195

[278] Rödder 2010; Sartori 2007; Vigna 2002: 3–5

[279] Sartori 2007: 37–44

[280] vgl. Mesić 2006: 104; Taylor 1993: 63f.; Hofstede 2001: 7

[281] Wolf 1993: 87

[282] vgl. Taylor 1993: 65; Rockefeller 1993: 106f.; Wolf 1993: 89

[283] Taylor 1993: 70

[284] Taylor 1993: 32; vgl. Mesić 2006: 111f.

[285] Frankfurter Allgemeine Zeitung vom 9. September 2010

[286] Mesić 2006: 112

[287] Mesić 2006: 111–113; Parekh 2000: 265–273

[288] Wolf 1993: 85

[289] vgl. Taylor 1993: 33

[290] Taylor 1993: 58

[291] Taylor 1993: 59

[292] Taylor 1993: 61–66

[293] Mesić 2006: 187f.

[294] zit. nach Barry 2006: 321

[295] zit. nach Mesić 2006: 192

[296] Mesić 2006: 191

[297] Scheffer 2008: 48

[298] zit. nach Barry 2006: 325

[299] zit. nach Barry 2006: 325f.

[300] Mesić 2006: 190f.

[301] Rex 1985: 6

[302] Rex 1985: 5

[303] vgl. Hoffmann-Nowotny 1992: 14f.

[304] vgl. auch Spiegelonline vom 2. September 2005; Allam 2008: 99

[305] vgl. Mesić 2006: 281f.; Kymlicka 2000: 55; Taylor 2002: 15, 16; Barry 2001: 60–80

[306] Kymlicka 2000: 113f.

[307] Kymlicka 2000: 48

[308] Kymlicka 2000: 44–50; Mesić 2006: 110; Parekh 2000: 213–216; Putnam 2007: 137–139

[309] Barry 2001: 60–80

[310] Geißler 2003: 21; vgl. auch Kelek 2006: 203

[311] vgl. auch Hoffmann-Nowotny 1990: 22f.; Taylor 2002: 36

[312] Taylor 2002: 38

[313] Taylor 2002: 37f.

[314] Scheffer 2008: 205

[315] vgl. auch Mintzel 292

[316] Gellner 1999: 86f.

[317] vgl. Wehler 1994: 85–88f.

[318] Kolakowski 1981, Band 2: 323ff.

[319] Bauer 1924: 130f

[320] Bauer 1924: 125

[321] Bauer 1924: 2f., 6, 50, 85, 119

[322] Bauer 1924: XXII, XXVI

[323] Anderson 2005: 133

[324] Bauer 1924: 24f.

[325] vgl. auch Bauer 1924: 88–90

[326] Anderson: 122f.

[327] Bauer 1924: 112; Znaniecki 1990

[328] Vgl. Renan 1993: 298–309

[329] Gellner 1999: 10

[330] Anderson 2005: 15, 17

[331] Bauman 2000: 236f.

[332] Bauman 2000: 237

[333] Anderson 2005: 60f., 283, 289

[334] Habermas 1998: 15

[335] Bauman 2000: 242f.

[336] vgl. auch Brumlik 2000: 18–20

[337] Huntington 2004; Schlesinger 1992

[338] Taylor 2002: 15f., 25, 31

[339] Taylor 2002: 31

[340] Taylor 2002: 15

[341] Taylor 2002: 16

[342] Taylor 2002: 21, 25f. 32, 59f.

[343] Weber 1985: 236f.; Scharpf 1999: 16–26

[344] Schmidt 2001: 329f., 332, 359

[345] Schmidt 2001: 328–330

[346] Bauman 2005: 388

[347] Bauman 2005: 388, 391

[348] vgl. auch Hoffmann-Nowotny 1990:26; vgl. auch Scheffer 2008: 43, 85

[349] Demir/ Günter 2004

[350] Die Tageszeitung vom 5. Oktober 2009

[351] Frankfurter Allgemeine Zeitung vom 23. Januar 2009

[352] Rommelspacher 2002: 63

[353] Bauman 2005: 121

[354] Huntington 2002: 9

[355] Sachs 2002: 68

[356] Heitmeyer 1997, Bd.1: 651

[357] Böckenförde 1976: 60

[358] Putnam 2007: 137f., 144–151

[359] vgl. auch Putnam 2007: 151–159

[360] Gordon 1964: 52; Esser 2001: 33–35; Esser 2000: 293–296

[361] vgl. Esser 2001: 37f.; Esser 2000: 297f.

[362] Esser 2001: 42; Esser 2000: 303

[363] Esser 2001: 29, 38f.; Esser 2000: 281f., 298f.

[364] Esser 2001: 24

[365] Schelling 1971: 143–186; Esser 2001: 39

[366] Esser 2001: 36–40; Esser 2000: 298–300

[367] vgl. Esser 2001: 43

[368] vgl. Esser 2001: 36

[369] vgl. auch Hoffmann-Nowotny 1990: 25

[370] Etzioni 2006; Brumlik 2000: 18; Scheffer 2008: 353

[371] vgl. Heckmann 1992: 188f.

[372] Tellia 2009: 19; Scheffer 2008: 453

[373] Sarrazin 2010: 57f., 213, 243

[374] Kinkel 2008

[375] Mesić 2006: 103; Parekh 2000: 167–172

[376] Hoffmann-Nowotny 1992: 75, 87; Mintzel 1997: 306

[377] Weltonline vom 14. Mai 2007

[378] Frankfurter Allgemeine Zeitung vom 9. April 2009

[379] vgl. auch Scheffer 2008: 40

[380] Zuwanderer 2009: 4, 14

[381] Pressemitteilung Info/ Liljeberg 2009

[382] Putnam 2007: 137

[383] Süssmuth 2006: 205

[384] Süßmuth 2006: 205

[385] Neubert 2008: 18

[386] Bade 1994: 21, 38, 55f.

[387] Bade 1994: 19, 33–35, 39–41

[388] Bade 1994: 33

[389] epd 1980; Interkultureller Rat 2005

[390] zit. nach Mintzel 1997: 25

[391] Herbert 2003: 246

[392] Micksch 1989: 33

[393] Bade 1994: 34f.

[394] Esser 1983: 31

[395] Leggewie 1990; Cohn-Bendit/ Schmid 1992

[396] Micksch 1994: 185

[397] Schulte 1990: 4f.

[398] vgl. Interkultureller Rat 2005

[399] Taylor 2002: 42, Löffler 2001: 28

[400] Micksch 1989

[401] Neuorientierung in der Ausländerpolitik?, in: Frankfurter Allgemeine Zeitung vom 13. November 1979, zit. nach Herbert 2003: 246

[402] Luft 2006: 332

[403] Interkultureller Rat 2005, Micksch 1991: 7–10; vgl auch Gutmann 1993: 126

[404] Fink, Ulf: Hilfen zur sozialen Integration und Reintegration, in: Geißler, Heiner (Hrsg.): Ausländer in Deutschland – Für eine gemeinsame Zukunft. Band 2: Perspektiven. München, Wien 1983, S. 62, zit. nach: Luft 2006: 332

[405] Schäuble, Wolfgang: Fremdheit ist Bereicherung, nicht Bedrohung. Eröffnungsrede von Bundesminister Dr. Wolfgang Schäuble beim EU-Handbuch-Seminar „Integration Infrastructure" am 19. Dezember 2005 in Berlin, veröffentlicht am 16. Januar 2006, zit. nach: Luft 2006: 332F:

[406] Süssmuth 2006: 12, 16, 87, 90, 92, 108, 205, 206, 207, 208, 214

[407] SWR 2008

[408] Heckmann 1992: 29

[409] Radtke 2008: 5

[410] Schulte 1990:10; auch Rommelspacher 2002: 191

[411] Putnam 2007: 140

[412] Luft 2006: 333

[413] Scheffer 2008: 14

[414] Cohn-Bendit/ Schmid 1992: 11

[415] Cohn-Bendit/ Schmid 1992: 348

[416] Cohn-Bendit/ Schmid 1992: 326

[417] Cohn-Bendit/ Schmid 1992: 12; Rommelspacher 2002: 188f.

[418] Cohn-Bendit/ Schmid 1992: 12

[419] Walzer 1996: 136

[420] Cohn-Bendit/ Schmid 1992: 178

[421] Cohn-Bendit/ Schmid 1992: 13; vgl. auch Schulte 1990

[422] Cohn-Bendit/ Schmid 1992: 326

[423] Cohn-Bendit/ Schmid 1992: 319

[424] Rommelspacher 2002: 188f.

[425] Bade 1994: 35, 37; vgl. Oberndörfer 1996 und 2001, der auch am „Manifest der 60" beteiligt war; Rommelspacher 2002: 188

[426] Bade 1994: 42

[427] Bade 1994: 43

[428] zit. nach Schulte 1990: 6; Knight/ Kowalsky 1991: 48

[429] Mintzel 1997: 480

[430] Scheuch/ Scheuch 1995: 6

[431] Tibi 1996: 32, 34

[432] Tibi 1996: 35

[433] Irenäus Eibl-Eibesfeldt: Wider die Mißtrauensgesellschaft. Streitschrift für eine bessere Zukunft. München 1995, S. 198f. und 211, zit. nach Römhild 1998: 92

[434] Mintzel 1997: 482f.; Schulte 1990: 9f.; Radtke 2008

[435] vgl. auch Rommelspacher 2002: 176, 187

[436] Rommelspacher 2002: 176

[437] Bade 1994: 42, 46; Esser 2001

[438] Cohn-Bendit/ Schmid 1992: 325

[439] Cohn-Bendit/ Schmid 1992: 322

[440] Rommelspacher 2002: 187

[441] Rommelspacher 2002: 188

[442] Habermas 1993: 147–196

[443] Habermas 1993:159f.

[444] Habermas 1993: 164

[445] Habermas 1993: 150f.

[446] Habermas 1993: 172

[447] Habermas 1993: 173

[448] Habermas 1993: 147–158; 171–174

[449] Habermas 1993: 164–166

[450] Habermas 1993: 167

[451] Habermas 1993: 166–168

[452] Habermas 1993: 168

[453] Habermas 1993: 169–171; 179

[454] Habermas 1993: 177f.

[455] Habermas 1993: 178; 181f.

[456] Habermas 1993: 178f.

[457] Habermas 1993: 172, 175

[458] Habermas 1993: 177

[459] Habermas 1993: 182

[460] Habermas 1993: 183

[461] Habermas 1993: 184; vgl. auch Habermas 1994: 658f.

[462] vgl. Kelek 2006: 109–122

[463] Steinbach 1996: 132

[464] vgl. Sternberger 1990: 7–38; Nickel 2009: 378

[465] Isensee 2006: 12

[466] Isensee 2006: 12

[467] Fuhr 2007: 6

[468] Habermas 1986

[469] Habermas 1987: 135

[470] Nickel 2009: 378; Isensee 2006: 12f.

[471] Nickel 2009: 377f.

[472] Isensee 2006: 13

[473] vgl. Deutsche Islamkonferenz. Gemeinsame Werte als Basis: 2008

[474] Habermas FES 1998: 7

[475] Habermas FES: 7

[476] Habermas 1993: 183f.

[477] Habermas FES: 7

[478] Etzioni 2006; Brumlik 2000:18

[479] Luft 2008

[480] Habermas 1993: 184

[481] vgl. Römhild 1998: 72

[482] Süssmuth 2006: 208

[483] vgl. auch Neubert 2008: 20

[484] Süssmuth 2006: 206

[485] Süssmuth 2006: 220

[486] Brumlik 1990: 105

[487] Hoffmann-Nowotny 1990: 23

[488] Süssmuth 2006: 206f.

[489] Cohn-Bendit/ Schmid 1992: 319

[490] Süssmuth 2006: 206

[491] Süssmuth 2006: 207

[492] Süssmuth 2006: 22

[493] Süssmuth 2006: 206

[494] Süssmuth 2006: 208

[495] Süssmuth 2006: 206

[496] Süssmuth 2006: 209, 212

[497] Süssmuth 2006: 213

[498] Cohn-Bendit/ Schmid 1992: 327

[499] vgl. Münch 2004: 149

[500] Weber 2003: 171

[501] Römhild 1998: 75–83; vgl. auch Stolz 1998: 24f., 33

[502] Schulte 1990: 14f.; Neubert 2008: 21

[503] vgl. auch Rommelspacher 2002: 184f.; Heitmeyer 1997, Bd. 2: 462

[504] Radtke 2008: 3

[505] Radtke 2008: 4

[506] Radtke 2008: 4f.

[507] Radtke 2008: 6

[508] Radtke 2008: 6

[509] Radtke 2008: 8

[510] Radtke 2008: 8

[511] Radtke 2008: 8

[512] vgl. Salentin 2004: 97–116

[513] vgl. Radtke 2008: 8

[514] Rommelspacher 2002: 186

[515] Mesić 2006: 302, 317; Neubert 2008: 19

[516] Ates 2007: 255–259, Zitat 259; Welsch 1999 und 2002

[517] Mintzel 1997: 220, 283, 456

[518] Heckmann 1992: 1

[519] Heckmann 1992: 237

[520] Heckmann 1992: 29, 237f.; vgl. auch Mintzel 1997: 462

[521] 8. Bericht 2010: 573, 586, 588

[522] vgl. Mintzel 1997: 463

[523] Birg 2005: 87, 104, 156, 157; 8. Bericht 2010: 573

[524] Oberndörfer 1996: 37

[525] Wehler 1994: 88

[526] DGB/ BDA 2004

[527] DGB 2004

[528] DGB 1996: 28

[529] DGB 2004

[530] DGB/ BDA 2004

[531] DGB 1996

[532] DGB 2004

[533] DGB 1996

[534] Die deutschen Bischöfe 2004: 6

[535] Die deutschen Bischöfe 2004: 6f., 9, 26, 28 ; EKD 2002a; EKD 2002b: Abschnitt 6, 15, 16, 68

[536] Weiler 2003; EKD 2002a; Die deutschen Bischöfe 2004: 6f, 26

[537] Die deutschen Bischöfe 2004: 28; EKD 2002a; EKD 2002b: Abschnitt 21

[538] EKD 2002b: Abschnitt 20

[539] Die deutschen Bischöfe 2004: 8f.; EKD 2002b: Abschnitte 10, 66, 69,70, 71

[540] Die deutschen Bischöfe 2004: 29

[541] Die deutschen Bischöfe 2004: 56f.

[542] Gemeinsam 2007

[543] EKD 2006; EKD 2002b: Abschnitt 70, 71, 81

[544] CDU 2001: 40

[545] CDU 2007a: Abschnitt 303; CDU 2009: Abschnitt 303

[546] CDU 2007a: Abschnitt 306; CDU 2007b:1

[547] CDU 2007b: 1

[548] CDU 2006: 3

[549] CDU 2007b: 2; CDU 2009: Abschnitt 304

[550] CDU 2007a: Abschnitt 307

[551] CDU 2007b: 2

[552] CDU 2005: 34

[553] CDU 2007a: Abschnitt 307; CDU 2009: Abschnitt 307

[554] CDU 2007b: 2; CDU 2007a: Abschnitt 307;CDU 2009: Abschnitt 307

[555] CDU 2006: 3

[556] CDU 2007a: Abschnitt 307; CDU 2009: Abschnitt 307

[557] CDU 2007b: 2; CDU 2007a: Abschnitt 307; CDU 2009: Abschnitt 307

[558] CDU 2004: Absatz 5

[559] CDU 2004: Absatz 5

[560] CDU 2007b: 3

[561] CDU 2004: Absatz 6

[562] CDU 2007a: Abschnitt 310; CDU 2007b:1

[563] CDU 2001: 40

[564] CDU 2001: 41

[565] CDU 2001: 3, 42f., 46

[566] CDU 2004

[567] CDU 2005: 34

[568] CDU 2004: 1f.

[569] CSU 2007: 29; vgl auch CSU 2009

[570] CSU 2007: 43

[571] CSU 2007: 144, 150

[572] CSU 2007: 147

[573] CSU 2007: 29; CSU 2009

[574] CSU 2007: 29

[575] CSU 2007: 83

[576] CSU 2007: 149; CSU 2009

[577] CSU 2007: 143: CSU 2009; Beckstein 2005; Beckstein 2006; Stoiber 2006;

[578] CSU 2007: 151; CSU 2009

[579] Stoiber 2007

[580] SPD 2007: 36; vgl. auch SPD 2005: 48

[581] SPD 2006

[582] SPD (a) 2001: 7

[583] SPD 2001; vgl. auch SPD (a) 2001a: 7 und 2003; SPD 2006

[584] SPD 2001a: 8

[585] SPD 2007: 36

[586] Hacker 2003

[587] SPD 2007: 37; SPD 2005: 48

[588] SPD 2007: 36

[589] SPD 2005: 48f.

[590] SPD 2001

[591] So die damalige Integrationsbeauftragte Marie-Luise Beck, in: Die Grünen 2005b

[592] Die Grünen 2005: 90

[593] Die Grünen 2005: 90; vgl. auch Die Grünen 2006: 1

[594] Die Grünen 2009

[595] Die Grünen 2000: 5f.; vgl. auch Die Grünen 2006b

[596] Die Grünen 2005: 90

[597] Die Grünen 2005: 90

[598] Die Grünen 2005: 90

[599] So die damalige Integrationsbeauftragte Marie-Luise Beck, in: Die Grünen 2005b

[600] Die Grünen 2009

[601] Die Grünen 2005:90; Die Grünen 2006: 1; Die Grünen 2006b

[602] Die Grünen 2006: 8

[603] Die Grünen 2006: 8; Die Grünen 2005: 91

[604] Die Grünen 2006: 7

[605] Die Grünen 2006: 10

[606] Die Grünen 2006: 10; Die Grünen 2006a

[607] Die Grünen 2006: 10

[608] Die Grünen 2006a

[609] Die Grünen 2006a

[610] Die Grünen 2006: 9

[611] Die Grünen 2009

[612] FDP 2004

[613] FDP 2004: 3

[614] FDP 2004: 3

[615] FDP 2007a

[616] FDP 2004: 8,9

[617] FDP 2004: 8

[618] FDP 2004: 4f., 16

[619] FDP 2005: 39

[620] FDP 2005: 38f.; FDP 2004: 5, 16; FDP 2007b; FDP 2009

[621] FDP 2004: 1

[622] PDS 2001: 4; Die Linke 2009

[623] PDS 2001: 19, 23

[624] Die Linke/ PDS 2008

[625] PDS 2001: 26

[626] Die Linke/ PDS 2005

[627] PDS 2001: 26

[628] PDS 2001: 26f.

[629] Die Linke 2006

[630] Die Linke/ PDS 2007a: 4. Abschnitt

[631] vgl. Die Linke 2006; Die Linke 2008; PDS 2001: 8

[632] Bundesregierung 2007: 127

[633] Bundesregierung 2007: 7

[634] Bundesregierung 2007: 27

[635] Bundesregierung 2007: 127

[636] Bundesregierung 2007: 24

[637] Bundesregierung 2007: 24

[638] Bundesregierung 2007: 12; 127

[639] Bundesregierung 2007: 13

[640] Rauer 2008: 129–132

[641] TGD Pressemitteilung vom 23. Dezember 2001

[642] Wieland 2009

[643] vgl. Rauer 2008: 171f.; TGD Pressemitteilung vom 12. Januar 2003; TGD Pressemitteilung vom 23. November 2006

[644] TGD Pressemitteilung vom 23. Dezember 2001

[645] Keskin 2005: 219

[646] Keskin 2005: 67, 128

[647] Keskin 2005: 134

[648] Rauer 2008: 177f., 200; Keskin 2005: 67; TGD Pressemitteilung vom 2. November 2000; TGD Pressemitteilung vom 9. Oktober 2006

[649] Keskin 2005: 70f., 83; TGD: Vorlage 2006

[650] Keskin 2005: 143

[651] Keskin 2005: 78f.

[652] Keskin 2005: 65, 83

[653] Keskin 2005: 76

[654] Keskin 2005: 84f.

[655] vgl. auch Rauer 2008: 189f.

[656] Gök 2007: 20–27; TGD Pressemitteilung vom 12. Dezember 2007; Rauer 2008: 183

[657] TGD Pressemitteilung vom 13. Mai 2009; Berliner Zeitung vom 13. Oktober 2009; TGD Pressemitteilung vom 10. September 2009; Focus vom 22. Oktober 2008

[658] Keskin 2005: 17f., 38, 49, 161f.; TGD Pressemitteilung 11. Juli 2007; vom 21. August 2009

[659] Keskin 2005: 19,53, 71f.; TGD Pressemitteilung vom 20. Juni 2007

[660] TGD Pressemitteilung vom 28. Oktober 1996

[661] Keskin 2005: 39, 49f.; Rauer 2008: 160; TGD Pressemitteilungen vom 24. Juni 2009; vom 13. August 2007; vom 24. Januar 2007; vom 5. September 2001; vom 6. Juli 2001

[662] Keskin 2005: 46, 53

[663] Keskin 2005: 64f.

[664] Rauer 2008: 161; TGD Pressemitteilung vom 8. Juli 2008; vgl. auch TGD Pressemitteilung vom 12. April 2009; Die Tageszeitung vom 14. Juni 2007; TGD Pressemitteilung vom 10. Juli 2007

[665] Rauer 2008: 178f.; Keskin 2005: 95, 100; Pressemitteilung vom 9. Februar 2008; TGD Pressemitteilung vom 24. Januar 2006; Spiegelonline vom 8. Februar 2008; Zeitonline vom 24. März 2010

[666] Keskin 2005: 91, 95

[667] Keskin 2005: 107

[668] Keskin 2005: 107

[669] Keskin 2005: 91, 107

[670] Keskin 2005: 96; TGD Pressemitteilung vom 26. April 2001; Faznet vom 7. August 2009

[671] TGD Pressemitteilung vom 26. September 2006; vgl. Rauer 2008: 173f., 192;

[672] vgl. auch Spuler-Stegemann 2001; Wunn 2007: 212

[673] ZIIAD 2006: 13; Wunn 2007: 26–33; Kiefer 2004

[674] Wunn 2007: 71; ZIIAD 2006: 13; Spuler-Stegemann 2002: 110

[675] Der Spiegel vom 13. November 2006: 59

[676] ZIIAD 2006: 13; Wunn 2007: 44, 51, 214f.; vgl. auch Rasche 2009; Carstens 2010

[677] Wunn 2007: 217–221

[678] Deutsche Islamkonferenz. Gemeinsame Werte als Basis 2008

[679] Bartetzko 2009

[680] IGMG/ Module 2003; Wunn 2007: 215

[681] Sattelberger 2003: 97

[682] Troll 2001

[683] Spuler-Stegemann 2001; Wunn 2007: 33

[684] Sattelberger 2003: 112

[685] TGD Pressemitteilung vom 26. April 2001

[686] vgl. Radbruch 1999: 12

[687] vgl. Han 2005: 347

[688] Presse- und Informationsamt der Bundesregierung vom 12. Mai 2009

[689] Frankfurter Allgemeine Zeitung vom 4. Oktober 2010; Die Welt vom 3. Juli 2010

[690] Presse- und Informationsamt der Bundesregierung vom 4. Juni 2008; 8. Bericht der Beauftragten der Bundesregierung Migration, Flüchtlinge und Integration über die Lage der Ausländerinnen und Ausländer in Deutschland. Berlin 2010, S. 55ff.; Ergebnisse der Pilotstudie: Indikatorenentwicklung und Monitoring 2005–2008 für die Länder Bayern, Berlin, Hessen, Niedersachsen, Nordrhein-Westfalen, Rheinland-Pfalz und Brandenburg. Berlin 2010, S. 9f.

[691] Nationaler Integrationsplan 2007: 127

[692] Interkultureller Rat 2005

[693] Frankfurter Allgemeine Zeitung vom 13. August 2010; TGD Pressemitteilung vom 30. September 2009; Presse- und Informationsamt der Bundesregierung vom 22. Juli 2008; Auszug aus bpb.de/izfp: Ausdruck vom 21.08.2008; Frankfurter Allgemeine Zeitung vom 12. September 2009

[694] Rasche 2007

[695] Presse- und Informationsamt der Bundesregierung vom 11. März 2010; Frankfurter Allgemeine Zeitung vom 19./20. Juli 2009

[696] Schwäbische Zeitung vom 23. März 2007; Schwäbische Zeitung vom 18. Februar 1998 und 13 März 1998; vgl. auch Bock 2006: 66f.

[697] Petersen 2008

[698] vgl. Akgün 2006: 19–23

[699] Zygmunt Bauman 2005: 263

[700] Pautz 2005: 118

[701] Dieckmann 2003: 7

[702] vgl. Schindhelm 2006: 241

[703] Dieckmann 2003: 19

[704] Dieckmann 2003: 35

[705] Dieckmann 2003: 33

[706] Dieckmann 2003: 15f.; vgl. auch Niethammer 2000: 478ff.

[707] le Carré 2008

[708] Kornblum 2009

[709] vgl. Seeger 2007: 34–36

[710] Meyer 2009

[711] vgl. Meyer 2009

[712] Verein deutsche Sprache 2008

[713] Seeger 2007: 36, 44–52

[714] Wehler 2008

[715] Bohrer 1990

[716] Seeger 2007: 57

[717] Künast 2006: 131

[718] Zimmer 1990

[719] Margolina 2000, zitiert nach Dieckmann: 2003: 20f.

[720] vgl. Nassehi 2000

[721] Pautz 2005: 115–118

[722] Die Zeit vom 20. Oktober 2005

[723] Tibi 1996; Tibi 1998

[724] Tibi 1998: 49–53; 76

[725] Tibi 1998:180–183

[726] Tibi 2001: 23, 26, 183

[727] Tibi 1998: 181–183

[728] Tibi 1998: 56f., 76

[729] Tibi 2001: 24

[730] Tibi 1998: 50, 80f., 87, 95, 182–189

[731] Tibi 2004: 12

[732] Eggert 2007: 34

[733] Tibi 2001: 23f.

[734] Tibi 2002: XIII

[735] Tibi 2001: 23

[736] Löffler 2006: 14f.

[737] Tibi 2001: 25

[738] Löffler 2006: 15f.

[739] Tibi 1998: 181

[740] Oberndörfer 2001: 27

[741] Tibi 1998: 328

[742] Tibi 1998: 328f.

[743] vgl. Georgi 2003: 10f., 299–304

[744] Merz 2000

[745] Merz 2000

[746] Pautz 2005: 72, 92–94, 108

[747] vgl. Pautz 2005: 95f.

[748] CDU 2000

[749] Pautz 2005: 99

[750] CDU 2001; Pautz 2005: 100f.

[751] CDU 2001

[752] CDU 2007

[753] CDU 2007, Absatz 34

[754] CDU 2007: Absatz 37

[755] Ehrhardt 2008

[756] Bohrer 2001: 75f.

[757] Löffler 2006: 15

[758] Stolz 1998

[759] Stolz 1998: 33

[760] Bohrer 2001; 75–78

[761] Bohrer 2001: 78

[762] Bohrer 2001: 75

[763] Stolz 1998: 22f.

[764] Löffler 2006: 18

[765] Bohrer 2001: 76

[766] Stolz 1998: 22

[767] Löffler 2006:15

[768] Löffler 2001; Löffler 2006

[769] Kötter 2005: 85

[770] Löffler 2006: 17

[771] Völckers 2006: 287

[772] Merkel 2000

[773] Glück 2000

[774] Lammert 2006

[775] Roth 2005

[776] Joffe 2000

[777] Lammert 2006: 135

[778] Lammert 2006: 138

[779] Böhr 2006: 45

[780] Joffe 2000

[781] Isensee 2006: 6, 14; vgl. auch Roos 2001: 5

[782] Roos 2001: 6, 10f.

[783] Lammert 2006: 140, 144

[784] Maier 2006: 18

[785] vgl. Böhr 2006: 44; vgl. auch Glück 2006: 60

[786] Lammert 2006: 143

[787] Lammert 2006: 143

[788] Roos 2001: 11

[789] Roos 2001: 4

[790] Westerwelle 2006: 306; Ates 2006: 25; Flimm 2006: 55; Korn 2006: 115; Huber 2006: 69; Schäuble 2006: 224; Vogel 2006: 297; Wenders 2006: 301; Sommer 2006

[791] Schindhelm 2006: 244

[792] Schröder 2006: 258f.

[793] Limbach 2006: 165–168

[794] Limbach 2006: 168

[795] Limbach 2006: 168

[796] Roos 2001: 4–8; Stolz 1998: 22f.

[797] Lammert 2006: 139, 144; Meyer 2006: 182, 184; Kauder 2006: 83; Schäuble 2006: 226; Schröder 2006; Schindhelm 2006: 244

[798] Limbach 2006: 167f.; Laschet 2006: 149

[799] Flimm 2006: 56

[800] Kermani 2006: 88

[801] Zaimoglu 2000, zitiert nach Eggert 2007: 61; Roth 2005

[802] Pautz 2005: 127

[803] Oberndörfer 2001: 27–30

[804] Oberndörfer 2001: 29; vgl. auch Roth 2005

[805] Roth 2006: 219

[806] Oberndörfer 2001: 27, 29

[807] Oberndörfer 1996: 46

[808] Kötter 2005: 83

[809] Kötter 2005: 83

[810] Oberndörfer 2001: 29; Gysi 2000

[811] Oberndörfer 2001: 29; Kötter 2005: 86

[812] Kötter 2005: 89

[813] Kötter 2005: 86, 88

[814] Deligöz 2006: 47–50

[815] Kermani 2006: 87–89

[816] Keskin 2006: 92–101

[817] Özdemir 2006: 210f.

[818] Luhmann: 1997; Nida-Rümelin 2006: 164f.

[819] Elias: 2001

[820] Oberndörfer 2001: 27

[821] vg. Kötter 2005: 86; Blankenburg 1977: 31

[822] Oberndörfer 2001: 30

[823] Oberndörfer 2001: 30

[824] vgl. Radtke und andere

[825] Frankfurter Allgemeine Zeitung vom 16. September 2009, S. N1

[826] Gramsci 1993: GH 8, 1947; Kolakowski 1981: 264–268; Merkens 2006

[827] Focusonline vom 29. Januar 2007

[828] vgl. auch Scheffer 2008: 193

[829] Anhut/ Heitmeyer 2008: 135

[830] Katholische Nachrichtenagentur (KNA) vom 1. Dezember 2009

[831] Köppel 2009

[832] NZZonline vom 6. Dezember 2009

[833] Giordano 2008: 37

[834] EKD 2006: 66

[835] Lau 2008: 33

[836] Yildirim 2008: 67

[837] Wellershoff 2008: 60f.

[838] EKD 2006: 66

[839] Frank 2008: 205f.

[840] Sommerfeld 2008: 17–21

[841] Gatermann 2008: 162; Kraft 2008: 175

[842] Bartetzko 2009

[843] Gatermann 2008: 164f.

[844] Widmer 2007

[845] vgl. Sen 2007; Widmer 2007; Heinz 2008

[846] Kelek 2007

[847] Kepel 1996

[848] Giordano 2008: 39

[849] Giordano 2008: 44

[850] EKD 2006: 69

[851] vgl. Stelkens 2008: 148

[852] vgl auch Corbin 1995

[853] Sommerfeld 2008: 31

[854] vgl. auch Süddeutsche Zeitung vom 2. Dezember 2009

[855] Altwegg 2009

[856] REMID 2006

[857] Schiappapietra 2007; vgl. auch AFP 2007

[858] Wiegel 2006

[859] SWR 2008

[860] SWR 2008

[861] SWR 2006; Rasche 2007

[862] Frankfurter Allgemeine Zeitung vom 8. November 2008

[863] Weltonline vom 13. Dezember 2006

[864] Seeger 2007

[865] Allam 2008: 129

[866] Kühnast 2006: 131

[867] Stolz 1998: 19

[868] Spiegel 2000

[869] Broder 2008

[870] vgl. Löffler 2006

[871] Maier 2006: 19f.; Löffler 2006: 14f.; Löffler 2001: 26; Roos 2001: 5

[872] Habermas 1998

[873] 8. Bericht 2010: 174–177; 593, 596; Handelsblatt vom 5. April 2006

[874] Zuwanderer 2009: 4, 7

[875] Hennes/ Veit 2007: 68–74

[876] Zuwanderer 2009: 10, 15

[877] Hennes/ Veit 2007: 83f., 87f.

[878] Baier 2010: 59f.

[879] Hennes/ Veit 2007: 80–83; 85f.

[880] Heitmeyer 1997: 177

[881] Hennes/ Veit 2007: 74f.

[882] Baier 63f.

[883] TNS Emnid 2008

[884] Zuwanderer 2009: 14

[885] Wolfssohn/ Brechenmacher 2008

[886] Gerhards/ Hans 2009

[887] Heitmeyer 1997 Bd. 1: 629

[888] Glotz, zit. nach Scheffer 2008: 251

[889] Giordano 2008: 42

[890] Bild.de vom 5. April 2006

[891] Sarrazin 2010: 368f.

[892] Sartori 2007: 93f.

[893] Böckenförde 2009

[894] Frankfurter Allgemeine Zeitung vom 12. November 2003

[895] Baier 2010: 14, 67f.

[896] vgl. auch Scheffer 2008: 184f., 209

[897] Scheffer 2002